法 学 阶 梯
INSTITUTIONES | 普通高等教育法学规划教材　　普通高等教育"十一五"国家级规划教材

经济法学

Economic Law

|第四版|

主　编｜李昌麒

副主编｜吕忠梅　黄　河　卢代富

撰稿人｜李昌麒　岳彩申　吕忠梅
以撰写章节先后为序　卢代富　肖顺武　鲁　篱
　　　　　　　　　　徐士英　许明月　陈　治
　　　　　　　　　　黄　河　王兴运　胡光志

法律出版社
——北京——
始创于1954年

好书，同好老师和好学生分享

图书在版编目（CIP）数据

经济法学 / 李昌麒主编. -- 4 版. -- 北京 : 法律出版社, 2025. -- ISBN 978 - 7 - 5197 - 9989 - 2

Ⅰ. D922.290.1

中国国家版本馆 CIP 数据核字第 2025N948H2 号

经济法学（第四版）　　　　　　　李昌麒　主编　　责任编辑　陈　慧
JINGJIFAXUE(DI-SI BAN)　　　　　　　　　　　　　装帧设计　鲍龙卉

出版发行　法律出版社	开本　787 毫米×1092 毫米　1/16
编辑统筹　法律教育出版分社	印张　34.75　　　字数　840 千
责任校对　王晓萍	版本　2025 年 5 月第 4 版
责任印制　刘晓伟	印次　2025 年 5 月第 1 次印刷
经　　销　新华书店	印刷　三河市龙大印装有限公司

地址：北京市丰台区莲花池西里 7 号（100073）
网址：www.lawpress.com.cn　　　　　　　　销售电话：010 - 83938349
投稿邮箱：info@lawpress.com.cn　　　　　　　客服电话：010 - 83938350
举报盗版邮箱：jbwq@lawpress.com.cn　　　　　咨询电话：010 - 63939796
版权所有·侵权必究

书号：ISBN 978 - 7 - 5197 - 9989 - 2　　　　　　定价：78.00 元

凡购买本社图书，如有印装错误，我社负责退换。电话：010 - 83938349

出 版 说 明

法律出版社在其奋进发展的六十年光辉历程中,秉精诚之心,集全社之力,服务于我国法学教育事业,致力于法学教材出版。尤其在改革开放三十余年间,本社以"传播法律信息,推进法制进程,积累法律文化,弘扬法治精神"为宗旨,协同司法部法学教材编辑部,规划并组织出版了国家"八五""九五"期间的法学规划教材,为我国改革开放之初的法学教育和法治建设作出了开创性贡献;进入21世纪之后,法律出版社又根据教育部的部署和指导,相继规划并组织出版了"十五""十一五""十二五"法学规划教材,为我国法学教育事业的发展与改革付出了艰辛努力。

承蒙法学教育领域专家作者的信任,以及广大法律院校师生的支持,法律出版社经过三十年的发展与积累,相继出版各类法学教材达四百余种。在学科范围方面,完成以法学核心课程为重心,涉及法学诸学科的"全品种"横向结构;在培养层次方面,健全以本科教育为根本,兼顾职业教育和研究生教育的"多层次"纵向结构,进而打造"法律版"法学教科书体系,以期更好地为法学教育服务,为法治建设贡献绵薄之力。

近年来,法律出版社因应法学教育的发展变化,在教材编写体例及系列安排方面做出相应调整。在教材编写体例方面,结合当前教学实际与培养方案,将系统、全面的理论知识讲授与灵活、丰富的法律实践和能力训练相结合,倡导教材内容差异化,增加教材可读性,以期更好地培养法科学生的思维能力和法学素养。在教材系列安排方面,全力推进新品教材编写与注重既有教材修订相结合,根据教材风格与特色进行适当的套系整合,集中现有的国家级规划教材和在编的规划教材,形成以"普通高等教育法学规划教材"为名的全新教材系列。

本系列教材多为出版多年并广受好评的经典教科书。此次全新推出,既是向长期以来关心支持法学教育出版事业的专家作者的崇高致敬,也是法律出版社为中国当代法学教育事业发展拳拳努力之情的真诚表达。法律出版社将以高度的精品意识和质量标准,不断丰富、完善本系列教材的结构和内容;除教材文本之外,还将配有多层次、多形式的教辅材料,更好地为广大师生服务。

"好书,同好老师和好学生分享",法律出版社愿与法律共同体诸同仁,分享好书,分享智识,分享法治进程中的点点滴滴!

法律出版社　谨识
2014年10月

作 者 简 介

（以撰写章节先后为序）

李昌麒 曾任西南政法大学教授、博士生导师，中国法学会经济法学研究会副会长，国家级精品课程"经济法学"负责人，国家级教学团队西南政法大学经济法教学团队带头人，国家中高级干部学法讲师团成员等职。主要作品有：《经济法——国家干预经济的基本法律形式》《寻求经济法真谛之路》《李昌麒法治论说拾遗》《中国改革发展成果分享法律机制研究》《经济法学》《经济法理念研究》《中国农村法治发展研究》，并在《中国法学》等刊物上发表论文80余篇。

岳彩申 法学博士，西南政法大学教授、博士生导师。主要作品有：《论经济法的形式理性》《跨国银行法律制度研究》《合同法比较研究》《国际产品质量法》《外商投资企业法实务》等。

吕忠梅 法学博士，中国政法大学兼职教授、博士生导师，第十四届全国人大常委会委员、环境与资源保护委员会副主任委员，中国农工民主党第十七届中央委员会副主席，中国法学会副会长。主要作品有：《经济法的法学与法经济学分析》《环境法新视野》《环境法》《国际环境法》《大气环境法的理论与实践》《论公民环境权》《论环境法的性质》《论环境污染损害赔偿责任的保险》等。

卢代富 法学博士，西南政法大学教授、博士生导师。主要作品有：《企业社会责任的经济学与法学分析》《企业社会责任研究——基于经济学与法学的视野》《经济法学》《国家干预法治化研究》《"宽进严管"背景下市场主体信用监管制度研究》等。

肖顺武 法学博士，西南政法大学教授、博士生导师。主要作品有：《中国粮食安全的倾斜性金融支持法律机制研究》，并先后在《法学评论》《法商研究》《当代法学》等刊物上发表论文多篇。

鲁篱 法学博士，西南财经大学教授、博士生导师。主要作品有：《行业协会经济自治权研究》，并先后在《法学研究》《中国法学》《现代法学》等刊物上发表论文多篇。

徐士英 法学博士，华东政法大学教授、博士生导师。主要作品有：《竞争法论》《市场经济大宪章》《竞争法新论》《经济法概论》《经济法学》《新世纪经济法的反思与挑战》等，并在《法学》《法商研究》《法律科学》等刊物上发表论文多篇，主持和完成国家社科基金、上海市社科基金项目及其他省部级课题20余项。

许明月 法学博士,西南政法大学教授、博士生导师。主要作品有:《抵押权制度研究》《英美担保法要论》《社会保障法律制度研究》《消费者保护法》等。

陈　治 法学博士,西南政法大学教授、博士生导师。主要作品有:《国家治理现代化视野下的纳税人预算参与权构建研究》《我国实施民生财政的法律保障机制研究》,并在《中国法学》《法学研究》等刊物上发表论文70余篇。

黄　河 西北政法大学教授、硕士生导师。主要作品有:《土地法理论与中国土地立法》《房地产法》《新编经济法教程》等。

王兴运 曾任西北政法大学教授、硕士生导师。主要作品有:《弱势群体权益保护法论纲》《经济法若干理论问题研究》《市场三法诸论》《公平交易法教程》等。

胡光志 法学博士,重庆大学教授、博士生导师。主要作品有:《内幕交易及其法律控制研究》《产品质量法学研究》《竞争法》《中国市场管理法学》等。

第四版修订说明

自本教材于2016年3月修订以来,我国对做好新时代经济工作的规律性认识不断深化,先后作出了坚持深化供给侧结构性改革和着力扩大有效需求协同发力、坚持依靠改革开放增强发展内生动力、坚持高质量发展和高水平安全良性互动、坚持推进中国式现代化等重大战略决策和部署。为了更好发挥法治固根本、稳预期、利长远的保障作用,在法治轨道上全面建设社会主义现代化国家,我国包括经济法治建设在内的法治建设也围绕全面建设社会主义现代化国家的目标不断迈出坚实步伐。立法是法治之先导,良法是善治之前提。近年来,除及时修改、废止既有的与新时代经济社会发展要求不相适应的法律法规外,我国重点领域、新兴领域的立法也不断加强,包括经济法制度在内的法律制度相应发生了重大变革和发展。本教材的此次修订,就是在这样的背景下进行的。

对于本教材的此次修订,我们坚持以习近平新时代中国特色社会主义思想为根本遵循,以习近平法治思想为指导,围绕"处理好政府和市场的关系,使市场在资源配置中起决定性作用和更好发挥政府作用"这一核心论断,基于《中国特色社会主义法律体系》白皮书提出的"经济法是调整国家从社会整体利益出发,对经济活动实行干预、管理或者调控所产生的社会经济关系的法律规范"的认知,尽量吸收国内外经济法学研究的最新成果,以最新的经济法律法规文本为依据,力求使本教材做到科学性、系统性和实用性的有机统一。

本教材的写作分工如下:

李昌麒　绪论,第一、二、三、四章

岳彩申　第五章

吕忠梅　第六、二十四、二十六、二十七章

卢代富　第七、十章

肖顺武　第八、十三章

鲁　篱　第九章

徐士英　第十一、十二、十五、二十五章

许明月　第十四、二十八章

陈　治　第十六章

黄　河　第十七、十八、二十、二十一、二十二章

王兴运　第十九、二十三章

胡光志　第二十九章

本教材的此次修订,得到了法律出版社的大力支持,在此表示诚挚的谢意!

编　者

2024年8月

第三版修订说明

本书是在法律出版社2008年出版的普通高等教育规划教材《经济法学》第二版的基础上修订而成的。在修订中,作者以党的十八大和十八届三中、四中、五中全会有关"全面深化改革""全面推进依法治国""形成完备的经济法规范体系"的精神为指导,紧紧围绕"处理好政府和市场的关系,使市场在配置资源中起决定性作用和更好发挥政府作用"这个全面深化经济体制改革的核心问题,按照《中国特色社会主义法律体系》白皮书有关"经济法是调整国家从社会整体利益出发,对经济活动实行干预、管理或者调控所产生的社会经济关系的法律规范"的认识,以最新的经济法律法规文本为依据,力求使本书做到科学性、系统性和实践性的有机统一,使本书的论述更贴近经济法的本源精神。

本书共分绪论与六编。第一编为经济法的一般理论;第二编为经济法主体制度;第三编为市场秩序规制法律制度;第四编为宏观经济调控法律制度;第五编为经济监管法律制度;第六编为经济法责任与司法救济。需要说明的是:第一,之所以要设立"经济法律监管制度"一篇,是考虑到经济监管一直为国家所重视,然而在过去的经济法理论研究中却对此有程度不同的忽视,许多经济法教材都未将经济监管法律制度专门加以论述,仅仅在市场主体规制、宏观调控和市场秩序规制等法律制度的介绍中涉及经济监管的内容,这样不足以使学生对我国的经济监管法律制度形成一个全貌性的认识。本书将其单列一编,正是为了解决这个问题。第二,考虑到司法救济属于诉讼法的范畴,因而在过去的经济法教材中,很少将其专门介绍。而经济法的司法救济具有特殊性,是一个无法回避的问题,而现今的民事诉讼法和行政诉讼法教材只是从一般的诉讼程序角度进行阐述,对经济法领域的一些诉讼缺乏足够的针对性,如果经济法教材不涉及这部分内容,就会在一定程度上影响经济法学科体系的科学建立。故此,本书特辟专编,将经济法责任和司法救济加以阐述。

本书不但有经济法制度的阐述,也有对制度产生的理论分析。这样安排,不仅有利于学生理解经济法理论和经济法制度设计,而且还可以启发学生对经济法问题的创新性思考。

本书由李昌麒担任主编,吕忠梅、黄河、卢代富担任副主编,修订稿形成之后,先由各位副主编分工进行了审定,最后由主编统稿定稿。

本书写作分工如下:

李昌麒　　绪论,第一、二、三、五章
岳彩申　　第四章
卢代富　　第六、七、九章
鲁　篱　　第八章

徐士英　第十、十一、十二、十四、二十三章
许明月　第十三、二十六、二十七章
黄　河　第十五、十六、十七、十八、十九章
王兴运　第二十、二十一章
吕忠梅　第二十二、二十四、二十五、二十九、三十章
胡光志　第二十八章

　　本书在写作中参考了一些学者的观点；本书的修订得到了法律出版社与陈慧编辑的大力支持；西南政法大学经济法学院胡元聪教授为本书的修订做了很多工作。在此向他们表示诚挚的谢意！

编　者
2015 年 12 月

目 录

绪 论 ……………………………………………………………………………（ 1 ）

第一编 ｜ 经济法基础理论

第一章 经济法的历史发展 ……………………………………………………（ 13 ）
 第一节 经济法概念使用概览 …………………………………………（ 13 ）
 第二节 经济法兴起和发展的历史轨迹 ………………………………（ 15 ）
 第三节 经济法兴起的原因 ……………………………………………（ 22 ）
 第四节 经济法发展的前景展望 ………………………………………（ 30 ）

第二章 经济法的定义和调整对象 ……………………………………………（ 36 ）
 第一节 经济法的定义 …………………………………………………（ 36 ）
 第二节 经济法的调整对象 ……………………………………………（ 43 ）

第三章 经济法的地位和体系 …………………………………………………（ 50 ）
 第一节 经济法的地位 …………………………………………………（ 50 ）
 第二节 经济法的体系 …………………………………………………（ 59 ）

第四章 经济法的基本原则 ……………………………………………………（ 61 ）
 第一节 经济法基本原则的含义及特征 ………………………………（ 61 ）
 第二节 经济法基本原则的构成 ………………………………………（ 62 ）

第五章 经济法律关系 …………………………………………………………（ 68 ）
 第一节 经济法律关系的定义和特征 …………………………………（ 68 ）
 第二节 经济法律关系的构成 …………………………………………（ 71 ）
 第三节 经济法律关系的产生、变更和终止 …………………………（ 73 ）

第六章 经济法责任 ……………………………………………………………（ 75 ）
 第一节 经济法责任概述 ………………………………………………（ 75 ）
 第二节 经济法责任的分类 ……………………………………………（ 79 ）
 第三节 经济法责任的实现 ……………………………………………（ 80 ）

第二编 | 经济法主体制度

第七章 经济法主体概述 （85）
第一节 经济法主体的界定 （85）
第二节 经济法主体资格的取得 （90）
第三节 经济法主体的权限 （91）

第八章 经济法中的政府 （95）
第一节 经济法中的政府角色 （95）
第二节 政府经济干预权 （99）
第三节 经济法中的政府责任 （106）

第九章 经济法中的行业协会 （110）
第一节 行业协会概述 （110）
第二节 行业协会经济自治的正当性 （112）
第三节 行业协会的经济自治权 （117）
第四节 国家对行业协会经济自治的监管 （123）

第十章 经济法中的企业 （126）
第一节 企业及其在经济法中的角色 （126）
第二节 企业形态法定化与企业法律形态 （130）
第三节 企业设立的国家干预法律制度 （137）
第四节 企业运行的国家干预法律制度 （142）
第五节 企业社会责任 （149）

第三编 | 市场秩序规制法律制度

第十一章 市场秩序规制法律制度概述 （163）
第一节 市场秩序规制法的概念和特征 （163）
第二节 市场秩序规制法的基本原则 （169）

第十二章 反垄断法律制度 （173）
第一节 反垄断法概述 （173）
第二节 垄断协议行为的法律规制 （181）

第三节	滥用市场支配地位行为的法律规制	(191)
第四节	经营者集中行为的法律规制	(198)
第五节	行政性垄断行为的法律规制	(205)
第六节	反垄断法的实施及相关制度	(213)

第十三章 反不正当竞争法律制度 (228)

第一节	反不正当竞争法的基本原理	(228)
第二节	混淆行为的法律规制	(234)
第三节	商业贿赂行为的法律规制	(238)
第四节	虚假宣传行为的法律规制	(241)
第五节	侵犯商业秘密行为的法律规制	(243)
第六节	不当有奖销售行为的法律规制	(251)
第七节	商业诋毁行为的法律规制	(253)
第八节	网络领域不正当竞争行为的法律规制	(254)

第十四章 消费者保护法律制度 (257)

第一节	消费者保护法概述	(257)
第二节	消费者及其权利	(259)
第三节	经营者及其义务	(265)
第四节	消费者利益的国家保护	(273)
第五节	消费者组织	(276)
第六节	消费者争议及其解决途径	(277)
第七节	消费者保护法中的法律责任	(281)

第十五章 产品质量法律制度 (288)

第一节	产品质量法律制度概述	(288)
第二节	产品质量监督管理法律制度	(291)
第三节	产品责任制度	(294)
第四节	产品召回法律制度	(300)

第十六章 广告法律制度 (306)

第一节	广告法律制度概述	(306)
第二节	广告内容准则	(309)
第三节	广告行为规范	(312)
第四节	广告监督管理	(314)
第五节	广告法律责任	(316)

第四编 宏观经济调控法律制度

第十七章 宏观经济调控法律制度概述 (323)
- 第一节 宏观经济调控法概述 (323)
- 第二节 宏观经济调控法的基本原则和调整方法 (328)
- 第三节 宏观经济调控法的法律体系 (330)

第十八章 计划与投资法律制度 (335)
- 第一节 计划法概述 (335)
- 第二节 计划法基本制度 (339)
- 第三节 投资法概述 (343)
- 第四节 投资法基本制度 (345)

第十九章 产业调节法律制度 (349)
- 第一节 产业调节法律制度概述 (349)
- 第二节 产业调节法的基本制度 (352)

第二十章 财税调节法律制度 (359)
- 第一节 财政法概述 (359)
- 第二节 预算法律制度 (361)
- 第三节 国债法和政府采购法 (365)
- 第四节 税收法律制度 (370)

第二十一章 金融法律制度 (380)
- 第一节 金融法概述 (380)
- 第二节 中国人民银行法律制度 (381)
- 第三节 商业银行法律制度 (388)
- 第四节 政策性银行法律制度 (394)
- 第五节 货币法律制度 (398)

第二十二章 价格法律制度 (405)
- 第一节 价格法概述 (405)
- 第二节 价格管理体制的法律规定 (407)
- 第三节 价格形式的法律规定 (410)
- 第四节 价格总水平的调控和价格监督管理 (414)

第二十三章　国有资产管理法律制度 （419）
第一节　国有资产管理法律制度概述 （419）
第二节　国有资产管理基本法律制度 （422）

第五编 ｜ 经济监管法律制度

第二十四章　经济监管法律制度概述 （439）
第一节　经济监管法的界定及功能 （439）
第二节　经济监管权 （441）
第三节　经济监管体制 （445）

第二十五章　金融市场监管法律制度 （449）
第一节　金融监管法概述 （449）
第二节　金融监管体制 （453）
第三节　银行业监管法律制度 （456）
第四节　证券业监管法律制度 （461）
第五节　保险业监管法律制度 （465）
第六节　期货业监管法律制度 （468）

第二十六章　技术、信息市场监管法律制度 （470）
第一节　技术市场监管法律制度 （470）
第二节　信息市场监管法律制度 （476）

第二十七章　房地产市场监管法律制度 （482）
第一节　房地产市场监管法概述 （482）
第二节　房地产市场监管的基本法律制度 （485）

第二十八章　公用企业规制法律制度 （492）
第一节　公用企业法律规制概述 （492）
第二节　公用事业的准入规制 （495）
第三节　对公用企业垄断的法律规制 （497）
第四节　公用企业的产品与服务质量保障制度 （500）
第五节　公用企业的产品价格与服务价格规制 （504）
第六节　公用企业的产品与服务供给保障制度 （506）

第二十九章　会计、审计与统计法律制度 （509）
第一节　会计法律制度 （509）
第二节　审计法律制度 （520）
第三节　统计法律制度 （528）

绪　　论

一、运用多学科知识从多维度揭示经济法的本质属性

经济法作为新兴法律走向历史舞台,应当依据何种进路对其进行角色定位,以揭示其内在质的规定性,这一直是困扰经济法学界的一个难题。可喜的是,经过多年的苦苦探索,经济法学界摸索到了运用多学科知识、采用多维度视角揭示经济法本质属性的路径。

（一）运用多学科知识构筑经济法的理论和实践基础

法律从来不是自给自足的封闭体系,凯尔森所讲的纯粹法可能只是满足了部分法学家偏好的一厢情愿的设计。实践表明,现代社会科学的发展已呈现出各学科相互融贯和互动的趋势。因此,要夯实经济法的基石,就必须拓宽研究思路,善于运用与经济法学关系最密切的学科,包括经济学、社会学、政治学、哲学和伦理学等在内的多学科知识解读经济法的存在、发展、功能和价值。

经济学是研究社会如何使用稀缺资源生产有价值的商品,并把它们在不同人之间进行分配的一门基础性学科。经济法的兴起与经济学的发展存在学缘关系:经济学的一些分析范畴,如成本与收益、供给与需求、竞争与垄断、效率与公平、外部性、博弈等已成为经济法的重要分析工具,历史上不同时期的主流经济学理论、流派和学说都对经济法学的理论和制度的建构产生了重大的影响。例如,在经济法本质属性的研究中,经济法学者运用信息不对称理论、不完全竞争理论、外部性理论去解释经济法现象,使经济法的本源、功能和价值得到了具有说服力的阐释。具体到经济法的许多子部门,如反不正当竞争法、反垄断法、消费者权益保护法、产品质量法、广告法、公司法、商业银行法等法律中的较多制度,都可以运用信息不对称等理论得到解释,这种解释甚至比法律解释更具有说服力。

社会学是对社会进行综合研究的学科。经济法与社会学同样存在极大的关联性。德国著名法学家拉德布鲁赫认为:"经济法产生于国家不再任由纯粹私法保护自由竞争,而寻求通过法律规范以其社会学的运动法则控制自由竞争的时候——而这种法律规范本身就是可能在社会学运动中有效干预的社会学事实。"[1]这表明,社会学是经济法的理论源泉之一,或者说经济法是在法律的社会学运动之中逐步形成和发展起来的。社会学的社会结构、社会互动、社会群体、社会组织、社会阶层、社会分化、社会控制和社会现代化等理论范畴对认识经济法的本质属性具有重要的作用。尤其是社会学强调实证研究方法,诸如问卷调查、实地考察等,这对经济法研究方式的拓展具有重要的意义。现在,我国经济法学者运用社会学的理论知识和研究方法,对经济法的起源、理论框架、主体、本土资源以及现实社会生活应为经济法提供的制度安

---

[1] [德]拉德布鲁赫:《法学导论》,米健、朱林译,中国大百科全书出版社1997年版,第77页。

排等问题进行了深入的研究,丰富了经济法的理论成果。

政治学是研究以国家为主体的各种社会政治现象及其发展规律的学科,对揭示经济法存在的政治基础具有积极的意义。政治学中的国家与社会的关系、国家能力的强弱、政府职能的变迁、利益集团的对抗与妥协、集权与分权以及政治制度的变迁等重大问题,是经济法学研究的重要理论资源,同时其中的某些关系也为经济法调整对象所及。例如,我国改革开放以来所倡导和推行的政府职能的转变,必然会对以国家干预为本质特征的经济法所追求的价值目标产生决定性的影响。同时,推动和巩固政府职能的转变,不能仅仅依靠行政法的制度设计,在很大程度上还需要相关经济法律制度的支撑,需要我们从经济法的视角出发研究政府职能转变中的经济法律问题。此外,政治性目标也会对一国的经济政策和经济立法、执法、司法产生影响,如"西部大开发""振兴东北""中部地区崛起"等即需要经济法在理论和实践上作出回应。

哲学是关于世界观的理论体系,其所提供的价值分析方法对解释经济法的本质属性具有根本意义的智识支持。价值分析方法就法律而言,在于用哲人的眼光超越实然状态的法律,用终极关怀的理念去追问"法律应当是怎样的"这一问题。对于经济法而言,价值分析方法从应然层面揭示了经济法存在的意义与目的,所回答的是经济法因何而存在,进而运用价值判断的方法来评价已有的经济法律现象,然后以社会对经济法的需求为出发点,研究经济法应当怎样满足当代人和代际人的需要。从哲学的高度把握经济法独立的内在价值,有助于从更为理性的层面确定经济法的本质属性,并在此基础上构筑经济法自身体系与相关部门法体系的和谐统一。

伦理学是关于道德的哲学,它的基本范畴包括善与恶、正义与非正义、公正与偏私、诚实与虚伪、荣誉与耻辱等。这些基本范畴对分析经济法的本质属性具有不可或缺的作用。一般认为,法律是最低的道德要求,是社会的道德底线。从这个意义上说,法律和伦理的结合十分紧密。在经济法语境下,运用伦理学的知识研究经济法的本质属性具有特别的意义。因为经济法是通过克服市场失灵和政府失灵来促进市场机制高效率运转之法,市场机制的效率主要源自竞争,但竞争本身往往容易引发包括政府道德在内的道德危机,进而产生信用危机、贫富分化和社会不公平等问题。经济法所追求的社会正义、实质公平、公平分配和保护弱势群体,实质上就是伦理学的价值追求与经济法的价值追求在社会整体利益框架内的整合。此外,我们现在倡导的以人为本、可持续发展、生态经济、构建人类命运共同体等,就其实质而言,无疑是伦理学在经济法上的升华。

(二)从多维度视角揭示国家、市场与经济法之间的内在联系

"在克服市场失灵方面,国家干预经济的真谛在于校正市场的自然逻辑,及时、有效地应对这种逻辑所引发的那些按照社会普遍接受的价值标准不能接受的后果。[2]"经济法作为国家与市场博弈的均衡介质已成为众多经济法学者的共识。由此,学者们围绕国家与市场的关联性,从多维度的视角出发,抽象出了以下几种对经济法的认知范式[3]:

1. 经济法是对市场失灵与政府失灵进行双重干预之法。市场的作用巨大而不可抗拒,然

---

[2] 卢代富:《经济法中的国家干预解读》,载《现代法学》2019年第4期。

[3] "范式"这一概念最早由库恩在其《科学革命的结构》一书中提出,但他并没有给出明确的定义。特定范式一般可以理解为一种理论框架,一种具有抽象意义的系统的思考方式和思维框架。

而在很多情形下,市场在资源配置方面会呈现出低效运行的非理想状态,致使公共产品供应不足、外部性、信息失灵、经济周期和垄断等市场失灵现象经常出现。因此,市场失灵为政府干预提供了空间。同时,政府也非万能,政府的有限理性加之其作为"经济人"和"政治人"的特质,容易陷入干预失灵的泥潭。正是这种市场与政府的双重失灵,成了现代国家介入市场经济的重要原因。如果从历史和全球的视野观察,国家干预经济的原因是多方面的,并非只有市场失灵。应当说,各国在不同时期基于不同原因干预经济,有其历史必然性,而市场失灵与其说是市场不能发挥作用(或不能解决现实经济生活中的问题),毋宁说是市场不能及时、有效地发挥作用(或不能及时、有效解决现实经济生活中的问题)。

2. 经济法是市场调节与宏观调控关联耦合之法。在物理学上,两个或两个以上的体系或两种运动形式之间通过各种相互作用而彼此影响,以致联合起来的现象,称为耦合。我国有学者借用了这一概念,认为在现代市场经济体制下,特别是在我国社会主义市场经济体制下,通过民主法治途径促进市场机制与宏观调控相互结合并共同作用于社会生活,也是一种耦合。这是因为基于市场经济的物质技术基础、市场主体利益多元化格局、市场竞争的自由发展而形成垄断的严酷现实以及市场经济的开放性等因素,使得作为社会现象的市场机制与宏观调控的耦合具有内在的必然性。因此,反映市场机制与宏观调控耦合要求,以促进和稳定二者耦合为主要调整任务的法律形式就是经济法。[4]

3. 经济法是自由竞争与秩序调控均衡协调之法。有学者以自由竞争与秩序调控为基点分析经济法的本质属性,认为经济法的社会基础是社会,即在由个人所组成的私人领域和由国家所支配的公共领域之间所存在的一个中间领域,其最根本的追求就是个人自由与社会秩序,如果再集中一点说,就是自由竞争与秩序调控。经济法的经济基础是自由竞争和秩序调控。无论是资本主义国家的从两极思维到辩证思维,还是社会主义国家的从政府主治到市场主治,都说明市场调节与国家干预的关系是任何社会经济关系的基本问题,这一基本问题实质上可以归结为自由竞争与秩序调控问题,这一问题是经济法所应表明和记载的基本经济关系。与经济法相对应的社会正义理论,既要求国家干预又限制国家干预,经济法是这种正义理论的规则化。由于要求国家干预和限制国家干预的核心在于自由竞争和秩序调控,因此,经济法是自由竞争和秩序调控思想的规则化。[5]

4. 经济法是公法与私法互动交融之法。公法和私法是法律规范的基本划分,然而在现代社会中,确实存在公、私权利相互渗透和相互作用的法律事实,相应地也就存在一种介于公法和私法之间的法律规范,或者由这些规范所构成的独立法域。将经济法归为私法显然不恰当,因为从本质上讲,经济法的许多方面所体现的恰恰是对私权的适度干预;将经济法归为公法也是值得商榷的,因为经济法所体现的公权对私权的干预,必须建立在公权对私权充分尊重的基础上,其所体现的权利义务关系,不完全等同于公法所体现的权利义务关系。因此,经济法应是介于公法和私法之间的"第三法域"。经济法所调整的社会关系,既不同于作为私法的民法所调整的完全体现私法自治的关系,也不同于作为公法的行政法调整的完全体现国家行政管理职能的命令与服从的关系。将既有公法成分又有私法成分的经济法绝对地归于公法或私法范畴,都是不恰当的。由此,公、私法兼容的法域就有其存在的客观基础了。把经济法归为介

---

[4] 徐孟洲:《论市场机制与宏观调控的经济法耦合》,载《法学家》1996年第2期。
[5] 邱本:《自由竞争与秩序调控——经济法的基础建构与原理阐析》,中国政法大学出版社2001年版,第52—166页。

于公法和私法之间的"第三法域",其最大的优点在于能够避免在"干预"与"自由"这两个目标中走向极端。

二、以中国特色社会主义理论体系指导经济法的研究

(一)中国特色社会主义理论体系的内涵

中国特色社会主义理论体系,是指由邓小平理论、"三个代表"重要思想、科学发展观和习近平新时代中国特色社会主义思想所构成的马克思主义中国化的最新成果。这一体系包含党和国家为全面深化改革、实现中华民族伟大复兴的中国梦,在不同历史时期所提出的重大战略思想,它们集中表现为坚持以人民为中心、全面发展、全面依法治国、协调发展、可持续发展等宏大而深刻的内涵。

以人民为中心的发展思想就是"在幼有所育、学有所教、劳有所得、病有所医、老有所养、住有所居、弱有所扶上持续用力,人民生活全方位改善"[6]。要把人民群众的利益作为一切工作的出发点和落脚点,不断满足人们的多方面需求和促进人的全面发展,切实保障人民群众的经济、政治、文化和社会权益,让发展的成果惠及全体人民,让人民群众的获得感、幸福感和安全感更加充实。

全面发展,就是要在不断完善社会主义市场经济体制,保持经济持续、健康发展的同时,加快政治文明、精神文明、生态文明的建设,形成物质文明、政治文明、精神文明和生态文明相互促进、共同发展的格局。它强调社会经济生活的诸多方面应该并进而不能顾此失彼,更不能以人的基本生活权益的丧失为代价换取一时一地的经济繁荣。

"全面依法治国是坚持和发展中国特色社会主义的本质要求和重要保障,事关我们党执政兴国,事关人民幸福安康,事关党和国家事业发展"[7]。全面依法治国作为国家治理领域一场广泛而深刻的革命,是一项系统工程。因此,要坚持依法治国、依法执政、依法行政共同推进,法治国家、法治政府、法治社会一体建设。

协调发展,就是要统筹城乡发展、统筹区域发展、统筹经济社会发展、统筹人与自然和谐发展、统筹国内发展和对外开放。它将视域投射到个人之外,力图建立更为广泛的人与人、人与社会、人与自然的有机联系,从横向层面构设发展的空间维度,从而确保特定空间下发展的平衡性。

可持续发展,就是要促进人与自然的和谐共生,处理好经济建设、人口增长与资源利用、生态环境保护的关系,强调"绿水青山就是金山银山",推动整个社会走上生产发展、生活富裕、生态良好的文明发展道路。它从纵向层面提出发展的时间维度,将发展置于特定时间之下,以确保发展的永续性。总体说来,这种发展理念能够让最广泛的人民获得最全面的发展权益,既保持横向维度上发展的平衡性又保持纵向维度上发展的永续性。

中国特色社会主义理论体系运用马克思主义世界观和方法论,科学地回答了新时代新阶段中国面临的"为什么发展""为谁发展""靠谁发展""怎样发展"等一系列重大问题,深刻揭示

---

[6] 习近平:《高举中国特色社会主义伟大旗帜 为全面建设社会主义现代化国家而团结奋斗——在中国共产党第二十次全国代表大会上的报告(2022年10月16日)》,人民出版社2022年版,第10页。

[7] 中共中央宣传部编:《习近平新时代中国特色社会主义思想学习纲要》,学习出版社、人民出版社2019年版,第95页。

了中国式现代化建设的发展道路、发展模式、发展战略、发展目标和发展手段等,集中体现了与时俱进的马克思主义关于发展的世界观和方法论。经济法作为国家干预经济的基本法律形式,保障国民经济全面、协调、平稳和可持续发展是其基本目标,而且经济法的理念与中国特色社会主义理论体系所体现的公平性、全面性、协调性与可持续性是内在一致的。这就决定了中国特色社会主义理论体系是研究经济法的重要指导思想,舍此,经济法的研究就会失去方向。

(二)政府干预理念的转变是完善中国特色社会主义理论体系的重点

随着党和国家对中国特色社会主义建设规律认识的深化,在经济法领域最重要的是加快完成中国特色社会主义经济法理论体系的建设,其中要着重把过去所奉行的政府主导型的市场经济体制,转变为现今的政府和市场相互作用的市场经济体制。在这种体制下,一方面要把过去市场在资源配置中起"基础性作用"转变为市场在资源配置中起"决定性作用",另一方面要更好地发挥政府的作用。这就意味着政府要从过去的政府主导型经济模式中走出来,转变政府对经济干预过多的做法。为此,政府对经济的干预应该受到"人本主义"的约束。

1. 政府的干预要实现从"官本位"和"民本位"向"人本位"的转变。中国有悠久的官本位意识和官本位现象,直到今天,官本位意识仍然有所残留。民本位思想古已有之,但它本质上不过是为了维持官本位的长久统治而已。人本位相对于官本位、民本位来说,其思想基础发生了根本转换:一是主权在民原则,即国家政府的权力源于人民,归属于人民,政府的权力必须置于人民的监督之下;二是平等原则,即无所谓"官""民"之分,所有人都是平等的,应平等地体现人的价值。强调以人为本,就要求政府干预必须树立以人为本的理念。以人为本,就是要以"人"为价值的核心和社会的本位,把人的生存和发展作为最高的目标,一切为了人,一切服务于人,实现人的全面发展。为此,政府必须克服官本位。在经济法视野下,政府干预必须做到由权力本位向权利本位的转换,政府干预权必须被界定在有限政府的框架下,严格限定在只涉及社会整体利益的公共事务领域内。

2. 以人为本的政府干预理念内涵丰富。(1)政府干预应创设一个公平、自由竞争的市场环境,使抽象的市场主体的人格能得以维持和发展。(2)政府干预必须秉持社会分配正义的理念,从抽象地谋求最大多数人的最大利益向具体地关爱社会境况最差者转变,并把社会弱者福利的提高程度作为判断社会整体福利水平的一个重要标志。(3)政府干预必须把社会整体利益作为主导的价值目标,树立社会整体利益优先的理念,这尤其需要政府站在整体和全局的立场上对国民经济运行进行干预。(4)政府干预须兼顾"经济人"假设和经济伦理。这就是说,在经济法视野下,一方面,政府干预要以"经济人"假设作为逻辑起点,以解决"经济人"的市场非效率性导致的市场失灵问题;另一方面,政府要弘扬经济伦理,使法律制度规范的外在约束能与道德规范的内在自律有机结合起来,从而促进市场经济更加规范、有序和高效地运行,这样才符合以人为本的科学发展观。否则,道德伦理的缺失就可能助长各种违法行为的滋生。就我国的情况而言,过去一些地方政府由于片面追求政绩,搞"形象工程"和"圈地开发"等,以致出现了虽然经济发展但农村贫困人口数量反而增加的不正常现象。这就需要经济法去规范和引导政府行为,以防止"政府失灵",并倡导政府兼顾经济伦理,以促成政府树立科学发展的执政理念。由此,从认识上讲,政府绝不能把自己仅仅置于追求自身经济利益的"经济人"的地位上,还应该把自己置于为人民群众谋取最大福祉的"政治人""道德人"的地位上。

3. 人本主义理念约束下政府干预的终极目的应统一于公众和市场。树立以人为本的政府干预理念,要求政府应清楚其权力的来源、权力作用的领域、权力作用的目的。对于任何一个民主国家而言,从终极根源来看,政府及其权力均源于人民的直接或间接授予。正是由于获得了公众的信任和支持,政府的公共权力才具备了合法性。而市场失灵现象的存在及其对公众利益的直接危害,则为政府干预市场提供了合理性解释。政府干预的合法性和合理性说明政府干预的终极目的是促进和维护社会整体利益,对市场失灵的克服就是对社会整体利益的促进和维护。在某种程度上可以认为政府干预的终极目的应统一于公众和市场,即在克服市场失灵中促进和维护社会整体利益。

(三)中国特色社会主义理论体系建设与经济法的基本任务

中国特色社会主义理论体系的基本要求是坚持以人为本,而对社会整体利益的维护和促进就是以人为本在经济法领域的体现,经济法构建社会整体利益的维护和促进机制就在于落实以人为本,同时也可以为厘清政府干预界限提供思路。因此,经济法应把构建社会整体利益的维护和促进机制当作重要的任务之一。在经济法视野下,社会整体利益维护和促进机制的构建大致包括以下三个方面:

1. 社会弱势群体利益代表机制。在现代社会,由于社会结构和社会利益的分化,突出的强势群体和弱势群体间的利益失衡乃至利益冲突,使得建立有效的制度安排来容纳和规范社会弱势群体的利益表达显得尤为重要。为此,经济法以人为本,进行社会整合,其中一个基础性的问题就是建立社会弱势群体利益代表机制,以让这些社会弱势群体能通过自己的利益代言人表达自己的利益诉求,参与立法或公共决策的利益博弈,不再是一个沉默的群体。

2. 社会整体利益参与机制。这是经济法维护和促进社会整体利益的一个十分重要的方面。社会整体利益参与机制建立的目的,就在于能让立法和公共决策汇集、整合民意,对社会整体利益和政府干预行为作出合法性判断,制约政府权力并使政府权力彰显德性,使政府更好地维护和促进社会整体利益。实现这个目的的手段主要就是通过一定的程序来决定某些情况下政府实体干预权是否行使和如何行使的问题。社会整体利益参与机制实质上也是团体和公民个人作为社会整体利益的补充代表参与并制约政府权力的机制,是对宪法"人民主权"的具体落实。社会整体利益参与机制或补充代表机制的建立,不仅在于实现公众对事关社会整体利益的公共事务的参与权和监督权,还在于弥补政府作为社会整体利益的唯一代表之不足,同时在某种程度上也可以克服"政府失灵",以期能最大限度地使社会整体利益得到维护和促进。建立社会整体利益参与机制或补充代表机制的重点在于团体和个人在什么情况下、在多大程度上作为社会整体利益的代表,以及政府、团体、个人这几个社会整体利益的代表之间如何相互监督的问题。

3. 公益诉讼机制。公益诉权其实是对人们参与经济、社会、文化管理这项宪法基本人权的一种具体落实方式,是抽象的"人民主权"在司法领域的具体体现和反映。而公益诉讼机制的建立则是对公益诉权的落实,是为维护和促进社会整体利益所提供的一种具有"公共产品"性质的司法救济手段。经济法要维护和促进其视野下的社会整体利益,自然离不开对公益诉讼机制的构建。

三、寻求我国经济法学研究方法的变革和创新

时代在变迁,经济基础和上层建筑也在变迁。面对新的形势和任务,需要发扬理论联系实

际的学风,运用唯物辩证的思想方法,寻求一种能够更好地建构经济法理论和制度的研究方法。法学的发展与法学研究方法的发展是紧密相关的,法学研究不能不重视法学研究方法。"工欲善其事,必先利其器",法学研究方法本身是法学理论的重要组成部分,甚至是法学流派分野的重要标志之一。法学研究方法是人们认识法律理论和法律实践的基本性能、发展规律和社会功能的思维方式、工具、规则和程序的总称,它实际上属于法哲学的范围。纵观法学发展历程,法学研究方法在历史上出现过许多变革和创新,我们在这里所寻求的法学研究方法的变革和创新,主要是指我国的经济法学研究方法的变革和创新。这种变革和创新旨在以一种新的研究方法或者思维模式,替代旧的研究方法或者思维模式。这里所谓的"新",既包括历史上从来没有过的,又包括历史上曾经有过但我们没有使用或者没有很好使用过的,或者在新的历史条件下需要创造性使用的研究方法或者思维模式。

作为新兴的部门法,我国经济法在理论体系上还存在某些不成熟的方面。这些不成熟在很大程度上缘于经济法学研究方法的落后。从法学发展历史来看,我们不难得出这样一个一般性的结论:法学研究方法的每次变革,都在不同程度上带来了法学理论的突破和变革,而法学理论的突破和变革往往又会对社会的发展产生巨大的影响,或者说社会的发展与法学理论的发展是紧密相关的。作为直接作用于经济关系的部门法,经济法的理论及立法实践对社会经济发展具有重要的推动作用。因此,在建立我国经济法论证体系的时候,既要汲取我国经济法学研究中的成功经验,又要虚心学习和借鉴人类社会所创造的可以用来解决我国实际问题的先进方法,要从多样化、整体性和多角度出发,努力寻求建立一种符合我国经济体制要求的体现社会主义核心价值观的经济法学研究方法。

(一)坚持马克思主义的法学研究方法

马克思主义的法学研究方法,泛指由马克思和恩格斯所倡导,后来又为列宁、毛泽东和邓小平等无产阶级革命家在社会主义革命和建设中所发展,用以阐明法律观念、法律理论和法律思想的立场、观点和方法的总称。就经济法学研究而言,坚持马克思主义的法学研究方法,最根本的是要坚持马克思主义关于经济基础决定上层建筑的学说,坚持理论联系实际的态度,着眼于解决我国经济运行中的矛盾和冲突。这表明,经济法学的理论观点和经济法的制度构建必须反映经济体制的要求,如果经济体制发生变化,经济法学观点也应发生相应的变化。但是,任何理论都不应是"现实的奴隶",经济法学观点以及经济立法实践也不能像镜子一样地反映现实要求,适度超前的理论思考和立法都是必要的。

(二)适当借鉴西方法学流派中科学的法学研究方法

对于西方各法学流派的代表人物及其研究方法,采取全盘否定或肯定的态度都是不正确的。尽管法学研究方法与研究者的世界观是紧密相关的,或者说有什么样的世界观就有什么样的法学研究方法,但就每个法学研究者和他的研究方法而言,既可能只采取某种世界观,也可能各种世界观兼而有之。在兼而有之的场合,其世界观又有主导和非主导之分,这决定了我们对西方法学流派及其法学研究方法应采取具体问题具体对待的办法。凡是有利于解释和树立符合我国实际的法学研究方法的,我们都可以借鉴。事实上,西方资本主义国家实行市场经济已有上百年的历史,这些国家已积累了许多反映市场经济体制要求的法学研究方法、法学理论和法律实践,成为人类共同的法律文化。但是,我们也要充分认识到,我国的法学研究方法,应当适应我国的政治、经济、文化和社会的要求。因为西方法学流派的研究方法不可能完全适应我国的国情,所以我们也不应当全盘接收,特别是不能把某种方法加以"程式化",机械地套用,我们吸收的应当是那些能够符合我国社会主义市场经济体制要求的法律精神。通过对西方法学各个流派研究方法的分析,我们认为,在经济法学研究中,尤其应借鉴自然法学派把法律与道德结合起来进行研究的方法,阐明我国经济法的价值取向,以便把握经济法应有的品格;借鉴实证主义法学派以法律为对象的研究方法,阐明"经济法是怎样的法律",以便把握经济立法的现实状况;借鉴非实证主义法学派不拘泥于对现行法律进行研究的方法,阐明"经济法应当是怎样的法律",以便从更高层次上完善经济立法;借鉴法社会学派对现实中各种社会现象进行研究的方法,阐明现行经济法律本身的局限,以便及时规范未曾规范的现实经济关系;借鉴制度法学派把法律规范和社会现象有机结合起来进行研究的方法,阐明法律是一种制度性的事实,以便全面把握经济法律制度的实质及其与其他制度的关系;借鉴法经济学派把法律与经济分析有机结合起来的研究方法,阐明经济法必须注重经济效应,以便使经济法成为推动社会经济发展最富效率的直接力量。当然,虽然我们要学习借鉴世界上优秀的法治文明成果,但"学习借鉴不等于是简单的拿来主义,基本的东西必须是我们自己的,我们只能走自己的道路"[8]。

(三)遵循适合性、移植性、实证性相结合的研究方法

经济法学理论研究和经济立法的适合性,是指经济法学理论研究和经济立法必须立足于中国的土壤。所谓立足于中国的土壤,是指经济法学理论研究必须符合党中央所倡导并在实践中所形成的建设中国特色社会主义法治体系的要求,力促形成完备的经济法律法规体系、高效的经济法实施体系、严密的经济法监督体系和有力的经济法保障体系。

经济法学理论研究和经济立法的移植性,是指在经济法学理论研究和经济立法的过程中,要善于吸收和利用世界各国包括资本主义国家所创造的符合市场经济要求的经济法理论和经济立法。当然,吸收和借鉴并不等于照搬,因为各国有各国的情况,要"走适合自己的法治道路,决不能照搬别国模式和做法,决不能走西方'宪政'、'三权鼎立'、'司法独立'的路子"[9]。

经济法学理论和经济立法的实证性研究,是指通过对现实存在的经济法律法规的研究,阐明经济法的一般的定义、原则、特征、功能及体系。这表明经济法学的理论不能建立在理想化的基础上,它首先必须立足于已经颁布的经济法律法规之上,既包括现行的,也包括废止的。如果法学研究离开了现行法,那么这种研究很可能是毫无意义的;如果法学家不去用很大精力,对现存法律作出科学的、符合立法意图的解释,那么他们存在的意义也同样是值得商榷的。过去,我们在法学评论中总是抨击法学研究中的"解释"倾向,这难免陷入片面。事实上,法学研究和教学很难离开解释。我们不应当全盘否定法学研究和法学教育中的解释现象,而是要正确引导如何进行解释。如果我们能够把我们的解释内容从条文的确切含义扩大到阐明立法背景、立法意图、立法作用等多种因素上去,那么这种解释不仅不应当反对,而且应当提倡。我们要反对的不应当是解释这种研究方法,而是那种仅仅把法学研究停留在解释阶段的研究方法。

---

[8] 中共中央宣传部、中央全面依法治国委员会办公室编:《习近平法治思想学习纲要》,人民出版社、学习出版社2021年版,第46页。

[9] 中共中央宣传部、中央全面依法治国委员会办公室编:《习近平法治思想学习纲要》,人民出版社、学习出版社2021年版,第38页。

经济法的实证性,一个很重要的方面就是对经济法的法律文本进行分析。比如,就国家干预而言,我们不应当一般地或者简单化地去反对国家对社会经济生活的干预。如果要否定国家对社会经济生活的干预,那么需要证明我国现行的经济法律法规中没有体现国家干预的内容,或者阐明了国家干预是不合法和不正当的。如果要肯定国家对社会经济生活的干预,那么需要证明我国现行的经济法律法规中确实存在国家干预的内容,并且国家干预是社会经济生活客观需要的。这就需要对比较公认的属于经济法范畴的市场主体法、市场秩序规制法、宏观经济调控法以及经济监管法中是否存在国家干预以及这种干预是否正当进行分析。

第一编　　经济法基础理论

第一章 经济法的历史发展

| 内容提要 |

认识经济法,无疑需要了解经济法的历史发展。为此,本章大致追溯了经济法概念的早期使用,以及部门法意义上的经济法在资本主义国家和社会主义国家尤其是在我国兴起和发展的历程,同时分析了经济法产生的原因。

| 学习重点 |

经济法在资本主义各个发展阶段的状况　　经济法在我国产生的客观基础

第一节　经济法概念使用概览

一、摩莱里对经济法概念的最初使用

在历史上,法国著名空想社会主义者摩莱里(Morelly)在其《自然法典》[1]一书中首先使用了"经济法"这个概念。摩莱里是18世纪法国启蒙运动中空想社会主义者的杰出代表。恩格斯曾经对摩莱里的理论给予了很高的评价,认为它是18世纪的"直接共产主义理论",在编纂《社会主义者丛书》草案时就把摩莱里的著作摆在首要的位置。摩莱里一生著述甚丰,但其中影响最深的是1755年1月在阿姆斯特丹匿名出版的《自然法典》。在这部法典里,它不仅设计了一个符合"自然"和"理性"的制度,同时拟制了一个保证实现这个制度的"合乎自然意图的法制蓝本"。按照现代法律的归类方法,摩莱里的法制蓝本,实际上是一个包括根本法、经济法、行政法、婚姻法、教育法和刑法等在内的较为完整的法律体系。而在这个法律体系中,经济法又占有十分重要的地位。但是,摩莱里所指的经济法的调整范围,只限于分配领域。在摩莱里看来,社会产品分配上的弊端是私有制度产生的直接原因。所以,他力图从分配上确立社会经济生活的主要原则,因而编制了"分配法或经济法"这样一个共12条的单行法律草案。[2]过去我国的许多经济法著述在探究"经济法"一词的缘起时,都认为摩莱里仅仅提出了"经济法"这样一个概念,并未留下确定的解说。但是,当我们在研究了摩莱里所提出的"分配法或经

---

[1] [法]摩莱里:《自然法典》,黄建华等译,商务印书馆1982年版,第107页。
[2] [法]摩莱里:《自然法典》,黄建华等译,商务印书馆1982年版,第106页。

济法"草案的全部内容之后,仍然不难窥见摩莱里所称的"分配法或经济法"含有现在我们所称的经济法的最本质的特征,即国家对社会生活进行干预的意思。因而,体现在摩莱里的法制蓝本中的经济法律理论是丰富和深邃的。归纳起来,主要内容有:建立以公有制为主体的所有权制度;保证每个公民都有劳动的权利和承担劳动的义务;按人口数量实行需求平衡的社会产品分配;强调国家对社会经济生活实行统一的管理,等等。

摩莱里的经济法律思想是以唯理论为基础的自然法思想。摩莱里的唯理论观点在他的《自然法典》中表现得尤为明显和彻底:他在该法典中所设计的共和国,与当时法国已经完全建立并且将继续发展的经济基础和上层建筑都是不相适应的。因此,他本人不得不宣布:"现在确实几乎无法建立这样的共和国。"摩莱里把他拟制的法典称为《自然法典》,表明他十分崇尚自然法。他断言:"几乎所有民族都有过或仍然有着关于黄金时代的概念,那正是在人们当中存在的完善的群居生活的时代,我们已经揭示这种群居的法则。"这里所谓的黄金时代,就是以平等和公有为基础的原始社会。因此,他极力主张通过"英明立法者"去制定法律,使其"重新接近黄金时代"。摩莱里的自然法思想,仍然源于资产阶级的自然法观念。历史地看,无论是空想社会主义者还是资产阶级思想家,通过举起自然法的旗帜来反对封建专制主义或者抨击资本主义制度,都是有积极意义的。但是,人类无论如何都不应该也不可能恢复到"自然状态"。

二、德萨米对经济法概念的使用

19世纪中叶,法国著名空想社会主义者德萨米(Dézamy)在他的《公有法典》一书中将"分配法和经济法"作为专章加以论述。德萨米所处的时代是法国工人阶级队伍不断壮大,工人阶级与资本家之间的斗争由日常的经济斗争逐步向尖锐的政治斗争转变的时代。与许多空想社会主义者不同,他不仅猛烈地抨击资本主义制度,还积极地参加了反对资本主义制度的秘密斗争。我们注意到,社会愈是向前发展,在各种社会主义理论中,现实主义的成分就越来越浓烈。德萨米就是参与现实实践的一员。所以,马克思在《神圣的家族》一书中指出:德萨米能够把"唯物主义学说当作现实的人道主义学说和共产主义的逻辑基础加以发展"。作为巴黎无产阶级革命的有声望的领导人之一,德萨米在他短暂的一生中,不仅将很大的精力投入了工人运动,还发表了许多著作,其中最著名的是他于1842~1843年分册刊行的《公有法典》。马克思曾经仔细阅读了这部著作,并对其中一些段落画线加以标示。在《公有法典》中,德萨米不仅在很大程度上继承了摩莱里的经济法律思想,而且在许多方面发展了摩莱里的经济法律思想。归纳起来,主要内容有:主张实行公有制;认为公有制的最好形式是公社;认为最好的分配方式是按比例的平等分配;主张建立没有贸易的社会制度;重视对劳动关系的法律调整,等等。

在德萨米的经济法律思想中,确实有某些唯物主义的成分,但就整体而言,他仍然是以唯理论的自然法思想为基础的。因而,他不可能用阶级和阶级斗争的眼光来构造保证公有制实现的法制蓝图,其结果与摩莱里一样,只能陷入幻想的泥潭。

三、蒲鲁东对经济法产生原因的揭示

蒲鲁东(Proudhon)是法国小资产阶级思想家。他于1865年在《论工人阶级的政治能力》一书中说:"经济法是政治法和民法的补充和必然产物。"在这里,蒲鲁东实际上看到了在社会生活中出现了一种政治法和民法调整不了的经济关系。应当说,蒲鲁东对经济法的这种理解,

更接近现代经济法的主张。由此看来,这不是蒲鲁东的一个随心所欲的结论。蒲鲁东作为一个经济学家,曾经列举分析了分工、机器、竞争、垄断、国家税收、贸易平衡、信用、私有、共产主义、人口等10个经济范畴。作为一个法学涉猎者,蒲鲁东出版了许多法律著述,其中《什么是所有权》一书被马克思誉为他最好的著作。可见,对于法学,蒲鲁东并不是一个门外汉。显然,如前所列举的10个经济范畴所表现出来的社会关系,是政治法和民法都难以全部调整的,蒲鲁东无疑为我们现在研究经济法提供了一种认识基础。但是,我们也应当看到,蒲鲁东作为一个无政府主义者,极力主张"打倒政权",因而他所谓的经济法,并不完全具备我们现在所说的经济法的内涵。

四、赫德曼对经济法产生原因及其法律形式的揭示

1916年,德国法学家赫德曼(Hedmen)在《经济学字典》中使用过经济法概念,他认为经济法是经济规律在法律上的反映。他将有关经济法制和保护、监督卡特尔的法律称为经济法。这就从深层次上揭示了经济法产生的客观必然性。

五、以经济法命名的经济法律和著作的诞生

第一次世界大战以后建立起来的魏玛共和国,直接颁布了以经济法命名的《煤炭经济法》和《钾盐经济法》。1922~1924年,德国学者出版了不少以经济法为题的学术专著和教科书,如鲁姆夫的《经济法的概念》、赫德曼的《经济法基础》等。与此同时,经济法的概念也传入当时建立的世界上第一个社会主义国家苏联。应当说,这个时候的经济法概念才有了较为完整的含义。

上述回顾表明:经济法概念的出现和逐步完善,是一个连续的、历史的过程。最初的经济法概念虽然建立在提出者所设想的公有制基础之上,且不具有任何实践的意义,但是它对现代意义上的经济法概念的形成仍然产生了影响。这种影响除表现为援引了"经济法"这个概念的"外壳"以外,更重要的是人们把空想社会主义者那种具有萌芽状态的国家干预经济生活的思想加以延伸,用来作为建立在现实经济基础之上的现代经济法概念的一个合理"内核"。

第二节 经济法兴起和发展的历史轨迹

一、经济法兴起的不同观点

关于经济法的产生时间,主要有以下三种观点:

第一,认为作为独立的法律部门的经济法产生于古代社会。有学者指出:无论是在外国还是在中国,经济立法不断加强,经济法规日益完备,这是社会经济关系发展变化的客观要求。经济法是调整特定经济关系的法律规范的总称,是生产力与生产关系、经济基础与上层建筑矛盾运动的产物。经济法的产生和发展是不以人们的意志为转移的。它既不是在人们提出"经济法"这一概念的时候才产生的,也不是在人们承认它是一个独立的法律部门的时候才存在

的。当为适应经济关系发展的需要而制定的、调整特定经济关系的法律规范达到一定数量的时候,就形成了作为独立法律部门的经济法。因此,无论是奴隶制国家、封建制国家、资本主义国家,还是社会主义国家,都有各自的经济法。当然,在不同的社会制度的国家,经济法的本质、内容和作用是各不相同的。[3]

第二,认为经济法是随着国家与法律的产生而产生的,但经济法成为一种独立的法律力量则是在资本主义社会以后。有学者认为,经济法是国家干预经济关系的法律规范。在古代社会时期,国外的《亚述法典》《汉谟拉比法典》、罗马法以及我国的《法经》《秦律杂抄》《唐律疏议》等法律中就有调整需要由国家干预的经济关系的规定。由此可以认为,经济法的发展历史可以上溯到古代的"诸法合体"的法律体系当中,但是,经济法作为一种独立的法律力量兴起,则是在人类社会进入资本主义社会以后的事情。[4]

第三,认为经济法是在发达资本主义国家进入垄断阶段以后产生的。有学者认为,私有制和自发的市场经济导致社会矛盾激化,发达资本主义国家于19世纪末20世纪初走向了垄断和社会化发展阶段。垄断使竞争环境恶化并导致消费者利益受损,单靠市场的力量难以克服因垄断而产生的危机。与此同时,资本主义国家又采取了一种新的理念,运用"国家干预""混合经济""管理贸易"等新的做法,以"有形之手"直接或具体地干预和参加经济生活,于是出现了与民商法和其他法律迥然相异的经济法律法规,有学者将其诠释为"经济法"。[5]

日本经济法学家金泽良雄教授认为,经济法是一个新的领域。"经济法"一词作为学术用语主要始于第一次世界大战后的德国。第一次世界大战期间的德国实行的是战时经济政策,与此相适应,其经济领域出现了新的立法活动和法律现象。德国在第一次世界大战后又颁布了有关复兴战时经济的法令,此后在《德意志共和国宪法》体制下又出现了社会法和其他新的法律现象。对于这种法律现象,人们将其称为"经济法"。[6]

有关经济法起源问题的认识,一般可以从两个角度来予以探讨:一是单纯的法律条文、法律规范的角度;二是部门法划分的角度。从单纯的法律条文、法律规范的角度来看,在前资本主义"诸法合体"的法律体系中,存在许多国家干预经济关系的法律规定,这些规定甚至完全可以被赋予现代意义上的"经济法"的外壳。可以说,这些具有国家干预经济关系特点的法律条文、法律规范就是经济法规范。既然经济法规范产生了,那么经济法也就客观存在。但是,这种经济法与"资本主义经济法"或"现代经济法"不同:"资本主义经济法"或"现代经济法"是部门意义上的经济法,而前资本主义的经济法是就法律条文、法律规范角度而言的,属于"古代经济法"的范畴。正如民法研究的那样,经济法作为国家干预经济的法,它的起源也可以追溯到古代"诸法合体"的法律体系中。但是第二种意义上的经济法,即部门法划分意义上的经济法,则是在人类社会进入资本主义社会以后发展起来的。只有在资本主义社会特有的政治制度、经济制度、文化制度背景下,经济法才能作为一种独立的法律力量登上法律的舞台。

二、经济法在资本主义国家的兴起和发展

资本主义的发展过程并不是均匀的直线式的发展,而是在发展过程中呈现出阶段性的特

---

[3] 杨紫烜主编:《经济法概要》,光明日报出版社1987年版,第32页。
[4] 李昌麒:《经济法——国家干预经济的基本法律形式》,四川人民出版社1995年版,第23~24页。
[5] 潘静成、刘文华主编:《经济法》,中国人民大学出版社1999年版,第19页。
[6] 杨紫烜主编:《经济法》,北京大学出版社1999年版,第5页。

征。按照学界通论,这些阶段依次可划分为资本主义形成和巩固时期、自由资本主义时期和垄断资本主义时期三个阶段。这三个阶段反映了资本主义社会经济生活的不同状况,以及资本主义社会经济关系的不同特点。一定程度上讲,法律只不过是特定社会经济生活和社会经济关系的反映和记载而已,因此,经济法在资本主义社会的发展,也经历了三个阶段。

在第一个阶段,即资本主义形成和巩固时期,经济法的理论是以重商主义为旗帜的。这一时期,国家对经济的干预主要体现在三个方面:一是维护经济秩序,用资产阶级专政的力量打破封建势力对国内市场形成的阻挠,为资本的原始积累创造稳定的社会环境;二是维护国内市场不被外部势力冲击;三是建立公共工程,为市场运行创造条件。为此,各资本主义国家相继颁布了一系列体现国家干预经济的法律法规,为资本主义的原始积累提供了可靠的法律保障。

随着资本主义的发展,整个社会要求建立一种比较自由的社会经济结构,于是资本主义进入了第二个阶段,即自由资本主义时期。在这一阶段,英国的反谷物法同盟率先举起了经济自由的旗帜,而重农学派则进一步发展了反谷物法同盟的主张,提出了经济发展中的自由放任原则。此后,亚当·斯密的经济自由理论即"看不见的手"或"市场之手"理论,更是对资本主义的经济发展起着主导的作用和影响,迅速成为资本主义国家政府作出经济决策的依据。在经济自由理论的影响下,与经济自由主义相暗合的民法得到了充分的发展,而与国家干预思潮相暗合的经济法受到了冷遇。

当历史跨过自由资本主义时期而进入第三阶段即垄断资本主义时期,以亚当·斯密为代表的经济自由理论已不再占据主要位置。如果说亚当·斯密等人创造了自由市场的神话,那么在市场机制内在固有的缺陷日益凸显的垄断阶段,这个神话就像肥皂泡沫一样,在残酷无情的现实面前彻底破灭了。也正是在这样的背景下,国家干预的重要性重新显现出来。于是在第一次世界大战期间和第一次世界大战以后的一段时间里,德国出现了以李斯特为代表的经济学的历史学派。这一学派以反对经济自由、大力倡导国家干预而成名,其促使经济法在德国产生,如1919年制定的《煤炭经济法》《钾盐经济法》等。当然,这些经济法多是为战争服务的"经济控制法"或者"战时经济法",还谈不上是成熟的经济法,但它们标志着经济法作为一种新兴的法律现象进入了法学研究的领域。

到了20世纪30年代,一场席卷资本主义世界的经济危机最终导致了信奉自由市场制度优越性神话的古典自由主义的衰落。经济危机催生的凯恩斯的国家干预理论取代了长期占统治地位的亚当·斯密的经济自由理论,直到20世纪70年代初,该理论一直在西方经济学界占据正统地位。凯恩斯的国家干预理论从宏观经济分析的角度证明了市场缺陷的存在。他认为,只有扩大国家干预才能矫正和克服市场缺陷,促进经济的正常运行和发展。为此,政府必须采取积极的财政政策以刺激消费和投资,弥补自由市场的有效需求不足。凯恩斯的国家干预理论极大地影响了美国前总统罗斯福的"新政"政策,促使美国颁布了许多体现国家应对经济危机的法律,但由于"新政"只是一种应急的施政纲领,并没有从根本上解决美国经济所面临的困境和危机,所以第二次世界大战爆发以后,"新政"即告终结。这深刻地反映了凯恩斯主义也不能从根本上解决由于垄断而日益加剧的资本主义的固有矛盾。因此,在第二次世界大战以后,资本主义世界出现了一种"政治民主化和经济民主化"的浪潮。随着这种浪潮的到来,许多资本主义国家的经济政策和法律措施也发生了一些变化。这种变化集中表现为要在自由与控制之间寻求某种调和。于是出现了一些反对凯恩斯主义的理论流派,如供给学派和新制度经济学派。供给学派把经济分析的重点放在"供给"上,在不否认国家垄断资本主义的条件下,认为国家对经济生活进行干预是必要的,但坚决反对凯恩斯主义的"全面""过多""过细""过分"的干预。供给学派认为,政府对经济的调节是必要的,但政府调节的范围应当缩小,政府发挥的作用应当加以限制,政府的目标不应放在刺激需求上而应放在刺激供给上。供给学派的理论在美国实践的结果并不理想,从而再次引起了人们对凯恩斯主义的呼唤。随着供给学派的失势,曾经盛行于20世纪初、衰落于凯恩斯主义极盛时期的制度经济学派在新的历史条件下又开始活跃起来,从而形成了新制度经济学派。新制度经济学派的学说论证有两个显著的特点:一是对已有经济学派进行了抨击,认为只有该学派的主张才能够解决资本主义的经济问题;二是在研究方法上,不像其他经济学派那样把资源的配置和利用作为研究对象,而是把资本主义制度纳入该学派构架的经济模型。新制度经济学派作为重要的经济学派,影响不断扩大,其后出现的制度法学派就是受其影响的产物。无论是新旧制度经济学派,还是随后出现的制度法学派,都将制度包括法律制度作为研究的对象,这无疑对资本主义的各项制度包括法律制度的完善有着重要的意义。

通过以上梳理,我们会发现,资本主义国家的经济法理论与实践与其当时盛行一时、占据统治地位的经济学理论是基本吻合的。因此,经济学与经济法学的关系是十分密切的:一方面,经济法学作为法学大家庭中的一员,有着法学的独立性和自身的逻辑自洽性;另一方面,经济法理论与实践又是建立在一定的经济学基础上的,同一时期的经济法理论与经济学理论应当是相互吻合和相互协调的。要发展社会经济,既不能采取纯粹的自由市场经济模式,也不能采取完全由国家控制的高度集权的经济模式,可行的经济发展模式只能是市场这只"无形之手"与国家这只"有形之手"的相互结合。当然,在这样一种总的指导思想下,各国的两只"手"具体结合的方式如何、程度怎样,完全取决于自身具体的状况。经济学理论是这样,经济法理论和具体制度的建构也应遵循这样的指导思想。

三、经济法在苏联(1922－1991年)和东欧社会主义国家的兴起

经济法作为国家干预经济的基本法律形式,不仅为许多资本主义国家所采用,也为许多社会主义国家所采用。与资本主义国家相比,从某种意义上说,社会主义国家更需要经济法。运用法律手段管理经济,是当时的社会主义国家中的普遍现象。但是各国的立法体制却不尽相同,有其自身的特点。

(一) 苏联的经济立法体制

从20世纪20年代开始,苏联的理论界就围绕经济法是不是一个独立的法律部门展开过激烈的讨论,在讨论过程中逐渐形成了民法学派和经济法学派两种截然不同的观点。民法学派认为,应当用民法的形式来调整苏联当时的现实生活中所出现的与计划和某些行政权相联系的经济关系,寻求在民法中注入某种公权力因素的方法,来适应当时苏联经济体制改革的需要。经济法学派则认为,应当用经济法的形式来统一调整当时苏联的社会经济生活和社会经济关系中存在的权力因素和与权力因素相统一的经济关系。这两派无论是在早期还是在后期,都力图使自己的主张能够适应当时的政治和经济体制的需要,看到了在苏联的现实生活中实际存在的因领导经济活动而发生的权力关系,以及因进行经济活动而发生的财产关系。面对这两种截然不同的主张,苏联的立法机关采取了比较现实的态度,避开了对经济法是不是一个独立的法律部门的肯定或否定表态,但在事实上又采取了许多加快经济发展的立法措施来

综合调整国民经济各个领域中的各种经济关系,具体包括对国民经济计划工作、经济核算、经济组织及财产、科学技术发展、产品质量管理与标准化、价格、结算与信贷、经济立法中的制裁等诸多方面的法律调整。

(二)捷克斯洛伐克(1918—1992年)的立法体制

捷克斯洛伐克在立法上承认经济法是一个独立的法律部门,并且于1964年颁布了《捷克斯洛伐克社会主义共和国经济法典》,将经济法的调整对象确定为在国民经济管理和社会主义组织的经济活动中所发生的关系。它一反传统,独树一帜,是世界上独一无二的民法典与经济法典并存的国家。《捷克斯洛伐克社会主义共和国经济法典》是捷克斯洛伐克国民议会在"考虑到必须使规定经济组织活动的法律规范趋于完备才能巩固社会主义的法律秩序,考虑到在领导国民经济以及社会主义组织经济活动中所产生的关系的特点和作用,考虑到社会主义胜利和国民经济发展所达到的水平使综合调整此种关系已成为可能和必要,同时也注意到在社会劳动中的满足公民个人需要而产生的关系已分别由劳动法典和民法典调整"[7]之后制定的。按照捷克斯洛伐克的法律体系,社会组织和公民在劳动中发生的社会关系由劳动法典调整;公民为满足自身的生活需要而发生的关系由民法典调整;国家在对国民经济实行计划领导和对社会主义公有财产进行管理的过程中发生的关系,社会主义组织之间的协作、支付和信贷关系,均由经济法典统一调整。这部法典共12篇400个法律条文,涉及对国民经济领域中的主要经济关系的调整,内容主要包括:经济关系的原则;经济法的定义;国家领导经济活动的主要手段;社会主义公有制的产生、性质、种类、管理及其保护;社会经济组织的法律地位;社会主义组织的法律行为;国家组织的经济活动;合作社经济组织的经济活动;社会团体的经济活动;企业的注册登记、经济债通则;借贷的经济债;基本建设和在国外工业整体建设中的经济债;社会主义组织对其他合作形式的经济债;结算和信贷等。

(三)民主德国(1949—1990年)的立法体制

与捷克斯洛伐克一样,民主德国的立法同样承认经济法是一个独立的法律部门。但有所不同的是,民主德国并未颁布过专门的经济法典,其经济法只是以一系列单行的经济法规形式存在,而且它还比较注意在立法中区别民法与经济法所调整的不同的经济关系。1975年6月19日颁布的德国《民法典》规定,"民法调整公民与企业之间以及公民相互之间为满足物质和文化需要而发生的关系"。而经济法作为一个独立的法律部门,在调整对象上则强调社会主义组织之间的经济关系,如1982年颁布的德国《经济合同法》实际上就是调整上述经济关系的一部专门法律。在民主德国的法律体系中存在民法与经济法的区分,与其推行的经济体制相适应,也符合其基本国情。民主德国在经济改革过程中,经历了集中—分散—再集中的过程,并最终建立了较为完善的集中体制。该集中体制不同于过去那种高度集中的体制,而是建立在有计划商品经济的基础上,且特别强调经济合同作用的集中体制。民主德国认为,经济合同是完成计划的手段,因此,企业有义务根据计划的要求签订合同。

(四)南斯拉夫(1945—1992年)的立法体制

南斯拉夫出于其政治、经济等方面的原因,建立了一套与其他社会主义国家不同的法律调

---

[7] 中国社会科学院法学研究所民法研究室编:《捷克斯洛伐克社会主义共和国经济法典》,江平译,中国社会科学出版社1981年版,第2页。

整体制,鲜明地体现了其自身的特色。我国学者根据掌握的材料,对南斯拉夫经济法在南斯拉夫法律体系中的地位得出了不同的结论。一种观点认为,南斯拉夫经济法是南斯拉夫法律体系中的一个独立的法律部门。另一种观点则与之相反。该观点认为,南斯拉夫独具特色的经济法律体系主要集中在其"社会自治计划"中。所谓社会自治计划,实际上是企业根据市场而制订的计划,这种计划不是通过国家强制力来实现的,而是通过企业之间进行协商、签订社会契约来实现的,履行社会契约就是实现计划。南斯拉夫认为,无产阶级夺取政权后,应立即着手国家的消亡工作,而这一工作首先是从消亡国家领导和组织建设的职能开始的,国家应当把经济的权力逐步、彻底地交给联合劳动组织,国家对经济过程不必多加干预。由此来看,南斯拉夫的经济体制不是传统的计划经济,而是一种市场经济。这使得南斯拉夫经济法更贴近现代经济法的本来意义,形成了既摆脱行政直接控制又摆脱当事人完全的平等,从而体现国家宏观控制的经济法格局,形成了包括银行法、信贷金融法、社会簿记法、收入分配法、海运河运法、空运法、外贸法、外汇法、关税法、海关法、外国人投资法、专利法等600多个具有经济法性质的法律法规体系。

四、经济法在中国的兴起和发展

从单纯的法律规范的角度来看,国家干预经济的法律在我国早就存在,但是为了更贴近现实,本书把论述重点放在新中国成立后特别是党的十一届三中全会以来的时期。新中国成立以来,中国经济法的发展大体上经历了五个阶段。

(一)基本完成社会主义改造时期

在进行社会主义改造的近7年时间里,经济立法有很大发展。新中国成立后的3年内,我国在没收官僚资本主义企业并把它们改造成社会主义国营企业的同时,颁布了一些经济法规,以解决当时亟需解决的经济问题。具体措施包括:第一,统一财政经济工作,稳定物价;第二,加强国民经济计划工作;第三,加强对矿业的管理,鼓励矿业的发展;第四,废除地主阶级封建剥削的土地所有制,实行农民的土地所有制,解放农村生产力,发展农业生产;第五,开展"三反""五反"运动,打退资产阶级的猖狂进攻,端正党员和干部的思想作风;第六,促进机关、国营企业、合作社之间的正常经济交往;第七,加强对外贸易管制,对进出国境的货物、货币、金银、邮递物品、旅客行李、运输工具及服务人员所带物品进行实际监督,稽征关税,查禁走私;第八,巩固国家币值,稳定金融。上述经济法规和经济政策的贯彻执行,使此前遭到严重破坏的国民经济得到了迅速恢复。1952年,党中央提出过渡时期的总路线。对于这条总路线,中央采取多种措施予以贯彻实施,这对我国国民经济的恢复、"一化三改"的实现以及生产的发展都起到了重大的促进和保证作用。

(二)开始全面建设社会主义时期

社会主义改造基本完成以后,我国开始转入大规模的社会主义建设时期。国家为了促进经济建设的发展,进一步加强了经济立法。这期间,国家加强了计划工作,进一步改进了计划管理体制,制定了农业发展纲要,巩固了人民公社制度,推广了良种以增加农作物的产量,并在自然资源利用与保护、根治河流水海、充分发挥水利工程效能等方面颁布了一系列的经济法规。同时,为了贯彻"调整、巩固、充实、提高"的八字方针,推动工业的发展,国家出台了一系列措施予以落实。但是在这一时期中,由于"左"的思想的影响,社会主义法制受到了削弱,有些行之有效的经济法规也在无形之中被取消，取而代之的是简单的行政管理经济。在20世纪60年代提出八字方针以后，虽然国民经济有所好转，立法工作有所展开，但整体来说这一时期的立法工作远不如上一时期正常。

(三)"文化大革命"时期

在"文化大革命"的10年中，我国经济立法遭到严重破坏，我国社会主义法治也遭到严重破坏。这些破坏表现在两个方面：一方面，新中国成立17年来颁布的各项经济法规几乎遭到全盘否定；另一方面，在这种环境里，公、检、法等机关的工作几乎陷入停滞状态，国家的经济立法工作也不见起色。可以说，这10年是我国经济立法工作停滞的10年。

(四)新的历史发展时期

党的十一届三中全会对我国的经济立法工作有着重要的意义。随着党和国家的工作重心转移到以经济建设为中心的轨道上来，党和国家十分重视经济领域的法制建设。随着对实践是检验真理的唯一标准这一问题的深入讨论，法学禁区被冲破，相关立法工作被提到议事日程上来，国务院设置了经济法规研究中心，有关部门成立了法规局（办），使我国的立法工作特别是经济立法工作进入一个新的发展时期。改革开放以后，国家已经针对坚持发展有计划商品经济和以公有制为主体的多种经济形式，加强宏观经济调控、完善企业经营机制，推动横向经济联合，促进科学技术进步，扩大对外经济交往以及治理经济环境、整顿经济秩序等许多方面，制定了200多个经济法规，从而使得我国经济法的发展进入前所未有的黄金时期。

(五)社会主义市场经济体制确立以后

1992年，党的十四大在对国内和国际形势进行正确分析之后，作出了在中国建立社会主义市场经济体制的历史性决策。党的十四届三中全会又在《中共中央关于建立社会主义市场经济体制若干问题的决定》中，对加强法制建设作了更为系统和明确的要求。1993年3月，第八届全国人民代表大会第一次会议通过的宪法修正案肯定了这一决策，规定"国家实行社会主义市场经济"。党的十四大报告明确指出，高度重视法制建设是建立社会主义市场经济体制的迫切要求。同时，前述宪法修正案还明确规定了"加强经济立法，完善宏观调控"的任务。随后，党的十五、十六、十七大又为经济法的发展作了更为具体的部署。

党的十八大开启了中国特色社会主义新时代，包括经济立法在内的立法工作在全面深化改革、全面依法治国、推进高质量发展、建设高标准市场体系、中国式现代化建设等战略布局中越来越受到党和国家的重视。2014年10月23日，中国共产党第十八届中央委员会第四次全体会议通过的《中共中央关于全面推进依法治国若干重大问题的决定》对包括经济立法在内的立法工作作出了部署。该决定在"加强重点领域立法"部分提出："社会主义市场经济本质上是法治经济。使市场在资源配置中起决定性作用和更好发挥政府作用，必须以保护产权、维护契约、统一市场、平等交换、公平竞争、有效监管为基本导向，完善社会主义市场经济法律制度"；要"加强企业社会责任立法"；要"加强市场法律制度建设，编纂民法典，制定和完善发展规划、投资管理、土地管理、能源和矿产资源、农业、财政税收、金融等方面法律法规，促进商品和要素自由流动、公平交易、平等使用。依法加强和改善宏观调控、市场监管，反对垄断，促进合理竞争，维护公平竞争的市场秩序"；要"加强互联网领域立法，完善网络信息服务、网络安全保护、网络社会管理等方面的法律法规，依法规范网络行为"。

在党对立法工作的领导下，经济立法工作取得了重大进展：（1）完善财税领域立法。修改

《预算法》，建立全面规范、公开透明的预算制度；按照党中央"落实税收法定原则"的要求，制定《环境保护税法》《烟叶税法》《船舶吨税法》《耕地占用税法》《车辆购置税法》《资源税法》《增值税法》《关税法》《城市维护建设税法》《契税法》《印花税法》；修改《企业所得税法》《个人所得税法》《车船税法》。由此，现行18个税种中大部分制定了法律。(2)完善金融领域立法。修改《证券法》，制定《期货和衍生品法》，推进金融领域改革，促进金融服务实体经济，防范系统性金融风险。(3)持续优化营商环境，推进市场监管公平统一。全国人大常委会对涉及机构改革、"放管服"改革等方面的法律，加快统筹修法、"一揽子"修法，共通过20多个"打包"修法决定；修改《反不正当竞争法》《广告法》《公司法》《反垄断法》，为市场主体提供稳定、公平、公开透明、可预期的法治环境。(4)加强审计监督立法，修改《审计法》，强化审计监督手段，依法构建审计监督体系；作出《关于加强国有资产管理情况监督的决定》，加强人大国有资产监督职能，促进国有资产治理体系和治理能力现代化。(5)强化促进农业农村发展的立法。如制定《乡村振兴促进法》《粮食安全保障法》《农村集体经济组织法》；修订《农产品质量安全法》等法律。(6)适应网络经济、数字经济蓬勃发展的新形势，大力推进相关立法。在《电子签名法》《网络安全法》《电子商务法》的基础上，制定《数据安全法》《个人信息保护法》《反电信网络诈骗法》。

第三节 经济法兴起的原因

作为国家干预经济之法，经济法在世界范围内的兴起绝不是偶然的。经济法是对一定历史时期特定社会关系的反映，一定的社会历史条件构成了经济法产生和发展的客观基础。

一、经济法兴起的客观必然性

经济法是国家运用公权力对社会经济生活进行干预的基本法律形式，在不同的历史发展阶段，其产生的基础是不同的。在现代市场经济条件下，经济法产生的客观基础可以归结为市场失灵和政府失灵，正是这种双重失灵成了经济法应运而生的逻辑起点。[8]

(一)市场失灵[9]

市场失灵，是指市场发挥作用的条件不具备或不完全具备而造成的市场机制不能发挥作用的情形。市场作为一种有效的资源配置方式，在商品经济发展到一定程度时，能够充分发挥市场主体获取信息、创造财富的动力和潜能，提高生产效率和经济效率，从而将整个社会的有限资源予以有效地分配和使用。但是，市场不是万能的，其只是一种相对满意的资源配置方式，因为市场机制本身有其内在固有的缺陷，这种缺陷会导致市场失灵以及经济的非效率。按

---

[8] 李昌麒：《发展与创新：经济法的方法、路径与视域——简评我国中青年学者对经济法理论的贡献》(上)，载《山西大学学报(哲学社会科学版)》2003年第3期。

[9] 李昌麒、应飞虎：《论经济法的独立性——基于对市场失灵最佳克服的视角》，载《山西大学学报(哲学社会科学版)》2001年第3期。

照经济学的观点,市场失灵主要表现在以下几个方面:

1. 市场的不完全。市场的不完全主要是指市场容易形成垄断的情形。众所周知,竞争是市场的必然规律,市场效率的获得有赖于竞争的充分性和有效性的程度,市场依赖竞争而得以繁荣。然而,竞争又具有否定自身的倾向,即自由竞争必然会导致垄断;而垄断不仅会抑制竞争,减损市场的效率,而且还会抑制创新,损害消费者的利益。在自由竞争中,企业为了自身利益的最大化,会竭力通过垄断的手段实现利润的最大化,这种对垄断利益的最大追求必然会导致资源运用和资源分配的低效率以及对消费者利益的损害。在这种情况下,市场自身是难以克服垄断及其危害的,需要作为经济法的重要组成部分的反垄断法加以克服。

2. 市场的不普遍。市场的不普遍主要表现为价格机制的缺位。市场主要是通过价格机制发挥其配置资源功能的,价格机制不健全必然妨碍市场机制对资源的有效配置。凡是价格机制不存在或被扭曲之处,就是市场的不普遍之处。在这种情况下,市场的资源配置功能也就无从谈起。因此,国家需要通过制定法律,对那些难以或者不宜运用市场价格进行资源配置的领域(主要是提供公共产品的领域)实行必要的价格调节甚至直接的价格干预,以弥补价格机制不健全对公共产品生产者和消费者带来的损害。

3. 信息失灵。信息失灵主要是指信息不充分、信息不对称以及信息不准确。信息不充分是指决策所依赖的信息在量上的不足。信息不充分与经济人之间有相当的因果关系,因为经济人的理性在事实上是有限的,所以获得完全信息只是一种理想的假设。导致信息不充分的原因主要有三个:一是信息具有公共产品性质,从而使经济人在信息提供上产生"搭便车"的行为,最终导致市场信息产出不足;二是收集和处理信息的成本都比较高,人们不乐意去提供;三是收集和处理信息往往要受到诸多条件的制约,收集和处理信息的能力就显得有限。信息不对称是指信息在交易主体之间的分配不均匀。这一方面表现为信息优势主体往往利用自己的优势地位去损害信息劣势主体的利益,另一方面表现为信息劣势主体不能及时有效地获取信息去维护自身利益。信息不准确是指信息在质上与客观事实不一致。造成信息不准确的原因主要有两个:一是收集和处理信息时发生计算失误和分析方法的错误;二是经济人出于某种目的采取机会主义行为,想方设法隐瞒自身获取的信息,或用其他手段制造不正确的信息,如虚假披露等。因此,需要把信息的收集、整理、汇总、计算、分析、加工、传递、储存、输出、利用以及提供虚假信息的法律责任等纳入经济法的规制范围。

4. 外部性问题。当个体的行为给其他不相关方带来成本或者利益但是该个体在作出决定时并没有将这些外部影响考虑进去时,外部性就产生了。按照传统福利经济学的观点,外部性是一种经济力量对另一种经济力量的"非市场性"的附带影响,是经济力量相互作用的结果。它包括正负两方面影响,即正外部性和负外部性。如果从"成本收益"的角度进行解释,那么正外部性是指社会成本小于个体成本,社会收益大于个体收益的情形;负外部性则是指社会成本大于个体成本,个体收益大于社会收益的情形。环境问题是典型的个体成本外溢的负外部性问题,即任何社会主体包括个人和企业等在经济活动中不计环境成本,将自身的利益建立在环境成本由社会分担的基础之上。外部性起源于经济人对自身利益最大化的追求,其中负外部性是一种典型的损人利己的行为,正外部性则是一种典型的损己利人的行为。以上两种情况所造成的收益或受损,单靠市场的力量是难以协调受益人和受损人之间的利益平衡的,只能通过体现国家干预的经济法建立相关的法律制度来平衡这种利益冲突。实践中主要是采取"命令控制法"和"经济刺激法",从而达到将外部性内部化的效果。

5. 公共产品供应受限。公共产品，又称为公共物品，作为经济学上的重要概念。其主要用来指消费中不需要竞争的非专有物品。[10] 如公共基础设施、国防、教育、通讯、交通、能源、环境、供水、供电、公共安全、公共管理、法律制度以及相应的公共服务等。公共产品的主要特性一般被概括为：首先，一个人消费这种产品不影响其他任何消费者的消费，即所谓的"非竞争性的消费"；其次，没有一个追求利润最大化的私人厂商愿意供应这类产品，[11] 也有学者将其归结为非排他性和不可分性。[12] 公共产品的前述特性，可能产生以下三个方面的后果：一是生产与消费之间不能产生正常的联系，使生产者投资行为无利可图，最终导致公共产品的供应不足；二是极易诱发经济人"搭便车"的心态和行为，使公共产品在收费（如灯塔的收费）上存在困难，从而导致市场中的私权主体无人愿意提供公共产品；三是由于私权主体价值取向难以符合国家要求的社会目标而不愿提供公共产品，或者缺乏承担公共产品的实力，如资金供给不足、技术水平不高、技术改造成本过高等，从而导致私人主体不愿提供公共产品，反而成为公共产品当然的消费者。由此可以得出结论，在市场经济条件下，并不必然能够产生社会所需要的公共产品。因为市场经济的基本规律是价值规律，按价值规律的要求，消费者要取得某种公共产品，必须付出相应的价格成本。然而，消费者要获得某种公共产品，实际上并不需要承担任何费用，或只需要付出较少的费用，就可以享受公共产品给他带来的利益。例如，对于国防这种公共产品，任何一个公民不需要支付任何费用，就可以享受国防带来的安全。在这种情况下，公共产品理所当然地应该由政府或主要由政府来提供。公共产品既可以由政府通过直接生产来提供，也可以由政府组织生产来提供，但无论是哪种情形，都需要将其纳入经济法的规制范围以解决公共产品的供给问题。

6. 出现经济周期。所谓经济周期，通常是指在市场经济的生产和再生产过程中，周期性地出现的经济扩张与市场紧缩交替更迭、循环往复的一种经济现象。经济周期是市场失灵中最具有破坏力的形式，它会带来对生产力的巨大破坏和资源的严重浪费，使资源的整体利用效率大为降低，从而对市场的效率形成严重的破坏。在市场经济体制下，经济周期问题的存在是经济人个人理性导致的集体非理性的结果，是一种微观有序、宏观无序的现象。这是因为，每个市场主体都在追求利益最大化，而没有任何一个主体在主观上愿意为市场的宏观效率负责。正如经济学家所言，市场是一个没有"大脑"和"心脏"的机体，在运行过程中迷失方向在所难免。而经济法可以通过制度设计，为市场装上"大脑"和"心脏"，为它指点迷津。

(二) 政府失灵

国家干预主要由政府具体实施，因而在一些国家包括我国，国家干预有时又被称为政府干预；相应地，政府为克服市场失灵而对社会经济生活进行干预的过程中，由于政府自身的局限性和其他客观因素的制约而产生的无法实现资源优化配置等状况，就被称为政府失灵。一般认为，市场失灵是"看不见的手"即"市场之手"难以发挥作用的情况，而政府失灵则是"看得见的手"即"国家之手"难以发挥作用的情况。理论上对政府失灵的探讨源于公共选择理论的代

---

[10] [美]保罗·A.萨缪尔森、威廉·D.诺德豪斯：《经济学》（第12版），高鸿业等译，中国发展出版社1992年版，第194页。

[11] 钱弘道：《经济分析法学》，法律出版社2003年版，第188页。

[12] 吕忠梅主编：《超越与保守：可持续发展视野下的环境法创新》，法律出版社2003年版，第199页。

表人物詹姆斯·布坎南,他指出:"政府的缺陷至少与市场一样严重。"[13]其中一个突出的表现就是政府在试图矫正市场失灵时,往往又导致"管制失灵"。市场失灵的存在,需要以政府为主导对整个经济运行进行适当干预,从而弥补市场缺陷,达到资源的最优配置。

政府失灵既包括政府干预不到位,又包括政府干预错位,还包括政府干预不起作用。简言之,政府失灵是政府局限性所造成的后果。政府失灵的表现形式不可能有一个固定的模式,往往因时空的不同而不同。一般而言,政府失灵主要表现在以下几个方面:

1. 政府运行效率低下。这是政府作为自然垄断组织难以避免的结果。阻滞政府运行效率的因素很多,但通常表现为机构臃肿、人浮于事、官僚主义、形式主义以及办事效率低下等。

2. 政府过度干预。这种情形通常发生在集权体制下,但在集权体制向市场体制转型的进程中,过度干预的惯性仍然会发生作用。

3. 公共产品供应不足。公共产品供应不足主要是指公共产品的提供不能满足人民日益增长的美好生活需要。这种供应不足既可以表现为具有硬件性质的公共产品(如公共基础设施等)供应不足,也可以表现为具有软件性质的公共产品(如法律等)供应不足。法律这种公共产品供应不足,不仅包括法律资源的供给不足,还包括已颁布的法律的无效和副作用。

4. 政府不受产权约束。这种情形通常发生在政府代表国家行使国有产权的领域,既包括政府不当地行使国有产权,如低价出卖国有产权等,也包括政府无端侵害非国有产权,如不当征税、收费、罚款等,还包括司法实践很难追究政府的财产责任。

5. 预算分配偏离社会需要。这实际上涉及一个对预算分配方向的价值判断。它既可能表现为不适当地加大某个领域的预算份额,如扩大政府开支;也可能表现为不适当地缩小某个领域的预算份额,如教育、科技支出等。

6. 权力寻租。政府为了克服市场失灵,需要制定必要的公共政策对经济进行干预。政府为了保证干预的实现,就必须赋予执行政策的机构或者个人以某种权力,但因此也可能产生权力寻租现象。所谓权力寻租,是指握有公权者以权力为筹码谋求自身经济利益或其他利益的一种非生产性行为。通常所说的权物交易、权钱交易、权权交易,都是权力寻租的典型表现。对于权力寻租,必须建立健全包括经济法制度在内的制度体系,"加强对权力运行的制约和监督,把权力关进制度的笼子里,形成不敢腐的惩戒机制、不能腐的防范机制、不易腐的保障机制"[14]。

(三)经济法在克服市场失灵中的作用

经济法是国家运用公权力对市场失灵进行干预的法律,其在克服市场失灵方面具有民法、行政法不具有的优势。经济法所具有的这种优势,缘于它可以基于克服市场失灵的需要,确立一些具有针对性的特别措施。

1. 经济法可以通过制度安排限制市场主体的私权。经济法自产生起,就既是授权法,也是限权法。它基于克服市场失灵的需要,除对政府及其部门的公权进行限制外,也对市场主体的私权进行必要的限制。经济法对私权的限制比民法对私权的限制的范围更广、程度更高,这是克服市场失灵所必需的。经济法之所以能够实现对私权的限制,完全缘于国家的存在。国家

---

[13] [美]詹姆斯·M. 布坎南:《自由、市场与国家》,吴良健等译,北京经济学院出版社1988年版,第28页。
[14] 习近平:《更加科学有效地防治腐败 坚定不移把反腐倡廉建设引向深入》,载《人民日报》2013年1月23日,第1版。

是能够合法运用强制力的唯一组织。它能够合法地取走市场主体的财产而不侵犯其财产权（如依法罚款），从而惩戒违法的市场主体；它能够规定经营者对消费者的说明义务而不侵犯商业秘密，从而强制性地实现信息分布的均衡；它能够对垄断进行规制甚至对垄断经营者进行强制性解散而不侵犯其经营权，从而确保竞争的市场态势。这一切都是民法规范所不具备的。更重要的是，对私权的限制使国家获得了相应的干预能力，使经济法对私权的限制意义不仅限于私权本身，也扩展到公权层面，因为这种私权的被限制直接导致公权的增加，从而增强了经济法对市场失灵的克服能力。而民法对所有权的限制完全是在私法层面上进行的，其影响也没有到达公法领域。

2. 经济法可以通过制度安排改变市场主体的利益结构。市场主体都是理性经济人，经济人是市场经济条件下对人性的最恰当概括，对自身利益最大化的追求是经济人的本性。法律不应该彻底改变这种本性，因为对经济人偏好结构的根本性改变是不可能的，但经济法可以通过直接改变经济人的利益结构来达到干预的目的。以对环境公害这种负外部性问题的处理为例，民法的处理方式是以负外部性的存在为前提的事后处理，其处理效果受制于交易费用等因素；而经济法则通过环境税和排污费的征收等途径，让排污企业的产品价格真正反映出排污企业在产品制造过程中对环境造成的损害，从而给排污企业的预算造成持续性压力，使排污企业重新采取对环境危害较小的产品制造方式。民法对排污企业的利益结构的影响是事后的，并且具有不确定性；而经济法对排污企业的利益结构的影响因其事先规定而具有确定性，环境税和排污费的征收能直接改变企业的利益结构，从而使企业理性地作出良性行为。

3. 经济法可以通过制度安排助力经济发展的远视效应。市场主体是自利的，一般不会去主动追求公共利益。这就决定了市场本身只追求眼前利益而忽视长远利益。市场在运行过程中还会迷失方向或越轨。而国家是各市场主体利益的代表，它以追求公共利益和长远利益为己任，以适当抑制市场的自私和克服市场的"近视"的弱点为目的；还可能通过给市场安装虚拟的"大脑"和"心脏"，使市场能够有效运行。国家的这种特性是其他任何主体都不可能有的。

(四) 经济法在克服政府失灵中的作用

克服政府失灵既要发挥市场机制及民法对市场的调整作用，也要对政府干预进行规范，从而把权力关进制度的笼子里，杜绝干预的随意性，实现干预的法治化。经济法作为规范干预权力的重要制度，主要通过以下几方面的规定来达到克服政府失灵的目的：

1. 对干预程序的规定。政府的干预行为，绝不是政府首长的随意行为，而是应当按照法律规定的程序实施的行为。政府干预行为既包括抽象行政行为，又包括具体行政行为。对抽象行政行为的实施，无疑需要遵循严格的法定程序。对具体行政行为，法律规定了相关程序的，必须按规定的程序执行，即使是法律允许自由裁量的具体行政行为，也必须遵循法律规定的程序。干预程序法定化的根本目的在于实现干预民主化和科学化，以便减少乃至杜绝干预权的滥用。

2. 对干预方法的规定。实现了干预程序的法定化，并不能够解决干预的全部问题。因此，通过法律确立干预方法，也是十分重要的。干预方法法定，其实就是通过制定法律，规定政府可用于干预社会经济生活的各种合理方式。干预方法可以分为公权介入的调整方法和私权介入。公权介入的调整方法是指国家以公权者的身份，依法对各种经济关系进行调整的措施或手段的总和。按照公权行使的具体方式的不同，公权介入的调整方法又可划分为强制性调整方法和指导性调整方法。前者是指国家权力机关或国家行政机关以某种形式指令相对人应当作为或者不作为,相对人应予服从的调整方法。后者是指国家机关为引导公民和法人的经济活动符合某种既定的经济干预目标而实施的非强制性的调整方法。这种调整方法通常有三种表现形式,即行政指导、计划指导和行政协商。私权介入的调整方法是指国家使用非权力的、私法的手段,直接地介入经济生活的一种干预方式。国债发行、政府采购制度、国家投资等均属于这种调整方法。

3. 对干预领域和干预范围的规定。这是国家干预法治化的最重要的规定。在我国市场经济条件下,政府必须本着"有所为,有所不为"的原则,根据各个领域在国民经济中的地位和具体情况,确定干预领域和干预范围。在对干预领域和干预范围进行规定的时候,还必须解决以下两个问题:一是政府干预权在政府内部的合理分配。这既包括纵向分配,即中央、省、市、县、乡级政府干预权的分配,也包括横向分配,即同级政府各部门间干预权的分配。二是排除立法中特别是地方立法中的部门和地方保护主义的倾向。

4. 对干预责任的规定。我国过去颁布的不少经济法律法规,侧重于对政府干预权限的赋予,而很少对政府及其工作人员在干预过程中的违法行为的追究作出规范,这无疑是滥用干预权屡禁不止的一个重要原因。现在,我国已经实行政府官员问责制等制度,这些制度无疑是为规范政府干预而采取的重大措施。

二、经济法兴起的社会经济原因

经济法在资本主义国家和社会主义国家兴起的重要条件,就是商品经济的极大发展和市场在社会经济运行中的作用的日趋明显。从经济角度考察,可以认为,社会化大生产的发展推动了经济法的兴起。在自给自足的农业经济时代以及商品经济发展的低级阶段,经济法不可能作为一种独立的法律力量活跃于社会舞台。只有随着商品经济的发展,特别是商品经济朝着它的高级阶段即市场经济阶段发展,经济法才可能作为一种独立的法律力量在各国法律体系中兴起。这是因为,商品经济越是向社会化大生产和市场经济的方向迈进,就越能推动现代科学技术的不断进步、社会生产力的不断提高、社会分工的不断深化以及国民经济部门的不断增多和细化。当然,市场在不断推动社会生产力提高的同时,也会不断出现诸多市场本身所不能解决的问题。这就必然要求国家从社会整体利益出发,采取切实有效的措施,一方面顺应并推动市场经济体制的良性运行,另一方面通过政府的"有形之手"去克服和避免市场本身的缺陷造成的不当影响,以解决商品生产经营者自身难以解决的商品经济的内在矛盾。

三、经济法兴起的政治原因

从政治角度去考察,国家出面干预经济的客观必然性导致了经济法兴起的客观必然性。国家对经济的干预是随着国家的产生而产生的,只是在社会发展的不同时期,国家干预经济的方式、范围、目标和价值有所不同。研究表明,国家运用法律形式对经济进行干预总体上经历了三个阶段:古代国家对经济的干预,可以称作原始干预;近代国家对经济的干预,可以称作消极干预;现代国家对经济的干预,可以称作积极干预。

对于如何认识国家对经济的干预,我们认为必须走出两个误区:(1)把国家干预与市场经济对立起来,认为市场经济是排斥国家干预的。其实,对经济的干预是国家领导和组织经济建设职能的一部分。这里还需要澄清一个认识问题:只有社会主义国家才具有领导和组织经济建设的职能,资本主义国家不具有这方面的职能,从而对经济的干预只是社会主义国家特有的现象。应当说,社会主义国家和资本主义国家都具有领导和组织经济建设的职能,也都有为实现这种职能而采取的相应干预政策,所不同的仅仅体现在实现其干预职能的范围、目的和手段上的差异。即使是宣称"无为而治"的政府,也不会完全放弃对经济建设的领导和组织以及相应的国家干预经济的措施。因为,在现代经济条件下,市场失灵的表现必然会影响社会有限资源的最佳配置,造成资源浪费,进而影响市场机制的功能发挥,导致市场的非效率状态,最终威胁或危害社会整体利益。因此,国家或政府对经济运行实行干预,并非与国家性质相关,而是根据市场发展的需要和对社会整体利益的维护所作出的必然选择。(2)只看到国家干预的消极面,看不到现代的经济干预在价值取向上的积极变化。如果我们研究各国在不同历史阶段的经济干预的种种情形,就不难发现,国家干预经济的过程,也就是国家干预经济的法制化和民主化的过程。在原始干预阶段,即奴隶制和封建制阶段,国家干预是以"皇权"为旗帜、以残酷的刑罚为后盾的,它实际上是统治者对被统治者的财产权和人身权的侵害和剥夺。在消极干预阶段,也就是自由资本主义阶段,国家干预是在"自由贸易"和"天赋人权"的背景下,为补充民法之不足而产生的。这种干预或多或少地考虑到人的权利,如工厂法这一资本主义国家关于雇佣劳动的立法,就包括劳动保护、工资福利、集体合同等有利于工人的规定,相对于原始干预来讲,这无疑是一种进步。在积极干预阶段,也就是资本主义进入垄断和社会主义国家产生以后,国家对经济的干预是以经济法治、经济民主、经济公平、经济秩序以及经济效益等为目标的,这也是许多现代市场经济国家,在行政法和民法之外,制定体现国家干预经济的经济法所追求的共同目标。所谓"需要国家干预",指的就是一种法制化的、适度的、以间接方式为主的干预。

四、经济法兴起的法律原因

从法律文化的角度去考察,人们渴望以法治化的国家为其生存空间的心理,促进了经济法的兴起。在市场经济条件下,商品经济不仅是商品生产经营者赖以生存和发展的条件,也是国家兴旺发达的原动力。而商品经济的发展是以市场的秩序化为条件的,这就决定了国家和商品生产经营者都很关注商品经济的发展。在法治社会里,市场的秩序化依靠的不仅是个体与个体之间的公序良俗、商业惯例,更为重要的是实现整个市场秩序的法治化。市场经济实际上就是法治经济,它需要由调整平等主体间财产关系的民事法律规范,同时,市场失灵的存在需要法律对任何违背市场经济秩序的、市场本身不能解决的行为进行适当干预。市场经济的不断发展,在客观上使对适当干预市场的法律的需求更加紧迫。总之,市场缺陷产生市场失灵,市场失灵产生干预需求,干预需求产生干预供给,而干预供给的法律形式就是经济法。[15]

从部门法角度来看,社会经济生活的复杂性以及传统民法和行政法在调整经济关系上的局限性,决定了经济法产生和兴起的必然性。在传统法律体系中,每一独立的部门法在本质上都存在差异。就行政法而言,它所调整的社会关系在本质上体现为主体之间的"隶属性";就民法而言,它所调整的社会关系在本质上体现为主体之间的"平等性",意思自治的界限仅仅是公共秩序和善良风俗。在政府和经济主体作为经济活动的双方当事人时,行政法和民法的调整手段都难以从社会整体利益的角度实现经济主体的权利义务均衡。也就是说,行政法和民法

---

[15] 应飞虎:《需要干预经济关系论———一种经济法的认知模式》,载《中国法学》2001年第2期。

的调整手段不能有效地通过宏观经济调控、市场规制等路径,对经济主体的合法权益实施法律保护,其调整效果往往只是使侵害行为得到一定程度的惩处,但是侵害行为的受害者却不能因行政法和民法的适用而得到充分的法律救济。如工厂的超标排污行为,在行政法、民法框架内很难实现既使环境受害者的权益得到有效救济,又使生态环境在整体上得到有效保护的目的。因此,这就需要国家运用经济法的形式,将经济活动纳入法治化的运行轨道。有学者就主张,经济法的作用首先是通过市场机制优化资源配置,充分发挥人和物的积极作用,形成社会公平机制的基础和向导;其次是通过国家干预手段,保障社会成员的生存权和维护实质公平。[16]

五、经济法理论兴起的逻辑演进

从理论角度去考察,经济学中,国家干预理论的产生和发展,加速了经济法的兴起。从对资本主义国家经济法兴起的回顾中,我们可以清晰地看到,资本主义国家的经济学家为了找出医治资本主义经济危机的药方,要么借鉴别国的可以用来解决本国经济问题的经济学主张,要么立足于本国实际提出了各式各样的经济学说。尽管这些学说的出发点和归宿不同,但是,差不多都是围绕着削弱国家干预或者加强国家干预的问题而展开的。与此相适应,经济法理论研究及其经济立法实践,也是围绕着这个问题而进行的。历史地看,任何一个国家的经济学理论,之所以为那个国家的统治阶级所采纳,都是因为这种主张在当政者看来是符合这个国家的经济发展要求的。一旦被采纳的理论不能解决社会的经济问题,或者一个国家的经济状况发生变化,原来的理论就会时过境迁,被新的理论所代替。在这种情况下,我们认为不必对以前出现的经济学和法学理论作过多贬责。假若没有重商主义的经济理论及体现国家干预经济的立法,资本主义的原始积累就不可能最终完成;而完成原始积累以后,假若没有亚当·斯密的经济自由理论作指导及民法作用的充分发挥,资本主义的经济就可能被国家集权扼杀在萌芽状态;当自由资本主义的发展导致资本主义的空前经济危机后,假若没有凯恩斯的国家干预理论,资本主义制度就可能走到尽头;当凯恩斯的经济理论不能从根本上解决资本主义的痼疾的时候,假若没有供给学派及相应的既体现国家干预又体现企业自由经营的经济立法的出现,资本主义可能还处在极端的自由放任主义与国家干预主义的选择之中;假如没有制度经济学以及后来的制度法学的推动,资本主义各国的各项制度的完善就会受到阻碍。

如果我们进一步分析资本主义国家在一定时期占主导地位的经济学说及相应的经济法理论观点对经济立法的贡献,不难看出,亚当·斯密的学说的最大贡献,莫过于他对市场机制的作用及"看不见的手"的作用的认识和重视;凯恩斯的学说的最大贡献,就在于指出了完全的市场调节的局限性,分析了国家从宏观上对经济进行干预和调节的必要性。在这里,亚当·斯密重点强调了经济人的作用,而低估了国家干预对市场经济的促进作用;凯恩斯重点强调了国家干预在市场经济发展中的作用,而忽略了市场的作用。供给学派的最大贡献,在于其一方面尖锐地指出了国家过多干预的局限性,强调了市场机制的必要性;另一方面又没有忽视国家干预与市场调节相结合的问题。事实上,现在许多国家通过对自身经济发展道路的反省,都已认识到要发展本国经济,既不能采取完全放任的市场经济体制,也不能实行完全国家干预的高度集

---

[16] 张武:《政府经济职权的隐性价值分析》,载单飞跃、卢代富等:《需要国家干预:经济法视域的解读》,法律出版社2005年版,第257页。

中的经济体制。国家干预和经济自由犹如天平的两端,经济法就是天平的砝码,它始终调节和控制着国家干预和经济自由之间的良性互动。

第四节 经济法发展的前景展望

经过多年的理论探索和实践检验,经济法作为一个独立的法律部门已经为我国众多学者和立法机关所认同。如果说我国经济法以党的十一届三中全会为契机,出现了第一次勃兴,那么随着社会主义市场经济的不断完善,以及经济全球化和知识经济时代的到来,经济法迎来了第二次勃兴。可以预料,为了适应我国经济发展新常态的要求,经济法必将迎来第三次勃兴。如果说经济法的第一次勃兴为经济法学理论和经济立法的产生扫清了道路,经济法的第二次勃兴为经济法学理论及其实践提供了广阔的发展前景,那么,经济法的第三次勃兴必将为促进国家治理体系和治理能力现代化提供部门法支撑。

一、经济全球化对经济法学理论和制度的影响

美国经济学家提奥多尔·拉维特于1985年在《市场全球化》一文中最早提出了"经济全球化"这一概念。他用这个词形容国际经济发展的一种趋势,即商品、服务、资本和技术在世界生产、消费和投资领域的扩散。经济全球化主要表现在以下四个方面:一是金融和资本国际化;二是跨国公司和生产的国际化;三是贸易自由化;四是科技和知识国际化。

经济全球化是社会生产力发展的客观要求,是社会化大生产在全球范围内扩展的结果。要发展本国经济,就要主动融入经济全球化浪潮,充分利用国际、国内两种资源、两个市场,加强与其他国家的合作与交流,与世界经济发展保持同步性。世界贸易组织(World Trade Organization,WTO)是经济全球化的当代表现,它所确立的多边贸易规则体系,保证了世界各国经济交往的有序进行,推动了经济全球化的进程。中国于2001年12月11日正式成为世界贸易组织的成员,从此以更加开放的姿态参与国际经济合作。2013年,我国提出"一带一路"合作倡议,积极发展与"一带一路"共建国家的经济关系,我国经济开放程度进一步提升。与此同时,我们也应认识到,"逆全球化思潮抬头,单边主义、保护主义明显上升,世界经济复苏乏力"。这种复杂的经济形势必然会给我国经济法学理论和制度的构建带来许多挑战,因此,我们应当注意以下几点:

1. 经济法必须加快完成理念创新。经济法作为处理政府与市场关系的基本法,对持续推进政府职能转变,创新宏观经济调控,维护市场竞争,促进国民经济有规律、有质量、有效益和可持续发展起着不可或缺的作用。随着新一轮科技革命和产业变革的深入发展,我国的社会经济生活发生了很大的改变。为此,构建于原有的社会经济条件上的经济法必须完成理念创新,实现对新常态下的社会经济关系的优化调整。当前,这种理念创新亟须注重以下两个方面:

第一,经济安全理念创新。安全往往与秩序、稳定等联系在一起,都是法律的基本价值目标。安全具有多种内涵,其中一个重要内容便是经济安全。就经济安全而言,当前最突出的是

食品安全、粮食安全、网络安全和虚拟经济安全。在多个法律部门中,民商法与经济法是实现经济安全的主要法律部门。如果说民商法关注的是个体交易的安全,那经济法作为对这种交易安全的扬弃,关注的则是社会整体的经济安全。过去,对经济安全的理解和研究过于狭隘,只是在一国范围内讨论经济安全问题;而随着中国加入世界贸易组织,世界经济在全球化和逆全球化之间发生摇摆,这就对我国加强经济安全的法律对策机制研究提出了新的要求,即不仅要保障国内经济安全,还要保障国际经济安全,尤其应当注意防范国际经济风险对我国产生的影响。就我国目前的经济状况而言,对于如何推进高水平的对外开放及应对其中的挑战,重点包括如下三个方面:一是推进制度型开放。要稳步扩大规则、规制、管理、标准等制度型开放,创新服务贸易发展机制,合理缩减外资准入负面清单,依法保护外商投资权益。二是优化区域开放布局。要巩固东部沿海地区的开放先导地位、提高中西部和东北地区的开放水平、加快西部陆海新通道建设,扩大面向全球的高标准自由贸易区网络。三是有序推进人民币国际化,在深度参与全球产业分工合作的同时,维护多元稳定的国际经济格局和经贸关系。由于各国经济间的联动效应大大加强,一旦经济链条的某一环节出现问题,经济危机便会像多米诺骨牌一样迅速传导开来。这要求我们必须在这一特定历史背景下寻求确保经济安全的法律对策机制。对此,经济法将经济安全纳入其原则体系,借助经济法制尤其是宏观经济调控法律体系,构筑起我国的经济安全网,既分享经济全球化带来的利益成果,又注重防范经济全球化可能给我国带来的经济风险。唯此,才能实现我国经济社会发展的目标。

第二,经济法发展理念创新。经济法发展理念的创新主要有两个方面:一是坚持可持续发展理念,并通过原则确立、制度构建的方式实现经济法的可持续发展理念;二是树立平稳发展理念,即要摆脱不发达市场的自发渐进过程的羁绊,实时地推动经济增长和工业化进程,提升国际竞争力和抗风险能力。

2. 经济法学的理论研究必须走一条与相关学科研究相结合的道路。经济全球化与逆全球化的影响是整体的,而不是局部的。对于一国的法律体系来说,不但其中的某个部门法有回应全球化和逆全球化的必要,而且整个法律体系都有必要对此作出反应。一个国家的法律体系,实际上是由多个法律部门组成的有机整体,这个法律体系框架内的独立的法律部门,发挥的作用可能有所不同,但都是整个法律体系的必要组成部分。现今的法学研究不可再陷入过去那种部门法之间互相排斥的泥潭,我们很多时候甚至会强调领域法学。为此,需要加强部门法之间的沟通和交流,建立和完善相关法律部门的良性互动机制,这对于各个部门法的研究来说都是大有益处的。

3. 经济全球化和逆全球化对经济法学的理论和制度体系的影响。当今世界正在发生深刻而复杂的变化,经济全球化的深入发展,使和平、发展、合作、共赢成为不可阻挡的历史潮流。但与此同时,逆全球化的发展也不可忽视。为此,"中国坚持对外开放的基本国策,坚定奉行互利共赢的开放战略,不断以中国新发展为世界提供新机遇,推动建设开放型世界经济,更好惠及各国人民","推动世界贸易组织、亚太经合组织等多边机制更好发挥作用,扩大金砖国家、上海合作组织等合作机制影响力,增强新兴市场国家和发展中国家在全球事务中的代表性和发言权"[17]。面对新的形势,经济法学理论和制度体系有必要对此作出回应。然而,我国目前实施宏观经济调控政策主要依赖行政措施,宏观经济调控的市场基础还没有很好形成,对宏观经

---

[17] 习近平:《高举中国特色社会主义伟大旗帜　为全面建设社会主义现代化国家而团结奋斗——在中国共产党第二十次全国代表大会上的报告(2022年10月16日)》,人民出版社2022年版,第61~62页。

济调控法的要求越来越高,需要进一步思考如何创新宏观经济调控。而且,在社会分配法领域,随着经济全球化和逆全球化的交替作用,市场竞争将更加激烈,容易造成失业、贫富差距加大等社会问题,影响社会稳定。在此背景下,如何更好地发挥政府的作用,如何加强社会保障等相关领域立法正成为亟待解决的问题。

二、知识经济对经济法学理论和制度的影响

按照经济合作与发展组织的定义,知识经济是指直接依据知识和信息的生产、分配和使用的经济。一般说来,知识经济具有以下几个特征:一是科学技术的研究与开发日益成为知识经济的重要基础;二是信息和通信技术在知识经济的发展过程中处于中心地位;三是服务业在知识经济中扮演着主要角色;四是人力资源的素质和技能成为知识经济的先决条件;五是与知识相关的产业在国民经济中占有较大比重。

知识经济的浪潮极大地改变了传统社会的经济形态,知识、技术成为生产力发展的决定性因素。作为知识经济表征的信息经济的发展使经济的信息化、数字化、虚拟化程度提高。经济领域的巨大变革引发了社会生产、生活方式的重大转变,建立在传统工业经济基础上的法律制度需要积极适应这一转变,以维护社会的有序发展。经济法作为与社会经济密切联系的法律,也需面对知识经济的挑战。

1. 经济法应树立科技优先理念。在知识经济时代,各国经济实力的竞争表现为科学技术的竞争。经济法治应当内蕴以科技优先发展为核心的立法理念,激励各门类科学技术的开发、创新和利用。在向知识经济转变的过程中,要充分发挥政府在促进科技进步方面的引导作用。此外,经济立法在注重知识本身价值的同时,也要重视对人力资源的开发和利用。

2. 经济法要拓展调整领域。信息经济是知识经济的表征,是知识经济发展的高级形态。信息革命与信息产业的发展带来了网络经济的繁荣,互联网、通信网、广播电视网等形成了综合性的全球信息网络,一国乃至世界范围内的一切经济活动都可以通过网络进行,主要表现为银行网络化、国际商务网络化、国际金融网络化、国际生产网络化等。简言之,即经济活动的网络化。网络经济产生的网络空间扩大了经济活动的场所,各种虚拟的经济设施和经济体出现,经济交往的方式也通过数字化方式进行,呈现出虚拟状态。经济法应当拓展自己的视野,从法律上对网络经济和虚拟经济活动进行规制和管理。这具体包括四个方面:一是网络信息资源保护与信息安全;二是网络交易秩序监控;三是电子商务引发的税收、货币政策问题;四是保障虚拟经济的安全运行。

3. 防止知识异化。知识的创造,旨在认识、利用和改造自然,造福于人类社会,但人类在使用知识的过程中,难免造成危害自然和社会的后果,即从知识的正力量中分裂出异己力量。[18]科学技术是一把"双刃剑",重大技术突破在带来福祉的同时,也可能会带来负效应。20世纪以来,科技空前发展的同时带来了环境污染、能源消耗加速、森林面积减少等一系列环境资源问题,高科技犯罪、电脑病毒、因特网上信息公害等问题也日益严重。高科技的负效应不能归咎于其本身,而是源于其在社会中被误用、滥用、恶用等人为因素,从此种意义上讲,法律对知识异化行为是可以进行控制的。现代经济法应以社会利益为本位,注重经济、社会整体利益的长远发展:一方面要鼓励高科技的开发、利用,另一方面要防范高科技发展中的副作用。

---

[18] 王全兴:《经济法基础理论专题研究》,中国检察出版社2002年版,第401页。

三、现代化发展趋势对经济法学理论和制度的影响

国家治理体系和治理能力现代化目标对经济法的现代化发展提出了更高的要求。经济法是现代化的产物,但是,现代化的环境并不能自然而然地保证经济法自身的现代化。经济法的现代化是一个需通过几代人乃至十几代人的长久探索和再探索、实践和再实践才能完成的过程。在这里,至关重要的是,理论工作者和立法机关都要有追求经济法现代化的理念和行动。

四、创新驱动发展战略对经济法学理论和制度的影响

现代经济法是随着工业经济时代的到来而产生和发展起来的,因此,无论是我国的经济立法还是发达国家的经济立法,所反映的更多是以制造业为标志的工业经济时代的特征。随着科学技术逐渐成为推动经济社会发展的主要力量,创新驱动发展是大势所趋。党的二十大报告明确指出,要坚持创新在我国现代化建设全局中的核心地位。在这种背景下,新一轮技术革命和产业变革必将在我国呈现,这不仅需要对已有的经济立法进行适应性的改造,同时还要加快新的经济立法,以推动创新驱动发展战略的更好实现。为此,经济法学理论研究要为打破束缚创新驱动发展的旧有观念和体制机制提供法治保障。

五、虚拟经济对经济法学理论和制度的影响[19]

虚拟经济是经济学界根据虚拟资本概念创制出来的一个概念。它是指交易品本身没有价值、不参与生产与再生产过程,而通过交易可获得价值增减的经济运行方式,包括货币市场、资本市场(股票、债券交易)、期货买卖及新兴金融衍生品交易等。虚拟经济的意义主要表现在两个方面:一是这一概念将以前分别看待、分别研究、分别立法的银行业、货币业、证券业、期货业等统一起来,实现了概念的提升与整合,为统一、系统地研究和对待以上各行业提供了思维工具。二是这一概念与传统的以劳动价值理论为基础的实体经济相对,使人们对人类社会历史上经济模式的演变以及当今社会经济格局的认识实现了哲学化迈进。这表明,当今人类社会的经济发展已经由原来单纯的劳动创造价值(和使用价值)的实体经济形态进化为实体经济与虚拟经济同时并存的二元经济结构时代。然而,虚拟经济的运行远比实体经济复杂:如果无法保障虚拟经济的运行安全,也就无法驾驭整个国民经济的发展;如果无法驾驭国民经济的发展,也就谈不上国家治理能力及其现代化。

虚拟经济概念的提出及其理论研究,使我们很容易看到一种与以往完全不同的经济形态。在这种经济形态之下,原有实体经济的基本理念与基本价值判断不能完全发挥作用,而新的理念和规则还需要经济学家的理论论证和支撑。遗憾的是,与这些新的理念相对应的法律的基本理念和基本价值判断,目前未能引起法学界应有的关注。在我国实践中,虽然证券、期货、金融衍生品交易是直接融资的重要手段,但是一些投资者对此往往疑虑重重,这主要是因为这些事物与人们头脑中固有的实体经济概念发生了激烈的冲突。例如,虚拟经济中的交易产品本身没有价值,也不参与实体经济的生产过程,这种资金配置方式是否会沦为一种不法的投机、一种剥削方式,乃至是否符合我国的社会性质等问题,成了缠绕在社会公众、政治学家、经济学家、法学家心中一时难以解开的结。如果虚拟经济概念得到广泛承认,虚拟经济理论得以建

---

[19] 胡光志:《虚拟经济及其法律制度研究》,北京大学出版社2007年版,第43~46页。

立,上述问题将在很大程度上有所缓和乃至得到解决。剩下的问题就是法学家如何从法律角度对之进行解释,立法者如何将其转化为现实的规范与制度。

无论是作为一个理念还是作为一种经济形态,虚拟经济都将对法学特别是对经济法的理论与实践产生重要的影响。经济法是调整国家在干预经济的过程中形成的社会关系的法律规范的总和。经济法涉及两大基本因素:一是经济因素,即经济法首先是有关经济结构与经济运行的法律;二是政府干预因素,即经济法是协调政府与经济互动关系的法律。因此,经济与经济法之间有"形"与"影"的关系。应当说,虚拟经济概念的提出,受影响最大的法律当为经济法。概言之,这些影响主要表现在以下方面:

1. 对经济法学基本理念的影响。经济法存在的合理性之一是国家干预经济的合理性。由于虚拟经济交易的产品是概念化的产品,而非实实在在的商品,因而其运行要靠人为预设的规则来支撑;这就需要有特殊的制度设计,并以强有力的国家监管为保障。换言之,虚拟经济概念的提出,再次印证了国家干预经济的必然性,为经济法的理念提供了支撑。与此同时,虚拟经济是一个有着自己特殊运行规律的经济形态,实体经济的许多基本规则都难以机械适用,因此,虚拟经济概念的提出必然要求经济法进行制度创新。如相对于传统的实体经济法律制度而言,市场准入制度、集中交易制度、公开交易制度、保证金制度、涨跌停板制度、限量限价交易制度、信息公开制度、统一监管制度、异常情况处理制度、统一结算制度等,都需要进行法律制度创新。此外,在虚拟经济条件下,根据实体经济形成的一些观念也需要作相应的变革。例如,一些带有投机性质的交易行为,在虚拟经济条件下可能属于正常的交易活动。又如,合同自由、意思自治在虚拟经济中将受到更加明确、公开而严格的限制,涨跌停板制度、限量限价交易制度即是较为典型的体现。再如,虚拟经济领域的资源优化配置观、效率观等,也与实体经济领域的资源优化配置观、效率观等有一定差异,应当反思与重构。

2. 对经济法体系构建的影响。经济法的体系采用"纵向版块"的结构方式,即主体规制法、市场秩序法、宏观经济调控法、经济监管法。这种体系基本上是按实体经济理念来构建的,因为它是按商品交易的逻辑主线加外部保障来组织法律规范的,构建的理论基础仍然是实体经济学理论。在这样的体系中,虚拟经济往往被放到宏观经济调控中并作为金融法律的一个部分,一些著作甚至干脆省略了虚拟经济的内容,无法体现虚拟经济的应有地位。虚拟经济概念的提出,将经济划分为"实体经济"与"虚拟经济"两大部分,与此相应,我们就有可能构建"二元纵向"的经济法体系。[20]

3. 对经济法学内容的影响。传统经济法体系主要是针对实体经济而构建的,虚拟经济并没有在这种体系中凸显其应有地位。因此,对于以实体经济为基础的传统经济法来说,虚拟经济概念的提出,必然会极大地丰富经济法及经济法学的内容:一方面,如果将虚拟经济法律制度与实体经济法律制度并列,那么经济法体系原有的"纵向版块"结构将向"二元纵向"结构转化,经济法的内容将得到拓展与更新。另一方面,实体经济法律规范与虚拟经济法律规范并立后,还会衍生出一些新的内容。如新的经济法体系中实体经济法律制度与虚拟经济法律制度的链接与协调,宏观经济调控中实体经济与虚拟经济的协调与平衡,虚拟经济背景下社会分配与保障制度的建构等问题。

---

[20] "二元纵向"的经济法体系是指将经济法分为实体经济法、虚拟经济法两个并行的部分,各部分再按交易的构成要素建立纵向的经济法规范版块。

六、数字经济对经济法学理论和制度的影响

"发展数字经济是把握新一轮科技革命和产业变革新机遇的战略选择,是新一轮国际竞争重点领域,我们一定要抓住先机、抢占未来发展制高点。"[21]2021年12月12日,国务院印发的《"十四五"数字经济发展规划》指出,2020年,我国数字经济核心产业增加值占国内生产总值比重达到7.8%,数字经济为经济社会持续健康发展提供了强大动力。与此同时,我国数字经济发展也面临一些问题和挑战:关键领域创新能力不足,产业链、供应链受制于人的局面尚未根本改变;不同行业、不同区域、不同群体间数字鸿沟未有效弥合,甚至有进一步扩大趋势;数据资源规模庞大,但价值潜力还没有充分释放;数字经济治理体系需进一步完善。值得注意的是,党的二十大报告明确提出,要加快发展数字经济,促进数字经济和实体经济深度融合,打造具有国际竞争力的数字产业集群。可以说,以下内容都是经济法学理论和制度应对数字经济快速发展的着力点和重点任务:加快构建数据要素市场规则,培育市场主体、完善治理体系,促进数据要素市场流通;加快健全市场准入制度、公平竞争审查机制,完善数字经济公平竞争监管制度,预防和制止滥用行政权力排除、限制竞争。那么,建立与数字经济发展相适应的法律法规制度体系就显得尤为必要,而经济法的理论研究就是要为完善数字经济治理体系和治理格局提供法治保障。

———— **思考题** ————

1. 经济法产生的客观基础是什么?
2. 经济法兴起的原因是什么?
3. 经济法对克服市场失灵和政府失灵分别有哪些作用?
4. 什么是虚拟经济?虚拟经济对经济法学有何影响?
5. 数字经济对经济法的发展提出了哪些挑战?

---

[21] 中共中央宣传部编:《习近平新时代中国特色社会主义思想学习纲要(2023年版)》,学习出版社、人民出版社2023年版,第163页。

第二章 经济法的定义和调整对象

| 内容提要 |

本章阐述了国外学者以及我国学者对经济法的不同定义,并给出了本书对经济法的定义。另外,本章阐明了经济法的调整对象,认为其具体范围包括市场主体规制关系、市场秩序规制关系、宏观经济调控关系和经济监管关系,并分析了经济法调整上述关系的客观必然性。

| 学习重点 |

经济法的定义　　经济法调整对象的具体范围

第一节　经济法的定义

一、国外学者对经济法的不同定义

(一)资本主义国家的学者对经济法定义的探索

资本主义国家的学者对经济法定义的探索择要如下:(1)经济法是以反垄断和反不正当竞争为中心内容的法。日本学者丹宗昭信认为:"现代经济法的核心是垄断禁止法。"日本另一学者正田彬认为,经济法"是规制垄断资本主义阶段固有的以垄断为中心的从属关系的法",是"国家规制市场的法",是"国家为了维护竞争秩序而介入市场的法"。(2)经济法是国家干预经济的法。日本学者江上勋认为,经济法是以自由经济为基础,通过国家权力来完成民法无力解决的调节社会经济关系的法规。法国学者德让认为,经济法是以给予公共权力机关能够对经济采取积极行动为目的的法律规则的总称。(3)经济法是调整普遍经济利益的法。法国学者罗柏萨维认为,经济法是旨在保证特定时刻和特定社会中,国家与私人经济代理人的普遍经济利益和特殊利益之间平衡的规则总称。瑞士学者不称经济法,而是使用"经济宪法"或者"经济公法"的概念,认为其是从公共福利的角度出发,协调经济的法律,主要包括调整物价、对外贸易、运输调配和农业结构等方面的经济关系的法律,调整的结果是要使普遍的经济利益与企业之间的利益达到平衡。(4)经济法是企业法。德国学者库拉乌捷和日本学者西原宽一认为,经济法就是关于企业的法,不必解决个人利益之间或普遍利益与私人利益之间的冲突,这种法律既同旨在保持个人利益之间的平衡的私法相分离,又同优先照顾普遍利益的公法原则相分离。因此,经济法是规定企业在国民经济中占何种地位、国家对企业进行何种程度的领导、扶持和监督的法律。(5)经济法是公法和私法的交错。日本学者高田植一等认为,公法是体现和调整国家对经济活动的干预的法;私法是体现和调整自由竞争的法;而经济法则是运用公法规则和私法规则来调整与双方同意和自由竞争相矛盾的、需要由国家来调和的那部分经济关系的法。(6)经济法是社会法。德国学者托尼斯扬认为,公法是把国家对私人的关系作为调整对象的法,社会法则是把私人和特殊社会(集团)之间的关系作为调整对象的法,经济法具有社会法的性质。

综上所述,资本主义国家的学者所揭示的经济法,尽管在名称、范围和内容上有所不同,但是,他们的观点都有一个共同点,就是指出了经济法具有国家干预社会经济生活的性质。这可以说是经济法最基本的特征。

(二)苏联和东欧等社会主义国家学者对经济法定义的探索

苏联和东欧等社会主义国家学者对经济法定义的探索择要如下:(1)苏联学者哥里班诺夫和克拉萨夫奇科认为,经济法就是苏维埃社会主义的不同部门,在调整经济活动中起职能上的相互配合作用的规范和制度的总和,它不是苏联法律体系中的独立部门。(2)苏联学者拉普捷夫认为,经济法是规定领导经济活动和进行经济活动的方法,调整社会主义组织及其所属内部单位之间的经济关系,并运用各种不同的法律调整方法以保证合理地进行社会主义经营管理的法律规范的总和,是苏联法律体系中的独立部门。苏联解体之后,拉普捷夫鉴于俄罗斯颁布了许多为经营活动的发展创造司法条件的法规和其他规范性文件,对经济法的定义作了重新认识。他指出:"以前曾是反映计划经济的经济法律,现在正在变成经营活动的法律","经营活动法是市场经济的经济法"。(3)民主德国学者海尔和克灵格认为,经济法是按照民主集中制原则,调整国家机关与作为劳动集体组织的企业及其经济单位的相互关系,以及社会主义经济单位之间相互关系的那些法律规范和实现这些规范的法律形式的总和。(4)南斯拉夫学者安多列耶维奇认为,经济法是一个特殊的部门法:它既包括调整在经济活动中作为主体的联合劳动组织法律地位的法律规范,也包括调整联合劳动组织和社会共同体机构相互关系的法律规范,还包括调整这些组织之间相互关系的法律规范。

综上所述,苏联和东欧等社会主义国家学者所揭示的经济法有一个明显的特点,就是分歧点大于共同点。这些国家的学者都已经注意到,在他们国家的经济生活中,既存在权力因素,又存在财产因素,他们都在力图找到一种恰当的法律形式来调整这些国家中所存在的现实经济关系。只不过由于探索的路线和方法不同,经济法学派主张用经济法的形式来统一调整权力关系和财产关系,而民法学派则主张用行政法或"异化"了的民法来调整现实生活中所出现的与计划和某些行政行为相联系的经济关系。应当说,这些国家的经济法和民法观点,均未摆脱这些国家实质上实行的集中体制的约束。

二、我国学者对经济法的不同定义

我国学者对经济法的定义,可以分为以下两个阶段。

(一)市场经济体制确立之前的经济法定义

在这个阶段,学者是在以下两种意义上对经济法进行定义的:

1.经济法作为非独立法律部门的定义:(1)综合经济法论。王家福、王保树教授认为,经济法是国家认可或制定的以经济民法方法、经济行政法方法、经济劳动法方法来分别调整平等的、行政管理性的、劳动的社会经济关系的法律规范的总和。(2)学科经济法论。佟柔教授认为,经济法是综合运用各种基本法的方法和原则对经济关系进行综合调整的法律规范的总和。

2. 经济法作为独立法律部门的定义:(1)经济行政法论。梁慧星、王利明教授认为,经济行政法是国家行政权力深入经济领域,对国民经济实行组织、管理、监督、调节的法律规范的总称。(2)纵向经济法论。其中又有三种主张:一是孙亚明教授认为,经济法是调整我国社会主义经济关系中的宏观纵向经济关系的法律规范的总和;二是郭锐、谢次昌教授认为,经济法是调整宏观国民经济管理关系和微观企业管理关系的法律规范的总和;三是谢怀栻教授认为,经济法是调整社会主义计划经济中各种关系的法律部门的总和。(3)纵横经济法论。这是经济法学界一度广为主张的一种理论。这种理论的基本观点是,经济法既要调整一定范围内的纵向经济管理关系,也要调整一定范围内的横向经济协作关系。但是,对于怎样界定"一定范围",不同学者又存在不同的认识,有的界定得比较宽,有的界定得比较窄。徐杰教授认为,经济法是调整经济管理和经营协作中所产生的经济关系的法律规范的总和。陶和谦教授认为,经济法是调整经济管理关系和与经济管理密切相关的经济关系的法律规范的总和。杨紫烜教授认为,经济法是调整经济管理关系和经济协作关系的法律规范的总和。潘静成、刘文华教授认为,经济法是确立国家机关、社会组织和其他经济实体在国民经济体系中的法律地位,调整它们在经济管理和与管理、计划密切相联系的经济协作过程中所发生的经济关系的法律的总称。王榕、马绍春教授认为,经济法是调整经济活动中发生的兼有商品性(财产)和行政性(权力)双重因素的经济关系的法律规范的总称。潘念之、王峻岩教授认为,经济法是调整国家在组织国民经济中、国家在管理企业中、企业在内部管理中以及企业相互之间的协作过程中所发生的各种经济关系的法律的总和,或者说,经济法是以企业为核心的法。李昌麒教授认为,经济法是调整经济管理关系以及与经济管理关系有密切联系的经济协作关系的法律规范的总称。这是一种有限制的纵横经济法论。

上述定义,应当说都是为了适应当时既存的体制或者当时改革发展的需要而提出的,只是由于人们认识的角度不同,各种理论对既存体制和改革方向的适应程度有所差异而已。

(二)市场经济条件下的经济法定义[1]

随着我国从计划经济体制向社会主义市场经济体制转变,学者从新的角度对经济法的定义作出了重新揭示,从而形成了新的观点。需要指出的是,新的经济法观点,除个别学者仍然不认同经济法是一个独立的法律部门,甚至回归到"经济法是调整所有经济关系的法律规范的总称"[2]的认识之外,多数学者都是在经济法是一个独立法律部门的前提下揭示经济法的定义的。

1. 国家协调说。该说认为,经济法是调整在国家协调本国经济运行过程中发生的经济关系的法律规范的总称。这种观点将企业组织管理关系、市场管理关系、宏观调控关系和社会保障关系纳入了经济法的调整范围。[3]

2. 社会公共性经济管理说。该说认为,经济法是调整发生在政府、政府经济管理机关和经

---

[1] 本部分各经济法学说的名称采用了肖江平博士的归纳,参见肖江平:《中国经济法学史研究》,人民法院出版社2002年版,第289~296页。

[2] 余庆福:《经济法,一个独立的法律领域——经济法地位新探》,第五届经济法理论研讨会论文。

[3] 杨紫烜主编:《经济法》,北京大学出版社、高等教育出版社1999年版,第28~32页。

济组织、公民个人之间的以社会公共性为根本特征的经济管理关系的法律规范的总和[4]。经济法的体系由市场管理法、宏观经济管理法和对外经济法三大部分组成。

3. 纵横统一说。该说认为,经济法是调整国家机关、社会组织和其他经济实体在经济管理过程中和经营协调活动中所发生的经济关系的法律规范的统一体(总称)。或表述为:经济法是调整经济管理关系、维护公平竞争关系、组织管理性的流转和协作关系的法[5]。

4. 国家调节说。该说认为,经济法是调整在国家调节社会经济过程中发生的各种社会关系,以保障国家调节,促进社会经济协调、稳定和发展的法律规范的总称[6]。国家调节社会经济过程中发生的各种社会关系简称为经济调节关系,包括市场障碍排除关系(含反垄断和限制竞争关系以及反不正当竞争关系)、国家投资经营关系和宏观调控关系。

5. 国家调制说。该说认为,经济法是调整在现代国家进行宏观调控和市场规制的过程中发生的社会关系的法律规范的总称。简单地说,经济法就是调整调制关系的法律规范的总称[7]。该说认为,经济法体系包括宏观调控法和市场规制法两大方面。

6. 需要国家干预说。该说认为,经济法是国家为了克服市场调节的盲目性和局限性而制定的,调整需要由国家干预的具有全局性和社会公共性的经济关系的法律规范的总称[8]。

上述诸种观点,尽管在表述方式上存在一定差异,但是都有一个共同的基点,即都强调经济法是为了克服市场失灵和维护社会公共利益而存在的。对经济法的本质属性作出这一界定的内在逻辑如下:理论和实践都表明市场机制是迄今为止资源配置的最佳方式,但市场机制并非总是高效率的;相反,市场失灵内生于市场机制,市场失灵使市场运行的结果呈现出明显的配置上的非效率和分配上的非公平性,而市场自身又无法克服市场失灵。这就必然产生对外力介入的需求,国家也就因其特有的优势成为干预主体,而干预的基本法律形式正是现代经济法。因此,经济法语境中的国家干预是国家在市场经济体制下的一种特殊的经济职能,旨在克服市场失灵以提升市场效率,而并非泛指国家公权意志在法律中的体现。

三、本书对经济法的定义

（一）定义经济法的方法

为某个概念下定义,最基本的要求是揭示这个概念的本质属性,包括它的内涵和外延。综观学者对某种法的定义,大体上可以归纳出以下三种方法:一是从某种法的调整对象出发,对该法进行定义。这是通常的定义方法。二是从某种法的特有功能出发,对该法进行定义。三是把某种法的调整对象和特有功能结合起来,对该法进行定义。前两种定义方法,都可能使人们产生认识上的缺陷。而第三种方法可以较为清晰地告诉人们,某种法是什么和为了什么。本书采用这种方法定义经济法。

（二）经济法定义的表述

经济法是国家为了克服市场失灵和政府失灵而制定的,调整需要国家干预的具有全局性

---

[4] 王保树:《关于经济法概念的考察》,载漆多俊主编:《经济法论丛》第2卷,中国方正出版社1999年版。
[5] 纵横统一说的主要倡导者为刘文华、史际春教授。二者的观点虽均属纵横统一说,但也有一定区别。对该说的定义归纳,参见肖江平:《中国经济法学史研究》,人民法院出版社2002年版,第294页。
[6] 漆多俊:《经济法基础理论》(第3版),武汉大学出版社2000年版,第84页。
[7] 张守文:《经济法理论的重构》,人民出版社2004年版,第212页。
[8] 李昌麒:《经济法——国家干预经济的基本法律形式》,四川人民出版社1995年版,第208页。

和社会公共性的经济关系的法律规范的总称。简言之,经济法是调整需要国家干预的经济关系的法律规范的总称。这表明:(1)经济法最基本的属性在于它体现了国家运用权力对社会经济生活进行干预。(2)经济法并不调整所有的经济关系,仅调整具有全局性和社会公共性的经济关系。(3)不是所有具有全局性和社会公共性的经济关系,都需要由国家进行干预,只有在因市场失灵而需要国家干预时,国家才进行干预。也就是说,市场失灵为经济法的国家干预划定了界限。这一表述与《中国特色社会主义法律体系》白皮书关于"经济法是调整国家从社会整体利益出发,对经济活动实行干预、管理或者调控所产生的社会经济关系的法律规范",旨在"防止市场经济的自发性和盲目性所导致的弊端"的表述,大体上是相一致的。

(三)正确理解国家干预的含义

国家干预是一个内涵丰富的概念:就干预主体来讲,包括国家权力机关的干预、国家行政机关的干预、国家司法机关的干预以及国家授权行业协会所进行的干预;就干预受体来讲,既包括作为社会组织的国家机关、企事业单位等,又包括作为自然人的公民;就干预范围来讲,既包括政治干预和经济干预,又包括文化干预和社会干预等。本书所称国家干预,主要是指作为行政机关的政府的干预,其干预范围主要是指政府对社会经济生活的干预。

国家干预首先是由一些经济学家针对另一些经济学家所主张的"经济放任"而提出来的。经济学语境下的国家干预,通常专指政府为了达到某种经济目的而实施的行为。这种干预表现得更多是一种经济事实关系,从某种意义上说,这种干预在干预主体与干预受体之间并不发生具有权利义务性质的法律关系。而经济法语境下的国家干预,通常是指在法律授权的范围内,公权机关为了达到某种目的而对社会经济生活施加影响的状态。这种干预能够在干预主体与干预受体之间产生一种经济职权和经济职责、经济权利和经济义务的关系,即经济法律关系。

在本书的论证体系当中,我们并不是一般地去谈国家干预,而是在此之前加上了"需要"这个限定词。"需要"从字面上理解似乎很不确定。事实上,"需要"本身就是一种限定,只不过我们把这种限定放在了对经济关系的动态性以及干预环境的复杂性的思考之上。这里我们注意到,人们总是容易把"需要"理解为一种国家单方面的需要和国家的任意行为。这是对"需要"的一种误解。事实上,本书所指的"需要"应当是一种双向选择的结果,这表明如果国家欲通过干预形成某种社会关系,既要考虑到市场的客观需要,又要考虑到国家职能的需要,还要考虑到国家的干预能力和干预成本。因此,"需要国家干预"的提法并不会导致任意扩大国家干预空间的后果。

这里还必须解决一个问题,即干预的内涵是什么。按照我们的理解,干预所表明的是国家实施的一种旨在通过一定手段使经济事物朝着某个方向发展的行为。过去,在我国经济法研究中,有学者用协调、调节、调控、调制、管理、纵横统一等词语来表明经济法对社会经济关系的调整。应当说,上述任何一个词语都不足以概括国家对社会经济生活的全部作用,而相对最能概括国家对社会经济生活全部作用的词语当属"干预"一词,因为只有"干预"一词才能涵盖协调、调节、调控、调制、管理以及纵横统一等词语表达的全部内容。

国家干预可以划分为静态干预和动态干预。前者通常表现为以经济法律的形式所确立的干预范围,它是常态的;后者通常表现为国家根据国内和国际经济形势的变化而采取的临时性干预,典型的如国家对重大突发事件的干预。干预的方式既可以是强制性的,也可以是指导性的;既可以是直接的,也可以是间接的;既可以是宏观的,也可以是微观的。究竟应当采取哪种方式,要取决于这种方式是否能够达到干预者的干预预期。

在本书的论证体系中,我们没有将国家干预视为一种绝对"善"的力量,而是把国家干预看成一把"双刃剑"。干预得好,就有利于促进我国经济的稳定和发展;反之,就可能导致对经济的损害或者破坏。与此同时,我们既不愿意将政府描述为"万能之主",也不愿意将政府描述为"万恶之源",政府有理性的一面,也有非理性的一面。我们不应当简单地肯定或者否定政府对经济的干预,而应当寻找政府干预经济的合理边界。现在,人们最担心的是,政府容易在干预与自由之间走向极端,要么一味地强调干预,要么一味地追求自由。但是,我们相信在现代市场经济条件下,政府有能力在加强国家干预的呼声和减少国家干预的呼声之中求得平衡。

(四)完善国家干预的运行机制

国家干预是一种客观存在,但是,如何进行干预又具有某种主观色彩。因此,经济法语境中的国家干预必须是满足以下条件的干预:

1. 国家干预是尊重市场经济体制的干预。国家干预必须尊重市场经济机制原因有以下三个方面:(1)市场机制是国家干预的前提。正因为市场失灵不可避免,且市场自身又无力克服,才产生国家干预的需要。正如诺贝尔经济学奖获得者斯蒂格利茨教授所言,市场失灵为政府进行某种形式的干预提供了空间,或者说,凡是市场可能失灵的地方,都是政府应当监管干预的地方。(2)推动市场经济机制高效运转是国家干预所要达到的目的。国家干预的目的不是要取代市场,而是要排除市场失灵为市场机制有效运转设置的障碍,使市场机制发挥其最大功用。(3)国家干预自身也要接受市场的干预。本书所倡导的"需要国家干预"不同于"单向的国家干预",其所强调的是市场与国家间的双向互动制衡关系。国家干预市场,市场也干预国家,因为国家在干预过程中可能出现过度干预、负效干预的情形,而对这种现象的遏制,最终只能依靠按照市场要求指定的经济法律规范来完成。换言之,要用法律和制度遏制一些政府部门不当干预经济的惯性和冲动,解决好政府职能越位、缺位、错位的问题。一项成功的干预只有在充分尊重市场规律基础上才能达到,[9]"任何背离市场经济内在要求的干预,只能阻碍乃至破坏现代市场经济的发展"[10]。

2. 国家干预是授权和限权有机结合的干预。现代经济法所体现的国家干预,是建立在对国家的有限理性这一哲学认识的基础之上的;[11]国家对经济的干预主要是通过政府实现的,而政府基于其有限理性,在干预经济的过程中同样存在政府失灵的情况。因此,国家在实施干预时,一方面要通过法律赋予政府对经济的干预权;另一方面要通过法律对政府的干预权的行使加以某种限制,使该权力不被滥用。这表明干预论所主张的国家干预是有严格边界的,"凡是市场能有效运行之处,就没有经济法存在的空间;凡是有经济法不能克服市场缺陷之情形,就没有经济法运作之余地;凡是存在经济法克服市场缺陷不经济之情形,也没有经济法存在之必要"[12]。因此,国家干预是授权和限权的有机结合,包含干预经济和干预政府的"双重干预"

---

[9] 李昌麒:《我对"需要干预经济关系论"的进一步解释——兼论我国经济法的前景与展望》,载李昌麒:《寻求经济法真谛之路》,法律出版社2003年版,第132页。

[10] 李昌麒:《论市场经济、政府干预和经济法之间的内在联系》,载李昌麒:《寻求经济法真谛之路》,法律出版社2003年版,第112页。

[11] 李昌麒、鲁篱:《中国经济法现代化的若干思考》,载《法学研究》1999年第3期。

[12] 李昌麒、应飞虎:《论经济法的界限》,载《法学》2001年第5期。

理念。

3.**国家干预与经济自由是辩证统一的。**追求自由是任何一个法律部门最为重要的法理念之一。如果将自由置于经济法这一特定语境中考量,它应当表现为"经济自由"。经济自由"意味着经济主体意志与行为的协调与合一,意味着市场空间的交易泛度扩大与成本低廉;在具体的经济关系中,自由意味着市场主体间自主意志的相互尊重,意味着政府管制的交易禁区范围缩小"[13]。经济自由对市场机制的高效发挥有着极为重要的作用,经济法的国家干预与经济自由应当是一对辩证统一的范畴。然而我们又必须认识到,任何自由都不能以损害国家、集体和个人利益为前提,否则国家必然要对这种自由施加某种限制。限制自由并不包含取消自由,仅仅是对自由不当行使的一种约束。

在经济法的语境中,国家干预是经济自由的内在需要,虽然干预在一定程度上会对自由进行某些限制,但限制只是手段,维护整个市场经济自由才是目的。正如反垄断法,虽然其从表象上看干预了某些企业的自由,但这种干预与其说是对自由企业体制本身进行限制,不如说是意在扩大企业在市场上的总体自由。[14]

4.**国家干预有利于推动政府职能转变。**按照马克思主义国家理论,政府职能是指政府作为公共组织对社会公共性事务进行组织、领导和管理,其所涉及的范围包括政治、经济、文化和社会各个领域,与经济法密切相关的是政府经济职能,而政府经济职能的实现可以采取多种手段,其中干预只是政府履行职能的一种特殊表现形式。

从理论上讲,国家的干预作用与市场的调节作用不是根本对立的。我们所要坚持的国家干预只能是尊重市场机制的干预,这种干预不但不会阻碍市场机制发挥作用,反而会促进市场机制作用更有效地发挥。我国正在推行的政府职能转变,其总的思路是要从全能政府转向有限政府、由神秘政府转向阳光政府、由任性政府转向诚信政府、由权力政府转向责任政府、由主要依靠政策手段治理的政府转向主要依靠法律手段治理的政府,而这种转变在很大程度上是因为政府负有与生俱来的干预责任,履行并完善这种干预是一个对人民负责的政府应有的作为。

从实践中讲,党的十六大、十七大、十八大、十九大和二十大都为政府职能的转变划定了范围,即政府职能只限于经济调节、市场监管、社会管理和公共服务。经过多年的探索和实践,特别是在全面深化改革的今天,党和国家已经把创造良好的发展环境、提供优质的公共服务、维护社会公平正义作为政府职能转变所要遵循的总的方向。在这种背景下,推进政府职能转变的目标就不应当是寻求政府职能的弱化,而应当是寻求政府职能的优化。

以上分析表明,国家干预与政府职能的转变是互为依存的。政府的有效干预,必然要求政府职能转变;同时,政府职能转变又必须以法治为前提,以防止职能变迁过程中的权力异化。从这个意义上讲,国家干预与政府职能转变并不矛盾。相反,其有利于推动一个理性政府的职能朝着能够促进国民经济平稳、健康发展的方向转变。

---

[13] 单飞跃:《经济法理念与范畴的解析》,中国检察出版社2002年版,第4页。
[14] [美]马歇尔·C.霍华德:《美国反托拉斯法与贸易法规——典型问题与案例分析》,孙南申译,中国社会科学出版社1991年版,第4页。

第二节 经济法的调整对象

经济法调整,是指国家将其意志深入需要国家干预的经济关系领域,使其上升为法律规定的机制。将经济法的调整归结为一种机制,表明经济法的调整是从经济法律规范的形成、遵守和实施,到产生预期的、最佳的法律秩序状态,进而推动社会生产力向前发展的综合运动过程。这种过程的最终目的,是要把经济关系领域中需要国家干预但不具备强制执行力的一般社会关系,转化为由法律保障实施的具有强制执行力的社会关系。

一、经济法调整对象的含义

经济法的调整对象,是指经济法促进、限制、取缔和保护的社会关系的范围。简言之,就是国家用经济法的形式干预社会经济关系的范围,或者说,经济法律规范效力所及的范围。这就把经济法的调整对象与民法和行政法的调整对象区别开来。民法的调整对象是平等主体之间基于意思自治而发生的不具有权力从属性质的民事关系。行政法的调整对象是行政关系,行政关系也包括一定范围的经济关系,但行政法调整一定范围的经济关系,其要旨在于对行政权进行制衡,在通常情况下并不进一步介入具体的经济关系。

这里需要区分一对容易引起混淆的概念,即本原性的经济关系与派生性的经济法律关系。前者是第一性的、客观的;后者是第二性的、主观的。经济法的调整任务是要把事实上的经济关系变成由法律保障实施的经济法律关系。因此,不能说经济法的调整对象是经济法律关系。即使某种经济关系已受经济法调整而成为经济法律关系,在该受调整的经济关系发生变化,需要修改法律时,我们仍不能把这种修改说成是经济法对经济法律关系的调整,因为这时经济法所调整的仍然是变化了的经济关系。概言之,经济法律关系是经济法调整经济关系的结果。

二、经济法调整对象的具体范围

经济法的调整对象是需要国家干预的经济关系。然而,即使人们对此达成了某种共识,却不一定能够对经济法调整对象的具体范围达成一致,有的人会把国家干预的范围划得宽一些,有的人会把国家干预的范围划得窄一些。按照本书对经济法的定义,经济法调整对象的具体范围包括四个部分。

(一)市场主体规制关系

1.市场主体规制关系的含义

市场主体规制关系是指国家从维护社会整体利益的角度出发,在对市场主体的组织和与组织有关的行为进行必要干预过程中发生的社会关系。

在市场经济条件下,各类市场主体的法律地位是平等的,不存在任何依附关系。但是,这并不意味着市场主体可以我行我素,国家不对其进行任何规制。经济法涉及的市场主体规制关系包括以下两个层面:

第一个层面是国家作为一种外部力量,在对市场主体进行宏观经济调控或其他管理活动的过程中发生的经济关系,即国家从整体利益出发,在进行统筹规划、制定和实施政策、进行信息引导、组织协调、提供服务和检查监督等活动中,与不同性质(国有、集体、私营、个体等)或不同组织形式(有限责任公司、股份有限公司、合伙企业、独资企业等)的经济个体所发生的规制关系。其中包括因市场准入、企业形态的设定、设权、税收优惠、财政补贴、价格限制、利润分配、资产评估、租赁、承包、财务管理、审计、检查监督以及法律责任而发生的关系。需要注意的是,经济个体之间的平等的财产关系和人身关系则由民法调整。

第二个层面是国家对其在管理经济个体内部的过程中所发生的经济关系的规制,即国家在对经济个体进行计划、指导、监督和调节等活动的过程中,与其组织机构和成员所发生的规制关系。其目的在于优化经济个体(主要是企业)的内部结构,实现多种形式的经济责任,完善计划、生产、劳动、质量、成本、财务等管理体系。经济法之所以要调整经济个体的内部关系,是由这些关系的性质所决定的。考察经济个体的内部治理关系,可以发现它所体现的并不是一种应当由民法调整的独立法人之间的商品货币关系,也不是一种应当由行政法调整的纯粹体现隶属性质的关系,而是一种既体现国家和企业管理者的意志,又体现被管理者的意志的,符合经济法调整属性的社会关系。应当注意的是,国家对企业等经济个体内部关系进行干预必须受到严格的限制,其干预行为必须基于法律、行政法规的直接规定;同时,这种干预在绝大多数情况下应当是间接的,以实现国家宏观经济调控目标为目的。

2. 经济法对市场主体进行规制的客观必然性

在构筑经济法学理论体系的时候,经济法应不应当有自己的主体制度,一直是争论的焦点。一种观点认为,市场主体制度应当纳入经济法和商法的规定范围;另一种观点则相反。其争论的焦点在于,市场经济条件下国家要不要对企业的组织和活动进行干预、在多大程度上进行干预、采取什么形式进行干预等问题。对此,我们持以下基本观点:

(1)所有权的社会目的导出的企业社会责任,决定了国家必须对企业的活动进行干预。当代的所有权制度,正在走出传统所有权的约束,进行着从所有到利用、从所有权的个体目的到所有权的社会目的的革命;与此同时,企业制度也正在经历着从业主制度到现代企业制度,从企业的个体本位到企业的社会本位的转变。上述革命或者转变,单靠所有者或者企业自身的力量是难以达到的,这就为国家通过经济法对企业行为进行引导或干预提供了理论依据。

(2)对市场主体的经济运行实行干预是许多国家的共同取向。市场主体,最主要的当数企业。企业是构成一国国民经济体系最基础的环节或者细胞,因此,各国无不研究怎样才能建立符合本国情况的市场主体管理体制。回顾历史,大体上有两种思路和实践:建立在公有制基础上的社会主义国家,所追求和实践的是对企业的全面控制,以至于达到了"无微不至"的程度;建立在私有制基础上的资本主义国家,所追求和实践的是自由企业的思想,以至于放手让企业发展。这两种企业管理体制,无论是在社会主义国家,还是在资本主义国家,都曾经被推向极端。但是,资本主义国家在自己的发展进程中,社会主义国家在自己的改革进程中,都意识到其所推行的极端的企业管理体制不利于经济的发展,从而都在淡化各自的极端做法的基础上取长补短,逐步从整体上形成了各具特色的、既充分尊重市场主体的自主权又进行适当干预的企业运行机制。目前看来,没有迹象表明哪一个国家愿意在企业自主和国家干预之间作出极端的选择。

(3)对市场主体行为进行国家干预,不仅是国家的愿望,同时也是企业谋求发展的内在要求。首先,市场主体的发展需要有一个良好的外部环境,而这个外部环境是市场主体自身不能创造的,只有国家才能通过经济政策和经济法律法规,为市场主体创造一个能够生存和发展的环境。这就是经济法所追求的积极规制。其次,由于市场主体自身处于局部环境,即使在有自己的信息网络的情况下,也不可能把握全局,因此,市场主体的发展要依靠国家的全局指导。这就需要经济法把信息资源纳入调整范围,并用以指导市场主体的活动。再次,在当今社会化生产日益发展的条件下,小规模的技术开发和资本积累,已愈发显示出它们的局限性,而要进行大规模的、费用很高、风险很大的新技术开发和资本积累,单个的市场主体是难以办到的。这就需要政府从整体利益出发,基于经济法制的规定,出面组织协调和提供服务。复次,市场主体总是力图追求自己利益的最大化,为此,其行为可能偏离国家利益和社会公共利益。在这种情况下,国家有必要通过经济手段、法律手段和必要的行政手段,限制或者禁止市场主体实施不法行为或损害国家利益和社会公共利益的行为。最后,经济法的效益原则,在很大程度上要通过完善经济组织内部的治理结构而实现。鉴于企业的管理效益从根本上讲还是要以企业的法治管理为后盾,因此,现在还不能取消经济法对市场主体内部经济关系的调整。

(4)市场主体作为社会赖以发展的基础,其行为必然要受多个法律部门的约束。市场主体行为并非只能受某个法律部门的约束,但每个法律部门对市场主体的约束都不应当超越该法律部门自身的功能——市场主体的犯罪行为只能受刑法约束,市场主体之间的平等关系只能受民法约束,需要国家干预的经济关系只能受经济法约束。这些约束产生的原因不是部门法之间的"争权",而是国家对法律部门权限的合理分配,进而为市场主体创制一个生存和发展的法治空间。

(二)市场秩序规制关系

1.市场秩序规制关系的含义

市场秩序规制关系是指国家为了培育和发展市场体系,维护国家和社会公共利益以及经营者和消费者的合法权益,而对市场秩序进行规制的过程中所发生的社会关系。事实上,经济法并不干预市场主体的所有行为,或者说并不调整所有的市场关系,因为市场秩序的维护需要多个部门法来承担。其中,民法所确立的平等自愿、意思自治、诚实信用等原则以及具体的交易规则,对维护市场秩序起着基础性的作用,经济法仅仅在市场机制和民法不足以维护市场秩序的场合,才对市场主体的行为进行干预,或者说对市场关系进行干预。

2.经济法规制市场秩序的客观必然性

在民事立法之外制定和实施经济法以对市场秩序进行必要的干预,这是当今世界各国的一种普遍现象。这种现象的产生有其客观必然性。

(1)基于培育和发展市场体系的需要。市场经济是以市场为基本取向的经济,市场体系是指由商品市场和要素市场所构成的有机整体。在市场经济条件下,市场对资源的配置起着决定性的作用,而市场资源的有效配置,又需要有一个发达的、结构合理的市场体系。这就决定了国家在建立社会主义市场经济体制时,必须培育和发展市场体系,使各种市场健全并相互配合。

(2)基于实现市场有序化运行的需要。缘于市场主体的趋利本性,市场中难免出现垄断、不正当竞争、制售假冒伪劣产品以及其他损害消费者和经营者利益的行为,它们对市场秩序构成了严重的破坏。这些行为单靠市场机制的自发作用和民法的意思自治及其相应的制度安排难以有效地遏制，还需要依靠强有力的国家干预。经济法通过宏观经济调控调整竞争关系、产品质量关系、消费者权益保护关系等市场关系，使国家干预适度地介入这些市场关系之中，从而实现市场的有序化运行。

(三) 宏观经济调控关系

1. 宏观经济调控关系的含义

宏观经济调控关系是指国家从全局和社会公共利益出发，在对关系到国计民生的重大经济因素实行全局性的调控的过程中，与其他社会组织所发生的关系。它主要包括产业调节、计划、财政、金融、投资、国有资产管理等方面的关系。

2. 经济法对宏观经济调控关系进行调整的客观必然性

将宏观经济调控关系纳入经济法的调整范围，几乎是一个没有任何争议的问题。宏观经济调控关系由经济法调整，是由以下几个原因决定的：

(1) 由宏观经济调控的目标所决定。宏观经济调控的目标是保持经济总量的基本平衡，促进经济结构的优化，引导国民经济持续、平稳、健康发展，推动社会全面进步。这些目标的实现需要国家干预，这种干预对资源的配置具有直接的影响。基于对资源优化配置这一经济法价值目标的考虑，宏观经济调控关系无疑应作为经济法的主要调整对象。

(2) 由宏观经济调控的国际化趋势以及各国的经验教训所决定。在发达资本主义国家，随着私人垄断资本主义向国家垄断资本主义转变的完成，当代资本主义出现了一个重要特征，就是国家对社会经济生活进行大规模干预，这已经成了一个世界上的任何国家都难以抗拒的发展趋势，该趋势甚至已经成了国际合作、国际支持的重要内容。宏观经济调控必须综合运用经济手段、法律手段和必要的行政手段才能有效地开展。在上述诸种手段中，法律的规范性、稳定性和强制性等特征，决定了法律手段在实施宏观经济调控中具有其他手段所不能企及的效果。事实上，发达国家的情况表明，只要充分利用法律手段，就能为宏观经济调控的实施提供一定的现实保障。如果其未能充分利用法律手段，那么非但不能真正实现宏观经济调控的目标，反而将造成经济秩序的紊乱。因此，发达国家在普遍实施宏观经济调控的同时，也十分重视相应的经济法制建设。此外，回顾我国经济发展的历程，我们发现了这样一个规律性的现象：在我国经济发展的不同时期，曾经出现过不同程度的经济过热、通货膨胀、总量不平衡、结构不合理、经济秩序混乱等困难和问题，这些困难和问题在很大程度上是由宏观失控造成的。为此，国家采取了一系列加强宏观经济调控的经济、法律和行政的措施，使这些问题尽快得到了有效控制。这些教训和经验，为国家运用经济法律进行宏观经济调控提供了有力的现实基础。

(3) 由市场自身的弱点和消极方面所决定。市场并不是万能的，它不能解决全部经济问题。市场机制的最大弱点，莫过于缺乏足够的自我调节机能。对于经济总量的平衡、大的经济结构的调整、关系到公共利益的基础设施的建设、公共产品的提供、大规模的新技术的开发和资本积累、资源的合理分配、生态平衡和环境保护、各个利益集团冲突的调节、经济关系国际化所带来的矛盾和冲突等涉及全局性的经济关系的问题，市场机制是无能为力的。而这些问题既不能单纯用行政法的命令与服从的办法去解决，也不能用民法的在当事人之间设定契约关系的办法去解决，其最好通过能够体现国家干预的经济计划、经济政策和经济法律去解决。

(4) 由国家机构的职能所决定。国家机构从本质上讲是为广大人民群众的利益服务的。

为了实现这个宗旨,国家机构担负着领导和组织经济建设的基本职能。在我国,对于国家机构特别是政府机构如何才能更好地实现其领导和组织建设的职能,有一个认识和实践的过程。过去,我国国家机构的领导和组织经济建设的职能,主要是通过以体现国家权力的行政手段对微观经济的运行进行直接的控制或干预的方法实现的。政企职责的分开及社会主义市场经济体制目标的确立,强烈地要求政府转变职能。在政府职能转变的过程中,最核心的问题是要严格区分国家所具有的公权者与财产所有者这两种身份,使国家职能只限于运用公权力对市场进行管理和宏观经济调控。对此,经济法担负着重要的任务。

(四)经济监管关系

1. 经济监管的基本含义

经济监管是经济监督管理的简称,具有广义和狭义之分。广义的经济监管是国家宏观经济调控中的一项重要内容,是指对宏观经济调控过程以及宏观经济决策和有关政策法规的实施具有重要意义的经济管理活动,其基本内容是检查和考核经济活动是否符合国家经济发展的目标和有关政策法规规定,查明偏差的程度和原因,并采取纠正偏差措施,引导经济活动按正常秩序进行。广义的经济监管在宏观经济调控中主要发挥评价性、信息性、预防性、补救性、完善性等职能和作用,主要包括三个方面:(1)对国家经济决策和经济管理行为的监管。对国家经济决策的监管是为了保证决策的科学性,对经济管理行为的监管是为了及时发现实施决策过程中发生的失调现象,并采取措施予以纠正。(2)对资金运动的监管。资金运动是国民经济活动状况的综合反映,对资金运动的监管包括财政预算、税收、银行信贷、财务等方面。(3)对市场活动的监管。国家依靠经济组织、行政组织、司法机构对市场主体的市场交易活动进行监管,目的是保证市场运行的正常秩序和维护市场主体的合法权益。

狭义的经济监管仅指对市场活动的监督管理,即在市场经济条件下,政府依法对各种市场行为进行的监督管理,其主要目的是通过对各类市场行为实施主体的资格认证、对交易行为和秩序的规范约束、权益保护等管理活动,规范市场主体的交易行为,以维护公平竞争的市场秩序、提高市场效率。本书采用的是狭义经济监管概念,且仅对一些重要的要素市场监管进行分析。

2. 经济法对经济监管关系进行调整的客观必然性

经济监管是可以充分体现国家干预这一经济法本质特性的领域,因为现代社会的经济监管往往就是政府监管。对于经济法调整经济监管关系的客观必然性,我们可以从以下几个方面进行分析:

(1)代表公共利益的政府经济监管是应对市场缺陷、实现社会福利帕累托改进的重要抓手,而这需要经济法的制度性嵌入。在现实中,并不存在亚当·斯密所设想的那种纯粹的市场经济,由于垄断、外部效应、公共产品以及信息不对称等市场缺陷的存在,完全的自由竞争不会实现。在有些情况下,市场机制不但无法带来资源的最优配置,反而可能造成资源的浪费和社会福利的损失。因此,作为社会公共利益代表的政府需要在不同程度上介入经济运行,实施经济监管从而弥补或消除市场缺陷,改善"一般福利"和增进资源配置效率。在此意义上,经济监管是一种通过矫正市场缺陷来维护社会公共利益的手段。这是西方经济学关于政府介入市场的基本理论——公共利益论,该理论也是20世纪30年代以后西方各国加强政府干预的理论依据。但实践证明,公共利益论本身也不完善,其蕴含着以下重大缺陷:一方面,该理论强调政府介入市场所带来社会收益,却无视政府施加干预时可能付出、产生的各项成本,无视政府行为的实效;另一方面,该理论得以立足的"公共利益"的概念含混不清,在不同时期、不同的法律制度中呈现出不同的形式,容易引发争议。我们对此应保持清醒,即在承认政府经济监管必要性的同时,高度重视政府经济监管可能带来的弊端,从法律上平衡政府与市场的关系,将政府的经济监管行为控制在不破坏市场规律的范围之内。

(2)我国市场经济发展的特点需要基于经济法规则的经济监管。不同国家的市场经济有着自己的个性,现代市场经济发展的经验表明,成功的市场经济都存在国家宏观经济调控,但不同国家采取的宏观经济调控的方式、手段、力度、侧重点却不大相同。西方国家从自由竞争走向国家干预,而在如日本、韩国等国家干预强度在市场经济发展初期较大,后期国家干预的作用则逐渐减弱。在我国,社会主义市场经济的建设也有其鲜明特点:其一,公有制与市场经济的内在统一。这意味着我国政府对市场主体行为的管理职能范围必然宽于其他市场经济国家,特别是在全面深化经济体制改革时期,政府主导是发展阶段性的必然要求。其二,我国从计划经济向市场经济转轨的启动力量来自国家。一方面,体现市场主体利益的立法要求很大程度上不是靠市场主体自身的行为而是靠国家行为实现,而且市场主体的法律保护也要由政府主动提供,完全不同于西方国家。另一方面,我国市场主体尚不成熟,自我保护意识差,守法观念和权利理念不足,恶性竞争、侵害消费者利益等行为较为普遍。我国是世界上少有的行政执法大国,与普遍存在的违法现象有着内在的联系,这种状况还可能持续相当长的时间。其三,我国的国家性质和生产的根本目的决定了政府必须承担较多的消费者权益的保护职能。在市场经济体制尚不完善的现阶段,广大消费者面对错综复杂的市场,既缺少必要的商品和法律知识,又缺乏自我保护能力。消费者的不成熟意味着政府必然要担负起更多的消费者保护责任。

(3)新时期"使市场在资源配置中起决定性作用和更好发挥政府作用",需要加强经济监管来提升市场经济效率。党的十八届三中全会通过的《中共中央关于全面深化改革若干重大问题的决定》指出,我国全面深化改革的总目标是"完善和发展中国特色社会主义制度,推进国家治理体系和治理能力现代化"。其中,"经济体制改革是全面深化改革的重点,核心问题是处理好政府和市场的关系,使市场在资源配置中起决定性作用和更好发挥政府作用。市场决定资源配置是市场经济的一般规律,健全社会主义市场经济体制必须遵循这条规律,着力解决市场体系不完善、政府干预过多和监管不到位问题"。在这种新的历史条件下,改善和加强经济监管具有十分重大的意义。事实上,加强经济监管需要从以下两个方面去理解:一方面,加强经济监管的前提是使市场在资源配置中起决定性作用,如果离开了对市场在资源配置方面的这种尊重,经济监管就很可能滑向经济管制乃至统制的泥潭;另一方面,加强经济监管本身应当是"更好发挥政府作用"的一部分。在市场经济条件下,更好发挥政府作用承载着很多的含义,但是,将经济监管置于法律规则特别是经济法律规则的限制下当是题中之义。

需要注意的是,任何国家的市场经济中,市场都应该是统一、竞争、开放、有序的,市场主体都应该是独立自主、自负盈亏的,因此,政府经济监管不仅要以间接干预为主,而且要注意政府对市场经济监管的限度,而确定这种方式和划定这个限度,经济法在其中是大有作为的。

———— 思考题 ————

1. 如何理解经济法的定义?
2. 经济法为什么要对市场主体规制关系进行调整?

3. 经济法在维护市场秩序中有哪些作用？
4. 经济法为什么要对宏观经济调控关系进行调整？
5. 经济法为什么要对经济监管关系进行调整？

第三章 经济法的地位和体系

│内容提要│

经济法在我国法律体系中的地位问题历经多年争论,现今已被最高立法机关确认为中国特色社会主义法律体系中的部门法。然而,对于经济法为什么成为部门法,人们的认识并不完全一致。为了增强对我国已经确立的法律体系的自觉和自信认识,本章从多角度出发,既立足于理论,又考虑到实际,对经济法的地位与体系进行了论证,认为经济法的体系应当包括:市场主体法、市场秩序法、宏观经济调控法、经济监管法。

│学习重点│

经济法作为独立法律部门的客观依据　　经济法与相关法律部门的区别
经济法与相关法律部门的互动机制　　　经济法的体系

第一节 经济法的地位

一、经济法地位之争的简要回顾

关于我国经济法的地位之争,其时间之长、范围之广、讨论度之高可能是任何一个部门法都不曾有过的。对于经济法的部门法地位,学术界之所以存在如此大的争议,原因主要在于:(1)在经济法学术界,认知能力、知识水平以及价值取向的不同,造成人们对经济法本质属性的认知存在较大的差异。(2)其他部门法的一些学者基于他们对各自学科本质的理解,用"大民法"和"大行政法"的观点来否定经济法的部门法地位,提出在我国经济生活中所呈现的经济关系,要么属于民事关系的范畴,要么属于行政关系的范畴。(3)经济审判庭撤销的冲击。2000年8月,最高人民法院在机构改革中,撤销告诉申诉庭,成立立案庭、审判监督庭;将民庭变更为民事审判第一庭;将经济审判庭变更为民事审判第二庭;将知识产权审判庭更名为民事审判第三庭;设立民事审判第四庭,由原交通运输审判庭及经济庭涉外组组成。由此,建立起了"大民事审判格局",历时20余年的经济审判庭被宣告终结。

作为国家干预经济的基本法律形式,经济法的客观地位是不容否认的。2001年全国人民代表大会常务委员会工作报告中明确提出,中国特色社会主义法律体系由宪法及宪法相关法、民法商法、行政法、经济法、社会法、刑法、诉讼与非诉讼程序法等法律部门构成,这是我国最高立法机关对经济法地位的官方确认。事实上,我国《宪法》在规定全国人民代表大会职权时,提的是"制定和修改刑事、民事、国家机构的和其他的基本法律",在规定国家实行社会主义市场经济时,提的是"加强经济立法,完善宏观调控",足见我国《宪法》是把民事立法和经济立法视为两个不同的概念的。1993年通过的《中共中央关于建立社会主义市场经济体制若干问题的决定》在谈到"加强法律制度建设"时,也是把"加快经济立法"和"进一步完善民商法律"作为"初步建立适应社会主义市场经济的法律体系"的两个不同目标而提出来的。由此可以得出这样的结论:民事立法和行政立法并不包括经济立法,经济立法也不包括民事立法和行政立法,经济法是一个独立的部门法。

二、经济法作为独立部门法的客观依据

在探讨经济法是不是一个独立法律部门的时候,应当从多角度出发,既要考虑在理论上立住脚,又要考虑在实际生活中行得通,而不能只盯着传统的划分方法不放。

(一)从公法与私法的划分考察

自古罗马法学家乌尔比安提出公法与私法的划分以来,公法与私法成为许多国家法律规范体系的基本分类。对于如何确立公法与私法的划分标准,法学家们有着不同的主张,但是一般认为,公法主要是规定公权关系的法,通常包括宪法、行政法、诉讼法、刑法、军事法等;私法主要是规定私权关系的法,通常包括民法、商法等。曾经有一段时间,我国法学界遵循公法与私法是资产阶级法学家为了掩盖法律的阶级性而作的划分这样一种认识,不承认在我国法律规范体系中有公法与私法的划分。但这种主张并未引起更多的共鸣。在我国确立社会主义市场经济体制后,区分公法与私法的主张被更多地提出,其被认定为建立社会主义市场经济法律制度的前提。

纵观法学发展史,我们不难发现存在这样一个规律,即在"诸法合体"的体制下,不存在公法和私法的划分。但当人类进入自由资本主义社会以后,政府和社会的分野逐步分明,政府和社会二元结构体系逐渐形成,再加上当时自由主义哲学思潮的广泛流行,使社会要求法律贯彻"个人本位"和"私法自治"的法律观。在这种情况下,体现个人权利的私法得到了充分的发展。私法的兴盛,推动了资本主义经济的发展。但是,当自由资本主义发展到垄断资本主义以后,又出现了国家和社会的融合,或者说国家与社会的隔阂正逐步消失。与此同时,在现实经济生活中又出现了经济的宏观调控问题、可持续发展问题、产品质量问题、消费者保护问题以及不正当竞争和垄断等问题。这些问题冲击着以国家为本位的行政法律体系和以个人为本位的民法体系。在这种情况下,上述问题的解决单靠以国家为本位的行政法律制度和以个人为本位的民法制度是难以办到的。这是因为,民法作为私法,不能改变经济发展中的无序状态,它既不能防止私权的滥用,更不能遏制公权的扩张;行政法作为公法,虽然其依法行政的价值取向可以在某种程度上防范公权对私权的无端侵扰,但其调整的社会关系极为广泛,其所担负的繁重任务使其无力对公权与私权的界限作出全面而又合理的界定,不能对私权及其行使以及私权与公权的良性互动机制作出说明与安排。而经济发展本身又必须要求私权与公权在一个恰当的法律形式中互为作用,这种法律形式当然既不能是民法,也不能是行政法,最佳的选择只能是以社会为本位的、具有公私法兼容性质的经济法。

既然在现代社会中,确实存在公、私权利互相渗透与互相作用这样一种法律事实,相应地也就存在一种介于公法和私法之间的法律规范，或者说由这些规范所构成的独立法域。将经济法归于私法显然不恰当，因为从本质上讲，经济法在许多方面所体现的恰恰是对私权关系的适度干预。将经济法归于公法也是值得商榷的，因为经济法所体现的公权对私权的干预，必须建立在公权对私权充分尊重的基础上，其所体现的权利义务关系，与公法所体现的权利义务关系不完全相同。因此，经济法应是介于公法和私法之间的"第三法域"。经济法所调整的社会关系，既不同于作为私法的民法所调整的完全体现私法自治的关系，也不同于作为公法的行政法所调整的完全体现国家行政管理职能的命令与服从的关系。将既有公法成分又有私法成分的经济法绝对地划入公法或私法范畴是不恰当的。把经济法归于公法和私法之间的"第三法域"的最大优点在于，能够避免在"自治"与"干预"这两个目标中走向极端。

(二) 从调整对象考察

主张和不主张经济法是一个独立部门法的学者都一致认为，一个部门法是否独立存在，最主要的是看这个部门法有无自己特殊的调整对象，但在调整对象的认定上则分道扬镳了。非独立法律部门的主张者认为，法律部门的调整对象必须具备同类性或者单一性，而经济法现在所调整的具体经济过程和经济现象，往往包含许多不同种类的社会关系，而这些关系实际上又是行政法、民法等基本法所调整的社会关系。这里涉及一个对同类性的认识问题。我们所理解的同类性，应是法律部门所调整的社会关系的本质属性，即法律部门的质的规定性。行政法所调整的社会关系的质的规定性是"隶属性"，民法则是"平等性"。这就决定了不能用背离法律部门固有本质的办法去容纳不断出现的新的社会关系，既不能在民事法律关系中注入隶属性的关系，也不能在行政法律关系中注入平等性的关系。因此，符合逻辑的结论是：凡是属于隶属性的社会关系就由行政法调整，凡是属于平等性的社会关系就由民法调整，没有必要再出现一个既能调整隶属性又能调整平等性的社会关系的经济法部门。从这个意义上批评经济法所调整的社会关系不具有同类性，从而认为经济法不是独立法律部门是有道理的。但是，有的学者仅仅因为经济法所调整的社会关系具有广泛性，便认为经济法所调整的社会关系不具备同类性，进而否定经济法是一个独立的法律部门，则是值得商榷的。无论经济法所调整的社会关系有多么广泛，只要这类关系具有国家干预经济活动的性质，就仍然具有同类性。事实上，行政法与民法也是如此。它们所调整的社会关系都具有广泛性，但同时也具有同类性，因此，它们都是法的独立部门。如果在"广泛性"和"同类性"之间画等号，就可能否定许多法律部门的独立存在。

(三) 从法律专业化分工考察

从人类文明发展史来看，无论是社会科学，还是自然科学，它们最初的门类都是极其有限的。但是，随着人们认识规律的发展，现代科学出现了既高度分化又高度综合的发展趋势。比如，哲学分化出了心理学、犯罪心理学、逻辑学、数理逻辑学等。法学也经历了从"诸法合体"到"民刑分离""民商分立"等不断分化的过程，到现在已经形成包括宪法及宪法相关法、民法商法、行政法、经济法、社会法、刑法、诉讼与非诉讼程序法等在内的比较严密的法律体系。科学的分化，首先取决于自然现象和社会现象的多质性，其次取决于人们对客观事物认识的深化。科学分化的过程，实际上就是科学从"一体化"到"专业化"的发展过程。人类社会的发展表明，专业化是推动社会向前发展的普遍趋势。法学的发展也不例外。专业化分工的原则，同样可以用来作为划分法律部门的依据。我们的基本看法是：除作为根本大法的宪法以外，其余法律部门调整的社会关系,不应无所不包,宜分则分。这是因为,庞大的法律部门既不利于法律的制定和审判的专业化,也不利于法学教育和人民群众对法律的掌握。从这点出发,同类的社会关系不一定只能由一个法律部门进行调整。如果某一类社会关系太广泛,而且其中某些方面又相对具有不同特征,那么,我们就应当把那些具有某一方面特征的社会关系分离出来,建立另外的法律部门对其进行调整,逐步向法律专业化的方向发展。这样,不仅有利于各类社会关系的法律调整,也有利于立法、执法、司法、法律编纂、法学教育和法学研究工作的开展。

法律部门调整的社会关系,不宜太宽泛,而宜按照法律专业化分工的要求,把那些同类但有一定特征的社会关系划分出来,建立一个新的独立的法律部门来调整,正是基于这种考虑,我们主张把我国社会中具有经济性质的行政管理关系从传统的行政法的调整范围内划分出来,由独立的法律部门——经济法来进行调整。

(四)从法律部门的协调发展考察

现代科学发展的一个突出的表现,就是边缘学科的出现。如果说专业化是科学发展的必然趋势,那么边缘学科的出现,则是这种趋势的必然结果。可以说,没有边缘学科,也就没有众多的学科门类。我国法学界曾经对经济法是否为边缘学科的问题有过争论,并呈现出了两种截然不同的观点。对此,结论如何并不重要,重要的是要承认经济法与民法和行政法之间的某些交叉,如同自然科学之间的交叉情形一样。这种交叉,既表现为理论概念上的相互借鉴,又表现为功能作用上的相互依存。

一方面,主张经济法不能独立的一个理由是经济法没有自己独立的理论概念和独立的调整方法。但实际情况并非如此。毫无疑问,每一门独立的学科,都应当有它自己的理论概念,否则,就不能成为独立学科。但这并不是说学科与学科之间,在理论概念上不能借鉴。理论概念上的相互借鉴,在科学上是常见的事情,任何一个概念,都不为最初使用那个概念的学科所独有。这正好反映出事物之间的内在联系。经济法是根据社会经济生活条件的要求,从行政法体系中分立出来的,因而,它不可能不带有行政法的某些"痕迹",并且不得不借鉴民法的一些概念。所以,不能因为经济法借鉴了行政法和民法的某些概念,就否认经济法是一个独立的法律部门。其实,像主体、客体、权利和义务这样一些概念,并不为行政法和民法所独有,而几乎为所有的法律部门所使用,我们不能因此说,凡是使用这些概念的法律部门都不能独立。事实上,经济法借用的仅仅是一些行政法、民法概念的"外壳",而它的"内核"已经起了质的变化,成为经济法自身的概念。

另一方面,要着眼于法律部门的协调发展与共同作用。任何一个法律部门都是法律体系的重要组成部分,它们的立法目的都是巩固和发展有利于全体人民利益的社会秩序。这就决定了有时候它们需要运用自己的独特功能单独作战,有时候它们又需要从不同的方面协同作战。如前所述,有一些同类社会关系是单独的一个法律部门所调整不了的。比如,所有权关系、经营管理关系等,不是哪一个法律部门所能完全调整的,而必须由民法和经济法共同调整。这就决定了所有权、经营管理权等,不仅处于民法的范畴,也处于经济法的范畴。对于上述权利,民法和经济法都可以从不同角度进行研究,以便完善相关法律制度。

三、经济法与相关法律部门的区别

（一）经济法与民法的区别

经济法与民法的区别，主要表现在以下三个方面：

1. 主体不同。一是主体的范围不同。民法主体只限于自然人、法人与非法人组织；经济法主体除自然人、法人之外，还包括法人的内部机构和既不是自然人又不是法人的其他经济实体以及国家主体。二是主体的地位不同。民法主体之间的地位是平等的；经济法主体在参加经济管理关系时，国家主体与相对人的地位是不平等的。

2. 调整对象不同。民法的调整对象是平等当事人之间基于意思自治而发生的不具有权力从属性质的社会关系；而经济法的调整对象则是国家用经济法的形式干预的社会经济关系。

3. 调整方法不同。民法采取自愿、平等、等价有偿和诚实信用的原则调整经济关系，而经济法则通过公权介入与私权介入两种方法进行调整。公权介入的调整方法，是指国家以公权者的身份，依法对各种经济关系进行调整的措施或手段的总和；而私权介入的调整方法，则是指国家使用非权力的、私法的手段直接地介入经济生活的一种干预方式。其中，公权介入的调整方法又可划分为强制性调整方法和指导性调整方法。[1]

（二）经济法与行政法的区别

经济法与行政法的区别，主要表现在以下五个方面：(1)主体不同。行政法主体的一方是政府及其非经济主管部门，另一方则是下属的行政机关、企事业单位、社会团体和公民；经济法主体包括国家权力机关、行政机关和司法机关，还包括法人、社会经济组织和公民个人。除此之外，企业内部的管理机构和生产组织不能作为行政法的主体，但可以作为经济法的主体。(2)调整对象不同。行政法调整的社会关系所体现的是一种权力从属关系，同时这种关系在大多数情况下是不直接具有经济内容的行政关系；而经济法调整的社会关系正好相反。(3)调整方法不同。行政法是采取单纯的强制性的办法调整社会关系；而经济法则是采取公权介入与私权介入两种方法来调整经济关系。(4)作用不同。行政法着重巩固与发展政治体制改革的成果，为政治体制改革服务；而经济法则主要是巩固与发展经济体制改革的成果，为经济体制改革服务。(5)调整程序不同。属于行政法调整范围内的行政纠纷，纯由行政诉讼程序解决；而属于经济法调整范围内的经济和行政纠纷，则视问题的不同，分别由民事诉讼程序和行政诉讼程序解决，将来可能由单独的公益诉讼程序解决。

（三）经济法与社会法的区别

当下学界对经济法与社会法关系的认识可谓见仁见智，有包容关系、等同关系、差别关系等看法。我们认为，经济法与社会法是同属于"第三法域"下的两个并行的法律部门，二者是有区别的。

经济法与社会法存在经济性与社会性的区别。经济法是国家干预经济的基本法律形式，

---

[1] 强制性调整方法是指国家权力机关和国家行政机关以某种形式指令相对人应当作为或者不作为，相对人应予服从的调整方法。它是国家对社会经济生活进行强制干预的产物，是国家在履行领导和组织经济建设职能的过程中，从全社会利益出发，运用国家权力对社会经济生活进行干预的反映，它所体现的是一种"刚性调整"或"刚性干预"。指导性调整方法是指国家机关为引导公民和法人的经济活动符合某种既定的经济干预目标而实施的非强制性的调整方法，体现的是一种"柔性调整"或"柔性干预"，通常包括行政指导、计划指导、行政协商三种方式。

经济法调整的范围是需要国家干预的经济关系,经济性是经济法的一个重要特征。而"在社会法理论和实践相对发达的德国,一般理论认为,社会法的产生是福利国家推行政策,保护社会中处于弱者地位的社会主体的结果"[2]。我国有学者将社会法的调整范围归纳为社会保障关系、弱势群体权益保护关系、公益事业举办社会关系和教育权利保障社会关系,并明确指出这些新质社会关系不能由经济法来调整[3]。虽然对于社会法的界定和调整范围还有待深入研究,但我们基本认同此种观点。我们认为,经济法与社会法的特征是不同的,前者具有经济性,而后者具有社会性。

1. 经济法的经济性。经济性是经济法的基本特征。经济法的经济性主要体现在以下几个方面:其一,调整对象的经济性。经济法直接作用于市场经济,直接调整经济领域中的经济关系,经济法的调整在于将生产要素在政府与私人间、国家与市场间以权利义务的关系形式配置得合理与和谐、公平与有效。其二,法益目标的经济性。经济法的法益目标在于促进经济平稳、持续、公平、安全的发展。如在促进经济快速发展方面,经济法一方面从制度补给上排除市场障碍,确定财产经营收益的归属和成本的分配,合理规制企业的增量利益分配权及相应的企业控制权,保障竞争机制的功能主导性;另一方面又从制度能动性上直接诱导经济增长,利用政府在资源与信息上的能力优势,通过将宏观经济调控政策置换为法律来发挥功效。其三,运行机制的经济性。经济法是为克服市场失灵而对经济进行干预之法,经济法的运行仍然是为了使市场机制更好地发挥作用,而在市场机制中,最核心的又是竞争机制与企业机制。其四,效果评价的经济性。经济法制度的实施效果是以经济效益是否得到提升来评价的。"在市场经济条件下,经济法的调整可以节约交易成本、节约资源消耗、节约权力配置的费用,而这些成本、费用的节约都有助于提高市场经济运行的效率,体现市场机制有效运作的要求。"[4]

2. 社会法的社会性。社会法的社会政策目标与社会效益指标决定了社会法具有鲜明的社会性。(1)社会法的社会政策目标。社会法的产生直接导源于社会问题。在社会差异基础上所形成的社会分化与失衡现象,在资本化与工业化的双重作用下,已经成为带有普遍性并具有社会危机性的社会问题。为解决这些社会问题,社会法方式被普遍采用。社会法"是一种社会保障,是为一国的社会政策服务的"[5]。社会法的社会政策目标主要有:保护弱势群体;维护社会安全;实现社会保障;推动社会发展;促进社会公益。当然,社会法不可能实现所有的社会政策目标,而只能实现其中的一部分。社会法只有通过与其他法律部门包括经济法的合作,才能形成完善的对社会关系的法律调整机制。在经济法的理论框架中,之所以也涉及一些具体的社会法关系,也正是基于这种考虑。(2)社会法的社会效益指标。社会效益通常是作为与经济效益相对的一个概念而存在的,"社会效益的外延十分广泛。就法律的效益价值来说,至少包括着权力运作效率的提高和社会公正的维护等"[6]。社会效益越高,表明社会公众分享社会成果的机会越多。我们认为,就社会法这一特定语境而言,社会效益至少表现为四个方面,即受教育水平、医疗卫生水平、社会保障水平和社会福利水平。这些指标已成为衡量一个国家社会发展状况的重要标准,也是对政府提供公共产品数量与质量水平的评价尺度,经济法所指

---

[2] 郑尚元:《社会法的存在与社会法理论探索》,载《法律科学》2003年第3期。
[3] 郑尚元:《社会法的存在与社会法理论探索》,载《法律科学》2003年第3期。
[4] 吕忠梅、刘大洪:《经济法的法学与法经济学分析》,中国检察出版社1998年版,第82页。
[5] 潘念之主编:《法学总论》,知识出版社1981年版,第38页。
[6] 卓泽渊主编:《法理学》(第2版),法律出版社2000年版,第225页。

向的经济效益目标在许多情况下并不是社会法所追求的目标。

四、经济法与相关法律部门的互动[7]

中国特色社会主义法律体系由七个法律部门组成,包括宪法及宪法相关法、民法商法、行政法、经济法、社会法、刑法、诉讼与非诉讼程序法。[8] 这样的划分构思新颖,具有相当的科学性。首先,宪法是国家根本大法;其次,民法、行政法是传统法中的实体法;再次,经济法、社会法是现代法中的实体法;复次,刑法是解决什么是犯罪和对犯罪如何惩罚的专门实体法;最后,程序法是实体法的实现形式。在所有法律部门中,经济法与民法、行政法和社会法的关系最为密切,因为经济法的产生在一定程度上是为了弥补民法和行政法的不足,同时,其又是与社会法同期产生甚至可以认为是同根生的法律部门。由此,建立经济法与相关法律部门的互动机制,主要是指建立经济法与作为传统法的民法和行政法的互动机制以及与同为现代法的社会法的互动机制。

(一)经济法与民法、行政法的互动机制

1. 三法互动的理论基础。首先,从一般理论的角度分析。行政法是关于国家与国家权力的法律,民法是关于市场与人的法律,经济法是关于市场与国家的法律,因此从人、国家与经济三个因素理解三法互动就十分必要。对这三个因素的理论分析分别属于社会学、政治学与经济学。依据社会学的观点,人的活动与社会关系是相互联系和互动的,任何关于人们行为的规范与制度都是互动的,法律是调整和约束人们行为的制度安排,因此法律的整体也必然是互动的。依据经济学的混合市场经济理论,混合经济具有产权结构公私并存,市场调节与国家调节并存,政府、市场与企业职能相结合,国家决策与企业决策相结合的特点,这就为三法互动提供了直接的理论支持。

其次,从法理的角度分析。三法互动的法理基础有两个:一是法治系统的统一。整个法治系统中,各个部门法是它的子系统,分别发挥某方面的功能与作用,并通过相互的运动和制衡共同支持整个法治系统的运行。建立法治系统的根本出发点,就是强调各子系统的同步协调、互为作用,进而使法治系统的总功能大于各子系统的分功能。因此,互动就成为法治系统发挥最大功能的基本条件。二是法律部门划分的缺陷性。任何法律部门的划分都是相对的、不全面的和形式上的,法律部门的划分对法律体系的整体性及法律部门间的联系没有任何影响,我们所要强调的不应当是部门法的绝对划分,而是它们的互动。

最后,从三者的特殊联系的角度分析。(1)文化和精神的互补性。民法的理念是自由主义,其文化基础是自由主义文化。行政法的理念是国家主义,其文化基础是国家统治的理论。自由与统治永远是一对矛盾。民法的价值目标之一是对抗国家力量的侵犯;行政法的价值目标之一是防止国家权力的膨胀并维护私权的合理存在。应当说,这二者都是从自由主义文化出发的。而经济法在价值功能上具有两重性,它主张自由与统治的协调,即一方面以维护私权的合理存在为己任,同时超越个人的私权,以维护社会公共利益为宗旨;另一方面既赋予国家适当的干预权,又要防止国家公权的滥用。所以,三法的互动是自由主义、国家主义和集体主义融合与互补的产物。(2)法功能的相互矫正性。民法的功能是保护私权并对抗公权;行政法

---

[7] 李昌麒、岳彩申、叶明:《论民法、行政法、经济法的互动机制》,载《法学》2001年第5期。
[8] 李鹏:《全国人民代表大会常务委员会工作报告》,载《人民日报》2001年3月20日,第1~2版。

的功能是规范与限制行政权的扩张;而经济法既要限制私权的滥用,又要限制国家权力的扩张。此外,民法与行政法均强调形式主义,而形式主义有时会忽视结果的合理性。经济法则以维护实质正义为目标,矫正民法与行政法因追求形式正义而产生的不公平后果。然而,经济法所追求的实质正义可能会由于缺少程序正义的保障而最终变得不公平,所以又需要民法、行政法的矫正。(3)调整对象的交叉性。三法调整对象的交叉,是基于以下两个重要因素:其一,三法都处在市场关系之中,而某种市场关系的形成又往往呈现出错综复杂的情况,必然导致三法在调整对象上的部分重叠与交叉。以合同关系为例,民商法从合同平等与自由的角度保护合同关系,行政法从行政管理的角度对行政性合同进行规范,经济法则从反不正当竞争和反垄断等角度维护市场秩序。其二,某个具体的法律关系,单靠一个法律部门的作用是难以形成的,如所有权关系、经营管理关系、竞争关系、消费者权益保护关系、产品质量关系、知识产权关系、价格关系等。对于这些交叉性关系,只有三法的互动,才能形成有效的协调和运行机制。

2. 建立三法互动机制中的几个问题。建立民法、经济法、行政法之间的良性互动机制的目的,是要在三个部门法之间形成促进和发展社会主义市场经济的法律合力。形成合力的途径和方式多种多样,重要的有以下几个方面:

(1)立法上的互动。目前三个部门法在立法上存在诸多矛盾和冲突,既有法律规范上的不相容,又有法律结构上的不平衡。产生这种状况的原因是多方面的,其中之一就是没有很好地认识到三个部门法之间的互动关系。我们在立法指导思想上必须明确:在寻求完善三法的途径时,必须树立"同步完善"的思想。也就是说,国家立法机关在考虑完善三法中的任何一个法律部门的时候,都必须同时考虑其他两个法律部门的完善,以防止三法各自的调整领域的归属不恰当。

(2)法律实施上的互动。法律的有效实施需要充足的法律能量。法律能量可以从不同角度展开分析。从社会管理层面上看,法律能量是指法律系统所占据或依赖的资源量,其构成因素包括执法人员的数量、国家投入法律活动的物质财富、用于法律活动的人力资源和物质资源的结合状况以及使资源凝聚起来的法的价值观等。[9] 依上述因素看来,目前三个部门法的法律能量在分布上不均衡。其中,行政法的法律能量较强,民商法次之,经济法最弱,这使因受经济法调整而产生的纠纷需要行政法和民法进行救济。法律能量分布不均,直接导致三法在实施时不能很好地配合协调。要改变这种状况,需要在三个部门法的实施过程中合理配置人力资源和物质资源,使三者能相互协调配合。

(3)法律权威上的互动。发展社会主义市场经济,必须强化法律权威,这已经成为人们的共识。法律权威由法律的外在影响力和内在影响力构成。前者主要通过法律的国家性、责任性和强制性三个要素来树立和维护,后者则主要通过法律的习惯性、利导性和程序性三个要素来树立与维护。[10] 民商法、经济法、行政法的共同发展在市场经济条件下对树立法律权威有着极为重要的意义,各自都发挥着不可替代的作用。首先,行政法作为传统意义上的公法,以强制性为重要特征。从这个意义上讲,加强行政法制建设,实现依法行政,对增强法律的外在影响力是极为重要的。其次,民商法作为传统意义上的私法,直接源于社会现实经济生活,习惯性、利导性是其重要特征。从这个意义上讲,加强民商法制建设,对增强法律的内在

---

[9] 黄建武:《法的实现——法的一种社会学分析》,中国人民大学出版社1997年版,第160~163页。

[10] 孙笑侠:《法的现象与观念》,群众出版社1995年版,第52页。

影响力意义重大。最后,经济法作为介于公法与私法之间的"第三法域",兼具民商法、行政法各自的优势,能够保障国家的适度干预,增强国家的合法性基础。从这个角度来看,经济法具有在终极意义上维护国家法律权威的作用。

(二)经济法与社会法的互动机制

建立经济法与社会法的互动机制,主要是强调二者法功能的配合。所谓法功能,是指法作为社会体系的部分或要素,基于其内在结构属性,对社会整体或其他部分或要素,通过自身活动造成的积极的影响或后果。经济法和社会法作为"经济"的法和"社会"的法,显然能够对经济系统和社会系统发挥独特的功能,只有充分发挥二者的功能,才能促进经济与社会的协调发展。具体来说,建立二者的互动机制是基于以下两方面的考虑。

1. 经济法与社会法的法功能的侧重性。在经济法的功能结构中,经济功能为主,社会功能为辅;在社会法的功能结构中,社会功能为主,经济功能为辅。就经济法而言,以市场秩序规制法律制度为例,其功能是在特定的市场环境中贯彻特定的经济政策,建立统一、公正、竞争的秩序,以维护市场经济体制正常运转;与此同时,它还具有一定的社会功能,如抑制非法强者、扶持社会弱者,以提高弱者的市场地位、恢复弱者的竞争能力。以宏观经济调控法律制度为例,其功能主要是通过法律的手段对国民经济总体的供求关系进行调节与控制,力求实现社会总供给和总需求的平衡,在发展经济的同时注重生态维护,实现国民经济持续、健康与和谐的发展;同时它具有某些社会功能,如区域的平衡发展、环境的保护等。就社会法而言,以解决社会问题的法律制度为例,其功能主要是解决社会保障、劳动者权益保护、弱势群体保护、生态受损者救济、保护妇女儿童等问题,具有明显的社会功能;但同时它在一定范围内解决竞争所带来的失业问题,从这个角度讲也具有一定的经济功能。以促进社会事业发展的法律制度为例,其功能主要是发展教育、卫生、文化、体育等社会公共事业,但同时它提高了人力资源的素质,对经济发展也有促进功能。

2. 经济法与社会法的法功能的互补性。在经济领域,经济法表现为直接的促进功能,社会法则表现为间接的影响功能。市场经济的发展历史已经证明,市场因其内在的缺陷而不能保证经济的安全、协调、可持续发展,市场经济的发展必须借助"国家之手"进行协调、调节、控制、规制和指导,所以经济法的主要功能是克服市场经济体制的内在弊端,保证市场体制内部的良性运行,促进经济的平稳、安全、协调发展。经济法这一主要功能是由综合调控、分化整合、资源配置、克服市场失灵、降低交易成本等分功能来合力完成的。而社会法的功能则是一种间接功能,主要通过解决失业、社会保障等社会问题,为市场经济发展创造良好的社会环境,并通过发展教育、文化、体育等社会事业来提高人的基本素质,间接推动经济的发展。

在社会领域,社会法表现为直接的促进功能,经济法则表现为间接的支持功能。社会的发展总是伴随各种各样的社会问题,这些问题如果没有得到妥善的解决,就可能影响整个社会的稳定。而随着政府社会公共职能的加强,政府主动担当起促进社会事业发展的重任,因此在社会发展领域,社会法的主要功能是解决社会问题,促进社会公共事业的发展。而经济法对社会发展的作用则是通过促进经济的发展,增强物质财富能力,提供坚实的经济基础来实现的。很显然,如果没有足够的经济基础,即使社会法欲发挥保护弱者,提供社会保障、社会福利,以及发展教育、卫生、文化、体育事业等功能,也只能望"钱"兴叹。从这个意义上讲,经济法虽然是对社会发展提供间接支持,但这种支持是一种根本上的支持,所以非常重要。

第二节 经济法的体系

市场经济体制的确立为中国现代化经济法体系的合理架构奠定了坚实的基础。基于经济法是国家干预经济的基本法律形式的认识,在反思传统经济法存在的缺陷以及借鉴国际上经济法现代化成功经验的基础上,我们认为中国现代化经济法体系主要应当由四个部分构成。

一、市场主体法

在市场经济条件下,各类市场主体的法律地位相互平等,不存在任何依附关系,但是这并不意味着市场主体可以为所欲为、我行我素,不受国家权力的约束。国家必须根据国家和社会公共利益的需要,对市场主体的某些活动进行必要的调控和约束;由于这部分关系体现了国家对经济的干预,因而应当由经济法来调整,不宜通过"民法公法化"来解决。值得指出的是,由于经济法中的市场主体规制法仅涉及市场主体中的国家干预因素,因而与民商法的市场主体制度大相径庭。具体而言,经济法的市场主体法主要研究经济法中的政府、企业以及行业协会。其中,经济法对企业的规制主要包括企业形态的法定化制度、企业的市场准入制度、企业运行中的国家干预以及企业的社会责任等。

二、市场秩序法

市场经济体制是市场机制在资源配置中起决定性作用的一种经济体制。市场机制要发挥作用,必须依赖良好的市场秩序,如果缺乏良好的市场秩序,人们所追求的资源优化配置目标将很难实现。由于市场秩序是指由法律规定并保证实施的,以公开、公正、公平为目标的一种有条不紊的状态,因此,从根本上讲,市场秩序只能是一种法治化的秩序,或者说只有通过法治的力量才能形成符合市场经济规律的秩序。在我国市场经济体制下的市场体系必须是统一、开放、竞争和有序的。这个体系不仅要着眼于满足经济个体的自身需要,还要着眼于满足其他经济个体以及全局和社会公共利益的需要。而这种需要单靠私权利是难以满足的,还必须依靠公权力。在社会经济生活中最能影响市场秩序形成的,无非是垄断、不正当竞争、对消费者权益的侵害、假冒伪劣产品等因素。因此,世界各国也总是通过实施强有力的法制化的国家干预,以反垄断法、反不正当竞争法、消费者权益保护法、产品质量法等法律制度的建立来有效制止破坏秩序的行为,从而促进良好市场秩序的形成。

三、宏观经济调控法

宏观经济调控是国家对国民经济的总体供求关系进行调节和控制的活动,它是国民经济健康运行的重要保障。从我国宏观经济调控的政策和立法实践来看,宏观经济调控法主要包括产业调节法、计划法、投资法、财税法、金融法、价格法、国有资产管理法等。

四、经济监管法

在现代市场经济条件下,所谓监管是指"代表社会利益的国家、政府或其他授权机构,通过设定一定的行为标准、规则或准则,对有关机构或参与者活动的合规性,进行持续的和专门的监督,以限制参与者的行为不损害其他参与者的利益,或不产生有违公平公正的分配原则的后果,并对不合规行为及其后果实施监察或处理"[11]。毋庸置疑,监管是国家干预经济的手段之一。在社会经济生活中,由于市场的不完全、市场的不普遍、信息失灵、外部性、公共产品等问题的存在,市场机制无法达到经济资源最优配置的理想状态。此时,作为社会公共利益代表的政府就要克服市场失灵,对经济活动与市场进行监管。

伴随我国市场经济的不断发展,人们对经济的平稳与持续发展的要求越来越高,经济监管也逐渐为人们所关注与重视。积极的、灵敏的、主动与被动结合的、事先预防与事后处理相统一的监管,愈来愈体现出其优越性,已成为现代国家的首要经济管理职能。[12] 经济监管的目标在于保障经济安全,防范经济风险,实现平稳发展。而要实现上述目标,就需要监管者对经济主体的行为实施积极有效的干预,保护经济运行不偏离固有的价值目标,"就是要求根据各类经济活动特点及其现实或潜在风险的特征,通过监管,降低交易成本,防止垄断、操纵市场和欺诈行为的发生,抵御市场风险,维护经济秩序,防范经济危机"[13]。

经济监管法通常包括以下几个组成部分:金融市场监管法,技术、信息市场监管法,房地产市场监管法,公用事业管制法,会计、审计与统计法,等等。

———— 思考题 ————

1. 构建经济法、民法和行政法之间的互动机制的要点有哪些方面?
2. 经济法与社会法之间的区别表现在哪些方面?
3. 经济法作为独立部门法的客观依据是什么?
4. 经济法体系的范围是什么?

---

[11] 屠光绍主编:《市场监管:架构与前景》,上海人民出版社2000年版,第1页。
[12] 顾功耘主编:《经济法》,高等教育出版社、上海社会科学院出版社2000年版,第129页。
[13] 李昌麒主编:《经济法:论点·法规·案例》,法律出版社2004年版,第388页。

第四章 经济法的基本原则

| 内容提要 |

由于经济法的基本原则对经济立法、经济执法、经济司法和经济守法具有指导意义和适用价值,故而在经济法中具有重要地位。本章揭示了经济法基本原则的含义、特征,阐明了经济法基本原则的构成。

| 学习重点 |

经济法基本原则的特征　　经济法基本原则的构成

第一节 经济法基本原则的含义及特征

一、经济法基本原则的含义

经济法的基本原则,是指规定于或者寓意于经济法律法规之中,对经济立法、经济执法、经济司法和经济守法具有指导意义和适用价值的根本指导思想或准则。

二、经济法基本原则的特征

(一)反映经济法的本质属性

经济法最重要的本质属性,在于它体现了国家对社会经济生活的适度干预。因此,经济法的基本原则既要与体现国家对政治生活进行干预的行政法的基本原则相区别,又要与体现当事人平等的民法的基本原则相区别。考虑到我国不同的法律部门在所要实现的任务上可能存在某种共同性,因而某一部门法基本原则的表述可能存在使用其他部门法术语的情况,不同的部门法对同一术语可以作出符合本部门法本质要求的解释。

(二)具有明确的准则性或者导向性

基本原则是不同于具体原则的根本原则。在我国经济法律法规的总则中,一般都有基本原则的规定,其立法意蕴包括:(1)表明该法律法规所应遵循的基本指导思想。(2)为该法律法规的各项具体规范提供纲领。(3)为该法律法规的执行提供准则。由此可知,作为国家干预社会经济生活的各种经济法律规范的总称的经济法的基本原则,应当具有如下的功能:

1.对经济立法有指导和规制的作用。制定经济法基本法时,立法者首先要确定制定这部法律的指导思想,然后在这个指导思想之下确定该法律的具体规范。经济法的基本原则在经济法基本法中加以规定之后,对国务院和有立法权的地方权力机关制定经济法规具有指导作用,这些法规的内容不得与经济法的基本原则相抵触。

2. 对经济守法具有指导和规制作用。这种规制,既可以表现为对经济法主体的积极作为即履行法定义务、职责的规制,又可以表现为对消极不作为即不履行法定义务、职责所应承担的法律后果的规制。

3. 对经济司法具有指导作用。这集中表现为:在法律法规没有规定的情况下,经济法基本原则可以作为经济司法裁决的准则,以化解成文法规定的有限性与社会关系的复杂性、无限性之间的矛盾;在特定情况下,司法人员可以依据经济法的基本原则对一定经济纠纷作出自由裁量,以真正体现法律的公平、正义和经济立法的宗旨。

(三)大体反映经济法体系中所有法律法规的本质要求

这里应当指出的是,由于我国尚未制定出一部统领性的基本经济法,因而,相对于民法基本原则的研究而言,经济法基本原则的研究难度更大。其中,最大的困难在于学界对经济法的调整对象并未取得完全一致的共识。由于经济法的调整对象不确定,我们对经济法基本原则的思考,应当更多着眼于对经济法基本原则概括的方法论的思考之上。对此,有必要在诸多符合市场经济体制要求的经济法律法规群中,抽象出它们共同的足以上升为经济法的基本原则的立法指导思想,然后概括为经济法的基本原则,这样就可以使经济法的基本原则反映经济法最本质的属性,并能较好地统协经济法体系中具体的法律法规的价值追求。

(四)反映一种法律精神或者法律价值

就一般法典式的部门法而言,其基本原则通常以弹性条款加以规定,或者虽不直接规定,但寓意于相关法律法规之中。现今我国经济法以多种单行经济法律法规为存在形式。经济法的基本原则中,除少量基本原则在某一具体的经济法律法规中有明确规定之外,其他基本原则只能依据经济法的本质属性进行概括。因此,经济法的基本原则更多的不是体现在法典式的部门法之中,其只是一个比较抽象或者模糊的概念,但又并非处于完全虚拟状态,通过对经济法律法规体系中的各种具体法律法规进行概括,是能够抽象出经济法的基本原则的。经济法的各项具体规定,都要符合经济法基本原则的要求。在此意义上,经济法的基本原则无论是否表现为一定的规范,都应该反映一种法律精神或法律价值。

第二节 经济法基本原则的构成

根据我国已经颁布的经济法律法规,考虑到经济法应有的价值取向,本书对我国经济法基本原则的构成作出以下学理概括。

一、资源优化配置原则

资源优化配置,是指资源在生产和再生产各个环节上合理和有效地配备和流动。将资源优化配置原则作为经济法基本原则,是构建高水平社会主义市场经济体制的基本要求。该原则中包含两个值得重点探讨的概念:(1)资源。资源在经济法中是一个具有多重含义的概念,包括人力资源(如劳动力)、财力资源(如物质资本)、物力资源(如自然物)、技术资源(如科学技术成果)以及信息资源(如数据)等。资源是一个社会赖以存在和发展的基础,因此,强调资源的优化配置,发挥有限资源的最大功效,对社会经济的进步、发展具有重要的意义。(2)优化配置。它包含两方面的内容,即资源的配备与流动的合理性、有效性。因而,"优化"既指资源配备的合理与有效,也指资源在流动过程中的高效。

综观当今世界,资源配置的基本方式大体上有两种:一种是以政府为主的资源配置方式,其显著特点是政府在资源配置中起主导作用,它的典型形式就是通过国家的计划、政府的决定来实现资源配置。另一种是以市场为主的资源配置方式,其显著特点是主要通过价值规律的作用、反映市场供求状况和资源稀缺程度的价格信号的引导来实现资源的配置。在我国,传统计划经济时代实行的是以政府为主的资源配置方式。党的十四大确定建立社会主义市场经济体制。鉴于"市场决定资源配置是市场经济的一般规律,市场经济本质上就是市场决定资源配置的经济"[1],同时,强调使市场在资源配置中起决定性作用,绝不是否定政府作用,因而党的十八届三中全会进一步提出"使市场在资源配置中起决定性作用和更好发挥政府作用"。

市场在资源配置中起决定性作用和更好发挥政府作用,一定意义上可以说与资源优化配置具有相同的含义。其具体要求主要包括:(1)非公共资源全部由市场配置。(2)政府代表国家和全民所拥有的自然资源、经济资源和社会事业资源等公共资源则由市场和政府配置。对于适宜市场化配置的公共资源,要充分发挥市场机制作用,切实遵循价值规律,建立市场竞争优胜劣汰机制,实现资源配置效益最大化和效率最优化;对于不完全适宜市场化配置的公共资源,要引入竞争规则,充分体现政府配置资源的引导作用,实现政府与市场作用有效结合;对于需要通过行政方式配置的公共资源,要遵循规律,注重运用市场机制,实现更有效率的公平性和均等化。[2] 显然,使市场在资源配置中起决定性作用和更好发挥政府作用,既需要有宽松的市场准入制度、完备的市场体系、有效的价格信号、公平和自由的竞争环境等市场条件,也需要对政府干预经济的行为进行规制;而这些市场条件能否达成、对政府干预经济的行为的规制能否落实,都取决于所有经济法律法规的相关制度安排和实施情况。从这个意义上讲,资源优化配置原则是所有经济法律法规应当坚持的基本原则。

二、国家适度干预原则

国家适度干预原则是体现经济法本质特征的原则。适度干预,是指国家在经济自主和国家统制的边界条件或者临界点上所作的一种介入状态。将国家的适度干预作为经济法的基本原则,一方面有利于彰显经济法的本质特征,另一方面有利于消除人们对国家干预的误解。经济法是为适应国家对社会经济生活的干预而产生的一种法律形式。国家对社会经济生活的干预,是伴随国家的产生而产生的,但在不同的历史发展时期或阶段具有不同的表现形式与实质内涵,在目标指向与所持的价值理念方面亦是大相径庭。总体而言,国家对社会经济生活的干

---

[1] 习近平:《关于〈中共中央关于全面深化改革若干重大问题的决定〉的说明》,载《〈中共中央关于全面深化改革若干重大问题的决定〉辅导读本》,人民出版社2013年版,第71页。
[2] 中共中央办公厅、国务院办公厅《关于创新政府配置资源方式的指导意见》(2017年1月11日)。

预有三种典型表现形式:(1)过多干预。通常在国家经济状况比较恶劣的情况下,容易出现过多干预这种势头。(2)过少干预。通常在国家经济状况良好的情况下,容易出现过少干预这种势头。(3)适度干预。现实中,更多的国家是从过多干预与过少干预的教训中走出来,寻求国家对经济生活的适度干预。我国也大体经历了相似的历程,但相对于其他国家,我国总体上仍然没有完全走出过多干预的轨迹。

那么,如何寻求干预的适度呢?有学者在概括国家适度干预原则时,主张从干预的正当性与谨慎性两个层面来把握。(1)干预的正当性,在于强调干预必须基于法律的授权,即必须受制于规则的约束,在规则的框架下进行干预,而不得超越规则随意干预。(2)干预的谨慎性,在于强调干预的合理性,着重于将"市场之手"与"国家之手"有机结合。对此,我们认为,国家适度干预原则实际上表明了经济法必然要面对的协调规则刚性与自由裁量的两难问题:既要遵循规则,又不能因规则的束缚而丧失对经济生活的适时回应;既要承认自由裁量在国家干预中的现实必要性,又不能因片面追求灵活而丧失对权力滥用的警惕。这里,我们提供静态与动态相结合的思考路径:所谓静态思考,是指国家要从总的政策上确立国家干预经济的范围,这适宜用法律的方法作出规定;所谓动态思考,是指国家通过法律赋予政府官员在特定的时候和特定的情况下,运用行政的办法确立国家干预经济的范围的权力。但是,从主导方面来讲,应当强调干预范围和方法的法律化。这就决定了经济法必须首先把国家适度干预原则作为自己的基本原则,只有这样才能有效地避免干预的随意性。

三、社会本位原则

社会尤其是当代社会无疑是利益多元且各种利益相互交织和冲突的,法律作为利益关系的调节器,必须回应和平衡各种利益诉求,为各种利益的保护和实现作出相应的制度安排。应当说,法律体系中的各个法律部门都共同担当着保护和实现个体利益、社会公共利益等多种形态的利益的任务,但任何一个法律部门都不可能毫无主次地、平行地保护和实现每一种利益,而只能首先保护和实现一种利益,之后通过法律反射来实现其他利益,或间接地实现其他利益;由此,每个法律部门的法益只能是一个凸显一种利益目标,并由多种利益(反射利益或间接保护利益)目标组成的利益保护结构。一个法律部门所凸显的一种利益目标与该法律部门的其他各利益目标一道共同构成的利益保护结构,即是该法律部门的法益结构;而一个法律部门所凸显的那种利益目标,即是该法律部门的本位。

就经济法而言,其法益结构凸显的是社会公共利益,亦即它虽然不将维护社会公共利益作为唯一的目标诉求,但将维护社会公共利益作为出发点和着力点,通过确立构建自由、公平的市场秩序,打造有利于持续、健康、协调发展的宏观经济环境等满足社会公共利益的需要的规则,实现对个体利益等其他形态的利益的保护。这种法益结构,一般被称为社会公共利益本位或者社会本位。经济法的这种法益结构有别于民法的法益结构。在传统的法律理论看来,民法是私法,它直接致力于维护私人利益或者"涉及个人福利",[3]其对社会公共利益的关照,更多地通过私人利益最大化可促进社会整体利益最大化的理性假设而得以证成。与此同时,民法也通过确立公序良俗原则等基本原则、宣布违反社会公共利益的民事行为无效等方式,来对私权的行使确定条件和限度,以确保对私人利益的追求能够尊重或不损害社会公共利益。因

---

[3] [意]彼德罗·彭梵得:《罗马法教科书》,黄风译,中国政法大学出版社1992年版,第9页。

此,有别于经济法所贯彻的社会本位,民法所彰显的是个体本位。

四、经济民主原则

经济民主是作为经济高度集中或经济专制的对立物而存在的,它是指在充分尊重经济自由基础上的多数决定。从世界范围来看,在国家宏观经济调控下实行经济民主,是当今资本主义市场经济获得发展的一个重要条件。在我国,党的十一届三中全会提出健全社会主义民主和加强社会主义法制的任务之后,邓小平同志提出在我国实行经济民主。早在1978年召开的中央工作会议上,邓小平同志就对经济民主作过十分深刻的阐述:"我想着重讲讲发扬经济民主的问题。现在我国的经济管理体制权力过于集中,应该有计划地大胆下放,否则不利于充分发挥国家、地方、企业和劳动者个人四个方面的积极性,也不利于实行现代化的经济管理和提高劳动生产率。"[4] 随着政治、经济等领域改革的日益深化,我国的经济民主也获得了新的发展,并在进入新时代后创造性地提出"全过程人民民主"的重大理念。全过程人民民主是全链条、全方位、全覆盖的民主,涵盖党政机关、事业单位、国有企业、城乡社区、新社会组织、新经济组织等人民群众基本生活单元和生产单位,贯通民主选举、民主协商、民主决策、民主管理、民主监督的各个环节,充分运用群众路线、调查研究、开门决策、民主恳谈、协商对话等形式保障公民的知情权、参与权、表达权和监督权,具有时间连续性、内容整体性、运行协同性和参与广泛性等内在优势。对于全过程人民民主,党的二十大报告指出:"人民民主是社会主义的生命,是全面建设社会主义现代化国家的应有之义。全过程人民民主是社会主义民主政治的本质属性,是最广泛、最真实、最管用的民主。必须坚定不移走中国特色社会主义政治发展道路,坚持党的领导、人民当家作主、依法治国有机统一,坚持人民主体地位,充分体现人民意志、保障人民权益、激发人民创造活力。"因此,新时代的经济民主,也应当是全过程人民民主。

从法律上考察经济民主,可以发现,经济民主与国家行政权、国家所有权、企业经营权、法人财产权、劳动者的民主参与权以及获得物质利益的权利紧密相关。因此,经济民主的落实,需要包括经济法在内的各个法律部门作出相应的制度安排;而经济法之所以要把经济民主原则作为一项重要原则贯穿始终,是因为作为国家干预经济的法律,如果经济法不强调经济民主,就可能妨害乃至扼杀经济民主。在经济法领域,经济民主主要强调的是经济决策的公众参与,包括宏观和微观两个层面:在宏观层面,经济民主要求国家对经济进行干预时,应当广泛征求各方意见,协调各种利益冲突,将宏观经济调控决策建立在充分对话的基础之上,从而保障和促进国家宏观决策的顺利实施,降低社会运行成本;在微观层面,经济民主则体现为国家在充分尊重企业自由的前提下,要求企业建立一套有效的经济民主机制,保障企业职工的民主权利,促进企业的民主化管理。

五、经济公平原则

经济公平最基本的含义是指任何一个法律关系的主体,在以一定的物质利益为目标的活动中,都能够在同等的法律条件下,实现建立在价值规律基础之上的利益平衡。经济公平是市场主体进行市场交易的基本要求和基本条件。经济法将经济公平原则作为基本原则,表明了其对法律一般价值的认同。众多法学家较为一致的认识是,法律的基本价值包括正义、公平、

---

[4]《邓小平文选》(第2卷),人民出版社1994年版,第145页。

秩序和效率,公平是其中一个重要的价值取向。此外,经济法倡导的经济公平还具有其特定的内涵。民法也将公平作为其基本的价值目标,但该种公平是形式公平,意味着机会平等,而机会平等至少具有四个方面的规定性:社会资源平等地向市场主体开放;竞争的起跑线均等;市场主体同等地不受歧视;市场主体平等地拥有实现其经济目标的手段。[5] 经济法上的公平,是在承认经济主体的资源和个人禀赋等方面的差异的前提下而追求的一种结果上的公平,即实质公平。质言之,民法以平等求得形式公平,经济法则以不平等求得实质公平。因此,作为调整经济关系的两个最重要的法律部门,民法和经济法在实现市场交易的公平的过程中发挥着不同的作用。民法主要通过对意思自治的保证来实现交易公平,经济法则主要通过对意思自治的限制来实现结果公平。从我国现实情况来看,影响经济公平的是行政干预、差别政策、税赋不公、分配不公、价格体制不健全、不正当竞争和垄断等因素。而要避免这些因素的出现,民法的作用是有限的,甚至是无能为力的。因此,经济法必须按照社会主义市场经济的要求,把经济公平原则作为自己的一项基本原则。对此,经济法应当着重关注以下内容:[6]

第一,竞争公平。这是经济法应当实现的经济公平的第一个层次。显然,竞争是市场机制发挥其基本功能的先决条件,而竞争的实现程度又主要取决于法律对各竞争主体适用的公平性。因此,有必要确保市场主体的法律地位平等和竞争机会的均等。

第二,分配公平。分配不公是经济社会发展的伴生物,如果说确保竞争公平主要是关注市场主体的竞争机会公平,那么分配公平则是在此基础上进一步强调社会成员对资源成果的分享公平,是经济法应当实现的经济公平的第二个层次。分配公平必然面临分配标准的抉择。考察现代社会经济的运作轨迹,不难发现,按劳分配、按需分配和按资分配是三种主要的分配形式。鉴于我国现在生产力的发展水平以及整个社会经济结构的特点,按劳分配应是我国当前主要的分配标准,同时规范并合理运用其他分配标准,在此基础上保障分配公平的全面实现。

第三,正当的差别待遇。现代社会的发展已经导致人们相互之间在能力、财富拥有等方面的差距愈加显著,如果法律对这些先天性不平等的境况视而不见,依然对所有人一视同仁,就只能使"不平等变得天经地义,甚至加深这种不平等"。[7] 因而,导源于人道主义的现代思潮,以及社会福利理念的倡导,使有条件的差别待遇原则逐渐被纳入公平的范畴,作为经济法应当实现的经济公平的第三个层次。差别待遇所表明的是社会资源要根据人的具体情况作具体分配,就法律调整而言,就是要在法律权利义务上作出不同的规定,其主旨在于要给在社会上处于不利地位的人群一定的补偿和救济。

六、经济效益原则

经济效益涉及的是经济活动中占用、消耗的活劳动和物化劳动与所取得的有用成果的比较。经济效益包括微观经济效益和宏观经济效益。微观经济效益应当符合宏观经济效益的要求,而宏观经济效益又是微观经济效益的总和。提高经济效益是我国全部经济工作的重点和归宿,同时也是国家加强经济立法所要追求的重要价值目标。

---

[5] 公丕祥:《论当代中国法制的价值基础》,载《法制与社会发展》1995年第2期。
[6] 李昌麒:《寻求经济法真谛之路》,法律出版社2003年版,第93~95页。
[7] [英]彼得·斯坦、约翰·香德:《西方社会的法律价值》,王献平译,中国法制出版社2004年版,第71页。

提高经济效益是一项系统工程,需要许多要件的配合:(1)要有足以促进和保障经济效益的制度安排,其核心是正确处理政府干预权与市场主体自主权的关系。(2)要有足以保障市场主体实现利益价值的企业运行机制,其核心是既赋予其广泛的法律权利,又为其实现权利扫清障碍。(3)要把企业对经济效益的追求建立在正当手段之上,其核心是不得滥用权利。具体来讲,一是要通过建立宏观经济调控法律体系,指导和促进企业提高经济效益,使企业生产符合社会需要。如果出现宏观失控问题,不仅会影响企业的经济效益,更会影响社会的经济效益。二是要通过建立和完善现代企业法律制度,转换企业的经营机制,充分发挥企业的主动性和积极性,为社会生产更多更好的产品。三是要通过培育和发展市场体系,创造平等竞争的法律环境,为企业打造一个统一、开放、竞争和有序的活动平台。四是要通过建立多层次的社会保障体系,使企业从沉重的社会负担中解放出来,同时以此为契机,消除企业职工的后顾之忧,使企业职工为全力提高企业的经济效益而奉献。总之,市场主体规制法、市场秩序规制法、宏观经济调控法和经济监管法都要把保障和促进企业的经济效益和社会的经济效益摆在首位。

―――― 思考题 ――――

1. 经济法基本原则的功能是什么?
2. 试述经济法基本原则的构成。

第五章　经济法律关系

| 内容提要 |

本章以传统的法律关系原理为基础,阐明了经济法律关系的定义和特征,分析了经济法律关系的构成要素,讨论了经济法律关系的产生、变更和终止。

| 学习重点 |

经济法律关系的特征　　　　　　经济法律关系的构成
经济法律关系的产生、变更和终止

第一节　经济法律关系的定义和特征

受日本、德国等国家的法学的影响,自20世纪20年代起,我国法学界开始重视"法律关系"这个概念及其相关原理的运用。时至今日,法律关系仍然是中国法学理论的核心内容,是分析法律现象的基本理论模型。尤其是在私法领域,法律关系成为认知和确认当事人之间的权利、义务和责任的最基本的理论分析工具。在经济法学理论构建的过程中,用经济法律关系原理解释经济法现象也已成为一种较为普遍的做法。因此,经济法律关系也自然成为经济法学研究的重要内容。

在知识论的框架内,经济法律关系的定义和特征,经济法律关系的构成,经济法律关系的产生、变更和终止等,构成了经济法律关系研究的基本对象。一般认为,经济关系是经济法律关系产生的基础;经济法律规范和经济法律事实是经济法律关系产生、发展和变化的条件和原因。

一、经济法律关系的定义

经济法律关系的定义主要形成于20世纪80年代和90年代的经济法学产生时期,学者们对经济法律关系所提出的定义差异较大。在20世纪,以下有关经济法律关系的定义具有一定的代表性:一是认为经济法律关系是经济法主体根据经济法的规定,在参加体现国家干预经济的经济活动过程中所形成的经济权限关系;[1]二是认为经济法律关系是国家协调经济运行过

---

[1] 李昌麒:《经济法——国家干预经济的基本法律形式》,四川人民出版社1995年版,第437页。

程中根据经济法的规定发生的权利义务关系;[2]三是认为经济法律关系是国民经济管理法律关系。[3] 这些定义都从不同的角度揭示了经济法律关系的内涵和特征,对后来的经济法律关系内涵的界定存在重要的影响。

需要注意的是,法律关系是在民法规则与民法学知识的基础上抽象建构出来的一种法学分析的基本模型。然而,法律关系原理存在知识局限性。经济法在其产生的早期与民商法是合在一起的,而且经济法的知识与民商法的知识有很大的关联性,经济法学在构建自身的理论体系时引入了法律关系理论模型,并将主体问题纳入法律关系的框架内进行分析。但随着经济法理论的发展,经济法知识与民商法知识的个性化区分日益明显。经济法构建与规范的是国家及政府干预经济的社会关系,不是完全平等的社会关系,因此,其理论框架被界定为对国家干预权、干预行为及相关机制的解释。由于理论框架不同,20世纪的经济法律关系原理在解释经济法现象时,缺乏必要的论证力和说服力,甚至无法恰当地适用。这基本上可以证明,经济法所构建的经济法律不能完全采用民事法律关系的理论模型进行认识和论证。法律关系模型的突出功能,是界定各种主体之间的复杂关系,从而为获得司法救济提供实体法及诉因的依据,实现程序法与实体法知识的有效融合。基于民法规则建立的法律关系原理认为只要法律没有禁止,即视为公民享有权利。但经济法对国家干预经济的行为的规范采用明确授权的方式。按照现代法治的原则,国家及政府在法律授权之外不享有干预经济的其他权利。因此,在处理经济法案例时,理论认识的核心是国家权限的识别,而不必考虑其他主体的权利与义务状况。

进入21世纪以后,随着经济法学研究的不断深入,人们对经济法律关系的认识更为深刻和准确,经济法律关系的定义出现了一些变化,这可以从以下有关经济法律关系的新定义中反映出来:一是认为经济法律关系是指经济法律关系主体根据经济法的规定,在参加体现国家干预经济的活动过程中形成的经济职权和经济职责以及经济权利和经济义务关系;[4]二是认为经济法律关系是根据经济法的规定发生的权利义务关系;[5]三是认为经济法律关系即国家经济调节法律关系,是指经济法调整因国家调节社会经济所形成的各方主体之间的权利义务关系;[6]四是认为经济法律关系是指经济法律关系主体根据经济法的规定,在参加国家协调经济运行活动中形成的经济权利义务关系。[7] 我们认为,经济法律关系,是指经济法律规范在调整国家干预经济过程中所形成的经济职权和经济职责、经济权利和经济义务关系。

二、经济法律关系的特征

作为法律调整社会关系的结果,经济法律关系既不同于普通的社会关系,又有别于其他法律关系。经济法律关系具有以下特征:

(一)以相应的经济法律规范的存在为前提

法律关系以法律规范的存在为前提,这是法理学的基本原理。因此,对法律规范的依赖构

---

[2] 杨紫烜、徐杰主编:《经济法学》,北京大学出版社1994年版,第81页。
[3] 漆多俊:《经济法基础理论》,武汉大学出版社1996年版,第197页。
[4] 李昌麒主编:《经济法学》,中国政法大学出版社2002年版,第78页。
[5] 杨紫烜、徐杰主编:《经济法学》(第3版),北京大学出版社2001年版,第81页。
[6] 漆多俊:《经济法基础理论》(第3版),武汉大学出版社2000年版,第200页。
[7] 侯怀霞主编:《经济法学》,北京大学出版社2003年版,第71页。

成了经济法律关系不同于一般社会关系的区别;而对经济法律规范的依赖,则构成了经济法律关系与其他法律关系的区别。

从社会学的角度看,马克斯·韦伯认为,社会关系的最基本特征,在于行动者和他人之间存在某种最低限度的相互关联。[8] 经济法律关系是人与人之间形成的联系,属于社会关系的一部分,但法律关系与其他社会关系的不同之处在于它与法律规范的联系。经济法律关系以经济法律规范为存在前提,这既构成了经济法律关系存在上的特点,也决定了经济法律关系的其他特点。很多在法律的调整之外存在的经济关系不具有法律层面上的意义和约束力,故而只是一般意义上的经济关系。经济关系与经济法律关系之间的联系大致分为三种情况:一是经济关系经一定的经济法律规范调整而成为经济法律关系;二是经济关系经其他法律规范调整而成为其他法律关系;三是经济关系没有受到经济法律规范调整,也未受到其他法律规范调整,仅是事实意义上的经济关系。

(二)结构具有双重性

按照法理学的一般原理,法律关系以权利和义务为内容,尤其是在主体平等的法律关系,如民商事法律关系中。由于经济法律关系不完全是平等主体之间的交易关系,不是简单的权利与义务的二元结构型社会关系,因此,在讨论经济法律关系时,要注意超越权利与义务的二元结构的法律关系分析框架。

经济法律关系的内容特殊性决定了其双重结构性。(1)在经济法律关系中,形成了国家干预关系与主体间平等关系的双重结构。国家与市场主体之间形成的以干预和被干预为内容的关系,是管制型的社会关系;而平等主体间形成的以权利、义务为内容的法律关系,是平权型的法律关系。(2)在一般法律关系中,主体是平等的双方或相对的双方,内容属于权利与义务对应的二元结构。但由于经济法律关系的主体包括了国家机构及经济关系的不同利益主体,因此,内容上形成了职权与职责、权利与义务相对应和结合的结构。这两种不同性质的关系结合在一起,成为经济法律关系结构的特色。例如,在反不正当竞争与反垄断关系中,既包括竞争主体间的平等竞争关系,也包括国家与竞争主体间的干预与被干预的关系。事实上,在相当长的时间里,经济法学界所主张的纵横统一说[9]就是对经济法律关系的这一特点的强调。

(三)具有一定的主观性和明显的国家意志性

我国传统的法律关系理论一直采用唯物主义的原理,将经济法律关系界定为一种受主观因素影响甚至由主观因素决定的思想关系,属于上层建筑的范畴。其基本理由是:(1)经济法律关系以经济法律规范的存在为前提,而经济法律规范是由立法者根据其意志制定出来的,因此,立法者或国家的意志决定着经济法律关系的存在及具体内容。(2)经济法律关系的实现受人们的观念、认识等主观因素的影响。经济法律关系一旦在现实中存在,法律规范只是将已经存在的社会关系加以确认而使其成为法律关系。在这些情况下,法律关系的思想性只具有相对意义。为了将主观性与客观性恰当地结合在一起,应当注意到经济法律关系的主观性因素。

因经济法确认和调整而形成的经济法律关系具有强烈的国家意志性。这种国家意志性是

---

[8] [德]韦伯:《韦伯作品集Ⅶ:社会学的基本概念》,顾忠华译,广西师范大学出版社2005年版,第35页。
[9] 纵横统一说源于苏联现代经济法学派。拉普捷夫认为:"经济法所调整的经济关系,是领导和进行经济活动过程中所形成的经济关系,这种经济关系涉及横的经济关系,也涉及纵的经济关系。"参见李昌麒、刘瑞复主编:《经济法》,法律出版社2004年版,第65页。

民事法律关系所不具备的。经济法是国家运用其权力主动对社会经济活动进行适当干预的手段,更强烈地体现着国家的某种意图。例如,反垄断法与国家产业政策的制定和执行有密切的关系,其价值追求是从宏观上防止市场因竞争不足而失去活力,从而提升本国企业和国家经济的竞争力。所以,反垄断法具有鲜明的政策性、灵活性和国家主导性特征。其他经济法律法规(如反不正当竞争法、财政金融法等),也体现着国家的某种明确意图。总之,经济法律关系的形成不仅反映了国家与政府的"有形之手"与市场的"无形之手"的互补性,更反映了国家与政府对社会经济生活的积极参与、促进和监管。

第二节 经济法律关系的构成

分析经济法律关系的构成要素的意义,在于使我们能够更清晰地把握经济法律关系的特性以及运行的基本状态,从而有助于我们认识经济法律关系的独特性,从法律上把握国家、政府、市场主体以及社会中介组织在市场经济中的关系。一般认为,经济法律关系由主体、内容和客体三种要素构成。

一、经济法律关系的主体

经济法律关系的主体即经济法主体,是指依法参加经济法律关系,并因此享有经济法上的职权或权利,承担经济法上的职责或义务的当事人。经济法律关系的主体是构成经济法律关系的基本要素之一,是经济法律关系的直接参加者,它既包括经济法上的职权或权利的享有者,也包括经济法上的职责或义务的承担者,是经济法律关系的重要内容。由于经济法律关系主要是在国家干预经济的过程中形成的,因此,其主体一方通常是国家及其机构。这成为经济法律关系的主体要素的重要特征。同一社会关系的主体通常受不同法律规范的约束,因而可能成为受多个法律部门约束的主体,但经济法律关系的主体要以相应的经济法律规范为依据。例如,县级以上市场监督管理部门取得了行政法律关系的主体资格,但其作为反不正当竞争法律关系的主体资格,则由《反不正当竞争法》明确规定。需要注意的是,经济法律关系的主体既可能是组织,也可能是个体:组织包括立法机构、执法机构等国家机构,也可能是各类企业和非营利组织等;个体包括本国公民、外国人等。

由于国家干预经济的职权和职责主要由政府及其机构承担,因此,代表国家进行干预的政府及其机构在经济活动中具有一定的主导性。[10] 但需要强调的是,政府及其机构作为经济法律关系的主体具有主导性,并不意味着否定经济组织和自然人的独立性。国家干预以维护社会公共利益和充分尊重市场主体的地位为基本前提,并且要受到法律规范的约束,因此,政府及其机构在经济法律关系和经济活动中的主导性是有限的。

---

[10] 所谓主导性,是指政府及其机构在行使经济干预权限时,依法享有的职务上的优先权,如先行处置权、获得社会协助权、征收权等。

二、经济法律关系的内容

经济法律关系的内容是联结主体与主体之间、主体与客体之间关系的纽带。古罗马的私法理论将法律关系的内容定位为权利与义务[11]。显然,这种法律关系的界定是以典型的民事法律关系为基础抽象出来的,其将权力因素排除在外。在现代市场经济条件下,这种关于法律关系的构建在适用范围上有明显的局限性。

一般认为,经济法律关系应当是法律关系主体之间的职权与职责、权利与义务的关系,这是经济法律关系内容的重要特点。经济职权也即经济权力,是由法律赋予的由国家经济干预职能部门或其授权单位代表国家为维护社会公共利益依法行使的对经济运行进行预测、决策、组织、指挥、监督等权力的总称。经济职责是国家经济干预职能部门或其授权单位在依法干预经济的过程中所负担的必须为或不为一定行为的责任。作为经济法律关系主体的国家、政府机构或其授权部门在依法享有经济职权的同时,还负有依法、恰当行使其权力的职责。在很多情况下,国家、政府机构或其授权部门享有的经济职权与承担的经济职责是合二为一的。经济权利是指经济法律关系主体依经济法律规范享有的为或不为一定行为,或者要求他人为或不为一定行为的自由。经济义务是指经济法律关系主体为满足经济职权的主体或经济权利的主体的要求,依法为一定行为或不为一定行为的责任。

需要注意的是,经济职权与经济权利虽然均属于经济法律关系的主体的权限,但是应予以区分。(1)经济职权和经济权利的主体存在差异。经济职权的主体只能是国家或其授权部门;而经济权利的主体比较广泛,只要是经济法律关系的主体,就可成为经济权利的主体。(2)经济职权和经济权利的性质不同。经济职权具有命令和服从的性质,且拥有经济职权的主体不能放弃经济职权;而经济权利是经济法律关系主体实现自身利益的一种行为自由,既可以行使,也可以放弃。(3)经济职权与经济权利的内容不同。经济职权包括经济立法权、决策权、禁止权、许可权、处罚权等;经济权利包括工业产权、承包经营权、经济请求权等。

三、经济法律关系的客体

经济法律关系的客体,是指经济法律关系主体在经济法上的职权和职责或者权利和义务所共同指向的对象,是经济法律关系中不可缺少的构成要素。在经济法律关系中,经济法律关系主体所具有的经济职权或经济权利、经济职责或经济义务,只有通过经济法律关系的客体才能实现。经济法律关系的客体具有社会化特征,兼具私人性和公共性的双重属性,[12]这与传统民事法律关系客体有所区别。

一般来说,经济法律关系的客体主要包括:(1)经济干预行为。这是指经济法律关系主体在干预经济的过程中,为达到干预目的而进行的有意识的活动,既可以表现为具有权力因素的经济干预行为,如经济职权行为,又可以表现为具有财产因素的管理行为,如国有资产管理行为。(2)经济干预行为所及的物。一般来说,物作为经济法律关系的客体是受到一定限制的。这种限制主要表现为:只有经济干预行为所及的物才能作为经济法律关系的客体,如基于许

---

[11] 如有学者认为经济法律关系的内容只包括经济权利和经济义务,而经济职权不是一个法律上的概念,经济职责是职权和责任的复合概念。参见刘隆亨:《经济法概论》(第 7 版),北京大学出版社 2012 年版,第 72 页。

[12] 符启林主编:《经济法学》,中国政法大学出版社 2005 年版,第 92 页。

可、税收、土地征用等而产生的法律关系所指向的物才是经济法律关系的客体。(3)科学技术成果,包括专有技术、经济信息等。(4)经济数据。根据《数据安全法》第3条第1款的规定,"数据,是指任何以电子或者其他方式对信息的记录"。当今时代,经济数据作为一种重要的资源,对宏观经济调控和宏观经济运行具有重要的作用,一些网络平台能够运用大数据构建自己的优势地位,甚至滥用这种优势地位。因此,经济数据可以说是经济法律关系的重要客体,是国家干预经济绕不开的问题。

第三节 经济法律关系的产生、变更和终止

一、经济法律关系产生、变更和终止的含义

(一)经济法律关系的产生

经济法律关系的产生,是指经济法律关系主体依据经济法律规范规定的条件和程序,因一定的法律事实而形成受经济法律规范保护的经济职权与经济职责、经济权利与经济义务关系。经济法律关系一经形成,对双方主体就有了法律约束力。因此,经济法律关系的产生是经济法对经济法律关系主体产生调整作用的前提,也是经济法律关系变更和终止的前提。

(二)经济法律关系的变更

经济法律关系的变更,是指经济法律关系主体、内容、客体因一定的法律事实而产生变化。经济法律关系的变更既可以是经济法律关系部分构成要素的变化,也可以是所有构成要素的变化。一旦经济法律关系发生变更,就会形成新的经济法律关系。

(三)经济法律关系的终止

经济法律关系的终止,是指经济法律关系主体之间的经济职权与经济职责、经济权利与经济义务关系因一定的法律事实而消灭。经济法律关系可能因经济法律关系主体的某种行为,如履行义务或单方宣告而终止,也可能因不可抗力等意外事件而终止。经济法律关系终止后,经济法律关系主体的经济职权与经济职责、经济权利与经济义务关系便随之消灭。

二、经济法律关系产生、变更、终止的原因

概言之,经济法律关系产生、变更、终止的原因就是经济法律事实的产生。一般来说,经济法律规范的存在是经济法律关系存在的前提,而经济法律关系的产生、变更和终止,必须源于经济法律事实的变化。所谓经济法律事实,是指一切能够引起经济法律关系产生、变更和终止的客观情况。经济法律事实是多种多样的,按照其客观程度,可以把它们分为事件和经济行为两个类别。

(一)事件

事件是指客观发生和存在的,与经济法律关系主体的主观意志和自觉行为无关的,能够导致经济法律关系产生、变更或消灭的客观现象。对于法律关系意义上的事件,人们无法或难以

预见,即使能够预见,也无法或难以克服和防止。例如,水灾、火灾、虫灾、旱灾、地震等自然灾害,属于自然事件,战争、政府更迭、国家解体、游行、示威、罢工等属于人为事件或社会事件。它们都可能引起经济法律关系的产生、变更或终止。

(二)经济行为

经济行为,是指由一定的组织或个人在其主观意志支配下实施的,能够引起经济法律关系产生、变更或消灭的有意识的活动。由于经济行为主要是人们自觉的活动,因此,经济行为是经济法中最重要和最普遍的经济法律事实。经济行为具有以下三个特点:(1)该行为与国家干预经济有关,无论是市场监管行为还是宏观经济调控行为,都是与国家干预有关的行为。(2)该行为必须是经济法律规范规定的行为,这意味着国家的干预行为只能依法进行。(3)该行为是经济法律关系主体所实施的行为,这意味着不是任何组织或公民的行为都能成为经济法律事实。

―――― 思考题 ――――

1. 经济法律关系与民事法律关系有哪些主要区别?
2. 经济法律关系客体中的经济数据有哪些特点?
3. 经济法律关系事实中的事件和经济行为有哪些区别?

第六章 经济法责任

| 内容提要 |

本章以法律责任的一般含义为起点,对经济法责任的代表性学说进行介绍。在对经济法责任与传统部门法中法律责任进行比较的基础上,揭示了经济法责任的内涵和外延,解释了经济法责任不是对传统民事责任、行政责任和刑事责任的简单相加,而是对三者科学化、整体化和系统化提升。同时,本章还分析了经济法责任实现的难点及其突破路径。

| 学习重点 |

经济法责任的定义　　　经济法责任的形态　　　经济法责任的特征
经济法责任的分类　　　经济法责任的独立性

第一节 经济法责任概述

一、经济法责任的词义辨析

在经济法学中,用以表达经济法的"法律责任"的词汇大体有如下几种:经济责任、经济法责任、经济法律责任、经济关系中的责任、经济法主体的法律责任、违反经济法的法律责任等。[1] 学者们在采用不同的词汇时,有的说明了理由,有的未予说明。从已有的说明中,能够发现一些不同的认识。如主张采用"经济法责任"的学者认为:"'经济法责任'这一语词是准确表达概念的语言形式,它不易使人对其思想内容产生误解:与'经济责任'比较,'经济法责任'不易被人误解为违反经济法义务只是承担财产责任;与'经济法律责任'比较,'经济法责任'不易被人误将经济法律等同于经济法;与'经济关系中的责任'比较,'经济法责任'不易被人同经济责任制相混淆。此外,与'经济法主体的法律责任'、'违反经济法的法律责任'比较,'经济法责任'更为简明和准确。"[2] 而主张采用"经济法律责任"的学者则认为:"经济法律责任的提法更合适,理由有二:其一,学界对其上位概念的通行的称呼是法律责任,而不是法责任,叫经济法律责任有利于实现与其上位概念的一致;其二,便于实现同与之平行的概念之间

---

[1] 杨紫烜:《法律责任与经济法责任定义辨析和本文的见解》,载《经济与法》2003年第12期。
[2] 杨紫烜:《论建立中国特色法律责任体系——兼论经济法责任、民法责任、行政法责任、刑法责任是否具有独立性》,载吴志攀主编:《经济法学家(2003)》,北京大学出版社2005年版,第41~42页。

的统一,主要是与行政法律责任的统一。这两种责任都无法像民事责任、刑事责任那样称'事',而简单地称经济责任、行政责任又太过宽泛。两者都称法律责任既可避免理解上的歧义,又实现了统一。此外,人们也常常把民事责任称为民事法律责任,把刑事责任称为刑事法律责任,用经济法律责任的称呼与人们的这种叫法也是一致的。"[3]

梳理以上观点可见,尽管"经济责任"无论在学术界还是实务界都较为广泛地使用,但概念泛化,含义很不确定,难以成为经济法学所独有的、具有特定内涵和外延的基本范畴。同样,"经济法律责任"也具有这一弱点。由于经济法很容易被理解为是关于经济方面的法律,"经济法律责任"似乎包含了所有这些法律中所规定的责任,含义太过于宽泛。[4]而"经济法责任"是一个新提法,便于与易相混淆的概念区别;而且它是按照法律责任的性质进行分类的结果,表述简明,与约定俗成的民事责任、行政责任、刑事责任等在形式上有着显著的不一致,正好凸显出经济法作为一个新兴的部门法所具有的与众不同的特点。[5]综上,本书采用"经济法责任"这一提法。

二、经济法责任的定义方式

关于如何定义经济法责任,主要有一元论和二元论两种观点。一元论者认为,经济法责任与一定的违法行为相联系,是违法行为所应承担的不利后果;二元论者认为,经济法责任就是一种法律后果,不仅包括不利的后果,也包括一般性义务,甚至包括有利的后果。大多数学者认为,在法律责任的本来意义上,应该坚持一元论。但在表述上,不同学者又有思路及分类上的不同,比较典型的有以下几种:

1. 直接表达为某种后果。例如,经济法责任"是指经济法主体在违反经济法规范时,应当对国家或者受害人承担相应的法律后果"[6],或"是经济法主体不正确行使权利或违反义务时,依法应承担的法律后果"[7],或"是指由于经济法主体的经济违法行为以及法定特别损害后果发生,而使有责任主体必须承担的否定性后果"[8]。这种观点可简称为"后果说",[9]持这种观点的人较多。[10]

2. 将后果表述为代价或义务。例如,经济法责任"是指人们违反经济法规定的义务所应付出的代价"[11],或"是指主体因实施了违反经济法律法规的行为而应承担的由法律规定的具有强制性的法律义务"[12]。这种观点可归纳为"义务说",强调经济法责任是因违反第一性义务

---

[3] 徐祥民、吕霞:《对经济法律责任独立性的一种解读》,载《山东公安专科学校学报》2004年第2期。
[4] 漆多俊:《经济法基础理论》(第3版),武汉大学出版社2000年版,第191~194页。
[5] 翟继光:《经济法责任研究》,载王先林主编:《安徽大学法律评论》(2003年第2期),安徽大学出版社2003年版,第23页。
[6] 潘静成、刘文华主编:《经济法基础理论教程》,高等教育出版社1993年版,第330页。
[7] 史文清主编:《新编经济法教程》,复旦大学出版社1991年版,第84页。
[8] 李中圣:《经济责任论略》,载《法律科学》1993年第4期。
[9] 徐祥民、吕霞:《对经济法律责任独立性的一种解读》,载《山东公安专科学校学报》2004年第2期。
[10] 徐祥民、吕霞:《对经济法律责任独立性的一种解读》,载《山东公安专科学校学报》2004年第2期;王兴运:《试论经济法律责任的独立性和局限性》,载《河南省政法管理干部学院学报》2004年第4期;杜飞进:《论经济责任》,人民日报出版社1990年版,第19页。
[11] 漆多俊:《经济法基础理论》(第3版),武汉大学出版社2000年版,第190页。
[12] 李昌麒主编:《经济法学》,中国政法大学出版社1999年版,第88-89页。

而产生的第二性义务。[13]

3. 将后果表述为责任。例如,经济法责任"是指经济法主体在违反经济法律规范时,应当对国家或者受害者承担的法律后果,承担法律规定的某种具有强制性的义务。或者说国家专门机关对违法的经济法主体依其应负的法律责任而采取的处分或惩罚措施"[14],或"是指经济法主体因其进行了经济违法行为和未能完成经济义务时,所应承受的处罚的责任"[15]。

这些不同的表述,也体现了不同的定义思路。依据一般的法理,经济法责任是指经济法主体因实施了违反经济法规定的行为而应承担的法律后果,或者说,是指经济法主体因实施了违法行为,侵害了经济法所保护的法益,而应受到的经济法上的制裁。

三、经济法责任形态

关于经济法责任是否存在独立的责任形态,学者持有不同观点,比较典型的有:(1)认为经济法不存在自己独立的责任形态。有学者认为:"确立经济法律责任的形式,不一定都要'另起炉灶',也就是说,不一定都要是其他法律责任形式中所没有的。实际上,正如各种违法行为之间是密切联系的一样,各种法律责任之间也是有联系的。"[16]"根据法律规定,违反经济法律法规应负的法律责任有经济责任、行政责任和刑事责任三种。"[17](2)认为经济法存在独立的责任形态,包括固有责任(经济责任和组织监管责任)、援引责任(行政责任和刑事责任)[18]两类。(3)认为经济法存在独立的责任形态,但其是一种综合责任,没有独特的承担责任的方式。[19](4)认为经济法存在独立的责任形态,但是不包括民事责任、行政责任和刑事责任,而是和其相并列的另一种责任形态。[20]

其实,责任形态问题并不是经济法所特有的难题,在现代法律迅速发展的情况下,各个法学领域都面临这一问题的挑战。从法学发展的角度来看,责任属于法理学中极其重要的范畴,其理论研究已相对成熟,各部门法如民商法、行政法、刑法也发展出各具特色的责任体系和责任形态。根据传统的责任理论,法律责任的具体形态可能有多种,但学界对其具体包含的内容有所争议,形成了以下几种观点:其一,只包括民事责任、行政责任和刑事责任;[21]其二,除上述三大责任外,还包括违宪责任;[22]其三,除上述四大责任外,还包括诉讼责任和国家赔偿责任。[23] 综观各种分类,基本上是以部门法性质为标准进行划分,因此,三大责任说占据了主导地位。从经济法的角度看,由于时代与制度的约束,传统的责任理论不可避免地存在缺失和偏颇,其局限性已日益突出。这就需要超越传统理论,最终实现对经济法责任的拓展和推进。

---

[13] 张守文:《经济法责任理论之拓补》,载《中国法学》2003年第4期;刘瑞复:《经济法学原理》,北京大学出版社2000年版,第161页。
[14] 陶和谦主编:《经济法基础理论》(第2版),法律出版社1992年版,第270~271页。
[15] 戴凤岐、李新新、金晓晨:《经济法》(修订本),经济科学出版社1996年版,第96页。
[16] 丁邦开主编:《中国现代经济法学》,东南大学出版社1992年版,第70页。
[17] 杨紫烜、徐杰主编:《经济法学》(第3版),北京大学出版社2001年版,第34页。
[18] 刘瑞复主编:《经济法学原理》(第2版),北京大学出版社2002年版,第163页。
[19] 邱本:《经济法原论》,高等教育出版社2001年版,第180页。
[20] 石少侠主编:《经济法新论》,吉林大学出版社1996年版,第61页。
[21] 周永坤:《法理学——全球视野》,法律出版社2000年版,第270~271页。
[22] 沈宗灵主编:《法理学》,北京大学出版社2000年版,第513页。
[23] 赵震江、付子堂主编:《现代法理学》,北京大学出版社1999年版,第485页。

四、经济法责任的特征

相对于传统的三大责任而言,经济法责任是在综合传统法律责任的基础上,具有自身特点的新型法律责任,它突破了传统的责任形式及内容,形成了与经济法的各项制度、各种规范相一致的特殊责任制度体系。[24]

1. 复合性。所谓复合性,是指经济法主体所承担的责任往往表现为多种责任的结合,即在形式上大量采用了传统上属于民事责任、行政责任和刑事责任的形式。虽然民法、行政法和刑法也借用了其他部门法的责任形式,但大多属于个别情形,而经济法则具有明显的形式上的复合性。这一方面是因为经济法作为新兴的部门法,很难发展出全新的法律责任形式,只能多多借用其他部门法的责任形式;另一方面是因为经济法作为高级法、现代法,[25]其所要解决的多属于复杂问题,单靠某一种类型的法律责任很难实现其宗旨与目标。为了更有效地调整社会经济关系,保证国民经济持续、稳定和健康的发展,经济法不得不综合运用各种法律责任的形式。

2. 社会性。经济法责任在诸多方面都是基于社会公共利益的考虑;经济法对违法行为的制裁,也是站在全社会的高度之上。实际上,经济法主体的违法行为,不仅侵害了特定主体的经济利益与权利,还可能给社会公众的利益带来损害。因此,经济法主体理应承担多种法律责任:经济法责任承担的目标、内容、方式,不仅有经济性的,而且有社会性的,不仅有补偿性的,而且有惩罚性的,从而要融入更多的关于社会成本的考虑。[26] 从全社会的高度来规定主体的法律责任,是经济法不同于其他部门法的又一显著特征。

3. 不对等、不均衡性。在经济法主体的构成中,经济行政主体一般是指具有市场规制或宏观经济调控职能的政府机构,市场主体则由具有不同角色的经营者、竞争者及消费者组成。[27]在干预市场运行的过程中,经济行政主体和市场主体并非同类,且不属于同一层面,故规范二者行为的法律规范性质不同,二者享有的权利和承担的义务不同,分别承担的法律责任也有差异。例如,市场规制法律规范(如《反不正当竞争法》《消费者权益保护法》)对市场主体的义务规定较多,则其对法律责任的规定也较多。宏观经济调控法律规范以规定经济行政主体的义务为主(如财政机关、税务机关、金融监管机构的法定职责),则其对法律责任的规定也应较多。经济行政主体和市场主体间权利义务的不对等和不均衡性,导致了经济法责任明显的不对等和不均衡性,这是传统的部门法责任所不具有或不明显的。

---

[24] 吕忠梅、陈虹:《经济法原论》,法律出版社2007年版,第219页。
[25] 张守文:《论经济法的现代性》,载《中国法学》2000年第5期。
[26] 张守文:《经济法理论的重构》,人民出版社2004年版,第437页。
[27] 关于经济法主体的分类,经济法学界仍存在分歧。有学者依据主动与被动关系,将经济法主体分为调制主体和调制受体,即市场规制法中的规制主体和受制主体、宏观调控法中的调控主体和受控主体,较有新意。参见张守文:《经济法理论的重构》,人民出版社2004年版,第349页。

第二节 经济法责任的分类

经济法责任可以根据不同的标准进行分类。依据法律责任的性质,经济法责任可分为民事责任、行政责任和刑事责任;[28]依据法律责任的内容,经济法责任可分为财产和其他经济利益方面的责任、经济行为方面的责任、经济信誉方面的责任和经济管理方面的责任;[29]依据经济法主体,经济法责任可分为政府机关的经济法责任和市场主体的经济法责任(或称为调制主体的经济法责任和调制受体的经济法责任);[30]等等。

一、补偿性责任与惩罚性责任

这是依据追究责任的目的所作的分类。有法理学者认为,在人类生活的习惯层面,判断是非或正义与否的标准大体上有两项:(1)基于功利进行评价,例如设定"欠债还钱"这一习惯义务的理由,属于效率论据的范畴。(2)基于道义进行判断,例如设定"杀人偿命"这一习惯义务的理由,属于伦理论据的范畴。因此,法律责任关系包含功利性关系和道义性关系,与此相适应,法律责任形式可分为补偿和惩罚两类。补偿性责任是指以法律上的功利性为基础,通过当事人要求或者国家强制力保证要求责任主体承担弥补或赔偿的责任方式,而惩罚性责任是指以法律上的道义性为基础,通过国家强制力对责任主体实施惩罚的责任方式。[31]二者在各个部门法中被广泛使用。例如,民法上的损害赔偿是补偿性责任,而金钱罚、自由罚、资格罚、能力罚,无论是侧重于物质还是侧重于精神,无论是刑罚、行政罚还是某种新型罚责,都是惩罚性责任。这种分类在经济法上同样也适用,经济法由于自身的特质,更倾向于惩罚性责任的运用。

二、财产性责任与非财产性责任

这是依据承担责任的性质所作的分类。财产性责任是指责任主体以自己的财产来承担否定性法律后果的责任方式,与责任主体是否有独立的法律主体地位和相对独立的财产责任能力密切相关。明确责任的目的在于定分止争,而各类纷争实际上都与一定的利益相关联。为了使法律所保护的法益不受侵害,必须注意经济上的补偿或惩处,从而使罚款、罚金、没收财产等经济性责任的追究较为普遍。[32]所以,财产性责任是经济法责任的主要类型。非财产性责任则是以财产之外的方式承担责任的一种形式,包括赔礼道歉、停止侵害、责令停业整顿、消除影响、行政处分等,其同样是经济法责任的重要类型。

---

[28] 吕忠梅、刘大洪:《经济法的法学与法经济学分析》,中国检察出版社1998年版,第171~191页。
[29] 漆多俊:《经济法基础理论》(第3版),武汉大学出版社2000年版,第191~195页。
[30] 石少侠主编:《经济法新论》,吉林大学出版社1996年版,第75~82页。
[31] 孙笑侠:《法的现象与观念》,山东人民出版社2001年版,第197~203页。
[32] 张守文:《经济法理论的重构》,人民出版社2004年版,第445页。

三、违反市场秩序规制法与宏观经济调控法的责任

这是根据违反经济法的行为所作的分类。经济法律规范主要由市场秩序规制法律规范与宏观经济调控法律规范构成,故经济法责任亦可由此界分。这两种责任方式具有共性,在对传统责任的综合适用中,会强化某些原则,凸显其特殊性。例如,经济法责任中对民事责任的适用,较一般民事责任,具有以下特点:以法定责任为主,以约定责任为辅;特别重视惩罚性责任;实行严格责任,举证责任配置倾斜;加大民事责任的保障力度。[33] 同时,通过确认新的法律责任形式,将新型责任方式吸纳至经济法责任的构成中。

不可否认,市场秩序规制与宏观经济调控制度中的主体、行为以及法律规范的性质不同,这将直接影响相应责任的构成与具体承担。具体而言,在市场秩序规制法领域,责任承担问题并不突出,因为市场秩序规制法律规范对权利义务规定得较为明确,相关主体及其责任往往可以特定化,且可以通过诉讼机制得以实现,与一般的责任承担方式并无大的差别。但在宏观经济调控法领域,法律规范多以政策指导的面目出现,法律责任的表述不明确具体,缺乏"法感"和必要的刚性,此时的责任承担才被认为是一个问题。因此,经济法责任中的难点在于违反宏观经济调控法律规范的责任如何承担。

第三节 经济法责任的实现

一、经济法责任实现的难点

经济法责任的实现是指通过一定的方式,使违法者依法应予承担的不利后果落到实处,或者使违法者受到具体而实际的制裁。一般而言,法律责任的实现既是对权利被侵犯者的救济,也是对法秩序的恢复,更是法强制性的具体体现。经济法责任的实现也要依循"违法行为—法定行为后果(法律责任形式)—法定制裁(法律责任内容)"的一般逻辑。在通常情况下,法律责任的实现仅依靠违法者的主动与自觉是难以做到的,必须要有保证法律责任实现的有效方式。这从法律制度设计的角度包括两个方面:(1)实体法方面主要是主体制度,其中最为重要的是主体的责任能力与责任范围,这是经济法责任实现的基本前提,也是经济法责任制度中国家或政府责任实现的重点与难点。(2)程序法方面主要是各种责任追究程序与纠纷解决机制,这是经济法责任实现的基本保证。

在我国现有体制背景和法制环境下,经济法责任的实现有两个难点需要突破:

1. 经济行政主体的责任实现。对经济行政主体适用传统法律责任形式面临许多困难,而新的责任形式尚未完成法定化。由于经济行政主体本身具有多重角色(如可能既是规制主体、宏观经济调控主体,又是立法主体),它在保障经济、社会稳定发展,保障社会公共利益,或者是其他的公共物品提供方面,具有无可替代的作用,一般难以令其关闭、歇业或者处以自由罚。

---

[33] 王全兴:《经济法基础理论专题研究》,中国检察出版社2002年版,第616~617页。

同时,由于经济行政主体的经费来自财政拨付,其责任能力与责任范围不同于市场主体,实施处罚的经济后果最终还是由纳税人承担,很难对其进行有实际意义的经济处罚。因此,通常的做法只能是由相关的责任人员先行承担,而经济行政主体则承担政治责任。可见,作为非营利性的组织体,经济行政主体在保障社会公共利益方面负有连续的责任,需要持续地对社会公众负责。[34]

2. 宏观经济调控行为的责任实现。宏观经济调控是宏观经济调控机关为维护社会公共利益,调控宏观经济运行的一种法定活动。宏观经济调控行为关乎国计民生,具有抽象行为的特征,且具有普遍的执行力,其影响力之广、力量之巨,非一般的市场规制行为所能比拟。被损害的主体难以特定化,损害的数额与范围也难以计量与精确化。在有效的司法审查制度尚未确立的情形下,很难通过诉讼机制追究其责任。如果不进行责任制度的创新,就有可能造成责任的缺位,进而无法制约宏观经济调控机关实施的越权、滥用权力的行为。

以上两个难点从经济法责任实现的角度再次表明了建立经济法责任制度任重道远:在实体法层面,解决经济行政主体的责任能力与范围的认定问题,使其违法行为所承担的法律后果能够名副其实。在程序法层面,需要解决对经济行政主体实施的干预经济行为的司法审查与行政监督问题,使其违法行为能够得到依法追究。在全面深化改革、全面推进依法治国的过程中,政府问责机制以及在一些重大领域(如公共安全、生态环境保护)实行的党政同责机制正在建立和完善,为经济法责任的实现提供了条件,也为经济法理论研究的深入提供了良好契机。

二、经济法责任实现的突破

目前存在的一个突出问题是,经济法主要是通过行政机制实施的,进入司法领域的极少,"那些具有宏观调控职能和市场规制职能的行政机关成为经济法最主要的执法主体,因而经济领域的许多纠纷并不是在司法机关解决的"。[35] 经济法之所以出现"可诉性缺陷",[36] 客观上主要是因为经济法规范的国家干预特性使"判断明显地倾向于行政,而不是司法"[37]。因此,经济法责任的实现具有一定的特殊性,而公益诉讼是实现经济法责任的一条重要路径。[38]

在其他国家的诉讼机制中,存在以社会公益为目的诉讼方式。如日本的民众诉讼,就是请求纠正国家或者公共团体机关的不符合法规的行为的诉讼,原告资格为选举人,不要求有法律上利害关系。日本现行法中,引人注目的民众诉讼有公职诉讼、居民诉讼等。这些诉讼不仅可能存在于宪法、行政法等传统领域,也可能存在于经济法等新兴领域。德国、法国、意大利的反不正当竞争、消费者保护立法中,也都确立了团体诉讼等具有经济法意义的公益诉讼。在英美法系国家,也有反垄断诉讼、纳税人诉讼等公民诉讼。为鼓励公民诉讼,诉讼费和律师费或免

---

[34] 张守文:《经济法理论的重构》,人民出版社2004年版,第436、453页。
[35] 张守文:《论经济法的现代性》,载《中国法学》2000年第5期。
[36] 颜运秋:《论经济法的可诉性缺陷及其弥补》,载《法学论坛》2000年第1期。
[37] 颜运秋:《论经济法的可诉性缺陷及其弥补》,载《法学论坛》2000年第1期。
[38] 至今较为系统阐述(经济)公益诉讼的代表著作有:韩志红、阮大强:《新型诉讼——经济公益诉讼的理论与实践》,法律出版社1999年版;颜运秋:《公益诉讼理念研究》,中国检察出版社2002年版;颜运秋:《公益经济诉讼:经济法诉讼体系的构建》,法律出版社2008年版;颜运秋:《公益诉讼理念与实践研究》,法律出版社2019年版。

或垫,并可按胜诉总额提成,法院则采取司法积极主义,对诉讼进行全程监督。[39] 各类公益诉讼,对确保竞争法、消费者保护法、财税法等经济法律规范立法目标的实现,具有重要意义。[40]

之所以需要建立专门的诉讼机制解决经济法实施问题,是因为经济法表现出的强烈公益色彩:经济决策行为涉及的利益主体众多,地域范围广,影响大,适用的规范复杂;经济法立法目标所需要的对社会公益的救济和对违法行为的制裁也远比单一的民事、行政、刑事责任复杂,尤其是程序正义功能,需要通过诉讼实现对新的社会公共价值的确认,进而反作用于法律与政策的制定。这些都是传统诉讼机制难以胜任的。因此,突破传统诉讼观念和制度局限,建构经济公益诉讼制度不仅具有现实必然性,也已具有相当的现实可行性。[41]

我国现实经济生活中的公益冲突,较为集中地体现在市场竞争秩序、国家宏观经济调控、国有资产监管、可持续发展和社会保障等方面。多年来,除了学者在理论上探讨公益诉讼外,司法实践中也先后出现了国有资产诉讼、环境公益诉讼、消费者权益保护诉讼、反垄断与反不正当竞争诉讼、政府采购诉讼等。这些诉讼折射出,在现代市场经济中,国家立足社会本位对经济进行适度干预,从社会公共利益角度协调和处理个体与社会关系。[42]

———— 思考题 ————

1. 怎样理解经济法责任?
2. 经济法责任与传统部门法中的法律责任有哪些联系和区别?
3. 如何正确认识经济法责任的特殊性?
4. 经济法责任形式应如何类型化?

---

[39] 汪渊智、王继军等:《市场经济条件下的民商法与经济法》,人民法院出版社2003年版,第157页。
[40] 张守文:《经济法理论的重构》,人民出版社2004年版,第545~546页。
[41] 颜运秋:《公益诉讼理念研究》,中国检察出版社2002年版,第344~345页。
[42] 颜运秋:《公益诉讼理念研究》,中国检察出版社2002年版,第209~272页;史际春:《财产权神圣不可侵犯——国有资产的检察制度保护研究》,载史际春、邓峰主编:《经济法学评论》第3卷,中国法制出版社2003年版。

第二编　｜　经济法主体制度

第七章　经济法主体概述

| 内容提要 |

"经济法主体"是经济法中的一个重要范畴。与民法等部门法的主体相比,经济法主体与国家干预经济具有关联性,并且具有广泛性和较为明显的具体性(身份性)特征。经济法主体无论在资格取得上还是在权限上,都有别于民法等其他部门法的主体。本章对经济法主体的内涵作了揭示,展示了常见的经济法主体,阐述了经济法主体资格的取得方式以及经济法主体的权限。

| 学习重点 |

经济法主体的定义和特征　　　经济法主体与民法主体的区别
经济法主体资格的取得方式　　经济职权、经济职责、经济权利和经济义务的含义

第一节　经济法主体的界定

一、经济法主体的定义和特征

经济法主体,即经济法律关系主体,是指在经济法律关系中依法享有权利或者权力,承担义务或者职责的当事人。经济法主体具有以下特征:

(一)与国家干预经济的关联性

从根本上讲,一切法律的主体,不外乎组织(或者单位)和个人。但是,任何组织或者个人在社会生活中所扮演的角色都是多元的,或者说涉入的法律关系都是多样的。在不同场合或者不同法律关系中,同样的组织或者个人所扮演的角色是不一样的,由不同角色所决定的权利或者权力、义务或者职责也不相同。至于组织或者个人到底成为哪个法律部门的主体,取决于其实施了什么样的行为,或者涉入了何种法律关系。由于经济法是确认和规范国家干预社会经济生活的法律规范,因而,任何组织或者个人要成为经济法主体,都必须与国家干预经济的活动相关联。也就是说,只有当一个组织拥有国家经济干预权,并且为了追求一定的公共目标而以干预者的身份直接参加一定的经济法律关系,或者单方实施干预行为[1]时,它才是经济

---

[1] 国家干预主体在进行市场监管和宏观调控等活动时,都会与相关者产生这种经济法律关系。

法的一方主体,即干预主体;只有当一个组织或者个人以被干预者的身份出现,或者与国家干预经济的活动有其他利害关系时,其才是经济法的另一方主体,即被干预主体。

(二)主体形式的广泛性

在行政法律关系中,一方主体为行政主体,包括行政机关和法律、法规授权的具有管理公共事务职能的组织;另一方主体为行政相对人,包括自然人、法人和非法人组织。在民事法律关系中,主体则是作为平等主体的法人、非法人组织、自然人。相较之下,经济法主体形式更为广泛,不仅上述主体可以成为经济法主体,而且国家权力机关、具有经济管理职能的政府非常设机构等,都可能成为经济法主体。判定某一组织或个人是不是经济法主体,其根本标准是该组织或个人是否享有与国家干预经济的活动有关的权利或权力,是否负有与国家干预经济的活动有关的义务或职责。国家对经济进行干预时,必然涉及市场体系内的一切主体,因此,除干预者是经济法主体外,只要其他任何组织和个人参与经济活动,就有可能成为经济法主体。

(三)具体性或身份性

在民事领域或者说在民法中,社会生活中有权参与民事活动的各种组织不分规模大小、职能等具体情况或身份情况,均被抽象为法人或非法人组织,所有个人不分性别、年龄、强弱、贫富等具体情况或身份情况,均被抽象为自然人;并且,法人、非法人组织、自然人之间在民事领域中都是平等主体。因此,民法主体具有抽象性特征。在民事领域中,将所有有权参与民事活动的组织和个人抽象为平等主体,并通过民法对它们之间的平等地位进行确认和保护,既是市场经济的必然要求,也是有利于弱者的制度安排,因为这样可以减少或避免倚强凌弱的现象。与民法主体具有的抽象性特征不同,经济法主体则呈现出更为明显的具体性或身份性特征。例如,各种有权参与民事活动的国家机关不论其各自的职能,在民法中被统一抽象为法人,而在经济法中,作为干预主体的各种国家机关则各自保持其固有的身份或者名义,并由法律根据其各自的职能等具体情况或身份情况赋予相应的国家干预权。又如,在民法中,企业不分规模大小、所有制性质、所处地域或行业等具体情况或身份情况,一律被抽象为平等法人或非法人组织,但在经济法中,企业的这些具体情况或身份情况受到了专门关注并确立了相应法律制度,由此经济法中的企业出现了具体性或身份性特征。我国《中小企业促进法》和扶持中小企业的制度,就是在将企业具体化或身份化为大型企业、中型企业、小型企业的基础上制定的;我国《商业银行法》、《全民所有制工业企业法》、《中外合资经营企业法》(已废止)、《中外合作经营企业法》(已废止)、《外资企业法》(已废止)、《城镇集体所有制企业条例》、《乡村集体所有制企业条例》、《私营企业暂行条例》(已废止)等法律法规,就是在对企业按照行业、所有制、地域等标准进行具体化或身份化的基础上制定的。因此,虽然作为经营者的企业是经济法主体,但在具体的经济法或者经济法律关系中,其是被具体化、身份化了的。再如,针对消费合同关系,我国《消费者权益保护法》将企业、个体工商户等市场主体由民法中的法人、非法人组织和自然人具体化或身份化为经营者,将民法主体中为生活消费而购买商品或接受服务的自然人具体化或身份化为消费者,并基于消费者相对于经营者的弱势地位,对经营者和消费者实行倾斜性权利义务配置,以保护消费者的合法权益。同时,由于在确保产品安全方面,生产者比销售者所扮演的角色更加重要,故而在《产品质量法》中,《消费者权益保护法》等法律中的经营者被进一步具体化或身份化为生产者、销售者,在追究产品责任时,对生产者实行严格责任,对销售者实行过错责任。由此可见,在特定的经济法中,经营者、生产者、销售者和消费者虽然是主体,但这些主体是对民事主体具体化、身份化后的产物。

经济法将其主体具体化或身份化,目的在于在民事领域之外的其他场合,针对不同组织和个人的具体情况进行权限的不同配置,进而贯彻一定的公共政策目标,或者解决民事主体地位平等和意思自治等原则所引发的问题。

二、常见的经济法主体

经济法主体具有的与国家干预经济的关联性所导致的复杂性,以及经济法主体具有的广泛性和具体性(身份性)等特征,意味对经济法主体的外延很难划定,进而也很难准确地对经济法主体进行类型化。但是,通过考察国内外经济法律法规涉及的经济法主体的规定,审视我国国家干预经济的实践,仍然可以识别出一些比较常见的经济法主体。

(一)权力机关

对于权力机关能否成为经济法主体,一度存在争议。有观点认为:只有政府及其相关部门才能承担国家干预经济的职能,进而成为经济法主体,而权力机关只负责制定法律法规,不直接参与或引发经济法律关系,故而不是经济法主体。[2]在我们看来,这种将国家干预经济这一重要职能仅仅视为政府及其相关部门应承担的职权、职责的观点是失之偏颇的。事实上,权力机关尤其是国家最高权力机关是最重要的行使国家经济职能的机关,政府及其相关部门的各种经济干预活动都要受权力机关的制约;在履行国家经济职能时,权力机关主要负责重大事项的决策和对政府及其相关部门、司法机关进行监督,而这些决策和监督既是国家经济职能实施不可或缺的环节,也是十分重大的法律行为,并必然引起相应的法律关系。鉴于此,权力机关属于经济法主体。[3] 经济法主体是权力机关在国民经济和社会发展规划和计划法律关系中所担任的角色。国民经济和社会发展规划与计划法律关系是我国的一种重要的经济法律关系,而我国国民经济和社会发展规划与计划最终由权力机关审议决定,所以在国民经济和社会发展规划与计划法律关系中,权力机关处于一方主体的法律地位。不同的是,权力机关审议决定、批准和监督实施规划与计划行为是权力机关的集体行为,权力机关无法就行为过程中发生的失误承担一般经济法主体的法律责任,但不能由此否定权力机关的经济法主体资格。[4]

(二)行政机关

这里的行政机关,包括政府及具有干预经济职权和职责的政府职能部门。行政机关是权力机关的执行者,国家总是通过行政机关的行为干预经济,因此,行政机关是最为常见的经济法主体。行政机关作为经济法主体,不仅行使经济权力,发挥国家调节、管理、监督经济的作用,而且在特殊情况下也参与经济活动(例如,政府投资设立公司、政府和社会资本合作、中央银行进行公开市场业务、政府采购等),享有经济权利,承担经济义务。

(三)法律、法规授权的具有管理公共事务职能的组织

法律、法规授权的具有管理公共事务职能的组织,是指在行政机关之外,经法律、法规授权,以自己的名义管理公共事务,并对其行为承担法律后果的组织。我国《行政许可法》第23

---

[2] 漆多俊主编:《经济法学》(第2版),高等教育出版社2010年版,第76页。
[3] 漆多俊主编:《经济法学》(第2版),高等教育出版社2010年版,第76~77页。
[4] 李昌麒:《经济法——国家干预经济的基本法律形式》,四川人民出版社1995年版,第464~465页。

条规定:"法律、法规授权的具有管理公共事务职能的组织,在法定授权范围内,以自己的名义实施行政许可。被授权的组织适用本法有关行政机关的规定。"我国《行政处罚法》第19条规定:"法律、法规授权的具有管理公共事务职能的组织可以在法定授权范围内实施行政处罚。"以上规定意味着,除权力机关、行政机关外,法律、法规授权的具有管理公共事务职能的组织,也可以承担国家干预经济的职能;这方面的职能,主要体现为与行政机关一道,按照法律、法规的授权和分工,对市场进行规制。

在我国法律规范并未明确对"法律法规授权的具有管理公共事务职能的组织"作出界定。在经济法中,这类组织主要是依照法律、法规授权处理公共事务的事业单位。以《反垄断法》为例,法律、法规授权的具有管理公共事务职能的组织履行国家干预经济的职能必须遵守法律、法规的规定,其一方面必须严格按照法律、法规的授权范围及规定的程序实施行政行为,另一方面必须遵守《反垄断法》的相关规定,不得滥用行政权力排除、限制竞争。

(四)受委托管理公共事务的组织

受委托管理公共事务的组织,是指根据管理需要,经行政机关依法委托,以委托行政机关的名义承担管理公共事务职能的组织。

从理论上讲,行政机关委托他人履行公共职能有两种方式:一是依法委托;二是自行委托。但从依法行政的角度出发,行政机关只能依法委托,不得自行委托。法律、法规授权和行政机关的依法委托,共同成为受委托管理公共事务的组织不可或缺的权力来源;此点使受委托管理公共事务的组织区别于法律、法规授权的具有管理公共事务职能的组织,后者的权力来源具有单一性,即法律、法规授权。此外,受委托管理公共事务的组织以委托行政机关的名义行使权力;相应地,其行为的法律后果由委托行政机关承担。这也构成受委托管理公共事务的组织与法律、法规授权的具有管理公共事务职能的组织的区别点;按照相关规定,后者以自己的名义行使权力并自行承担相应的法律后果。

行政机关委托其他组织承担公共事务,通常被称为委托行政,这是当今世界行政体制改革的产物。随着政府决策功能与执行功能的相对分离,大量行政执行任务由政府委托给其他组织承担。委托行政可以缓解政府管理公共事务的压力,适应公共行政多元化的发展趋势。现实中出现的政府特许经营,就是具有成效的委托行政的表现形式。近年来,我国一直在拓展委托行政的适用范围,尤其是在公共设施、公共服务领域,委托行政有了很大的发展。[5]

(五)行业协会

行业协会是指由同行业经济组织和个人组成,行使行业服务和自律管理职能的社会团体法人。

行业协会介于政府与市场主体之间,为政府干预市场和市场交易等经济活动提供服务;对于行业内的市场,行业协会还通过制定和实施自律规则的方式承担监管职责。同时,行业协会需接受政府的依法监管,国家发展和改革委员会等十部门就曾联合印发《行业协会商会综合监管办法(试行)》,规范对行业协会的监管。

---

[5]《行政法与行政诉讼法学》编写组编:《行政法与行政诉讼法学》(第2版),高等教育出版社2018年版,第61~62页。

(六)市场中介组织

市场中介组织又被称为市场中介机构,是指依法成立并由专业人员组成,利用专业知识和专业技能为委托人提供有偿服务,并承担相应责任的法人或者非法人组织。在现实中,市场中介组织的种类是相当繁多的,会计师事务所、律师事务所、资产评估机构、职业介绍所等都是市场中介组织。市场中介组织作为政府与市场主体之间的中介,主要任务是承担一部分不宜由政府也不便由市场主体来承担的事务,并在一定程度上弥补市场缺陷和政府缺陷。同时,市场中介组织需接受政府的依法监管,河北省、福建省等地就曾公布市场中介组织管理办法,对市场中介组织的设立、执业、信用等实施监管。

(七)市场主体

市场主体即经营者,其与商法中所称的"商人"含义相当,是指专门以营利为目的从事商品生产经营(含服务提供)的法人、非法人组织和自然人。商品生产和交易活动主要由市场主体按照市场需求自主进行,受市场调节和民法的规范。但是,出于保护消费者合法权益、维护市场秩序等方面的考虑,商品生产和交易活动也要接受市场监管部门的监管和经济法的规范,尤其是对于消费者与经营者之间的交易关系,经济法更要进行调整。在此情况下,市场主体也就成为经济法主体。

(八)互联网平台

随着互联网经济的深入发展,互联网平台已经成为重要的经济法主体。根据我国互联网监管实践,互联网平台可以分为如下六大类:网络销售类平台、生活服务类平台、社交娱乐类平台、信息资讯类平台、金融服务类平台和计算应用类平台。同时,在综合考虑用户规模、业务种类以及限制能力[6]的基础上,互联网平台可以分为如下三级:(1)超级平台。超级平台是指同时具备超大用户规模、超广业务种类、超高经济体量和超强限制能力的平台[7]。(2)大型平台。大型平台是指同时具备较大用户规模、较广业务种类、较高经济体量和较强限制能力的平台[8]。(3)中小平台。中小平台是指具有一定用户规模、有限业务种类、有限经济体量、有限限制能力的平台。

互联网平台在现代市场经济中占据越来越重要的地位,对市场监管、消费者权益保护、市场竞争都有着重要的影响。并且,互联网平台既有经济权利,也有经济权力,其与传统的市场主体以及行业协会等中介组织有很大的不同,是经济法的重要主体。

(九)消费者

消费者是指为生活消费需要购买、使用商品或者接受服务的人。消费者是与经营者进行商品交易活动的一方当事人,而商品交易活动属于市场活动,因而从这个意义上讲,消费者也

---

[6] 用户规模即平台在中国的年活跃用户数量,业务种类即平台分类涉及的平台业务,限制能力即平台具有的限制或阻碍商户接触消费者(用户)的能力。

[7] 超大用户规模,即平台上年度在中国的年活跃用户不低于5亿;超广业务种类,即平台核心业务至少涉及两类平台业务,该业务涉及网络销售、生活服务、社交娱乐、信息资讯、金融服务、计算应用六大方面;超高经济体量,即平台上年底市值(估值)不低于1万亿元人民币;超强限制能力,即平台具有超强的限制商户接触消费者(用户)的能力。

[8] 较大用户规模,即平台上年度在中国的年活跃用户不低于5000万;较广业务种类,即平台具有表现突出的主营业务;较高经济体量,即平台上年底市值(估值)不低于1000亿元人民币;较强限制能力,即平台具有较强的限制商户接触消费者(用户)的能力。

是一类市场主体。但正如前述,通常意义上的市场主体是指专门以营利为目的从事商品生产经营(含服务提供)的法人、非法人组织和自然人,并不包括为生活消费需要购买、使用商品或者接受服务的消费者。经营者为消费者提供生产、销售的商品或者提供服务,消费者则为生活消费需要购买、使用商品或者接受服务,双方之间的关系原本是受民法调整的平等主体之间的关系(消费合同关系)。但是,考虑到消费者相对于经营者的弱势地位,国家便介入双方之间的关系,通过制定和实施消费者权益保护法对消费者实行倾斜保护。由于在消费合同关系中,国家在民事立法之外,以消费者权益保护法这个特别法的形式为消费者确立了特别的权利,同时为经营者设定了特别的义务,而这些特别的权利义务都具有国家干预的属性,加之消费者权益保护法规定了不少带有国家干预性质的保护消费者权益的政策基准,因而,消费合同关系中的消费者和经营者都属于经济法主体,消费者享有特别法上的权利,而经营者则相应负有特别法上的义务。

第二节 经济法主体资格的取得

经济法主体资格,是指一定的组织、个人在经济法律关系中能够或者应当享有权利或权力、承担义务或职责的身份、能力和其他条件。经济法主体资格的取得主要有以下几种方式:

一、法定取得

经济法主体资格的法定取得,是指经济法主体资格基于法律、法规的明确规定而取得。这是取得经济法主体资格的基本方式。依照法律、法规的规定,在经济干预活动中享有一定权利或权力,承担一定义务或职责的组织或个人,都能成为经济法主体。例如,税务机关依照税收法律、法规的规定享有征税的权力,在税收征纳关系中,税务机关即成为经济法主体;又如,按照我国《反不正当竞争法》的规定,县级以上人民政府履行市场监管职责的部门对不正当竞争行为进行查处,据此,县级以上人民政府履行市场监管职责的部门依法取得经济法主体资格。

需要说明的是,法律、法规授权的具有管理公共事务职能的组织干预经济的权力源于法律、法规的直接规定,故而其主体资格仍是法定取得。

二、受委托取得

经济法主体资格的受委托取得,是指特定的组织受享有国家干预经济职权的行政机关的依法委托行使管理公共事务职能,从而取得经济法主体资格。诚如前述,行政机关将国家干预经济的职权委托给其他组织行使,必须有法律、法规的明确规定。此外,委托行政机关不得超越自身所拥有的职能权限范围实施委托,受委托组织则必须严格按照委托行政机关的委托范围从事国家干预经济的活动,并接受委托行政机关的监督。

三、因参与属于经济法调整的经济关系而取得

在市场交易中,自然人、法人和非法人组织原本是民事主体,其在市场交易这一民事活动

中的主体资格由民法加以确认。但是,自然人、法人和非法人组织除了从事一般民事活动外,还可能参与属于经济法调整的经济关系;此时,它们的身份将发生一定的变化,即从民法上的主体变为既是民法上的主体,也是经济法上的主体,并在接受民法规范的同时,也接受经济法的规范。自然人、法人和非法人组织因参与属于经济法调整的经济关系而成为经济法主体的典型例子,是它们作为专门以营利为目的的一方当事人(商人),与自然人缔结消费合同,从而成为消费者权益保护法中的经营者。经营者与消费者之间的关系本来是平等主体之间的关系,即商品或服务交易合同关系,这种关系在传统上是由民法调整的。但在当代,经营者与消费者之间原本平等的关系已被打破,实际上已变为一种强弱对比关系,强调意思自治和形式平等的民法难以对处于弱势地位的消费者给予倾斜性保护,进而难以求得经营者与消费者实质上的平等。为此,各国在民法之外,制定消费者权益保护法,以"国家之手"矫正经营者与消费者之间的失衡关系。这样,一旦自然人、法人和非法人组织与消费者缔结消费合同,其就不再是通常意义上的平等民事主体,而成为既负有合同义务,也负有消费者权益保护法规定的特殊义务的经营者;与此相类似,一旦自然人与经营者缔结消费合同,其就成为既享有合同权利,也享有消费者权益保护法规定的特殊权利的消费者。经营者与消费者都是经济法主体。

四、因国家干预经济行为的实施而取得

国家干预经济行为的实施,必然引起一定的法律后果,也必然产生相应的经济法律关系。在这种情况下,干预主体的资格是法定或者受委托取得的,而作为干预主体的相对方,干预行为所作用、影响、制约的组织和个人在经济法律关系中的主体资格,则是因干预行为的实施而取得的。在国民经济和社会发展规划、预算中,经济法主体资格的取得,就属于这种情况。申言之,在国民经济和社会发展规划、预算的决策和执行中,权力机关、行政机关的主体资格由法律规定;一旦执行国民经济和社会发展规划、预算,其所作用、影响、制约的组织和个人便成为经济法主体,在国民经济和社会发展规划、预算执行中享有权利或职权、承担义务或职责。

第三节 经济法主体的权限

经济法主体的权限,是指法律赋予经济法主体的经济职权和经济职责、经济权利和经济义务的总和。从我国相关法律法规的规定来看,经济法主体的权限主要包括:国家干预主体(包括权力机关,行政机关,法律、法规授权的具有管理公共事务职能的组织,受委托管理公共事务的组织,司法机关)的经济职权和经济职责;行业协会的经济自治权和经济义务;市场中介组织、市场主体的经济权利和经济义务;消费者的经济权利。

一、经济职权和经济职责

(一)经济职权和经济职责的定义

经济职权,是指国家干预主体为维护社会公共利益,在依法干预经济的过程中所享有的权力。经济职权是国家干预主体干预经济活动具有合法性的前提条件,无经济职权而进行的非法干预活动,不仅违反经济法的宗旨,而且将产生不利于行为人的否定性法律后果。

经济职责是国家干预主体在依法干预经济的过程中所承担的必须为或不为一定行为的责任。其实,经济职权与经济职责并无本质区别,国家干预主体所拥有的经济职权,同时也是其必须履行的经济职责。拥有经济职权的国家干预主体不仅有权对社会经济生活进行干预,而且也必须按照其权限对社会经济生活进行干预,怠于行使其经济职权,即没有履行其经济职责。

(二)经济职权和经济职责的内容

经济职权和经济职责具有较为丰富的内容。由于经济职权在一定意义上也可看成是经济职责,明确了经济职权的内容,便可以确定经济职责的内容,因此,下面只对经济职权的主要内容加以概括。

1. 市场规制权。这是指国家干预主体依照经济法的规定,对市场主体、市场秩序进行规范、制约的权力。市场规制权可以进一步划分为以下几种:

一是市场准入规制权。按照相关法律法规的规定,行政机关有权基于公共利益、国家利益等考虑,设定和实施有关行业、领域经营项目的行政许可;行政机关中的市场监管部门有权确认市场主体的经营资格或法人资格。这些属于行政机关行使市场准入规制权的情况。

二是市场行为规制权。市场行为主要由民法来规范,但当市场主体的交易行为涉及社会公共利益、国家利益,或者损害他人合法权益时,还需受到国家干预。尤其是国家为了反垄断、反不正当竞争、保护消费者的合法权益和维护市场秩序,必然对市场行为进行必要的干预。享有这方面权力的主体主要是行政机关,如市场监管部门。

三是市场退出规制权。行政机关拥有对市场主体退出市场的自由进行必要限制的权力。例如,对出资者利用市场机制和民法提供的市场退出自由规避债务或损害劳动者利益的行为,有关行政机关有权依法干预。又如,对于某些特殊行业的市场退出,国家设定了审批制度。

2. 企业内部治理规制权。企业内部治理毕竟是企业内部问题,国家不宜过度干预。但为了实现特定的公共目标,国家有时也会对此进行适度干预。例如,为了促进商业银行稳健经营和健康发展,保护存款人和其他利益相关者的合法权益,防止商业银行引发系统性风险,我国相关法律法规便确立了包括风险管理、内部控制、信息披露等在内的商业银行内部治理机制;银行业监管机构应当将商业银行公司治理纳入法人监管体系中,全面评估商业银行公司治理的健全性和有效性,提出监管意见,督促商业银行持续加以完善;银行业监管机构通过非现场监管和现场检查等实施对商业银行公司治理的持续监管,具体方式包括风险提示、现场检查、监管通报、约见会谈、与内外部审计师会谈、任职资格审查和任前谈话、与政府部门及其他监管当局进行协作等。显然,银行业监管机构对商业银行内部治理享有规制权。又如,对于上市公司,因其涉及资本市场的秩序和广大投资者的利益,包括我国在内的世界各国都规定了诸如强制信息披露等监管制度。

3. 宏观经济调控权。宏观经济调控即总量调控,它是指国家从社会整体利益出发,为了实现宏观经济总量(总供给和总需求)的平衡和经济结构的优化,引导国民经济持续、健康、快速发展,而对国民经济总体所进行的调节和控制。宏观经济调控是市场经济健康发展的重要保障。国家宏观经济调控政策的决策和实施权,主要由特定的行政机关享有,权力机关也享有重要事项的决策权。例如,作为宏观经济调控最重要手段的财政政策和货币政策的决策和实施,主要是由作为行政机关的财税机关和中国人民银行具体执行的。

需要说明的是：国家干预主体所享有的经济职权，还可以从其他角度具体化为国家干预经济的决策权、禁止权、处罚权、监督权等不同形态。

二、经济自治权

经济自治权，是指行业协会为行使行业服务和自律管理职能而享有的权力和权利。具体而言，行业协会的经济自治权主要包括：(1)规章制定权(制定行业服务和自律管理规则的权力)。(2)监管权(根据其规章监督和管理其成员的权力)。(3)惩戒权(根据其规章惩戒违规成员的权力)。(4)争端解决权(根据其规章对其内部纠纷进行调解或裁断的权力)。(5)诉求权(向政府及其有关部门反映行业诉求的权利)。(6)起诉权(当其自身利益、成员利益、所代表的行业利益受到损害时，以自己的名义提起诉讼的权利)。

三、经济权利与经济义务

(一)经济权利

经济权利，是指经济法主体在国家干预经济的过程中，依法为一定行为或不为一定行为，或要求他人为一定行为或不为一定行为，从而实现其某种利益的意志。

不同于经济职权，经济权利主体不包括权力机关，因为权力机关并无经济法意义上的利益可言。行政机关在特定情况下享有经济法中的利益，因而可能成为经济权利主体。例如，我国《企业国有资产法》第4条第1款规定："国务院和地方人民政府依照法律、行政法规的规定，分别代表国家对国家出资企业履行出资人职责，享有出资人权益。"按照这一规定，国务院和地方人民政府即是经济权利主体。不过，有别于一般民事权利，国务院和地方人民政府所享有的出资人权益的处分是受到严格限制的。另外，经济权利主体不宜包括行业协会，因为行业协会作为非营利组织，不得享有市场主体所享有的经济法意义上的权利；虽然行业协会的诉求权、起诉权具有权利的性质且不得息于行使，这些权利的行使也以实现行业协会及其成员的利益为目的，但在习惯上，这些权利被归入行业协会经济自治权的范畴。在经济法主体中，除行政机关在特定情况下是经济权利主体外，市场主体、市场中介组织和消费者是经济权利的主要享有者。关于竞争法所确认和维护的公平竞争权、自由竞争权以及由此具化的其他权利，如《中小企业促进法》规定的财税支持、融资促进等促进中小企业发展的举措所衍生的权利等，其享有者主要是市场主体。市场中介组织虽然并未被归入市场主体的范畴，但因其提供有偿服务，与市场主体相类似，因而也享有诸如公平竞争权、自由竞争权等市场主体所享有的部分经济权利。消费者则是消费者权益保护法中规定的消费者权利的享有者。

(二)经济义务

经济义务，是指行业协会、市场中介组织、市场主体等经济法主体为满足权利主体或权力主体的要求，依法为一定行为或不为一定行为。

经济义务的承担者不应包括权力机关、行政机关和消费者。究其原因在于：权力机关、行政机关在经济法中承担的为一定行为或不为一定行为的责任被经济法学理论定位为经济职责而非经济义务；对于消费者，经济法并未设置也不应设置专门的义务，其在消费合同中的义务，依照我国《民法典》关于合同的相关规定确定。

在我国经济法中,行业协会、市场中介组织、市场主体在不同的经济法律关系中所承担的经济义务有所不同。一般而言,这些经济法主体需承担遵守经济法律法规、合理行使经济权利、服从正当干预、依法纳税等义务。

——————— 思考题 ———————

1. 经济法主体与民法主体有哪些不同?
2. 经济法主体能否类型化?
3. 取得经济法主体资格的主要方式有哪些?
4. 怎样理解经济职权、经济职责、经济权利和经济义务?

第八章　经济法中的政府

| 内容提要 |

国家干预经济是世界各国克服市场失灵的一种基本手段。但是,国家通常不会直接以自己的名义干预经济,国家干预经济的职能往往由比国家更为具体的主体代表国家承担。其中,政府(含具有经济职权和职责的政府职能部门)是最重要的国家干预主体。也正是基于这样的原因,西方国家所谓"国家干预"与"政府干预"几乎是等同的概念。经济法是国家干预经济的基本法律形式,要理解经济法,必须正确认识经济法中的政府。本章首先分析了经济法中政府的角色定位,即在市场经济条件下,政府应该是有限政府、民主政府、责任政府,并在此基础上,具体界定了政府经济干预权和经济法中的政府责任。

| 学习重点 |

经济法中的政府角色　　　　　政府经济干预权的含义和构成
经济法中的政府责任

第一节　经济法中的政府角色

一、政府角色的代表性理论

政府角色定位事关政府干预经济的范围、程度和方式,进而决定着政府干预克服市场失灵的效果以及市场配置资源绩效的发挥。近代以来,在经济社会发展中,围绕政府与市场的关系问题,经济自由与政府干预两大思潮经历了长期的论证,由此形成了政府角色定位的不同理论。

(一)"守夜人"

将政府的角色定位为"守夜人",这是在人类社会进入自由资本主义的过程中逐步形成并在日后得以发展的一种学说。随着资本主义原始积累的完成,为适应资本主义原始积累的需要而产生的强调国家干预经济生活的重商主义开始崩溃瓦解,取而代之的是各种有利于自由资本主义发展的经济自由主义学说。在政治学方面,理论界对国家起源问题的解释从中世纪的神授论转变为契约论。由霍布斯提出,经洛克等学者发展和完善的契约论认为:没有政府管理的自然状态有许多缺陷,政府必须负责保护社会成员的包括生命权、财产权和自由权在内的自然权利;除此之外,政府没有其他目的。[1] 在经济学方面,亚当·斯密继承和发展了前人的经济自由思想,成为自由主义的集大成者。根据其学说,只要充分发挥市场机制这只"看不见的手"的作用,个人就会在自利动机下尽力追求自身利益,这样反而有助于提高资本的使用效益,进而促进社会整体利益的发展。在亚当·斯密看来,"每一个人,在他不违反正义的法律时,都应听其完全自由,让他采用自己的方法,追求自己的利益,以其劳动及资本和任何其他人或其他阶级相竞争"[2]。亚当·斯密的自由放任思想在19世纪得到深入发展和系统阐述,人们认为:仅靠市场机制即可实现资源的优化配置,"管得最少的政府是最好的政府"。在这种情况下,政府扮演着极为消极的角色,仅限于履行提供国防、维护治安等基本职能。换言之,政府只是"守夜人",不能以国家或政府干预行为影响资源的配置。

(二)"看得见的手"

20世纪30年代初,严重的市场失灵导致世界范围内出现经济大萧条,由此暴露出古典自由主义的重大缺陷。在此背景下,凯恩斯的国家干预思想应运而生。凯恩斯在批判经典学派理论的基础上,提出了与自由主义截然不同的政策主张,即在放弃自由放任原则的前提下强化政府功能,实行政府对经济活动的全面干预和调节。事实上,国家干预理论最早可以追溯到早期资产阶级经济学说中的重商主义,重商主义者崇尚国家干预的强权政治,认为国家的强大是发展经济、积累货币的重要条件。在亚当·斯密时代,詹姆斯·斯图亚特强调有效需求和政府干预;19世纪初,法国小资产阶级政治经济学创始人西斯蒙第也认为,政府必须全面地、积极地干预经济,以恢复经济比例关系,保持经济平衡,实现财产均衡分配;德国历史学派的先驱李斯特则更强调国家的经济参与和干预作用。凯恩斯的经济学说无疑具有更为深远的影响,它长期被英国、美国等主要资本主义国家奉为制定经济政策的理论依据,至今在经济学说中也占有一席之地。在政府角色问题上,凯恩斯指出:"因为要使消费倾向与投资引诱二者相互适应,故政府机能不能不扩大,这从19世纪政论家看来,或从当代美国理财家看来,恐怕要认为是对个人主义之极大侵犯。然而我为之辩护,认为这是唯一切实办法,可以避免现行经济形态之全部毁灭;又是必要条件,可以让私人策动力有适当运用。"[3] 由于凯恩斯是在批判古典自由主义的基础上提出政府经济干预理论的,所以后人把政府干预经济与市场机制的自发调节相对应,称政府为"看得见的手",主要突出政府对经济的"有形"干预。凯恩斯的思想推动了西方国家政府干预经济的实践。但自20世纪70年代中期以来,一些国家的经济陷入了"滞胀"的局面,政府这只"看得见的手"对此作用较为有限。实践表明,国家不当干预导致的政府失灵与市场失灵一样会对经济发展造成负面影响。

(三)"裁判员"

与凯恩斯主义并行,德国的弗莱堡学派提出了社会市场经济理论,其在第二次世界大战后得到快速发展和广泛流传。"社会市场经济"是指在国家和法律的保证下实现完全竞争,以此构建确保社会公平和社会稳定的经济秩序的经济模式。按照社会市场经济理论,为保证经济协调发展,政府应适当调节经济,但政府的调节须有限度。政府的主要职能为:保护自由竞争,

---

[1] [英]洛克:《政府论》(下篇),叶启芳、瞿菊农译,商务印书馆1981年版,第58页。
[2] [英]亚当·斯密:《国民财富的性质和原因的研究》(下),郭大力、王亚南译,商务印书馆1979年版,第258页。
[3] [英]M.凯恩斯:《就业利息和货币通论》,徐毓枬译,商务印书馆1983年版,第328页。

总体调节经济过程,创造社会经济基础条件和稳定条件。弗莱堡学派的伯姆·罗普克有一个形象的比喻:"政府好比足球比赛中的裁判,而私人好比为足球运动员。在足球比赛中,裁判员并不亲自踢球,也不指手画脚,面授机宜,指导比赛的战术,这些都是足球运动员和教练的事情。裁判的责任是不偏不倚地保证比赛规则的遵守。"[4] 此即政府为"球场裁判"的假定。在该理论指导下,第二次世界大战后的联邦德国创造了"德国奇迹",从1948年到1966年的18年间,其国民生产总值超过法、英两国,重新成为资本主义世界第二大经济强国。

(四)"经济人"

以美国经济学家詹姆斯·布坎南为代表的公共选择学派认为,因为市场机制有缺陷,故而市场不完美,但政府同样不完美。与市场相比,政府并不一定能做得更好,政府干预并不一定能矫正和克服市场失灵,因为政府也是"经济人",同样追求自身利益最大化。其主要表现是:(1)政府并非全知全能,也是由人组成,同样存在主观臆断,存在认识上的局限性乃至错误。(2)政府官员和组成人员往往有自身利益追求,如一定的政绩、政府机构的扩张、办公条件的奢侈等,他们在干预市场时会考虑自身利益。(3)政府机构臃肿,官僚主义严重,办事效率低下。(4)政府官员和组成人员存在权力寻租、腐败等行为。总之,政府的这些"经济人"属性表明,政府作为干预者,与其他市场主体一样,政府失灵也是难以避免的缺陷,因此,政府要尽量少干预市场运行。

(五)"全能型政府"

在计划经济体制下,政府被推到规制社会经济活动的"全能型政府"的地位,其职能呈极度扩大化倾向,其行为渗透到社会经济活动的方方面面。在政府集国家行政职能、市场职能、企业职能等职能于一身的情况下,商品货币关系被消灭殆尽,市场缺乏竞争,决策集中过度,微观经济严重缺乏活力。此时的政府定性模糊:既是行政机构,又是经济组织;既是全民财产的所有者,又是全民财产的管理者和企业的实际经营者;既提供公共产品,又提供普通商品;既直接发放和分配物资,又直接安排和管理消费。在整个国民经济运行中,政府既是裁判员,又是教练员,还是运动员,是一个典型的全能角色。

二、经济法中政府角色的适当定位

(一)政府角色定位的原则

作为诸多学科共同关注的对象,政府角色定位会因学科视野的不同而有所差异。从经济法视野出发,政府角色定位应遵循以下原则:

1. 反映经济规律的客观要求。经济规律具有较强的客观性,政府经济职能的发挥不应背离经济规律。尽管政府与市场分别处于不同领域,实行不同的运作规则,但二者有着密切的关系。在现实的社会制度结构中,公共领域和私人领域、政府行为和市场交易都必不可少。它们各自秉承不同的权力(利)基础和本性,并以不同方式、植根于不同领域进行恒久的互动博弈。市场运行有其自身的逻辑,政府干预时必须考虑客观经济规律,使之成为政府角色定位的依据,进而保证政府与市场的制度安排达到理想的均衡态势。

要使政府的角色定位反映经济规律的客观要求,最为关键和复杂的课题在于正确处理政

---

[4] [德]路德维希·艾哈德:《来自竞争的繁荣》,祝世康、穆家骥译,商务印书馆1983年版,中译本序言,第Ⅴ页。

府与市场的关系。在我国，政府角色定位经历了一个长期的发展历程。这一历程，就是不断探求政府与市场的恰当关系，日益将经济规律纳入考量的过程。从新中国成立之初到20世纪70年代末，我国虽然注意到商品(市场)经济和价值规律在社会主义经济中的作用，但经济模式和经济理论基本上因袭的是苏联高度集权的计划经济体制。自20世纪70年代末开启经济体制改革以来，我国先后经历了计划经济为主、市场调节为辅阶段(1979~1984年)，有计划的商品经济阶段(1984~1987年)，国家调节市场、市场引导企业阶段(1987~1989年)，计划经济与市场调节相结合阶段(1989~1992年)，以及社会主义市场经济理论的正式提出和经济体制改革全面展开阶段(1992年至今)。与以上历程相适应，政府的角色也由高度集权的计划经济体制下的全能政府、权力政府，逐步转变为有限政府、责任政府。对市场作用的定位，也经历了以下历程：由高度集权的计划经济体制下受到忽视，到经济体制改革初期受到一定程度的重视，再到市场经济体制确立后被上升为在资源配置中起基础性作用，直到在全面深化改革时期被确定为在资源配置中起决定性作用。党的十八届三中全会通过的《中共中央关于全面深化改革若干重大问题的决定》指出："经济体制改革是全面深化改革的重点，核心问题是处理好政府和市场的关系，使市场在资源配置中起决定性作用和更好发挥政府作用。市场决定资源配置是市场经济的一般规律，健全社会主义市场经济体制必须遵循这条规律，着力解决市场体系不完善、政府干预过多和监管不到位问题。"这一论断，鲜明地体现了政府角色定位应当尊重经济规律的思想。政府要尊重市场经济规律，通过市场化手段，在法治框架内调整各类市场主体的利益关系。

2. 符合经济法的价值理念。市场失灵客观上为政府干预提供了契机，但政府干预只是手段，其目的在于协调个体利益与社会整体利益、经济自由与经济秩序、形式公平与实质公平、个体效率与社会整体效率、经济竞争与经济合作、私人物品与公共物品、微观经济发展与宏观经济发展之间的关系，使市场从失衡走向均衡状态。因此，政府角色定位应充分体现经济法的实质公平、经济自由、经济民主等价值理念，使政府真正满足社会公共利益的需要。

3. 适应社会经济的发展变化。经济社会总是处在不断的变动之中，经济社会中的诸多因素的变动都可能影响市场机制正常作用的发挥。因而，市场失灵在不同的国家、同一国家的不同历史时期可能有不同的表现，这就相应决定了政府干预的变动性。本书对经济法的认识采"需要国家干预论"学说，其中的"需要"在很大程度上就是基于对社会经济生活变动性的考虑。"需要"一词具有较强模糊性，但这种模糊性恰恰说明了经济法比民法等其他法律部门具有更强的时空性，以及由此而决定的变动性、本土性。[5] 因此，定位经济法视野下的政府角色，也要把社会经济生活的发展变化作为考虑的重要因素。

4. 契合数字经济的发展需求。国家互联网信息办公室发布的《数字中国发展报告(2022年)》显示，2022年我国数字经济规模达到50.2万亿元，总量稳居世界第二，同比名义增长10.3%。2021年6月10日，《数据安全法》正式通过；2023年10月25日，国家数据局正式挂牌成立。可以说，《数据安全法》的通过以及国家数据局的成立，使政府可以更好地管理、利用我国海量数据要素资源，建立数据要素流通交易的基本制度和监管体系，为公众和企业提供更准确、更及时的数据支持。同时，国家数据局还可以加强数据安全和隐私保护，确保数据的合法

---

[5] 卢代富：《经济法研究应注重回应性和本土性》，载《郑州大学学报(哲学社会科学版)》2008年第4期。

使用和共享。[6] 在做强做优做大我国数字经济的过程中,要更好发挥政府在数字经济发展中的作用,构建经济社会各主体多元参与、协同联动的数字经济发展新机制,并结合我国产业结构和资源禀赋,发挥比较优势,系统谋划、务实推进。

(二)政府角色定位的具体要求

虽然政府角色是变动和转换的,但在现代市场经济国家,政府角色定位仍有一些基本要求。

1.由全能政府走向有限政府。全能政府是指职能被过度扩张和作用被过分夸大,甚至否认市场作用的政府,计划经济体制下的政府就是一种典型的全能政府。当然,在市场经济体制下,如果过度扩张政府的职能和过分夸大政府的作用,则也有走向全能政府的嫌疑。有限政府是指在市场经济体制下,仅以克服市场的缺陷和不足为目标的政府。有限政府的有限性主要表现为:(1)由人组成的政府具有有限理性,不可能全知全能,包办一切。(2)政府对经济运行的干预是有限度的,仅限于市场失灵的范围内;政府不能肆意干预市场,甚至替代市场。把经济法中的政府定位为"有限政府",要求经济法确认和规范政府经济干预权,防止"政府失灵"。

2.由权力政府走向责任政府。民主政府也应是责任政府。市场经济是法治经济,而法治的基本要求是政府守法,并承担违法的责任;唯此,才能依法制约和规范政府行为。依据社会变迁规律,依法限制政府权力越来越成为社会文明进步的要求。因此,应完善政府违法进行经济干预的法律责任,从而使政府真正树立起责任意识,促使其向责任政府转变。

以上"两个走向"最终应当通过法治政府建设去实现,正如党的二十大报告所指出的,法治政府建设是全面依法治国的重点任务和主体工程。

第二节 政府经济干预权

一、政府经济干预权的界定

政府经济干预权,[7]是指经济法授予政府(含负有经济职权和职责的政府职能部门)的对经济生活进行干预的各种职权的总称。"然而,从规范和严格意义上讲,'国家干预'一词指向的对象并没有如此宽泛,它所表达的是国家为了实现个体意思自治难以及时、有效达成的公共目标而对社会生活进行的介入活动。在美国等一些国家,作为干预主体的国家主要指政府;在我国,国家干预也主要由政府具体实施。正因为如此,'国家干预'通常又被称为'政府干预'。"[8]

作为近现代世界各国普遍出现并不断发展的法律,经济法有着不同于其他法律的存在形

---

[6] 李云舒:《护航数字经济健康发展》,载《中国纪检监察报》2023年11月14日,第4版。
[7] 以下关于确定政府经济干预权外延的思路和确立政府经济干预权原因的阐述,也可以用于解读经济法调整对象划定的依据以及经济法调整各类经济关系的理由。
[8] 卢代富:《经济法中的国家干预解读》,载《现代法学》2019年第4期。

式:经济法并不表现为由集中的法典及其配套规范所构成的体系,它往往表现为规定国家干预局部问题的专项法律法规,或散见于其他相关法律法规之中。经济法的这种非系统化的存在形式,使得有关政府经济干预权的法律规定较为分散,政府经济干预权的外延(或构成)也因此难以准确划定。一般来说,可根据两方面的因素来确定政府经济干预权的外延:(1)市场失灵的情形。在现代市场经济体制中,市场机制和政府干预都是保障社会经济良性运转所不可或缺的手段,但市场和政府都有失灵的时候,克服政府失灵的主要途径是市场机制,克服市场失灵的基本方式则在于政府干预。需要政府干预并由经济法调整的经济关系,恰是市场难以有效发挥调节作用的经济关系。明确了市场失灵的情形,也就基本界定了国家经济干预权可以发挥作用的领域。(2)民法的局限。与现代市场经济体制中市场和政府的作用与不足相适应,确立和维护市场调节的民法与确认和规范国家干预的经济法成为调整社会经济关系的两种基本法律形式,并且二者之间呈现出一种互补的关系。由于经济法的重要功能在于弥补民法调整经济关系的局限,因此,认识到民法在哪些方面有局限,经济法可以发挥作用的经济关系的范围就能在很大程度上得以确定,政府经济干预权的范围的划定也就能有一个明确的参考依据。[9]

基于以上识别政府经济干预权外延的思路,结合本书对经济法定义和调整对象的理论,这里对政府经济干预权作如下分解:

(一)市场主体规制权

市场主体规制权,是指政府基于维护社会公共利益的需要而对市场主体(主要是企业)的组织和行为(限于与市场主体的组织有关的行为)进行必要干预的权力。传统上,市场主体的组织和行为是由民法加以规范的,但随着市场在资源配置中决定性地位的确立,经济法在规范市场主体的组织和行为方面所发挥的作用也日渐突出;相应地,政府经济干预权对市场主体的组织和行为的影响亦日渐明显。之所以如此,主要是因为市场机制以及建立在市场机制基础上的民法调整机制不足以解决市场主体的组织和行为方面不断出现的新问题。

1. 建立在市场机制和民法原则基础上的民事主体制度面临新挑战。传统民法确立的民事主体制度,尤其是法人制度,为人们平等、自由地进入市场提供了一般法律依据。但在当代,市场已不是简单的日常消费品和生产资料的交易场所,而是由产品市场和要素市场构成的复杂体系,人们进入特定的市场,特别是关系国计民生或社会公众利益的市场,必须具备相应的资质条件,这些条件是民法中没有也难以包含的,需要由新的法律对此作出具体的规定。同时,人们进入什么市场、在什么地方设立企业,往往涉及一国产业结构、产品结构和生产力布局是否合理的重大问题,这些问题是实行自由竞争的市场和奉行意思自治的民法所难以解决的。在这种情况下,政府被依法授予市场主体规制权,通过对审批许可、工商登记等市场准入制度的确认和执行,来塑造适格的市场主体并贯彻国家的产业政策,以弥补市场机制和民法调整机

---

[9] 应说明的是,诚如有学者指出的那样,市场失灵不能必然证成政府干预。换言之,市场失灵并不一定非要由政府干预来克服,诸多市场失灵情形可交由行业协会等主体来处理,在市场机制和政府干预之间作出非此即彼的选择是失之偏颇的。依此认识,对于市场机制及其法律形式即民法在调整经济关系上的局限性,除可诉诸政府干预及其法律形式即经济法外,还可由行业协会等主体进行干预。不过一般来说,市场失灵情形是政府干预可发挥作用的领域,民法的局限性可以通过政府干预及其法律形式即经济法来克服的观点仍然是能够成立的。至于政府干预与行业协会干预的权限划分,则是一个值得研究的重大课题。这方面的论述,可参见本书"经济法中的行业协会"一章。

制的不足。

2. 建立在市场机制和民法原则基础上的市场主体运行制度存在不足。市场主体形成后，即按照既定的目标运行，此过程自然要遵循市场规律和民法规则，但单纯建立在市场机制和民法原则基础上的市场主体运行制度将产生诸多社会问题。例如，为市场和民法所认可的市场主体的趋利本性可能损害职工、债权人和其他公众的利益；又如，为市场和民法所鼓励的竞争可能形成垄断或不正当竞争，由此造成对竞争的自我否定。这需要经济法通过多种方式来解决，而依法授予政府市场主体规制权就是解决这些社会问题的重要方式。

3. 建立在市场机制和民法规制基础上的市场主体退出制度存在问题。市场的自由竞争和优胜劣汰机制以及民法的意思自治为出资者退出市场提供了便利。但退出市场不仅涉及出资者的利益，还牵涉更为广泛的社会利益，尤其是出资者可能利用市场和民法提供的市场主体退出制度规避债务，或损害相关主体的利益。为此，需要由经济法对出资者退出市场的自由进行适当的限制，并通过授予政府市场主体规制权来对出资者退出市场进行监管。在企业法中，各国均有类似资本不得抽逃和转移、禁止破产逃债等功能性制度安排，并授权政府对这些制度的落实进行监督，这实际上就是限制企业退出市场自由的具体体现。

综上所述，在规范市场主体方面，民法和经济法都不可或缺。民法按照市场的逻辑，以意思自治为原则，为市场主体的组织和行为提供基本的法定范式；经济法则通过对政府市场主体规制权的确认和具体规定，将国家的干预意图渗透到市场主体的组织和行为之中，从而使市场主体的意志和行为符合社会利益。因此，尽管市场机制和政府干预、民法和经济法都要对市场主体的组织和行为发生作用，但它们发生作用的侧重点是不同的。充分发挥市场机制的作用，适当发挥政府干预的作用，恰当利用民法和经济法的调整功能，是现代市场经济的应然选择。

(二) 市场秩序规制权

市场秩序规制权，是指政府为了培育和发展市场体系，维护公平、自由竞争，保护经营者、消费者和其他社会公众的合法权益，而对市场主体的市场行为进行必要干预的权力。市场秩序规制权的设定合理与否直接影响着市场主体的民事权利和选择自由，也直接影响着政府干预的效率和公平性。[10] 因此，在民法之外制定和实施经济法，授权政府对市场秩序进行干预，是当今世界各国的普遍现象。出现这种现象的客观必然性可从以下多个角度予以说明：

1. 培育和发展市场体系的需要。现代市场经济社会应当是一个市场体系完备、各种市场的功能都得到充分、有效发挥的经济社会。如果某类市场发育不全或发展滞后，就会制约其他市场的功能发挥，进而影响市场体系的整体效率。显然，市场的自发性和盲目性、市场主体的趋利性以及民法规则的自主性，决定了它们不足以形成完整的市场体系，也不足以消除市场体系内各种市场的无序状态，无法实现市场的高效运转。这就需要经济法授予政府市场秩序规制权，从宏观上克服各类市场发育的不平衡，从微观上对各类市场进行监管，最终实现市场体系的健全和高效。

2. 维护和促进竞争的需要。市场经济在本质上是一种竞争经济，市场配置资源的效率主要是通过竞争机制来实现的，民法则是保障市场主体公平、自由竞争的基本法律手段。但是，竞争本身有着向垄断和不正当竞争发展的自然趋向。由竞争引起的垄断和不正当竞争，又必

---

[10] 盛学军、陈开琦：《论市场规制权》，载《现代法学》2007年第4期。

然妨碍、限制甚至消灭竞争,并最终破坏市场机制。因此,为维护和促进竞争,必须反垄断和反不正当竞争。在反垄断方面,民法的局限性是明显的,因为垄断(经济垄断)本身是民法作用的结果,并且往往因民法规则的运用而披上合法的外衣。在反不正当竞争方面,民法的诚信原则对不正当竞争有一定的制约作用,但仍有不足,因为它不可能规范所有的不正当竞争行为(例如,巨额有奖销售行为虽然有损于公平竞争,但从民法的角度看,又属于行为人的处分行为和自由契约行为,民法对此难以提供充分的处理依据),它只注重对不正当竞争给其他经营者造成的损害的补救,而不注重从宏观上维持竞争秩序,尤其是当不正当竞争侵害的是不特定的经营者的利益,或者未给特定的经营者造成直接的账面损失时,由经营者通过主张民法上的权利来制止不正当竞争,几乎是不可能的。以上情况表明,要使反垄断和反不正当竞争落实到实处,必须在民法之外制定和实施经济法,授予政府市场秩序规制权来对竞争进行规制。

3. 保护消费者权益的需要。现代社会是分工高度发达的社会,消费者是在对经营者的生产经营过程缺乏参与的情况下接受产品的,对产品的适用性和安全性等质量特性,消费者通常只能通过经营者的质量表示和自身的判断力来识别,这在客观上使消费者成为相对于经营者而言的弱者。尤其是现代科技的发展,使产品更加复杂,产品的缺陷更为隐蔽,这更加凸显出消费者的弱势地位。显然,市场的自由竞争和民法的意思自治不利于保护作为弱者的消费者。因此,必须通过制定和实施经济法授予政府市场秩序规制权以实现对消费者权益的倾斜性保护。

(三) 宏观经济调控权

宏观经济调控权,是指国家(尤其是政府)依法对国民经济总量进行调节和控制的权力。所谓国民经济总量,主要是总供给和总需求。总供给是一国在一定时期内所提供的产品总量;总需求则是一国在一定时期内所需要的产品总量。所谓宏观经济调控,实际上是对总量以及影响总量的经济结构(产业结构、产品结构、企业结构等)所进行的调控。简单来讲,它是指国家从社会整体利益出发,为了实现宏观经济总量的平衡和经济结构的优化,引导国民经济持续、健康和快速发展,而对国民经济总体所进行的调节和控制。

国家通过在经济法中作出授予政府宏观经济调控权的规定来调整宏观经济关系,其必然性也是由市场失灵和民法的局限性决定的。进一步讲,市场的自由竞争和民法的意思自治不能自动实现经济总量的平衡,反而可能引起供求的严重失衡,进而使经济运行呈现出周期性波动的特点。崇尚自由放任的资本主义国家近百年来周期性地爆发经济危机,就很好地说明了这一点。在此情况下,有必要由国家出面,通过实施宏观经济调控政策,对社会的总供给和总需求进行调控。在这方面,财政政策和货币政策所起的作用尤为明显:当社会总需求不足,以致出现企业开工不足、失业率上升、经济增长乏力或衰退的征兆时,国家通过实施扩张性财政政策(增加财政支出、减少税收等)以及扩张性货币政策(放松银根、扩大货币供应量等),可以增加企业和个人的购买力,从而刺激社会总需求;当社会总需求大于社会总供给,以致出现经济增长过热和通货膨胀的压力时,国家通过实施紧缩性财政政策(减少财政支出、增加税收等)以及紧缩性货币政策(紧缩银根、减少货币供应量等),可以降低企业和个人的购买力,从而抑制社会总需求。显然,作为宏观经济调控最为基本的手段,财政政策和货币政策等宏观经济调控政策,主要是通过在经济法中作出授予政府宏观经济调控职能部门以宏观经济调控权的规定来加以实施的。

（四）经济监管权

经济监管主要是指政府利用各种渠道获取信息以作出决策。"政府监管机构的运作不同于传统意义上的立法、司法和行政机构，具有更强的相对独立性、专业性和科学性。"[11] 作为政府经济干预权的表现形式，经济监管权的强化在经济法领域内具有客观必然性。

1. 经济法对社会整体经济利益的维护需要政府发挥经济监管权的作用。作为一个现代性的部门法，经济法在社会整体经济利益的维护中发挥着重要的作用，但是，经济法不能像传统的部门法如民法等那样来发挥这种作用。事实上，根据传统的部门法规则，自然人利益的维护主要是通过诉讼的方式来实现的，这就是近现代国家的民事诉讼法等程序法普遍较为发达的原因之一。与此相对，我国虽然曾设置过经济审判庭，但并没有专门的服务于经济法的诉讼制度。进一步的问题在于，民事诉讼、行政诉讼的推进有赖于利益受到损害的个体积极提出诉求，但经济法维护的是社会整体经济利益，这导致违反经济法的行为往往并没有明确的利益受损对象。因此，对社会整体经济利益的维护，需要在客观上通过经济法赋予政府经济监管权。

2. 应对现代社会风险需要政府发挥经济监管权的作用。与传统社会不同，现代社会由于科学技术的发展，特别是跨国公司的发展与经济全球化浪潮的方兴未艾，整个世界的联系更加紧密。"对于像金融安全、食品药品、公共卫生等一些专业性技术性较强的重点风险领域，由于其事关社会稳定和公众健康，属于社会高风险领域。"[12] 为应对这些社会高风险领域的问题，一方面要制定完善的法律规则，另一方面要强化经济监管权。事实上，鉴于成文法几乎无法克服的滞后性，强化经济监管权几乎已经成为世界各国政府的一致选择。但是，根据法治政府的要求，政府职权行为，"就是最高行政机关的行为也是执行一般法律规范的行为"[13]。因此，包括经济监管权的行使，都必须依法进行，而要实施这些法律就必须有相应的监督管理机构。

3. 应对一些特殊领域的问题需要政府发挥经济监管权的作用。以社会分配领域为例，由于市场机制和民法在解决社会成员之间的收入和消费上的不平等方面存在不足，因此，通过政府经济干预权对社会收入进行再分配，就能为弱势群体提供一些物质帮助并缩小贫富差距。在这方面，政府经济干预权的作用主要体现为两点：(1)确立和实施税收制度（如个人所得税、遗产税等），通过向高收入者征税、向低收入者转移的方式来降低社会成员收入的不平等程度。(2)确立和实施社会保障制度，对老、弱、病、残及其他需要社会帮助的人提供帮助，由此缩小社会成员收入上的差距。此外，在一些需要持续性改革的领域，如"三农"领域，政府也需要发挥经济监管权的作用。以农村集体经济的监管为例，"农村集体经济的监管涉及法律、政治以及经济等各个方面，必须有一个能统筹各方力量的主体作为'总监管人'才能体系化、制度化地解决监管问题。只有国家才能承担农村集体经济'总监管人'的角色，因为只有国家才能协调影响农村集体经济的各种国家权力机构、完善相关法律制度"[14]。总之，随着社会经济的发展，对于一些特殊领域的问题，如前文所讲的社会分配问题、农村集体经济的监管问题，甚至是数字经济领域的一些问题，政府都需要发挥经济监管权的作用。

---

[11] 刘鹏：《中国市场经济监管体系改革：发展脉络与现实挑战》，载《中国行政管理》2017年第11期。
[12] 刘鹏：《中国市场经济监管体系改革：发展脉络与现实挑战》，载《中国行政管理》2017年第11期。
[13] [奥]凯尔森：《法与国家的一般理论》，沈宗灵译，中国大百科全书出版社1996年版，第284页。
[14] 彭涛：《国家对农村集体经济监管的法律责任》，载《法律科学（西北政法大学学报）》2023年第6期。

二、政府经济干预权配置和行使的重要环节

政府对经济生活实施干预的过程,实际上是一个在界定政府经济干预权的基础上,对政府经济干预权进行配置和行使的过程。自我国经济体制改革以来,高度集权的计划经济体制逐步被打破,社会主义市场经济体制最终得以确立,在"依法治国,建设社会主义法治国家"的治国方略提出以后,政府经济干预权的配置和行使已日趋合理,政府过度干预经济生活、权力过分集中且缺乏必要制约的状况有了很大改善,而且政府干预主体之间的权力配置和行使也有了基本的法律依据。然而,在政府经济干预权的配置和行使上,一些重要的环节仍然不容忽视,必须常抓不懈。

(一)明确政府经济干预权的边界

市场经济是法治经济,要用法治来规范政府和市场的边界。明确政府经济干预权的边界,是政府经济干预权科学、合理配置和行使的前提,而且其更为重要的意义在于,决定政府干预的作用范围是否适当。由于市场决定资源配置是市场经济的一般规律,而科学的宏观调控、有效的政府治理是发挥社会主义市场经济体制优势的内在要求,因此,处理好政府和市场的关系,最为核心的要求是使市场在资源配置中起决定性作用和更好发挥政府作用。在现代社会,尽管在应然层面上,市场对资源配置具有决定性作用,政府干预的目的限于克服市场失灵,但从实然层面上看,政府干预往往会出现扩张与缺位并存的现象。因此,为避免政府干预失灵,既充分发挥市场资源配置的决定性作用,又切实保障政府干预克服市场失灵的作用,法律要对政府经济干预权的边界作出合理的划定。虽然我国的法律法规尤其是经济法律法规对国家机关的经济职权有所规定,[15]但从宏观上系统、全面地对政府经济干预权加以界定的立法尚付阙如。

未能明确、合理划定政府经济干预权的边界并造成政府干预的失范,是与政府干预法治化的要求相违背的。因此,为使政府干预具有合法性依据,同时使政府干预的作用严格限定在克服市场失灵方面,从而最终实现政府干预法治化的目标,在立法中对政府经济干预权的范围作出界定是很有必要的。党的二十大报告指出,要转变政府职能,优化政府职责体系和组织结构,推进机构、职能、权限、程序、责任法定化,提高行政效率和公信力。今后,如何按照以上部署加强立法,划定政府经济干预权的范围,是一项重要的战略任务。

(二)合理配置政府经济干预立法权

政府经济干预立法权的配置事关政府经济干预的效果。虽然实证表明,在现代社会,立法权相较于其他权力尤其是行政权更易于避免专制,但凡是权力都存在滥用的危险,权力越与资源配置和利益安排相关联,更容易滋生腐败。同其他方面的立法权相比,政府经济干预立法权与资源配置和利益安排的联系更为紧密,因而被滥用的可能性更大。

一如其他任何权力,政府经济干预立法权并不是无所限制的。从一般意义上讲,对政府经济干预立法权的限制可以有多种方式。在我国,政府经济干预立法权的配置不尽完善,或许是

---

[15] 例如,《宪法》对国务院、地方各级人民政府在领导和组织经济建设中的职权作了规定,《反不正当竞争法》对县级以上市场监督管理部门监督不正当竞争行为的职权作了规定,《产品质量法》对县级以上市场监督管理部门监督产品质量的职权作了规定。但诸如此类的条款多属宣示性规定,政府经济干预权究竟包括哪些具体内容,并不太明确。

造成对政府经济干预立法权缺乏足够制约的重要原因。我国《宪法》对全国人民代表大会、全国人民代表大会常务委员会,国务院及其部、委,省、直辖市、设区的市的人民代表大会及其常务委员会,以及民族自治地方的人民代表大会的立法权作了规定,[16]《立法法》除重申了《宪法》关于立法权限的划分外,还就法律、行政法规、部门规章、地方性法规、自治条例和单行条例、地方政府规章的制定权限作了较为详细的划分。[17] 不过,值得注意的是,这种多层次的立法权限划分,尽管有利于减轻国家最高权力机关的立法压力,缓解经济发展与制度供给之间的矛盾,但如何体现国家最高权力机关本应在立法活动中所具有的主导作用,长期以来一直是一个值得重视的问题。

《立法法》明确规定,全国人民代表大会及其常务委员会加强对立法工作的组织协调,发挥在立法工作中的主导作用。此外,该法还对立法规划和计划及其组织实施作了明确规定。我国今后的任务,是要切实落实法律规定,实现政府经济干预立法权配置的合理化。

(三)正确界分政府经济干预执行权

政府经济干预执行权对市场机制作用的发挥具有直接的影响,同时,政府经济干预执行权容易专横和随意,因此,规范政府经济干预执行权,这是经济法的一个不可或缺的基本环节。我国宪法、经济法律法规、行政法律法规以及其他有关国家机关组织的法律法规中,有一些涉及政府经济干预执行权的规定,这为政府干预经济提供了法律依据。从实践来看,我国政府经济干预执行权的界定和划分尚存在一些值得注意的问题:

一是对于政府经济干预执行权究竟配置给哪些主体,法律并没有从总体上作出系统的规定。在理论界,人们在政府经济干预主体的具体范围问题上存在见仁见智的现象,也从一个侧面反映出这一问题。

二是对政府经济职权的规定过于原则和简单,可操作性不足。例如,《国务院组织法》共20条,其中涉及国务院职权的规定仅1条,即第6条,"国务院行使宪法和有关法律规定的职权"。而《宪法》第89条对国务院经济职权的规定,仅是"编制和执行国民经济和社会发展计划和国家预算",以及"领导和管理经济工作和城乡建设、生态文明建设"等抽象的条款。又如,《地方各级人民代表大会和地方各级人民政府组织法》采取将地方各级人民代表大会和地方各级人民政府组织法合二为一的立法形式,内容庞杂,地方政府的经济职权的内容也难以得到充分的体现。

三是一些政府职能部门的权限缺乏法律的明确规定,且相互之间分工不明。具体而言,除中国人民银行、审计署等少数政府职能部门的职权由相关法律作了规定外,其他大部分政府职能部门的职权都由国务院的行政文件(如"三定方案")加以确定。此外,政府职能部门在实施干预经济活动方面的权限划分不清,重复执法、相互推诿或扯皮的现象也有一定程度的表现。这些执法上的冲突,固然与部门利益作祟存在关联,但与政府经济干预执行权分配不明也有很大的关系。

上述问题的存在,实际上为我们合理界定和划分政府经济干预执行权提供了努力的方向:一方面,应当对政府经济干预执行权的主体加以明确;另一方面,应当对各种政府经济干预执行权主体的职权和职责作出尽量清晰的划分。由于政府及其职能部门是干预社会经济最主要

---

[16] 《宪法》第58条、第62条、第67条、第89条、第90条、第100条、第116条。
[17] 《立法法》第二章第一节、第三章、第四章的相关条文。

的主体,针对我国政府职能部门相互间权责模糊,以至于在干预社会经济的过程中相互"撞车"或推诿的现象,今后经济法尤其应对政府各职能部门干预社会经济的分工与配合予以明确规定。

第三节 经济法中的政府责任

一、政府责任的含义

"政府责任"是近年来政治学、行政管理学、法学等众多学科领域中使用频繁的一个术语,但对其内涵和外延,人们并未取得共识。在经济法语境中,政府责任主要有两种含义:(1)政府的经济职责。所谓政府的经济职责即政府依法承担的干预经济的职责。这种意义上的政府责任与政府的经济职能相联系,它要求政府及其工作人员在行使政府干预经济的职权时,应当为法律所规定的行为,而不得为法律未加授权和加以禁止的行为。(2)政府的法律责任。所谓政府的法律责任即政府及其工作人员在行使政府干预经济的职权的过程中违法而应承担的否定性法律后果。这种意义上的政府责任与政府及其工作人员的违法行为相联系,它意味着国家对政府及其工作人员违法行为的否定性评价。

鉴于作为经济职权的政府经济干预权在一定意义上也是政府的经济职责,而本章对政府经济干预权已有介绍,这些介绍从侧面揭示了政府经济职责的内涵和外延,因此,以下所谓政府责任,仅涉及政府的法律责任。

二、确立政府责任制度的必要性

(一)法治的必然要求

法治作为一种理想的社会生活方式和治国方略,是民主、自由、平等、人权、理性、文明、秩序、效率与合法性的有机结合。关于法治的具体要求,古今中外的学者提出了不同的观点,但这些观点中无不蕴含着这样一个共识:法治要求维护权利与义务的一致性、权力与责任的统一性以及权力与权利的平衡性。就经济法中的政府责任而言,法治所要求的权力与责任的统一性尤为重要。在法治的框架内,权力与责任是一个问题的两个方面:有权力无责任与有责任无权力,或割裂权力与责任的关系,都将无从实现法治。政府既然拥有干预经济的权力,便当然应按法治的要求承担违法干预经济的责任。确立政府责任制度,就是为了消除有权无责和行其权而不负其责的现象,使政府真正进入法治体系,对自己的所有权力行为负责。

责任与权力的相关共存原则,是法治的根本原则,法治的意义在于建立和维护权力与责任的统一性,建立和完善权责统一机制和以责任制约权力的制度。[18] 正是基于上述原理,我国早就提出:"行政机关依法履行经济、社会和文化事务管理职责,要由法律、法规赋予其相应的执法手段。行政机关违法或者不当行使职权,应当依法承担法律责任,实现权力和责任的统一。依法做到执法有保障、有权必有责、用权受监督、违法受追究、侵权须赔偿。"[19] 党的十八

---

[18] 肖金明:《论服务政府与责任政府——兼论行政许可法制的意义》,载《中国行政管理》2005 年第 8 期。
[19] 《全面推进依法行政实施纲要》(国务院 2004 年 3 月 22 日发布)。

届四中全会通过的《中共中央关于全面推进依法治国若干重大问题的决定》也明确提出,要全面落实行政执法责任制,严格确定不同部门及机构、岗位执法人员执法责任和责任追究机制。党的二十大报告进一步指出,要强化行政执法监督机制和能力建设,严格落实行政执法责任制和责任追究制度。

(二)责任政府的应有之义

塑造责任政府是当今世界各国的一个共同取向。责任政府有多方面的要求,如政府必须回应社会和民众的正当诉求,必须积极履行其法定职责,如果其违法或者不当行使职权,则必须承担政治责任、法律责任和道德责任。从法律的视角看,责任政府应当是一个守法的政府,而尊重和遵守法律是责任政府的根本。责任政府要求政府及其工作人员依法行使权力,如果政府及其工作人员违法和滥用权力,则应接受法律的追究,承担否定性法律后果。因此,虽然责任政府建设涉及的面十分广泛,但政府的法律责任制度建设无疑是其中的重要环节。促成责任政府的法律责任必须是一个完整的制度体系,这一体系不仅要包括民事责任、行政责任、国家赔偿责任、刑事责任等多种责任形式,还要覆盖所有的权力领域,包括行政决策、行政执行的各个方面,凡是有权力的地方必有责任,并应具有保障法律责任发挥作用的法律机制,包括法律责任追究的机构和程序制度。[20]

总之,只有将政府的权力切实纳入法律的规范之下,建立健全政府责任制度体系,避免政府权力与政府责任相分离,实现权责统一的法治原则,才能塑造真正意义上的责任政府。从这个意义上讲,政府责任是责任政府的应有之义。

(三)克服政府失灵之所需

经济法的调整作用以不完美的市场(市场失灵)和不完美的政府(政府失灵)为着眼点,既注重对市场失灵的克服,又注重对政府失灵的克服,从而实现政府功能与市场功能的良性互动。因而,如何克服政府失灵,是经济法所面临的一项重要任务。在经济法视野下,对政府失灵的克服主要通过规制政府经济干预权来实现。然而,仅仅对政府经济干预权进行界定、配置并规范其行使是不够的。除此之外,还必须让政府承担违法行使政府经济干预权的法律责任。唯有如此,才能真正使政府树立起责任意识,减少甚至避免干预的随意性,防止政府权力无限扩大和对经济生活进行过度管制,从而影响市场在资源配置中的决定性作用的发挥。就我国而言,目前政府万能的观念还在一定程度上存在,政府责任意识需要进一步加强,政府责任制度尚不完善,政府容易形成政府权力的膨胀。为此,经济法要走向实践,不能只让政府干预的受体即市场主体来承担法律责任,还要让作为干预主体的政府来承担违法干预的法律责任。

三、政府责任的体系构建

(一)根据政府经济干预权确定政府责任

政府经济干预权的范围大致包括市场主体规制权、市场秩序规制权、宏观经济调控权和经济监管权。与之相对应,政府责任的类型也可划分为行使市场主体规制权违法的法律责任、行使市场秩序规制权违法的法律责任、行使宏观经济调控权违法的法律责任以及行使经济监管权违法的法律责任。就我国的目前的情况而言,最需要重视的是行使宏观经济调控权违法的

---

[20] 肖金明:《论服务政府与责任政府——兼论行政许可法制的意义》,载《中国行政管理》2005年第8期。

法律责任。这是因为:一方面,宏观经济调控涉及的是对重大经济关系的调节和控制,宏观经济调控方面的违法或者失职、失误、失效,将严重影响国民经济的持续、健康和快速发展;另一方面,我国至今未有一部规范宏观经济调控的基本法,宏观经济调控法律制度不完善,有关宏观经济调控法律责任的规定有所欠缺,易于造成在宏观经济调控中的违法或者失职、失误、失效无人负责的现象。

为了有效规范宏观经济调控,强化宏观经济调控主体的责任意识,提高宏观经济调控的效率,很有必要强化宏观经济调控的法律责任。当然,这并不意味着其他几个方面的法律责任制度不需要完善,只是与建立健全行使宏观经济调控权违法的法律责任制度相比,显得更为迫切而已。值得注意的是,"十四五"时期,我国数字经济转向深化应用、规范发展、普惠共享的新阶段。为应对新形势新挑战,把握数字化发展新机遇,需要加强对数字经济的监管。同时,要加快健全市场准入制度、公平竞争审查机制,完善数字经济公平竞争监管制度。

(二)根据行使政府经济干预权违法的行为的表现形式确定政府责任

行使政府经济干预权违法的行为的表现形式大致有这样几种:(1)怠于行使,即应该行使政府经济干预权,但没有正当理由而不行使政府经济干预权。(2)不适当行使,即政府经济干预权的行使违反实体法或程序法的规定,或者滥用政府经济干预权。(3)越权行使,即政府经济干预权的行使超越法律的授权而缺乏法律依据。

与此相对应,政府责任的类型也大致分为如下情形:怠于行使政府经济干预权的法律责任、不适当行使政府经济干预权的法律责任和越权行使政府经济干预权的法律责任。就我国目前的情况而言,基础性和前提性的工作应该是对具体领域内政府是否享有政府经济干预权作出规定,否则很难判定政府经济干预行为是否违法,从而也就很难认定政府的法律责任。

(三)根据法律责任的类型确定政府责任

传统意义上的法律责任包括民事责任、行政责任和刑事责任。针对政府组织及其工作人员在行使政府干预经济权的过程中存在的违法行为,除应确立这些传统法律责任作为防范和否定性评价外,还可适用一些特殊的法律责任,如国家赔偿责任。

在规范政府经济干预行为的过程中,法律责任还应当与道义责任、政治责任等非法律意义上的责任相配合。尤其是政治责任的确立,对于实现政府经济干预的规范化和合理化具有重要意义。所谓政治责任,是指政府官员制定符合民意的公共政策并推动其实施的职责,以及未履行好该职责时应承担的政治上的谴责和制裁。前者为积极意义上的政治责任,后者为消极意义上的政治责任。消极意义上的政治责任表现为政治上受信任的程度降低,具体方式随失去信任的程度的不同而不同,最严厉的是通过弹劾、引咎辞职、问责制等方式剥夺政府官员行使政治权力的资格。

政治责任与法律责任不同,法律责任必须有法律的明文规定,政治责任则不可能完全精确地由法律明文规定。一种政治行为,如制定一项不合时宜的政策,可能并不违法,甚至从形式上来看是合法的,但政治行为主体可能承担相应的政治责任。在经济法领域,政治责任这一不同于法律责任的责任形式具有重大的现实意义:由于政治责任不仅是对政治责任主体的政治行为是否符合法律程序(形式正义)的评价,更是对其政治性决策及其后果是否合理、正当(实质正义)的考察,因此,确立政治责任可以防止以符合法律程序为借口推卸责任的现象发生。[21]

———— 思考题 ————

1. 如何理解经济法中的政府角色?
2. 经济法中的政府应该是什么样的政府?
3. 如何认识政府经济干预权?
4. 政府经济干预权的配置和行使应当注意哪些问题?
5. 如何认识经济法中的政府责任?

---

[21] 张贤明:《政治责任与法律责任的比较分析》,载《政治学研究》2000年第1期。

第九章 经济法中的行业协会

| 内容提要 |

行业协会是经济法中的一类重要的主体。作为社会中间层主体,行业协会在国家(政府)主体与企业主体之间发挥着重要的沟通和协调功能。因此,有必要在经济法的语境下对行业协会进行深入的认识。本章介绍了行业协会的定义、法律特征以及行业协会的分类,分析了行业协会经济自治的正当性,指明了行业协会经济自治权的主要表现方面,阐述了国家对行业协会经济自治的监管。

| 学习重点 |

行业协会的定义及法律特征　　行业协会经济自治的正当性分析
行业协会的经济自治权　　　　国家对行业协会经济自治的监管

第一节　行业协会概述

一、行业协会的定义及法律特征

关于行业协会的定义,国外学者有较多表述,[1]但就其实质而言并无二致。一般认为,行业协会是由单一行业的竞争者所构成的非营利性组织,其目的在于促进该行业中的产品销售和为雇佣方面提供多边性援助服务。[2] 从上述行业协会的定义中,我们不难发现行业协会具有如下法律特征:

(一)非营利性

非营利性是指行业协会不以追求利润最大化为目的,其成立和运作的目的在于为其成员

---

[1] 例如,有学者认为,行业协会是由参加相同或类似经济活动的公司所构成的旨在解决其共同或普遍性问题的组织。See Joseph, Bradley, *The Role of Trade Association and Professional Business Society in America*, University Pork Pennsy Bvania, 1965, p.4. 又如,《行业协会法与实践》中采用以下定义:行业协会是由竞争者组成的,在一个广泛而急速扩张的领域通过利益所构成的一个合作性组织;行业协会是一种非盈利性组织,它由商业中的竞争者所构成,其目的在于促进和提高该行业中的一项或多项经济利益,或者是该领域所覆盖成员的经济利益。See George P. Lamb, Sumnters Kittelle, *Trade Association Law and Practice*, Little Brown and Company, 1956, p.3.

[2] Joseph F. Bradley, *The Role of Trade Association and Professional Business Society in America*, 1965, p.4.

提供一些公共性服务。值得指出的是,行业协会的非营利性并不意味着行业协会所组织和开展的活动不产生收入和盈利。法律上非营利性的规定要求的是行业协会不得将其利润进行分配,即所谓的分配限制条款(the Articles of Distributional Constraints)。《社会团体登记管理条例》第 26 条第 2 款规定:"社会团体的经费,以及开展章程规定的活动按照国家有关规定所取得的合法收入,必须用于章程规定的业务活动,不得在会员中分配。"

(二)中介性

在哲学上,中介是表示不同事物的间接联系或联系事物的间接性的概念。行业协会的中介性是指行业协会作为国家与企业之间的联结,既可以协助国家完成对社会经济的干预,贯彻国家经济政策,劝说协会成员自愿地服从和遵守国家的经济干预和管制,也可以帮助成员向国家反映成员的需求,及时向国家提供第一线的信息。所以我们认为行业协会担负着促进和保障国家与企业、市场相互沟通的功能,"协会的基本角色便是在私部门(协会与公司)与公部门(政府机构)之间达成有效联系"[3]。正是因为行业协会之中介性,行业协会从本质上来说应属非政府组织。

(三)社会团体性

行业协会是由协会成员所组成的、具有一定机构、能够以自己名义开展活动的组织体。按照我国社会生活中的习惯用语,除国家机关、企业、事业单位以外的社会组织,均称为社会团体。因此,行业协会在我国是社会团体。

行业协会的社会团体性主要体现在以下几个方面:(1)行业协会是民间组织,在一般情况下,协会成员不属于国家公务员序列,其经费虽然有来自国家的支持,但是主要来自于成员会费的缴纳。(2)行业协会实行自我运作、自我规范和自主管理,其不隶属于任何国家机关,也不是任何国家机关的附属分支,自治性应当是行业协会发展的主要定位和特征。2015 年中共中央办公厅、国务院办公厅发布的《行业协会商会与行政机关脱钩总体方案》明确规定,"取消行政机关(包括下属单位)与行业协会商会的主办、主管、联系和挂靠关系。行业协会商会依法直接登记和独立运行。行政机关依据职能对行业协会商会提供服务并依法监管"。(3)行业协会具有自己的决策机关和执行机关,能够以自己名义开展活动并独立承担责任,具有组织体的一般特征。(4)行业协会一般实行会员制,其成员主要是与本行业有关的企业。

值得指出的是,行业协会具有社会团体性,并不意味着其一定是法人,有的国家为了保障行业协会的结社自由,允许行业协会自主选择是否成为法人。但在我国,为了便于管理,根据《社会团体登记管理条例》第 3 条第 2 款的规定,社会团体应当具备法人条件。因此,在我国,行业协会属于非营利法人中的社会团体。

(四)目的是对一种特殊普遍利益进行保护

与政府的目的是促进公共利益以及企业的目的是促进个体利益不同,行业协会的宗旨主要在于促进本行业的集体性利益或共通性利益。黑格尔对行业协会的特征进行揭示时早就明确地指出:"同业公会的普遍目的是完全具体的,其所具有的范围不超过产业和它独特的业务和利益所含有的目的。"[4]在实践中,绝大多数行业协会都在其章程中明确宣示其宗旨在于促

---

[3] Andrew A. Procassini, *Competitors in Alliance*, Quorum Books, 1995, p. 297.
[4] [德]黑格尔:《法哲学原理》,范扬、张企泰译,商务印书馆 1961 年版,第 248 页。

进本行业协会成员的共同利益,如 1876 年成立的美国银行家协会声称其组织目的在于促进银行业和银行机构的普遍福利。[5] 值得指出的是,一方面,行业协会对本团体特殊利益的追求与保护,使行业协会所追求的利益及由此产生的效益都具有一定的社会公共性,在一定程度上具有"准公共物品"的特征;另一方面,由于行业协会仅仅代表本团体的利益,所以其在追求和保护利益的过程中,又容易因狭隘的团体利益而侵损社会公共利益。

二、行业协会的分类

(一)水平式行业协会和垂直式行业协会

根据行业协会成员之间是否具有竞争关系作出下列划分。水平式行业协会(horizonal association),指成员来自同一产品的同一阶段;垂直式行业协会(vertical association),指成员虽来自同一行业,但处于生产和流通的不同阶段。然而无论是何种形式的行业协会,其成员都与某种产品相关,而且彼此之间具有程度不一的竞争关系。水平式行业协会与垂直式行业协会分类的意义在于,由于水平式行业协会成员之间有竞争关系,为了避免两败俱伤,它们相互之间容易通过行业协会的集体运作而实施价格同盟等限制竞争的行为,而垂直式行业协会实施限制竞争行为的可能性就要少些。

(二)全国性行业协会与地方性行业协会

根据行业协会所处的地域不同作出下列划分。全国性行业协会是指成员构成、活动地域以及决策效力等都具有全国性的行业协会;而地方性行业协会主要是指成员构成、活动地域以及决策效力都限于一定行政区域范围之内的行业协会。全国性行业协会与地方性行业协会分类的意义在于:(1)登记机关不同。《社会团体登记管理条例》第 7 条规定:全国性的社会团体,由国务院的登记管理机关负责登记管理;地方性的社会团体,由所在地人民政府的登记管理机关负责登记管理;跨行政区域的社会团体,由所跨行政区域的共同上一级人民政府的登记管理机关负责登记管理。(2)名称限制不同。全国性行业协会的名称要冠以"中国""中华"等字样的,应当按照国家有关规定,由有关部门批准,而地方性行业协会名称不得冠以"中国""中华"等字样。(3)能力不同。全国性行业协会在一些对外活动中具有更强的行为能力,譬如在反倾销中,全国性行业协会的作用就要明显高于地方性行业协会。

值得指出的是,一般而言,同一行业的全国性行业协会与地方性行业协会之间并没有上下级关系,它们都是按照各自的章程独立成立并自主运作的。如果它们彼此之间要建立一种更紧密的联盟甚至是上下级关系,则由它们自主决定,这应当是它们自治范围内的事情。

第二节 行业协会经济自治的正当性

一、国家不当干预或管制下企业的自我防御与保护

19 世纪末,当自由竞争的市场经济发展到一定阶段以后,人们逐渐发现,市场并非万能,

---

[5] Joseph F. Bradley, *The Role of Trade Association and Professional Business Society in America*, p. 21 – 22.

"无形的手"仍有其自身难以克服的缺陷——市场失灵,即存在许多阻碍着市场按照理想化方式运行的因素,如不完全竞争、经济活动的外部效应、公共产品、自然垄断、信息不对称、次优问题等。[6] 为了解决市场失灵等问题,人们便求诸于"有形之手"即国家的干预与调控,由此国家权力便在国家干预的政策主张下深入经济系统的各个层面。虽然国家干预在一定程度上有助于市场失灵的矫正,但对企业而言,国家干预也有可能引发企业自主权的丧失和自由权的限制等一系列影响和妨碍市场机制充分发挥作用的情形。

为了回应和解决这些问题,行业协会治理作为一种政策进路便应运而生并逐渐受到人们的重视。这是因为:(1)行业协会将分散的企业按功能分化的原则组织起来,形成了一种强大的组织力量,改变了单个企业与政府谈判的弱小地位,并且这种集团化的作业还可以节约和分摊单个企业与政府交涉时不得不付出的巨大的交易成本。正如有学者对美国行业协会进行研究后所指出的那样,行业协会成立的最初目的之一便是抵御政府的干预。[7] (2)由于行业协会集众企业之力而形成了强大的力量,政府必须重视这些企业,倾听它们的声音,所以在政策制定过程中,政府会吸纳行业协会代表参加政策的制定和讨论。对企业而言,其可以通过行业协会的渠道及时了解和知晓政府政策的变化情况及趋势,从而为其建立良好的理性预期奠定必要的基础和条件。

二、市场失灵与政府失灵下的第三条道路

如前所述,政府干预是对市场失灵的回应,但以布坎南为代表的公共选择理论认为,政府干预仍然有可能达不到其目的,即发生所谓的政府失灵问题。这主要是指政府在制定公共决策或向社会提供公共服务时,存在自身无法克服或基本难以克服的缺陷,进而造成其制定的公共决策和提供的公共服务难以达到理论上的应然状态的情形。由于政府失灵的存在,所以理论界逐渐开始倡导一种以行业协会为主体的第三条道路的理论,在这种理论看来,相较于市场失灵与政府失灵,行业协会经济自治在有效配置市场资源方面具有以下几个方面的优势:

(一)行业协会有助于减少由信息不对称引发的政府失灵

在行业协会的运作中,由于其政策的制定者与参与者都是该行业的企业,他们对本行业的发展状况、成本收益水平都了如指掌,所以在对协会政策的讨论和制定的过程中,就不会出现一方为了自身利益而隐瞒有关数据,进而导致协会政策的偏差和资源浪费的情形。同时由于行业协会的存在,信息不对称现象也将大为减少,这至少可产生两方面的绩效:一是政策的主要取向和架构相当贴近产业发展现状,因而更具针对性;二是政策制定的时机更为灵活,能更迅捷地回应经济发展的挑战,因而更具时效性。

(二)行业协会有助于精简机构

如前所述,政府失灵的一个重要表象便在于政府机关抑制不住权力扩张的冲动,总希望扩大机构规模,但结果却是浪费了社会资源,而行业协会的建立可以对此予以有效的阻却。这是因为,国家管理机关除了比行业协会更具有强制性和公共性,在行业内部管理方面与行业协会实质上并无二致,而且,行业协会在管理人员的专业化以及信息的收集及运用方面更具优势地

---

[6] 胡代光、周安军编著:《当代国外学者论市场经济》,商务印书馆1996年版,第22页。
[7] Andrew A. Procassini, *Competitors in Alliance*, Quorum Books 1995, p.51.

位,可以在行业管理方面担任国家经济管理机关的分权者甚或替代者的角色。基于此,国家下放或者让渡部分行政权力给行业协会便成为现实可行的一种方案,这无疑对政府精简机构、减少人员与开支极有助益。我国政府 1998 年精简机构方案将多个部委转型为行业协会。此外,原国家经贸委于 2001 年又将其下属 9 个国家局撤销,改为行业协会。2015 年中共中央办公厅、国务院办公厅发布的《行业协会商会与行政机关脱钩总体方案》更加明确地规定行业协会要与行政机关脱钩,实现自主办会、自主运行。

(三)行业协会有助于政策的实施和减少法律的运行成本

传统行业政策的制定,一般是基于行政主管当局单向度的运作,没有经过充分的酝酿、讨论,也缺少有关信息的传送与反馈。如此制定的政策在决策环节中存在实施对象的缺位,难免造成制定的政策与实施主体意愿的冲撞甚至激烈对抗。如此一来,行政当局为了强制推行其政策,实现其政策制定的初衷与目的,难免要加大执法力度,扭转实施主体不配合的状况。这样引发的后果便是增加了政策的执行成本。但是,如果行业协会能如前面所述的那样,成为行业政策的重要制定者和管理者,那么,由于其是一个自愿的、民主的组织,且对自己制定的政策已进行了充分的动员,其成员在政策参与的频度与深度方面也得到了极大的提升,其所制定的政策必将在实施过程中减少执行成本,进而实现政策的实际效果与应然效果的高度契合。

(四)"公""私"混合的行业协会是解决市场失灵与政府失灵的有效武器

埃莉诺·奥斯特罗姆认为,利维坦或者私有化均不是唯一有效的解决方案,从实证的角度看,运用非国家(集权)和非市场(私有化)的解决方案解决公共事务是具有可行性的。埃莉诺·奥斯特罗姆认为,人类社会中大量的公共池塘资源(the Common Pool Resources)问题在事实上并不依赖国家也不是通过市场来解决的,人类社会中的自我组织和自治,实际上是更为有效的管理公共事务的制度安排。[8]

通过上述分析,我们的结论有两点:(1)行业协会在行业管理方面的确具备一些独特的优势,可以在很大程度上弥补国家干预的缺陷。因此,当市场失灵时,我们首先想到的不应当是政府能做什么,而是行业协会可以做什么,我们矫正市场失灵的思路不应当是"市场失灵—政府干预"两步走的思路,而应当是"市场失灵—协会自治—政府干预"的三部曲。(2)行业协会在社会系统的架构中,不应当仅仅被认定为自律性组织,在更大程度或更深意义上,其应当是政府行政权力的分权者或替代者。因此,我们认为:当自治的行业协会发展到较为成熟时,国家应当将部分经济干预权让渡(更准确的用语应当是"还复")给行业协会。

三、特殊市场需求的供给者

政府的首要功能是对功能秩序的维护,这要求政府在市场资源配置方面应当是中立的,至少应当是大体公允的。因此,政府对个别行业、个别企业的特殊市场需求是难以完全满足的。而且,这种需求难以产生高额利润,甚至没有利润,仅吁求单个企业满足这种要求,又缺乏足够的市场激励。而行业协会作为由多个企业构成的集体性组织,其费用源于各个企业间分摊,因而,其可以为所属行业的企业提供一些国家基于政府中立性和法律普适性的要求而无法提供、单个企业出于成本收益之计算,以及防范"搭便车"的考量而不愿运作的特殊公共产品。在一

---

[8] 毛寿龙、李梅:《有限政府的经济分析》,上海三联书店 2000 年版,第 171 页。

定意义上,行业协会就是这些特殊市场需求的供给者。从对不同行业协会的设立宗旨及运作实际的考察来看,我们发现行业协会大体可以满足如下特殊市场需求。

(一)信息平台的建构

信息经济学告诉我们,信息是最重要的市场资源。信息的获取与交换是要花费成本的,而单个企业在进行运营时,又必须搜寻信息以作出最佳决策,这样便会产生一定的成本支出。就同一行业的所属企业而言,其所搜寻的信息大多一致,如果相互之间没有合作与协议,那么极易发生所有企业都为搜寻同一信息而各自付出费用的情形。从社会资源的总体考量,这难免造成资源浪费,而就单个企业衡量,这也极不划算;因而行业协会可为各个企业建立一个共享的信息平台,其费用在各个成员之间分摊,这样便可使单个企业以最低的成本获得最大的效益。欧洲粉末冶金协会在其章程中便明确指出,收集与提供粉末冶金信息是其基本宗旨。

(二)一致行动的组织

通常情况下,有一些共同的威胁需要整个行业一起应对,也有一些一致的利益需要动员全行业的力量来争取。如果不通过行业协会这种中介性集体组织,那么至少可能会产生三方面的问题:首先,单个企业力量薄弱,难以应对挑战;其次,仅凭单个企业的力量来应对威胁或争取利益,成本支出过大,无法承受;最后,即使单个企业独力支持行动,如果其利益又由整个行业分享,将极易产生"搭便车"行为,长此以往,集体性一致行动将不复存在。因而,整个行业相互联合,以整体一致的形象示于公众,则极可能成功开展有关的集体行动,获取相应的集体收益,如集体游说政策的偏向,抵制不正当竞争以及成本、价格的协调,联合诉讼,技术的集体研究开发和升级换代等。

(三)特殊服务的提供

虽然国家在行业协会的发展和服务方面需要履行一定的职责,但前述理由,即国家统一性和中立性的立场,阻却了国家向行业协会提供更多差异化的服务,如成员企业员工的教育培训、展览会的举办、国际市场的开拓等。而这些特殊服务的提供客观上又是行业发展所必需的,行业协会因之责无旁贷。[9]

(四)自律规则的制定与实施

在现代社会中,虽然法律是至上的,但其仍是有限的。基于对法律成本的考量、对法律稳定性的推崇、对理性演进主义的思考,法律不可能对一个社会中的任何事务都作出相应的制度建构。因此,对于一个行业内部涉及的诸多问题或冲突的解决,我们不可能完全仰赖于法律的制定与实施,在更大程度上应依赖自律规则的制定与实施。行业协会制定相应的自律规则,并通过其内部组织机构的运行来规范协会成员行为,有利于解决协会成员的冲突,实现协会内部的协调有序,进而实现自律规则与制定法之间的协调。例如,德国《工商会所法》第1条对工商会所赋予的任务中,便有一项是要求工商会所同时维护诚实商人的规矩和习惯。[10]

四、经济民主的回应

法律将民主作为自身的价值目标可以追溯至古希腊时期,但传统民主理论对民主的探讨

---

[9] 国家经贸委产业政策司编:《国外行业协会资料选》(第1辑),中国商业出版社1999年版,第34~35页。
[10] 陈清泰主编:《商会发展与制度规范》,中国经济出版社1995年版,第180页。

却主要限于政治民主,对经济民主鲜有涉及,致使"民主失去了一半"。[11] 但是,自20世纪以来,随着国家对市场干预的日渐强化、市场经济力量愈趋集中以及资本所有原则的彰显,经济民主问题日渐为人们所关注。正如1944年德国工会联合的基本纲领所指出的那样:"要实现一个真正的民主的社会秩序,形式上的政治民主是不够的,因此,政治生活的民主化必须由经济民主来补充。"[12] 学者们虽然对经济民主的研究已有一段时间,但对经济民主的确切内涵仍有不同见解,以致经济民主成为一个"无以捉摸的概念"。[13] 我们认为,经济民主是作为经济专制的对立物而存在的,其基本含义是指在充分尊重经济自由的基础上进行民主决策,强调经济决策的公众参与与权力分立。当前,对行业协会在市场经济中地位和功能的重新审思应当是倡导经济民主的逻辑要求。这主要体现在以下三个方面:

(一)行业协会可以实现对国家经济决策权的分权

传统上,经济决策权由国家统一行使,但行业协会的建构与发展,客观上要求国家必须将其一部分经济决策权让渡给行业协会,并且国家在行使经济决策权时,在绝大多数情况下都会受到行业协会一定程度上的制约,由此便改变了国家权力在经济决策方面的独断专行,在一定程度上实现了民主对权力专制的反对。通过对日本行业协会的研究,我们便可以发现经济决策权分立的趋向。在20世纪80年代至90年代,受经济衰退和放松管制等因素的影响,日本逐渐走向以行业自治为中心的合作资本主义,由此带来的一个重大变化便是"重构面向行业的结构,由于政府从规则的制定者转向负责的建议者,那么行业协会在型构规则等体系中的角色将是决定性的,越来越多的商业决定将是在没有政府领导、支持和审视下做出的"。[14]

(二)行业协会可以实现经济决策的大众参与

如前所述,传统经济决策是国家自上而下单向度的运作,但在行业协会成为一个值得重视的中介组织以后,国家不得不借助行业协会倾听企业的声音,由此在一定程度上实现了企业对经济决策的主动性参与,也体现了民主的本源性要求。在澳大利亚,联邦的许多法律、法规在形成以前,即正式提交政府或议会审议以前,都必须征求行业协会、综合性商会的意见,行业协会和商会可以提出修改意见,也可以重新提出自己的法律草案。[15]

(三)行业协会的内部运作方式体现对经济民主的追求

与中世纪封闭、专制和保守的行会不同,现代行业协会是民主、开放和积极进取的组织,行业协会在进入和退出的自由、表决的民主性等方面体现了行业协会的内部运作方式对民主的支持。

---

[11] [美]路易斯·O.凯尔萨、帕特里西亚·H.凯尔萨:《民主与经济力量——通过双因素经济开展雇员持股计划革命》,赵曙明译,南京大学出版社1996年版,第11页。
[12] 刘俊海:《公司的社会责任》,法律出版社1999年版,第10页。
[13] [美]乔·萨托利:《民主新论》,冯克利、阎克文译,东方出版社1993年版,第11页。
[14] Ulrike Schaede, *Cooperative Capitalism*, Oxford University Press, p. 5.
[15] 国家经贸委产业政策司编:《国外行业协会资料选》(第1辑),中国商业出版社1999年版,第23页。

第三节 行业协会的经济自治权

由于行业协会对市场经济的干预具有正当性,而行业协会本身是自治的社会团体,因此各国行业协会都有经济自治的权力,这主要体现在以下五个方面:

一、规章制定权

行业协会为了进行正常的活动以实现其设立宗旨,必须制定一定的规章制度,保证行业协会的运作的规范化和有序化,并对成员的行为产生约束力。规章制定权是行业协会最基本的经济自治权,正是因为可以行使规章制定权,行业协会才可能将成员团结为一个有机的组织体,成员才可能根据制定的规章形成有效的集体行动。可以认为,如果没有规章制定权,行业协会就只是一盘散沙而已。因此我们认为,规章制定权是保障行业协会成功运作的关键要素。行业协会制定的规章从其内容来看,大体可以分为四类:

一是基本性规范,即协会章程,它是关于协会组织及运行的规范。章程一般包括以下内容:协会目的、成员资格、入会手续以及退会程序、权利以及任期、协会董事的地位、选举权、通知以及议事日程的决定、财产的转移和维持、代表委员的数量及使用、与其他协会的关系、银行账户、财政年度、账簿以及财务报告、文件存档修改程序、争端解决程序等。[16]

二是行为规范。这既包括职业道德规范,又包括行业准则。前者主要是指行业的伦理行为准则,而后者主要是指该行业的技术标准和工艺要求。

三是惩罚规则。这主要是指协会对违反章程或行为规范的个体是否应当作出惩罚以及如何作出惩罚的规定。

四是争端解决规则。这部分内容有时散见于章程以及其他文件当中,有时由行业协会单独制定,主要规定协会成员之间或成员与协会之间发生争议时如何适用程序解决的问题。

二、监管权

行业协会的监管权主要是指其监督和管理成员企业的权力。行业协会是由成员企业自发组建的,其目的在于团结集体力量来争取共同利益和应对共同风险。这就要求行业协会必须具备一定的权力来规制和约束成员企业,这种权力在我们看来就是一种监管权。从广义来看,监管权涵摄范围极广,几乎与经济自治权同义,前面所讲的规章制定权以及后续的非法律惩罚权、争端解决权都属此类,但是,我们在此讨论的是狭义的监管权。具体而言,行业协会的狭义的监管权主要包括以下几种权力:

(一)许可批准权

这是指行业协会允许企业享有在某行业或某产品上从事某项活动之资格的权力。在职业

---

[16] Jeraald A. Jacobs, *Association Law Handbook*, p.30.

性协会(如律师协会、会计师协会等)中,许可权是一项非常重要的权力,而且其往往是通过法律、法规直接赋予的。但是在行业协会的运作过程中,许可权却由政府和行业协会掌握,当前各国的发展趋势是将大量的行政许可审批项目的许可权逐步下放给行业协会来行使。如在日本,彩电业、冰箱业等行业的项目审批权都是由行业协会来行使。然而,在我国,许可权主要掌握在政府手中,如金融企业(银行、证券、保险)的许可证发放便是由相应的监管机构来决定的,但在一些地区和行业中,已出现由行业协会来承担或协助许可证的发放工作的情况。

行业协会(包括职业协会)享有许可证发放权的理论基础有二:(1)消费者与职业者之间的信息与技能的不对称。消费者高度依赖职业者,导致消费者与职业者之间形成了代理关系。顾客必须相信职业者,双方之间应是一种高度信任的依赖关系,为实现这个目的,由行业协会实行一定的许可证制度便是自然的要求。(2)对第三人的保护或外部性的限制。如果没有特别的保护,那么公共利益是很难令人满意的,因此必须通过许可证来保障产品和服务的最低要求和基本水准。[17]

(二)认证权

认证权是指行业协会对本行业产品的质量规格、产地等方面进行认定和鉴别的权力。由于行业协会最了解本行业产品的各种信息,故而大多数国家都规定了行业协会的认证权。例如,德国《工商会所法》第3条规定,德国工商会负责出具产地证书以及其他有关经济往来的证明。而日本《商工会所法》第9条也有关于日本商工会所负责出口产品原产地证明的工作的规定。[18] 在我国,虽然法律并未明确赋予行业协会认证权,但规定行业协会具有参加产品认证的权力,如原国家轻工业局2000年发布的《关于行业协会管理的暂行办法》第7条规定,行业协会应配合有关部门对本行业的产品质量开展行检、行评和产品认证以及质量管理、监督工作,发布行业产品质量信息,扩大优质名牌产品的宣传,向国内外用户推荐优质产品和新产品。

(三)日常管理权

行业协会对协会成员具有日常的经营管理权能。韩国《商工会议所法》第5条对韩国商工会所规定了如下的日常管理权职能:进行有关工商业的统计调查和研究工作;进行有关工商业的计划、调节和奖励工作;进行有关工商业的指导、宣传和斡旋工作;进行有关工商业的技术、技能的普及和鉴定工作;协调和调整大中小型企业之间的关系;确定经济逻辑和提高商业道德;举办旨在振兴工商业的博览会、展览会和展示会等。在我国,政府非常强调行业协会的日常管理权,如原上海市物价局于1998年发布的《关于制止低价倾销行为的试行规定》,就赋予了行业协会"加强对经营者成本核算的指导""规范经营者定价行为"等职能。[19]

(四)标准的制定和实施权

有学者认为,从社会的角度观察,行业协会的一个基本职能便是制定标准。[20] 在美国,标准主要由私人性质的行业团体制定。[21] 行业协会之所以享有标准的制定和实施权,主要是因为行业协会所具有的专业化背景和信息优势。由行业协会确立标准,有助于保障产品质量,为消费

---

[17] Margot Priest, *The Privatization of Regulation – Five Models of Self – Regulation*, 29 ottwaa L. Rev. 233(Ⅱ).
[18] 陈清泰主编:《商会发展与制度规范》,中国经济出版社1995年版,第180、190页。
[19] 国家经贸委产业政策司编:《中国行业协会改革与探索》,中国商业出版社1999年版,第113页。
[20] Joseph F. Bradley, *The Role of Trade Association and Professional Business Societies in America*, p.90.
[21] 朱景文:《比较法社会学的框架和方法——法制化、本土化和全球化》,中国人民大学出版社2001年版,第340页。

者客观评判产品和服务性能建立客观依据。应当认为,行业协会的标准的制定和实施权有助于增进社会福利。

但是在实践中,行业协会的标准又具有市场壁垒的功能,而且其越来越成为行业协会限制竞争的重要手段和方法,所以对行业协会的标准的制定和实施权的行使还必须给予必要的限制,并进行反垄断审查。

三、非法律惩罚权

(一)非法律惩罚权的必要性和性质

行业协会欲制定相应的规章来指导协会成员的集体行动,则必须建构相应的惩罚机制作支持。科尔曼指出:"如果任何行动者不服从规范,必须对其施行惩罚,只有这样,规范方能行之有效。"[22]有学者在对若干以共同利益为基础的集团形成有效集体行动的原因进行剖析时指出,在拥有潜在共同利益的人们之间,逐步形成一套行之有效的赏罚规则,可以对合作者论功行赏,同时惩罚合作的破坏者,有助于克服集体行动障碍,形成有效的集体行动。[23] 从上述见地中,不难看出,非法律惩罚权对行业协会的有效运作实属必要。

有关行业协会的非法律惩罚(社团罚)的性质,国内学者极少给予有力的关注,在此我们介绍德国学者迪特尔·梅迪库斯对此作出的阐述。在德国,关于社团罚的性质主要有两种观点。[24]第一,以弗卢梅为代表的学者认为,单独的社团处罚措施是不合法的。弗卢梅认为,将成员开除出社团,只能视作终止成员资格关系,罚款只能被视为违约金,而名誉处罚则完全是不合法的。社团为了维护其内部秩序,只能作无损成员名誉的罚款,而且这种罚款对该成员而言不得构成重大的财产损害。第二,另有观点认为社团处罚措施与违约金不是一回事,应当予以分别对待。该观点基于习惯法上的承认以及实体上的必要性,指出社团作为一个社会群体,必须有能力对成员之违反群体要求的行为作出反应。值得说明的是,按梅迪库斯之介绍,第二种观点应是当前德国之主流学说。

(二)行业协会非法律惩罚的种类和适用

1. 罚款。罚款是行业协会对违规成员进行的金钱处罚,它是最常用的非法律处罚手段。我们认为,罚款在性质上应被看作因成员对章程的认同而通过权利的让渡赋予行业协会的一项处罚性权力。对于罚款的数额,我们认为,行业协会对违规成员的处罚数额应当有一定限制,不宜太高以致没收了违规成员的全部财产,剥夺了违规成员的基本财产权。因为在我们看来,财产权作为一项基本人权,是不应当全部让渡于社团的。

罚款可以适用于各个行业和绝大多数的违规行为,但就对违规行为的威慑力而言,其对中小企业尤为适用。因为适当的罚款对于资本并不雄厚的中小企业而言无疑是一项沉重的负担,所以有关罚款的规定可以对中小企业产生相当明显的威慑效应。但对于大型企业而言,由于罚款数额仅占其营业资本总数极其微小的份额,因而一般不具特别明显之效应。

2. 名誉惩罚。名誉惩罚是指行业协会对违规成员所采取的一种使违规成员在行业内部或社会公众面前的形象受到损害的处罚措施。德国学者弗卢梅认为,名誉处罚是不合法的,但在

---

[22] [美]詹姆斯·S.科尔曼:《社会理论的基础》,邓方译,社会科学文献出版社1999年版,第314页。
[23] 张宇燕:《利益集团与制度非中性》,载张曙光主编:《中国经济学——1994》,上海人民出版社1995年版,第190页。
[24] [德]迪特尔·梅迪库斯:《德国民法总论》,邵建东译,法律出版社2000年版,第838页。

实践中,这种处罚措施却大量存在,而且名誉处罚同样具有理论上的合理性。

(1)名誉惩罚对协会成员,特别是大型企业可以产生足够的威慑力,能有效弥补罚款之不足。如前所述,在行业协会的诸多非法律惩罚中,罚款往往针对中小企业更有效,其效果常常伴随成员规模的扩大而递减,对于大型企业甚至超大型的企业而言,罚款的效果是不明显的,对其行为的约束力也是有限的。一旦大型企业违规,那么行业协会就极难采取有效的惩罚措施来应对,因为罚款对违规大型企业而言微不足道,开除又过于严厉且往往非行业协会本身所愿,而采取名誉处罚则可能会对大型企业产生相应的威慑力。因为一般而言,大型企业比小企业更珍惜自身在行业及社会公众面前的形象和声誉。

(2)名誉惩罚虽然是非物质性惩罚,但在实施效果上却有可能比物质性惩罚更具杀伤力,如美国闹得沸沸扬扬的安然公司案,由于该公司在证券市场声誉丧失,最终不得不提出破产申请。即便从成本—收益分析看,名誉惩罚所造成的损失的巨大性以及不确定都将有效震慑潜在的违规成员,使它们在筹划违规行为时踌躇不前。

(3)行业协会能够形成一种关系网络,由于协会成员的行为选择倾向于合作而非背叛,因而一旦对违规成员视违规情节的轻重而采用名誉处罚,那么从总体上有助于行业协会关系网络的建立。一方面,名誉惩罚对违规成员不良声誉的传播,能够使其他成员在与违规成员交易时更小心谨慎,从而减少违规成员进一步违规的可能性;另一方面,名誉惩罚能够导致违规成员在关系网络运作中的话语权减少,由此产生的严重后果也将使违规成员主动性地克服违规性意愿,进而增加行业协会的团结性。

(4)反对社团进行名誉惩罚的理由是基于对私人团体名誉惩罚公正性的怀疑。如果不怀疑罚款、开除等惩罚的必要性和公正性,那么也没有特别的理由来质疑名誉惩罚的公正性。而且相较于公共机关对违规者名誉惩罚的一步到位、立即公之于众的惩罚力度,行业协会的名誉惩罚会根据违规情节之轻重而具体适用董事会决议、协会决议、行业通报和社会曝光等几种形式,多样化的处罚形式更体现和昭示了行业协会名誉惩罚的灵活性。为了让名誉惩罚产生立竿见影的效果,其适用范围应当是那种信息传播较快、消费者对信息反应非常敏锐和及时的领域,这样才能对所处罚的企业具有足够的威慑力。

3.集体抵制。集体抵制是行业协会常用的一种制裁措施。按《布莱克法律大词典》的解释,集体抵制包括两种类型:第一种是集中性的拒绝交易,即两个或两个以上的交易者拒绝与第三方进行交易;第二种是两个或两个以上的竞争者拒绝与某交易者进行交易,除非该交易者限制它本身与抵制者的竞争者进行的交易。

集体抵制在美国早期的垄断法中适用本身违法原则,即一经认定为集体抵制即可宣告该行为违法(《谢尔曼法》第1条规定)。但后来特别是20世纪80年代以后,人们逐渐发现集体抵制有时是基于效率原因或自治之需要而产生的,在一定程度上具有经济上的合理性和现实之必要,并且不会对竞争产生极大危害,故美国高等法院主张应当用合理原则来具体判定集体抵制之合法性。[25] 自此以后,集体抵制便成为行业协会可以合法地根据具体情况而适用的一项非法律惩罚措施。

由于集体抵制会对被抵制者的生产经营自由造成严重的限制,故其适用范围极其有限。

---

[25] David E. Ledman, *Case Comment: Northwest Wholesale Group Boycotts Analysis and a Role of for Procedural Safeguards in Industrial Self-regulation*, 47 Ohiost. L. J. 729(1986).

在我们看来,集体抵制必须针对严重违规成员,而且其适用目的和结果均不得对自由竞争产生严重限制和损害。

4.开除。开除是指行业协会单方面剥夺成员企业资格的处罚。由于开除事关重大,客观上损害了违规成员的结社权,因而行业协会得有相当合理之理由才可行使开除权。例如,梅迪库斯指出,歌咏俱乐部必须有可能将五音不全、扫大家歌兴的成员开除出去,政党必须有可能将公开支持另一个政党的党员开除出去等。[26] 在行业协会中,开除之处罚应当限于对行业协会之有效运作或声誉以及市场有严重损害之事由,而且这些事由一般都应当在章程中明确规定。

5.市场禁入。市场禁入是指行业协会对违规成员宣告其不得在该行业从事执业的处罚。市场禁入是一种比开除更为严厉的处罚(垄断性行业协会的开除在效果上类似或接近市场禁入),故而各国对市场禁入往往有严格规定,而且大多是由政府公共机构来行使市场禁入的处罚权。但是,当前在一些国家,职业性协会或行业协会也开始拥有市场禁入处罚权,一个典型的例证便是体育性行业协会对运动员终身禁赛之决定。

由于市场禁入直接限制了违规者的生活自由和工作自由,因而市场禁入的处罚权能否由行业协会行使的争论很大。在自由主义者看来,市场禁入严重限制了违规者的自由,因而其处罚权主要应当由公共机构行使。如果由行业协会行使市场禁入的处罚权,就应当进行更大程度的监管,并且当发现(市场禁入的决定)的武断和不合理时,应反对这种行业自治和市场禁入的决定,因为从根本上,私权利不应妨碍一个人从事职业工作的权利。[27] 但是,相反的观点则认为行业协会是自治的,它的市场禁入的处罚权是因自治而产生的,其应当享有决定市场禁入的权力,并且这种权力不应该面临司法审查。一个典型的例证便是当前各体育协会对法院介入它们作出的市场禁入决定的反对。

行业协会可以对特别违规成员适用市场禁入,但其适用情形必须是违规成员之违规事项给整个行业造成了极大的损失,以致不禁入不足以息众怒。而且,这种市场禁入之决定必须受司法的实质性审查,因为市场禁入确实给违规成员带来了极其严重之后果,违规成员必须在接受处罚前获得充分的程序性保障。

四、争端解决权

(一)行业协会享有争端解决权的必要性

争端解决权是指行业协会对有关协会内部事务或行业事务进行仲裁裁决或调解的权力。争端解决权是行业协会所具有的非常重要的权力。

1.争端解决权的实质是自决权,而自决权是自治权不可或缺的内容,没有争端解决权的行业协会自治只能是一种不完整的、残缺的自治。争端解决权同前述之规章制定权、监管权和非法律惩罚权一道构成了功能完善的系统,而行业协会只有在功能完善的情况下,才能在真正意义上具有自治地位。

2.赋予行业协会争端解决权是回应社会复杂性的需要。伴随现代技术和信息化的飞速发展,社会的复杂性与日俱增,社会为降低复杂性便分化为若干功能自治的系统,我们认为其意

---

[26] [德]迪特尔·梅迪库斯:《德国民法总论》,邵建东译,法律出版社2000年版,第839页。
[27] Robert Aeidt, *Industry Self-regulation and Useless Concept Group Boycott*, 39 Und. L. Rev. 1507(Ⅲ).

蕴之一便是通过系统的功能自治来减少在整个社会层面解决争端的频率和数量,进而防范由某个争端引发整个社会系统的秩序紊乱。基于此,国家便希望通过功能自治来使绝大多数争端都消弭于系统内部,以免争端及其社会影响延展至其他系统和整个社会层面,而赋予行业协会争端解决权,有助于将行业协会中的诸多争端内化于其内部运作之中,从而降低社会的复杂性。

3. 赋予行业协会争端解决权是保障行业协会有效运作的必要条件。行业协会之所以享有规章制定权、监管权以及非法律惩罚权,主要是因为行业协会具有专业化背景和信息优势。一旦成员内部对这些权力的行使产生争端,客观上便要求具有相应的专业化背景和信息优势的人来进行裁决,因为这将有利于仲裁者进入争端处理的语境并作出在争端双方看来最佳的判断,而行业协会内部的仲裁(调解)机构正好能满足这一需求。另外,只有赋予行业协会争端解决权,行业协会的其他自治权如规章制定权、监管权、非法律惩罚权等才能落到实处,行业协会才能真正有效运作。

4. 行业协会享有争端解决权是行业协会历史发展"路径依赖"的结果。制度经济学的路径依赖理论强调事物的过去对现在的影响,当我们对行业协会的历史进行检视时,可以发现行业协会具有争端解决权也是路径依赖的结果。

在行业协会发展初期——行会时期,行会一般都具备争端解决权。例如,英国的曼彻斯特商人行会规定,成员间的纠纷将通过行会内部的仲裁来解决,而不得求助于法律。英国的南安普敦商人行会章程第12~16条则规定,一旦行会成员间产生矛盾,尽可能避免激烈化、公开化。[28] 而在当前的英国,许多行业性协会都担负着对内部争端进行仲裁的职能。[29]

在我国,由行业协会以仲裁和调解的方式解决争端也有久远的历史。我国古代法的研究表明,由民间"调处息讼"是我国古代法制的传统。清政府专门于1913年颁行《商事公断处章程》和《商事公断处办事细则》,进一步认同和确认了商会仲裁权的法定地位。[30]

(二)行业协会争端解决权之优越性

行业协会争端解决权作为国家制定法的纠纷解决机制之补充,必须具有相应的功能优势,否则其便不具备存在的合理性,而且徒增社会成本,因而有必要对行业协会在争端解决方面相较于司法的功能优势进行检视。我们认为,这主要反映为以下几点:

1. 行业协会在争端解决方面具有专业性和信息方面的优势。仲裁者比法官更具有专业上的发言权,而且仲裁可以采用法院不能使用的信息收集程序,使仲裁者获得法官得不到的信息,加之仲裁者熟知该行业的行规,因而行业协会的仲裁比法院的裁判更具有知识方面的优势。[31] 正是出于同样的考虑,我国清末商人往往愿受商会公断处裁断,而不愿意赴审判厅诉讼,认为审判厅中充任法官者并不通晓商事,唯恐因误会而误判。[32]

2. 行业协会在争端解决方面具有灵活性优势,可以更迅捷地处理争端。相较于正式司法程序的严格、固定甚至僵化,行业协会的民间仲裁(调解)具有相当之灵活性,具体问题具体处

---

[28] 金志霖:《英国行会史》,上海社会科学出版社1996年版,第58页。
[29] 谭兵主编:《中国仲裁制度研究》,法律出版社1995年版,第101页。
[30] 虞和平:《商会与中国早期现代化》,上海人民出版社1993年版,第161页。
[31] Darid Charny, *Nonlegal Sanctions in Commercial Relationships*, 104 Harv. L. Rev. 375(V).
[32] 马敏:《商事裁判与商会》,载《历史研究》1996年第1期。

理是其一大特色,行业协会的仲裁(调解)员可以根据情况而不严格拘泥于法律程序性的要求,甚至可不太理会行业协会既往的判例。在必要时,这种争端解决的方式还可以剔除一些在正式司法程序中不可能修改的行为准则和证据规则,从而使整个程序运作都极富弹性。

3. 行业协会在争端解决方面为当事人提供了多样化的选择。我们当前处于多元化的社会,为人民的各种需求提供多样化的选择是国家责无旁贷的任务,争端解决也不例外。为当事人提供行业协会的民间仲裁(调解),可以使一些出于各种原因无法寻求正式司法程序救济的当事人找到吁求保护的途径。

五、起诉权

我国《民事诉讼法》第58条第1款规定,"对污染环境、侵害众多消费者合法权益等损害社会公共利益的行为,法律规定的机关和有关组织可以向人民法院提起诉讼"。据此,我国的行业协会在特定领域可以享有以自己名义提起诉讼的权利。

行业协会享有以自己名义提起诉讼的权利,主要表现为:(1)当行业协会的利益受到直接损害时,行业协会有权直接提起诉讼。(2)当行业协会的成员利益受损而不便出面诉讼时,行业协会亦享有诉讼权。(3)当行业协会所代表的行业利益受到侵害时,行业协会享有基于行业利益之维护而产生的诉讼权。

第四节 国家对行业协会经济自治的监管

行业协会本质上是一个自利性团体,追求自我利益的最大化。因此,我们在充分肯定行业协会经济自治正当性的同时,不能因之而偏执一端,在行业协会的团体利益与整个社会利益之间画上等号。在我们看来,行业协会的经济自治还必须得到国家干预的指导、支持和保障,否则行业协会的经济自治将极容易成为行业协会侵犯社会利益和垄断市场的工具。国家干预对行业协会经济自治的监管主要体现在以下几个方面。

一、国家干预有利于对自利行为的纠偏

行业协会是由成员自愿组建并自治运作的,对成员利益最大限度地维护、彰显和促进是行业协会赖以成立和发展的根本因由所在。但是,行业协会毕竟反映的是社会部分群体的利益,如果其对自我利益过度彰显,将有可能压制社会整体利益,损害社会弱者利益。在行业协会发展的早期即行会时代,就有一些行会因垄断经营而损害和限制了资本主义所需要的自由竞争的社会秩序,一度被禁止运作。而在现代社会中,无数的经验和理论研究都表明,行业协会运作中的最大问题便是对自我利益的过度追求并因之而损害了社会利益,"行业协会除了对自身负责以外,对其他任何人都不负责"。[33] 由于行业协会在进行经济干预时,存在为自我利益之

---

[33] Harry S. Gerla, *Federal Antitrust Law and Trade Association and Professional Association Standards and Certification*, 19 Doyton . Rev 4711 (1994).

最大化而侵害社会利益的可能,因此,行业协会的经济自治必须受制于国家的经济干预。

在我们看来,国家应当对行业协会的如下行为给予管制和责任追究:(1)反竞争行为。反竞争行为是行业协会自治最容易出现且最易受到社会指责和法律规制的行为。美国学者曾经指出,社会团体先天具有反托拉斯法的爆发力。[34] 行业协会的反竞争行为主要表现在通过协议来固定或限制价格、通过标准化来限制竞争、通过集体抵制来限制竞争以及通过信息交换来寻求共谋等行为。(2)对中小企业的压制行为。如果要让行业协会有效运作,该行业大型企业的参加便显得尤为重要,但是大型企业的加入容易使行业协会的内部运作出现以大欺小的情况,令内部体制变成大型企业独揽大权的格局,此时的行业协会就有可能成为大型企业谋求利益的工具,因此国家必须对行业协会内部运作中的不民主现象给予纠偏。(3)过度的管制行为。行业协会的一个重要功能便是减少和抵御国家的不当管制,但是行业协会本身有可能增加经济管制,这是因为:行业协会为了显示其存在的重要性以及提高其监管的职业性,有可能通过拓展其监管角色和功能来实现其目的,这一切发展的结果将使行业协会的经济干预具有与国家干预同样的监管结构,并产生同样的问题,如僵化的等级、监管权力扩大的意愿和自我冲动、市场准入的人为膨胀等,而这些都将可能导致重复监管、成本上升以及效率低下等后果。毫无疑问,国家对行业协会的这种过度管制的倾向,必须在尊重其经济自治的基础上给予纠偏。

二、国家干预为行业协会的经济自治提供了决策指导

如前所述,行业协会的经济自治容易具有狭隘性和单一性,其政策导向有可能与基于全局性和社会公共性的国家干预发生冲突和抵牾。虽然在前文中我们已经指出行业协会应当对国家的不当干预给予抵御,但是如果行业协会偏执一端,对基于全局性和社会公共性的经济干预也完全反对,便会对国家干预的效应产生不良影响,进而对国家干预达到的社会效果造成损害,同时对行业协会自身造成损害。对美国和日本的行业协会运作的实证研究表明:由于美国行业协会经常与政府发生冲突,所以其在社会经济生活中的地位和影响力与日本的和政府保持合作关系的行业协会相比低一些。在威廉·欧奇看来,这正是为何日本产业政策获得成功,扶持了具有强大竞争力的众多企业,令20世纪80年代美国处于竞争劣势的原因所在。[35] 从日本的成功经验中,我们不难看出,行业协会的经济自治必须受制于和积极回应国家的经济干预。除非国家干预出现特别不当或者明显过度损害行业协会所代表行业的集体利益,否则行业协会的经济自治应当配合国家干预政策的实现,因为只有这样,才能在行业协会经济干预与国家干预之间产生"1+1>2"的效果。

三、国家干预有利于协调不同行业协会经济自治之间的利益冲突

由于行业协会的经济自治都是立基于自我利益之上的,因此不同行业协会经济自治不可避免地存在利益冲突,而对它们之间矛盾和冲突的协调与解决主要就是通过具有全局性和社会公共性的国家干预来实现。在具体举措上,一方面,国家可以通过协调会或者研讨会等形式,让不同行业协会之间增加沟通和了解,进而增加利益冲突解决的可能性;另一方面,国家在

---

[34] 孟雁北:《反垄断法视野中的行业协会》,载《云南大学学报(法学版)》2004年第3期。
[35] 余晖等:《行业协会及其在中国的发展:理论与案例》,经济管理出版社2002年版,第311页。

了解到不同行业协会之间的利益冲突的真实情况以后,也可在保障社会公共利益最大化的同时,在国家干预政策中尽可能地实现利益冲突的协调。

四、国家干预为正当的行业协会经济自治提供了支持和保障

由于行业协会的经济干预具有很大程度的合理性和正当性,因此,对于合理的行业协会经济自治,国家仍然应当是支持和鼓励的,但即便是在这种情形下发生的行业协会的经济自治,仍然无法离开国家干预的支持和保障。这是因为,如果行业协会经济自治能得到国家干预的支持和保障,那么便会在无形中强化行业协会经济干预的权威位阶,并同时给那些不愿意接受行业协会经济干预的市场主体带来震慑,既有助于强化企业对行业协会经济自治的自愿性认同,又降低了行业协会经济自治的实施成本。具体而言,国家干预对行业协会经济干预的支持和保障作用体现在:(1)对于行业协会基于自治而进行的经济干预,国家原则上予以尊重而并不干预。(2)对于合理的行业协会经济干预,国家可以在必要时予以体现,譬如通过将其上升为国家干预政策而强化其效力。(3)对于行业协会在合理的经济干预中对个别企业进行的奖惩等问题,国家在发生纷争时予以支持。

———— 思考题 ————

1. 什么是行业协会?其法律特征有哪些?
2. 行业协会在经济干预中的正当性主要表现在哪些方面?
3. 行业协会的经济干预权主要体现在哪些方面?
4. 国家对行业协会经济干预的监管主要体现在哪些方面?

第十章　经济法中的企业

| 内容提要 |

　　任何一个组织和个人在社会中的角色都是多元的,在不同场合(或者不同法律关系)中,同样的组织或者个人所扮演的角色(或者法律地位)是不一样的。由于企业是市场主体的主要形态,其盛衰事关经济的发展和社会的稳定,因而各国为了克服自由企业制度可能引发的市场失灵,在民法之外制定和实施经济法,以实现对企业的组织和行为的规制,企业在经济法中被赋予的角色不同于其在民法中的角色。本章对企业在经济法中的角色作了概括,并从企业形态法定化、企业设立和运行的国家干预法律制度以及企业社会责任的赋予等方面,具体阐述了经济法对企业的规制。

| 学习重点 |

企业的定义　　　　　　　　　　　　　企业在经济法中的角色
企业形态法定化的含义和实质　　　　　企业法律形态
企业设立和运行的国家干预法律制度的主要内容　　企业社会责任的定义、特征和范围
我国关于企业社会责任的理论与立法

第一节　企业及其在经济法中的角色

一、企业的定义和特征

　　"企业"一词源自日语,其英文表达为"enterprise",含有从事冒险事业之意。我国从日本引入这个词语,意指依法设立,以营利为目的,专门从事生产经营活动的经济组织。
　　企业具有以下几个特征:
　　(一)组织性
　　企业的组织性意味着企业是一种组织体。企业的组织性主要体现在两个方面:
　　一方面,企业实现了人与物两种要素的有机结合。具体而言,任何组织体的存在和运转,都必须具备两方面的基本要素,即人的要素和物的要素,企业也不例外。在企业中,人的要素主要体现为劳动力(人力资本),物的要素主要体现为生产资料(物质资本等非人力资本)。这两方面的要素是进行生产经营活动的必要条件,如果这两者不结合起来,生产经营活动便无从

展开。正如马克思所说:"不论生产的社会形式如何,劳动者和生产资料始终是生产的因素。但是,二者在彼此分离的情况下只在可能性上是生产的因素。凡要进行生产,就必须使它们结合起来。"[1]企业正是使这两种要素有机结合起来的组织形式。

另一方面,企业具有稳定性和连续性。企业所从事的经济活动不是偶然、短暂的,它有确定的经营范围和较长的存续期限。基于一定的目的偶尔、短暂地进行某项活动的临时性组织,尽管由两个以上的成员组成,但不能称其为企业。对此,可以通过纯契约性质的合伙与形成组织共同体的合伙的区别来进一步加以说明。从严格意义上讲,合伙是合伙人之间的契约关系,因此,所有合伙均为契约。但有一些合伙为单纯的契约,并未形成具有稳定性和连续性的组织体;而另有一些合伙除具有契约的特征外,还有组织共同体的特征,这类合伙有字号,有的从事营利性的商事活动(如合伙企业),有的从事非以营利为主要目的的民事活动(如部分合伙制律师事务所、会计师事务所等)。纯契约性质的合伙与形成组织共同体的合伙的划分可以追溯到罗马法时期。在罗马法中,合伙有共同体与单项合伙之别,共同体相当于形成组织共同体的合伙,单项合伙则相当于纯契约性质的合伙,如两人以上将资金集中起来买卖油、酒、小麦或奴隶的合伙。就单项合伙而言,"在业务结束时,合伙也即随之结束",其与共同体在解散事由上有所区别。[2]可见,纯契约性质的合伙属于临时性组织,与形成组织共同体的合伙(合伙企业)有所不同。

企业是一种组织体,这使得它区别于自然人。

(二)营利性

企业是以营利为目的进行生产经营活动的组织,营利是设立和经营企业的出发点和归宿,因而,营利性是企业的基本特征。企业的营利性主要体现在两个方面:一是企业通过生产经营活动创造利润;二是企业依法向投资者分配利润。当然,对于一个特定的企业而言,企业是否实际地通过生产经营活动创造了利润,企业的投资者是否实际地从企业中分得了利润,均不影响企业营利性的存在。企业的营利性,取决于设立和经营企业追求利润的主观愿望。

企业是经济组织,具有营利性,这是企业区别于其他社会组织的标志。社会组织的范围是相当广泛的,按照我国有关立法的划分,社会组织包括国家机关、事业单位、社会团体以及企业等,而在这些众多的社会组织中,只有专门从事经济活动并以营利为目的的组织,才是企业。虽然其他组织为了其自身的运转,也必须参与一定的经济活动,但由于它们不以营利为目的,因此不是企业。

(三)法定性

法定性是在企业萌芽时期实行的企业设立自由主义被抛弃后,各国企业所呈现出的一个重要特征,是国家对企业进行干预的产物。企业的法定性主要体现在三个方面:(1)企业的形态法定,亦即企业的形态由法律规定。投资者设立企业,必须选择法律所规定的企业形态,且不得随意改变其所选择的企业形态的法律属性(或法律规定),更不得在法律规定的企业形态之外自行创设企业形态。(2)企业的设立法定,亦即企业必须依照法律规定的条件和程序设立。依法设立是近现代各国一切企业的固有属性。企业完全自由设立而国家不作任何干预,

---

[1]《马克思恩格斯全集》(第24卷),人民出版社1972年版,第44页。
[2][罗马]查士丁尼:《法学总论——法学阶梯》,张企泰译,商务印书馆1989年版,第180页。

只是企业处于萌芽状态的现象。在当代,尽管在实行放任主义的资本主义国家,企业的设立大都不必经过行政审批,但仍要由一定的登记机关进行注册登记。强调企业依法设立,其主要目的在于塑造规范的市场活动主体,尽可能减少企业设立中的欺诈以及设立不规范的企业对交易相对人的损害。(3)企业的运行法定,亦即企业的组织机构及其权限划分,投资者之间的关系、投资者与企业之间的关系、企业的行为等事项,都应当按法律的规定办理。

值得注意的是:当代各国都倡导企业或投资者自治,国家对企业干预的程度越来越低,法律赋予企业和投资者的自治空间也相应地越来越大,公司法等企业立法更多地呈现赋权法的特色。不过,企业和投资者自治必须有法律依据,并且这种自治不得从根本上否定企业的法定性特征。

(四) 独立性

企业的独立性是指企业可以作为法律上独立或相对独立的主体享受权利和承担义务的地位。企业包括法人企业(或企业法人)和非法人企业。前者是符合一国法律规定的法人条件的企业;后者是依法不具备法人资格,但具有经营权的企业。法人企业既享有经营权,也具有法人资格;非法人企业享有经营权,但不具有法人资格。不过,无论是法人企业还是非法人企业,都是法律上的主体。

法人企业具有完全独立的法律人格,这种独立人格主要体现在三个方面:(1)身份独立。法人企业以自己的名义进行活动,具有独立于其投资者、法定代表人和其他成员的身份。(2)财产独立。法人企业对其取得的财产享有法人财产权,一旦投资者将自己的财产投入企业,就形成了企业自身的财产,其独立于投资者的其他财产。(3)责任独立。法人企业对其所承担的债务,以自己拥有的独立财产来清偿,投资者对超出其认缴的出资额以外的债务,通常不承担清偿的责任,企业的债权人也无权要求投资者清偿企业的债务。

就非法人企业而言,其不具有法人资格,其财产与投资者的其他财产不能完全分离,其债务要由投资者承担无限责任或无限连带责任。但是,非法人企业仍具有相对独立性,因为它具有独立的身份,可以以自己的名义进行经营、诉讼、仲裁等活动。

二、经济法中的企业角色

经济法中的企业角色,可以从以下两个方面来把握:

(一) 经济法中的企业具有经济人和社会人的双重角色

经济法在尊重企业经济人角色的同时,赋予了企业社会人的角色。企业自其产生以来,就一直就扮演着经济人和社会人的双重角色,它的目的不仅在于追求个体利益,而且在于实现社会公共职能。但是,在人类社会发展的不同阶段,企业所呈现出的经济人和社会人属性的强弱程度是不同的。[3] 在资本主义萌芽时期,受重商主义的影响,企业的社会人属性居于主导地位,企业的主要目的在于为资本主义原始积累服务,企业投资者的个体利益须服从于资产阶级发展资本主义的整体目标。在自由资本主义时期,自由放任的经济政策的推行,使企业的经济人属性居于主导地位,追求自身利润最大化进而实现企业投资者利润最大化成为企业压倒一切的乃至唯一的目标。至于企业的社会人属性,则只能从企业对个体利益的追求自动实现公

---

[3] 单飞跃、王显勇:《经济法视域中的企业法》,中国检察出版社 2005 年版,第 235~236 页。

共利益的假定中得到解释。进入垄断资本主义时期以后,对企业经济人属性的过度彰显引发了诸多社会问题,从而导致企业的社会人属性日益受到人们的重视和强调,企业承担的社会责任也越来越多。

企业的角色需要一定的法律来定位和保障,但由于不同的法律有着不同的立法目的,因此,在不同的法律领域中,企业的角色定位及其相应的制度安排是不尽相同的。民法实行意思自治的原则,强调和维护民事主体的经济人本质,企业在民法中,自然也就主要呈现出经济人的角色。与民法不同,经济法的目的在于克服市场失灵和政府失灵,实现自由经营与国家干预的良性互动,因此,在对待企业的问题上,一方面,经济法要确认国家干预,以适当限制企业的经济人属性,强化企业的社会人属性,最终预防或消除企业的自利所引发的社会问题;另一方面,经济法要规范和限制国家干预,以充分尊重企业的经济人属性,从而调动企业及其投资者经营的积极性,最终利用企业及其投资者的经济人动机,实现社会经济生活的繁荣。因此,经济法中的企业便具有了经济人和社会人的双重角色,经济法以实现企业的这两种角色的协调为基本任务。

在当今社会,确保企业的经济人角色十分重要,但也不得忽视企业的社会人角色的塑造。企业作为经济人,在营利目标的驱动下会倾向于尽可能避免或减少承担社会责任,因此,企业的经济人角色和社会人角色的协调,尤其是企业的社会人角色的确保,需要一定的外部干预。经济法有必要通过具体的制度安排,建立健全国家对企业的适度干预制度,确立企业社会责任及其制度体系,设立利润最大化的约束条件以及适当控制企业承担社会责任的强度和标准。在经济法中,企业形态的法定化、企业设立和运行的国家干预法律制度的确立、企业社会责任的赋予,在一定意义上讲就是为了协调企业的经济人角色和社会人角色,特别是保障企业的社会人角色而制定的具体措施。

(二)经济法关注企业的具体身份并据此配置其权利义务

与个人和其他任何组织(或者单位,下同)一样,企业在社会中的角色也是多元的。在不同场合或者不同法律关系中,企业所扮演的角色或者法律地位是不一样的。在企业作为一方民事主体与其他民事主体形成的民事法律关系中,无论该企业和其他民事主体各自的经济实力等具体情况有何不同,它们都是平等主体。因此,在民事领域或者民法中,企业的规模大小、所有制性质、所处地域和行业以及在社会经济生活中的地位等身份情况是不被考虑的,企业一律被抽象为与其他民事主体相平等的主体。通过民法对当事人之间的平等地位进行确认和保护,既是市场经济的必然要求,也是保护弱者的有利举措。除作为民事法律关系的当事人以外,企业还必然参与包括经济法律关系在内的其他法律关系。在经济法律关系中,基于克服市场失灵、解决民事主体地位平等和意思自治等原则所引发的问题,或者为了追求其他公共目标,企业被经济法赋予了与其在民法中不同的角色,亦即企业的规模大小、所有制性质、所处地域和行业以及在社会经济生活中的地位等身份情况被纳入考量,并根据企业相较于自然人在社会经济生活中更加显著的地位以及各种企业的具体身份情况配置权利义务。

在经济法中,这种对企业的权利义务进行差异化配置现象的典型例证主要包括:(1)鉴于企业在社会经济生活中具有举足轻重的地位,其行为对相关者的影响很大,因而对于企业,经济法比民法赋予了更多的社会责任。这样就形成了经济法和民法对企业义务的不同配置。在我国企业立法中,便有不少规定或体现企业社会责任的条款。(2)对企业区分大小,基于塑造竞争性市场结构的目的,对大型企业进行特别监控(这在我国《反垄断法》中有鲜明的体现);基于促进就业、繁荣市场等方面的考虑,对中小企业尤其是小微企业采取促进发展的策略和制度(如我国《中小企业促进法》便是实行这一取向的法律)。(3)基于一定的特殊目的和客观具体情况之需,对不同所有制性质、不同地域、不同行业的企业采取区别对待或特殊监管措施,由此形成了各类企业的特别法律制度。在这方面,我国《商业银行法》《全民所有制工业企业法》《外商投资法》《城镇集体所有制企业条例》《乡村集体所有制企业条例》等法律法规,就反映了这种状况。(4)为了加强对消费者权益的保护,有关立法将企业规定为经营者,并基于企业相对于消费者的强者地位,对企业的义务作了特别规定,使得在消费合同关系中,企业对消费者所承担的义务和责任重于企业在其他合同关系中的义务和责任。(5)在产品质量立法中,消费者权益保护法中的经营者被进一步划分为生产者和销售者,并在此基础上分别确立了生产者和销售者的产品责任制度,即在追究产品责任时,对生产者实行严格责任,对销售者实行过错责任。

综上所述,在经济法和民法中,企业的角色是不一样的:民法不过问企业的规模大小、所有制性质、所处地域和行业以及在社会经济生活中的地位等身份情况,将企业参与的民事法律关系(包括企业与企业之间的民事法律关系、企业与自然人等其他民事主体之间的民事法律关系)中的各方主体一律抽象为平等主体。而企业作为经济法主体,则鲜明地体现出身份性以及由此决定的差异化权利义务配置特征。

第二节 企业形态法定化与企业法律形态

一、企业形态法定化

(一)企业形态法定化的含义

企业形态法定化,是指国家以法律形式确认企业形态,从而有助于建立起相应企业形态的法律制度和科学的企业法律法规体系的过程。

对企业形态法定化的这一定义,可以作以下理解:

1. 企业形态法定化是法律对企业形态的认可。企业形态产生于商事实践。纵观企业的发展史,无论是被视为古典企业的独资企业和合伙企业,还是被作为现代企业对待的股份有限公司和有限责任公司,它们都是投资者根据商事实践的需要进行创造和选择的结果,并且最初并没有在法律中有所反映。企业形态法定化是企业形态出现以后的事。

具体而言,在人类历史上,最早出现的企业是独资企业(或个人独资企业、业主企业),这是自然人或家庭[4]从事经济活动的方式。由于独资企业不利于扩大经营规模,因此,资本所有者产生了联合经营的需要。此外,由于嫡长继承制被废除,具有两个以上继承人的独资企业业主死亡,独资企业的资产就可能为两个以上的人所拥有。这样,基于扩大经营的需要以及继承

---

[4] 由于在早期,家庭的财产被视为家长的财产,因此,家庭企业也被视为作为自然人的家长的独资企业。

的原因,合伙企业(普通合伙企业)得以出现。由于合伙企业的所有出资者均承担无限责任,投资风险大且难以预期,因而资本所有者尤其是已具备一定实力的资本所有者不愿设立这种企业,也不愿向已经存在的这种企业进行投资。在这种情况下,一种部分出资者承担有限责任、部分出资者承担无限责任的新的企业形态——有限合伙(一些国家在制定公司法后,将其作为一种公司形态——两合公司规定在其中)得以出现。中世纪地中海沿岸国家产生的康孟达(Commenda)就是这种企业形式(当然,这也是一种商事契约)。按照康孟达契约,由资本所有者出资,由航海冒险者进行海外贸易;盈利时,利润按出资额分配,亏损时,航海冒险者承担无限责任,而资本所有者仅以出资额为限承担有限责任。这种共同经营方式既使资本所有者规避了当时法律上的无限责任风险,保全了其出资以外的其他财产,又使航海冒险者获得了足够的资金从事海外贸易。出于有效规避无限责任的考虑,在一些有限合伙中,出资并承担有限责任的资本所有者并不显名,因而这部分有限合伙又被称为隐名合伙。有限合伙虽然相对于以往的企业形态而言更有利于鼓励投资,但仍然无法满足社会化大生产的要求,尤其是资本主义萌芽时期,创设一种能够在短期内将社会资本集中起来投向大型建设事业的企业形态,便显得十分迫切。在此情况下,一种具有强大集资功能的新型企业——股份有限公司应运而生。为了将股份有限公司的优势运用于中小企业,在股份有限公司之后,又出现了有限责任公司。从上述对企业产生历史的简要回顾中可以看出,企业形态源于商事实践,并且一些企业形态(如有限合伙、隐名合伙)的出现最初还是规避法律的结果,而法律仅仅是对事实上存在的企业形态进行确认,由此使有利于社会经济发展的企业形态得到国家的认可,并使其取得法律的存在形式。

2. 企业形态法定化的最终目的,在于建立相应企业形态的法律制度和科学的企业法律法规体系。申言之,企业形态法定化的目的,不止于以法律形式宣布特定的企业形态合法,而且还有更为重要的目的。

一方面,建立相应企业形态的法律制度。可以说,历史上各国对独资企业、合伙企业和公司的法定化过程,实际上都是建立这些企业的相应法律制度的过程。一种企业形态的法定化,也总是伴随该种企业的法律制度的出台而完成的。因此,企业形态法定化不是为法定化而法定化,其目的在于作出相应的制度安排,实现对企业的有效调整。

另一方面,建立科学的企业法律法规体系。企业形态法定化蕴含着对企业的分类,而如何对企业进行分类并在此基础上立法,涉及建立的企业法律法规体系是否科学的问题。以我国为例,在实行市场经济体制以前,我国强调对不同所有制性质、不同地域、不同行业的企业实行区别对待,因而对各方面的企业分别加以立法,从而形成了全民所有制工业企业、城镇集体所有制企业、乡村集体所有制企业、私营企业和外资企业等方面的法律法规。这些法律法规是基于多样化的、不科学的企业分类而制定的,因此,出现了重复、矛盾以及不可穷尽等问题。实行市场经济体制以后,我国理论界和立法界认为,企业立法应当建立在对企业按照责任形式进行划分的基础之上。在企业法领域,所谓责任形式,就是指企业的出资者(股东)对企业所负担的债务是否承担责任、承担何种责任的问题。企业立法之所以要按照责任形式进行,主要是因为以下两点:(1)企业的债权人所关心的,只是责任形式问题,而不会过问企业在所有制性质、地域、行业等方面有何差异。(2)按责任形式进行企业立法,能够使打算与某一企业进行交易的企业或自然人对该企业及该企业的出资者应承担的财产责任一目了然,进而决定是否与该企业进行交易,当发生纠纷时,也可顺理成章地找到债务的承担者。在现实生活中,与企业有关的责任形式包括无限责任、无限连带责任和有限责任三种。其中,无限责任是不具备法人资格的独资企业的责任形式,无限连带责任是普通合伙企业的责任形式,有限责任是法人企业(在我国)的责任形式。如果将有限责任和无限责任综合运用在一个企业中,该企业即为合伙企业的特殊形式——有限合伙企业。因此,按责任形式划分,我国的企业实际上包括不具备法人资格的独资企业、合伙企业(含普通合伙企业和有限合伙企业)以及法人企业三种。如果按责任形式进行企业立法,那么,我国的企业法律法规体系就由这三方面的企业法规范构成,这样建立的企业法律法规体系比实行市场经济体制以前的企业法律法规更为科学,并且基本上可以涵盖现实中存在的企业形态。

当然,如前所述,企业形态法定化的目的,除在于建立科学的企业法律法规体系外,还在于确立特定企业形态的法律制度。由于我国特殊的经济背景,完全取消不同所有制性质、不同地域和不同行业的企业的特殊制度是不现实的,因此,我国在按照上述新思路构建企业法律法规体系时,并未对以前的企业法律法规一概加以废止,这就形成了新旧企业法律法规并存的局面。并且,基于产业调节等需要,按照责任形式以外的其他标准划分企业并制定特别法,在今后也是必要的。

(二) 企业形态法定化的实质

尽管企业形态最初产生于商事实践,但在当代,企业形态法定化已成为企业法律制度的一个原则。从经济法的视角看,企业形态法定化的实质在于以下几方面:

1. 企业形态法定化体现了国家对经济生活的干预。企业形态法定化意味着投资者只能选择法律规定的企业形态,不得在法律规定之外任意创设企业形态。这就使得投资者选择企业组织形式的自由受到限制。正是从这个意义上讲,企业形态法定化体现了一定程度的国家干预。或许有人会认为,关于企业形态的法律规定属于私法的范畴,而私法上有一个原则,即法无禁止即可为,因此,投资者可以在法律规定的企业形态之外创设新的企业形态,企业形态法定化并没有对投资者选择企业组织形式构成限制。但需要注意的是,姑且不论关于企业形态的法律规定究竟是私法、公法还是公私相融之法,现实地看,在当代各国,投资者不得在法定的企业形态之外创设企业形态。

2. 企业形态法定化为投资者选择企业形态的自由提供了依据。企业形态法定化,意味着投资者可以在法律规定的企业形态中选用其进入市场的具体组织形式,如果法律为投资者提供尽可能多的企业形态以供其自主选择,那么,企业形态法定化也具有保障自由的作用。企业形态法定化的这一实质,可以通过我国对有限合伙的立法态度来具体加以说明。在实行市场经济体制以前乃至以后的一个较长的时期,我国企业法没有对部分出资者以出资额为限承担有限责任、部分出资者对企业债务承担无限责任的有限合伙加以认可。而事实上,就现代各国企业发展的现状而言,尽管有限合伙存在两类责任和风险不同的出资者之间的关系难以协调等不足,并且在各国企业总量中所占的比重并不大,但在理论上,有限合伙将有限责任和无限责任整合于同一组织体中,可以使这两种责任制度扬长避短。同时,在一些高新技术领域,有限合伙仍然得到了广泛的运用,在美国等科技发达的国家,有限合伙甚至成为创业投资(或风险投资)的主要组织形式。我国在实行市场经济体制以后,对于向高新技术企业、科技型中小企业以及科技成果转化项目进行的创业投资采取了鼓励的政策。在这种形势下,如果不把有限合伙及时上升为一种法定的企业形态,就会限制投资者选择以有限合伙的组织形式进入市场的自由。因为企业形态法定化的要义,在于出资设立企业的投资者只能在法定的企业形态中作出选择,在有限合伙未成为法定的企业形态的情况下,投资者自然不得采用。2006年8月27日,第十届全国人民代表大会常务委员会第二十三次会议修订通过了《合伙企业法》,将有限合伙企业规定为合伙企业的一种具体形式,这就为投资者选用这种企业形态提供了法律依据。

综上所述,企业形态法定化一方面体现了对投资者选择企业形态的自由的限制,另一方面又为投资者选择企业形态的自由提供了依据。因此,它是一个涉及对国家干预与自由经营关系的处理是否恰当的重大问题。

二、企业法律形态

企业法律形态是企业形态法定化的结果,又被称为企业的法律形式。在我国企业登记法规中,它一般被表述为企业的组织形式,是指法律规定的企业的表现形式,或者说,是指企业在法律上的类别形态。在西方市场经济国家,企业法律形态通常以责任形式为标准,分为公司、合伙企业、独资企业等基本形态。在我国,企业法律形态除以责任形式为标准进行划分外,还有多种其他划分方法。其中,以所有制性质为标准,可以将企业法律形态划分为国有企业、集体所有制企业、私营企业、混合所有制企业等形态,这是我国的最为常见的划分方法。但这种划分方法因具有较明显的计划经济色彩,而具有不断弱化的趋势。

(一)以责任形式为标准划分的企业法律形态

在企业法中,责任形式通常又叫企业的责任制度,它是指出资者与企业之间对企业债务的分担方式或分担制度。它所涉及的重点,是出资者是否对企业的债务负责的问题。以责任形式为标准,企业法律形态主要包括以下几类:

1. 公司。公司是指依照公司法规定的条件和程序设立的企业法人。英美法系国家的公司法根据股权的分散程度和股权转让方式的不同,将公司划分为封闭式公司(Private Company/Close Corporation/Closely Held Corporation)和开放式公司(Public Company/Publicly Held Corporation)。封闭式公司是指股东人数较少,股权转让受到严格的限制,不得公开募集股份,且股份不能上市流通的公司;开放式公司是指股东人数较多,股权较为分散,股份可以公开募集和上市流通的公司。前者类似于有限责任公司,后者类似于股份有限公司。大陆法系国家的公司法依据责任形式的不同,将公司分为无限公司、有限责任公司、股份有限公司与两合公司。尽管英美法系国家的《公司法》对这种分类方法体现得不甚明显,但它仍然是区分不同公司、确立公司制度的重要观念基础。根据不同标准,可将公司分为以下不同的具体类别:

(1)无限公司。所谓无限公司,是指由两个以上的股东出资设立,并对公司债务负无限连带责任的公司。对于无限责任或连带责任股东,一些国家有所限制。例如,《日本商法典》第55条规定:"公司不得成为其他公司的无限责任股东。"又如,我国《公司法》第14条规定:"公司可以向其他企业投资。法律规定公司不得成为对所投资企业的债务承担连带责任的出资人的,从其规定。"我国这一规定体现了限制有限责任公司和股份有限公司通过投资成为连带责任股东的精神。这种限制的主要目的,在于确保公司资产的安全,避免公司因成为无限责任或连带责任股东而承担过大的风险,保护公司股东和债权人的利益。但是,也有一些国家(如美国)从营业自由的角度出发,对无限公司的股东不加限制,自然人和法人均可充当无限责任股东。无限公司的股东对公司债务负无限连带责任：一方面，这意味着股东的责任不能限于其出资额范围。另一方面，这也意味着，当公司资产不足以清偿其债务时，每一股东都应倾其所能，了结公司的所有债务。只有当公司的债务被全部清偿后，股东才能根据内部协议、法律规定或按照公平原则，解决股东之间的追偿问题。

(2) 有限责任公司。所谓有限责任公司，是指股东以其出资额为限对公司负责，公司以其全部资产对其债务承担清偿责任的公司。在有限责任公司中，股东一旦缴足了其认缴的出资额，通常就不再对公司和公司的债权人承担其他财产责任。由股东出资构成的财产，在法律上归公司所有。公司在经营中所产生的债务，只以偿债时的公司资产进行清偿。这实际上将股东的财产责任限制在其出资额的范围内，"有限责任公司"的称谓也由此而来。

(3) 股份有限公司。所谓股份有限公司，是指全部资本分成均等股份，股东以其所认缴的股份为限对公司负责，公司以其全部资产对其债务承担清偿责任的公司。就股东承担有限责任和不对公司债权人承担财产责任而言，股份有限公司与有限责任公司是相同的。但股份有限公司的资本分成均等股份，它是以股份数额计算股东权利的，而有限责任公司的资本不分成均等股份，它是以股东的出资额占公司资本总额的比例来计算股东权利的。

(4) 两合公司。所谓两合公司，是指由一名以上的无限责任股东和一名以上的有限责任股东共同出资设立，由无限责任股东对公司债务负无限责任或无限连带责任，由有限责任股东以出资额为限承担有限责任的公司。因这种公司中既有有限责任，又有无限责任，是两种责任的结合，故称为两合公司。两合公司又可分为两种：一种是由无限责任股东和一般的有限责任股东结合所组成的两合公司；另一种是由无限责任股东和股份有限责任股东结合所组成的两合公司。后者通常又被称为股份两合公司。两合公司曾经是历史上重要的公司形式，但目前采用此种形式的国家已大大减少。

我国《公司法》只规定了有限责任公司和股份有限公司，但《合伙企业法》规定了与无限公司类似的企业形态（普通合伙企业）以及与两合公司类似的企业形态（有限合伙企业），因此，我国法律提供给投资者选择的企业法律形态还是较为广泛的。

2. 合伙企业。合伙企业是指由两名以上的合伙人根据合伙协议，共同出资、共享收益、共担风险，至少有一名合伙人对企业债务承担无限责任或无限连带责任的营利性经济组织。

按照我国《合伙企业法》的规定，合伙企业包括普通合伙企业和有限合伙企业两种。前者是指由普通合伙人组成，合伙人对企业债务承担无限连带责任的企业；后者是指由普通合伙人和有限合伙人组成，普通合伙人对企业债务承担无限责任或无限连带责任，有限合伙人以其认缴的出资额为限对企业债务承担责任的企业。需要说明的是，由于普通合伙企业的全体合伙人均为普通合伙人，构成连带关系，因此，对普通合伙人适用的是无限连带责任。当有限合伙企业中只存在一名普通合伙人时，因该普通合伙人无法与他人形成连带关系，故对该普通合伙人适用无限责任；当普通合伙企业存在两个以上的普通合伙人时，该两个以上的普通合伙人之间就构成连带关系，因此适用无限连带责任。

与其他企业法律形态相比，合伙企业具有以下法律特征：

(1) 合伙企业属于契约式企业。具体而言，与投资主体多元的公司和其他企业一样，合伙企业也必须基于当事人意思表示一致而设立。但与公司等股权式企业不同，合伙企业是典型的契约式企业，因此，合伙企业的设立必须要有合伙契约，而无须具备章程。在美国，合伙法的条款甚至可以由合伙协议加以变更，这样，合伙法差不多是一份"标准契约"，其条款可以由具体的合伙协议接受、拒绝或变更,若当事人沉默,则由合伙法来填补空白。[5] 正是基于合伙企业的这一特点,我国《合伙企业法》特将书面合伙协议作为合伙企业设立的必备条件。法律对合伙关系的干预和限制也较少,合伙企业在经营管理上具有较大的自主性和灵活性。

(2)合伙企业的出资方式灵活。其出资方式除了包括可以作为公司出资方式的货币、实物、知识产权、土地使用权或者其他财产权利外,还包括劳务。在此要注意以劳务出资的合伙人和以劳务为标的的雇佣合同中的受雇人之间的区别:前者要分享合伙企业的收益,并分担合伙企业的风险和债务;后者仅领取劳动报酬,与合伙关系并无法律上的牵连。

(3)在合伙企业中,无限责任或无限连带责任得到了一定程度的运用。在普通合伙企业中,所有合伙人对合伙的债务负无限连带责任;在有限合伙企业中,无限责任或无限连带责任只适用于普通合伙人。也正是由于合伙企业适用无限责任或无限连带责任,因此,合伙人的责任比有限责任公司和股份有限公司的股东的责任重,合伙人之间的连带责任使合伙人需要对其他合伙人的经营行为负责,这更加重了合伙人的风险。

(4)合伙企业具有高度的人合性。任何一个合伙人破产、死亡或退伙,都有可能导致合伙企业解散,因而其存续期限可能较短。

3.独资企业。独资企业在我国有广义和狭义之分,而在国外,凡法律上的独资企业都是狭义的。广义的独资企业,泛指一人(自然人或法人)单独出资和经营的企业,包括分公司、子公司、个人独资企业等形式。广义的独资企业可以按照不同的标准进行分类:以出资主体为标准,可以划分为个人独资企业和单位独资企业;以法律地位为标准,可以划分为具有法人资格的独资企业和不具有法人资格的独资企业。狭义的独资企业,又称个人独资企业或业主企业,是指由一个自然人出资和经营,并由该自然人对企业债务承担无限责任的企业。

个人独资企业除具有企业的一般属性外,还有以下法律特征:

(1)出资者为一个自然人。这种成员人数的单一性,恰与"独资企业"这一术语的字面意义相吻合。

(2)企业的财产由出资者直接拥有和控制。在个人独资企业中,出资者不仅保持着出资财产所有者的身份,而且有权控制出资财产的使用。此外,在企业的经营过程中,企业财产往往和出资者的其他个人财产相混合,出资者可以用其他个人财产向企业再投资,也可以将企业财产转化为非经营性资产。总之,企业财产和出资者的其他个人财产在法律上不加区分且命运完全相同,出资者既是所有者,又是经营者,形成所有者与经营者的高度统一的状况。

(3)无独立的法律人格。在各国的立法中,个人独资企业都仅仅被视为自然人从事商事活动的一种具体形式,尽管它有商号,但这在法律上仅被当作业主主体资格的延伸或表现。无论是个人独资企业的财产还是责任,都是归属于业主的。

(4)出资者对企业债务负无限责任。这意味着,当企业资产不足以清偿其债务时,出资者应以个人的其他财产对企业的债权人负责。

(二)以所有制性质为标准划分的企业法律形态

以所有制性质为标准,可将企业分为以下几类:

1.国有企业。国有企业又被称为全民所有制企业,是指财产归国家所有,依法自主经营、

---

[5] [美]乔纳森·德·凯恩:《美国合伙法和独资企业法理论》,载全国人大财经委编:《合伙企业法、独资企业法热点问题研究》,人民法院出版社1996年版,第148页。

自负盈亏、独立核算的商品生产和经营单位。国有企业的财产属于国家所有,国有企业则依国家授权而享有经营权,进行具体的经营管理活动。

2. 集体所有制企业。集体所有制企业是指企业财产归劳动群众集体所有,企业由劳动群众民主管理,实行集体积累、按劳分配、适当分红的企业法人。集体所有制企业分为城镇集体所有制企业和乡村集体所有制企业。城镇集体所有制企业是指财产属于城镇劳动群众集体所有,实行共同劳动,在分配方式上以按劳分配为主体的经济组织。乡村集体所有制企业是由乡(含镇)、村(含村民小组)农民集体举办,财产属于乡村农民集体所有的经济组织。

3. 私营企业。私营企业是指财产属于私人所有的营利性经济组织。私营企业可以依法采取独资企业、合伙企业和有限责任公司等形式。

4. 混合所有制企业。混合所有制企业有广义、中义和狭义之分。从广义上讲,混合所有制企业泛指包含不同所有制资本的企业;国有资本、集体资本、来自国内的民营资本和外国资本中,两种和两种以上的资本共同参股所组建的企业,都可归入广义的混合所有制企业的范畴。从中义上讲,混合所有制企业是指由公有资本(国有资本和集体资本)和非公有制资本(民营资本和外国资本)共同参股组建而成的企业形式。从狭义上讲,混合所有制企业专指国有资本和民营资本共同参股组建而成的企业。

混合所有制企业的产生和发展在我国有着较为悠久的历史。早在新中国成立之初,我国通过公私合营对民族资本主义工商业实行社会主义改造,即形成了一批混合所有制企业。按照原政务院1954年9月2日通过的《公私合营工业企业暂行条例》的规定,所谓公私合营,是指在私营企业中增加公股,国家派驻干部(公方代表)负责企业的经营管理。新中国成立之初的公私合营运动,奠定了国有企业在我国经济中的主导地位。20世纪80年代以后,随着改革的不断深化,民营企业等国有企业以外的其他企业形式获得了长足发展,不同所有制的资本共同参股组建混合所有制企业的现象也较为普遍地出现于我国现实经济生活中。近年来,在全面深化改革的进程中,我国进一步明确实行公有制为主体、多种所有制经济共同发展的基本经济制度,积极发展混合所有制经济、支持非公有制经济健康发展,也被作为坚持和完善基本经济制度的重要举措而确立下来。2013年11月12日党的十八届三中全会通过的《中共中央关于全面深化改革若干重大问题的决定》指出:国有资本、集体资本、非公有资本等交叉持股、相互融合的混合所有制经济,是基本经济制度的重要实现形式,有利于国有资本放大功能、保值增值、提高竞争力,有利于各种所有制资本取长补短、相互促进、共同发展;允许更多国有经济和其他所有制经济发展成为混合所有制经济;国有资本投资项目允许非国有资本参股;允许混合所有制经济实行企业员工持股,形成资本所有者和劳动者利益共同体;鼓励非公有制企业参与国有企业改革,鼓励发展非公有资本控股的混合所有制企业。党的十八届三中全会以来,国务院及其有关部门发布了大量发展混合所有制的规范性文件。2015年8月24日中共中央、国务院发布的《关于深化国有企业改革的指导意见》更是明确地对发展混合所有制经济作了具体的部署。此外,我国目前积极探索政府和社会资本合作模式,这种模式是指政府为了增强公共产品和服务供给能力、提高供给效率,通过特许经营、购买服务、股权合作等方式,与社会资本建立的利益共享、风险分担及长期合作关系。由于股权合作是政府和社会资本合作模式中的一种,因此,随着这种模式的推行,混合所有制企业也会有更大的发展。总之,可以预料的是,混合所有制企业将成为我国未来得到广泛运用的企业法律形态。

第三节 企业设立的国家干预法律制度

一、企业设立的国家干预法律制度的界定

(一)企业设立的国家干预法律制度的概念

企业设立的国家干预法律制度,是指法律确立的有关确认和规范国家干预(或政府干预)投资者设立企业的原则、规则的总称。

投资者设立企业,既是投资者进入市场从事营利性活动的一种方式,也是一个资源配置的过程。因此,投资者选择在什么行业和什么地方设立企业以及如何设立企业,不但是投资者的营业自由,而且关系到国家产业政策的落实和生产力的布局。同时,投资者设立企业还是一个新的市场主体诞生的过程,企业设立活动是否规范、所设立的企业是否具有责任能力,事关交易安全的维护。也正因如此,投资者设立企业又不是绝对自由的行为,需要接受国家的干预。然而,经济发展的历史表明:市场决定资源配置是市场经济的一般规律,市场经济本质上就是市场决定资源配置的经济,健全社会主义市场经济必须遵循这条规律。所以,投资者设立企业,需要处理好政府和市场的关系,使市场在资源配置中起决定性作用和更好发挥政府作用。经济法确认国家对企业设立的干预,其目的就在于为国家干预企业设立,进而克服投资者设立企业的盲目性、防止设立企业中的欺诈行为、塑造规范和具有责任能力的市场主体提供正当性基础;经济法规范国家对企业设立的干预,其目的则在于适度限制国家对投资者设立企业的干预,尽可能确保投资者进入市场的自由,发挥市场对资源配置的决定性作用。

(二)企业设立的国家干预法律制度的性质

企业设立的国家干预法律制度属于市场准入制度的范畴。市场准入制度,是指有关国家或者政府准许自然人、法人进入市场从事经营活动的法定条件和法定程序规则的总称。在我国,法律为投资者进入市场提供了多种可供选择的方式。除通过投资设立企业来进入市场外,其他的市场进入方式还包括:(1)有经营能力的公民,按照《促进个体工商户发展条例》等规定,经市场监管部门登记,领取营业执照,进入市场从事工商业经营。个体工商户可以个人经营,也可以家庭经营。(2)已经成立并在特定相关市场(相关产品市场或者相关地域市场)中从事经营活动的个体工商户或者企业等市场主体,通过增加或者变更经营范围、增加或者变更经营场地而进入其他相关市场。(3)已经成立并在特定相关市场中从事经营活动的个体工商户、企业等市场主体,通过并购其他相关市场中的商场主体或者与其他相关市场中的市场主体合并而进入其他相关市场。(4)自然人不办理任何手续直接进入市场。近年来我国一些地区在放宽市场准入条件和程序的探索中试行了这种市场进入方式。此外,自然人以非市场主体的身份进入市场偶然地进行营利性活动,这在任何国家、任何时候都是被允许的。在投资者进入市场的各种方式中,除自然人以非市场主体的身份进入市场偶然地进行营利性活动外,对于投资者进入市场的其他方式,法律都设置了体现国家干预的条件和程序。这些法定条件和法定程序规则,构成了完整的市场准入制度。由于投资者进入市场有多种方式,而设立企业仅是多种可供投资者选择的进入市场的方式之一,因此,企业设立的国家干预法律制度,也就属于市场准入制度的内容。

(三)企业设立的国家干预法律制度的主要内容

企业设立的国家干预法律制度,主要包括企业设立登记制度和企业设立行政许可制度。

1. 企业设立登记制度。企业设立登记,是指国家企业登记机关根据当事人申请,依法对企业设立进行审核登记,确认企业从事市场经营活动资格的行为。企业设立登记的主要目的在于:公示企业基本信息,便于交易相对人了解企业的基本情况,进而帮助交易相对人判断企业的资信等状况,为交易相对人进行交易决策提供依据;使国家掌握企业的基本情况,帮助国家更好地监管企业运行,为国家获取相关统计数据、掌握税源、采取调控措施提供便利。在企业设立的国家干预法律制度中,企业设立登记制度是所有国家对所有企业都实行的一项制度,并且,各国企业设立登记制度都有一个共同的目的,即确认企业的经营资格。但是,在不同的国家、同一国家的不同历史时期,企业设立登记制度的目的也可能呈现出一定的差异,这主要体现在企业设立登记制度是否以及在多大程度上具有对企业设立进行把关的目的上。因此,企业设立登记制度所体现的国家干预的程度,在不同的国家、同一国家的不同历史时期也可能不一样。

2. 企业设立行政许可制度。企业设立行政许可,即设立企业的行政审批,是指行政机关对投资者设立企业的申请经依法审查,准予其设立企业以从事特定经营活动的行为。企业设立行政许可,实际上是国家基于公共利益的考虑而对投资者通过设立企业进入市场的自由作出的限制。按照我国的相关规定,对各类市场主体涉及以下领域的投资经营行为及其他市场进入行为,依照法律、行政法规和国务院决定的有关规定,可以采取禁止进入或限制市场主体资质、股权比例、经营范围、经营业态、商业模式、空间布局、国土空间开发保护等管理措施:(1)涉及人民生命财产安全、政治安全、国土安全、军事安全、经济安全、金融安全、文化安全、社会安全、科技安全、信息安全、生态安全、资源安全、核安全和新兴领域安全等国家安全的有关行业、领域、业务等。(2)涉及全国重大生产力布局、战略性资源开发和重大公共利益的有关行业、领域、业务等。(3)依法可以设定行政许可且涉及市场主体投资经营行为的有关行业、领域、业务等。(4)法律、行政法规和国务院决定规定的其他情形。对于以上情形,除国务院负面清单列为禁止投资经营的行业、领域或者业务导致不得设立企业外,其他限制投资经营的行业、领域或者业务,投资者设立企业进行经营,必须取得相应的行政许可。

与企业设立登记制度不同,企业设立行政许可制度并非普遍适用的制度,只有在设立国家限制投资经营的行业、领域和业务等方面的企业时,才涉及行政许可。而设立其他企业,无须取得行政许可,可直接办理设立登记手续。由此可见,相较于企业设立登记制度,企业设立行政许可制度虽然适用面更窄,但却是一种国家干预色彩更浓的制度。

二、我国企业设立的国家干预法律制度的改革

企业设立的国家干预法律制度如何安排是一个事关政府与市场关系处理是否恰当的重大问题。近年来,为了贯彻落实"使市场在资源配置中起决定性作用和更好发挥政府作用"这一全面深化改革的战略部署,我国对企业设立登记制度和企业设立行政许可制度进行了一系列改革,使得这两项制度所呈现出的国家干预广度和强度有所减弱并日趋适度,投资者设立企业的自由度也因此而相应扩大。这方面的改革举措主要包括以下几项:

(一) 企业设立行政许可制度的适用面大量缩减

在高度集权的计划经济时期，我国对企业的设立普遍采取行政许可主义。按照这一时期颁布的企业法律法规的要求，凡设立企业，都必须取得政府或政府有关部门的许可，否则，企业登记机关不得办理设立登记。社会主义市场经济体制确立以后，基于对市场经济所内生的营业自由原则的尊重，我国通过修改企业法律法规、削减行政审批项目等方式，使得企业设立模式由行政许可主义主导型变为准则主义主导型。党的十八届三中全会以来，我国又基于新时代全面深化改革、放宽市场准入、优化营商环境等目标和要求，通过修改《公司法》、制定统一的《市场主体登记管理条例》等法律制度建设和进一步减少行政审批项目，使得企业设立行政许可制度的适用面不断缩小。这一改革的结果是：在我国设立企业，原则上不需经过行政审批，由投资者依照法定的条件和程序直接办理设立登记即可。

(二) 实行市场准入负面清单制度

市场准入负面清单制度，是指国务院以清单方式明确列出在我国境内禁止和限制投资经营的行业、领域、业务等，各级政府依法采取相应管理措施的一系列制度安排。市场准入负面清单包括禁止准入类和限制准入类，适用于各类市场主体基于自愿的初始投资、扩大投资、并购投资等投资经营行为及其他市场进入行为。对禁止准入事项，市场主体不得进入，行政机关不予审批、核准，不得办理有关手续；对限制准入事项，或由市场主体提出申请，行政机关依法依规作出是否予以准入的决定，或由市场主体依照政府规定的准入条件和准入方式合规进入；对市场准入负面清单以外的行业、领域、业务等，各类市场主体皆可依法平等进入。

我国实行市场准入负面清单制度，既是发挥市场在资源配置中的决定性作用的重要基础，也是更好发挥政府作用的内在要求。(1)通过实行市场准入负面清单制度，赋予市场主体更多的主动权，有利于落实市场主体自主权和激发市场活力，有利于形成各类市场主体依法平等使用生产要素、公开公平公正参与竞争的市场环境，有利于形成统一开放、竞争有序的现代市场体系，将为发挥市场在资源配置中的决定性作用提供更大空间。(2)通过实行市场准入负面清单制度，明确政府发挥作用的职责边界，有利于进一步深化行政审批制度改革，大幅收缩政府审批范围、创新政府监管方式，促进投资贸易便利化，不断提高行政管理的效率和效能，有利于促进政府运用法治思维和法治方式加强市场监管，推进市场监管制度化、规范化、程序化，从根本上促进政府职能转变。

(三) 推行便利企业设立的制度

基于放松市场准入管制、降低准入门槛、优化营商环境、促进市场主体加快发展的目的，近年来我国对市场主体的设立制度进行了改革。其中最具代表性的改革包括以下几项：

1.降低公司设立的注册资本条件要求。基于确保公司资本的量和质、保障公司偿债能力、保护债权人利益、维护交易安全等方面的考虑，我国1993年12月29日颁布的《公司法》确立了严格的公司资本制度。该法除恪守"资本三原则"中的资本维持原则、资本不变原则外，还在公司设立阶段奉行资本确定原则，即公司在设立时必须在章程中载明公司资本总额，并由股东全部认足、缴足，否则公司不能成立[6]。同时，针对公司设立，该法还规定了较高的最低资本

---

[6] 1993年《公司法》第23条第1款规定："有限责任公司的注册资本为在公司登记机关登记的全体股东实缴的出资额。"第78条第1款规定："股份有限公司的注册资本为在公司登记机关登记的实收股本总额。"

限额[7]、有限的出资方式[8]、无形资产出资的比例限制[9]、以募集设立方式设立的股份有限公司的发起人认购股份占公司股份总数的比例[10]、强制性验资并向公司登记机关提交验资证明[11]等实体性和程序性条件。然而，由于公司信用主要取决于公司资产信用而非公司资本信用，亦即公司偿债能力大小取决于公司偿债当时的资产而非公司资本，故而1993年《公司法》对公司设立所作出的较高的注册资本要求，并未很好地实现立法的初衷，这些规定不利于公司设立，进而不利于广泛吸引社会资金参与投资。鉴于此，我国对公司资本制度改革进行了不懈探索，并在2005年10月27日、2013年12月28日、2023年12月29日等三次《公司法》修改中对包括公司设立的注册资本条件在内的公司资本制度作了完善。

相较于1993年《公司法》的相关规定，2023年《公司法》对公司设立的注册资本条件要求已有大幅度降低，这主要体现在以下几方面：(1)除法律、行政法规以及国务院决定另有规定的以外，不再要求公司设立的注册资本最低限额。(2)除法律、行政法规规定不得作为出资的财产外，股东可以用货币出资，也可以用实物、知识产权、土地使用权、股权、债权等可以用货币估价并可以依法转让的非货币财产作价出资，由此拓展了股东可以用于出资的财产范围。(3)不再限制以工业产权、非专利技术作价出资的金额占公司注册资本的比例。(4)公司登记时无须提交验资证明。(5)部分有限责任公司设立时不再要求资本全部或部分实缴。除法律、行政法规以及国务院决定另有规定的以外，有限责任公司的注册资本为在公司登记机关登记的全体股东认缴的出资额，全体股东认缴的出资额由股东按照公司章程的规定自公司成立之日起5年内缴足(2023年《公司法》第47条)；"本法施行前已登记设立的公司，出资期限超过本法规定的期限的，除法律、行政法规或者国务院另有规定外，应当逐步调整至本法规定的期限以内；对于出资期限、出资额明显异常的，公司登记机关可以依法要求其及时调整"(2023年《公司法》第266条)。需要说明的是，针对以上有限责任公司设立时注册资本认缴、实缴的规定，有人认为我国2023年《公司法》对部分有限责任公司注册资本采取了限期实缴制，另有学者认为这些规定并非对注册资本认缴制的否定，而是在肯定注册资本认缴制改革方向的前提下，对其进行的一种合理、必要的完善。在我们看来，虽然对上述规定的学理解释存在分歧，但可以肯

---

[7] 1993年《公司法》第23条第2款、第3款规定："有限责任公司的注册资本不得少于下列最低限额：(一)以生产经营为主的公司人民币五十万元；(二)以商品批发为主的公司人民币五十万元；(三)以商业零售为主的公司人民币三十万元；(四)科技开发、咨询、服务性公司人民币十万元。特定行业的有限责任公司注册资本最低限额需高于前款所定限额的，由法律、行政法规另行规定。"第78条第2款规定："股份有限公司注册资本的最低限额为人民币一千万元。股份有限公司注册资本最低限额需高于上述所定限额的，由法律、行政法规另行规定。"

[8] 1993年《公司法》第24条第1款规定："股东可以用货币出资，也可以用实物、工业产权、非专利技术、土地使用权作价出资……"。

[9] 1993年《公司法》第24条第2款规定："以工业产权、非专利技术作价出资的金额不得超过有限责任公司注册资本的百分之二十，国家对采用高新技术成果有特别规定的除外。"

[10] 1993年《公司法》第83条规定："以募集设立方式设立股份有限公司的，发起人认购的股份不得少于公司股份总数的百分之三十五，其余股份应当向社会公开募集。"

[11] 1993年《公司法》第26条规定："股东全部缴纳出资后，必须经法定的验资机构验资并出具证明。"第27条第1款规定："股东的全部出资经法定的验资机构验资后，由全体股东指定的代表或者共同委托的代理人向公司登记机关申请设立登记，提交公司登记申请书、公司章程、验资证明等文件。"第82条规定："以发起设立方式设立股份有限公司的……发起人交付全部出资后，应当选举董事会和监事会，由董事会向公司登记机关报送设立的批准文件、公司章程、验资证明等文件，申请设立登记。"第91条第1款规定："发行股份的股款缴足后，必须经法定的验资机构验资并出具证明。发起人应当在三十日内主持召开公司创立大会。创立大会由认股人组成。"第94条规定："董事会应于创立大会结束后三十日内，向公司登记机关报送下列文件，申请设立登记：……(五)验资证明……"

定的是：一方面，相较于1993年《公司法》，2023年《公司法》对有限责任公司设立的注册资本条件要求有了较大幅度的降低，由此更加便于有限责任公司的设立；另一方面，这些规定对于解决有限责任公司注册资本认缴制推行后，实践中所产生的资本盲目认缴、天价认缴，以及公司章程规定的实缴期限过长，进而虚化注册资本的信用标示作用、增加交易相对人的交易成本和交易风险等问题，无疑具有重要作用。

2. 简化住所或者主要经营场所登记手续。按照我国《市场主体登记管理条例》的规定，设立企业的申请人提交住所或者主要经营场所的合法使用证明即可予以登记。省、自治区、直辖市人民政府可以根据有关法律、行政法规的规定和本地区实际情况，自行或者授权下级人民政府对住所或者主要经营场所作出更加便利市场主体从事经营活动的具体规定。

3. 推行电子营业执照和全程电子化登记管理。我国近年来不断探索建立适应互联网环境的市场主体登记数字证书管理系统，推行全国统一标准规范的电子营业执照，为电子政务和电子商务提供身份认证和电子签名服务保障。电子营业执照与纸质营业执照具有同等法律效力。同时，我国还推行以电子营业执照为支撑的网上申请、网上受理、网上审核、网上公示、网上发照等全程电子化登记管理方式，以提高市场主体登记管理的信息化、便利化、规范化水平。

4. 实施"多证合一""一照一码"的市场主体登记制度。这是我国实行的旨在压缩市场主体进入市场前后的各类证照事项，提高市场准入效率的一项举措。我国最早实行的制度是"三证合一""一照一码"，这是指将市场主体依次申请并由市场监管部门核发的营业执照、质量技术监督部门核发的组织机构代码证、税务部门核发的税务登记证等"三证"，合为由市场监管部门核发的一个加载法人和其他组织统一社会信用代码的营业执照。"三证合一""一照一码"登记制度，通过"一表申请、一窗受理、信息共享、并联审批、结果互认、一份证照、一个代码"来具体落实。"三证合一""一照一码"制度推行后，我国市场主体登记实践中又将社会保险登记证、统计登记证整合至营业执照，形成"五证合一""一照一码"制度，此后还将其他涉及市场主体登记、备案等方面的各类证照进一步整合到营业执照，形成更加完善的"多证合一""一照一码"制度。这一制度，使经营者在办理营业执照后即能达到预定可生产经营的状态，大幅度缩短经营者从筹备开办到进入市场的时间。

5. 实行"先照后证""证照分离"的市场准入制度。在传统计划经济体制下，企业设立均须首先履行行政审批手续，取得行政许可证明文件，之后才能办理设立登记，领取营业执照。这种企业设立登记制度被称为"先证后照"。近年来，随着行政审批制度和市场主体登记制度改革的不断深化，"先证后照"的适用范围已大幅度缩小，而"先照后证"作为一种新的企业设立登记制度得以确立。将部分"先证后照"变为"先照后证"意味着：对按照法律、行政法规和国务院决定需要取得前置许可的事项，除涉及国家安全、公民生命财产安全等外，不再实行先主管部门审批、再市场主体登记的制度，市场主体向市场监管部门申请登记，取得营业执照后即可从事一般生产经营活动；对从事需要许可的生产经营活动，持营业执照和有关材料向主管部门申请许可。通过这一改革，与市场主体设立和经营相关的证照制度的框架是：(1)设立经营前置审批项目的市场主体，应在取得相应的批准文件后办理市场主体登记，领取营业执照，此后才能从事经营活动。(2)设立经营后置审批项目的市场主体，应在办理市场主体登记，领取营业执照后取得相应的批准文件，此后才能从事经营活动。(3)设立不涉及审批事项的市场主体，在办理市场主体登记后即可从事经营活动。(4)设立同时经营审批项目和一般经营项目的市场主体，办理市场主体登记后可以从事一般经营项目的经营活动，但在取得相应的审批文件之前，不得从事审批项目的经营活动。(5)已经成立的市场主体通过变更经营范围而经营需经审批的项目的，应在取得相应的审批文件后，才能从事该项目的经营活动。"先照后证"的企业设立登记制度的确立，为投资者进入市场提供了便利，有利于提高企业设立的效率，繁荣社会经济。

"先照后证"的市场准入制度推行后，虽然促进了市场主体的设立，但也出现了"办照容易办证难""准入不准营"等问题。为了破解这些难题，我国推行了"证照分离"改革，即对于经营许可事项，采取如下分类推进审批制改革的措施：(1)直接取消审批。对设定必要性已不存在、市场机制能够有效调节、行业组织或中介机构能够有效实现行业自律管理的行政审批事项直接取消，市场主体办理营业执照后即可开展相关经营活动。(2)取消审批，改为备案。对取消审批后有关部门需及时准确获得相关信息，以更好开展行业引导、制定产业政策和维护公共利益的行政审批事项，改为备案。市场主体报送材料后即可开展相关经营活动，有关部门不再进行审批。(3)简化审批，实行告知承诺。对暂时不能取消审批，但通过事中事后监管能够纠正不符合审批条件行为的行政审批事项，实行告知承诺。有关部门要履职尽责，制作告知承诺书，并向申请人提供示范文本，一次性告知申请人审批条件和所需材料，对申请人承诺符合审批条件并提交有关材料的，当场办理审批。市场主体要诚信守诺，达到法定条件后再从事特定经营活动。有关部门实行全覆盖例行检查，发现实际情况与承诺内容不符的，依法撤销审批并予以从重处罚。(4)完善措施，优化准入服务。对关系国家安全、公共安全、金融安全、生态安全和公众健康等重大公共利益的行政审批事项，保留审批，优化准入服务。要针对市场主体关心的难点痛点问题，精简审批材料，公示审批事项和程序；要压缩审批时限，明确受理条件和办理标准；要减少审批环节，科学设计流程；要下放审批权限，增强审批透明度和可预期性，提高登记审批效率。

第四节　企业运行的国家干预法律制度

一、企业运行的国家干预法律制度的界定

通常意义上的企业运行，是指企业自成立后至退出市场前的所有运作活动。本节所谓企业运行采用更加广义的概念，指企业存续期间的运作和企业退出市场的行为。

在市场经济体制中，企业运行主要应当自主进行。但绝对自由的企业运行，难免会引发一系列社会问题，因而，企业运行也要接受一定程度的国家干预。企业运行的国家干预，是指国家为维护社会公共利益或者全局性利益所实施的，旨在克服市场经济体制中企业自由运作的盲目性和局限性的行为。企业运行的国家干预可以通过经济手段、行政手段和法律手段等来实现。尽管经济手段和行政手段在干预企业运行方面有灵活性和较强的适应性等优点，但法律所固有的普遍适用性、规范性和强制性等特性，以及法治固根本、稳预期、利长远的保障作用，则使法律手段在干预企业运行方面能够发挥其他手段所不能企及的功效。因此，各国无不在综合运用各种手段干预企业运行的同时，尽可能地将其中的经济手段和行政手段等上升为

法律手段,通过法律法规的制定与实施来实现企业的良性运行。这种通过法律规范对企业运行的国家干预所做的制度安排,就是企业运行的国家干预法律制度。

企业运行的国家干预法律制度是一类具有客观性和普遍性的法律制度,因为无论怎样信奉自由企业制度,当今世界各国仍会运用包括法律手段在内的多种手段对企业运行实施间接甚至直接的干预。可以说,尽管各国的国情及由此决定的经济体制模式存在差异,但对企业运行进行干预性质的立法,并以此建构企业运行的国家干预法律制度,则是各国的共同取向。而且,无论国家干预的具体措施是否专门针对企业而提出,它们对企业的运行都会产生或多或少的影响。企业运行与国家干预及其法律制度相联系,由此便衍生出与自由企业制度相伴随的企业运行的国家干预法律制度。

二、企业运行的国家干预法律制度产生的背景

作为国家干预法律制度体系的重要组成部分,企业运行的国家干预法律制度的产生具有国家干预法律制度得以出现的一般原因。然而,企业运行的国家干预法律制度以作为国民经济微观基础的企业及其运行为干预的着眼点,因而其产生又不可避免地具有特殊的背景。

(一)社会本位及社会利益原则的确立

从绝对的个人本位或权利本位到将社会本位纳入考量,是西方法哲学或立法指导思想在当代的重大变化。经济法的出现正是这种变化在法律上的表现。对社会本位的张扬并不是对个人私权本位的否定或绝对替代,而只是将传统民法中的公序良俗原则延伸到更为广泛的社会生活中,用以制约权利行使过程中的某些非理性行为[12]。社会本位受到青睐,无疑为企业运行的国家干预法律制度的确立营造了适宜的氛围。对社会本位的日益关注必然衍生出社会利益原则。在对企业尤其是社会主义制度下的企业以及资本主义制度下的国有企业和公营企业的存续与运行的价值评判上,社会利益原则得到了突出的强调。可以说,在当代,企业已被作为社会的重要构成部分看待,企业的行为也已被当作社会行为来认识。企业及其行为的价值已不仅仅体现为增进微观利益,其经济价值只有在符合或有益于社会整体利益的前提下才能得到肯定性的评价。注重社会整体利益的政治、伦理意识上升为一种法哲学思想,便导致了立法对社会利益的偏重。企业运行的国家干预法律制度即是这一偏重的结果,其主旨之一,便在于矫正自由企业制度所固有的偏离甚至损害社会利益的趋向。

(二)社会公平理念的出现及被认同

立法指导思想从单纯强调个人本位或权利本位转向对社会本位的关注,也相应地使社会公平理念得以出现并获得了认同。个人本位或权利本位所蕴含的价值判断之一,是对意思自治的高度尊重,认为当事人依其真实意志自由地为交易行为,是最富效率的。社会本位在关注个体利益的同时,也注意到当事人自由交易的非理性趋向,认为只有消除这些非理性现象,社会本位的价值目标才能真正实现。在当代西方国家,消除市场经济中的非理性现象被视为国家的一项重要职能,其要旨是通过"国家之手",建立有益于社会利益的公平的市场经济体制。这恰好是社会公平理念的应有之义。社会公平理念的出现和对其的认同,对国家干预经济提出了新的要求,也为国家干预经济提供了理论依据。作为国民经济微观基础的企业的运行,自

---

[12] 顾培东主编:《中国企业运行的法律机制》,重庆出版社1991年版,第6页。

然就成为基于社会公平理念所实施的国家干预发挥作用的重要方面。在注重以法律手段干预经济的当代社会,企业运行的国家干预法律制度也便由此产生。

(三) 企业在社会中角色的转换

在传统经济学中,企业的最终目标被认为是最大限度地营利,以实现出资者利润的最大化。这种观念不考虑企业行为的社会后果,不考虑企业获取利润的手段的文明程度和道德性质,不考虑企业行为的社会评价,而将是否有利于实现企业及其出资者利润最大化作为评判企业以及企业管理人员的行为是否妥当的具有优势地位的乃至唯一的价值标准。这种观念在早期的企业立法中有一定程度的反映。然而,这种传统观念应当说仅仅是经济学上的一种假设,其不能全面体现社会经济生活的实然状态。鉴于此,理论界开始对企业在社会生活中的角色定位予以重新思考。在当代,主流观点已放弃了绝对一元主义的利润最大化理论,认为企业不仅是出资者谋取利润最大化的工具,还是实现社会福利的实体。企业在追求利润的过程中,必须充分考虑相关者的利益。观念的转变导致了立法的变革。近世以来,为使企业的行为符合并充分尊重社会公众的利益,各国立法界都在强化企业社会责任问题上作了不懈努力,一方面颁布了大量的引导和强制企业承担社会责任的专门法规,另一方面又在传统企业法或公司法中增设了保护企业利益相关者的条款。这些规定对企业运行的国家干预法律制度的确立,无疑具有不可忽视的作用。

(四) 传统民法对企业运行规制的局限

从立法史的角度看,企业运行的法律规制最初主要是由传统民法来承担的。传统民法对企业运行的规制,囊括了企业行为和企业组织两大基本问题。首先,在对企业行为的规制方面,传统民法规定了民事主体进行民事活动的一般准则,自然也就确立了企业以及企业的出资者从事市场交易活动的基本规则。其次,在对企业组织的规范方面,传统民法对法人制度的规定,使企业的主体资格及权利能力和行为能力,企业的组织机构及其规范化运作,企业设立、变更和终止的规则等企业的组织问题得以明确,为人们组织企业以进行市场交易,以及作为组织体的企业在社会生活中的变动提供了基本准绳。传统民法以个人本位或权利本位为其法哲学基础,强调民事主体在民事活动中的意思自治。以这种观念为指导的传统民法对企业运行的规制,在当代社会历史条件下,也就不可避免地暴露出其局限性。

1. 传统民法的要旨在于根据市场机制的固有规律及其要求,为包括企业在内的所有市场主体设定市场交易的一般准则,因此,它对企业运行的规制未能超出市场交易领域,难以触及企业生产经营活动的具体组织过程。在对企业行为的规制上,传统民法并不直接干预企业的具体市场行为,也不要求企业从事某些行为(如对企业的利益相关者承担社会责任)。在对企业组织的规制上,传统民法的调整作用尽管也涉及企业的内部(如对企业组织机构之间、企业与出资者之间及出资者相互之间关系的规定),但其主要功能在于塑造企业的民事主体地位及其相应的自主意志和独立财产制度,同时为出资者依其自主意志和市场法则设立、变更和终止企业提供法律依据,并不直接干预企业内部的具体生产经营管理活动。这种企业调整体例,显然不利于消除企业的盲目运作和企业为了局部利益而践踏社会公共利益或全局性利益的现象。

2. 传统民法在充分尊重作为民事主体的企业及其出资者自身利益的同时,也不否认甚至注意到了出资者的出资行为及由此形成的企业对繁荣社会经济和增进社会福利的意义,但它以效率为直接的和最高的价值目标,并且认为当事人依其真实意志自愿地进行市场交易是最富效率的。因此,传统民法创设的目的,仅在于为包括企业及其出资者在内的民事主体自愿地进行市场交易提供制度上的保证,以达到其所期望的普遍提高全社会经济效率的最终目标,而对于社会公平问题,传统民法将其看作主要由政府或者其他法律部门予以解决的事项而予以忽略。也正是由于传统民法并不基于社会公平理念解决市场失灵这一有损于社会经济繁荣和社会福利增进的市场机制所固有的不足,因而,传统民法并不对企业的经营行为给予经济性和社会性的引导,企业经营行为纯粹由企业根据自由意志抉择。一言以蔽之,传统民法关注效率而不致力于社会公平,也就难以为社会建立起必要的社会公平机制。

3. 传统民法所规定的企业的法律地位仅限于民事领域,而对于企业在整个社会中的地位,亦即企业作为社会实体的全面本质或者说企业在社会生活中的完整角色问题,传统民法并不涉及。

传统民法对企业运行的规制存在的上述不足,是企业运行的国家干预法律制度产生的重要原因。

三、我国企业运行的国家干预法律制度

我国企业运行的国家干预法律制度的内容是较为丰富的。以下依据我国现行企业立法,尤其是公司法,[13]结合市场监管制度改革的走向,就我国企业运行的国家干预法律制度的几个主要方面作简要介绍。

(一)公司治理结构的国家干预法律制度

公司治理结构(corporate governance)有狭义和广义之分。从狭义上讲,公司治理结构是指公司内部的激励和约束机制。其涉及的核心内容,是公司内部的权限结构、企业控制权分配等问题。狭义的公司治理结构在传统上由公司法律规范加以构造,因而是公司法学研究的重点。从广义上讲,公司治理结构泛指有关激励和约束公司的一切制度。这种意义上的公司治理结构,不仅包括公司内部的激励和约束机制,而且包括公司的外部治理结构,即公司边界以外的市场(包括劳动力市场、产品市场、资本市场、并购市场等)对公司的激励和约束机制,不仅涉及作为正式制度的那些对公司进行激励和约束的法律制度,而且包括对公司发生影响的文化、传统、习俗等非正式制度安排。法律意义上的公司治理结构,通常指狭义的公司治理结构。

严格讲,公司治理结构属于公司的内部问题,国家不宜对它作过多的干预。国家的主要任务在于为公司经营过程中的内部关系提供成功的法定范式,将市场经济中行之有效的那些使不同利益主体共容于同一实体的机制法定化。然而,公司的治理结构涉及公司的行为是否规范,关乎企业承担的社会责任和对国家的责任能否得到履行等重大问题,因此,我国公司法确认了对公司治理结构进行有限干预的措施。其中,国家干预色彩较为明显的措施主要包括以下几项:

1. 实行职工董事、监事制度。按照我国《公司法》的规定,设董事会、监事会的公司,可以或者应当实行职工董事、监事制度。有限责任公司、股份有限公司董事会成员为3人以上的,其成员中可以有公司职工代表;对于职工人数300人以上的有限责任公司、股份有限公司,除依

---

[13] 严格讲,公司法在我国法学界、实务界被归入商法或者民商法的范畴,但鉴于它的相关规定和制度设计体现了国家干预及其法治化这一契合经济法应有之义的理念,故而本部分将其纳入探究范围。

法设监事会并有公司职工代表的外,其董事会成员中应当有公司职工代表;有限责任公司、股份有限公司监事会成员为3人以上的,监事会成员应当包括股东代表和适当比例的公司职工代表,其中职工代表的比例不得低于1/3,具体比例由公司章程规定。国家出资公司中的国有独资公司的董事会成员中,应当过半数为外部董事,并应当有公司职工代表。董事会、监事会中的职工代表由公司职工通过职工代表大会、职工大会或者其他形式民主选举产生。职工董事、监事制度是对公司中长期呈现的"资本雇佣劳动"现象的突破,是保证职工代表有序介入公司治理,保障职工知情权、参与权、表达权、监督权,维护职工合法权益的重要举措,一定程度上体现了国家对公司治理的干预。

2. 对多数决定原则进行限制。这主要是为保护公司股东尤其是小股东的股权而采取的一项干预措施。在西方国家,尽管公司中侵犯股权的现象较为普遍且由来已久,但人们对是否通过立法为股权提供切实的保护的问题却长期犹豫不决,担心这样做可能会对公司的内部事务造成过度干预。因此,早期公司法一般都实行多数决定原则(majority rule),即股东会的决议或行为是否合法、有效,完全取决于持有多数表决权的股东的意志。然而,由于多数决定原则在实践中日益成为大股东操纵公司和股东会议、侵犯中小股东权益的借口,因此,一些国家的立法对多数决定原则作了限制:一旦多数决定侵犯了股东的股权,受害股东可以请求法院解散公司、请求法院对不当行为进行干预或者请求法院指定审计人对公司进行审计,甚至可以提起派生诉讼[14]。此外,发端于美国并为包括我国在内的其他一些国家采纳的累积投票制[15],更是本着保护小股东股权的思想而对多数决定原则作出的限制。对多数决定原则的限制实际上是对"按资说话"这一经营公司的市场基本法则的一种修正,且此种修正在一定程度上体现了国家干预。我国《公司法》就限制多数决定原则作出了一些规定。例如,该法第117条对累积投票制作了规定,第189条对派生诉讼作了规定。

3. 对充任企业机构的自然人的任职资格进行限定。这方面的限定可追溯到20世纪80年代我国关于厂长条件的规定:1986年9月中共中央、国务院发布的《全民所有制工业企业厂长工作条例》(已失效)对厂长的政治、业务、思想品质、文化、身体等各种条件作了全面要求。《公司法》本着维护公司和股东利益、确保交易安全的精神,对公司董事、监事、高级管理人员的任职资格作了规定。[16] 这些限定意味着企业组织机构的组成人员并非当事人完全自由决定的事项,尽管它们可被视为经营企业的当然要求,但其所包含的公共政策及为实现公共政策而进行国家干预的取向,才是最为基本的和主要的应有之义。

(二)企业生产经营活动的国家干预法律制度

企业生产经营活动可以从不同的意义上进行理解。广义上讲,它泛指企业所从事的一切旨在营利的活动;狭义上讲,它仅指企业以营利为目的,直接面向市场所进行的物质产品生产、销售和劳务提供活动,不包括企业内部组织机构的运作以及企业的变更、终止和资产重组等行

---

[14] 在英美公司法上,派生诉讼是指公司怠于通过诉讼追究公司机关及其成员的责任或实现其他权利时,股东为了公司利益而代表公司提起的诉讼。股东的诉权被视为派生于公司的诉权,故派生诉讼由此得名。在一些大陆法系国家,由于理论上视股东有直接诉权,股东行使诉权的同时亦代表了拥有同样诉权的人,故此类诉讼被称为代表诉讼。在公司法上,公司利益往往也被视为股东的利益,因此,派生诉讼或代表诉讼被作为保护股东权利的措施。

[15] 累积投票制,是指股东会选举董事或者监事时,每一股份拥有与应选董事或者监事人数相同的表决权,股东拥有的表决权可以集中使用。

[16] 我国《公司法》第178条。

为。这里所谓的企业生产经营活动,主要在狭义上使用。

企业生产经营活动是企业运行的国家干预法律制度发生作用最为明显、最为直观和最为重要的方面。可以说,我国经济法所构建的大部分法律制度,都直接或间接地对企业生产经营活动发生着作用。此外,我国近年来实行"宽进严管"市场监管制度,要求在放宽市场准入条件("宽进")的同时,进一步强化市场主体责任,健全完善配套监管制度,加强对市场主体的监督管理,促进社会诚信体系建设,维护公平竞争的市场秩序("严管")。因此,建立健全企业生产经营活动的国家干预法律制度,也是市场监管"宽进严管"的应有之义。

鉴于本书的许多内容一定意义上都属于企业生产经营活动的国家干预法律制度的范畴,这里只涉及其他章节不便介绍的内容。

1. 企业年度报告公示制度。我国曾经实行企业年度检验制度。企业年度检验(简称年检),是指企业登记机关依法按年度根据企业提交的年检材料,对与企业登记事项有关的情况进行定期检查的监督管理制度。近年来,我国将企业年度检验制度改为企业年度报告公示制度。按照规定,企业应当按年度在规定的期限内,通过国家企业信用信息公示系统向市场监管部门报送年度报告,并向社会公示,任何单位和个人均可查询。企业年度报告的主要内容应包括公司股东(发起人)缴纳出资情况、资产状况等,企业对年度报告的真实性、合法性负责,市场监管部门可以对企业年度报告公示内容进行抽查。经检查发现企业年度报告隐瞒真实情况、弄虚作假的,市场监管部门依法予以处罚,并将企业法定代表人、负责人等信息通报公安、财政、海关、税务等有关部门。对未按规定期限公示年度报告的企业,市场监管部门在国家企业信用信息公示系统上将其载入经营异常名录,提醒其履行年度报告公示义务。企业在3年内履行年度报告公示义务的,可以向市场监管部门申请恢复正常记载状态;超过3年未履行的,市场监管部门将其永久载入经营异常名录,不得恢复正常记载状态,并列入市场监督管理严重违法失信名单("黑名单")。

2. 企业信用监管制度。这一制度包括以下内容:

(1)国家企业信用信息公示制度。按照国家的相关规定,我国应当以企业法人国家信息资源库为基础构建国家企业信用信息公示系统,支撑社会信用体系建设。在国家企业信用信息公示系统上,市场监管部门公示市场主体登记、备案、监管等信息;企业按照规定报送、公示年度报告和获得资质资格的许可信息。公示内容作为相关部门实施行政许可、监督管理的重要依据。国家加强公示系统管理,建立服务保障机制,为相关单位和社会公众提供方便快捷服务。

(2)信用约束机制。具体措施是:首先,建立经营异常名录制度,将未按规定期限公示年度报告、通过登记的住所(经营场所)无法取得联系等的企业,载入经营异常名录,并在国家企业信用信息公示系统上向社会公示。其次,推进"黑名单"管理应用,完善以企业法人、法定代表人、负责人任职限制为主要内容的失信惩戒机制。最后,建立联动响应机制,对被载入经营异常名录或"黑名单"、有其他违法记录的企业及其相关责任人,各有关部门要采取有针对性的信用约束措施,形成"一处违法,处处受限"的局面。

3. 企业经营行为监管制度。按照规定,国家有关部门要大力推进反不正当竞争与反垄断执法,加强对各类商品交易市场的规范管理,维护公平竞争的市场秩序。而且,国家有关部门要强化商品质量监管,严厉打击侵犯商标专用权和销售假冒伪劣商品的违法行为,严肃查处虚假违法广告,严厉打击传销,严格规范直销,维护经营者和消费者合法权益。

4. 企业住所（经营场所）管理制度。市场监管部门根据投诉举报，依法处理市场主体登记住所（经营场所）与实际情况不符的问题。对于应当具备特定条件的住所（经营场所），或者利用非法建筑、擅自改变房屋用途等从事经营活动的，由相关部门依法管理；涉及许可审批事项的，由负责许可审批的行政管理部门依法监管。

（三）企业变更和终止的国家干预法律制度

与企业的设立一样，在市场经济体制下，企业的变更和终止，主要应当是企业投资者自主决定的事项；但企业的变更和终止不仅涉及企业及其出资者的自身利益，而且对社会公共利益乃至国家利益也会产生直接和间接的影响，因此，企业的变更和终止的自由不应绝对化，而应当同时接受国家干预的制约。在某些场合（如企业因违法而被政府或政府主管部门责令撤销）中，国家干预还呈现出绝对的权威性。依据我国现行法，国家对企业变更和终止的干预，主要体现在以下几方面：

1. 对一些企业的变更和终止进行决定或审批。由政府对一些企业的变更和终止进行决定或审批，这在我国社会主义市场经济体制确立前后的企业法中都有体现。例如，《全民所有制工业企业法》第18条规定："企业合并或者分立，依照法律、行政法规的规定，由政府或者政府主管部门批准。"又如，《商业银行法》第24条规定："商业银行有下列变更事项之一的，应当经国务院银行业监督管理机构批准：（一）变更名称；（二）变更注册资本；（三）变更总行或者分支行所在地；（四）调整业务范围；（五）变更持有资本总额或者股份总额百分之五以上的股东；（六）修改章程；（七）国务院银行业监督管理机构规定的其他变更事项。更换董事、高级管理人员时，应当报经国务院银行业监督管理机构审查其任职资格。"第69条第1款规定："商业银行因分立、合并或者出现公司章程规定的解散事由需要解散的，应当向国务院银行业监督管理机构提出申请，并附解散的理由和支付存款的本金和利息等债务清偿计划。经国务院银行业监督管理机构批准后解散。"当然，本着有利于企业按照市场的情况，根据效率的原则运行的考虑，我国现行《公司法》等实行市场经济体制之后制定、修改的企业法放松了对企业变更和终止的行政管制，企业变更和终止的自由度有了很大的提高。

2. 对企业的变更和终止实施登记管理。企业变更和终止应向企业登记主管机关办理登记，这是我国企业法的一项基本要求。为使企业登记管理有所依据，我国在历史上曾发布了《公司登记管理条例》《企业法人登记管理条例》《合伙企业登记管理办法》《农民专业合作社登记管理条例》《企业法人法定代表人登记管理规定》等专门的企业登记管理规范；国务院于2021年7月27日公布了统一的《市场主体登记管理条例》，并自该条例施行之日（2022年3月1日）起同时废止了上述5个企业登记管理规范。同时，立法还确立了企业的年度报告公示、证照和档案管理制度，从而使企业的登记与管理紧密地结合起来，并使登记管理经常化。对企业的变更和终止实施登记管理，其主要目的在于确立企业的主体资格（诸如企业合并、分立等变更可能产生新的企业），向社会公众公示企业的基本情况以确保交易安全，同时使登记机关及时掌握社会经济生活中企业的构成和状况，从而为制定国民经济和社会发展规划、进行市场监管和宏观经济调控提供依据。

3. 引导企业实现资源的优化配置。资源优化配置是指按效用最大化原则组合多种资源。经济发展的历史表明，市场是实现资源优化配置最有效的手段，然而，这并不意味着国家在促进资源优化配置方面是无能为力的，在确保市场对资源配置起决定性作用的同时更好地发挥政府的作用,可避免资源的低效配置和浪费。为此,我国立法对企业的变更和终止规定了一些引导措施,以适应资源优化配置之需,进行产业结构、产品结构和企业组织结构的调整。

4. 防止企业变更和终止中形成垄断势力。企业的变更和终止在很多情况下都涉及企业资产的重组问题。在没有外在力量制约的情况下,企业变更和终止的结果,往往是社会资源集中度的提高。这种资源集中度的提高有利于形成企业的规模优势,取得规模经济的效果。但是,资源的过度集中又会造成市场集中度的不适当提高,从而形成垄断势力,排除、限制竞争。因此,早在20世纪80年代初期及中期,我国便在有关推动联合、保护竞争的规定中,提出了既要推动企业联合,允许甚至鼓励企业通过兼并、组建企业集团等方式实现合并,又要反对过大规模的企业合并,防止经济力过度集中的垄断企业产生的思想。我国《反垄断法》关于规制经营者集中的规定和制度,则是我国目前防止企业变更和终止形成垄断势力的主要法律依据。

第五节　企业社会责任

一、企业社会责任的界定

(一)企业社会责任的定义和特征

企业社会责任是20世纪初以来发达资本主义国家学界尤其是企业理论界和企业法学界讨论较多的问题之一。然而,对于究竟何谓企业社会责任,迄今尚无统一的界定。一般而言,所谓企业社会责任,是指企业在谋求股东利润最大化之外所负有的维护和增进社会利益的义务。在英国、美国等国家,企业社会责任主要是针对作为企业的公司,特别是大型股份有限公司权力的膨胀以及由此所引发的社会问题而提出的,故而,企业社会责任在这些国家经常被具体化为公司社会责任(corporate social responsibility)。企业社会责任与其他责任形态相比,具有以下几方面的显著特征:

1. 企业社会责任是一种关系责任或积极责任。具体而言,"责任"一词包含两方面的语义:一为关系责任;二为方式责任。前者是一方主体基于与他方主体的某种关系而负有的责任,这种责任实际上就是义务;后者为负有关系责任(义务)的主体不履行其关系责任所承担的否定性后果。[17] 企业社会责任实际上是企业的义务,尽管违反该义务将产生某种道义上的甚至法律上的否定性后果,但后者并未被纳入"企业社会责任"这一范畴。可以说,"企业社会责任"中的"责任"是指"义务",这在学界和实务界并无争议。此外,我国法学界还将义务视为积极责任,将不履行义务所产生的否定性后果看作消极责任。若以这种划分方法来看待企业社会责任,则它显然又属于一种积极责任。

2. 企业社会责任以企业的非股东利益相关者(non-stockholders/non-shareholders)为企业义务的相对方。按照各国的通常理解,这里所谓"企业的非股东利益相关者",是企业的利益相关者(stakeholders)的构成部分,是指在股东以外,受企业决策与行为现实的和潜在的、直接

---

[17] 张文显主编:《法理学》,法律出版社1997年版,第143页。

的和间接的影响的一切人。具体包括企业的雇员、企业产品的消费者、企业的债权人,经济和社会发展规划、资源和环境、社会保障和福利事业的受益者等方面的群体。在企业社会责任的倡导者看来,因企业的非股东利益相关者与企业存在利害关系(stakes),故而企业对其利益负有维护和保障之责,这种责任即企业社会责任。企业的非股东利益相关者由此便成为企业社会责任的相对方。至于企业的股东(stockholders/shareholders),也是一种重要的企业的利益相关者,企业对其负有直接的责任,此即实现股东利润最大化的责任。然而,由于企业对股东所负有的实现利润最大化的责任在国外相关理论中被视为有别于企业社会责任的经济责任,因此,股东应是企业经济责任的相对方而非企业社会责任的相对方。

3. 企业社会责任是企业的法律义务和道德义务的统一。法律义务是法定化,且将国家强制力作为其履行的现实和潜在保障的义务。这种义务在法律上有具体的内容和履行上的要求,而且对于怠于或拒不履行也有否定性的法律评价和相应的法律补救,因此,它实际上是对义务人的"硬约束",是维护基本社会秩序所必需的最低限度的道德的法律化。道德义务是由义务人自愿履行,且将国家强制力以外的其他手段作为其履行保障的义务。这种义务的内容存在于一定社会的道德意识之中,通过人们的言行和道德评价表现出来;其中部分义务可能规定或反映在法律之中,但是否履行仍由当事人选择确定。由于这种义务不以国家强制力为其履行的保障,只能通过义务人的责任感以及教育、规劝、鼓励、舆论评判等非法律手段的引导和促使来确保其承担,因此,它实际上是对义务人的"软约束",是在法律义务之外对人们提出的更高的道德要求。企业社会责任作为企业对社会负有的一种义务,并非单纯的法律义务或道德义务,而是这两者的统一。例如,企业按照环境保护法的规定预防和治理环境污染,是企业的法律义务,而企业按照比环境保护法的要求更为严格的标准预防和治理环境污染,则是企业的道德义务。将这两种义务同时归入企业在环境保护方面的社会责任,在各国已几无争议。

4. 企业社会责任是对传统的股东利润最大化原则的修正和补充。传统的企业和企业法以股东本位为出发点,认为最大限度地营利从而实现股东利润最大化是企业最高甚至唯一的目标。企业社会责任则以社会本位为出发点,认为企业的目标应是二元的,除最大限度地实现股东利润最大化外,还应尽可能地维护和增进社会利益。在企业社会责任的倡导者看来,对于利润和社会利益两方面的企业目标,任何一个目标的最大化都将受到另一目标的制约,因此,利润目标和社会利益目标经常处于博弈之中。二者在相互约束的条件下实现各自的最大化(相对最大化),便在企业目标上达成了一种均衡状态。显然,企业社会责任是对股东利润最大化这一传统原则的修正和补充,且这种修正和补充并不否认股东利润最大化原则,其主旨在于以企业的二元目标代替传统的一元目标。至于企业的利润目标和社会利益目标的冲突及衡平问题,则正是企业社会责任理论提出和建构的出发点和归宿之一。

(二)企业社会责任的范围

企业社会责任在不同的国家、同一国家的不同历史时期有着不同的内容。从总体上看,在早期,人们观念中的企业社会责任仅指企业进行慈善性活动和其他社会福利活动的道德义务。随着企业社会影响力的不断增强,人们对安全、生态等社会问题的日益重视以及由此产生的强制性立法的逐步增加,企业社会责任也相应包含了更为宽泛的内容。近年来,企业社会责任已被普遍理解为企业在追求利润最大化之外,对所有企业的非股东利益相关者所负有的责任。然而,由于企业的利益相关者极为广泛,因而对企业所承担的社会责任的具体内容亦难以作出

全面的划定。也正是缘于此,学界对企业社会责任之外延迄今尚无统一的界定。一般而言,企业社会责任包括但不限于以下几项内容:

1. 对雇员的责任。在资本主义国家的传统企业法尤其是传统公司法中,雇员只是企业的劳动者,而非企业的成员。但雇员的利益和命运与企业的运营又是休戚相关的。因此,雇员是企业的一种重要的利益相关者。为了促使企业切实保障和充分考虑雇员的利益,当代各国均无一例外地将企业对雇员的责任列为企业社会责任的一项主要内容。企业对雇员的责任是多方面的,既包括在劳动法意义上保证雇员实现其就业和择业权、劳动报酬获取权、休息休假权、劳动安全卫生保障权、职业技能培训享受权、社会保险和社会福利待遇权等劳动权利的法律义务,也包括按照高于法律规定的标准对雇员担负的道德义务。有西方学者提出,企业对能否通过裁员、降低雇员薪金、削减劳动安全保护和员工培训开支来降低企业的生产经营成本,以及能否通过延长雇员劳动时间来提高企业产量等问题应当慎重决策,其意旨就是要求企业在追求利润的过程中尽可能地兼顾雇员的利益,从而真正担负起对雇员的责任。

2. 对消费者的责任。消费者是企业产品的接受者和使用者,其生活水平的高低在很大程度上取决于企业所提供的产品的品种、质量、价格等因素。消费者的分散性、求偿能力的局限性以及现代科技的发达所导致的产品缺陷的隐蔽性,使得消费者在客观上处于一种社会弱者的地位。鉴于此,企业社会责任的倡导者将企业对消费者的责任视为企业社会责任的一项重要内容。此项责任的主旨,在于促使企业充分尊重消费者的权益和需求,真正承担起增加产品类别品种、确保并不断提高产品品质、抑制通货膨胀等方面的法律义务和道德义务。

3. 对债权人的责任。企业的债权人与企业的债务人均是企业的交易相对人,但与企业的债务人对企业负有债务责任不同,企业的债权人对企业享有权利(债权)。换言之,企业对其债权人负有债务责任。这一责任是否被切实地予以履行,涉及企业的债权人所预期的经济利益能否得以实现的重大问题,因此,企业的债权人是企业的一类重要利益相关者。企业的债权人和债务责任内容在具体的法律关系中是特定的,因而这种情形下企业对其债权人所负的债务责任是对人性质的,受民法调整。但除此之外,企业还对作为整体的债权人群体负有确保交易安全的责任,这一责任要求企业在任何情况下对任一债权人都应合法、善意、无过失地为交易行为,切实履行依法订立的合同。这是与基于具体的法律关系所生的特定债务有所不同的一种抽象的、一般的责任,于某种意义上讲,这种责任具有一定程度的对世性质。在国外学者的心目中,作为企业社会责任对待的企业对债权人的责任,更多的是指这一责任。

4. 对环境、资源的保护与合理利用的责任。这是企业对环境和资源所有现实的和潜在的受益人所负担的一项责任。环境、资源的保护与合理利用,不仅关系到当代人类的切身利益,而且关系到子孙后代的生存和发展,是实现人类社会可持续发展的前提和关键。企业对环境、资源的保护与合理利用承担责任,是企业对当代人和后代人负责的体现,故企业的这项责任是一种典型的企业社会责任。

5. 对所在社区经济社会发展的责任。这是企业以其所在社区或者所在社区的居民为相对方的责任。企业与其所在的社区有着密不可分的联系,企业给社区经济带来了繁荣,但也使社区居民成为污染等由企业造成的危害的最大或最直接的受害者;社区当局为企业提供治安、基础设施等方面的必要保障,从而使企业的生产经营活动能够得以正常展开。这些都意味着企业应对社区承担某些特殊责任。近年来,在西方国家,这类责任无不列为企业社会责任的基本内容之一。它要求企业积极参与并资助社区公益事业和公共工程项目建设,协调好自身与社区各方面的关系。由于这种责任实为企业按照高于法律规定的标准,对其所在的社区这一企业的特殊利害关系方承担的责任,因此,它属于一种道德义务。

6. 对社会福利和社会公益事业的责任。企业承担的这项责任包含的内容颇为广泛,如向医院、养老院、患病者、贫困者等进行慈善性捐赠,招聘残疾人、缺乏劳动技能者或其他就业困难者,向教育机构提供奖学金或其他款项,参与预防犯罪或为预防犯罪提供资金等,均属此列。企业对社会福利和社会公益事业的责任系传统的企业社会责任。这一责任是以高于法律的标准对企业所作的要求,其履行尽管受到国家和社会的肯定和褒扬,但又必须以企业的自愿为前提,因而它是一种典型的道德义务。

二、企业社会责任提出并确立的背景

企业社会责任理念形成于20世纪的美国,经过其倡导者与反对者的激烈争论后,这一理念获得了越来越多的人的认同。同时,企业社会责任的思想也反映在一些国家的司法实践乃至立法中。例如,在1953年发生于美国新泽西州的史密斯制造公司诉巴劳案(A. P. Smith Manufacturing Co. v. Barlow)中,法院就公开、明确地要求董事会放弃仅以股东利润最大化作为唯一行为指南。在该案中,法院支持了一家新泽西公司向普林斯顿大学捐赠1500美元的行为,尽管公司组织章程的目的条款并未明确授予公司从事这类捐赠的权力。法院认为:"现代形势要求公司作为其所在地社区的一员,在承认和履行私人责任的同时,亦承认和履行社会责任。"[18] 从20世纪80年代开始,以宾夕法尼亚州为代表的美国29个州首次在公司立法史上放弃了一元化的股东利益最大化的传统观念,在公司法中加入公司管理人员应当对非股东利害关系人负责的条款。这场被誉为革命性制度变迁的公司法改革,标志着企业社会责任与股东利润最大化最终被作为两个重要的企业经营目标在制定法中确立下来。

企业社会责任理念出现并得到理论界、实务界和立法界的认同绝非偶然的现象,而是基于一定的理论原因和现实考量。

(一)国家干预经济的理论和实践

国家干预理论逐步取代亚当·斯密提出的统治经济学100多年的自由放任理论而成为主流经济学观念,这是20世纪20年代至30年代西方经济学界的一场重大革命。国家干预理论的集大成者是英国经济学家凯恩斯,他在1936年出版的《就业、利息和货币通论》一书中,对国家干预理论作了系统、深入的阐述。在该书中,凯恩斯对自由放任的私人企业制度进行了批判。他认为,自由放任的私人企业制度最大的弊端有二:一是不能实现充分就业;二是财富与收入的分配太不公平。同时,后一个弊端通过降低消费倾向而加重第一个弊端。[19] 缘于此,凯恩斯主张对企业实行国家干预,使企业成为既追逐私人利益,又具有实现充分就业功能以及分配均等化机制的工具。凯恩斯的理论受到了遭20世纪20年代末30年代初的经济危机打击、国家政权式微的资本主义世界的普遍青睐。20世纪30年代著名的罗斯福新政便是凯恩斯理论在美国的实践。要求企业放弃一元化的股东利润最大化目标,就是在这种背景下提出的。正因为如此,有学者认为,在始于20世纪30年代美国学者贝利(Adolf A. Berle Jr.)和多德(E. Merrick Dodd Jr.)并延续几十年的关于企业和企业管理者角色定位的论战中,多德等学者

---

[18] A. P. Smith Manufacturing Co. v. Barlow,13 N. J. 145,98 A. 2d 581,appeal dismissed 346 U. S. 86(1953).
[19] [英]凯恩斯:《就业利息和货币通论》,徐毓枬译,商务印书馆1963年版,第317页。

关于企业作为一种经济机构具有社会服务和追求利润两方面功能的观点普遍被人们接受,显然与20世纪30年代的罗斯福新政以及第二次世界大战之后的西方国家广泛推行国家干预经济、刺激充分就业的政策相联系。[20] 凯恩斯的理论提出并推行后,尤其是20世纪60年代至70年代,资本主义世界又出现了以衰退、失业和通货膨胀为特征的滞胀现象,凯恩斯的理论也因此而受到质疑。尽管如此,国家干预并未为资本主义国家所放弃,通过国家干预为企业设定社会责任仍以立法的形式体现出来。

(二)所有权限制的观念和立法的出现

自罗马法以后,所有权在相当长的时期内均为自由无限制的权利。资本主义制度确立以后不久,因个人本位的观念盛行,所有权自由无限制的观念亦备受推崇。《法国民法典》秉承1789年法国《人权宣言》中"私有财产神圣不可侵犯"的宣告,对所有权的自由无限制原则作了规定。所有权的绝对自由,一方面促进了资本主义经济的发展,另一方面也引起了有产者与无产者间的斗争。故1900年《德国民法典》规定:"权利之行使,不得专以损害他人为目的。"此项规定,亦被其他一些国家所仿效,所有权便由绝对自由时期进入相对自由时期。然而,仅作类似的规定,不足以弥补所有权自由的流弊。1919年德国《魏玛宪法》颁布,其中第153条规定:"所有权包含义务,于其行使,应同时顾及公共利益。"自此,所有权在德国即由相对自由时期步入了不自由时期。[21]

所有权限制的观念和立法的出现,对企业社会责任的确立起了直接或间接的促进作用。依所有权限制的观念和立法,股东出资设立企业后,无论企业的资产是由股东享有所有权,还是由企业享有所有权(这是一个一度存在争议的问题),这种所有权的行使都不是绝对自由的。按1919年德国《魏玛宪法》的规定,所有权的行使是不自由的,必须考虑公共利益。企业社会责任在1937年德国《股份公司法》中的确立,与这种观念和立法不无关系。1965年德国《股份公司法》删去了企业社会责任的规定,魏玛共和国时期关于所有权包含义务引致不自由的观念和立法也遭到了各国学界的批评,但所有权的行使并非绝对自由这一观念,仍得到了各国学界及立法界的普遍赞同。这无疑为企业社会责任的提出与确立提供了适宜的氛围。

(三)大型企业所引发的社会问题的日趋严重

大型企业是资本主义社会的基本经济细胞,其盛衰事关一国经济社会的稳定与发展。应当承认,近现代资本主义国家的大型企业在为劳动者提供就业机会、满足消费者日益增长的物质和文化需求等诸多方面,确实起过并正在起着重要的作用。然而,大型企业也是资本主义国家社会问题的主要制造者。资本主义世界所普遍面临的失业、通货膨胀、环境恶化、能源和资源短缺等社会问题,都与大型企业有着或多或少的、直接或者间接的联系。尤其是近几十年来,大型企业为了利润而不顾社会公共利益,使得资本主义国家的社会问题日趋严重。在此情况下,大型企业受到了社会舆论的批评。缘于公众的压力,企业界不得不承认和接受企业社会责任观念;国家则从社会整体利益出发,为企业社会责任提供尽可能的法律上的制度安排,以促使乃至强制企业尤其是大型企业践行这方面的责任。

---

[20] 张开平:《英美公司董事法律制度研究》,法律出版社1998年版,第167页。
[21] 胡长清:《中国民法总论》,中国政法大学出版社1997年版,第3~4页。

(四)传统经济学理论解释力的不足及其修正

传统经济学基于道德中立原则,主张谋求利润最大化进而实现股东利润最大化是企业的最终甚至唯一目标,不承认企业社会责任。然而,现实却是另外一幅景观:企业社会责任得到了包括企业界在内的越来越多的人士的认同,甚至一些企业和企业家主动履行其对社会的责任。这就暴露出传统经济学理论对现实的解释力的不足。面对这一尴尬局面,一些经济学家以一种更加务实的态度,探讨利润最大化这一企业的传统目标为什么被淡化这一问题。他们认为,现代企业股东的分散导致管理者在代理权的争夺中占有优势,管理者目标的多元化、股东监督管理者的困难等,使得企业偏离传统的利润最大化目标成为一种必然。[22] 这实际上意味着,企业追求社会公共利益是不可避免的。传统经济学理论对现实解释力的不足以及由此所产生的经济学界认识的转变,无疑为企业社会责任的提出与确立提供了一定的经济学理论资源。

三、我国关于企业社会责任的理论

我国理论界将企业社会责任真正纳入研究视野,始于20世纪末。进入21世纪以来,尤其是2005年10月27日修订的《公司法》、2006年8月27日修订的《合伙企业法》分别明确规定公司和合伙企业的社会责任以后,关于企业社会责任的学术研究蔚然成风、成果卓著且共识增多。

(一)20世纪我国关于企业社会责任的理论

在20世纪,我国关于企业社会责任的研究,主要集中在企业社会责任的含义揭示、国外企业社会责任理论和实践的介绍等基础层面。同时,也有少量成果涉及我国是否应当确立企业社会责任这个现实问题的讨论,并由此形成了两种不同的观点:

1.否定论。企业社会责任要求企业及其经营管理者既照顾股东的最大利益,又顾及其他利益相关者的利益,即"为所有利益相关者服务"。对此有学者认为,企业及其经营管理者只能为股东服务,因为"'为股东服务'不可能尽善尽美,但至少是一个可操作的概念。要求经理'为所有利益相关者服务',也可能导致经理不为任何人服务"。进一步讲,"'利益相关者'本身是一个含糊的概念。比如说,美国服装零售商的决策影响中国服装出口商的利益,通过后者又影响中国服装生产厂的利益,再进一步又影响到中国棉农的利益,如此等等。从这个意义上讲,中国工人和棉农都是美国服装零售商的'利益相关者'"。因此,在上述情况下,"为所有利益相关者服务"将意味着美国商人为中国工人和农民的利益服务。如此一来,我们得到的将是一个"超级大锅饭"体制,这样的体制显然是不会有效的。[23]

2.肯定论。这种观点认为,企业是在一定的社会环境中从事生产经营活动的,其行为必然会对社会产生各种影响,企业应承担消除其行为所产生的负面影响的社会责任,企业还必须与社会一道,解决就业、环保、通货膨胀、社会保障等方面的社会问题,并主动、积极地赞助社会公

---

[22] [美]R. H. 科斯等:《财产权利与制度变迁——产权学派与新制度学派译文集》,上海三联书店、上海人民出版社1994年版,第219~225页。

[23] 张维迎:《经济自由让位于经济民主了吗?》,载刘军宁等编:《经济民主与经济自由》,生活·读书·新知三联书店1997年版,第15~16页。

益事业。[24] 有学者甚至认为,强化公司的社会责任,使公司的营利性与承担社会责任并重,是建立我国现代企业制度的重要内容,也是今后完善我国法律法规体系尤其是公司法体系的过程中应予重视的课题。[25] 此外,在这一时期,一些企业社会责任的倡导者论及企业社会责任的落实问题。他们主张,落实企业社会责任必须通过公司法、契约法、劳动法、侵权法、产品责任法、环境保护法、竞争法等多种法律来保障,尤其需要重视公司治理结构的构造、公司法人格否认法理的适用对企业社会责任的推进作用。[26]

(二)21 世纪我国关于企业社会责任的理论

进入 21 世纪以来,我国社会转型和经济增长日益加速,社会结构、利益格局也随之急剧变化。在这样一个关键时期,党和国家提出了深入贯彻落实科学发展观、构建社会主义和谐社会、加快经济发展方式转变、大力推进生态文明建设、加快构建新发展格局、以中国式现代化全面推进中华民族伟大复兴等经济社会发展的重大战略思想和战略部署。由于企业是极为重要的经济主体和社会构成单位,因而人们对其在落实党和国家重大战略思想和战略部署方面寄予厚望。但是,近年来企业引发的劳资冲突、环境污染事件、食品和药品质量安全事故等社会问题不在少数,使得人们对企业的角色期待不同程度地落空。在此背景下,与党和国家重大战略思想和战略部署一脉相承的企业社会责任理念日益受到理论界的重视,关于企业社会责任的学术研究的发展跃上了新台阶,直接以企业社会责任为主题和间接涉及企业社会责任以及运用企业社会责任理论研究其他相关论题的著述层出不穷。通过总结这一时期的企业社会责任理论,可以发现其至少呈现出以下特征:

1. 企业社会责任获得了更为广泛的认同。进入 21 世纪后,我国理论界和实务界在诸如企业社会责任的界定、企业社会责任的性质、企业社会责任在企业目标和行为中的位阶等一些基本问题上,仍存在不同理解甚至不少争议,然而,对于企业应否承担社会责任这个国内外学界一度争议很大的问题,学者经过求索与争鸣,最终达成了肯定性的共识。这一共识对 2005 年 10 月 27 日修订的《公司法》第 5 条、2006 年 8 月 27 日修订的《合伙企业法》第 7 条分别规定公司和合伙企业应承担社会责任,无疑起到了助推作用。尤其值得注意的是,2014 年 10 月 23 日党的十八届四中全会通过的《中共中央关于全面推进依法治国若干重大问题的决定》在"完善以宪法为核心的中国特色社会主义法律体系,加强宪法实施"部分,将"加强企业社会责任立法"作为"加强重点领域立法"的一项重要内容;2023 年 12 月 29 日修订的《公司法》第 20 条对公司社会责任作了更加明确的规定。可以肯定的是,这些法律规定及党中央对企业社会责任的肯定,将进一步增进了人们对企业承担社会责任的认同。

2. 企业社会责任的落实成为关注的重点。在企业社会责任获得各界广泛认同并为立法所确认的情况下,我国理论界将研究的重心从是否应当确立企业社会责任等问题,更多地转移到了企业社会责任的落实上,并在这方面提出了不少具有建设性的意见和建议。其中具有代表

---

[24] 徐传谌:《论企业家行为激励与约束机制》,经济科学出版社 1997 年版,第 146~147 页。
[25] 刘俊海:《强化公司的社会责任——建立我国现代企业制度的一项重要内容》,载王保树主编:《商事法论集》第 2 卷,法律出版社 1997 年版。
[26] 刘俊海:《强化公司的社会责任——建立我国现代企业制度的一项重要内容》,载王保树主编:《商事法论集》第 2 卷,法律出版社 1997 年版;刘俊海:《公司的社会责任》,法律出版社 1999 年版;刘连煜:《公司监控与公司社会责任》,台北,五南图书出版有限公司 1995 年版;朱慈蕴:《公司法人格否认法理与公司的社会责任》,载《法学研究》1998 年第 5 期。

性的观点主要有以下几种：[27]

(1) 通过细化企业社会责任立法助推企业社会责任的落实。有学者提出，应当在企业履行社会责任方面问题比较集中的领域进行专门立法，明确企业社会责任的责任主体、义务内容、违法后果、执法制度、救济渠道等。有学者甚至建议我国出台一部企业社会责任法，对企业社会责任及其履行等相关问题作出具体化、体系化的规定，以此来推动企业社会责任的落实。还有学者主张通过软法来寻求企业社会责任的落实机制，认为除了用硬法规定最低限度的企业社会责任外，还有必要将一些企业社会责任上升为软法责任。[28] 通过软法规定企业社会责任的具体方式包括：由法律以鼓励或一般性义务的形式向企业提出承担社会责任，但并不直接强制企业承担社会责任；由正式立法主体以外的政治组织、社会共同体等以制定规范的方式对企业提出不具有国家强制实施性的社会责任。

(2) 寻求公司法等企业法中的社会责任条款司法化的路径。有学者认为，企业社会责任是公司法的一般条款，它对企业行为的约束具有强制性，应当得到司法裁判的适用，适用的方法主要是在对企业行为的评判中进行价值补充和利益衡量。另有学者认为，鉴于当前企业社会责任的含义较为模糊，可以考虑由商务部等部门组织各行业协会或商会组织根据本行业实际情况，颁布企业社会责任规范指引，以便法官在裁判具体案件时参考。最高人民法院可以在《中国审判案例要览》中发布一批涉及企业社会责任的典型案例，为下级法院提供事理上的逻辑支撑；最高人民法院也可以发布涉及企业社会责任的指导性案例，供下级法院审判类似案件时参照[29]。还有学者指出，企业社会责任的对象在多数情况下是可以明确的，企业社会责任案件的诉讼的原告并不一定是集体化的社区、社群，有时其实是单一的个体（如在企业未履行雇员保护责任的诉讼中，原告可能是独立的雇员）。因此，通过个案诉讼制裁社会责任履行不当的企业具有一定的可行性，而公益诉讼并非适合企业社会责任案件的最佳诉讼模式，它只是落实企业社会责任的一种补充救济渠道。当然，基于企业所负社会责任的具体内容不同，其可裁判性的强弱程度也有差别。一些企业社会责任能够通过具体的法律规则明晰化，获得

---

[27] 这些观点主要来自以下文献：谭玲、梁展欣：《对司法裁判中适用"公司社会责任"条款的思考》，载《法律适用》2010年第2、3期；甘培忠、郭秀华：《公司社会责任的法律价值与实施机制》，载《社会科学战线》2010年第1期；冯果、袁康：《浅谈企业社会责任法律化》，载《湖北社会科学》2009年第8期；雷兴虎、刘斌：《企业社会责任：立法架构与实现机制》，载王保树主编：《中国商法年刊·2009：商法视野中的社会责任》，北京大学出版社2010年版；蒋建湘：《企业社会责任的法律化》，载《中国法学》2010年第5期；蒋建湘：《企业社会责任的性质》，载《政法论坛》2010年第1期；周林彬、何朝丹：《试论"超越法律"的企业社会责任》，载《现代法学》2008年第2期；刘中杰：《浅析我国企业社会责任之软法规制模式——以自律规则为例》，载李昌麒、岳彩申主编：《经济法论坛》第7卷，群众出版社2010年版；顾爱平：《论企业社会责任的三种维度及其引导与规范》，载《政治与法律》2010年第3期；罗培新：《我国公司社会责任的司法裁判困境及若干解决思路》，载《法学》2007年第12期；蒋大兴：《公司法的观念与解释Ⅱ——裁判思维&解释伦理》，法律出版社2009年版，第116~155页。

[28] 根据制定（或形成）主体、产生程序、表现形式和保障措施（或约束力）等方面的不同，法有硬法（hard law）与软法（soft law）之分。硬法是指由国家创制的、依靠国家强制力保障实施的法规范体系。软法则有狭义和广义之分。狭义的软法是指由国家创制的不具有强制拘束力的行为规范；广义的软法除包括狭义的软法外，还包括政治组织形成的规则、社会共同体形成的规则。参见蒋建湘：《企业社会责任的法律化》，载《中国法学》2010年第5期。

[29] 事实上，最高人民法院在这方面已经有所作为。例如，最高人民法院发布的指导性案例215号（昆明闽某纸业有限责任公司等污染环境刑事附带民事公益诉讼案）就在裁判理由中指出："企业在生产经营过程中，应当承担合理利用资源、采取措施防治污染、履行保护环境的社会责任。"此外，指导性案例214号（上海某某港实业有限公司破产清算转破产重整案）明确了破产重整案件中环境污染治理共益债务的认定规则，将环境污染治理作为实现重整价值的重要考量因素。

可裁判性;另一些企业社会责任则仍保持其作为道德条款的本来面目,依靠私人间的监控与惩罚机制推行,与强制性司法裁判无涉。此外,鉴于涉及企业社会责任案件的情况复杂,有学者提出应当允许法官在个案中综合考量行业习俗、国际惯例、公司能力、社会政策等因素,平衡相关利益作出裁判。

(3)按照企业社会责任的要求完善公司治理机制。由于"公司治理层能否按照法律规定和商业伦理为决策行为,最终决定了公司的社会责任能否真正落实"[30],因此,有学者认为:应按照利益相关者理论将公司对社会责任的承担纳入公司治理,董事会在作出经营决策时,应对由此产生的社会后果作出必要的安排。鉴于在传统公司法上,董事只对公司和股东负有义务,因此,要使董事会考量其决策的社会后果,关键在于完善董事义务规则,使董事承担的义务涵盖公司社会责任的内容,使董事勤勉义务所要求的应有的注意,既包括实现公司的营利目标,也包括调整公司与股东及其他利益相关者的利益关系,维护利益结构的平衡。[31] 另有学者认为:我国《公司法》中的社会责任条款既是法律原则,也是裁判规范和行为规范,因此,该条款应当贯穿于公司生命的全过程。至于公司如何在日常商业判断中践行社会责任的问题,可选择的公司治理改革思路有两条:或者让利益相关者进入公司董事会等公司内部机构,或者在董事会中设立社会责任委员会。前者将从根本上颠覆公司作为营利性组织的基本结构,而后者对于促成董事会在商业决策中进行社会影响评估而言,乃是更佳的机制。当然,小型公司也可采用其他具有类似功能的替代机制。[32]

3. 企业社会责任理论研究彰显回应性和针对性。所谓企业社会责任理论研究的回应性,是指企业社会责任研究致力于解决社会生活中的实际问题的取向。与20世纪理论界将大量的精力倾注于解读企业社会责任的含义、评介国外企业社会责任的理论和立法、论证我国确立企业社会责任理念的必要性和可行性等不同,进入21世纪以来,我国关于企业社会责任的理论研究,除重点关注企业社会责任的落实之外,还尤其注重对现实问题的回应。企业社会责任思想被广泛运用于劳动法、社会保障法、资源环境保护法、消费者保护法等经济法或社会法领域的基本问题的研究,不少学者还根据企业社会责任的理论和立法,对诸如劳资冲突、环境污染事件、食品和药品质量安全事故等社会问题展开研究。

针对性与回应性有时是很难区分的,以上所谓企业社会责任理论研究的回应性,一定意义上讲也是其针对性的表现。但这里所谓企业社会责任理论研究的针对性,指的是根据不同类别的企业考究其各自应承担的社会责任的特殊性及寻求相应的特别制度安排的取向。进入21世纪以来,针对性可谓是企业社会责任理论研究的一大特色。有关国有企业社会责任[33]中

---

[30] 朱慈蕴:《公司的社会责任:游走于法律责任与道德准则之间》,载《中外法学》2008年第1期。
[31] 王保树:《公司社会责任对公司法理论的影响》,载《法学研究》2010年第3期。
[32] 蒋大兴:《公司社会责任如何成为"有牙的老虎"——董事会社会责任委员会之设计》,载《清华法学》2009年第4期。
[33] 冯梅、陈志楣、王再文:《中国国有企业社会责任论——基于和谐社会的思考》,经济科学出版社2009年版。

小企业社会责任、[34]商业银行社会责任、[35]公用企业社会责任、[36]民营企业社会责任[37]、互联网平台社会责任[38]等针对特定类型企业的社会责任研究成果不断出现。应当说,所有的企业都必须承担社会责任。但需要注意的是,由于不同类别的企业从事的业务、实力大小、面临的问题以及行为取向等有所不同,它们承担社会责任的重点乃至范围是不尽一致的,因此,如何合理界定不同类别的企业的社会责任,并在此基础上为其建立健全有针对性的企业社会责任法律制度,是需要认真对待的重大而复杂的课题。

四、我国关于企业社会责任的立法

由于我国具有保护社会公共利益、促进社会福利事业发展的客观需要,同时具有社会责任得以根植的丰富的本土资源,所以我国现行立法对被发达市场经济国家视为企业社会责任的一些内容作出了规定。这些内容分散在产品质量法、消费者权益保护法、自然资源法、环境保护法、劳动法、社会保障法、企业所得税法、公益事业捐赠法以及企业法等诸多法律法规之中。鉴于本书的有关章节对这些内容的许多方面已有述及,因此,以下仅就我国企业法对企业社会责任的规定作一概述。

(一)企业承担社会责任的概括性规定

我国2005年10月27日修订的《公司法》第5条第1款规定:"公司从事经营活动,必须遵守法律、行政法规,遵守社会公德、商业道德,诚实守信,接受政府和社会公众的监督,承担社会责任。"这是我国企业立法首次对企业社会责任作出直接规定,标志着我国企业社会责任立法的重大突破。此外,2006年8月27日修订的《合伙企业法》第7条也规定:"合伙企业及其合伙人必须遵守法律、行政法规,遵守社会公德、商业道德,承担社会责任。"2023年12月29日修订的《公司法》第20条不但承继了既往《公司法》对公司社会责任的吸纳,而且作了更为明确、具体的规定,即"公司从事经营活动,应当充分考虑公司职工、消费者等利益相关者的利益以及生态环境保护等社会公共利益,承担社会责任。国家鼓励公司参与社会公益活动,公布社会责任报告"。

(二)职工对企业经营管理的参与的规定

吸收职工参与企业的经营管理(以下简称职工参与),在其他国家尤其是德国、荷兰等欧洲国家,向来被视为维护职工合法权益以及企业对职工承担社会责任的一种重要方式。在我国,职工参与也有着悠久的历史。《全民所有制工业企业法》规定:企业通过职工代表大会和其他形式,实行民主管理;职工代表大会是企业实行民主管理的基本形式,是职工行使民主管理权力的机构;职工代表大会不仅对依法应由厂长决定的事项享有听取和审议并提出意见和建议的职权,而且对事关职工切身利益的事项享有审查同意或者否决甚至审议决定的权力。在《公

---

[34] 徐立青等编著:《中小企业社会责任理论与实践》,科学出版社2007年版。
[35] 朱文忠:《商业银行企业社会责任标准与机制研究》,经济管理出版社2009年版;王卉彤、高岩:《商业银行社会责任研究》,知识产权出版社2010年版;于东智等:《商业银行的社会责任》,中国金融出版社2011年版;刘志云等:《商业银行社会责任的法律问题研究》,厦门大学出版社2011年版。
[36] 冯果、辛易龙:《公用企业社会责任论纲——基于法学的维度》,载《社会科学》2010年第2期。
[37] 刘藏岩:《民营企业社会责任研究》,浙江大学出版社2010年版;易开刚:《民营企业承担社会责任的理论与实证研究——以浙江民营企业为例》,中国社会科学出版社2011年版。
[38] 陈耿华:《互联网平台社会责任的法理证成及制度实现——以竞争秩序为背景》,载《现代法学》2023年第5期。

《司法》中,职工参与相对而言规定得更为充分。例如,2023年12月29日修订的《公司法》不但贯彻了既往《公司法》中职工参与公司的精神,而且将保护职工合法权益作为立法目的之一;同时,正如前文所述,该法还专门规定了职工董事、监事制度。

(三) 劳动保护的规定

劳动保护与职工参与一样,是维护职工合法权益的一种重要措施,同时其又是企业对职工应尽的一项社会责任。我国企业法律法规对此作了明确规定,要求企业执行国家有关劳动保护的规定,建立必要的规章制度和劳动安全卫生设施,保障职工的安全和健康。2023年12月29日修订后的《公司法》也一如既往地对劳动保护给予高度重视,在第16条、第17条、第20条等条文中对劳动保护作了规定。

(四) 环境保护的规定

环境保护属于企业对社会应尽的一项社会责任,《全民所有制工业企业法》(第41条)、《城镇集体所有制企业条例》(第22条)、《公司法》(第20条)等企业法律法规对此作了规定。按照这些规定,企业应落实环境保护措施,做到文明生产,充分考虑生态环境保护。

(五) 对债权人、用户和消费者负责的规定

作为企业社会责任的重要内容,企业对债权人的责任,主要体现为必须切实履行依法订立的合同,确保交易安全,企业对用户和消费者的责任,主要体现为保证产品和服务的质量。对此,《全民所有制工业企业法》(第35条、第38条)、《城镇集体所有制企业条例》(第22条)等企业法律法规作了明确规定。此外,《公司法》还开宗明义,在第1条将保护公司债权人的合法权益规定为公司立法的宗旨之一。

(六) 精神文明建设和遵守商业道德的规定

在企业法律法规中规定精神文明建设和遵守商业道德的内容,是我国企业立法的一大特色。精神文明建设和遵守商业道德直接涉及社会公众的利益,与作为物质文明建设的营利有联系,更有区别。企业进行精神文明建设和遵守商业道德可视为企业社会责任的内容。对此,《全民所有制工业企业法》(第4条、第5条)、《城镇集体所有制企业条例》(第22条)等企业法律法规有明文规定。

———— 思考题 ————

1. 怎样理解经济法中的企业角色?
2. 企业形态法定化的实质是什么?
3. 我国"宽进严管"的市场监管制度包括哪些主要内容?
4. 怎样理解企业社会责任?企业社会责任提出和确立的背景是什么?我国企业社会责任的理论研究和立法现状是怎样的?

第三编 市场秩序规制法律制度

第十一章　市场秩序规制法律制度概述

| 内容提要 |

　　良好的市场秩序是市场经济健康发展的重要条件,是社会中不可或缺的公共产品,但是不受规制的自由竞争往往会破坏市场秩序,严重阻碍经济的发展。在不损害自由竞争的基础上建立良好的市场秩序是市场经济发展的客观要求。市场秩序规制法就是以维护市场秩序为己任的法律制度。本章主要从含义、特征和基本原则等市场秩序规制法的一般原理进行阐述。

| 学习重点 |

市场秩序规制法的含义　　　　　　市场秩序规制法的调整对象
市场秩序规制法的基本原则

第一节　市场秩序规制法的概念和特征

一、市场秩序规制法的含义

（一）市场和市场秩序

　　市场是社会发展到一定阶段的产物,是随着交换和社会分工的出现而出现的。早期的市场被认为是商品交换的场所,但随着社会分工和生产的日益专业化,交换已不再局限于某个时空。市场就是各种交易关系的总和。根据市场交易的性质可以对市场进行不同的分类,市场体系就是由不同类型的市场构成的有机整体,而完善的市场体系是社会经济发展不可或缺的重要条件。

　　市场离不开市场主体,市场主体是指在市场中从事交易活动的自然人、法人和非法人组织。市场主体在进行交易的过程中会形成各种错综复杂而又紧密联系的关系,这些关系既处于形式多样的动态变化之中,又具有某种程度的一致性和反复性。这种兼具变动性和反复性的市场关系就是市场秩序的重要内涵。

　　市场秩序是一个多维的概念,可以从不同角度进行解读。经济学上,它被界定为"市场参与者按照特定的市场交易规则安排行为而产生的个人利益与公共利益之间的协调状态"[1]。这种协调状态是一种人人不可或缺的公共产品。每个市场参与者既是市场秩序的接受者,同

---

[1]　王根蓓:《市场秩序论》,上海财经大学出版社1997年版,第37页。

时又是市场秩序的创造者,即市场秩序产生于市场主体的行为之中。从法学的角度来看,市场秩序是指在特定时空范围内形成的一系列法律制度和习俗惯例的总和,以公开、公正、公平为目标,旨在保障市场交易顺利进行的一种有条不紊的经济状态。[2] 由此可见,无论从哪个角度看,市场秩序的核心就是强调市场主体行为的规则性和经济状态的稳定性。

作为社会的一种公共产品,秩序可以分为自然秩序和人为秩序。自然秩序是指社会经济发展中自然形成的有关商品交易、利益分配等人与人之间的关系的规则总和;人为秩序则是指在人(政府)的主观设计下所形成的有关商品交易、利益分配等各项规则的总和。在西方市场经济发展的过程中,人们曾无比崇尚自然秩序,认为自然秩序能使个人利益和社会利益自动达到和谐。然而,事实发展并非如此。进入垄断资本主义的西方社会发生了重大变化,市场竞争变得越来越不公平,意思自治成了某些垄断者用以维护垄断地位的有力武器,合同自由也被当作任意限制他人权利和自由的绳索。自由的市场经济制度产生了限制自由的反市场力量。因此,对市场秩序的维护就不得不由市场本身转移至政府,国家开始对社会经济进行干预。随着这种干预逐步加强,一系列主张政府干预社会经济的经济政策和法律也应运而生,人为秩序由此逐步发展,进入市场经济社会。

市场经济是强调让市场机制在资源配置中起决定性作用的一种经济体制。市场机制作用的发挥,必须以良好的市场秩序为前提条件,没有这一前提,人们追求资源配置的效率目标就难以实现。良好的市场秩序取决于两方面的因素:(1)市场主体内在的自我调控与自我约束能力;(2)对市场主体行为的外部规制。当市场主体对自身利益的安排能够与社会利益达到和谐时,就无须对其行为进行外部规制,这就是市场机制自发作用下的市场秩序。但是,社会经济发展的历史表明,仅由市场机制自发形成的市场秩序并不能充分保证资源合理有效的配置,市场主体的逐利性和有限理性常常会造成市场主体自身利益与社会利益之间的冲突,市场主体往往会为了实现自身利益而损害社会利益。正如有学者所指出的,"鉴于各种原因,自生自发的发展过程有可能会陷入一种困境,而这种困境则是它仅凭自身的力量所不能摆脱的,或者说,至少不是它能够很快加以克服的"。[3] 因此,有必要通过外部控制力量对市场秩序施加影响,以加快和促进良好市场秩序的形成。对市场秩序的规制,就是这样一种外在于市场主体的控制力量。

(二) 市场秩序规制

"规制"是自 20 世纪 30 年代以来反复出现于市场经济国家的政府法令和学者著作中的词语,自从日本学者植草益的《微观经济规制学》一书传入我国后被广泛使用。"规制"之语义有"规整""制约""使有条理"的含义,是利用外部一定的强制力量,对某一事物(或行为)偏离应有状态的矫正和规范。

规制的发生必然以规制对象的偏颇为前提。只有在必须对已偏离轨道的某种状态或行为施加一定外力,使其得到矫正时,才需要进行规制。(1)在市场经济体制下,市场主体都以拥有的资源进行自由的交换,谋取自身利益的最大化。在社会化程度越来越高的情况下,个体行为对整个社会秩序产生的影响也越来越大。个体利益增进,不一定会使整个社会的利益增进,有时恰恰会使整个社会的利益减少,垄断和不正当竞争行为就是典型的例子。对上述情况必须

---

[2] 李昌麒:《经济法——国家干预经济的基本法律形式》,四川人民出版社 1995 年版,第 333 页。

[3] [英]弗里德利希·冯·哈耶克:《法律、立法与自由》,邓正来译,中国大百科全书出版社 2000 年版,第 135 页。

加以纠正,而这一任务就必然落在政府的身上。政府作为市场外在的力量,介入市场经济的运行,对市场机制本身无法克服的缺陷进行修正、调节和干预,保证市场机制充分有效地发挥其在资源配置方面的决定性作用,这就是市场秩序规制的必然性。[4]（2）政府在对市场秩序进行规制的过程中,可能存在政府缺陷。具体而言,政府的规制行为一定要适度,规制过度或者规制缺位都可能造成政府规制的缺陷。因此,政府只在市场失效的领域内发挥作用。"国家权力对经济的促进作用,通常是在国家权力的行使符合客观经济规律或者有利于调动作为生产力中最活跃的因素人的积极性的时候才发生,反之,则对经济的发展起阻碍或者破坏作用。"[5]因此,一方面需要政府对市场秩序进行规制,另一方面也要对政府规制行为加以约束。

正如党的十八届三中全会审议通过的《中共中央关于全面深化改革若干重大问题的决定》中所指出的,"经济体制改革是全面深化改革的重点,核心问题是处理好政府和市场的关系,使市场在资源配置中起决定性作用和更好发挥政府作用"。党的二十大报告强调,要构建全国统一大市场,深化要素市场化改革,建设高标准市场体系。完善产权保护、市场准入、公平竞争、社会信用等市场经济基础制度,优化营商环境。这进一步勾勒出一条包括法治在内的系统推动经济体制改革的路线。市场秩序规制法就是这样一类既能保证政府对市场秩序的规制,又能对政府的行为进行合理限制,从而推动市场经济秩序有序运行的法律制度。

(三) 市场秩序规制法

市场秩序规制法是国家从社会整体利益出发,为了维护市场机制的作用,对影响市场秩序、偏离市场经济基本原则的行为进行规制的法律规范的总称。它是以社会整体利益为本位,为达到社会经济整体协调发展的目的而实施的对市场行为的限制,集中体现了现代经济法的本质和立法宗旨,是现代经济法的核心内容。

自由资本主义制度确立以来,市场交易和市场竞争都作为平等主体之间的经济关系,由传统的民商法律进行调整。但是这种调整"仅限于私人之间的自治,并不具有国家政策性的特征"。[6]在交易和竞争主体之间的关系因实力悬殊而形成事实上的不平等,原有法律的调整只能成为外在形式上的保护时,市场秩序则有可能走向混乱。而经济法中的市场秩序规制法,则是在特定的市场环境中贯彻某种特定的经济政策,对原有的各种交易关系和竞争关系进行有别于民法的特殊安排,以实现国民经济的持续、和谐与健康的发展。要达到这一目的,就要对传统法律调整的"平等关系或建立这种关系的条件进行修改甚至破坏"。[7]例如,在商品买卖关系中对消费者利益的倾斜保护,禁止市场优势地位的拥有者(抑或市场垄断者)对市场的排他性控制等,就是这种"修改甚至破坏"的典型例证,是对依据传统私法形成的市场秩序的根本性矫正。

市场秩序规制法可以从广义和狭义上来理解。广义上,国家为了市场经济的稳定发展和市场资源的有效利用而采取的一切法律干预措施,都可理解为市场秩序规制法,如特定时期的价格调整法、经济危机时期的危机对策法、对特定产业的振兴促进法以及对中小企业的

---

[4] 顾功耘主编:《经济法教程》(第3版),上海人民出版社、北京大学出版社2013年版,第362页。
[5] 李昌麒:《经济法——国家干预经济的基本法律形式》,四川人民出版社1995年版,第188页。
[6] [日]金泽良雄:《经济法概论》,满达人译,甘肃人民出版社1985年版,第45页。
[7] [日]金泽良雄:《经济法概论》,满达人译,甘肃人民出版社1985年版,第45页。

特别保护法等。因此,对宏观经济进行调控的法律和对微观经济进行规制的法律成了现代市场秩序规制法的主要组成部分。但一般所讲的市场秩序规制法更多的是从狭义上理解的,即规制市场交易秩序和市场竞争秩序的各项法律制度的总称,其中又以规制市场竞争秩序为主要内容。

二、市场秩序规制法的调整对象

法律的调整对象是指法律直接面对的,并对之进行确认、变更、规范、整合或控制的一定类型的社会关系。由以上分析可知,市场秩序规制法的调整对象是国家在矫正市场主体为追求个体利益而损害社会整体利益的行为时所产生的各类社会关系。市场秩序规制法的根本目的,就在于通过调整政府在调控市场秩序的过程中所发生的社会关系,对市场秩序进行规范,并最终形成良好的市场秩序。如果市场主体在追求个体利益最大化时的行为扰乱了市场秩序、损害了社会整体利益,则该行为应为市场秩序规制法的内在价值所否定,必须对之进行规制。具体而言,市场秩序规制法的调整对象主要包括以下三个方面。

(一)对特殊市场行为的规制

在商品经济发展的漫长过程中,形成了各种固定化和法制化的基本交易规则。但是,当基础性的交易行为演变为特定的交易行为,或者交易发生在关系到社会整体利益的重要领域时,它就需要国家以特殊的外部控制进行规制,以超越传统民商法自由交换原则的现代经济法原则予以调整,从而实现整个社会的交易正义、公平和效率。对特殊市场行为的规制,包括以下三个方面:

1. 对特殊交易主体的规制

市场经济条件下,一般交易主体的设立、资格、条件等均应由具有普适性的市场经济基本法律加以调整,如公司法、合同法、财产法等。但对于特殊市场主体(如政府机构)以及提供公共服务的主体或大众平台性交易机构(如各类商品交易机构、金融机构和公共交通卫生机构等)而言,由于它们的经营活动与社会整体利益密切相关,有必要通过国家制定的特殊法律规范予以调整,从而确保该类市场主体的行为符合维护正常市场竞争秩序的需要,防止不公平交易和不正当竞争行为的发生,达到市场经济稳定发展的目的。

2. 对特殊交易方式的规制

因关系国计民生的重要市场(如粮油市场、房地产市场、证券市场、保险市场等)具有与普通商品市场不同的交易方式和规则,故在民商法基本规则的基础上,还需要规定与其性质和交易手段相适应的制度。如对粮食最低收购价的管理、对证券市场和保险市场的监管等都体现了超出自由交易原则的国家意志,其目的就是保证这些市场的健康发展。

3. 对市场体系的规制

市场经济作为资源配置的方法和制度,是由各种资源的市场组合而成的市场体系。随着生产和科学技术的不断发展,市场也按照有利于资源更加有效配置和利用的客观规律不断分化和组合。市场体系均衡发展是市场秩序稳定有序的重要条件,而市场秩序规制的成效,也会对一个国家的市场体系的完整性和合理性产生决定性的影响。因此,市场秩序规制法的重要内容之一,就是通过包括竞争政策[8]在内的一系列法律和政策等,对新兴的市场进行培育,对淘汰的市场进行调整和限制,对市场主体的进入和退出进行妥善处置,防止出现有损市场竞争秩序的现象。这对国民经济整体运行以及市场体系的逐渐完善具有重要的意义。

(二)对市场竞争行为的规制

竞争是市场经济的本质特征,但竞争又往往会导致消除和限制竞争的因素和力量产生,从而影响竞争机制的正常发挥。无论哪一类市场,都有可能出现影响市场有序化运作的反竞争行为。因此,对市场竞争行为进行法律调整成了市场秩序规制法的重要内容。具体而言,对市场竞争行为的规制包括以下两个方面:

1. 对垄断行为的规制

垄断行为是指经营者对市场经济运行过程进行排他性的控制或对市场竞争进行实质性的限制,妨碍公平竞争秩序的行为或状态。在市场上,垄断行为的表现形式有:垄断协议行为,即通过订立垄断协议共谋限制竞争的行为,如固定价格、划分市场、联合定价或拒绝交易等;滥用市场支配地位行为,如实施垄断高价、差别对待、附加不合理交易条件或搭售等;经营者集中行为,即经营者实施可能影响市场竞争的集中行为。此外,在市场经济运行中可能出现行政机关滥用行政权力排除、限制竞争的行为,这也已经成为各国市场规制法律调整的对象之一。市场经济运行中出现的垄断行为抑制竞争机制,阻碍社会技术进步,损害消费者利益和社会整体利益,对市场经济的持续发展具有十分严重的危害。因此,对垄断行为(自然垄断及合法垄断除外)的规制,已经成为现代市场经济秩序法律制度发展的重心。从1890年美国颁布《谢尔曼法》开始,世界各国对垄断行为的规制已经走过了100多年的历史,在实体法和程序法方面都已经有了相当的积累。随着经济全球化的发展,国际反垄断立法也已经被提上议程,并开始在区域内(如欧盟、北美等)形成具有约束力的制度。

2. 对不正当竞争行为的规制

在市场竞争中,经营者为了牟取自身的利益,可能采用违背诚实信用商业原则、损害其他竞争对手的手段争夺市场,如实施商业混淆、商业贿赂、商业诽谤等行为。这些不道德的竞争行为,与排除、限制竞争的垄断行为一样,会给市场秩序造成极大的混乱与危害。同时,恶性竞争也将使消费者的利益受到损害。因此,对不正当竞争行为的规制同样是市场秩序规制法律制度中不可缺少的内容。以1896年德国《反不正当竞争法》为标志,各国开始重视对商业混淆、商业贿赂、商业诽谤等不正当竞争行为进行规制,以保护诚实信用的经营者和利益受到侵害的不直接参与交易和竞争的其他经营者和消费者,维护市场秩序。

(三)对消费者合法权益的保护

在市场经济条件下,消费者可以从市场竞争中获得好处。但是,如果市场主体偏离正常的行为准则,进行不公平和不正当的竞争,就会使消费者的合法权益受到损害。因此,在现代市场经济中,竞争秩序规制与消费者利益保护有着直接紧密的联系。如果一个社会具有良好的市场竞争秩序,消费者就能以最低的价格获得最好的产品和服务;与此相对应,如果消费者的

---

[8] 在国际社会中,竞争政策在三个层面上被使用:一为狭义上之竞争政策,专指鼓励竞争、限制垄断的反垄断政策(反垄断法);二为广义上之竞争政策,涵盖了为维持和发展竞争性市场机制所采取的各种公共措施,乃促进竞争之竞争政策;三为最广义上之竞争政策,泛指一切与竞争有关的政策措施,涵盖了一切促进竞争以及限制竞争的政策。参见徐士英:《竞争政策研究——国际比较与中国选择》,法律出版社2013年版,第3~5页。

权利得到最大限度的法律支持和保护,市场竞争秩序就能在消费者的监督和评判中逐步稳定和完善。但消费者与经营者相比显然处于劣势,因此,消费者和经营者之间的关系事实上已经超出了平等民事主体之间的关系。如果按照传统民商法的原则来调整两者之间的关系,消费者的利益只能在所谓的"平等自愿""契约神圣"中逐步丧失。市场经济中由消费者的弱势地位形成的力量失衡,必须用特定法律来进行调整。由此,在保护消费者利益的过程中形成的社会关系自然成为市场秩序规制法的调整对象,消费者的保护问题也成为市场秩序规制法的重要内容。

三、市场秩序规制法的特征

部门法的特征是指组成该部门的众多法律规范所体现出来的实质上或者形式上的特殊之处。任何法律部门都有其独特的价值指向,它是部门法之间的本质区别。部门法为了实现其价值,需要对由其调整的对象进行抽象化、模式化、类型化,形成特定的法律关系。归纳起来,市场秩序规制法主要有以下四个方面的特征:

(一)法律调整社会关系的综合性

在对经济关系的调整中,民法着眼于对平等民事主体之间的经济关系的调整,行政法着眼于对具有隶属关系的主体之间的纵向管理关系的调整。但随着经济的发展,经济运行频率加快,出现了大量新型的经济关系。这些关系既发生在平等主体之间,具有横向性质,又需要行政机关加以管理、调节和控制,具有纵向性质。无论用民法还是行政法,都无法单独对之进行有效调整。由此催生了新的法律部门,其不再将经济关系划分为横向和纵向,而是将之视为一个整体进行综合调整,使新型的经济关系符合社会整体利益的需要。经济法就是这样一个典型的法律部门。

市场秩序规制法是经济法的重要组成部分,因而其法律关系从产生伊始就带有综合性的特征。现实生活中的经济竞争关系是错综复杂的,以不同的法律分别调整纵横交错的关系是不经济的,也是不可行的。但是用市场秩序规制法对之直接进行规制,使之成为简明而清晰的法律关系,则可以有效地纠正市场主体的不正当行为,这对稳定市场秩序、提高经济运行的效率是较为有利的。

(二)法律关系主体的多样性

主体的多样性表现为范围的广泛性和类型的非单一性。从范围上讲,市场秩序规制法的主体不仅包括自然人、法人和非法人组织等经营者,还包括进行市场规制的政府机关、行业协会等,不仅包括独立的经营者,还包括经营者内部的分支机构和工作人员,如侵害企业商业秘密、持股控股的合并等都涉及一些比较特殊的主体的行为。从类型上讲,无论是民商法还是行政法,其主体都是较为单一的类型,民商法主体是平等的民事主体,行政法主体是具有行政隶属关系的主体。与这种单一性质相比,市场秩序规制法既规制平等主体之间的关系,也规制不平等主体之间的关系,这是由市场秩序规制法的调整对象所决定的。

(三)法律关系客体的唯一性

市场秩序规制法的客体具有唯一性,这是由市场秩序规制法的目标和任务所决定的。市场秩序规制法并不以协调个体利益冲突为基本着眼点,而是通过对市场秩序的整体维护来达到改善无序竞争所导致的社会资源配置低效的目的。因此,市场秩序规制法的客体具有抽象的性质。虽然在不同的情况下进行市场秩序规制会有不同的具体要求,如对联合定价行为和虚假广告行为的规制是不同的,主体之间的权利和义务关系也因此有所不同,但是这些权利和义务针对的对象却是共同的,即都是为了维护市场秩序。市场秩序规制法通过区别各种不同的具体情况,来调整和平衡各个主体的权利、义务和责任。例如,垄断行为有时需要被禁止,但有时又需要被容忍,甚至还需要进行扶持。但无论是禁止、容忍还是扶持,其目的都是维护和发挥市场机制的作用,保护社会整体利益,提升资源配置和利用的效率。

(四)主体权利义务的不对等性

法律通过权利和义务的赋予,使法律关系主体之间建立起各种联系,形成稳定的社会关系。从民事法律关系来讲,一个主体享有权利,必然承担相应的义务,反之亦然。这种权利与义务的对等性是民商法平衡主体间利益冲突的基本方法。在相当长的历史时期中,权利与义务的对等成了调整市场竞争关系的主要准则。但在市场秩序规制法中,同一主体的权利和义务往往是不对等的。对某些具备特殊地位和能力的主体,市场秩序规制法往往较详尽地规定了其应负的义务,而没有明确其相应的权利。例如,独占者负有不得利用独占地位限制其他主体进入市场的义务,经营者负有不得向消费者隐瞒商品真实情况的义务,拥有行政权力的机构负有不得限定他人与其指定的对象交易的义务等。市场秩序规制法对权利与义务作出这种不对等安排的目的是力图在一种动态的社会环境中实现实质意义上的公平和自由。

第二节 市场秩序规制法的基本原则

市场秩序规制法的基本原则是指市场秩序规制法立法、执法和司法过程中应当遵循的基本准则,它是由市场秩序规制法的基本任务和调整对象的性质所决定的。市场秩序规制法的基本原则既是立法机关制定市场规制法的指导方针,又是司法机关进行司法活动的基本依据,更是一切市场活动主体的行为规范和评判标准。同时,它还是市场秩序规制法律规范的主要解释依据,可以起到补充法律疏漏、发展学说判例的重要作用。

在世界各国长期的立法、执法和司法实践中,市场秩序规制法的基本原则逐渐形成。这些原则是对人们维护竞争机制、提高经济绩效的愿望的反映和提炼,通常具有普遍的适用性与指导作用。

一、维护经济民主原则

市场活动中的经济民主是经济民主的重要内容,它是指市场主体对市场经济运行和经济活动的平等与广泛参与。其具体的表现就是市场主体在市场经济活动中对资源、信息等的获取享有平等的机会与权利。为此,市场秩序规制法应为市场主体创造一个进入市场机会均等、交易商品决策自主和市场竞争公正公平的经济环境。自由交易和自由竞争是市场经济产生和发展的客观要求,也是市场经济活动中经济民主的体现。从历史发展的过程来看,从古代罗马法到近代资产阶级民法,无不将市场活动中的经济民主作为最重要的立足点。因为人们相信,这些原则的实施,能实现个人利益与社会利益的和谐与一致。然而,也正是对这些原则的极端化强调,把自由交易和自由竞争推到了绝对神圣、至高无上的地位。

历史发展的事实表明,自由放任并不能自动实现个人利益与社会利益的和谐与一致,所谓造物主决定的自然秩序中所包含的经济秩序并不能维持社会达到可能的最大的再生产[9]。在垄断资本主义阶段,诸多垄断和不正当竞争行为的出现,使自由交易和自由竞争走向了其自身的反面。历史和现实使人们认识到,要维护市场活动中的经济民主,真正实现市场主体的自由交易和自由竞争,就必须在一定程度上限制交易和竞争的自由。

市场秩序规制法从根本上来说就是要通过一定的人为建构的秩序,来限制自由交易和自由竞争,以维护社会整体利益。这是对经济自由在更高层次上的确认和保护。因此,要使市场活动中的维护经济民主原则得到贯彻,就必须维护市场主体的经济民主权利,防止和控制垄断和不正当竞争行为对市场秩序的危害,同时控制国家权力对经济生活的不正当干预。对于我国这样一个历经计划经济体制到市场经济体制的转型的国家来说,维护经济民主是整个经济改革的重要组成部分。为此,我们更应当通过竞争立法来规制垄断和不正当竞争行为,从而促进政府职能的转变,实现市场活动中的经济民主。

二、保障实质公平原则

公平是法律的永恒价值,它反映了人们的相互需要、承认和依赖。在市场经济中,公平体现为市场主体在平等的市场环境中,依据共同的经营规则进行市场交易和竞争。其具体要求是:(1)市场主体的竞争环境应当公平。所有竞争者所处的竞争环境应一样,不应厚此薄彼,防止在外部竞争条件上形成非公正的差别待遇。(2)市场主体的交易和竞争活动应当公平。即每个竞争主体都应平等地享受权利、履行义务,相互之间不得歧视。(3)交易和竞争的结果应当公平。市场主体应能够通过交易和竞争行为,获得与其付出的代价相符合的法律后果。

与公平在其他场合的表现形式一样,市场经济活动中的公平有形式公平和实质公平之分。从形式上看,只要法律赋予每个市场主体相同的权利,并使其承担相同的义务,就能达到公平的目标。这种形式公平是商品经济取代封建特权经济的结果。在法律制度中,此种意义上的公平体现为意思自治、契约自由、身份平等、私权神圣等原则。这些原则成为自由资本主义时期保障公平的重要手段,也作为维护形式公平的制度保障而被极度张扬。但是,在现代市场经济条件下,这种形式意义上的公平并不一定能保证实质意义上的公平。相反,由于把公平的愿望全部寄托在前述原则之上,反而造成和加剧了事实上的诸多不公平现象。例如,在市场活动中,一些具有经济特权或经济优势的市场主体单纯强调形式上的公平,在意思自治、契约自由等原则的幌子下,置其他市场主体和消费者的权益于不顾,从而形成经济上的强制和交易结果上的不公平,最终不但在事实上剥夺了他人的公平交易和公平竞争权,而且导致了市场机制的失效。提出市场活动中的保障实质公平原则,正是因为在自由经济发展的过程中,商品这一"天生的平等派"的外壳已经在不同程度上掩盖了实质上的不公平。市场秩序规制法能够以实质公平为目标,限制某些特殊市场主体的特殊行为,使市场主体在实质上处于相同的地位,有助于进行有效的交易和竞争。

---

[9] [法]魁奈:《魁奈经济著作选集》,吴斐丹、张草纫选译,商务印书馆1979年版,第245页。

市场活动中的保障实质公平原则着眼于市场主体实际权利义务的配置及结果,而非限于形式上的规定。在市场秩序规制法中,它包括相互联系的两方面要求:(1)对具备优势地位和能力的市场主体的行为进行一定的限制,增加其义务或制止其权利的滥用,以促使其尊重弱势市场主体的公平交易和公平竞争权。(2)对可能遭受经济特权侵害的弱势市场主体进行特别保护,以提升其地位,从而使其能够与强势市场主体相抗衡,最终为实现公平交易和公平竞争权提供保障。显然,体现这些限制、保护政策的法律已在很大程度上突破了传统民法以个人权利为本位、重形式而轻实质的倾向,确立了以社会利益为本位,对市场运行的过程和结果进行控制以达到实质意义上的公平的精神。

三、社会整体效率优先原则

市场运行的整体效率(以下简称市场的宏观效率)是指市场体系中的各类市场主体在运行中所取得的综合经济和社会绩效。通常,市场的宏观效率与市场体系中各单个市场的运行效率以及各单个市场主体通过市场获得的效率(以下简称市场的微观效率)呈正相关关系。但现实地看,市场的宏观效率与市场的微观效率并非总是一致的,有时,追求市场的微观效率,将造成市场的宏观效率的损失。市场秩序规制法作为以社会为本位的经济法的重要组成部分,应当以维护市场的宏观效率为己任,并与民法等其他法律部门一起,寻求市场的宏观效率与市场的微观效率的平衡与互动。坚持市场运行中的社会整体效率优先原则,对市场秩序规制法的相关制度设计提出了以下要求:

一方面,在市场运行的整体效率与市场主体的个体利益之间,应以市场运行的整体效率为重。市场经济体制是激励市场主体追求自身经济利益最大化的有效的经济体制,民法等传统法律对这种追求给予了绝对和充分的保护。随着生产社会化程度越来越高,个体与社会之间的依存关系越来越密切,个体的权利与自由的行使对社会的影响也越来越大,尤其是强势个体对自身自由和权利的滥用,会对整个社会产生消极的影响。由此,市场秩序规制法必须面对个体利益至上所导致的社会资源配置和利用低效的问题,为了维护市场运行的整体效率,而对市场主体的个体利益加以必要的限制。在当代,市场秩序规制立法的基础从以个体权利为本位发展为以社会利益为本位,实际上是顺应了社会的这种变化。

另一方面,当市场的整体效率与公平发生矛盾时,应当优先考虑市场的整体效率。作为现代社会的两个价值目标,公平和效率具有一致性:维护公平,有利于调动社会成员积极性和创造力,从而增进效率;保证效率,有利于为社会积累更多的财富,从而为实现公平尤其是高层次的和全社会的公平提供物质基础。但是,公平与效率又是矛盾的:过于追求公平会损害效率,过于追求效率会损害公平。例如,在市场领域,如果一个市场主体经过长时间的不懈努力,终于通过优胜劣汰,击败了所有竞争对手,取得了市场独占地位,这看起来是相当公平的,但如果不对这种"公平"加以适当的限制,那么市场的效率就会降低乃至丧失。应当说,公平与效率是任何法律都必须追求的目标,但不同的法律在追求公平和效率时的侧重点是不一样的。市场经济的要旨在于充分利用市场机制在资源配置方面的效率作用,因此,市场秩序规制法应以追求效率为重点,其制度设计应着眼于维持和提高市场的整体效率,当公平与市场的整体效率发生冲突时,应当贯彻效率优先、兼顾公平的原则。

四、倾斜保护弱者原则

在现代社会,受诸如利益集团之间的冲突、人们认识能力和禀赋的差别、商品信息的不适当分布、社会分配不公、消费者需求的个体差异以及竞争和垄断的加剧等各种因素的影响,[10]在作为个体人与群体人总和的人群中,总有一批容易受到损害或者处于社会弱势地位的人,这类人群很难以自己的力量与处于强势地位的人群进行抗争。如果这类人群的利益得不到法律强有力的保护,那么以追求正义为理念的各种法律就难以体现自身的价值。在对弱者的保护方面,民法、行政法和经济法都可以在各自的功能范围内发挥作用,但是,以个体本位为理念的民法、以规范国家权力为理念的行政法和以社会本位为理念的经济法对弱者的保护程度有所不同。在市场秩序规制法律体系中,有关限制大型企业的独占、消除对消费者权益的侵犯、保护中小企业的权益等一系列法律法规都体现了倾斜保护弱者原则。市场秩序规制法对弱者的保护不仅从维护权利的角度进行考虑,还从维护市场竞争秩序的角度进行考虑。这主要是基于以下两个原因:(1)一些企业规模过大,可能会造成独占和垄断,不利于市场经济的竞争性,一旦市场没有竞争机制,社会进步的动力就会丧失。(2)市场竞争主体的强弱不同,容易出现弱肉强食的现象,从而造成市场动荡,影响社会经济甚至政治秩序的稳定。所以,市场秩序规制法确立倾斜保护弱者原则的意义深远。

确立市场秩序规制法的上述基本原则是市场经济健康、稳定发展的重要保障。这些基本原则不是孤立的,而是相互呼应、协调一致的。因此,对这些基本原则的正确认识和贯彻,应符合全面、综合和发展的客观要求。

---- 思考题 ----

1. 试述市场秩序规制法产生的客观必然性。
2. 试述市场秩序规制法的特征。
3. 为什么说保障实质公平原则是市场秩序规制法的基本原则?
4. 市场秩序规制法如何贯彻社会整体效率优先原则?
5. 如何理解经济法领域的倾斜保护弱者原则?

---

[10] 李昌麒、许明月编著:《消费者保护法》(第4版),法律出版社2014年版,第4~9页。

第十二章 反垄断法律制度

| 内容提要 |

作为市场经济发展的内在要求之一,反垄断是现代大多数国家的共同选择。反垄断法在现代市场经济中具有十分重要的地位,素有"经济宪法"之称。它一般由垄断协议行为、滥用市场支配地位行为和经营者集中行为三方面的法律规定组成,但在我国,它还包括行政性垄断行为的法律规定。

| 学习重点 |

垄断和反垄断的基本问题　　反垄断法的适用除外和域外效力
各种垄断的法律规制　　　　反垄断法的实施

第一节　反垄断法概述

一、垄断的含义及影响

(一)垄断的含义

1. 垄断的经济学含义

垄断最早是一个经济学的概念,它是指一种市场结构的状态,即在市场上只有一个(或少数几个)生产者独占或具有控制地位的情形。"如果一个企业是其产品的唯一的卖者,而且其产品并没有相近的替代品,这个企业就是垄断。"[1]也有学者称垄断为"大企业或若干大企业联合起来,控制和操纵市场的行为"[2]。在垄断的认定上,早期的经济学强调市场结构,主张一个企业只要在市场中占有一定份额,即被认为构成垄断,这被称为结构主义的垄断概念[3]。现代经济学较为强调市场主体的行为性质,亦即企业除了占有较高的市场份额外,还必须滥用

---

[1] [美]曼昆:《经济学原理》,梁小民译,生活·读书·新知三联书店、北京大学出版社1999年版,第316页。
[2] 李琮主编:《世界经济百科辞典》,经济科学出版社1994年版,第11页。
[3] 陈甬军、胡德宝:《反垄断理论的经济学基础》,载《中国物价》2013年第10期;胡志刚:《市场结构理论分析范式演进研究》,载《中南财经政法大学学报》2011年第2期;李虹、张昕竹:《相关市场的认定与发展及对中国反垄断执法的借鉴》,载《经济理论与经济管理》2009年第5期。

了这种市场优势,实施了反竞争的行为,才能构成垄断,这被称为行为主义的垄断概念。[4]

垄断资本通过对生产、市场和价格等方面的控制与操纵,获取大大高于平均利润的垄断利润。垄断是自由竞争的必然结果,它是竞争的对立面。[5] 市场竞争以及由此产生的集中发展到一定程度,必然产生垄断;垄断一旦形成,又必然代替自由竞争,在市场乃至经济生活中起决定性作用。"从自由竞争中生长起来的垄断并不消除自由竞争,而是凌驾于这种竞争之上,与之并存"[6],从而使这种竞争对经济的破坏作用更大。因此,各国对垄断的研究从经济学扩大到法律上,以此对垄断进行有效的规制。

2. 垄断的法律含义

法律上的"垄断"概念是伴随反垄断法的出现而出现的。由于各国经济发展水平不同,对垄断所采取的相应对策也各异。因此,要对垄断作出统一的法学界定是困难的。按照美国《布莱克法律大词典》的解释,垄断是指"一个或几个私人或公司享有特权或市场优势,对某一特定的市场或贸易实施的排他性控制,或对某一特定产品的生产、销售、供应的全部控制"。同时,"垄断还表现为一个或少数几个企业支配产品或服务的销售的市场结构状态"。[7] 日本《禁止私人垄断和确保公平交易的法律》中,称垄断是"事业者不论单独或利用与其他事业者的结合、通谋及以其他任何方法,排除或控制其他事业者的事业活动,违反公共利益,实际上限制一定交易领域内的竞争"的行为。南斯拉夫《防止不正当竞争和垄断协议法》中,对垄断的定义则是"两个或多个联合劳动组织就经营条件达成旨在限制或妨碍自由竞争的协议,而该协议能使两个或多个联合劳动组织对其他联合劳动组织或消费者处于或者能够处于垄断地位或其他特殊地位,这种协议就是垄断协议"。

由此可见,反垄断法意义上关于垄断的基本含义是指各国通过法律规定的,经营者在市场运行过程中实施的排除、限制竞争或者可能限制竞争的行为或状态。法律意义上的垄断大都具有两个显著的特征,即危害性和违法性。进言之,法律上的垄断是对市场竞争构成实质性危害的行为或状态,相应地,也是违反各国法律明文禁止规定的行为或状态。当然,法律上的垄断具有危害性和违法性,这是就整体和一般而言的。有些限制竞争行为,虽然也对市场竞争构成一定的威胁,但是得到了法律的豁免。例如,有些企业尽管在市场中居于优势地位,但是并未滥用这种优势,则不能列入反垄断法规制的垄断范围。

3. 垄断的分类

根据不同的标准可以对垄断进行不同的分类。

(1)依据垄断者占有市场的情况,可分为独占垄断、寡头垄断和联合垄断。独占垄断是指一个企业对整个行业的生产、销售以及价格有完全的排他性的控制能力,在该企业所在的行业内不存在任何竞争。这是典型意义上的垄断,也是为各国法律所严格禁止的垄断。寡头垄断是指市场上只有为数不多的企业生产、销售某种特定的产品或服务的状况。每个企业在市场上都占有一定的份额,对产品及服务的价格的形成有举足轻重的影响,它们相互之间既有竞

---

[4] 徐士英、唐茂军:《滥用相对支配地位行为的法律规制研究》,载《东方法学》2008年第3期。

[5] 戚聿东:《论社会主义市场经济条件下垄断的成因及其作用》,载《学习与探索》1993年第1期;王日易:《论反垄断法一般理论及基本制度》,载《中国法学》1997年第2期;游钰:《反垄断法价值论》,载《法制与社会发展》1998年第6期。

[6] 《列宁选集》(第2卷),人民出版社1995年版,第650页。

[7] Black's Law Dictionary, 6th edition, West Publishing Co., 1990, p.1006.

争,又各自对市场实施排他性的控制。联合垄断是指多个相互间具有竞争关系的企业,通过一定形式(如协议或决定等)联合控制某一产业的市场或销售,削弱了市场竞争的状况。

(2)依据垄断产生的原因,可分为资源垄断、政府形成的垄断和自然垄断。资源垄断是指少数市场主体排他性地拥有某种关键性资源的垄断。随着国际贸易的发展和科学技术的发展,资源可替代性程度日益提高,企业拥有没有可替代性资源的情况已逐渐减少。政府形成的垄断是指由政府给予少数企业或个人排他性的拥有某种经营的权利所造成的垄断。我国在一定程度上存在的滥用行政权力设置市场进入的障碍,就是典型的政府形成的垄断,如指定交易或者强制企业交易等。此外,知识产权也是国家依法给予独占的权利,不允许其他市场主体进入该市场领域的情况。自然垄断是指因市场的自然条件而产生的垄断。当一个企业能以低于两个或者更多企业的成本为整个市场提供一种物品或劳务时,这个行业就是自然垄断。因为这个行业如果进行竞争经营,则可能导致社会资源的浪费或市场秩序的混乱,所以只能由独家企业垄断经营。各国的公用企业大多属于自然垄断。随着科技的发展,大多数的自然垄断行业也逐渐引入了竞争机制。

(3)依据垄断影响的范围,可分为国内垄断与国际垄断。国内垄断是指垄断行为产生的限制竞争的影响仅限于某国市场的范围,对非本国的特定市场并不具有限制竞争的影响。而国际垄断(主要是指国际卡特尔协议[8])是指跨国企业或分别处于不同国家的企业之间采取协议或默契等形式,共同对国际市场或非本国的特定市场实施的限制竞争的行为。随着经济全球化程度的日益加剧,国际卡特尔协议也不断出现。相关的证据已表明,近年来国际卡特尔组织对世界经济造成的竞争损害已经不容忽视,且其对缺乏相应应对机制的发展中国家的损害更为严重。[9]

(二)垄断对市场经济的影响

垄断对市场经济的持续发展有着极为重要的影响。[10] 除少数有利于社会整体效率提高的合法的垄断行为(如知识产权垄断、自然垄断)之外,[11]市场垄断行为一般都受到否定。

1.损害市场效率。经济学研究的成果表明,所有现实存在的垄断现象的共同特征是:垄断主体对经济运行过程具有实施以排除竞争为目的的排他性控制能力。[12] 人为设置的市场进入壁垒,一方面导致资源流动受到阻碍,损害资源分配和利用的效率;另一方面使得技术和管理的创新动力不足,最终造成市场机制不能充分有效地发挥调节作用,[13]社会经济整体低效。

2.减少消费者福利。从社会现实看,垄断企业利用其优势获取超额利润是普遍现象,抬高价格、强加不合理交易条件、歧视对待交易对手等行为最终都是以减少消费者的整体福利为代

---

[8] 国际卡特尔协议的主要形式有国内销售商为联合抵制外国产品进口而订立的进口卡特尔协议、出口企业为推动产品在国外的销售而订立的出口卡特尔协议,以及参与国际贸易的跨国公司之间订立的旨在固定产品,串通投标,限制生产或者销售数量,通过分配市场份额、客户、供货商、划分地域范围或者销售渠道来分割国际市场的协议。
[9] 王先林:《WTO竞争政策与中国反垄断立法》,北京大学出版社2005年版,第41~42页。
[10] 曹红英:《入世对中国竞争政策的影响》,载《中国工商管理研究》2002年第5期。
[11] 漆多俊:《转变中的法律:以经济法为中心视角》,法律出版社2007年版,第6页。
[12] 徐士英:《政府干预与市场运行之间的防火墙》,载《华东政法大学学报》2008年第2期;王健:《垄断协议认定与排除、限制竞争的关系研究》,载《法学》2014年第3期;丁茂中:《论我国经营者集中控制标准的立法不足》,载《北方法学》2008年第3期。
[13] 漆多俊:《经济法基础理论》(第4版),法律出版社2008年版,第186页。

价的。因此,各国反垄断立法大多伴随消费者对垄断势力的强烈抵制。[14]

3. 阻碍经济民主。竞争导致市场力量高度集中,垄断势力成为不受控制的经济支配力量,其不仅使市场普遍失去活力,而且使市场中原来平等的经济机会和经济权利沦为垄断者排挤、掠夺和控制中小企业和消费者的工具。[15] 如果对垄断势力不加以控制,现代民主社会所倡导的经济民主和经济自由就会受到很大的影响。[16]

二、反垄断法概述

(一)反垄断法的含义

反垄断法[17]是指国家以维护市场公平竞争,保护消费者利益,提高经济运行效率为目的,规制市场各类主体实施的反竞争或可能带来排除、限制竞争后果的市场行为的法律规范的总称。这可以从以下几个方面进行理解:

1. 反垄断法规制的主体十分广泛。它不仅包括经营者,还包括经营者的联合组织(行业协会)以及其他社会组织(如政府机构)等。只要是对市场竞争产生影响的主体,都应该纳入反垄断法的适用范围,包括境外的竞争行为。

2. 反垄断法规制的行为形式多样。它包括各种滥用市场支配地位排除和限制竞争的行为、以企业合并的方式谋求垄断地位的行为、以各种协议和联合方式排除和限制竞争的行为,以及滥用行政权力排除、限制竞争的政府行为等。当然,通过正当的市场竞争在市场上占有支配地位,并不是反垄断法当然要规制的对象。只有当这种具有支配地位的经营者滥用其优势排除、限制竞争时,其才会进入反垄断法的视野。

3. 反垄断法是实体规定和程序规定紧密结合的法律制度。对垄断行为的认定需要结合该行为对市场竞争造成的影响加以判断,同时,为迅速制止危害严重的垄断行为,反垄断调查大多依靠行政执法机构进行。因此,关于反垄断法的执法程序规定显得尤其重要。

(二)反垄断法的特征

作为现代经济法体系中一个典型的法律分支,反垄断法与一国的经济发展有着极为密切的联系,因而显示出其独特的性质。(1)反垄断法具有较强的政策性。对垄断行为的规制往往在社会经济发展的不同情况下有所不同,以适应不同时期国家的经济政策和政治需要。[18] (2)反垄断法的实施具有一定的灵活性。一方面,反垄断法视垄断对经济的影响程度,运用不同的规制手段,恰当调整垄断与竞争的关系;另一方面,反垄断立法中往往采用原则适用、个别除外,或者类型行为豁免的规定,使反垄断法的政策性得到较有效的体现。(3)反垄断法的调整方法具有多样性。与大多数单纯以任意性或禁止性规范进行调整的法律不同,反垄断法在

---

[14] 阮赞林:《论反垄断法的消费者利益保护》,载《中南大学学报(社会科学版)》2011年第1期。

[15] 刘兵勇:《试论反垄断的理论基础》,载《南京社会科学》2002年第5期。

[16] 这种社会思潮最终导致美国1890年《谢尔曼法》的颁布。正如当年的参议员谢尔曼在提交这部法律的草案时所大声疾呼的,"如果我们不能忍受作为政治权力的皇帝,我们也不能忍受统治我们各种生活必需品的生产、销售和运输的皇帝",这是对垄断损害经济民主和经济自由的最生动的描述。

[17] 反垄断法在不同的国家或地区有不同的称谓,如美国称之为反托拉斯法(Anti-Trust Law),欧盟称之为竞争法(Competition Law)。我国立法时采用反垄断法的概念,为方便叙述,本书通称为反垄断法(Anti-Monopoly Law)。

[18] 如德国和日本都曾经在一定程度上实行对垄断鼓励的政策,随着市场秩序的变化,又对垄断进行较为严格的禁止。美国也在司法过程中对垄断行为进行或紧或宽的调整。其一百年来的反垄断法实施的历史就是一部对市场竞争和经济发展的调节史。

实施中既有以行政调查、处罚为主的严厉制裁机制,又有通过司法程序进行损害赔偿的诉讼机制。此外,执法机构与当事人之间的预先告知、约谈,通过承诺、宽恕等制度进行和解也是近年来采用的协调机制。这些以社会效率的增进为目标的做法充分体现了现代经济法以社会整体利益为核心的特点。

(三)反垄断法的历史沿革

反垄断法的萌芽在西方国家可以追溯到古罗马时期,那时就有禁止粮食供应商阴谋抬高粮食价格的规定。此后直至近代初期,欧陆国家的商业城市在抵御市场上的垄断或谋求垄断行为带来的危害时,一直沿用了罗马法的这种规定。我国的《唐律疏议·杂律》中也规定,为了保障正常交易,物价应当由市场主管机关评定,如果评定价格不公的,依法予以处罚,而操纵市场、垄断价格的行为将受到严厉打击。[19] 这可视为东方反垄断法的萌芽。但是,那时人们更多的是从道德伦理的角度出发对垄断作出否定的评判,并不是现代经济法意义上的反垄断立法。

1. 反垄断法的产生和发展

在资本主义自由竞争时期,立法者将市场主体的意思自治、契约自由作为立法的指导思想,法律制度从整体上来讲是以个人权利为本位的,并在此基础上形成了完整庞大的私法体系。[20] 这一法学理论及其影响的法律制度对促进社会经济的发展具有重要的意义。但是,这种不受约束的自由竞争却给资本主义社会带来了严重的危机。垄断不仅极大地削弱了竞争应有的效率,而且严重影响了社会经济的持续发展。[21] 人们开始质疑那些合乎个体效率却不合乎社会整体利益的自由竞争行为,反思个人权利本位的立法理念。对立法、执法和司法中无条件维护个人自由权利的制度提出的变革要求,直接导致了现代经济法的产生。其中,以遏制和消除垄断行为负面影响为直接目标的反垄断法顺理成章地成为人类社会的必然选择。1890年美国通过的《谢尔曼法》被认为是现代反垄断法的鼻祖。该法在拯救和维护市场经济体制,提高社会整体效率,保障市场经济持续发展方面卓有成效。[22]

美国的反托拉斯立法产生了深远的影响,从实体规定和程序规定两个方面为各国家和地区立法提供了良好的借鉴。1957年,联邦德国制定了《反限制竞争法》,并先后进行了11次修改,使之成为欧洲反对垄断和限制竞争最典型的法律制度。欧洲共同体于20世纪50年代成立之时签署的《罗马条约》,是保护共同体内的自由贸易与公平竞争最重要的法律。日本在第二次世界大战后颁布了《禁止私人垄断和确保公平交易的法律》和《经济力量过度集中排除法》,极大地促进了日本政治和经济民主化的进程。

20世纪后期,发展中国家尤其是转型经济国家为消除计划经济体制的痼疾,也在体制改革过程中纷纷制定反垄断法或公平竞争法,保护市场体制的健康运行。这些国家的立法对政府垄断行为的规制尤其令人瞩目。

2. 国外反垄断立法

国外比较具有代表性的反垄断立法主要包括以下几点:

---

[19] 徐永康主编:《中国法制史》,华东理工大学出版社1994年版,第146页。
[20] 漆多俊:《时代潮流与模块互动——"国家调节说"对经济法理论问题的破译》,载漆多俊主编:《经济法论丛》第13卷,中国方正出版社2007年版;邱本:《重思民法与经济法的关系——写在中国民法典制定之际》,载《社会科学战线》2012年第4期。
[21] 漆多俊:《论经济法产生的社会根源》,载杨紫烜主编:《经济法研究》第1卷,北京大学出版社2001年版。
[22] 徐士英:《美国反垄断法纵横谈》,载《政治与法律》1994年第1期。

（1）美国反托拉斯法。美国的反垄断法最早是以规制大型企业托拉斯（Trust）为核心的一系列法律制度。19世纪末,美国进入垄断资本主义高速发展时期,市场力量迅速集中,市场结构严重失衡。[23] 中小企业和消费者在交易中的利益越来越无保障,整个经济运行乃至社会民主都受制于垄断企业。为制约托拉斯的垄断行为,维护社会经济民主制度,《谢尔曼法》应运而生。该法规定:任何限制贸易和商业的契约,不论是以托拉斯形式还是联合或共谋形式都是严重的犯罪;法律禁止竞争者之间通过包括协同行为在内的协议来固定价格、限制产量、划分市场或以其他方式限制竞争。任何垄断或企图垄断,或与他人联合共谋垄断贸易和商业的行为是严重的犯罪;如果参与人是公司,将处不超过1亿美元的罚款,如果参与人是个人,则处不超过100万美元的罚款,并可以同时（或单独）处10年以下监禁。《谢尔曼法》的上述规定也适用于企业兼并行为,美国联邦最高法院最初一直持这样的观点:在具有直接竞争关系的企业之间兼并而形成的联合体会妨碍竞争。[24]

进入20世纪后,美国反垄断法的实施开始趋于严厉。立法上,美国于1914年通过了《谢尔曼法》之后美国历史上最重要的两部反垄断立法,即《克莱顿法》和《联邦贸易委员会法》。前者将价格歧视、排他性合并、股份收购以及董事兼任纳入了反垄断法的调整范围,有效地弥补了《谢尔曼法》难以对"集中"加以规制的漏洞;后者将不公平竞争行为纳入了规制的范畴,大大扩展了美国竞争法的内容,并建立了独立的执法机关美国联邦贸易委员会,与美国司法部共享反垄断法的执行权。1936年,美国出台了《罗宾逊—帕特曼法》,该法极大地扩展了《克莱顿法》所列举的不正当竞争的范围,使得小企业免受有效率的大企业的侵害。[25] 1950年,美国通过了《塞勒·凯佛威尔法》,该法弥补了《克莱顿法》的漏洞,将资产收购纳入了合并控制的范畴,尤其是1968年美国司法部颁布的《合并指南》,采纳了美国有史以来最严格的合并控制标准。[26] 1962年,美国通过了《反托拉斯民事诉讼法》,该法强化了美国司法部的权力,授权美国司法部可以强制要求被调查企业在反托拉斯民事诉讼中提供有关资料。1976年,美国通过了《哈特·斯各特·鲁迪南反托拉斯改进法》,该法规定了兼并的申报等制度,要求凡是达到一定规模的公司之间的合并,必须事先向有关机构申报。美国司法部、联邦贸易委员会还就企业兼并制定了数个指导原则。[27] 1992年,美国司法部和联邦贸易委员会联合发布了企业合并指南,对控制企业合并的核心问题"有益于企业的竞争和消费者的福利"作了进一步的阐明。[28] 2010年,这两个反托拉斯的执法机构又一次联合发布了新的企业合并指南,根据经济发展的实际情况淡化了对相关市场界定的考虑,而强化了对不同商品市场的经济学模型分析的区别。

《谢尔曼法》的实施,在美国的知识产权领域中也引起了很大的震动。这一领域早期的司法取向是:当竞争法和知识产权法冲突时,法庭倾向于优先考虑知识产权拥有者的特权。[29]

---

[23] 以石油产业为例,仅1870年至1879年的10年间,洛克菲勒公司就兼并了14家石油公司,并控制了另外26家石油公司的多数股票,从而把美国石油生产的90%集中到了一家企业手中。在以后20多年中,美国工业部门的托拉斯发展到300多个,占整个制造业总资本的40%以上。

[24] 许光耀、肖静:《〈谢尔曼法〉第2条意义上的"垄断"》,载《时代法学》2010年第5期。

[25] 应品广:《美国反垄断法的演变轨迹——政治博弈的视角》,载《太平洋学报》2013年第2期。

[26] 应品广:《美国反垄断法的演变轨迹——政治博弈的视角》,载《太平洋学报》2013年第2期。

[27] 此前,美国司法部于1968年、1982年、1984年三次颁布企业合并指南,对企业合并进行或宽或严的控制,体现了适应其他经济政策的变化。

[28] 徐士英:《论企业合并反垄断法律控制的权衡》,载《法学杂志》2006年第1期。

[29] 徐士英:《论知识产权保护与竞争法实施的协调》,载《时代法学》2006年第1期。

但是这种特权后来严重扩张到了许可使用方面的限制,[30]法院明显感觉到了垄断权利对技术进步造成的障碍,"两者的潜在冲突在实质上反映了个体权利和社会整体利益之间在特定情况下可能存在的冲突"。[31] 为此,美国联邦最高法院在专利案件审理中首次提出了"专利权滥用"的概念,并指出滥用专利权可以作为专利侵权的抗辩理由。20世纪70年代以后,学术界和司法界渐渐达成共识,知识产权法与反垄断法有着共同的目标,即促进革新和消费者的福利。知识产权法是通过赋予创造者独占权利来促进革新,而反垄断法则通过阻止某些可能会损害现存的或潜在的有关增进消费者福祉方面的竞争行为来促进社会利益。这种认识从根本上影响和改变了知识产权法和反垄断法之间的对立关系。1995年,美国司法部和联邦贸易委员会联合发布了《知识产权许可的反托拉斯指南》,该指南确立了三项核心原则:其一,知识产权从本质上可以和其他任何形式的财产相提并论;其二,反垄断法并不假定知识产权的权利人会滥用其因占有知识产权而获得的市场支配力;其三,知识产权的许可使得公司能够将生产的基本要素整合起来增强竞争力。知识产权法与反垄断法共同调整社会经济关系的结构,在促进技术进步和提高社会整体效率方面发挥了巨大的功效。[32]

(2)欧盟竞争法。欧盟竞争法是世界竞争法律制度中又一典型模式,它是欧洲经济一体化的主要法律保证,旨在"建立一个共同市场内竞争不被扭曲的制度,以实现保护共同市场完整统一的目标与其他在自由市场经济下的传统目标,诸如保证资源分配的效率,促使企业充分地利用其专有技术和技能,以及鼓励他们发展新技术和新产品"[33]。因此,欧盟竞争法对国家(政府)垄断给予了与私人垄断同样的关注,不仅针对企业的垄断行为和其他反竞争行为规定了禁止和限制措施,还对国家的反竞争行为(如国家援助)规定了禁止和限制措施。[34]

欧盟竞争法有三个渊源:

一是《欧洲运行条约》中的竞争规则,其是欧盟竞争法的主要渊源。该条约的第3条(g)项要求建立确保共同体市场内的竞争不被扭曲的制度。第101条规定,禁止一切影响或可能影响共同体成员国之间的贸易,并具有阻止、限制或扭曲竞争目的或效果的企业之间的协议、企业团体的决定和协同一致的行为。第102条规定,禁止在共同体市场内的企业滥用市场支配地位的行为,包括搭售、价格歧视等。第107~109条是有关国家援助、商业性国家垄断组织和公用企业行为的规定。

二是欧盟部长理事会和欧盟委员会制定的竞争法规、指令和决定。欧盟部长理事会是欧盟的主要立法机构,根据《欧洲共同体条约》第83条的规定,欧盟部长理事会在一致同意或合理多数同意欧盟委员会提交的立法建议的基础上,征询欧洲议会的意见,可以制定竞争法规或指令。欧盟委员会是竞争法的执行机构,但具有向欧盟部长理事会提出二级立法建议而参与欧盟竞争法起草的职能。

三是欧洲法院的判决和预裁。欧洲法院通过受理有关竞争争议的案件,进一步解释竞争

---

[30] See Willard K. Tom & Joshua A. Newberg, *Antitrust and Intellectual Property: From Separate to United Field*, Antitrust Law Journal (Vol. 66) 1997.

[31] 王先林:《知识产权行使行为的反垄断法规制——〈反垄断法〉第55条的理解与适用》,载《法学家》2008年第1期。

[32] 徐士英:《竞争法论》,世界图书出版公司2007年版,第279页。

[33] *EEC Competition Policy in the Single Market*, 2nd ed. March 1989, Office for Official Publications of the European Communities, p. 13.

[34] 马冉:《对欧盟环境政策的法律思考》,载《河南大学学报(社会科学版)》2004年第1期。

法的基本原则和制度,以判例的形式弥补竞争立法的空白。同时,欧洲法院还通过预裁书的形式向成员国法院解释《欧洲共同体条约》和二级立法的规定。欧洲法院的判例生成的大量的司法解释,丰富和完善了欧盟竞争法律体系。欧洲法院在审理类似案件时,一般应遵循以前的判例确定的基本原则,但是,在客观情况发生变化时,欧洲法院可以不受这种约束,从而以新判决更改旧判决。这为欧洲法院配合经济政策灵活适用竞争法提供了制度上的支持。

(3)发展中国家的竞争法。世界上已经有100多个国家制定了竞争法,其中绝大部分是新近立法的发展中国家。实行经济体制转型的国家也在体制改革的关键时刻制定和实施了以反垄断法为核心的竞争法,其对经济体制改革进一步深入发挥了重要作用。[35] 发展中国家的反垄断法大多制定于经济体制改革过程中,其明显的特征之一就是对体制转换时期的特殊竞争行为加以规制,如行政性垄断的规制、外国资本并购境内企业的规制、不同经济发展水平地区之间的规制协调等。这些法律及其实施过程为世界竞争法的理论和实践提供了良好的经验,为国际竞争规则的制定与实施奠定了基础。

1980年,第35届联合国大会通过了《关于控制限制性商业行为的多边协议的公平原则和规则》(以下简称《原则和规则》),对包括企业卡特尔、滥用市场支配地位、限制竞争的兼并、操纵价格等在内的商业行为进行约束,倡导公平的国际竞争。这是世界上第一个关于反垄断问题的有效的国际条约。此后在联合国贸易和发展会议的主持下,全面审查《原则和规则》的会议每隔5年举行一次,并不断呼吁"所有成员国都执行《原则和规则》的条款"。尽管这一套原则和规则的法律效力还未能完全令人满意,但发展中国家对世界竞争法发展所作的贡献是不容忽视的。

3. 我国反垄断立法进程

我国反垄断法是世界竞争法的重要组成部分,受到各国的热切关注。由于始于20世纪70年代末的经济体制改革遇到了以行政区域障碍为代表的阻力,国家在防止垄断、消除保护等方面进行了一系列的立法活动,诸多行政法规、规章作为回应市场呼声的产物相继出台。尽管这些立法是分散的、不系统的,但是其对规制垄断行为、培育市场经济发挥了重要作用,也为孕育完善的竞争法律制度奠定了基础。

1993年9月2日,我国颁布了《反不正当竞争法》。在这一法律中,确立了"鼓励和保护公平竞争,制止不正当竞争行为,保护经营者和消费者的合法权益"的立法宗旨。特别是该法律对垄断行为的几种特定形式进行了概括规定:公用企业或者其他依法具有独占地位的经营者滥用独占地位限制竞争的行为;政府及其所属部门滥用行政权力限制竞争的行为;经营者滥用市场优势搭售或附加不合理交易条件的行为;串通投标的联合限制竞争行为。1998年5月1日生效的《价格法》,对"相互串通,操纵市场价格,损害其他经营者或者消费者的合法权益"的价格联合行为、低价倾销行为和"提供相同商品或者服务,对具有同等交易条件的其他经营者实行价格歧视"的行为等作了明确规定。2017年12月27日修正的《招标投标法》第32条第1款、第2款规定:"投标人不得相互串通投标报价,不得排挤其他投标人的公平竞争,损害招标人或者其他投标人的合法权益。投标人不得与招标人串通投标,损害国家利益、社会公共利益或者他人的合法权益。"

随着社会主义市场经济体制的建立和深入发展,社会主义市场经济对法治的要求越来越

---

[35] Ky P. Ewing, Jr., *Competition Rules for the 21st Century: Principles from America's Experience*, Kluwer Law International, 2006, p. 1.

高,维护市场公平竞争、保护消费者利益、提高经济运行效率等发展现实,迫切要求反垄断法的出台。1987年原国务院法制局牵头起草了包括反垄断和反不正当竞争两个方面的条例,当时也有过就反垄断问题单独立法的设想。1993年虽然颁布的是《反不正当竞争法》,但其中包括一些反垄断的条款。[36] 1994年商务部负责《反垄断法》的起草和有关调研工作,该法被列入第八届全国人大常委会立法规划,但最终未能获批;1998年《反垄断法》被列入第九届全国人大常委会立法规划;1999年原国家经贸委和原国家工商行政管理总局联合提出了《反垄断法大纲(征求意见稿)》;2001年10月提出了《反垄断法(征求意见稿)》;2003年11月《反垄断法》被列入第十届全国人大常委会立法规划;2004年国务院将《反垄断法》列入立法工作计划;2005年2月《反垄断法》被第十届全国人大常委会列入立法计划;2006年6月该法草案首次提交全国人大常委会审议。经过13年的探索,在吸取各国立法经验的基础上,我国《反垄断法》于2007年8月30日经第十届全国人民代表大会常务委员会第二十九次会议审议通过,并于2008年8月1日正式实施。2022年6月24日,第十三届全国人民代表大会常务委员第三十五次会议审议通过了《关于修改〈中华人民共和国反垄断法〉的决定》,修正后的《反垄断法》于2022年8月1日正式实施。我国《反垄断法》既保持了世界各国反垄断法的共性,即对垄断协议行为、滥用市场支配地位行为以及经营者集中行为进行了全面的规制,也针对我国由计划经济体制所形成的滥用行政权力排除、限制竞争的行为作了特殊的规定。我国《反垄断法》在规制行业限制竞争行为、控制经营者集中行为以及威慑滥用行政权力排除和限制竞争行为方面,已经显示出巨大的威力和不可替代的调节功能。以原价格监督检查与反垄断局的反垄断执法案件为例,2008~2012年查处的案件涉及单位131家,2013~2014年查处的案件涉及单位208家,过去2年的案件涉及单位的数量是之前4年的1.5倍多,执法力度之大显而易见。[37] 我们有理由相信,在全面深化改革与全面依法治国的背景下,《反垄断法》的实施,必将在巩固与完善社会主义市场经济体制、实现社会主义市场经济持续发展方面发挥重要作用。

第二节　垄断协议行为的法律规制

一、垄断协议行为概述

(一)垄断协议行为的含义

在反垄断法上,垄断协议行为是指经营者之间以及它们与交易相对人之间通过订立协议、决议、密谋或联合一致的其他协同行为共同排除或限制市场竞争,对经济发展具有或可能具有不利影响,应受反垄断法规制的行为。[38] 我国《反垄断法》第16条规定:"本法所称垄断协议,

---

[36] 漆多俊:《转变中的法律:以经济法为中心视角》,法律出版社2007年版,第248~249页。
[37] 张舟逸:《"执法是最好的普法"——专访国家发改委价格司司长许昆林》,载《财经》2015年第1期。
[38] 种明钊主编:《竞争法学》(第2版),高等教育出版社2012年版,第246页;徐孟洲、孟雁北:《竞争法》(第2版),中国人民大学出版社2014年版,第120~121页。

是指排除、限制竞争的协议、决定或者其他协同行为"[39]。垄断协议行为的表现形式不仅包括书面协议,还包括非书面的合意行为和联合组织(行业协会等)的决定等。值得注意的是,行业协会通过行业自律行为来限制竞争,如以行业协会决议的形式限制价格竞争,也属于垄断协议行为的一种表现形式。[40] 我国《反垄断法》第 21 条规定:"行业协会不得组织本行业的经营者从事本章禁止的垄断行为。"在有些情况下,虽然经营者的行为都是独立的,但它们相互间的默契在事实上达到了限制竞争的效果,因而也被认为是"经营者间的协同行为"。正如欧洲法院在审理一垄断协议案时指出的,"企业间的协同行为不需要已经制定出一个事实上的计划",只要企业独立行为的目的是"影响已存在的或潜在的竞争者市场的行为即可"。[41]

(二)垄断协议行为对市场经济运行的影响

一般来讲,垄断协议行为对市场经济运行的影响主要是负面效应,尤其是横向垄断协议行为。经济学家亚当·斯密指出:"从事相同贸易的人们即使是为了娱乐和消遣也很少聚集在一起。一旦聚会,其结果往往不是阴谋对付消费者,便是筹谋抬高价格。"[42]虽然在某些情况下,垄断协议行为也会产生积极效果,但从经济持续发展的角度讲,垄断协议行为是需要严格提防与规制的,究其原因在于:

1. 垄断协议行为会损害未参与共谋的经营者的利益。一方面,垄断协议行为限制共谋者以外的竞争者进入市场,使其丧失参与公平竞争的机会,尤其是小企业的建立与发展极易受到排挤。另一方面,垄断协议行为使已经进入市场的非联合者的经营活动严重受挫。尤其是那些遭受联合抵制行为的经营者,往往损失惨重,甚至遭受灭顶之灾。

2. 垄断协议行为会损害消费者的利益。无论是哪种垄断协议,消费者都不能通过比较进行自由的选择,只能被迫接受垄断价格和其他的交易条件。在竞争者达成共谋价格的情况下,消费者面对的是一个没有竞争的市场;在纵向垄断协议行为中,经营者限定了转售价格,消费者面对的同样是统一定价。这样的交易条件不会是合理的,交易也将是不公平的。当年美国《反托拉斯》法案提交审议之际,立法者最大的理由就是"垄断使消费者的利益源源不断地流向了经营者的口袋"。

3. 垄断协议行为妨碍竞争机制功能的发挥。竞争机制的重要功能就是准确反映市场供求状况,引导企业正确决策,实现资源优化配置。如果经营者之间以限制竞争为目的达成垄断协议,商品的价格就会因垄断协议的强制作用而难以准确反映市场供求状况,错误信息不仅会严重影响资源流向和效率,而且会妨碍市场经济体制的正常运行。

上述垄断协议行为的消极影响使得各国反垄断法对待垄断协议行为的基本态度是否定的。即便是极力倡导合同自由的古典经济学家,也极力主张"尽管法律不阻止同行们的聚会,但是法律应当不给这样的聚会提供便利"。[43]

---

[39] 对于其他协同行为的认定标准,《禁止垄断协议规定》(2023 年 3 月 10 日国家市场监督管理总局令第 65 号公布,自 2023 年 4 月 15 日起施行)第 6 条规定,认定其他协同行为,应当考虑下列因素:(1)经营者的市场行为是否具有一致性;(2)经营者之间是否进行过意思联络或者信息交流;(3)经营者能否对行为的一致性作出合理解释;(4)相关市场的市场结构、竞争状况、市场变化等情况。

[40] 徐孟洲、孟雁北:《竞争法》(第 2 版),中国人民大学出版社 2014 年版,第 121 页。

[41] [英]亚当·斯密:《国民财富的性质和原因的研究》(下卷),郭大力、王亚南译,商务印书馆 1974 年版,第 122 页。

[42] [英]亚当·斯密:《国民财富的性质和原因的研究》(下卷),郭大力、王亚南译,商务印书馆 1974 年版,第 122 页。

[43] [英]亚当·斯密:《国民财富的性质和原因的研究》(下卷),郭大力、王亚南译,商务印书馆 1974 年版,第 122 页。

二、垄断协议行为的表现形式

根据不同的标准,垄断协议行为可以划分为不同的类型。从垄断协议行为的内容来看,它可以分为价格垄断协议行为与非价格垄断协议行为。从垄断协议行为的主体来看,它可以分为单个企业之间达成的垄断协议行为与企业联合组织等实施的垄断协议行为。从参与主体间的关系来看,它可以分为横向垄断协议行为与纵向垄断协议行为。大多数国家或地区在立法上主要采取横向垄断协议行为与纵向垄断协议行为的分类。

（一）横向垄断协议行为

横向垄断协议行为是具有竞争关系的经营者之间达成的排除限制竞争的协议。横向垄断协议行为被认为是以消灭竞争为目的的严重反竞争行为,因此受到各国反垄断法的严厉规制。我国《反垄断法》第17条对横向垄断协议行为作了规定。[44]

1. 固定价格协议行为。固定价格协议行为是指具有竞争关系的经营者通过协议、决定或者其他协同行为来确定、维持或者改变价格的行为。价格竞争是市场竞争的核心,如果竞争者之间共同商定价格,在没有替代产品的情况下,市场就失去了竞争,消费者也就丧失了选择的权利,这被认为是对市场竞争机制的严重损害。固定价格协议行为的这种明显的反竞争性质,决定了它必然受到竞争法的严格规制,一般都适用本身违法原则。不仅如此,美国、日本等不少国家还在其反垄断法中规定,固定价格协议行为的参与者除了要承担行政责任,还要承担刑事责任。

我国对固定价格协议的类型有较详细的规定。我国《禁止垄断协议规定》第8条第1款规定,禁止具有竞争关系的经营者就固定或者变更商品价格达成下列垄断协议:(1)固定或者变更价格水平、价格变动幅度、利润水平或者折扣、手续费等其他费用;(2)约定采用据以计算价格的标准公式、算法、平台规则等;(3)限制参与协议的经营者的自主定价权;(4)通过其他方式固定或者变更价格。

2. 划分市场协议行为。划分市场协议行为是竞争者之间为消除竞争达成的划定彼此经营区域或分配销售产品限额的协议行为。这种协议行为包括划分地理市场、划分用户(消费者)市场和划分产品市场。无论是分割销售市场还是原材料采购市场,市场划分协议行为都限制了竞争者之间的正常竞争,形成了在一定市场中的独占或者寡占,造成了相关市场中的产品单一化和价格扭曲化,对消费者的利益是一种严重侵害。[45] 划分市场协议行为被认为是严重排除竞争行为,在法律实施中也适用本身违法原则。

我国《禁止垄断协议规定》第10条第1款规定,禁止具有竞争关系的经营者就分割销售市场或者原材料采购市场达成下列垄断协议:(1)划分商品销售地域、市场份额、销售对象、销售收入、销售利润或者销售商品的种类、数量、时间;(2)划分原料、半成品、零部件、相关设备等原材料的采购区域、种类、数量、时间或者供应商;(3)通过其他方式分割销售市场或者原材料采购市场。

---

[44]《反垄断法》第17条规定,禁止具有竞争关系的经营者达成下列垄断协议:(1)固定或者变更商品价格;(2)限制商品的生产数量或者销售数量;(3)分割销售市场或者原材料采购市场;(4)限制购买新技术、新设备或者限制开发新技术、新产品;(5)联合抵制交易;(6)国务院反垄断执法机构认定的其他垄断协议。

[45] 王秀玲:《反垄断法中的滥用市场支配地位制度研究》,载《青海社会科学》2010年第1期。

3.控制数量协议行为。控制数量协议行为又称控制生产或销售数量协议,是指竞争者之间以维持相关产品价格的高位状态,保障企业的超高利润为目的而采用的限制生产或销售数量的协议行为。在此情况下,参与协议的经营者同意一致减产或不提高产量,人为造成市场始终处于供不应求状态,而由于价值规律的作用,参与协议的经营者能够持久稳定地通过高价获得经济利益。如果控制数量协议行为再与固定价格协议、限制购买新技术、新设备或者限制开发新技术、新产品等行为结合起来,危害性将格外严重。[46]

我国《禁止垄断协议规定》第9条规定,禁止具有竞争关系的经营者就限制商品的生产数量或者销售数量达成下列垄断协议:(1)以限制产量、固定产量、停止生产等方式限制商品的生产数量,或者限制特定品种、型号商品的生产数量;(2)以限制商品投放量等方式限制商品的销售数量,或者限制特定品种、型号商品的销售数量;(3)通过其他方式限制商品的生产数量或者销售数量。

4.限制购买新技术、新设备或者限制开发新技术、新产品行为。该行为是指具有竞争关系的经营者之间通过协议、决定或者其他协同行为,限制购买新技术、新设备或者限制开发新技术、新产品的限制竞争行为。我国《禁止垄断协议规定》第11条规定,禁止具有竞争关系的经营者就限制购买新技术、新设备或者限制开发新技术、新产品达成下列垄断协议:(1)限制购买、使用新技术、新工艺;(2)限制购买、租赁、使用新设备、新产品;(3)限制投资、研发新技术、新工艺、新产品;(4)拒绝使用新技术、新工艺、新设备、新产品;(5)通过其他方式限制购买新技术、新设备或者限制开发新技术、新产品。这种横向垄断协议行为,阻碍了技术的进步与新产品的开发,损害了消费者的利益,因此,反垄断法基于发展社会生产力、提高经济效益、维护消费者利益和社会公共利益的目的,必须禁止经营者之间限制购买或者开发新技术与新产品的行为。[47]

5.联合抵制协议行为。联合抵制协议行为是指经营者达成的以排除、限制竞争为目的、协议者共同不与其他经营者(或竞争者)进行交易的联合行为。联合抵制协议行为在主体上涉及三方当事人,即抵制号召者、抵制者和被抵制者。联合抵制协议行为是抵制号召者以损害特定竞争对手为目的,鼓动抵制者对被抵制者实施断绝供应、购买或其他交易。虽然联合抵制协议行为并非反垄断法上绝对禁止的违法行为,因而联合抵制的参与者可以以其行为有助于提高经济效率等理由进行抗辩,[48]但由于这种联合他人加害第三人的行为一般是并无正当理由的,所以其明显的反商业道德性质还是会受到谴责。

我国《禁止垄断协议规定》第12条规定,禁止具有竞争关系的经营者就联合抵制交易达成下列垄断协议:(1)联合拒绝向特定经营者供应或者销售商品;(2)联合拒绝采购或者销售特定经营者的商品;(3)联合限定特定经营者不得与其具有竞争关系的经营者进行交易;(4)通过其他方式联合抵制交易。

6.行业协会限制竞争协议行为。行业协会是现代经济社会中有效的自治组织,在技术进步、开拓市场等方面发挥着越来越重要的作用。但是,行业协会的成员从事垄断协议行为也十分便利,如以利用行业协会交换价格情报、提供行为建议、统一标准等方式来排挤竞争者。行

---

[46] 李平:《垄断行为认定研究》,载《社会科学研究》2008年第4期。
[47] 徐孟洲、孟雁北:《竞争法》(第2版),中国人民大学出版社2014年版,第135页。
[48] 游钰:《论联合抵制的法律规制》,载《河北法学》2008年第3期。

业协会的成员从事的垄断协议行为存在一定的隐蔽性,而且由于这种行为通过行业协会的决定加以实施,有一定的强制力,对市场竞争机制造成的损害会更为严重。[49]因此,各国法律都将行业协会作出的决议视为垄断协议而加以规制。[50]《反垄断法》第21条和第56条明确规定,行业协会不得组织本行业的经营者从事该法禁止的垄断协议行为,并对行业协会及其成员的违法行为规定了罚款和撤销登记等法律责任。

我国《禁止垄断协议规定》第21条第1款规定,禁止行业协会从事下列行为:(1)制定、发布含有排除、限制竞争内容的行业协会章程、规则、决定、通知、标准等;(2)召集、组织或者推动本行业的经营者达成含有排除、限制竞争内容的协议、决议、纪要、备忘录等;(3)其他组织本行业经营者达成或者实施垄断协议的行为。

(二)纵向垄断协议行为

纵向垄断协议行为是指两个或两个以上处于产业上下游不同环节的经营者,以契约、协议或其他方式之合意实施的旨在排除、限制竞争以获取某种利益的垄断行为。[51] 虽然处于不同经营层次上的企业并不具有直接竞争关系,但纵向垄断协议行为本身却具有限制竞争的性质。与横向垄断协议行为不同,纵向垄断协议行为往往是经营者基于其市场优势地位而对他方实施控制的产物,而非竞争者各方共谋的结果。对于优势方来说,为了减少下(上)游层面上的市场竞争所带来的利益损失,其可能利用自身所处的优越地位,以中断供货(或中断购买)为要挟,迫使下(上)游经营者顺从其交易条件。[52] 我国《反垄断法》第18条第1款规定:"禁止经营者与交易相对人达成下列垄断协议:(一)固定向第三人转售商品的价格;(二)限定向第三人转售商品的最低价格;(三)国务院反垄断执法机构认定的其他垄断协议。"

1. 限制转售价格协议行为。纵向垄断协议行为的主要形式是限制转售价格,即经营者将交易相对人供给的商品转售给第三人时,必须按照其规定的价格出售。我国《反垄断法》依据对价格限制的差异,明确禁止两类纵向垄断协议行为:固定向第三人转售商品的价格和限定向第三人转售商品的最低价格。前者是把转售价格固定在一个数额上,不允许转售商擅自改变;后者是对转售价格规定最低限度,转售商只能在不低于此价格限度的条件下确定转售价格。无论是固定转售价格,还是限定最低转售价格,实际上都限制了转售商对自己经销的商品的定价权,结果是市场上经营同一商品的经营者不能根据各自的竞争状况和成本结构开展价格竞争,这无疑等同于经营者之间达成以相同价格出售商品的协议,只不过这种协议是在强势压力之下被动达成的。尤其是当上游企业之间也存在垄断协议时,下游销售商们就更加难以通过改变供货方式等手段来自由行使定价权。

由于价格固定在一个水平之上,阻碍了品牌内的竞争,将一部分销售量从低成本销售商转移到高成本销售商,经营效率低下的销售商得以巩固其市场地位而不会被淘汰。即使是高效经营的销售商,也不能由此产生的好处扩展至消费者享受,消费者将不得不支付更高的价格,社会整体利益也将受到损失。限制转售价格协议之所以有约束力,是因为制造商在相关市场

---

[49] 徐士英:《行业协会限制竞争行为的法律调整——解读〈反垄断法〉对行业协会的规制》,载《法学》2007年第12期。
[50] 徐士英:《中国关于垄断协议的立法与实施——竞争文化视角的分析》,载《法治研究》2014年第3期;吴韬:《论行业协会组织经营者从事垄断协议行为的认定及法律责任》,载《中国价格监管与反垄断》2014年第5期。
[51] 种明钊主编:《竞争法学》(第2版),高等教育出版社2012年版,第260~261页。
[52] 郑艳馨:《我国公用企业垄断力滥用之法律规制》,中南大学2011年博士学位论文。

中占有优势地位,违反协议即中断供货的威胁,使转售商必须执行垄断协议的规定。

限制转售价格协议行为一般是上游制造商发动的,但其也可能是销售商主导的,或是双方为了共同利益合谋的。通常情况下,制造商可能为谋取规模效益、增加市场份额而限定最高转售价格,也可能为维持商品所具有的高价位、高品质的公众形象而限定最低转售价格。但在现实经济生活中,下游销售商要求制造商限制转售价格的情况并不少见。因为一旦制造商对商品的转售价格进行限制,便可削弱商品在零售环节上的价格竞争,避免销售商之间的价格比拼,保证获取稳定的利润。而且,一些零售商协会也会采取各种措施,积极配合和协助制造商控制转售价格。[53]

建议价格是一种与限制转售价格相似的现象,即制造商对销售商就其所提供商品的转售价格提出建议。但此价格对销售商并没有约束力,销售商没有义务必须按照此价格销售商品,因此一般不会产生排除销售商之间的价格竞争的后果。而且由于建议的转售价格使得该信息公众化,提高了定价的透明度,消费者可以避免接受高价,尤其是在销售网点不多的偏远地区。但是,如果制造商在提出价格建议时还附有其他约束性的条件(如不采用推荐价格就停止供货等),那就与限制转售价格无异了。

2. 其他纵向垄断协议行为。纵向垄断协议行为不仅包括价格上的限制竞争协议行为,也包括非价格的限制竞争协议行为,如排他性交易协议行为、强制性交易协议行为、附加不合理交易条件的协议行为等。排他性交易协议行为是指产品的供应商和销售商约定不得经销除其之外的其他同类竞争者的产品的行为。强制性交易协议行为是指经营者采取利诱、胁迫或其他不正当方法,迫使其他经营者违背自己意愿而与之进行交易的行为,[54]包括公用企业的强制性交易行为和硬性搭售安排等。[55]附加不合理交易条件的协议行为是指拥有一定市场优势的经营者利用自己的有利地位,迫使交易对手在交易时接受不合理的条件的行为。这些协议行为在实践中既可作为纵向垄断协议行为加以规制,也可作为滥用市场支配地位行为加以规制。

(三)轴辐协议行为

轴辐协议(又称轴辐卡特尔、中心辐射型垄断协议)作为一种兼具横向垄断协议特征和纵向垄断协议特征的混合型垄断协议,是指处于横向竞争关系的竞争者通过分别与处于纵向关系的同一主体(轴心经营者)签订纵向协议来实现信息交换,进而达到横向垄断协议效果的垄断协议。[56]根据我国《反垄断法》第19条的规定,经营者不得组织其他经营者达成垄断协议或者为其他经营者达成垄断协议提供实质性帮助。

轴辐协议是一种形象的说法,轴心经营者是帮助其他经营者达成垄断协议的经营者,其就相当于车轴,而参与垄断协议的经营者相当于车轮的辐条,即辐条经营者。轴辐协议的特征主要包括以下五个方面:(1)轴辐协议既具有纵向垄断协议的特征,也具有横向垄断协议的特征。可以说,纵向垄断协议是明面的协议,其目的在于将意图实现垄断目的的经营者串联起来,而

---

[53] 张骏:《完善转售价格维持反垄断法规制的路径选择》,载《法学》2013年第2期。
[54] 王玉辉:《日本〈禁止垄断法〉罚款及其减免制度研究——兼谈对我国〈反垄断法〉相关制度的借鉴》,载《河北法学》2010年第3期。
[55] 张丽华:《论搭售的反垄断法规制》,载《当代经济》2012年第17期。
[56] 王先林主编:《最新反垄断法条文对照与重点解读》,法律出版社2022年版,第65页。

横向垄断协议是隐藏的协议,其目的在于实现排除或者限制竞争的效果。事实上,当一众具有竞争关系的经营者都与其上游或者下游的某一个经营者达成纵向垄断协议时,这些签订纵向垄断协议的经营者就已经通过轴心经营者被绑定在一起,其排除、限制竞争的横向垄断协议的效果就已经实现。(2)轴辐协议的达成既可以由轴心经营者主导,也可以由辐条经营者主导。但无论由谁主导,都改变不了该协议排除、限制竞争的目的。(3)轴心经营者既可能是处于产业链上游的经营者,如原料制造商,也可能是处于产业链下游的经营者,如产品销售商。需要注意的是,处于上游的轴心经营者达成轴辐协议的主要目的往往是排除、限制品牌内经营者之间的内部竞争,而处于下游的轴心经营者达成轴辐协议的主要目的往往是排除、限制品牌之间的外部竞争。(4)轴辐协议排除、限制竞争的对象既可能指向轴心经营者层面的经营者,也可能指向辐条经营者层面的经营者。(5)轴辐协议并不要求轴心经营者自身具有市场支配地位,关键在于轴心经营者是否组织或者实质性地帮助促成了该垄断协议并产生了排除、限制竞争的效果。[57]

三、垄断协议行为的认定

垄断协议行为是现代市场经济条件下主要的垄断形式之一,它抑制了市场竞争机制功能的发挥,损害了其他经营者、消费者和社会的公共利益;但有些时候,一些垄断协议行为又具有较强的积极作用而不当然具有违法性。垄断协议行为能否成为反垄断法规制的对象,主要是看该协议是否具有排除、限制竞争的效果。[58]

(一)主体的认定

垄断协议的主体应该包括反垄断法适用范围内的一切对象,其中以从事经营活动的独立经营者为主。随着参与竞争的主体增多,垄断协议的主体也日益广泛,"特别是在本行业市场竞争激烈的时候,有些行业协会组织会员签订价格同盟协议等限制竞争的协议,排除、限制竞争"[59],如牙医协会的联合定价、球类协会的联合抵制、电视演播联盟的市场分割等。此外,政府部门与经营者的合谋也在不同程度上有所发生。因此,对垄断协议的主体的认定,并不必然拘泥于独立的商业企业。只要形成限制市场竞争的合意并实施这种合意,不论参与者的法律性质和形式如何,都应当被认定为垄断协议的主体。但应当注意的是,有些法律上的独立主体,在事实上可能不具有独立的经济决策能力,这样的主体一般不能被认定为反垄断法意义上的独立主体。例如,母公司与其全资子公司虽然在法律上为各自独立的主体,但全资子公司完全听命于母公司,没有独立的决策权,包括实施垄断协议行为的决策权,此时母公司与全资子公司的联合行为一般不属于反垄断法禁止的垄断协议行为。[60] 还有,被代理人与代理人订立的限制价格协议,所反映的都是被代理人的意思,因而不构成反垄断法意义上的两个独立主体。[61]

---

[57] 王先林主编:《最新反垄断法条文对照与重点解读》,法律出版社2022年版,第65页。
[58] 孙晋、李胜利:《竞争法原论》,武汉大学出版社2011年版,第57页。
[59] 王翔主编:《中华人民共和国反垄断法解读》,中国法制出版社2022年版,第101页。
[60] 赖源河:《公平交易法新论》,台北,月旦出版社1997年版,第258~259页。
[61] 徐孟洲、孟雁北:《竞争法》(第2版),中国人民大学出版社2014年版,第121页。

(二)限制竞争主观意图的认定

主体之间具有限制竞争的合意,是认定垄断协议的要件。[62] 这种合意包括有法律拘束力的意思表示和并不具有法律效力的其他合意表示。《欧洲共同体条约》第81条g款规定:所有可能影响成员国之间的贸易,并且具有阻碍、限制或妨害共同市场内部竞争的目的或后果的企业间的协议、企业联合组织的决议和共同行为,都是与共同市场相抵触的,应当予以禁止。[63]

但是,垄断协议的主观意图不易证明。很多国家的执法实践表明,参与垄断协议的主体为逃避法律规制,往往会试图掩盖或消灭证据;因此,执法机构建立了反推规则,即如果其他事实证据(包括情景证据)能够证实限制竞争协议确实存在,就推定这种协议具有主观故意性。美国法院在认定经营者间的共谋行为时,企图通过一系列间接证据,构建一个严密的证据链来形成心证,其客观效果是举证责任倒置,即从由反垄断执法机构或原告承担对被告共谋行为的证明责任转变为由被告在关键的五个要素[64]上负否认的举证责任。被告必须证明没有共谋动机、没有共谋机会、没有信息往来、没有一致的行为及没有为达成经济目的而合作的必要性,才能摆脱共谋行为的指控。[65] 此外,在人工智能和大数据蓬勃发展的今天,算法已然从实验室走向应用,成为经营者创新商业模式、取得竞争优势的关键因素,而算法决策存在"黑箱",会导致经营者排除、限制竞争的主观意图无法得到验证,[66]这也是我们需要认真对待的。

(三)限制竞争行为的认定

行为者实施了垄断协议,是从客观方面认定垄断协议违法的要件。但在对垄断协议的判断中,更多的是从参与者的实际行为反证其意图的。无论有没有正式的书面协议,只要行为者通过约束和协调各自行为,共谋采取限制竞争的实际行动,就属于法律所规制的内容。所以,一旦企业实施了"可觉察的相同行为",就应被认定为实施了垄断协议。所谓可觉察的相同行为,是指"假设没有明显的证据表明,厂商确实聚集在一起制定了串谋价格的公开协议,但是厂商又的确通过索取相同的价格而表现出来了相同的行为方式"[67]。有时,对于已经达成垄断协议但尚未实施的情况,各国反垄断法也会进行违法性认定。

(四)限制竞争后果的认定

竞争者之间的垄断协议市场竞争被排除或限制的后果之间存在直接的关联性。对这种协议与实施后果间的关联性,各国法院在实践中十分注重。在考虑此项要件时,多数国家认为垄断协议对市场的影响不一定要实际发生,只要能够证明垄断协议在一定程度上有影响市场竞争的可能性,以及这种影响的严重性,就足以推定这种影响的存在。

需要注意的是,我国反垄断法为那些不太可能出现明显反竞争效果的纵向垄断协议提供

---

[62] 王玉辉:《论垄断协议的行为认定》,载《河南大学学报(社会科学版)》2011年第2期;干潇露:《论垄断协议及其规制对传统契约理论的突破》,载《河南理工大学学报(社会科学版)》2011年第4期。

[63] 胡光志主编:《欧盟竞争法前沿研究》,法律出版社2005年版。

[64] 这五个要素是:(1)形成共谋动机之商业条件是否存在;(2)可以证明产生共谋机会的证据;(3)被控公司间有信息往来的证据;(4)一致之行为;(5)是否遭质疑的行为可以由其中一个公司独立行使而达成其经济目的。种明钊主编:《竞争法学》(第2版),高等教育出版社2012年版,第255~256页。

[65] 种明钊主编:《竞争法学》(第2版),高等教育出版社2012年版,第256页。

[66] 杨文明:《算法时代的垄断协议规制:挑战与应对》,载《比较法研究》2022年第1期。

[67] [美]W.吉帕·维斯库斯、约翰·M.弗农、小约瑟夫·E.哈林顿:《反垄断与管制经济学》(第3版),陈甬军等译,机械工业出版社2004年版,第76页。

了相对明确的豁免预期,既能防止对纵向垄断协议的禁止的扩大化适用,又能在一定程度上提高反垄断执法的透明度和节约反垄断执法资源,这就是被学界称为"安全港规则"的制度安排。所谓安全港规则,是指"协议满足一定前提条件即可排除它们存在竞争损害,或无需评估具体市场情况即可认定其合法的规则"。[68]

根据我国《反垄断法》第 18 条第 2、3 款的规定,适用安全港规则的情况包括两种:(1)经营者虽与交易相对人达成限制转售价格协议,但能够证明其不具有排除、限制竞争效果的。(2)经营者能够证明其在相关市场的市场份额低于国务院反垄断执法机构规定的标准,并符合国务院反垄断执法机构规定的其他条件的。当然,"法律明确例举的横向垄断协议,均为实践证明严重排除限制竞争的协议,对其不应适用安全港规则"[69]。值得注意的是,根据我国《反垄断法》的规定,安全港规则仅适用于纵向垄断协议,而不适用于横向垄断协议。

四、垄断协议行为的豁免

由于垄断协议对经济生活具有双重影响,各国反垄断法在原则上禁止垄断协议行为的同时,一般也会作出垄断协议豁免的制度安排。事实上,"豁免制度是利益衡量的结果,即将经济效果和对限制竞争的影响进行利益对比,当'利大于弊'时,该垄断协议排除适用反垄断法"[70]。但豁免的条件十分严格,只有那些符合法律明文规定,有利于社会公共利益与消费者利益的合谋行为才能予以豁免。我国《反垄断法》第 16~19 条规定了垄断协议违法性的判定规则。其中,第 17 条和第 18 条分别对横向垄断协议和纵向垄断协议作出了原则性禁止,第 20 条列举了豁免适用的共性要件和特性要件。共性要件有二:一是不严重限制市场竞争;二是和消费者分享垄断协议行为产生的利益。这两个要件与欧盟竞争法垄断协议豁免条件中的"不消除竞争"和"消费者获得公平份额"的内涵相同。特性要件可以简要概括为:(1)有利于成本效率;(2)有利于质量效率;(3)中小企业卡特尔;(4)为了社会公共利益;(5)结构危机卡特尔;(6)外贸卡特尔。其中,中小企业卡特尔、结构危机卡特尔、外贸卡特尔这三种类型化的豁免情形是基于我国市场经济现状作出的选择,体现了竞争政策[71]与产业政策、贸易政策的协调。值得注意的是,在这三种被予以豁免的垄断协议中,中小企业卡特尔和结构危机卡特尔的豁免仍需满足共性要件,即不严重限制市场竞争并且和消费者分享由此产生的利益,而外贸卡特尔的豁免则无须满足共性要件。虽然美国、德国、日本等国家也规定了外贸卡特尔的豁免,但同时强调其豁免必须符合特定的程序要求或者实质要件,[72]一般都以不能实质性影响国内市场竞争为基准。由此可见,我国《反垄断法》对外贸卡特尔的豁免适用的宽松程度要超过其他国家。

《反垄断法》对垄断协议豁免条件作出宽泛规定是为了回应我国现阶段竞争政策目标的选择,但是随着我国市场经济逐步成熟,竞争机制已被全社会视为推动经济发展的基本手段,经

---

[68] 王先林主编:《最新反垄断法条文对照与重点解读》,法律出版社 2022 年版,第 62 页。
[69] 王翔主编:《中华人民共和国反垄断法解读》,中国法制出版社 2022 年版,第 83 页。
[70] 王翔主编:《中华人民共和国反垄断法解读》,中国法制出版社 2022 年版,第 96~97 页。
[71] 竞争政策是政府使用的、决定市场竞争机制运作条件的一系列方法和制度工具。参见徐士英:《竞争政策研究——国际比较与中国选择》,法律出版社 2013 年版,第 5 页。
[72] 如德国《反限制竞争法》要求特定类型的垄断协议豁免必须同时满足有利于效率收益、消费者获得公平份额、对经济利益的获得必不可少和不消除竞争这四项条件。

营者应对竞争的能力越来越强。当竞争政策已经统领其他经济政策尤其是产业政策的时候，《反垄断法》中的豁免规定将逐步减少。[73]

五、垄断协议行为的法律责任

根据各国的立法及实践，垄断协议的法律责任主要有以下几种。

(一) 行政责任

由于垄断协议对市场竞争的影响直接且严重，各国反垄断法都通过对其规定严厉的行政责任加以直接处罚。行政责任主要包括：发布禁止垄断协议的行政命令，对行为人处以行政罚款(课征金)等。对垄断协议行为的罚款数额一般较为巨大，我国采用韩国、日本等国家的做法，[74]规定经营者违反法律规定达成并实施垄断协议的，由反垄断执法机构责令停止违法行为，没收违法所得，并处上一年度销售额1%以上10%以下的罚款，上一年度没有销售额的，处500万元以下的罚款；尚未实施所达成的垄断协议的，可以处300万元以下的罚款。需要注意的是，对轴辐协议的处罚规定适用关于前面关于垄断协议的处罚规定。此外，行业协会违法组织本行业的经营者达成垄断协议的，由反垄断执法机构责令改正，可以处300万元以下的罚款；情节严重的，社会团体登记管理机关可以依法撤销登记。

(二) 民事责任

多数国家规定，因垄断协议受到损害者可以提出损害赔偿的诉讼。如美国《谢尔曼法》第7条规定：任何因反托拉斯法所禁止的事项而遭受损失的人，无论损失大小，都可提起3倍损害赔偿的诉讼。我国《反垄断法》第60条也规定，"经营者实施垄断行为，给他人造成损失的，依法承担民事责任。经营者实施垄断行为，损害社会公共利益的，设区的市级以上人民检察院可以依法向人民法院提起民事公益诉讼"。需要注意的是：(1)尽管民事责任的规定在我国《反垄断法》中的规定较为原则，但是作为与行政责任、刑事责任不同的责任形式，其对保障经营者和消费者权益具有不可替代的作用。(2)我国《反垄断法》规定的反垄断民事检察公益诉讼是具有中国特色的法律制度，也是对党的十八届四中全会通过的《中共中央关于全面推进依法治国若干重大问题的决定》要求的"探索建立检察机关提起公益诉讼制度"的具体落实。新增的反垄断民事检察公益诉讼，可以说是在传统的反垄断公共执行和私人执行之外开辟了第三条道路，对防止垄断行为损害社会公共利益具有重要的作用。但需要注意的是，根据我国《反垄断法》的规定，只有设区的市级以上人民检察院才能提起反垄断民事检察公益诉讼。至于反垄断民事检察公益诉讼的程序，则可以根据我国《民事诉讼法》及最高人民法院、最高人民检察院《关于检察公益诉讼案件适用法律若干问题的解释》予以推进。

(三) 刑事责任

对于固定价格协议、划分市场协议以及联合抵制协议等明显具有严重损害市场竞争效果

---

[73] 徐士英：《中国关于垄断协议的立法与实施——竞争文化视角的分析》，载《法治研究》2014年第3期。
[74] 韩国《规制垄断与公平交易法》规定："对于实施不正当共同行为的事业者，公平交易委员会可以命令其缴纳不超过总统令规定的销售额的5%的课征金，无销售额的缴纳不超过10亿韩元的课征金。"日本《禁止垄断法》对垄断协议的课征金数额不断提高，2002年修正案将课征金从1亿日元提升到5亿日元，2005年修正案又提高了对课征金计算的费率(课征金总额=费率×违法期间营业额)，对一般犯实行10%的费率，对累犯实行15%的费率。

的行为,有些国家除实施行政处罚之外,还实施刑事处罚。刑事处罚包括监禁和罚金。如美国法院对垄断协议的参与者可处以 100 万美元以下的罚金,对个人可处以 10 万美元以下的罚金或 3 年以下监禁。[75] 日本《禁止垄断法》也自 1990 年 6 月开始运用刑事制裁措施处理恶性和重大的价格卡特尔和操纵投标案件,同时提高了针对价格卡特尔行为的罚金。[76] 我国《反垄断法》第 67 条规定:"违反本法规定,构成犯罪的,依法追究刑事责任。"

第三节 滥用市场支配地位行为的法律规制

一、滥用市场支配地位行为概述

滥用市场支配地位是经营者在参与相关市场竞争过程中实施垄断行为的重要表现,它不仅直接影响了市场竞争机制的健康发展,还严重损害了消费者的福利。因此,现代反垄断法将滥用市场支配地位行为视为规制的重点,往往对行为实施者适用本身违法原则加以惩罚。

(一)滥用市场支配地位行为的含义

滥用市场支配地位行为是指企业凭借已经获得的市场优势地位,对相关市场上的其他主体实施不公平交易或者排挤竞争对手的行为。滥用市场支配地位行为的前提是企业具有市场支配地位,本质是损害市场竞争。反垄断法对滥用市场支配地位行为的规制经历了由结构主义向行为主义转变的过程。结构主义理论认为,市场结构的不同必然造成经济运转的差异,企业具有支配地位以后,通常会滥用这种优势限制或者排除竞争。因此,结构主义理论主张法律应当以控制市场结构为重点,对大型企业原则上应当禁止,及时解散市场上出现的独占经营的企业,消除对市场竞争的潜在威胁。后来出现的行为主义理论则主张只有当企业滥用市场支配地位时,反垄断法才能对其加以规制。行为主义理论的经济学基础是以美国芝加哥学者为代表的效率学派,他们强调对市场垄断与效率之间的关系的分析,认为反垄断法的目标是促进经济效率的提高,[77] 而具有市场支配地位的企业往往是市场竞争的幸存者,企业规模和市场份额大恰恰是有效率的体现,并不必然违法。因此,法律控制的重点应放在具有市场支配地位的企业的经营行为上,以防止滥用优势限制市场竞争行为的发生。这一理论在相当程度上影响了反垄断立法及其实施。

(二)滥用市场支配地位行为的理论发展

在行为主义的反垄断政策的指导下,有关滥用市场支配地位行为的理论近年来有了长足的发展。考察世界各国传统的反垄断立法及其理论研究可以看出,传统反垄断法有关滥用市场支配地位行为的观点一般将"市场支配地位"界定在绝对市场份额的基础之上。这种做法在

---

[75] 时延安、马正楠:《以刑罚的力量维护自由竞争——论非法垄断行为犯罪化的必要性》,载《南都学坛》2009 年第 3 期。
[76] 如日本公正交易委员会相继对弹性胶卷价格维持案、保险机构操纵投标案、污水处理公司操纵投标案以及东京市政府操纵投标案提出了刑事指控。
[77] Herbert Hovenkamp, *Antitrust Policy after Chicago*, 84 Mich. L. Rev. 213(1985), 227.

工业化时代本身完全符合逻辑思维,因为没有足够市场份额的企业是无法实施相应的垄断行为的。但是,随着科学技术的飞速发展和市场分工的细化,人们逐步发现实施传统反垄断法所禁止的滥用市场支配地位行为的主体并不一定是具有绝对市场支配地位的企业,有的甚至是市场份额微不足道的小企业。在传统相关理论受到社会实践挑战的情况下,有的国家(如美国、德国等)的反垄断立法及执法开始引入相对优势地位理论来弥补与完善传统的滥用市场支配地位行为的理论。

相对优势理论又称为必须设备理论(Essential Facility Doctrine)、关键设施理论,学界一般将之定义为:某一企业在相关市场上为了与其他的企业竞争所必要的,却因法律上或事实上的理由,实际上不可能由两个或两个以上的企业重复建造或者在短期内取得的设备,处在市场支配地位上的必须设备持有者应当允许竞争对手使用,否则即构成对其市场支配地位的滥用。必须设备理论是在美国首先应用的。自美国之后,欧盟、澳大利亚、加拿大、日本、意大利等国家和组织先后采用这一理论并应用于反垄断法的实施中。

二、滥用市场支配地位行为的表现形式

根据行为主义理论,企业的市场支配地位本身并不必然违法,只有当企业滥用这种市场优势时,法律才对其行为加以禁止。[78] 我国《反垄断法》第22条规定了禁止具有市场支配地位的经营者从事滥用市场支配地位的行为,即以不公平的价格交易、低于成本销售、拒绝交易、强制交易、搭售、价格差别待遇这六种典型的滥用市场支配地位的行为,并基于立法的周延性与应对数字经济背景下滥用市场支配地位行为的需要作出如下规定:

一是设立兜底条款。根据我国《反垄断法》第22条第1款第7项的规定,我国授权国务院反垄断执法机构认定其他滥用市场支配地位行为。一般来说,对于兜底条款的运用,国务院反垄断执法机构既要考察经营者行为本身的合理性,也要考察该行为是否产生了排除、限制竞争的效果。同时,授权国务院反垄断执法机构来认定其他滥用市场支配地位行为,也体现了这种认定的严肃性。

二是增加了数字经济背景下经营者滥用市场支配地位行为的规制条款。根据《反垄断法》第22条第2款的规定,具有市场支配地位的经营者不得利用数据和算法、技术以及平台规则等从事前述滥用市场支配地位行为。需要注意的是,该款虽然与时俱进地在应对平台垄断方面迈出了步伐,但是同时也明确平台垄断不是一类独立的滥用市场支配地位行为,判定一个平台是否滥用市场支配地位,还是需要结合第22条第1款列举的滥用市场支配地位的规定来具体判断。易言之,判定一个平台是否实施了滥用市场支配地位行为,不仅要注意其是否具有利用数据和算法、技术以及平台规则的表象,更要注意其利用这些手段是否为了以不公平的价格交易、低于成本销售、拒绝交易、强制交易、搭售、价格差别待遇。

(一)垄断价格行为

垄断价格行为是指具有市场支配地位的经营者在一定时期内以超高价格销售商品或者以超低价格购买商品的行为。垄断性高价行为是指具有市场支配地位的经营者向交易相对人索

---

[78] 徐士英:《市场秩序规制法律制度》,载顾功耘主编:《经济法教程》(第3版),上海人民出版社、北京大学出版社2013年版,第390页。

取不合理的超高的销售价格的行为。[79] 在存在竞争的市场条件下,商品的价格是市场竞争的结果,每个经营者只能是价格的接受者,而不能是价格的决定者。但是当经营者占有市场支配地位后,其往往为了获取高额的垄断利润,利用其自身的市场优势,以不合理的高价销售其垄断产品,使消费者福利转移到自己手里。垄断性低价行为是指由一个在特殊市场中占据支配地位的经济实体向非垄断企业或小生产者购买原材料时所规定的低于商品价值或生产价格的垄断价格,以攫取超额利润或靠损害卖方利益补偿自己的不正当成本的行为。[80] 不公平的垄断性低价行为与垄断性高价行为是一个问题的两个方面,都属于滥用市场支配地位对交易相对人进行剥削的行为。[81] 因此,规制垄断价格行为成为反垄断法的重要内容之一。

（二）掠夺性定价行为

掠夺性定价行为是指具有市场支配地位的经营者出于排挤竞争对手的目的,在一定市场和一定期限内以牺牲短期利益（低于成本的价格）的手段销售商品,从而消除或限制竞争的行为。这种不正当的低价销售行为在一定时期内似乎有利于消费者,但其动机实际上是排挤竞争对手,获取独占市场的长期利益,从长远来看,最终受害的仍然是消费者。[82] 为此,各国法律都将掠夺性定价行为作为典型的反竞争行为加以规制,其性质就是滥用市场支配地位的行为。[83]

（三）差别待遇行为

差别待遇行为是指具有市场支配地位的经营者在没有正当理由的情况下,对条件相同的交易相对人,在其提供的商品的价格或者其他条件上给予明显区别对待的行为。[84] 差别待遇行为的形式多样,其中最为常见的是价格歧视。价格歧视包括地区的销售或购买价格差别、特别价格供应或销售差别等。除价格歧视外,《禁止滥用市场支配地位行为规定》（2023年3月10日国家市场监督管理总局令第66号公布）第19条第1款规定,禁止具有市场支配地位的经营者没有正当理由,对条件相同的交易相对人在交易条件上实行下列差别待遇：(1)实行不同的交易价格、数量、品种、品质等级；(2)实行不同的数量折扣等优惠条件；(3)实行不同的付款条件、交付方式；(4)实行不同的保修内容和期限、维修内容和时间、零配件供应、技术指导等售后服务条件。对于具有市场支配地位的经营者来说,差别待遇是一种有效的市场经营策略,可以通过亲疏不一的交易政策,排挤进入市场的潜在的竞争对手。差别待遇不仅会对市场的竞争秩序产生明显的不利影响,还会影响最终消费者的利益。[85]

值得注意的是,《禁止滥用市场支配地位行为规定》第19条第2款和第3款分别对"条件相同"和"正当理由"作了界定：(1)条件相同是指交易相对人之间在交易安全、交易成本、规模和能力、信用状况、所处交易环节、交易持续时间等方面不存在实质性影响交易的差别。交易中依法获取的交易相对人的交易数据、个体偏好、消费习惯等方面存在的差异不影响认定交易

---

[79] 徐孟洲、孟雁北：《竞争法》（第2版）,中国人民大学出版社2014年版,第158页。
[80] 孙晋、李胜利：《竞争法原论》,武汉大学出版社2011年版,第107页。
[81] 徐孟洲、孟雁北：《竞争法》（第2版）,中国人民大学出版社2014年版,第159页。
[82] 颜运秋、马永双：《消费者公益诉讼的法理与规则分析》,载《河北大学学报(哲学社会科学版)》2005年第5期。
[83] 美国《克莱顿法》及《罗宾逊—帕特曼法》将掠夺性定价行为视为价格歧视行为,《欧盟条约》第82条则明确掠夺性定价行为构成该条意义上的滥用行为。
[84] 吕明瑜：《滥用市场支配地位行为对竞争的影响分析》,载《河南省政法管理干部学院学报》2006年第3期。
[85] 王晓晔：《欧共体竞争法》,中国法制出版社2001年版,第256页。

相对人条件相同。(2)正当理由包括:根据交易相对人实际需求且符合正当的交易习惯和行业惯例,实行不同交易条件;针对新用户的首次交易在合理期限内开展的优惠活动;基于公平、合理、无歧视的平台规则实施的随机性交易;能够证明行为具有正当性的其他理由。

(四)拒绝交易行为

拒绝交易行为是指具有市场支配地位的经营者无正当理由,拒绝向其他经营者提供商品的行为。根据我国《禁止滥用市场支配地位行为规定》第16条第1款的规定,拒绝交易的形式是:(1)实质性削减与交易相对人的现有交易数量;(2)拖延、中断与交易相对人的现有交易;(3)拒绝与交易相对人进行新的交易;(4)通过设置交易相对人难以接受的价格、向交易相对人回购商品、与交易相对人进行其他交易等限制性条件,使交易相对人难以与其进行交易;(5)拒绝交易相对人在生产经营活动中,以合理条件使用其必需设施。需要注意的是,如果要认定经营者的行为符合前述第五种形式,还应当综合考虑以合理的投入另行投资建设或者另行开发建造该设施的可行性、交易相对人有效开展生产经营活动对该设施的依赖程度、该经营者提供该设施的可能性以及对自身生产经营活动造成的影响等因素。

虽然根据合同自由原则,经营者有权选择自己的交易伙伴,但如果允许具有市场支配地位的企业或者拥有关键设施的经营者随意拒绝交易,则必然扩大其垄断范围,使其市场支配地位从原始市场扩张到附属市场,有悖于维护市场竞争的宗旨。但拒绝交易行为并不一定是违法的,只有在该拒绝交易行为使得相关市场的竞争受到损害时,才能确认其违法性。

(五)搭售和附加不合理交易条件行为

搭售行为也称捆绑销售行为,是指具有市场支配地位的经营者,强迫交易相对人接受与其所出售的产品或服务无关的其他产品或服务,或者要求交易相对人签订接受上述条件的协议的行为。[86] 搭售行为不仅限制了交易自由,而且将具有市场支配地位的经营者的市场优势不正当地延伸到被搭售产品的市场,使之免于竞争压力。为了维护市场参与者的经营自由和有效竞争的机制,对搭售和附加不合理交易条件行为必须进行有效规制。根据我国《禁止滥用市场支配地位行为规定》第18条第1款的规定,这些不合理的交易条件包括:(1)违背交易惯例、消费习惯或者无视商品的功能,利用合同条款或者弹窗、操作必经步骤等交易相对人难以选择、更改、拒绝的方式,将不同商品捆绑销售或者组合销售;(2)对合同期限、支付方式、商品的运输及交付方式或者服务的提供方式等附加不合理的限制;(3)对商品的销售地域、销售对象、售后服务等附加不合理的限制;(4)交易时在价格之外附加不合理费用;(5)附加与交易标的无关的交易条件。

(六)排他性交易行为

排他性交易行为又称独家交易行为、限定交易行为,是指具有市场支配地位的经营者要求交易相对人在特定的市场内不能与除其之外的其他竞争对手进行交易的行为。在现实社会中,排他性交易行为主要表现为"专营专卖""独家经销"。对排他性交易行为的规范大致有两种做法:一种是欧洲共同体的立法例,即事先通过法律法规对某些行为的适法性作出明确规定,使一些合理的排他性交易行为得以存在和发展。另一种是事先并未具体规定行为的适法

---

[86] 倪振峰:《捆绑销售:垄断势力延伸的利器》,载《探索与争鸣》2011年第11期;许光耀:《欧共体竞争法研究》,法律出版社2002年版,第211页。

性,而是在案件审理过程中,通过实际考察该行为的效果来确定其适法性,如美国关于纵向限制竞争行为的规定[87]及法院的相关判例。根据我国《禁止滥用市场支配地位行为规定》第17条第2款的规定,排他性交易行为既可以进行直接限定,也可以采取惩罚性或者激励性措施等方式来变相限定。限定措施具体包括:(1)限定交易相对人只能与其进行交易;(2)限定交易相对人只能与其指定的经营者进行交易;(3)限定交易相对人不得与特定经营者进行交易。

三、滥用市场支配地位行为的认定

对滥用市场支配地位行为的认定是一个完整的过程:首先,界定经营者的产品所涉及的相关市场,以确定其竞争范围;其次,确定经营者在相关市场上是否占有支配地位;最后,判定经营者是否滥用其市场支配地位来排除或限制竞争。

（一）相关市场的界定

相关市场,是指经营者在一定时期内就特定商品或服务进行竞争的商品范围和地域范围。[88]这就是说,界定相关市场必须考虑商品范围、地域范围,同时还必须考虑时间方面的因素。[89]

1. 相关产品市场。根据原国务院反垄断委员会《关于相关市场界定的指南》第3条的规定,所谓相关产品市场,是根据商品的特性、用途及价格等因素,由需求者认为具有较为紧密替代关系的一组或一类商品所构成的市场。一般来说,这些商品表现出较强的竞争关系,在反垄断执法中可以作为经营者进行竞争的商品范围。相关产品市场界定的过程事实上包括两个环节:一是确定一个基准产品;二是寻找与该产品具有紧密替代关系的同类产品,即进行"替代性分析"。[90]对相关产品市场的替代性分析可以从两方面入手:

(1)消费者需求替代性。这是以消费者的需求弹性为判断标准的界定方法。如果消费者认为两种产品在价格、品质和用途方面互相可以替代,则该两种产品应属于同一市场且具有竞争关系。这可以表述为:需求弹性D＝A产品需求数量的变动/B产品价格的变动。如果需求弹性D是正数,A产品和B产品就是替代关系;如果需求弹性D是负数,A产品和B产品就是互补关系。

(2)生产者供给替代性。生产者供给替代性的基础是供给弹性[91]理论。生产者供给替代性以市场内存在的潜在竞争作为前提,如当涉案产品的价格足够高时,有可能诱发其他潜在生产者转换生产,从而使市场的供给增多,形成对产品价格的抑制。如果供给数量的增加比例对潜在竞争者十分敏感,则表示其他厂商比较容易转换生产,厂商价格的抬高就不易维持。[92]

2. 相关地域市场。相关地域市场是指消费者能够有效地选择各类可竞争产品,供应商能够有效地供应产品的一定地理区域。在确定相关地域市场时,应当考虑两个主要因素:(1)区

---

[87] 美国《谢尔曼法》第1条、《克莱顿法》第3条以及《联邦贸易委员会法》第5条。
[88] 原国务院反垄断委员会《关于相关市场界定的指南》第3条。
[89] 孟雁北:《互联网行业相关市场界定的挑战——以奇虎诉腾讯反垄断案判决为例证》,载《电子知识产权》2013年第4期。
[90] 张江莉:《论相关产品市场界定中的"产品界定"——多边平台反垄断案件的新难题》,载《法学评论》2019年第1期。
[91] 供给弹性是指当涉案厂商将产品价格抬高某一百分数时,市场上相同产品的供给量相应增加的比例。
[92] 唐绍均:《反垄断法中与新经济行业相关市场的界定》,载《现代经济探讨》2008年第11期。

域间交易的障碍。这包括交易成本障碍(如产品运输成本等)和法律障碍(如政府管制行业或特许经营权等)。(2)产品特性。产品特性直接影响市场地域的大小,如产品可长期保存的,其市场范围就可能扩大,而产品销售地域性较强的(如报纸等),其地域市场的范围就比较狭小。

3. 相关时间市场。在市场竞争过程中,时间对相关市场的确定有着十分重要的影响。[93] 时令、机遇或其他因素都会使市场竞争格局发生明显变化,知识产权的时效也会影响市场界定的相关度。[94]

(二)市场支配地位的认定

市场支配地位是指经营者在相关市场中对交易价格和交易条件处于独立决策而无须考虑其他经营者,并足以影响市场竞争的地位。市场支配地位的认定存在两种模式,一种是以欧盟为代表的以法律条文明确规定,另一种是以美国为代表的在案件审理中进行认定。

我国反垄断法对市场支配地位的认定采取了综合认定的立法模式。首先,对市场支配地位作了基本的界定,它是指经营者在相关市场内具有能够控制商品价格、数量或者其他交易条件,或者能够阻碍、影响其他经营者进入相关市场能力的市场地位。其次,对执法机关在认定经营者具有市场支配地位时应当考虑的因素作了明确规定,包括经营者的市场份额、经营者的市场控制力、竞争者进入市场的难易程度等。再次,为了操作的方便,还规定了可以推定为具有市场支配地位的情形,其主要依据是市场份额。[95] 最后,对不应当被推定为市场支配地位的情形作了规定。[96] 显然,这是采用了欧盟模式的成文法规定。

具体而言,根据《反垄断法》第23条和《禁止滥用市场支配地位行为规定》第7~11条的规定,认定经营者具有市场支配地位,应当考虑下列因素:(1)该经营者在相关市场的市场份额,以及相关市场的竞争状况。确定该经营者在相关市场的市场份额,可以考虑一定时期内该经营者的特定商品销售金额、销售数量或者其他指标在相关市场所占的比重。分析相关市场竞争状况,可以考虑相关市场的发展状况、现有竞争者的数量和市场份额、市场集中度、商品差异程度、创新和技术变化、销售和采购模式、潜在竞争者情况等因素。(2)该经营者控制销售市场或者原材料采购市场的能力。确定该经营者控制销售市场或者原材料采购市场的能力,可以考虑该经营者控制产业链上下游市场的能力,控制销售渠道或者采购渠道的能力,影响或者决定价格、数量、合同期限或者其他交易条件的能力,以及优先获得企业生产经营所必需的原料、半成品、零部件、相关设备以及需要投入的其他资源的能力等因素。(3)该经营者的财力和技术条件。确定该经营者的财力和技术条件,可以考虑该经营者的资产规模、盈利能力、融资能力、研发能力、技术装备、技术创新和应用能力、拥有的知识产权等,以及该财力和技术条件能够以何种方式和程度促进该经营者业务扩张或者巩固、维持市场地位等因素。(4)其他经营者对该经营者在交易上的依赖程度。确定其他经营者对该经营者在交易上的依赖程度,可以考虑其他经营者与该经营者之间的交易关系、交易量、交易持续时间、在合理时间内转向其他交

---

[93] 丁茂中:《相关时间市场的界定问题探析》,载漆多俊主编:《经济法论丛》总第19卷,武汉大学出版社2010年版。
[94] 邹翔:《知识产权反垄断中的相关市场界定研究》,载《科技进步与对策》2011年第15期。
[95] 《反垄断法》第24条第1款规定:"……(一)一个经营者在相关市场的市场份额达到二分之一的;(二)两个经营者在相关市场的市场份额合计达到三分之二的;(三)三个经营者在相关市场的市场份额合计达到四分之三的。"
[96] 有《反垄断法》第24条第1款第2、3项规定的情形,其中有的经营者市场份额不足十分之一的,不应当推定该经营者具有市场支配地位;被推定具有市场支配地位的经营者,有证据证明不具有市场支配地位的,不应当认定其具有市场支配地位。

易相对人的难易程度等因素。(5)其他经营者进入相关市场的难易程度。确定其他经营者进入相关市场的难易程度,可以考虑市场准入、获取必要资源的难度、采购和销售渠道的控制情况、资金投入规模、技术壁垒、品牌依赖、用户转换成本、消费习惯等因素。(6)与认定该经营者市场支配地位有关的其他因素。

此外,根据《禁止滥用市场支配地位行为规定》第12条的规定,关于平台经济领域经营者具有市场支配地位的认定,还可以考虑相关行业竞争特点、经营模式、交易金额、交易数量、用户数量、网络效应、锁定效应、技术特性、市场创新、控制流量的能力、掌握和处理相关数据的能力及经营者在关联市场的市场力量等因素。根据《禁止滥用市场支配地位行为规定》第13条的规定,认定两个以上的经营者具有市场支配地位,除考虑《禁止滥用市场支配地位行为规定》第7~12条规定的因素外,还应当考虑经营者行为一致性、市场结构、相关市场透明度、相关商品同质化程度等因素。

(三)滥用市场支配地位行为的认定

目前大多数国家都采用了以法律条文明确规定滥用市场支配地位行为的反垄断立法模式,从而禁止那些具有市场优势的经营者以对市场竞争产生重大影响的方式损害市场机制。我国反垄断法给予涉嫌滥用市场支配地位的经营者抗辩的权利。根据《禁止滥用市场支配地位行为规定》第29~30条的规定,反垄断执法机构对滥用市场支配地位行为进行行政处罚的,应当在作出行政处罚决定之前,书面告知当事人拟作出的行政处罚内容及事实、理由、依据,并告知当事人依法享有的陈述权、申辩权和要求听证的权利。反垄断执法机构在告知当事人拟作出的行政处罚决定后,应当充分听取当事人的意见,对当事人提出的事实、理由和证据进行复核。

值得注意的是,一些国家的法律中规定,某些拥有网络或基础设施优势的经营者拒绝竞争者以适当报酬接入自己网络或基础设施的行为也属于滥用市场支配地位行为。如德国《反限制竞争法》规定,其他竞争者出于法律上的理由(国家不允许再建设)或事实上的理由(不具备再建设的特殊条件),非使用该网络或其他基础设施无法在前置或后置的市场上作为竞争者从事活动,具有上述支配地位的企业就不能拒绝竞争者接入使用的请求,[97]除非企业能够证明这种使用基于企业经营方面或其他方面的事由是不可能的,或者是不能合理期待的。我国《反垄断法》第23条第4项"其他经营者对该经营者在交易上的依赖程度"是否能够解释为这种相对优势地位,还需通过立法或者司法解释才能得以明确。

四、滥用市场支配地位行为的法律责任

滥用市场支配地位行为对市场竞争具有危害性,但企业在经营与创新方面的效率也值得重视,因此需要在规制时加以权衡。发达国家将对滥用市场支配地位行为的制裁分为三种类型,即约束性制裁、救济性制裁与惩罚性制裁,体现了对这种权衡的考虑。[98]

(一)约束性制裁

约束性制裁主要包括行政和解、签发停止令和行政劝告等措施。

---

[97] 姚保松:《〈反垄断法〉中的基础设施条款探析》,载《西南政法大学学报》2008年第4期。
[98] 王磊:《试论对滥用市场支配地位行为的法律制裁方式》,载《学术交流》2005年第6期。

首先,行政和解是指执法机构与违法当事人通过谈判达成行政和解协议。如美国司法部可与涉嫌滥用市场支配地位行为的经营者达成和解协议,要求其停止并修正自己的行为,美国联邦法院经审查后可签发同意令。其次,停止令是指执法机构责令经营者停止违法行为。如美国联邦贸易委员会有权签发停止令,责令经营者停止违法行为或修正正在实施的行为。对于违反停止令的经营者,美国联邦贸易委员会可以处以每日1万美元的程序性罚款。最后,行政劝告是在采取行政执法手段之前的行为纠正机制。如日本公正交易委员会在认为经营者有违反反垄断法的行为时,可以劝告其采取适当措施加以矫正,不直接运用行政执法程序进行制裁。

(二) 救济性制裁

救济性制裁的实施有三种方法:(1)分拆大型企业。反垄断执法机关可以根据具体情况将涉嫌滥用市场支配地位的企业分拆为若干小企业,这一般在反垄断法早期加以应用。(2)没收违法所得。这是在美国司法判例中确立起来的方法。(3)损害赔偿。很多国家的反垄断法规定,因滥用市场支配地位的企业的垄断行为而遭受损害的当事人可以提起损害赔偿诉讼。[99] 美国对此设定了3倍损害赔偿。[100]

(三) 惩罚性制裁

惩罚性制裁包括:(1)行政罚款,即对滥用市场支配地位的经营者进行数额较大的罚款,如意大利竞争局可以对经营者处以上一财政年度营业额1%~10%的罚款,日本公正交易委员会可以责令违法企业按照一定比例向国库缴纳课征金。(2)刑事罚金和判处徒刑。美国法律规定,对实施垄断和限制贸易行为的构成犯罪的企业可处以100万美元以下的罚金,个人参与者将被处以10万美元以下的罚金以及3年以下的监禁。

我国《反垄断法》对滥用市场支配地位行为确立了行政责任、民事责任和刑事责任。我国《反垄断法》第57条规定,经营者违反该法规定,滥用市场支配地位的,由反垄断执法机构责令停止违法行为,没收违法所得,并处上一年度销售额1%以上10%以下的罚款。我国《反垄断法》第60条第1款规定,经营者实施垄断行为,给他人造成损失的,依法承担民事责任。需要注意的是,根据我国《反垄断法》第67条规定,违反该法规定,构成犯罪的,依法追究刑事责任。

第四节 经营者集中行为的法律规制

一、经营者集中行为概述

经营者集中是对经济力量集中的抽象概括,准确界定它在反垄断法范畴内的含义与基本分类是研究经营者集中控制制度的基础。

---

[99] 王健:《日本反垄断法的私人执行制度——历史演进与最新发展》,载《太平洋学报》2007年第7期。
[100] 叶卫平:《惩罚性赔偿的制度思考》,载《上海财经大学学报》2009年第5期。

(一)经营者集中行为的含义

经营者集中也称为"合并"或"结合",反垄断法中的经营者集中的含义与商法中的规定不完全一致,因为反垄断法规制的重点并非企业法律人格的变化或资产的转移,而是经营者集中之后是否增强了其在市场中的支配地位,从而增强了滥用市场支配地位或者共谋的可能性。能够形成或可能形成市场力量过度集中的行为都是反垄断法规制的对象,显然,反垄断法的规制范围要比商法的规制范围宽泛得多。经营者集中除包括合并外,还包括各种经营权转移导致的市场力量集中的行为,包括股份持有、干部兼任、营业受让等行为。

(二)经营者集中行为的类型

经营者集中可分为横向集中、纵向集中与混合集中三个类型。横向集中发生在相同产品的生产者和销售者之间,直接影响市场结构,从而影响竞争格局,因而一直是各国反垄断法控制的重点。纵向集中是不同经营环节的经营者之间以减少交易成本或控制上下游市场为目的的集中。由于纵向集中不直接表现为减少竞争者,所以被认为对市场竞争的影响较小。但越来越多的事实表明,纵向集中会导致上下游相关市场内的力量对比发生变化,从而对该市场内的竞争产生影响。混合集中是指属于不同产业领域不同经营环节的经营者集中。虽然混合集中的各方不存在直接的竞争关系,对市场竞争产生的影响较小,但是,当经营者通过不同产业或经营环节的集中,极大地增强对市场的绝对控制力时,其对市场竞争的潜在威胁也是不能忽视的。

二、经营者集中行为对市场竞争的影响与评估

经济学理论认为经营者集中行为可能形成两种效应:单边效应和协同效应。单边效应是指经营者集中会导致经营者获得更大的市场势力,从而增强提高价格、降低产量、排挤竞争对手、损害消费者利益的能力。协同效应是指经营者集中可能会为经营者之间达成共谋或协调行为创造结构性条件,因为企业合并后会减少市场上经营者的数量,经营者势力更加均衡,从而为共谋创造对称的结构性条件。但是,潜在的效率因素仍有可能在一定程度上对这两种效应加以抵销。

(一)评估经营者集中行为的主要考虑因素

在我国,由国家市场监督管理总局依法对经营者集中行为进行反垄断审查评估。根据《经营者集中审查规定》(2023年3月10日国家市场监督管理总局令第67号公布)第31条的规定,审查经营者集中,应当考虑下列因素:(1)参与集中的经营者在相关市场的市场份额及其对市场的控制力。(2)相关市场的市场集中度。(3)经营者集中对市场进入、技术进步的影响。(4)经营者集中对消费者和其他有关经营者的影响。(5)经营者集中对国民经济发展的影响。(6)应当考虑的影响市场竞争的其他因素。

(二)评估经营者集中行为的方式

评估经营者集中对竞争产生不利影响的可能性时,根据《经营者集中审查规定》第32条和第37条的规定,一方面,可以考察相关经营者单独或者共同排除、限制竞争的能力、动机及可能性。集中涉及上下游市场或者关联市场的,可以考察相关经营者利用在一个或者多个市场的控制力,排除、限制其他市场竞争的能力、动机及可能性。另一方面,可以综合考虑集中对公

共利益的影响、参与集中的经营者是否为濒临破产的企业等因素。

（三）评估经营者集中行为的后果

根据我国《反垄断法》第34条的规定，经营者集中具有或者可能具有排除、限制竞争效果的，国家市场监督管理总局应当作出禁止经营者集中的决定。但是，经营者能够证明该集中对竞争产生的有利影响明显大于不利影响，或者符合社会公共利益的，国家市场监督管理总局可以作出对经营者集中不予禁止的决定。根据《反垄断法》第35条的规定，对不予禁止的经营者集中，国家市场监督管理总局可以决定附加减少集中对竞争产生不利影响的限制性条件。

三、经营者集中控制程序制度

（一）经营者集中的事先申报制度

事先申报制度是指各国反垄断法中对市场竞争具有重大影响的合并事项必须事先向竞争主管机关进行申报的强制性规定。对于什么是具有重大影响的合并事项，各国都规定了一些具体的标准。我国也采用了经营者集中的事先申报制度，并明确规定了经营者集中的申报标准。[101] 与此同时，我国《反垄断法》第27条对可以不申报的情形作了规定，参与集中的一个经营者拥有其他每个经营者50%以上有表决权的股份或者资产的，或者参与集中的每个经营者50%以上有表决权的股份或者资产被同一个未参与集中的经营者拥有的，可以不向国务院反垄断执法机构申报。

需要注意的是，根据《反垄断法》第26条第2款的规定，如果经营者集中行为没有达到申报的标准，但有证据证明这种集中具有或者可能具有排除、限制竞争效果，此时国务院反垄断执法机构可以主动要求经营者申报。这一规定表明，国务院反垄断执法机构事实上享有经营者是否应当申报的自由裁量权。从经营者的角度看，如果其对集中是否会产生排除、限制竞争的影响难以把握，可以考虑主动咨询国务院反垄断执法机构是否需要进行申报，从而规避交易被取消乃至分拆已经完成的集中的风险。总之，《反垄断法》关于未达申报标准的经营者可以被国务院反垄断执法机构要求申报的规定在很大程度上弥补了单一营业额标准的不足，对规制现实中一些未达申报标准但是具有或者可能具有排除、限制竞争效果的集中具有重要的作用，对于应对所谓的扼杀式并购也是一种有力的制度保障。

（二）经营者集中的审查制度

1. 初步审查和进一步审查。经营者集中的审查是指竞争执法机关对参与集中经营者的申请按照法律规定的标准所进行的审查，分为初步审查和进一步审查。[102] 初步审查是竞争执法

---

[101] 国务院《关于经营者集中申报标准的规定》第3条规定，"经营者集中达到下列标准之一的，经营者应当事先向国务院反垄断执法机构申报，未申报的不得实施集中：（一）参与集中的所有经营者上一会计年度在全球范围内的营业额合计超过120亿元人民币，并且其中至少两个经营者上一会计年度在中国境内的营业额均超过8亿元人民币；（二）参与集中的所有经营者上一会计年度在中国境内的营业额合计超过40亿元人民币，并且其中至少两个经营者上一会计年度在中国境内的营业额均超过8亿元人民币。营业额的计算，应当考虑银行、保险、证券、期货等特殊行业、领域的实际情况，具体办法由国务院反垄断执法机构会同国务院有关部门制定。"

[102] 周谊：《经营者集中的反垄断审查制度刍议》，载《时代法学》2014年第1期。

机关对符合申报要求的申请人所提交的材料是否符合法定要求所进行的形式审查。[103] 如果该集中对市场竞争不构成严重影响,一般都会通过。如果竞争执法机构认为该集中可能对市场竞争将产生较为严重的影响,则需要对集中进行进一步审查,也称实质性审查。[104] 进一步审查主要根据该集中对市场可能形成的进入障碍、对竞争者和消费者的影响等作出是否禁止经营者集中的决定。[105]

2. 停钟制度。所谓停钟制度,是指"国务院反垄断执法机构在经营者集中审查过程中,在法定情形下,可以中止计算经营者集中的审查期限,待中止计算审查期限的情形消除后审查期限继续计算的制度"[106]。之所以规定这一制度,原因在于:(1)解决经营者集中过程中反垄断执法机构审查时限不够的问题。(2)应对实践中经营者刷新时限问题。从实践来看,一些经营者在审查期限届满但是又难以获得审批的情况下,技术性地撤回申报再提交,甚至不断重复这一程序,以刷新时限。显然,这种所谓的"变通做法"不仅复杂而且很不合理,[107] 停钟制度则很好地解决了这一问题。

根据我国《反垄断法》第 32 条第 1 款的规定,触发停钟制度的事由包括如下三项:一是经营者未按照规定提交文件、资料,导致审查工作无法进行;二是出现对经营者集中审查具有重大影响的新情况、新事实,不经核实将导致审查工作无法进行;三是需要对经营者集中附加的限制性条件进一步评估,且经营者提出中止请求。需要注意的是,发生上述事由也会催生国务院反垄断执法机构的两项通知义务:一是国务院反垄断执法机构决定中止计算经营者集中的审查期限的,应当书面通知经营者;二是自中止计算审查期限的情形消除之日起,审查期限继续计算,国务院反垄断执法机构也应书面通知经营者。

3. 经营者集中审查的标准和因素。对企业合并进行反垄断控制的最终标准应当是社会的整体效益是否得到增进,这是各国的共识,但具体的审查标准在不同国家有不同的规定。[108] 美国控制企业合并的标准是以消费者的福利是否削弱为核心;德国反垄断法的合并控制标准则以竞争为唯一的观察点,即考虑合并后是否可能严重影响市场竞争。我国法律以保护竞争为基本标准,同时又兼顾了效率标准。[109]

明确了经营者集中的审查标准后,各国反垄断法规定了经营者集中审查需要考虑的因素。在我国,相关市场的结构、参与集中的经营者在相关市场中的市场份额及控制力是最重要的因

---

[103] 《反垄断法》第 28 条规定:"经营者向国务院反垄断执法机构申报集中,应当提交下列文件、资料:(一)申报书;(二)集中对相关市场竞争状况影响的说明;(三)集中协议;(四)参与集中的经营者经会计师事务所审计的上一会计年度财务会计报告;(五)国务院反垄断执法机构规定的其他文件、资料。申报书应当载明参与集中的经营者的名称、住所、经营范围、预定实施集中的日期和国务院反垄断执法机构规定的其他事项。"

[104] 《反垄断法》第 30 条第 1 款规定:"国务院反垄断执法机构应当自收到经营者提交的符合本法第二十八条规定的文件、资料之日起三十日内,对申报的经营者集中进行初步审查,作出是否实施进一步审查的决定,并书面通知经营者。国务院反垄断执法机构作出决定前,经营者不得实施集中。"

[105] 《反垄断法》第 31 条第 1 款规定:"国务院反垄断执法机构决定实施进一步审查的,应当自决定之日起九十日内审查完毕,作出是否禁止经营者集中的决定,并书面通知经营者。作出禁止经营者集中的决定,应当说明理由。审查期间,经营者不得实施集中。"

[106] 王翔主编:《中华人民共和国反垄断法解读》,中国法制出版社 2022 年版,第 143 页。

[107] 王先林主编:《最新反垄断法条文对照与重点解读》,法律出版社 2022 年版,第 111 页。

[108] 徐士英:《论企业合并反垄断法律控制的权衡》,载《法学杂志》2006 年第 1 期。

[109] 《反垄断法》第 34 条规定:"……经营者能够证明该集中对竞争产生的有利影响明显大于不利影响,或者符合社会公共利益的,国务院反垄断执法机构可以作出对经营者集中不予禁止的决定。"

素。此外也要考虑经营者集中对市场进入、技术进步的影响,经营者集中对消费者和其他有关经营者的影响,经营者集中对国民经济发展的影响,[110] 以及国务院反垄断执法机构认为应当考虑的影响市场竞争的其他因素。[111] 有些国家和地区的竞争法(欧盟等)还规定要考虑成立合资经营企业这种形式的集中对形成垄断协议或上下游市场的影响等因素。

4. 经营者集中审查的效率抗辩。经营者集中对市场具有双重的影响,一方面可能提高经济效率,另一方面也可能影响市场竞争,损害消费者福利。这就形成了经营者集中反垄断审查的核心内容:对减损竞争和促进效率两大因素的权衡。这就是各国法律中规定的经营者集中效率抗辩制度,即当经营者集中被禁止时,经营者可以以集中对社会经济效率的提高大于其对市场竞争所产生的负面影响为由,申请反垄断执法机构不予禁止。我国《反垄断法》第34条规定,经营者能够证明经营者集中对竞争产生的有利影响明显大于不利影响,或者符合社会公共利益的,国务院反垄断执法机构可以作出对经营者集中不予禁止的决定。

(三)经营者集中的分类分级审查制度

2022年3月,中共中央、国务院《关于加快建设全国统一大市场的意见》指出,要"健全经营者集中分类分级反垄断审查制度"。我国《反垄断法》第37条规定:"国务院反垄断执法机构应当健全经营者集中分类分级审查制度,依法加强对涉及国计民生等重要领域的经营者集中的审查,提高审查质量和效率。"概言之,分类分级制度包括如下两层重要含义:(1)分类。作为市场经济的"宪法",反垄断法适用于市场经济中的所有行业,但是,各个行业的商业模式、行业业态等具有很大的差异。一方面,统一的审查方法难以作出精细的反垄断指导;另一方面,行业不同,反垄断审查的重点也应当因应行业的特点,如此才能最大限度保持审查的科学性。(2)分级。从程序上讲,分级审查对接了反垄断的初步审查和进一步审查,其目的在于抓大放小,从而在经营者集中审查中筛选出需要重点关注的行业和重点关注的集中类型。比如,对那些横向集中、扼杀式并购、相邻市场头部企业的集中等,需要重点审查,从而提高审查的效率和质量。

需要注意的是,《反垄断法》第37条强化了重要领域的经营者集中审查。当前世界百年未有之大变局加速演进,全球化和逆全球化交织进行,反垄断事实上已经不是一个单纯的法律问题,从国家整体发展和国家经济安全的角度看,如何通过对"涉及国计民生等重要领域"的经营者集中审查,强化国家经济竞争力,也是作为国家干预经济的基本法律形式的经济法的题中之义。

(四)经营者集中的简易程序

为明确经营者集中简易案件的标准、方便经营者申报、适应经济社会发展新形势,2018年9月29日,国家市场监督管理总局反垄断局发布了修订后的《关于经营者集中简易案件申报的指导意见》。

---

[110] 孙晋、余喆:《我国外资并购反垄断规制的不确定性及对策——从被禁止的可口可乐并购汇源案谈起》,载《东方法学》2010年第3期。

[111] 《反垄断法》第33条规定:"审查经营者集中,应当考虑下列因素:(一)参与集中的经营者在相关市场的市场份额及其对市场的控制力;(二)相关市场的市场集中度;(三)经营者集中对市场进入、技术进步的影响;(四)经营者集中对消费者和其他有关经营者的影响;(五)经营者集中对国民经济发展的影响;(六)国务院反垄断执法机构认为应当考虑的影响市场竞争的其他因素。"

1. 经营者集中简易程序申报准备。在正式申报前,经营者可以就拟申报的交易是否符合简易案件标准等问题向反垄断局申请商谈。商谈申请应以书面方式,通过传真、邮寄或专人递送等方式提交。商谈不是经营者集中简易案件申报的必经程序,经营者自行决定是否申请商谈。

2. 经营者集中简易程序申报时应提交如下文件、资料:(1)申报书。申报书应当载明参与集中的经营者的名称、住所、经营范围、预定实施集中的日期。申报人身份证明或注册登记证明,境外申报人须提交当地有关机构出具的公证和认证文件。集中委托代理人申报的,应当提交经申报人签字的授权委托书。(2)集中对相关市场竞争状况影响的说明。(3)集中协议。(4)参与集中的经营者经会计师事务所审计的上一会计年度财务会计报告。(5)反垄断局要求提交的其他文件资料。

3. 经营者集中简易程序的审查。经审核申报材料,符合简易案件标准的经营者集中,反垄断局按简易案件立案;不符合简易案件标准的经营者集中,申报人应按非简易案件重新申报。申报人提交的文件、资料不齐备、不完整或不准确的,应在反垄断局规定的时限内补充、修改、澄清或说明。

反垄断局在审查时发现不应认定为简易案件的,应撤销简易案件认定,并要求申报人按非简易案件重新申报。反垄断局在立案前拟退回简易案件申请,或立案后拟撤销简易案件认定时,应听取申报人的意见,并对其提出的事实、理由和证据进行核实。申报人隐瞒重要情况或者提供虚假材料、误导性信息的,反垄断局可以责令申报人按非简易案件重新申报,并依据《反垄断法》第62条规定追究相关经营者和个人的法律责任。

四、经营者集中行为的法律责任

涉嫌违法实施集中的经营者,应当根据具体情况承担相应的法律责任,主要是行政责任。包括以下几个方面:

(一)禁止集中

各国法律规定,如果反垄断当局可以预见合并将导致经营者控制市场的地位或加强控制市场的地位,那么其就可以禁止此合并。[112] 如我国《反垄断法》第34条规定,"经营者集中具有或者可能具有排除、限制竞争效果的,国务院反垄断执法机构应当作出禁止经营者集中的决定"。一旦国务院反垄断执法机构作出禁止合并的处分,有关经营者就不得完成该合并,其他经营者也不得参与完成集中。需要注意的是,如果经营者能够证明存在如下两种情况之一,则国务院反垄断执法机构可以作出对经营者集中不予禁止的决定:一是该集中行为对竞争产生的有利影响明显大于不利影响。需要注意的是,这里的用词不是一般的"大于",而是"明显大于"。二是该集中行为符合社会公共利益。"我国《反垄断法》将符合社会公共利益作为非竞争因素加以考察,是因为经济生活的复杂性使竞争政策有时会与社会公共利益存在冲突"。[113]

(二)附条件同意集中

经营者集中可能使企业原来拥有的优势进一步增强,因此,以附条件同意的方式,剥离优

---

[112] 周昀:《试论企业合并禁止的豁免》,载《辽宁大学学报(哲学社会科学版)》2007年第6期。
[113] 王先林主编:《最新反垄断法条文对照与重点解读》,法律出版社2022年版,第121页。

势企业的某些强势业务、资产、产能等就成为反垄断的法律救济方式之一。欧盟在其所有申报合并的案件中，除无条件批准的外，有77%的案件是通过资产或业务剥离的方式结案的。[114] 我国《反垄断法》第35条也规定了减少经营者集中可能带来的限制竞争后果的救济方式："对不予禁止的经营者集中，国务院反垄断执法机构可以决定附加减少集中对竞争产生不利影响的限制性条件。"2023年3月10日国家市场监督管理总局发布了《经营者集中审查规定》，对经营者集中交易的限制性条件的种类、限制性条件的确定、限制性条件的监督和实施以及法律责任等进行了详细规定。其中，根据经营者集中交易具体情况，限制性条件可以包括如下种类：(1)剥离有形资产，知识产权、数据等无形资产或者相关权益（以下简称剥离业务）等结构性条件。(2)开放其网络或者平台等基础设施、许可关键技术（包括专利、专有技术或者其他知识产权）、终止排他性或者独占性协议、保持独立运营、修改平台规则或者算法、承诺兼容或者不降低互操作性水平等行为性条件。(3)结构性条件和行为性条件相结合的综合性条件。剥离业务一般应当具有在相关市场开展有效竞争所需要的所有要素，包括有形资产、无形资产、股权、关键人员以及客户协议或者供应协议等权益。剥离对象可以是参与集中经营者的子公司、分支机构或者业务部门等。

（三）解散已集中的企业

对于经营者集中后有损市场竞争的企业，反垄断主管机关可以下令解散已经结合的企业团体。如德国法律规定，如果联邦卡特尔局下令禁止的合并已经完成，则必须进行解散。根据我国《反垄断法》第58条的规定，"经营者违反本法规定实施集中，且具有或者可能具有排除、限制竞争效果的，由国务院反垄断执法机构责令停止实施集中、限期处分股份或者资产、限期转让营业以及采取其他必要措施恢复到集中前的状态，处上一年度销售额百分之十以下的罚款；不具有排除、限制竞争效果的，处五百万元以下的罚款"。

（四）未依法申报经营者集中的法律责任

国家市场监督管理总局负责经营者集中反垄断审查工作，并对违法实施的经营者集中进行调查处理。市场监管总局根据工作需要，可以委托省、自治区、直辖市市场监督管理部门实施经营者集中审查。对市场监管总局依法实施的审查和调查，拒绝提供有关材料、信息，或者提供虚假材料、信息，或者隐匿、销毁、转移证据，或者有其他拒绝、阻碍调查行为的，由市场监管总局责令改正，对单位处上一年度销售额1%以下的罚款，上一年度没有销售额或者销售额难以计算的，处500万元以下的罚款；对个人处50万元以下的罚款。

根据《经营者集中审查规定》第56条的规定，经营者集中达到申报标准，经营者未申报实施集中、申报后未经批准实施集中或者违反审查决定的，依照该规定第五章进行调查。未达申报标准的经营者集中，经营者未按照该规定第8条进行申报的，市场监管总局依照该规定第五章进行调查。受托人不符合履职要求、无正当理由放弃履行职责、未按要求履行职责或者有其他行为阻碍经营者集中案件监督执行的，市场监管总局可以要求义务人更换受托人，并可以对受托人给予警告、通报批评，处10万元以下的罚款。剥离业务的买方未按规定履行义务，影响限制性条件实施的，由市场监管总局责令改正，处10万元以下的罚款。

---

[114] 卫新江：《欧盟、美国企业合并反垄断规制比较研究》，北京大学出版社2005年版，第100页。

(五) 其他责任方式

对于人事兼任、合资经营、委托经营等形式的企业合并,还可采用解除职务、宣告合同无效等方式进行处罚。严重的还可能承担刑事责任,如在美国,对不经申报擅自合并的企业,法院可在违反期内处以每天高达1万美元的罚金。

第五节 行政性垄断行为的法律规制

一、行政性垄断行为概述

在国家为克服市场失灵而进行的经济干预日益增多的同时,也出现了一些地方政府不当行使行政权力设置市场壁垒,排除、限制竞争的现象,对于这种滥用行政权力排除、限制竞争的行为,学术界称之为行政性垄断行为。这不是我国独有的现象,即便是在发达国家,也不可避免地存在这种以行政权力为支撑形成的特殊的垄断。我国反垄断法将行政性垄断行为纳入规制的范围,既是推进经济体制改革的有效路径,也是顺应世界发展趋势的必要举措。[115]

(一) 行政性垄断行为的含义

行政性垄断行为是对滥用行政权力排除、限制竞争行为约定俗成的称呼,[116]按照我国《反垄断法》的规定,它是指行政机关和法律、法规授权的具有管理公共事务职能的组织滥用行政权力,排除或者限制竞争而形成的市场垄断行为。行政性垄断行为是现代市场经济条件下国家经济管理职能异化的产物,其存在的空间维度具有广泛性,且在经济体制转轨的国家或地区表现尤为明显。将反垄断法适用于行政性垄断行为是各国各地区的普遍做法,美国、欧盟等国家和地区都将行政机关滥用公权力限制竞争的行为纳入反垄断法的规制范围。由于经济转型国家存在严重的滥用行政权力限制竞争的现象,其反垄断立法对行政性垄断行为通常会进行特别的规定。

(二) 行政性垄断行为的性质

行政性垄断行为的主要形式是阻止市场进入,即地方保护、行业部门垄断,以及行政强制交易等行为,行政性垄断行为其实并非传统意义上的纯粹行政行为,而是一种融入市场、与市场紧密结合的行政行为,是一种"行政性的市场垄断行为"。市场垄断行为是一种相对的垄断,是市场主体滥用其市场优势的结果,这种市场优势是市场主体在竞争过程中取得的。竞争的动态性、阶段性决定了这种优势具有非永久性和可替代性。而行政性垄断行为源于滥用行政权力,给予某些经营者进入市场和维持市场的特殊待遇,从而造成其他经营者失去通过竞争获得进入市场的机会。经营者以这种方式获得的对市场的独占地位无法随着市场机制的成熟而

---

[115] 顾功耘主编:《经济法教程》(第3版),上海人民出版社、北京大学出版社2013年版,第409页。
[116] 在《反垄断法》颁布之前,在对滥用市场支配地位排除、限制竞争的行为进行研究和讨论时,一般都称为"行政性垄断"或"行政垄断",并一直沿用至《反垄断法》颁布之后,这似乎已经成为约定俗成的提法了。虽然学术界和立法机关对此有不同意见,但为了讨论的方便,本书仍然采用"行政性垄断"这一提法。

被有效抑制。由于行政权力是法律所赋予的,因而具有永久(至少是长久)的独占性,利用这种市场优势设置的障碍相应地具有了稳定性和不可替代性。由此可见,行政性垄断行为是一种"借行政权力之名,行垄断市场之实"的行为,兼有行政性和市场性(经济性)的双重特性。[117]它是一种公权和私权融合所产生的限制市场竞争的社会现象。行政性垄断行为从本质上讲仍然是一种市场垄断行为,只是垄断力的源头为行政权力。作为公权与私权结合限制竞争的垄断行为,[118]行政性垄断行为始于垄断市场的需要,目的是占据市场的优势地位,最终的结果是获得排他性的垄断利益。[119]

(三)行政性垄断行为的表现

1. 指定交易。我国《反垄断法》第39条规定:"行政机关和法律、法规授权的具有管理公共事务职能的组织不得滥用行政权力,限定或者变相限定单位或者个人经营、购买、使用其指定的经营者提供的商品。"指定交易作为我国行政性垄断行为的典型表现,破坏了市场主体的交易自由,而交易自由是市场经济的基础。理解指定交易需要注意如下四个方面:(1)该行为的主体是行政主体,也就是行政机关和法律、法规授权的具有管理公共事务职能的组织。(2)该行为的主体有限定或者变相限定单位或者个人经营、购买、使用其指定的经营者提供的商品的行为。(3)该行为的性质是滥用行政权力,并且产生了排除、限制竞争的效果。(4)该行为的方式包括限定和变相限定,前者往往是明示的行为,后者往往是间接的、暗示的行为,但其特性都是具有某种强制性。

2. 违规签订合作协议、备忘录。我国《反垄断法》第40条规定:"行政机关和法律、法规授权的具有管理公共事务职能的组织不得滥用行政权力,通过与经营者签订合作协议、备忘录等方式,妨碍其他经营者进入相关市场或者对其他经营者实行不平等待遇,排除、限制竞争。"随着市场经济的深入发展以及公平竞争理念得到越来越广泛的认同,加之市场主体权利意识的觉醒,直接以行政权力来排除、限制竞争面临越来越大的挑战,实践中也很难实施。因此,一些地方行政机关和法律、法规授权的具有管理公共事务职能的组织往往会选择通过更市场化、更隐秘的方式来实施行政性垄断行为,即通过与经营者签订协议、备忘录等方式来达到排除、限制竞争的目的。理解违规签订合作协议、备忘录需要注意如下四个方面:(1)该行为的主体是行政主体,也就是行政机关和法律、法规授权的具有管理公共事务职能的组织。(2)该行为的表现形式是签订合作协议、备忘录等。(3)该行为的性质是行政权力的滥用。(4)该行为的后果是妨碍其他经营者进入相关市场或者对其他经营者实行不平等待遇,从而达到排除、限制竞争的效果。

3. 妨碍商品自由流通。建设全国统一大市场是我国社会主义市场经济的根本要求。只有建设全国统一大市场,才能真正打破地方保护问题、市场分割问题,从而实现资源在全国范围内的自由流动和优化配置,才能真正建立统一、开放、竞争、有序的现代市场体系。我国《反垄断法》第41条规定,妨碍商品自由流通包括如下几种情况:

(1)对外地商品设定歧视性收费项目、实行歧视性收费标准,或者规定歧视性价格。此处

---

[117] 邹健敏:《国有控股公司反垄断初探》,载《法商研究》1997年第1期。
[118] 漆多俊:《中国反垄断立法问题研究》,载《法学评论》1997年第4期。
[119] 徐士英:《竞争政策视野下行政性垄断行为规制路径新探》,载《华东政法大学学报》2015年第4期;徐士英:《以竞争法规制行政性垄断:把权力关进制度笼子的有效路径》,载《中国价格监管与反垄断》2015年第1期。

的歧视性,表现为行政性垄断主体对外地商品实行歧视性的收费项目或者收费标准,或者规定歧视性的价格,从而达到保护本地商品的目的。

(2)对外地商品规定与本地同类商品不同的技术要求、检验标准,或者对外地商品采取重复检验、重复认证等歧视性技术措施,限制外地商品进入本地市场。行政性垄断主体作出这种行为的目的在于直接或者间接地增加外地经营者的经济负担,或者采用"技术性的手段"导致外地经营者错过好的市场销售时机,从而达到排除、限制外地经营者的目的。

(3)采取专门针对外地商品的行政许可,限制外地商品进入本地市场。需要行政许可意味着法律的原则性禁止,但实践的需要可能又存在一些例外情况。因此,所谓行政许可是指行政机关根据公民、法人或者其他组织的申请,经依法审查,准予其从事特定活动的行为。根据《行政许可法》第5条的规定,一方面,设定和实施行政许可,应当遵循公开、公平、公正、非歧视的原则;另一方面,符合法定条件、标准的,申请人有依法取得行政许可的平等权利,行政机关不得歧视任何人。显然,专门针对外地商品实施行政许可是违法的。需要注意的是,这里的行政许可应当作宽泛的理解,凡是阻碍了外地商品进入本地市场的许可、备案等行为,都应属于禁止的范围。[120]

(4)设置关卡或者采取其他手段,阻碍外地商品进入或者本地商品运出。设置关卡是一种最直接的限制商品流通的方式,也是行政性垄断主体经营运用的方式,这是一种典型的破坏市场公平竞争秩序的行为。需要注意的是,设置关卡限制商品流通,既包括限制外地商品进入本地,也包括限制本地商品进入外地。

(5)妨碍商品在地区之间自由流通的其他行为。考虑到现实中妨碍商品在地区之间自由流通的手段的多样性和复杂性,我国《反垄断法》规定了这一兜底条款,用来概括未来新的妨碍行为的类型。

4.排斥或者限制招投标及其他经营活动。我国《宪法》第6条规定:"中华人民共和国的社会主义经济制度的基础是生产资料的社会主义公有制,即全民所有制和劳动群众集体所有制……国家在社会主义初级阶段,坚持公有制为主体、多种所有制经济共同发展的基本经济制度,坚持按劳分配为主体、多种分配方式并存的分配制度。"由此可见,公有制在我国具有主体地位。而我国《招标投标法》第3条第1款规定,在我国境内进行下列工程建设项目包括项目的勘察、设计、施工、监理以及与工程建设有关的重要设备、材料等的采购,必须进行招标:(1)大型基础设施、公用事业等关系社会公共利益、公众安全的项目。(2)全部或者部分使用国有资金投资或者国家融资的项目。(3)使用国际组织或者外国政府贷款、援助资金的项目。由此可见,在我国,需要进行招投标的项目在社会主义市场经济中占有重要的地位。也正因为如此,排斥或者限制招投标及其他经营活动受到我国《反垄断法》的专门关注。

我国《反垄断法》第42条规定:"行政机关和法律、法规授权的具有管理公共事务职能的组织不得滥用行政权力,以设定歧视性资质要求、评审标准或者不依法发布信息等方式,排斥或者限制经营者参加招标投标以及其他经营活动。"理解排斥或者限制招投标及其他经营活动需要注意以下三个方面:(1)该行为的方式包括设定歧视性资质要求、评审标准或者不依法发布信息等。(2)该行为不仅包括对外地经营者的排斥、限制竞争行为,也包括对本地经营者的排斥、限制竞争行为。(3)该行为排斥或者限制的不仅包括招投标活动,还包括其他经营活动。

---

[120] 王先林主编:《最新反垄断法条文对照与重点解读》,法律出版社2022年版,第143页。

例如,根据《政府采购法》的规定,竞争性谈判属于政府采购方式之一,政府采用竞争性谈判方式采购时,自然也应贯彻公平竞争原则,不得排斥、限制竞争。

5. 不当限制分支机构。行政性垄断主体通过采取与本地经营者不平等待遇等方式,排斥、限制、强制或者变相强制外地经营者在本地投资或者设立分支机构,不仅会增加外地经营者的经济负担,也会使外地经营者无法与本地经营者进行公平竞争,最终不仅破坏了全国统一大市场的建设,还会滋生权力寻租等政府失灵问题,因此应当对这种行为予以禁止。

我国《反垄断法》第43条规定:"行政机关和法律、法规授权的具有管理公共事务职能的组织不得滥用行政权力,采取与本地经营者不平等待遇等方式,排斥、限制、强制或者变相强制外地经营者在本地投资或者设立分支机构。"理解不当限制分支机构,需要注意其所具有的两类不同的表现形式:(1)排斥、限制外地经营者在本地投资或者设立分支机构。一般说来,市场主体往往是为了更方便地获取原材料,或者更便捷地进入本地市场而设立分支机构,但是,基于地方保护主义,部分行政性垄断主体会采取外地经营者想在本地设置分支机构而不允许,或者事实上排斥设置的方法,或者对外地经营者在投资规模上作出不同的规定,从而达到排斥、限制外地经营者公平竞争的目的。(2)强制或者变相强制外地经营者在本地投资或者设立分支机构。需要注意的是,所谓变相强制,主要是指行政性垄断主体表面上没有强制要求外地经营者必须在本地投资或者设立分支机构,但是,如果经营者没有这样做,就将承担一些不利的后果,如无法享受补贴、无法参与本地招投标等。

6. 强制或者变相强制经营者从事垄断行为。行政性垄断行为主体强制或者变相强制经营者从事反垄断法规定的垄断行为,是其滥用行政权力的又一表现形式。此种行为的出现,往往是与行政性垄断主体的地方保护主义联系在一起的。概括起来,这种行为不仅破坏了市场的公平竞争,也损害了经营者的经营自主权,还损害了广大消费者的合法权益。

我国《反垄断法》第44条规定:"行政机关和法律、法规授权的具有管理公共事务职能的组织不得滥用行政权力,强制或者变相强制经营者从事本法规定的垄断行为。"具体而言,强制或者变相强制经营者从事垄断行为包括以下三种形式:强制或者变相强制经营者签订垄断协议、强制或者变相强制经营者滥用市场支配地位、强制或者变相强制经营者集中。需要注意的是,"变相强制"的范围是非常广泛的,其虽然表面上不具有强制力,但是对经营者往往具有事实上的强制性。例如,一些地方行政机关为了本地区或者本部门的利益需要,引导相关的经营者达成垄断协议,从而损害市场机制以及其他经营者和消费者的利益。

7. 以抽象行政行为排除、限制竞争。抽象行政行为是针对不特定的人或事制定具有普遍约束力的规范性文件的行为。抽象行政行为和具体行政行为相对应,所谓具体行政行为是指行政性主体针对特定人或事作出的行为,因此,具体行政行为的约束力也局限于特定的人或事。

我国《反垄断法》第45条规定:"行政机关和法律、法规授权的具有管理公共事务职能的组织不得滥用行政权力,制定含有排除、限制竞争内容的规定。"理解以抽象行政行为排除、限制竞争,需要注意该行为的三个特点:(1)该行为针对的对象是不特定的人或事。(2)该行为的约束力具有普遍性。(3)以抽象行政行为排除、限制竞争的规定是反复适用的。需要注意的是,以抽象行政行为排除、限制竞争的主体包括行政机关和法律、法规授权的具有管理公共事务职能的组织。地方人民代表大会及其常务委员会制定地方性法规,不能认定为这里所谓的抽象行政行为,其属于立法行为;因此,如果地方性法规制定了排除、限制竞争的规定,只能依据《立法》《地方各级人民代表大会和地方各级人民政府组织法》等规定来处理。

从实践来看,随着公平竞争审查制度的推进,各地在出台相关立法和规范性文件时,都要进行公平竞争审查,这也可以说是对地方性法规可能具有排除、限制竞争效果的一种制度性控制。此外,根据我国《反垄断法》第45条的规定,无论以抽象行政行为排除、限制竞争这一行为的目的是否为排除、限制竞争,也无论其是否实际上产生了排除、限制竞争的效果,只要该抽象行政行为中有可能产生排除、限制竞争效果的内容,则应当认定为以抽象行政行为排除、限制竞争。

二、我国行政性垄断行为的主要成因分析

虽然行政性垄断行为产生的直接原因是行政权力的滥用,但是它有着深层次的根源。我国目前有关行政性垄断行为成因的研究成果比较丰硕,这些研究揭示出我国行政性垄断行为的主要有以下几个方面的原因:

(一)政府的过度干预

由于市场存在失灵问题,政府干预是很重要的保障市场经济发展的手段,但是,在市场经济条件下,政府干预必须依据法定职责进行。事实上,政府是行政权的行使主体,对各种复杂的社会关系进行调整,使之呈现一种良性的运行状态,是政府的管理职责之一。但是,如果政府干预没有法制的严格约束,很容易滑向过度干预。例如,在传统的计划经济体制下,政府往往大包大揽,对经济的干预"无微不至",甚至履行了诸多经济组织的职能,导致"大政府小社会"意识得到加强。[121] 而经济体制改革以来,政府对经济生活的过度干预从根基上被动摇,经济生活发生了巨大的变化。

1. 国家的行政权力和国家所有权从合并行使变为分别行使,政府对经济的直接管理逐步向宏观经济调控过渡。政企开始分离,国营企业改为国有企业,国家不再直接干预企业的经营管理活动,企业按民法、公司法、企业法的规定成为独立的市场主体。

2. 所有制结构发生变化,代之以公有制为主体、多种经济成分并存的所有制结构。在现有企业中,按所有制形式划分,有国有企业、集体企业、私营企业、股份制企业、外商投资企业、港澳台投资企业。

3. 市场经济体制得以确立。我国的市场经济体制经历了20多年的发展,人们也逐渐熟悉了市场规范、价值规律和竞争机制。但是,政府干预、行政权力的影响根深蒂固。长期以来政府对企业的过度干预,一方面使得政府对管理企业驾轻就熟,另一方面使得企业对政府具有很大的依赖性,"有问题找市长不找市场"的惯性在一部分企业中仍然存在。政府的过度干预与企业的自愿服从为行政性垄断行为的产生提供了实践基础。

(二)利益多元化

经济体制改革,是要形成一种国家宏观经济调控,地方、部门分级负责,企业自主经营的多层次的管理模式。地方政府有地方利益,行政部门有部门利益,企业有经营利益,而企业的经营利益与地方利益、部门利益息息相关。过去,在"划分收支、分级包干"的财政体制下,财政上缴任务固定,收入越多,地方留成越多,地方留成多则被视为地方政府官员的政绩。在税制改

---

[121] 李茂华:《我国行政性垄断的成因及制止措施探析》,载《湖湘论坛》2003年第6期。

革以后,税利分流,本区域内的企业收入越多,地方政府所得的地方税和企业上缴的利润就越多,地方政府官员的政绩也就越大。可见,地方利益包括两部分:一是财政收入;二是业绩表现。财政收入往往是衡量地方业绩的一个重要指标。地方企业是地方政府财政收入的重要支持者。为了增加地方财政收入,地方政府便会"竖起羽翼",将本地企业置于地方行政权的保护之下,采取种种"优惠"政策,帮助本地企业占领市场,限制外地企业和商品的进入。同样,行政部门也会为了实现本部门的利益而采取排除、限制竞争的措施。当然,我们应该看到,利益多元化是形成行政性垄断行为的重要原因,而非必然原因。利益多元化的本意是放权给市场主体,增加竞争的内在动力和活力。行政性垄断行为的产生主要是因为行政机关片面追求局部利益。消除行政性垄断行为,并不是要取消利益分化、权力分层的改革政策,而是要纠正行政机关在放权让利的改革中的错误做法,还权于企业,使企业真正拥有自主经营的权利和自我承担风险的能力,使企业成为真正的市场主体,使不同市场主体的利益追求形成有活力的竞争。

(三)权力寻租

权力寻租是指市场主体为了牟取自身的经济利益而采取行贿等不正当手段对权力执掌者施加影响的活动,其实质就是改变市场在资源配置中的决定性作用,而寻求权力在资源配置中的支配性作用。政府干预并不必然导致权力寻租,但是政府干预是权力寻租产生的必要条件。从政府干预的范围来看,其应尽量限定为公共事务领域。我国政府对产品价格的管制和对进入特定行业的限制,往往是基于相关资源稀缺和特定行业利润丰厚,亦即存在巨额"租金"。正是因为这样,寻租者不惜一切代价来实施寻租活动。此时关键的问题是政府是否对寻租者的寻租活动存在"响应"。在我国经济体制转轨时期,体制内部本身存在矛盾;最令人担忧的是,行政权力并没有退出经济领域,政府对产权的分配不是依市场机制进行,而是依行政手段进行。行政机关无法可依、有法不依现象的出现,导致行政机关的行为带有较大的随意性。[122] 为了促进自身利益,行政机关和官员就会利用自己的权力来进行产权安排。

三、规制行政性垄断行为的必要性

(一)行政性垄断行为的危害性

1. 扭曲市场机制。行政性垄断行为大多是为了本地区、本部门的利益运用行政权力,人为地设置障碍、割裂市场,导致无法形成开放统一的市场体系。这种行为必定扭曲市场机制的有效运转,使市场失去应有的调节功能,降低资源配置的效率。[123]

2. 削弱企业竞争能力。行政性垄断行为从表面上看似乎可以维护局部的利益,但这种做法恰恰忽视了利益产生的根源——企业竞争机制,牺牲了整体利益、长远利益。有了政府的保护或者压制,企业在市场上失去了竞争的动力和压力,创新机制减弱,社会经济的发展终会被制约。

3. 违背公平竞争原则。行政性垄断行为通过不正当行使行政权力,在市场上人为制造出地位不平等的竞争者,对市场主体或加以特别保护,或进行强制干预。这与公平竞争原则相

---

[122] 周书会:《行政垄断之成因分析》,载《湖北社会科学》2004年第2期。
[123] 曾乐元:《政府主动干预市场应当遵循的基本原则》,载《理论导刊》2007年第6期。

悖,从本质上抹杀了市场竞争的精神,最终也将使市场主体的利益受到损害。

(二)规制行政性垄断行为的意义

行政性垄断行为实质上是政府不当干预市场经济的典型。行政性垄断行为表面上是行政性主体的行政行为,但其行政权力的行使往往带有明显的局部利益目标。为了实现局部利益目标,行政权力的行使往往会超越其应有的界限。[124] 尤其是通过发布行政规定进行限制和排除竞争,可能会使市场竞争机制受到比其他市场垄断行为更严重的损害。因此,消除行政性垄断行为的过程就是市场经济国家不断改善政府经济管理职能、不断提高经济效率的过程。[125] 在滥用行政权力限制竞争的情况下,行政行为已渗透到市场经济领域,难以通过简单的行政手段加以禁止和纠正,但仅仅依靠市场竞争机制又不能令其自行消除,因此,必须要运用以维护市场竞争机制为宗旨的竞争法对其进行直接规制,才能获得实际的效果。[126]

四、行政性垄断行为的认定

行政性垄断行为是在市场经济初级阶段或者经济转型国家中表现尤为突出的一种限制竞争行为。[127] 当前,在全面深化改革与全面依法治国的背景下,我国的改革已经进入"深水区",其最大的障碍就是与经济利益紧密相连的行政权力,这种行政权力不仅不会轻易退出市场,而且可能会进一步侵蚀市场。权力必须"关进制度的笼子",而反垄断法就是这样一个有效的、科学的制度笼子。完善反垄断法关于行政性垄断行为规制的制度,将极大地推进约束行政权力的民主进程。行政性垄断行为在本质上是行政权力与市场利益结合产生的反竞争力量。以竞争法规制行政性垄断行为是各国现代市场法制的共同趋势,也应当成为我国将行政权力"关进制度的笼子"的有效路径。[128]

(一)行政性垄断行为的主体

行政性垄断行为的主体首先是滥用行政权力的行政机关。[129] 行政机关利用行政权力对市场竞争进行不正当干预,限制正常的市场竞争,导致市场机制扭曲、竞争效率下降时,其行为就应当受到法律的约束。但这种约束不包括国家为社会整体利益考虑所采取的限制竞争措施,如特定产业或商品的专营和专卖等。除行政机关外,行政性垄断行为的主体还包括代为行使某些公共事务管理职能的社会组织或企业,我国《反垄断法》将其规定为"法律、法规授权的具有管理公共事务职能的组织",如行业协会、企业团体、事业单位等。在美国反托拉斯法诉讼中,政府限制竞争的行为也受到高度重视,以下三种情况是必须禁止的:一是私人引诱政府实施限制竞争行为;二是政府部门制定限制竞争的管理制度;三是经政府批准,私人实施限制的竞争行为。可见,行政性垄断行为的主体也是相当宽泛的,并不拘泥于行政机关。

---

[124] 徐士英:《政府干预与市场运行之间的防火墙》,载《华东政法大学学报》2008年第2期。
[125] 徐士英:《反垄断法规制行政垄断是我国的必然选择——解读反垄断法草案》,载《中国工商管理研究》2007年第6期。
[126] 徐士英:《中国竞争政策论纲》,载漆多俊主编:《经济法论丛》总第25卷,法律出版社2013年版。
[127] 徐孟洲、孟雁北:《竞争法》(第2版),中国人民大学出版社2014年版,第196页。
[128] 徐士英:《竞争政策视野下行政性垄断行为规制路径新探》,载《华东政法大学学报》2015年第4期;徐士英:《以竞争法规制行政性垄断:把权力关进制度笼子的有效路径》,载《中国价格监管与反垄断》2015年第1期。
[129] 漆多俊:《反垄断立法中的行政性垄断问题》,载《时代法学》2006年第2期。

（二）行政性垄断行为的违法性判断

判断行政性垄断行为的违法性在于两个方面：一是滥用行政权力；二是排除、限制竞争。而排除、限制竞争又是判断是否滥用行政权力的前提。滥用行政权力有多种表现形式，但如果不是以行政权力排除、限制竞争，就不能构成反垄断法意义上的行政性垄断行为；反之，即便在行政权力的授予、行使等方面没有违反相关法律，行政行为的形式和程序也没有违反相关法律，但其实施的结果却给市场竞争带来了损害，即有可能被认定为行政性垄断行为。关于排除、限制竞争的认定，其关键在于行政行为是否具备支配性、排除性和损害性。支配性，即行政行为是否对市场主体的经营活动进行直接或间接的制约，剥夺或者限制市场主体的经营自主权。排除性，即行政行为是否在一定经济领域中使某些市场主体的经营活动难以继续进行，或者限制市场主体的自由竞争，包括现实的排除、限制和有排除、限制的可能性。损害性，即行政行为是否对原来已经存在的市场竞争造成妨碍或损害。这种损害指已经或者可能给市场竞争带来不良影响的危险性，而不必是已经发生的结果。[130]

（三）行政性垄断行为的客观后果

行政性垄断行为的客观后果是对竞争的实质性限制和损害，即行为的危害性。确定行政性垄断行为的危害性可以从两方面展开：一是相关市场的竞争受到实质性限制。比如地方政府采取优惠政策扶植本地企业，对外地企业采取歧视性措施，阻止外地商品进入本地市场。二是相关市场主体的经济利益受到损害。比如地方政府和有关部门对企业的产品采取封锁、限制和其他歧视措施，致使该企业销售受阻、产品积压，预期的经济效益未能实现。只有具备以上因素，同时证明行政机关滥用行政权力与以上因素存在因果关系，才能证明行政性垄断行为的损害后果。

五、行政性垄断行为的法律责任

行政性垄断行为在现实生活中存在的普遍性和危害性，要求反垄断法必须对其加以规制而不能回避。[131] 规制行政性垄断行为的关键在于明确行为主体的法律责任。

我国《反垄断法》第61条对行政机关和法律、法规授权的具有管理公共事务职能的组织滥用行政权力排除、限制竞争的责任进行了原则性的规定。行政性垄断主体滥用行政权力，实施排除、限制竞争行为的，由上级机关责令改正；对直接负责的主管人员和其他直接责任人员依法给予处分。反垄断执法机构可以向有关上级机关提出依法处理的建议。行政性垄断主体应当将有关改正情况书面报告上级机关和反垄断执法机构。法律、行政法规对行政性垄断主体滥用行政权力实施排除、限制竞争行为的处理另有规定的，依照其规定。

2023年4月15日开始实施的《制止滥用行政权力排除、限制竞争行为规定》对行政性垄断主体滥用行政权力排除、限制竞争的行为作了较详细的规定。市场监管总局在查处涉嫌滥用行政权力排除、限制竞争行为时，可以委托省级市场监管部门进行调查。省级市场监管部门在查处涉嫌滥用行政权力排除、限制竞争行为时，可以委托下级市场监管部门进行调查。受委托

---

[130] 徐士英：《市场秩序规制法律制度》，载顾功耘主编：《经济法教程》（第3版），上海人民出版社、北京大学出版社2013年版，第415页。

[131] 漆多俊：《反垄断立法中的行政性垄断问题》，载《时代法学》2006年第2期。

的市场监管部门在委托范围内,以委托机关的名义进行调查,不得再委托其他行政机关、组织或者个人进行调查。省级市场监管部门查处涉嫌滥用行政权力排除、限制竞争行为时,可以根据需要商请相关省级市场监管部门协助调查,相关省级市场监管部门应当予以协助。行政机关和法律、法规授权的具有管理公共事务职能的组织涉嫌违反反垄断法规定,滥用行政权力排除、限制竞争的,反垄断执法机构可以对其法定代表人或者负责人进行约谈。

六、行政性垄断行为的其他规制

在全面深化改革、进一步推进法治政府建设背景下,2014年6月4日国务院公布了《关于促进市场公平竞争维护市场正常秩序的若干意见》(国发〔2014〕20号),该意见中针对"打破地区封锁和行业垄断"提出:对各级政府和部门涉及市场准入、经营行为规范的法规、规章和规定进行全面清理,废除妨碍全国统一市场和公平竞争的规定和做法,纠正违反法律法规实行优惠政策招商的行为,纠正违反法律法规对外地产品或者服务设定歧视性准入条件及收费项目、规定歧视性价格及购买指定的产品、服务等行为,并落实了负责部门。

值得关注的是,2017年修正的《行政诉讼法》第2条明确规定:"公民、法人或者其他组织认为行政机关和行政机关工作人员的行政行为侵犯其合法权益,有权依照本法向人民法院提起诉讼。前款所称行政行为,包括法律、法规、规章授权的组织作出的行政行为。"这一规定表明,在法律层面,我们不再区分抽象行政行为和具体行政行为。同时,该法第12条规定,如果公民、法人或者其他组织认为行政机关滥用行政权力排除或者限制竞争的,可以提起行政诉讼,人民法院应当受理。这有助于拓宽规制行政性垄断行为的路径,同时增加对行政性垄断行为所造成的危害的救济渠道。此外,我国《反垄断法》第54条规定:"反垄断执法机构依法对涉嫌滥用行政权力排除、限制竞争的行为进行调查,有关单位或者个人应当配合。"这一规定表明:(1)反垄断执法机构对行政性垄断行为进行调查有制度保障。根据该条的规定,在反垄断执法机构对行政性垄断行为进行调查时,有关单位和个人应当配合,并且这种配合是义务。(2)对行政性垄断行为有调查配合义务的主体为"有关单位或者个人"。一般说来,这既包括涉嫌滥用行政权力的行政性垄断主体,也包括涉嫌滥用行政权力的行政性垄断主体的直接负责的主管人员和其他直接责任人员,还包括与行政性垄断行为有关的其他单位和个人。接受调查的有关单位和个人应当配合,接受其询问和调查,为反垄断执法机构查明事实真相提供便利条件。

第六节 反垄断法的实施及相关制度

一、反垄断执法机构

反垄断执法机构有广义和狭义之分,狭义上的反垄断执法机构仅指反垄断行政执法机构,广义上的反垄断执法机构除包括反垄断行政执法机构外,还包括反垄断司法机关。由于反垄断法司法有专门的司法程序和规则,因此,下面仅介绍反垄断行政执法机构。[132]

(一)他国的反垄断执法机构

美国反托拉斯执法体系包括美国司法部反托拉斯局和美国联邦贸易委员会。美国司法部反托拉斯局成立于1903年,美国联邦贸易委员会是根据1914年《联邦贸易委员会法》设立的一个独立执法机构。美国司法部反托拉斯局和美国联邦贸易委员会是相互平行的两个机构,共同负责执行反托拉斯法,具体职责有明确分工。

法国反垄断执法体系包括竞争委员会、经济与财政部(竞争、消费与反欺诈总局)和法院。法国经济财政工业部负责反垄断案件的调查,并将案件提交法国竞争委员会。法国竞争委员会是根据1986年《价格与竞争自由法》设立的独立的反垄断执法机关,负责反垄断案件的裁决。

德国反垄断执法体系包括德国联邦经济部、德国联邦卡特尔局、州卡特尔局和德国反垄断委员会。德国联邦经济部是德国联邦政府中负责宏观经济管理的部门,其主要职责之一是制定包括反垄断政策在内的竞争政策。德国联邦卡特尔局是根据1957年《反限制竞争法》设立的独立的联邦机关,隶属于德国联邦经济部长。德国联邦卡特尔局局长和副局长由德国联邦经济部长提名,经内阁决议后由总统任命。德国联邦卡特尔局按行业分类,内设9个审议处、1个基础处和1个欧洲处。德国联邦卡特尔局享有执法权、处罚权、批准权和监督权等。州卡特尔局隶属于州政府,负责州内卡特尔事务。德国反垄断委员会是独立的咨询机构。

英国的反垄断执法体系包括英国公平贸易局和英国垄断与兼并委员会。英国公平贸易局属于政府范围,领导者是英国公平贸易总局长。英国垄断与兼并委员会具有报告职能和上诉职能,限制性行为法院的主要职责是根据英国公平贸易总局长的报告审理限制性贸易协议和零售价格维持案件,以决定涉案行为是否与公众利益一致。1988年的英国《竞争法》设置英国竞争委员会取代英国垄断与兼并委员会,并继续行使相关职权。

日本和韩国的反垄断执法机构是唯一的。日本公正交易委员会是根据日本1947年《禁止私人垄断和确保公平交易的法律》设立的反垄断执法机构。日本公正交易委员会隶属于首相,独立行使职权。在实施反垄断法的过程中,日本公正交易委员会具有准立法和司法机关的性质。日本公正交易委员会采取委员会制,由主席和4个委员组成。日本公正交易委员会事务总局负责日本公正交易委员会的日常事务。日本公正交易委员会事务总局在秘书处的领导下,下设办公厅、经济事务局和调查局。韩国公平交易委员会是根据韩国1980年《限制垄断及公平交易法》设立的反垄断执法机构,隶属于国务院总理,独立处理事务。韩国公平交易委员会由委员长1人、副委员长1人及委员等7人组成。韩国公平交易委员会享有执法权和协调权等。

通过前面的考察不难发现,不同国家的反垄断法执法机构在设置上存在很大差异,但是它们之间存在一个很明显的共同特点,即这些机构的地位在法律上都具有非常高的独立性。美国司法部直接隶属于总统,享有对《谢尔曼法》高度的管辖权;美国联邦贸易委员会委员由总统提名,经参议院同意才能予以任命,美国联邦贸易委员会依法享有一般的行政权、准司法权和准立法权。德国联邦卡特尔局享有执法权、处罚权、批准权、监督权等。日本公正交易委员会隶属于首相,在实施反垄断法的过程中具有准立法和司法机关的性质。

---

[132] 徐孟洲、孟雁北:《竞争法》(第2版),中国人民大学出版社2014年版,第81页。

（二）我国的反垄断执法机构

反垄断执法机构设置曾经是我国反垄断法制定过程中争论比较激烈的一个问题,但理论界在这一问题上的观点却比较一致,即主张建立一个高度独立、统一的反垄断执法机构。[133] 事实上,这一问题随着我国《反垄断法》于2022年修正而得以解决。

我国《反垄断法》第12条规定,国务院设立反垄断委员会,负责组织、协调、指导反垄断工作,履行下列职责:(1)研究拟订有关竞争政策。(2)组织调查、评估市场总体竞争状况,发布评估报告。(3)制定、发布反垄断指南。(4)协调反垄断行政执法工作。(5)国务院规定的其他职责。国务院反垄断委员会的组成和工作规则由国务院规定。《反垄断法》第13条规定:"国务院反垄断执法机构负责反垄断统一执法工作。国务院反垄断执法机构根据工作需要,可以授权省、自治区、直辖市人民政府相应的机构,依照本法规定负责有关反垄断执法工作。"从以上两条规定看,我国采取二元化立法模式,分别设立议事协调机构和具体执法机构。[134] 根据我国反垄断委员会的上述职责,可以看出该委员会不是一个行政执法机构,而是一个组织、协调和指导反垄断工作的议事协调机构,或者说是一个领导反垄断行政执法的机构。设立一个级别高的反垄断委员会,不仅有利于在我国推动竞争政策,倡导竞争文化,也有利于保证反垄断执法的统一性、公正性和权威性。[135] 根据党的二十届二中全会审议通过的《党和国家机构改革方案》、第十四届全国人民代表大会第一次会议通过的《关于国务院机构改革方案的决定》、国务院《关于机构设置的通知》(国发〔2023〕5号)、《反垄断法》、《经营者集中审查规定》等相关规定,目前,在反垄断执法工作方面,明确由国务院反垄断执法机构负责反垄断统一执法工作,国家市场监督管理总局具体负责这一工作,其可以授权省级市场监督管理部门负责有关反垄断执法工作。

二、反垄断法实施的基本原则

反垄断法实施的基本原则,是指反垄断法在实施过程中所应遵循的基本指导思想,它对反垄断执法与司法具有重要的影响。从世界各国和相关地区的反垄断法实施情况看,反垄断法实施有三个基本原则。

（一）本身违法原则

本身违法原则最早由美国法院在 United State v. Trenton Potteries Co. 中确立,[136] 其基本含义是指某些行为的目的与后果就是排除竞争,这些行为本身就是对竞争的非法的、不合理的限制,无须考虑其是否具有合理性,因而不需要更多的证据来证明其对市场是否造成实质性的损害。[137] 本身违法原则仅从事实本身出发进行决断,存在明显的不确定性缺陷。行为本身

---

[133] 种明钊主编:《竞争法学》(第2版),高等教育出版社2012年版,第358～362页;王晓晔:《反垄断法》,法律出版社2011年版,第333～337页;徐士英主编:《新编竞争法教程》,北京大学出版社2009年版,第107～108页;盛杰民:《完善〈反垄断法〉实施之我见》,载《中国物价》2013年第12期;王健:《权力共享制抑或权力独享制——我国反垄断执法机关权力配置模式及解决方案》,载《政法论坛》2013年第3期。

[134] 徐士英主编:《新编竞争法教程》,北京大学出版社2009年版,第108页。

[135] 王晓晔:《反垄断法》,法律出版社2011年版,第336页。

[136] United State v. Trenton Potteries Co.,273 U.S.392,47 S.Ct.377,71 L.Ed 700(1927),214,217,259.

[137] [美]欧内斯特·盖尔霍恩、威廉姆·科瓦契奇、斯蒂芬·卡尔金斯:《反垄断法与经济学》(第5版),任勇等译,法律出版社2009年版,第175页。

只是与竞争相关的因素之一,直接据此判定行为违法可能带来不公正的判决。但这种做法简化了判断标准,在一定程度上提高了执法和司法的效率。本身违法原则通常仅适用于固定价格、限制产量或市场划分等严重限制竞争的行为。[138]

(二)合理原则

由于市场竞争的盲目性和无序性,在需要的情况下,限制竞争有利于社会整体效率的提高。因此,竞争的限制被认为有合理与不合理之分。在判断某种限制竞争行为合理与否时,要全面考察与该行为有关的特有的事实,如行为意图、行为方式、行为后果等。只有在企业存在谋求垄断的意图,并且造成了实质性限制竞争后果的情况下,其行为才构成违法,这就是合理原则的内涵。[139] 合理原则则始于美国反托拉斯法实施初期的判例。[140] 与本身违法原则相比,合理原则所考虑的因素较多,可能会使企业面对标准的不确定性和案件审理中执法机关判断的复杂性。但是,由于合理原则考虑实际的市场效果,比较符合事实原貌,因此被各国普遍采用。

(三)域外效力原则

反垄断法的域外效力原则是指一国的反垄断法对影响国内竞争的域外行为行使管辖权。反垄断法域外适用有着深刻的社会经济根源,随着国际经济的发展,跨国企业的活动对本国的市场产生了许多巨大的影响,国家为了维护本国的经济利益,作出域外适用规定是势在必行的。反垄断法的域外适用原则已成为反垄断立法的普遍趋势。[141] 为了预防和制止境外发生的垄断行为对国内市场竞争产生不利影响,我国《反垄断法》第 2 条规定:"中华人民共和国境内经济活动中的垄断行为,适用本法;中华人民共和国境外的垄断行为,对境内市场竞争产生排除、限制影响的,适用本法。"

三、反垄断法的行政执法程序

我国《反垄断法》对垄断案件的处理程序作了明确的规定,分为对垄断行为的举报和调查、调查措施、调查程序、调查相关主体的权利义务、对垄断行为的处理和公布、承诺制度、约谈制度、行政复议和行政诉讼程序等。[142]

(一)调查程序的启动

根据我国《反垄断法》第 46 条的规定,反垄断调查程序的启动分为两种情形:一是依法调查;二是接受举报后展开调查。对涉嫌垄断行为,任何单位和个人有权向反垄断执法机构举报,反垄断执法机构应当为举报人保密。需要注意的是,作为政府机关加强同人民群众联系的制度安排,举报是我国法律赋予公民和组织的一项权利。这里的举报人的范围是"任何单位和个人",这意味着其既包括权益受到损害的主体,也包括没有受到涉嫌垄断行为的侵害,但是掌

---

[138] 国家工商行政管理局条法司:《现代竞争法的理论与实践》,法律出版社 1993 年版,第 42~43 页。
[139] 安淑新:《我国反垄断的重点、难点及其对策相关研究综述》,载《当代经济管理》2013 年第 1 期。
[140] Addyston Pipe & Steel Co. v. U. S.,175 U. S. 211 20 S Ct. 96,44 L. Ed. 136(1899). 此案件的判决使得"合理性"在审理中可以成为一个抗辩的理由。参见[美]欧内斯特·盖尔霍恩、威廉姆·科瓦契奇、斯蒂芬·卡尔金斯:《反垄断法与经济学》(第 5 版),任勇等译,法律出版社 2009 年版,第 169 页。
[141] 林燕萍:《论冲突规范在竞争法域外适用中的作用及其特点》,中国国际私法学会 2010 年年会暨涉外民事关系法律适用法研讨会(天津)论文。
[142] 我国《反垄断法》第 46~55 条。

握相关线索或者情况的主体。此外,如果举报采用书面形式并提供相关事实和证据,反垄断执法机构应当进行必要的调查。

(二)调查措施的采取

我国《反垄断法》第47条第1款规定,反垄断执法机构调查涉嫌垄断行为,可以采取下列措施:(1)进入被调查的经营者的营业场所或者其他有关场所进行检查。(2)询问被调查的经营者、利害关系人或者其他有关单位或者个人,要求其说明有关情况。(3)查阅、复制被调查的经营者、利害关系人或者其他有关单位或者个人的有关单证、协议、会计账簿、业务函电、电子数据等文件、资料。(4)查封、扣押相关证据。(5)查询经营者的银行账户。

同时,《反垄断法》第47条第2款、第48条、第49条对执法机构的调查作了程序性要求:首先,采取上述规定的措施,应当向反垄断执法机构主要负责人书面报告,并经批准。其次,反垄断执法机构调查涉嫌垄断行为,执法人员不得少于2人,并应当出示执法证件。执法人员进行询问和调查,应当制作笔录,并由被询问人或者被调查人签字。最后,反垄断执法机构及其工作人员对执法过程中知悉的商业秘密、个人隐私和个人信息依法负有保密义务。根据《反垄断法》第66条的规定,反垄断执法机构工作人员滥用职权、玩忽职守、徇私舞弊或者泄露执法过程中知悉的商业秘密、个人隐私和个人信息的,依法给予处分。

(三)被调查者在调查程序中的权利和义务

关于被调查者在调查过程中的权利义务,《反垄断法》第50条、第51条规定,被调查的经营者、利害关系人或者其他有关单位或者个人应当配合反垄断执法机构依法履行职责,不得拒绝、阻碍反垄断执法机构的调查。被调查的经营者、利害关系人有权陈述意见。反垄断执法机构应当对被调查的经营者、利害关系人提出的事实、理由和证据进行核实。

(四)调查结果

对于反垄断执法机构的调查结果,《反垄断法》第52条作了规定,即反垄断执法机构对涉嫌垄断行为调查核实后,认为构成垄断行为的,应当依法作出处理决定,并可以向社会公布。公开调查结果具有重要的意义:一是有利于保障社会公众的知情权,从而有利于发挥舆论监督的作用;二是对其他经营者的垄断行为有警示的作用,并发挥某种反垄断法的宣传效果;三是有助于其他经营者和消费者维护自身权益;四是有助于相对人和其他利益相关者维护自身的合法权益,包括对执法机构进行有效的监督。

(五)承诺制度

承诺制度(commitments policy)是指在反垄断执法机构对涉嫌垄断行为的经营者进行调查时,被调查的经营者承诺在特定期间内将采取具体措施消除该行为后果的,反垄断执法机构暂时中止调查,并在特定期间经过后终止调查或基于特定事由恢复调查的制度。承诺制度在美国被称为同意判决制度,在欧盟被称为同意决定制度。承诺制度是现代竞争法中的一个重要制度,其不仅是发现、惩处限制竞争行为的重要手段,还是防止限制竞争行为损害扩大的重要方式。

1. 承诺制度的实体内容

(1)承诺的适用范围。美国同意判决制度的适用范围主要是《谢尔曼法》第1条和第2条,即涉及共谋、垄断和垄断化的相关问题;欧盟的同意决定制度主要适用于《欧洲共同体条约》第

81条和第82条,即涉及垄断协议和支配地位滥用的相关问题。[143] 虽然我国《反垄断法》禁止的行为包括垄断协议、滥用市场支配地位、经营者集中以及行政性垄断(滥用行政权力排除、限制竞争),但是,本书认为承诺制度只能适用于垄断协议行为与滥用市场支配地位行为。达到法定标准而应该进行事前申报的经营者集中行为早已为反垄断执法机构知悉,因此,其不适用承诺制度;行政性垄断行为的主体为行政机关和法律、法规授权的具有管理公共事务职能的组织,不属于经营者的范畴,所以,行政性垄断行为不应当适用承诺制度。

(2)承诺的主要内容。综合各国规定来看,经营者承诺的目的都是让反垄断执法机构中止对其涉嫌排除、限制竞争行为进行的调查,以避免因排除、限制竞争行为而受到反垄断制裁,而实现这一目的的途径就是承诺消除自己的排除、限制竞争行为造成的不良后果。因此,经营者所作承诺应为"本人可以消除该(排除、限制竞争)行为的后果",即消除涉嫌排除、限制竞争行为的后果是承诺的主体内容。除承诺的主体内容之外,有学者认为,反垄断执法机构应当作出竞争性影响评估,对承诺可能产生的相关市场影响作出评估和说明。其中应主要包括:第一,对涉嫌违反反托拉斯法的行为或事件的描述;第二,对涉嫌垄断行为的相关情况的说明,包括对提出的建议或其中条款所针对的任何特殊情形的说明,以及对竞争产生的预期影响的说明;第三,对受到涉嫌违反反垄断法行为损害的潜在的私人原告可能得到的救济措施。[144]

2. 承诺制度的程序安排

承诺制度大致包括承诺的提出、承诺的公示、恢复调查或者终止调查三个程序。

(1)承诺的提出。虽然承诺提出的动机很难把握,但各国相关制度设计的前提都是承诺的提出不是被迫的,而是自愿的。

(2)承诺的公示。考虑到经营者的承诺对相关市场内的消费者和竞争者产生的影响,欧盟委员会在与相关企业就被调查确认后的限制竞争行为达成责任承诺共识后,必须记录在案并进行公布,以便竞争者和利益攸关者进行监督,消费者或者其他利益受到损害的民事主体可以根据该决定中对涉嫌违法行为的举证、认定和评价,通过民事程序主张损害赔偿。承诺公示的主要内容包括:其一,任何拟议经营者承诺的文本均必须在政府指定公告上公布;其二,必须随附竞争影响评估;其三,必须在适当的媒体上公布承诺和竞争影响评估摘要;其四,被告与政府之间涉及该承诺或与之相关的通信记录应提交备案。我国《反垄断法》第53条本身并没有对中止或终止调查的决议是否应进行公布,并接受公众监督的问题进行明确规定。《反垄断法》第52条仅规定,反垄断执法机构对涉嫌垄断行为调查核实后,认为构成垄断行为的,应当依法作出处理决定,并可以向社会公布。不公布相关调查初步结果、承诺内容以及中止或终止调查决定的做法,在给相关企业和执法机构更大的自由空间的同时,无疑也使得反垄断执法机构的权威性、中立性和独立性受到威胁,使其合法性、合理性难以免于质疑。此做法更大的危害在于,其他市场竞争者和利益相关者将处于不知情的状态,无法对反垄断执法机构的决定通过司法途径进行质疑、寻求救济。在这里必须考虑到的是,反垄断法中所规定的调查取证权利,是其他普通民事主体和消费者组织根本不可能享有的。而没有足够的证据,启动有关行政主体不作为之诉会非常困难。

(3)恢复调查或者终止调查。现代各国竞争法都普遍要求申请者必须诚实、全面、持续配

---

[143] 黄勇:《经营者承诺制度的实施与展望》,载《中国工商管理研究》2008年第4期。
[144] 黄勇:《经营者承诺制度的实施与展望》,载《中国工商管理研究》2008年第4期。

合反垄断执法机构的整个调查过程,我国《反垄断法》特别规定"反垄断执法机构决定中止调查的,应当对经营者履行承诺的情况进行监督"。根据我国《反垄断法》第 53 条的规定,当出现经营者未履行承诺、作出中止调查决定所依据的事实发生重大变化、中止调查的决定是基于经营者提供的不完整或者不真实的信息作出等三种情况时,反垄断执法机构应当恢复调查;经营者履行承诺的,反垄断执法机构可以决定终止调查。上述规定就操作角度而言比较粗糙,留给我们的任务是如何进一步界定作出中止调查决定所依据的事实发生的"重大变化"和所提交信息的"不完整或者不真实"。

(六)约谈制度

我国《反垄断法》第 55 条规定:"经营者、行政机关和法律、法规授权的具有管理公共事务职能的组织,涉嫌违反本法规定的,反垄断执法机构可以对其法定代表人或者负责人进行约谈,要求其提出改进措施。"这就是我国反垄断法上的约谈制度。理解这一制度需要注意如下四个方面:(1)约谈的性质。从根本上讲,这种约谈就是行政约谈,属于经济法上的行政指导。反垄断执法机构通过沟通协商、警示谈话、批评教育等方法,对其涉嫌违反《反垄断法》规定的行为加以预防或纠正的行为,是一种软性执法方式和监管方式。其优点有三:一是能节约执法资源;二是能获取充分的监管信息,从而避免监管失灵;三是可以起到将萌芽阶段的违法行为及时纠正的作用。(2)约谈的主体。一方主体是反垄断执法机构,包括国务院反垄断执法机构和授权的省级反垄断执法机构;另一方主体是涉嫌垄断主体的法定代表人或者负责人。(3)约谈启动的条件。一是被约谈人违反了我国《反垄断法》规定的禁止垄断协议制度、禁止滥用市场支配地位制度、违法经营者集中制度、禁止行政性垄断制度等反垄断实体制度;二是违反了我国《反垄断法》第六章所规定的涉嫌垄断行为调查的反垄断程序制度。(4)反垄断执法机构可以要求被约谈方提出改进措施。反垄断执法机构可以监督其是否整改到位,否则启动调查程序。

(七)行政复议和行政诉讼程序

我国《反垄断法》第 65 条针对被调查者对处理决定不服的情形,作了较具体的规定:(1)对反垄断执法机构依据《反垄断法》第 34 条、第 35 条作出的决定不服的,可以先依法申请行政复议;对行政复议决定不服的,可以依法提起行政诉讼。(2)对反垄断执法机构作出的前述规定以外的决定不服的,可以依法申请行政复议或者提起行政诉讼。

四、反垄断法的私人执行

反垄断法的实施既可以通过执法机构来进行,也可以通过私人来进行。前者称为反垄断法的公共执行,后者称为反垄断法的私人执行。[145] 具体而言,反垄断法的公共执行是政府执行反垄断法的活动,即反垄断执法机构作为公共利益的代表,通过行使公权力执行反垄断法,[146]如我国国家市场监督管理总局依法采取的反垄断执法措施。反垄断法的私人执行是指受限制竞争行为侵害的自然人、法人和其他市场主体向法院提起反垄断诉讼。[147] 私人执行有

---

[145] 王健:《关于推进我国反垄断私人诉讼的思考》,载《法商研究》2010 年第 3 期。
[146] 王晓晔:《反垄断法》,法律出版社 2011 年版,第 347 页。
[147] 王晓晔:《反垄断法》,法律出版社 2011 年版,第 348 页。

多种方式,如举报、仲裁和诉讼。反垄断法的私人执行的最主要方式是私人诉讼,是指私人当事人通过诉讼方式来执行反垄断法。[148] 反垄断私人诉讼主要是民事诉讼,即原告指控被告有限制竞争行为,并且原告由此受到了损害。反垄断私人诉讼也包括行政诉讼,即原告指控行政机关滥用行政权力限制竞争,并且原告由此受到了损害。[149]这一点在2017年修正的《行政诉讼法》中体现得尤为突出。[150] 我国《反垄断法》第60条第1款规定:"经营者实施垄断行为,给他人造成损失的,依法承担民事责任。"

反垄断法的公共执行和私人执行恰如鸟之两翼,因此我们理应重视我国反垄断私人诉讼制度的改进。尤其是在我国目前行政效率低下、行政性垄断严重的情形下,反垄断私人诉讼更是具有极其宝贵的制度价值。我们希望反垄断私人诉讼能够得到应有的重视,发挥其强大的制度功能,为推进我国反垄断法的顺利实施增加强劲动力。[151] 值得注意的是,根据我国《反垄断法》第60条第2款的规定,"经营者实施垄断行为,损害社会公共利益的,设区的市级以上人民检察院可以依法向人民法院提起民事公益诉讼"。随着互联网经济特别是数字经济的快速发展,垄断行为造成的损害往往具有很大的外部性,而这种外部性又通过网络被放大,从而危及社会公共利益。因此,我国《反垄断法》正式确立了反垄断民事检察公益诉讼制度,这是一项具有中国特色的法律制度,也是强化国家治理能力现代化的具体体现。

五、反垄断法中的其他重要制度

(一)公平竞争审查制度

所谓公平竞争审查,是指竞争主管机关等有权机关通过分析、评价现行政策或者拟定的政策可能产生的竞争影响,在必要时提出既不妨碍政策目标实现又对竞争限制最小的替代方案的行为。我国《反垄断法》第5条规定:"国家建立健全公平竞争审查制度。行政机关和法律、法规授权的具有管理公共事务职能的组织在制定涉及市场主体经济活动的规定时,应当进行公平竞争审查。"结合2021年印发的《公平竞争审查制度实施细则》的有关规定,理解公平竞争审查制度需要注意如下几个方面:

1. 公平竞争审查的主体

具体而言,公平竞争审查的主体如下:一是涉及市场主体经济活动的行政法规、国务院制定的政策措施,以及政府部门负责起草的地方性法规、自治条例和单行条例,此时的审查主体为起草部门。二是以县级以上地方各级人民政府名义出台的政策措施,此时的审查主体为起草部门或者本级人民政府指定的相关部门。同时,起草部门在审查过程中,可以会同本级市场监管部门进行公平竞争审查。三是以多个部门名义联合制定出台的政策措施,此时的审查主体为牵头部门,而其他部门在各自职责范围内参与公平竞争审查。

2. 公平竞争审查的对象

政策制定机关(包括行政机关以及法律、法规授权的具有管理公共事务职能的组织)在制定市场准入和退出、产业发展、招商引资、招标投标、政府采购、经营行为规范、资质标准等涉

---

[148] 颜运秋、周晓明、丁晓波:《我国反垄断私人诉讼的障碍及其克服》,载《政治与法律》2011年第1期。
[149] 王晓晔:《反垄断法》,法律出版社2011年版,第348页。
[150] 《行政诉讼法》第12条第1款第8项规定,"认为行政机关滥用行政权力排除或者限制竞争的"。
[151] 颜运秋等:《经济法实施机制研究——通过公益诉讼推动经济法实施》,法律出版社2014年版,第209页。

市场主体经济活动的规章、规范性文件、其他政策性文件以及"一事一议"形式的具体政策措施(以下统称政策措施)时,应当进行公平竞争审查。换言之,公平竞争审查的对象包括以上各种政策措施。

3. 公平竞争审查的标准

根据《公平竞争审查制度实施细则》第 13～16 条的规定,公平竞争审查的标准如下:

(1)市场准入和退出标准。一是不得设置不合理或者歧视性的准入和退出条件。二是未经公平竞争不得授予经营者特许经营权。三是不得限定经营、购买、使用特定经营者提供的商品和服务。四是不得设置没有法律、行政法规或者国务院规定依据的审批或者具有行政审批性质的事前备案程序。五是不得对市场准入负面清单以外的行业、领域、业务等设置审批程序。

(2)商品和要素自由流动标准。一是不得对外地和进口商品、服务实行歧视性价格和歧视性补贴政策。二是不得限制外地和进口商品、服务进入本地市场或者阻碍本地商品运出、服务输出。三是不得排斥或者限制外地经营者参加本地招标投标活动。四是不得排斥、限制或者强制外地经营者在本地投资或者设立分支机构。五是不得对外地经营者在本地的投资或者设立的分支机构实行歧视性待遇,侵害其合法权益。

(3)影响生产经营成本标准。一是不得违法给予特定经营者优惠政策。二是安排财政支出一般不得与特定经营者缴纳的税收或非税收入挂钩,主要指根据特定经营者缴纳的税收或者非税收入情况,采取只收列支或者违法违规采取先征后返、即征即退等形式,对特定经营者进行返还,或者给予特定经营者财政奖励或补贴、减免土地等自然资源有偿使用收入等优惠政策。三是不得违法违规减免或者缓征特定经营者应当缴纳的社会保险费用,主要指没有法律、行政法规或者国务院规定依据,根据经营者规模、所有制形式、组织形式、地区等因素,减免或者缓征特定经营者需要缴纳的基本养老保险费、基本医疗保险费、失业保险费、工伤保险费、生育保险费等。四是不得在法律规定之外要求经营者提供或扣留经营者各类保证金。

(4)影响生产经营行为标准。一是不得强制经营者从事《反垄断法》禁止的垄断行为,主要指以行政命令、行政授权、行政指导等方式或者通过行业协会商会,强制、组织或者引导经营者达成垄断协议、滥用市场支配地位,以及实施具有或者可能具有排除、限制竞争效果的经营者集中等行为。二是不得违法披露或者违法要求经营者披露生产经营敏感信息,为经营者实施垄断行为提供便利条件。生产经营敏感信息是指除依据法律、行政法规或者国务院规定需要公开之外,生产经营者未主动公开,通过公开渠道无法采集的生产经营数据。主要包括:拟定价格、成本、营业收入、利润、生产数量、销售数量、生产销售计划、进出口数量、经销商信息、终端客户信息等。三是不得超越定价权限进行政府定价。四是不得违法干预实行市场调节价的商品和服务的价格水平。

4. 公平竞争审查的例外

政策制定机关制定的政策措施,虽然在一定程度上具有限制竞争的效果,但符合以下规定的情况之一的,可以出台实施:(1)维护国家经济安全、文化安全、科技安全或者涉及国防建设的。(2)为实现扶贫开发、救灾救助等社会保障目的。(3)为实现节约能源资源、保护生态环境、维护公共卫生健康安全等社会公共利益的。(4)法律、行政法规规定的其他情形。需要注意的是,属于以上前三种情况的,政策制定机关应当说明相关政策措施对实现政策目的不可或缺,且不会严重限制市场竞争,并明确实施期限。

5. 公平竞争审查的结果

根据《公平竞争审查制度实施细则》第 2 条第 2 款的规定,经公平竞争审查认为不具有排除、限制竞争效果或者符合例外规定的,可以实施;具有排除、限制竞争效果且不符合例外规定的,应当不予出台或者调整至符合相关要求后出台;未经公平竞争审查的,不得出台。

(二)宽恕制度

宽恕制度(leniency policy)是指反垄断执法机构对涉案卡特尔展开调查之前或之后,违法当事人主动向主管机构报告,提供相应信息或证据,诚实、持续、全面地配合调查以及符合其他法定条件时,法律全部或部分豁免处罚的制度。宽恕制度是现代竞争法的一项基本制度,是发现、查处卡特尔的一项激励工具。该制度是随着人们对卡特尔的危害性与隐蔽性的认识的逐步深化而确立的。我国《反垄断法》也引入了宽恕制度,该法第 56 条第 3 款规定,经营者主动向反垄断执法机构报告达成垄断协议的有关情况并提供重要证据的,反垄断执法机构可以酌情减轻或者免除对该经营者的处罚。

依程度不同,宽恕制度可以分为全部豁免和部分豁免。全部豁免是指免除当事人本应受到的全部处罚;部分豁免是减轻应对当事人处以的处罚。除美国、澳大利亚、以色列等国家只规定全部豁免制度外,其他国家和地区,如欧盟、韩国、日本、英国、巴基斯坦、巴西等都采用减免并举制度。

1. 免除处罚的适用条件

各国对于免除处罚都规定了一系列的严格条件,这些条件可以综合为:

(1)基础条件。第一,首个提出申请。各国竞争法都无一例外地要求取得豁免的企业第一个提出申请,这有利于企业积极、快速地向反垄断执法机构交代情况,减少执法成本,发挥宽恕制度的特有功效。如果后续申请者符合豁免的其他条件,但唯独时间上晚于前一申请者(即使晚了几分钟都无例外),那么其依旧不能获得免除处罚的奖励,只能依各国不同情形考量是否可以适用减轻处罚。但是加拿大的宽恕制度允许序位前移,即如果第一个申请者未满足条件,则符合条件的第二位申请者可适用宽恕制度。[152] 第二,停止违法行为。各国法律都规定申请适用宽恕制度的企业应当于一定的时点停止违法行为,否则不批准豁免处罚。第三,诚实、持续、全面地协助调查,直至对是否构成卡特尔行为作出认定。加拿大还要求申请者在整个诉讼过程中都必须协助配合。第四,提供涉案卡特尔的信息或证据。第五,未强迫其他经营者参加卡特尔。美国司法部在 1993 年发布的《公司宽恕政策》中,明确指出在美国司法部反托拉斯局开始调查前,告密者必须未曾强迫他人参与卡特尔行为,才可适用自动豁免。第六,是企业行为而不是个人行为。美国在 1993 年发布的《公司宽恕政策》、澳大利亚在 2003 年发布的宽恕政策中,均清晰指出,对于违法行为的供述应当是该企业的行为,而不是个人的行为。

(2)特殊条件。第一,主体的特殊要件。申请者必须不是违法卡特尔的领导人或发起人,不是违法卡特尔行为唯一的受益者,且不得妨碍他人退出参与卡特尔行为等。第二,单独提出申请。考察各国竞争法规定,仅韩国和日本要求申请者必须单独提出申请,这主要是防止涉案卡特尔集体提出申请,阻碍调查的开展。而其他国家和地区都没有设定此限制条件。第三,保护受害人。申请者必须积极与受害人合作,主动与其协商,这有助于促进当事人达成和解。第

---

[152] 金美蓉:《论核心卡特尔参与者申请宽大的时间条件》,载《政法论坛》2008 年第 3 期。

四,申请提出时间。对于申请者提出免除处罚申请的时间,多数国家和地区都没有限定为必须在调查前。但是日本、巴西还保留着传统的规定,即只有在调查前提出申请,才有全面豁免的可能;反之,只能依情形给予减轻处罚的优惠。第五,证据保护。欧盟在2006年《关于卡特尔案件减免罚款的告示》中特别指出,申请者在提出申请前,不得有任何损毁、变造或隐匿涉案卡特尔相关信息或证据的行为。同时申请者还应当对证据进行保密,除向其他国家反垄断执法机构透露以外,不得向第三人透露其提出申请的事项或内容。如申请者提供的信息或证据致使委员会针对涉案卡特尔发动调查权,则为了保全委员会的发动调查权,申请者不得有任何妨碍权力行使的行为。

2. 减轻处罚的适用条件

虽然免除处罚和减轻处罚是程度不同的优惠制度,任一申请者只可择一适用,但事实上,从各国制度分析中,我们可以看出,二者之关系也可以看成同一事物的不同量的表述。如欧盟、英国至多允许4位申请者获得减轻处罚,如已经存在免除处罚的申请者时,则只有3位申请者可获得减轻处罚;日本至多允许3位申请者获得减轻处罚,如某一申请者被给予免除处罚,则仅剩2位申请者可获得减轻处罚;法国至多可以允许3位申请者减轻处罚,且不包括免除处罚的申请者在内。因此,在各国竞争法对宽恕制度的设计中,有关免除处罚和减轻处罚的适用条件有很多重合之处。在基础条件方面,停止违法行为及其时点的认定,当事人在调查期间诚实、持续、全面地协助调查等与免除处罚的基础条件相同;在特殊条件方面,单独提出申请、证据保护等与免除处罚的特殊条件相同。

值得注意的是,如果减免处罚的程度相差不大或者给予较多数者优惠措施,则相差不大的待遇起不到激发企业"告密"的热情,为了保障宽恕制度发挥其激励功效,各国都规定了有梯度的优惠政策。如在欧盟,调查开始后第一位申请者可获得的减轻幅度为30%~100%,第二位申请者可获得的减轻幅度为20%~30%,第三位、第四位申请者可获得的减轻幅度则不大于20%。

(三)罚款的特别威胁制度

我国《反垄断法》第63条规定,违反该法规定,情节特别严重、影响特别恶劣、造成特别严重后果的,国务院反垄断执法机构可以在该法第56~58条以及第62条规定的罚款数额的2倍以上5倍以下确定具体罚款数额。一般认为,该规定就是我国《反垄断法》的特别威胁制度。对于那些持续时间长、涉及经营者广泛、群众反映强烈且获利较大的严重垄断行为,现有的反垄断处罚相对而言偏轻,不足以对这些严重的违法行为构成经济威胁,因此需要加大对此类行为的处罚力度。理解该条规定需要注意这几个问题:(1)适用这一规定的前提是,不仅要违反《反垄断法》的规定,还要"情节特别严重、影响特别恶劣、造成特别严重后果"。(2)罚款的数额是《反垄断法》第56~58条以及第62条规定的罚款数额的2~5倍。(3)适用这一规定的主体限于"国务院反垄断执法机构",即我国的国家市场监督管理总局,不包括其他的反垄断执法机构。总之,罚款的特别威胁制度的适用体现了既要惩处严重的违法行为,也要谨慎适用这种罚款制度,体现着经济法国家适度干预原则的精神意蕴。

(四)信用处罚制度

我国《反垄断法》第64条规定:"经营者因违反本法规定受到行政处罚的,按照国家有关规定记入信用记录,并向社会公示。"一般说来,"信用记录是政府部门对个人、组织的信用信息进行采集、保存、加工而形成的信用资料,体现了个人、组织在经济社会活动中的可信度、公信力,是判断个人、组织信用状况的重要依据"[153]。理解该条规定需要注意这几个问题:(1)经营者受到信用处罚的前提是违反《反垄断法》的规定并受到行政处罚。(2)信用处罚需要按照国家有关规定进行。(3)信用处罚需要向社会公示,从而达到以声誉制约经营者的效果,进而提高违法者的违法成本。

六、反垄断法的适用除外与域外效力

(一)反垄断法的适用除外

1. 反垄断法的适用除外的含义

反垄断法的适用除外,是指允许特定的市场主体的特定垄断行为不适用反垄断法的基本规定的一种制度。它反映了反垄断法在对人的效力方面的特色,也体现了反垄断法作为调节功能较强的经济法的基本特征。有些经济部门是不允许竞争的,否则会给国家和消费者的利益造成损害。因而,必须有国家指定或允许的企业进行垄断经营。各国反垄断法一般都有适用除外的法律制度。实际上,反垄断法中的各种禁止性规定同反垄断法适用豁免同时存在,在最终的价值取向上并不是矛盾的。从本质上讲,反垄断法中的禁止性规定和豁免规定的目的都在于更好地维护社会整体经济利益,它们是殊途同归的关系,反垄断法的适用豁免是对禁止垄断的有益的补充。

2. 反垄断法的适用除外的情况

(1)自然垄断。自然垄断,是指根据产业的性质不宜开展竞争的事业部门,在一定的地域或时期内实行的国家法律允许的独占经营。产生自然垄断的条件是市场的需求容量固定或较小,若有多家企业进行经营,必然产生激烈的价格竞争,其结果是各竞争者遭受亏损,而使竞争的企业无法继续经营,最终不得不退出竞争,使这一行业重新出现一家企业单独经营的局面。投资规模大的公用事业、金融企业、农业等大多属于自然垄断的行业。如果竞争过度,反而会给国家资源造成浪费,也给消费者带来损害。

(2)国家垄断。国家垄断又称中央垄断,是指国家从有利于国民经济全局发展的目的出发,对某些部门和国有自然资源实行独占。国家垄断是和国家在一定时期的经济政策导向密切相关的,是国家对经济运行的一种干预和保护。国家垄断是通过国家权力来实现的,它既包括所有权的垄断,也包括经营权的垄断。世界各国一般都存在一定程度的国家垄断。国家垄断的行业部门各国有所不同,一般集中于交通运输、邮电通信、能源、土地等。国家垄断在法律中应有明确规定,不得违法进行。

(3)特定组织和人员的垄断。这些组织和人员包括工会、劳工、自由职业者(含医生、律师、会计师、审计师等),它们之所以被豁免适用反垄断法,是由它们本身所具有的特性决定的。例如,工会不适用反垄断法,劳工作为特定的对象不适用反垄断法,各种自由职业者由于职业的性质,不宜开展竞争,否则不利于服务质量和职业道德的维护。[154]因此,对其赋予反垄断法的适用豁免是必要的。

(4)法律明确规定的某些特定行为和企业的联合组织。这些行为和组织又可具体分为以

---

[153] 王翔主编:《中华人民共和国反垄断法解读》,中国法制出版社2022年版,第249页。
[154] 曹士兵:《反垄断法研究》,法律出版社1996年版,第78~79页。

下几种情况:其一,在特定情况下,为促进整体经济和全局利益的行为,如结构危机卡特尔、不景气卡特尔;其二,为对抗国外垄断、保护本国利益的行为,如进出口卡特尔;其三,为提高效率,改进技术,减少成本,且不损害竞争的行为,如合理化卡特尔、专门化卡特尔等;其四,为促进竞争而进行的中小企业对抗大型企业的行为,如组建企业协同组织、中小企业合作卡特尔、购货卡特尔等;其五,知识产权的实施行为。

必须指出,得到反垄断法豁免的垄断企业或其他组织,必须在法律规定的范围内开展经营活动,不得滥用其合法垄断的市场优势。如果其利用市场优势实施限制竞争行为,同样要受到相应的法律规制。

3.反垄断法的适用除外的立法体例

反垄断法的适用除外的立法体例,可以分为以下三种:

(1)在反垄断法中直接规定,即在有关的反垄断法中直接规定各种适用除外情况。如德国《反限制竞争法》第2~8条、第99~103条之规定。

(2)制定专门的法律进行规定。如日本在《关于禁止私人垄断和确保公正交易的法律的适用除外的法律》中,对各种适用除外情况进行了专门的规定,美国的反垄断法的适用除外法则有《韦布波默林法》《凯普沃尔斯蒂能法》《麦克莱兰福格森法》《出口贸易法》等。

(3)在相关法律中加以规定,即在其他法律中规定相关的反垄断法适用豁免内容。如日本自20世纪50年代以来,在许多工业部门的立法中,经通产省(现经产省)同意制定了排除反垄断法适用的条文。截至1991年6月,日本已在37部法律上设立了56个卡特尔适用除外体系。这些适用除外规定绕开了反垄断法与本国经济发展的矛盾,促进了经济的发展,如《关于中小企业团体组织的法律》《农业协同组合法》《批发市场法》《信用金库法》《仓库业法》《道路运输法》等。

(二)反垄断法的域外效力

1.反垄断法的域外效力的含义

反垄断法的域外效力,是指作为国内法的反垄断法适用于该国主权范围之外的外国人的情况。一般来说,反垄断法是国内法,它适用"国内法律域内效力"的普遍原则。但是,随着国际竞争的日益加强,国际范围内的反垄断冲突也日趋激烈。这是域外适用国内反垄断法的一个主要根源。此种域外效力的典型例证,是美国和欧洲共同体(欧盟)的立法和实践。自美国开创将反垄断法适用于域外案件的先河之后,欧盟等国家和地区也逐渐采纳此种立法例。全世界约有50个国家作了反垄断法的域外适用的规定。我国《反垄断法》第2条也对此作了规定,"中华人民共和国境外的垄断行为,对境内市场竞争产生排除、限制影响的,适用本法"。以下主要介绍美国和欧盟竞争法中有关域外效力的主要规定。

2.美国反垄断法的域外适用

美国所有反垄断的基本法都可以适用于美国的对外贸易。如在《克莱顿法》和《联邦贸易委员会法》对"商业"一词下定义时,外国的商业与贸易也包括在内。美国反托拉斯法的域外效力,源于1936年确立的"域外适用的合理原则"。该原则认为,在对外贸易案件中,判定是否行使美国法律的域外管辖权,必须考虑相关行为是否对美国的对外贸易造成了某些后果,是否限制了美国的对外贸易,然后确定相关行为是否属于违反反托拉斯法规定的行为,而且应根据国际礼让原则考虑到其他国家的合法利益。1945年,美国司法部指控美国铝公司的子公司即加拿大铝业有限公司一案,确立了作为现代反垄断法域外效力主要依据的"影响原则",即如果在美国本土外订立的合同或实施的行为,对美国的国内贸易或对外贸易产生了较大的影响,那么美国法院对此享有域外管辖权。在该案中,被告以及其他一些子公司参与了一项铝锭国际卡特尔,垄断了美国国内的出口价格,虽然美国铝公司本身未参与该卡特尔,且有关协议又是在美国以外订立的,但美国联邦最高法院提出影响原则,认定"任何国家均可就发生在境外但又在其境内产生影响的人和行为,甚至对不对其负有忠诚义务的人行使管辖权"。美国司法部在1977年发布的《反托拉斯国际实施指南》,对管辖权原则又进行了如下阐述:"外国交易如对美国商业有实质性的和可以预见的影响,不问其发生地点均应受美国法律管辖。"目前,美国法院在判定是否应主张美国的反托拉斯法域外管辖权时以影响原则为主,但在许多情况下也考虑合理原则。

值得注意的是,美国已在以后的法律中,对依据判例法形成的域外适用原则作了成文规定。根据美国1982年《出口贸易公司法》的第四编"外国商贸反托拉斯改善法"的规定,美国法的适用范围是:(1)所有的进口贸易。(2)在出口贸易中,对国内交易或进口贸易有直接的、实质性的影响以及有合理预见可能的影响的。(3)在出口贸易中,对在美国国内经营出口贸易有直接的、实质性的以及有预见可能性的影响的,即对美国国内方面的出口业务产生损害的,都属这一范围。但1988年美国司法部发布的《关于国际贸易活动中的反垄断法方针》,却基于独特的考虑,规定反垄断法的域外适用必须以对美国消费者产生不良影响为限。1992年4月,美国司法部又取消了这一限定,将域外适用范围重新恢复到1988年以前的状况。再者,1976年的美国《兼并(合并)申报法》还规定,如果外国同业公司的兼并对美国市场产生一定影响,也需承担向美国申报的义务。[155]

3.欧盟反垄断法的域外适用

(1)欧盟反垄断法的域外适用的基本内容。据欧盟的有关规定,欧盟反垄断法的域外适用并非直接规定在包括欧盟竞争法在内的欧盟法律中,而是通过欧盟委员会的决定以及欧洲法院的判例确立的。据欧洲法院的判决实践,欧洲法院在行使域外管辖权时,依据三个主要原则,即企业一体化原则、结果地原则以及履行地原则:[156]一是企业一体化原则。企业一体化原则主要是针对母公司同子公司的关系而言的。该原则是于20世纪60年代的"染料案"(Dyestuffs Case)中确立的,欧洲法院认为,虽然参与联合提价的公司中,有的公司的母公司在共同体以外登记注册,然而它们作为母公司,与其下属的设在共同体领域内的子公司实际上是一个经济实体。因此,可视为该母公司在共同体内实施了有害于竞争的行为。由于欧盟这种企业一体化的标准着眼于外国公司是否在共同体内有子公司,因而减少了与外国的主权冲突,有利于进行调查、寻找证据和执行判决。二是结果地原则。结果地原则是指即使涉案企业的注册地不在欧盟领域内,只要它们在欧盟境内实施了反竞争的行为,并产生了影响成员国之间的贸易的后果,就可以对其适用欧盟的竞争法。如欧盟委员会在查处一纸浆案时,就对加拿大、美国、瑞典、芬兰、德国等国家的企业之间所达成的旨在限制竞争的协议适用了欧盟竞争法,并对这几家公司进行了处罚。[157] 三是履行地原则。履行地原则是指只要反竞争协议的履行地在

---

[155] [日]伊从宽:《国际反垄断政策的发展态势》,姜姗译,载《外国法译评》1997年第3期。
[156] 阮方民:《欧盟竞争法》,中国政法大学出版社1998年版,第72页。
[157] 阮方民:《欧盟竞争法》,中国政法大学出版社1998年版,第74页。

欧盟领域内,就可以适用欧盟竞争法,而无论其签订地是否在欧盟领域内。依据这一原则,可能会与结果地原则发生冲突。事实上,学者与欧洲法院对此也持有不同的观点。因此,欧盟竞争法在竞争法的域外适用方面还有待统一。

(2)欧盟反垄断法的域外适用的发展。1990年,欧盟竞争法也引入了企业兼并的事前申报制度,它不仅适用于境内企业与境外企业间的合并,而且适用于对境内产生一定影响的境外企业的行业兼并。由于反垄断法注重保护的是国家和地区的整体利益,尤其是在对外贸易方面,各国和地区都力图开拓和占领市场,因而以美国为典型的反垄断法的域外适用,在许多情况下遭到各国的强烈抵制,从而使反垄断法的域外适用的调查、取证、执行都遇到了很多难以克服的困难。如一些发达国家为抵制美国反托拉斯法的域外管制,采取了政府干预、抵制性立法和诉讼对抗等措施。美国、欧盟为解决或缓解这种激烈的冲突和对抗,自20世纪70年代起,同许多国家签订了双边协定,处理相互间在反垄断方面的合作问题,并取得了一定成效。

———— 思考题 ————

1. 分析反垄断法被称为"经济宪法"的原因。
2. 我国反垄断法为何要对部分垄断协议行为进行豁免?不适用反垄断法规定的垄断协议行为应当具备什么样的限制条件?
3. 行业协会订立的自律性规则和决定是否可以视为垄断协议?试举一例说明。
4. 行政性垄断行为的危害有哪些?我国在反垄断法中规制行政性垄断行为有何重要意义?
5. 反垄断执法机构确认经营者构成滥用市场支配地位行为需要经过哪些步骤?
6. 界定相关市场的方法主要有哪些?我国采取的是何种界定方法?
7. 我国是否采取经营者集中的事先申报制度?反垄断执法机构对经营者集中要进行哪些具体的审查?如果经营者未依法申报要承担哪些法律责任?
8. 试述公平竞争审查制度。

第十三章　反不正当竞争法律制度

| 内容提要 |

　　市场是人类目前能找到的最好资源配置方式,对于如何发挥市场在资源配置中的基础作用,竞争具有不可替代的作用。但是,在市场主体竞争的过程中,反对自由竞争的垄断和影响公平竞争的不正当竞争都是难以避免的。从历史的角度看,凡是实行市场经济的国家,无论其政治制度和社会制度存在何种差异,往往都会通过制定反垄断法和反不正当竞争法来维护市场的竞争。因为市场的繁荣、经济的发展需要市场竞争来促进。

| 学习重点 |

不正当竞争行为和反不正当竞争法的特点　　混淆行为的法律规制
虚假宣传行为的法律规制　　　　　　　　侵犯商业秘密行为的法律规制
不当有奖销售行为的法律规制　　　　　　商业贿赂行为的法律规制
商业诋毁行为的法律规制　　　　　　　　网络领域不正当竞争行为的法律规制

第一节　反不正当竞争法的基本原理

一、不正当竞争与反不正当竞争法

（一）不正当竞争

据考证,1850 年,法国就出现了"不正当竞争"这一概念。[1] 1900 年,《保护工业产权巴黎公约》首次对不正当竞争作了界定。该公约第 10 条规定:"凡在工商业事务中违反诚实的习惯做法的竞争行为构成不正当竞争的行为。"该公约还对那些禁止的不正当竞争行为进行了专门的列举。1896 年,世界上第一部《反不正当竞争法》于德国诞生,虽然该法未直接界定不正当竞争,但其通过一般条款加列举的方式明确了应禁止的不正当竞争行为,此后,这一方式虽经多次修法但均得以保留。值得注意的是,德国《反不正当竞争法》第 1 条规定:"行为人在商业交易中以竞争为目的而违背善良风俗,可向其请求停止行为和损害赔偿。"2004 年德国《反不正当竞争法》全面修改后,第 3 条对何为不正当竞争行为作了新规定:"不正当竞争行为,如足

---

[1]　种明钊主编:《竞争法》,法律出版社 2002 年版,第 171 页。

以损害竞争者、消费者或其他市场参与人而对竞争造成并非轻微的破坏的,是非法的。"同时,为贯彻2005年欧洲议会与欧盟委员会《关于内部市场中针对消费者的不正当商业竞争行为的指令》,德国又分别在2008年、2015年对《反不正当竞争法》进行了较大的修改,并强化了对消费者和经营者的保护,但对于不正当竞争行为的规定,则沿用了一般条款加列举的立法体例,这也是我国《反不正当竞争法》采用的体例。1993年,我国制定了《反不正当竞争法》,该法分别于2017年修订、2019年修正。该法第2条规定:"经营者在生产经营活动中,应当遵循自愿、平等、公平、诚信的原则,遵守法律和商业道德。本法所称的不正当竞争行为,是指经营者在生产经营活动中,违反本法规定,扰乱市场竞争秩序,损害其他经营者或者消费者的合法权益的行为。"同时,该法第二章的第6~12条对不正当竞争行为进行了列举。一般说来,不正当竞争行为具有以下三个特征:

1. 不正当竞争行为的主体是经营者。根据我国《反不正当竞争法》第2条第3款的规定,经营者是指从事商品生产、经营或者提供服务的自然人、法人和非法人组织。不正当竞争从根本上讲是竞争主体实施的不当行为,而竞争主体只限于经营者,因此,不正当竞争的主体也只能是经营者。同时,判定一个市场主体是不是反不正当竞争法上的经营者,主要是看其是否从事了商品生产、经营或者提供了服务这一类"行为",也就是是否存在经营行为,而不是根据其是否有营业执照这一法定经营资格,这是认定经营者时需要注意的。

2. 不正当竞争行为的性质是违法行为。从广义上讲,竞争行为包括正当竞争行为和不正当竞争行为,都是市场主体为了获取竞争利益而相互争胜的行为。当然,正当竞争行为的性质是合法的,而不正当竞争行为的性质是违法的。但是,这里的违法性应作广义的理解:不仅包括经营者违反我国《反不正当竞争法》第二章列举的禁止性规定,也包括违反《反不正当竞争法》其他章节的禁止性规定,甚至包括违反该法的立法意图,也应属于不正当竞争行为。究其根源,主要是随着市场经济的发展和进一步发展,新的不正当竞争行为不断出现具有必然性,而成文法难以完全对接时代的变迁是不可避免的。因此,从维护经营者利益、消费者利益和社会公共利益的角度看,将不正当竞争行为的范围在司法等过程中予以拓展是很有必要的。但是,按照我国《行政处罚法》第38条第1款规定的"行政处罚没有依据或者实施主体不具有行政主体资格的,行政处罚无效",行政执法机关一般不能查处《反不正当竞争法》第二章之外的不正当竞争行为,因为要针对此种行为进行行政处罚缺乏"依据"。因此,这种处罚是无效的。

3. 不正当竞争行为损害的法益具有复合性。虽然不正当竞争行为的目的是获取竞争利益,但是这种利益是不正当的。所谓竞争利益,"是指能够影响经营者的竞争能力而为竞争者竭力争取的诸种条件,如原材料供应、资金筹集渠道、技术设备、生产条件、人才配备、产品的数量和质量、销售渠道、销售利润以及市场占有率等"[2]。

不正当竞争行为损害的法益具有复合性,可以从如下两个方面理解:(1)不正当竞争行为在微观上将会直接或者间接地侵害其他经营者的竞争利益,但在宏观上会损害市场竞争秩序,这在一定程度上区别于民法上的侵权行为。(2)不正当竞争行为也会损害消费者的利益。需注意的是,因为不正当竞争以获取竞争利益为目的,因此,在一些具体的场合,不正当竞争行为不一定会直接损害消费者的利益,如不当有奖销售、商业诋毁等。

总之,不正当竞争行为以获取竞争利益为目的,其损害的法益既包括其他经营者的利益,

---

[2] 李昌麒主编:《经济法学》(第3版),中国政法大学出版社2007年版,第239页。

也包括消费者的利益,还包括市场竞争秩序这样的社会公共利益,正是在这个意义上,我们认为不正当竞争行为损害的法益具有复合性。

(二)反不正当竞争法

反不正当竞争法,是指为了促进社会主义市场经济健康发展,鼓励和保护公平竞争,制止不正当竞争行为,保护经营者和消费者的合法权益,由国家制定的调整竞争关系的法律规范的总称。在市场经济条件下,竞争关系既包括发生在平等市场主体之间的关系,也包括竞争监管机关与市场主体这类非平等主体因监督管理市场竞争而产生的社会关系。

一方面,就平等主体之间的竞争关系而言,民商法的诚实信用原则和侵权责任等对制止不正当竞争行为具有一定的积极作用,但仅仅依靠民商法是难以营造公平竞争环境的:(1)民商法倡导的形式公平、商事外观主义在总体上无法应对不正当竞争行为。需注意的是,不正当竞争行为尽管是不正当的,但也是竞争行为,从行为外观上看符合竞争行为的一切表征,这对于强调形式公平、商事外观主义的民商法而言是难以作出合法与否判断的。(2)民商法无法应对一些特殊的不正当竞争行为。例如,不当有奖销售行为虽然会损害公平竞争秩序,但是,就民商法的角度而言,恰恰是权利主体行使所有权和尊重契约自由的表现。(3)民商法难以维护宏观层面的公平竞争秩序。从本质上讲,民商法保护的法益主要是私人利益。因此,虽然其可以对经营者和消费者的损害行为作出反应,但是,对于宏观层面的公平竞争秩序,民商法的作用是较为有限的。以混淆行为为例,如果该种混淆行为出现在被混淆市场主体的经营范围之外,其实很难说对该经营者造成了实质性的损害,但是,其对公平竞争秩序的损害则是非常显著的,如果放任这种行为后果也是非常严重的。(4)民商法中的民事责任制度在应对不正当竞争行为时作用较为有限。事实上,民事责任制度可以为不正当竞争行为的处理提供依据,但是,这种责任相较于反不正当竞争法所追求的综合责任(民事责任、行政责任、刑事责任)乃至信用处罚而言,效果是比较有限的。换句话说,民事责任制度对制止不正当竞争行为有用,但不够用。

另一方面,就非平等主体之间的竞争监管关系而言,反不正当竞争法调整这一社会关系的目的在于:(1)明确不正当竞争的监管体制,实现对不正当竞争行为监管的横向和纵向分权,也就是规定不正当竞争行为的各级各类监管机关、不正当竞争行为的各种社会监督主体及其职权、职责或者权利、义务划分。(2)明确对不正当竞争监管的程序。(3)依法查处各类不正当竞争行为。

二、反不正当竞争法的功能定位与特性

(一)反不正当竞争法的功能定位

反不正当竞争法对实施不正当竞争行为的经营者进行规制,这些经营者之间往往具有直接的竞争关系,因此,反不正当竞争法保护的是有直接竞争关系的经营者的公平竞争权。在市场经济中,具有竞争关系往往意味着市场主体销售的产品或者提供的服务具有同一性(生产的产品或者提供的服务是相同的)或者替代性(生产的产品或者提供的服务是类似的),在一定时间之内,市场容量是有限的,因此,这些经营者之间就会发生竞争关系。

随着市场经济的深入发展,保护与不正当竞争行为实施者具有竞争关系的经营者的公平竞争权,依然是该法的主要功能。但是,有两个变化是反不正当竞争法功能定位不可忽视的:

(1)竞争关系不再局限于提供的产品或者服务具有同一性和替代性的市场主体之间。换句话说,在传统上被认为不具有竞争关系的市场主体之间可能也会具有反不正当竞争法意义上的"竞争关系",所谓"方便面被餐饮外卖打败"就是这类竞争关系的生动体现:从传统的竞争关系看,方便面作为快餐食品,其竞争对手应当是其他快餐面或者食品,而餐饮外卖的很多产品和方便面是不具有同一性或者替代性的,它们之间不具有传统意义上的竞争关系。但是,恰恰是因为餐饮外卖的兴起,使方便面销售受到了很大的影响。(2)保护消费者利益和社会公共利益被提到了前所未有的高度。例如,德国于2004年修订的《反不正当竞争法》第1条规定:"本法旨在保护竞争者、消费者以及其他市场参与人免遭不正当竞争之害。本法同时保护公众对不受扭曲的竞争所享有的利益。"此外,匈牙利《禁止不公平市场行为法》、比利时《关于交易行为信息和消费者保护法》、瑞典《市场行为法》等,在反不正当竞争法的功能定位上,也采取类似的立场和做法,而我国《反不正当竞争法》第1条也将保护经营者和消费者的合法权益作为其立法目的。同时,这一规定所确立的"促进社会主义市场经济健康发展,鼓励和保护公平竞争,制止不正当竞争行为"的立法目的,在一定意义上蕴含着该法保护社会公共利益的功能定位。

综上所述,在当今时代,反不正当竞争法所界定和规制的不正当竞争行为已变得相当宽泛,它不仅保护市场中具有直接竞争关系的正当竞争者的竞争利益,也保护市场中不具有传统竞争关系的正当竞争者的竞争利益,还注重保护消费者利益以及社会公共利益,由此体现出现代反不正当竞争法保护法益的多元性。

(二)反不正当竞争法的特性

从历史的角度看,反不正当竞争法最初被视为民法特别法。据考证,世界上最早出现的反不正当竞争专项立法是德国1896年颁布的《反不正当竞争法》。该法的目的在于制止市场竞争中一些特别有害的行为,包括诋毁竞争对手、假冒商标、窃取商业秘密等。但在司法实践中,法院经常援引德国《民法典》第823条第1款和第826条关于侵权行为的规定来弥补《反不正当竞争法》的规范不足。[3] 自1909年以来,德国对《反不正当竞争法》进行了多次修改,使该法不仅是保护竞争者、反对侵权行为的法律,而且在很大程度上也具备了保护消费者权益和维护社会公共利益的作用。德国这一反不正当竞争法的专项立法为许多国家所效仿,例如,瑞士1934年颁布了《反不正当竞争法》,日本和韩国分别于1934年和1986年颁布了防止不正当竞争的相关法律。世界上也有一些国家采用反不正当竞争法和反垄断法合并立法的体例:如匈牙利在1990年颁布的《禁止不正当竞争法》除禁止不正当竞争行为外,还就禁止欺骗消费者、禁止限制竞争性协议、禁止滥用经济优势以及控制企业合并作了规定。我国1993年颁布的《反不正当竞争法》也规定了一些垄断行为,直到2007年颁布《反垄断法》、2017年修订《反不正当竞争法》时删除了4种属于垄断的"不正当竞争行为",我国才真正实现了反不正当竞争法和反垄断法的分立。上述不同的立法体例,反映了不同国家和地区的传统和文化,应当说适合国情的就可能是最好的。概括来讲,反不正当竞争法的特性表现在以下几个方面:

1.反不正当竞争法是竞争法的重要组成部分。市场经济在本质上是一种竞争型经济,市场配置资源的决定性作用主要是通过竞争机制来发挥的。但是,只要有竞争,就会有不正当竞

---

[3] 德国《民法典》第823条第1款规定:"因故意或者过失不法侵害他人生命、身体、健康、自由、所有权或者其他权利者,对他人因此而产生的损害负赔偿义务。"第826条规定:"以违反善良风俗的方式故意对他人施加损害的人,对他人负有损害赔偿义务。"

争,而这又会反过来会妨碍乃至消灭竞争,并最终破坏市场机制,动摇市场在资源配置中的基础性作用。因此,当今世界各国和地区都十分注重制定和实施反不正当竞争法来对规范竞争秩序,保护公平竞争,进而保护经营者、消费者的利益和社会公共利益。

2. 反不正当竞争法突出了行政干预的特色。例如,根据我国《反不正当竞争法》的第3条规定:"各级人民政府应当采取措施,制止不正当竞争行为,为公平竞争创造良好的环境和条件。国务院建立反不正当竞争工作协调机制,研究决定反不正当竞争重大政策,协调处理维护市场竞争秩序的重大问题。"在市场经济条件下,经营者作为市场主体具有经营自主权,有权采用任何合法的竞争手段为自己获取商业利益,但是,如果经营者的经营措施威胁到市场秩序的公平竞争,政府(国家)就有权对其进行干预,并通过限制经营者的经营行为等,维护市场的有序和可持续发展。

3. 反不正当竞争法具有不确定性。反不正当竞争法规制的行为往往是违反商业道德的行为,但是,何为商业道德? 一般认为,商业道德包括如下内容:(1)商业活动必须绝对、无条件地满足一切人的基本权利的实现,而不是相反。这些权利包括:人身自由权、人身安全与健康权、政治参与权、知情权、生存权、财产所有权。(2)在商业活动中,禁止从事极端的不合乎经济伦理的行为,包括贿赂行为、胁迫行为、欺骗行为、偷窃行为和不公平歧视行为等。(3)对于经营者在"灰色活动区域"实施的行为,应在标准公开、一视同仁、同等待遇的前提下,在现在与未来、就业与保护环境、企业盈利与雇员的健康之间,寻找出符合特定社会价值导向的利益平衡点。(4)对规避法律的行为进行规制,由于这种规避行为对受害人及社会均是不公正的,因此,必须予以有效地规范。由此看来,商业道德的外延是具有不确定性的,而进一步的问题在于,在不同的时代,何为商业道德,事实上也会随着社会经济的发展、人们生活习惯等的变化而变化。既然如此,与商业道德紧密相关的不正当竞争行为之判定具有不确定性就具有较大的盖然性。需要注意的是,最高人民法院《关于适用〈中华人民共和国反不正当竞争法〉若干问题的解释》(法释〔2022〕9号)第3条规定:"特定商业领域普遍遵循和认可的行为规范,人民法院可以认定为反不正当竞争法第二条规定的'商业道德'。人民法院应当结合案件具体情况,综合考虑行业规则或者商业惯例、经营者的主观状态、交易相对人的选择意愿、对消费者权益、市场竞争秩序、社会公共利益的影响等因素,依法判断经营者是否违反商业道德。人民法院认定经营者是否违反商业道德时,可以参考行业主管部门、行业协会或者自律组织制定的从业规范、技术规范、自律公约等。"

4. 反不正当竞争法具有与其他法律的竞合性。这是指对不正当竞争行为进行规制时,常常可以由多部法律或者法规对其进行规制。例如,反不正当竞争法对虚假宣传行为进行规制时,往往会与广告法发生竞合。但是,这也会引发如下两个方面的问题:一方面,这使反不正当竞争法成为一个广泛的法规集合,从而可以从不同角度保护竞争机制和消费者的合法权益;另一方面,这也给反不正当竞争法的适用带来一定的困难。

5. 反不正当竞争法保护的法益具有社会性。反不正当竞争法不仅保护诚实守法的经营者,还保护利益受到侵害的、不直接参与交易和竞争的其他经营者和消费者。换句话说,反不正当竞争法保护的法益是具有社会性的。究其本质,这一现象其实反映了不正当竞争行为在侵权性质上的复杂性,同时也体现出反不正当竞争法平衡个体利益和社会利益的指导思想。

三、我国反不正当竞争法的制度体系

按照制定机关、效力的不同,我国反不正当竞争法的制度体系包括以下几个部分:

(一)反不正当竞争的宪法规范

我国《宪法》虽然没有专门规定反不正当竞争,但一些规定仍然与反不正当竞争相关,这些规定包括"国家实行社会主义市场经济""国家依法禁止任何组织或者个人扰乱社会经济秩序"等。鉴于《宪法》具有最高的法律效力,一切有关反不正当竞争的法律、行政法规、地方性法规的制定,都应以《宪法》为依据,既要遵循《宪法》的基本原则,也不得与《宪法》的具体规定相抵触。

(二)反不正当竞争的法律规范

这是由全国人大及其常委会制定的反不正当竞争专项法律和其他法律中适用于反不正当竞争的规范。前者主要是指《反不正当竞争法》,该法于1993年制定,并经过2017年修订和2019年修正,共33条;后者则分散在《消费者权益保护法》《产品质量法》《价格法》《广告法》《行政处罚法》《民法典》《刑法》等法律之中。《反不正当竞争法》是反不正当竞争法律体系的主干,根据《立法法》的规定,相关行政法规、地方性法规不得与之相抵触。

(三)反不正当竞争的行政法规

国务院根据宪法和法律制定的反不正当竞争的行政法规,是反不正当竞争制度体系的重要组成部分。我国目前没有专门的反不正当竞争行政法规,但是在一些行政法规中,仍然涉及反不正当竞争的问题。例如,《奥林匹克标志保护条例》(2018年修订)、《中国公民出国旅游管理办法》(2017年修订)、《退耕还林条例》(2016年修订)、《世界博览会标志保护条例》(2004年颁布)等对相关领域的不正当竞争行为作了禁止性规定。

(四)反不正当竞争的地方性法规

这是根据宪法和法律,省、自治区、直辖市和较大的市的人大及其常委会制定的反不正当竞争规范,是反不正当竞争制度体系的又一重要组成部分。我国几乎所有的省、自治区、直辖市都制定了反不正当竞争条例或者实施反不正当竞争法的办法,对反不正当竞争法律、行政法规在各地的落实产生了积极的效果。

(五)反不正当竞争的部门规章

这是国务院各部委根据法律和国务院的行政法规、决定、命令,在本部门权限内发布的有关反不正当竞争的行政性规范文件。在2011年10月国务院新闻办公室发布的《中国特色社会主义法律体系》白皮书中,部门规章并非中国特色社会主义法律体系的组成部分,但是,反不正当竞争部门规章在我国反不正当竞争行政执法中事实上发挥着重要作用。自1993年9月2日《反不正当竞争法》颁布后,原国家工商行政管理总局先后针对不当有奖销售、仿冒、商业贿赂、侵犯商业秘密等不正当竞争行为的认定和处理发布了部门规章。例如,2020年10月29日,国家市场监督管理总局出台的《规范促销行为暂行规定》即为此类部门规章。

第二节 混淆行为的法律规制

一、混淆行为的含义

所谓混淆行为，又叫欺骗性交易行为、仿冒行为，是指经营者不正当地利用他人的商业标识及其他信息，使交易相对人误认为是他人商品（来源混淆）或者与他人存在特定联系（关系混淆），从而获取交易机会的行为。在市场经济条件下，市场主体本应通过自身努力来提高自己商品或者服务的质量或者性价比，进而提升商品或者服务的影响力和美誉度，从而提高市场竞争力。但是，从市场实践来看，出于市场竞争压力或者利益的诱惑，有的经营者不愿意通过自身努力提高其市场竞争力，而试图通过"搭便车""傍名牌"的方式不劳而获，一些经营者通过仿冒他人主体标识、他人商品标识等，使消费者将自己的商品或者服务误认为是他人商品或者服务或者与他人存在特定联系。此类行为不但损害了被混淆对象的合法权益，还欺骗、误导了消费者，也扰乱了市场竞争秩序，需要予以反对和规制。例如，根据《保护工业产权巴黎公约》第10条的规定，具有不择手段地对竞争者的营业所、商品或工商业活动造成混乱性质的一切行为，应当予以禁止。

二、混淆行为的构成要件

1. 混淆行为的主体是经营者。混淆行为的主体是经营者，这里所称"经营者"，包括从事商品生产、经营或者提供服务的自然人、法人和非法人组织。需要注意的是，最高人民法院《关于适用〈中华人民共和国反不正当竞争法〉若干问题的解释》（法释〔2022〕9号）第2条规定："与经营者在生产经营活动中存在可能的争夺交易机会、损害竞争优势等关系的市场主体，人民法院可以认定为反不正当竞争法第二条规定的'其他经营者'。"

2. 混淆行为的客体是"有一定影响的标识"。被混淆对象主要包括以下三类标识：(1) 商品标识。商品标识即他人有一定影响的商品名称、包装、装潢等标识。其中，既包括使用与他人标识完全相同的标识，也包括使用与他人标识类似的标识；既包括商品标识，也包括服务标识；既包括明确列举的商品名称、包装、装潢，也包括未明确列举的他人商标、商品形状等。(2) 主体标识。主体标识包括企业名称及其简称、字号等，社会组织名称及其简称等，自然人的姓名、笔名、艺名、译名等。(3) 网络活动中的特殊标识。这些特殊标识如他人有一定影响的域名主体部分、网站名称、网页等。需要特别强调的是，经营者用于实施混淆行为的标识一般应当是用于生产经营活动的商业标识，但是，这里并未要求被混淆对象一定是商业标识，即经营者不但不能仿冒他人用于生产经营活动的有一定影响的标识，也不得仿冒他人虽未用于生产经营活动但也有一定影响的标识，如公益网站名称等。

关于是否要求被混淆对象在相关领域"有一定影响"——为相关公众所知悉，有关方面存在两种意见：(1) 不应当要求"有一定影响"。例如，《保护工业产权巴黎公约》第10条就禁止那些不择手段地对竞争者的营业场所、商品或工商业活动造成混乱性质的一切行为，并未要求被混淆对象在相关领域有一定影响。根据这一立法精神，无论被混淆对象是否在相关领域有一定影响，只要导致引人误认为是他人商品或者与他人存在特定联系，就构成混淆行为。(2)应当要求"有一定影响"。从实践来看，一个经营者要达到"搭便车"或者"傍名牌"的目的，所选择的被混淆对象一般都是在相关领域有一定影响的标识。如果被仿冒的标识在相关领域没有一定影响，也不太可能造成混淆。从我国《反不正当竞争法》的规定来看，经过立法权衡，最终我国《反不正当竞争法》明确被混淆对象限于他人"有一定影响"的标识。根据最高人民法院《关于适用〈中华人民共和国反不正当竞争法〉若干问题的解释》(法释〔2022〕9号)第12条第1款的规定："人民法院认定与反不正当竞争法第六条规定的'有一定影响的'标识相同或者近似，可以参照商标相同或者近似的判断原则和方法。"此外，在执法和司法实践中，要认定一种商品是否"具有一定影响"，还需要考虑该种商品是否为相关主体"明知或者应知。"这就需要结合该商品的客观影响力、销售地理市场及该商品的独特性等因素进行综合考虑，并结合个案的情况来进行具体的认定。[4]

3. 混淆行为的主观要件是"擅自使用"。理解混淆行为的主观要件"擅自使用"需要注意如下几个方面:(1)"擅自使用"是指未经权利人同意的使用。如果经权利人同意后使用，则不构成混淆行为。例如，通过签订协议取得商业标识使用权，通过赞助取得社会组织的冠名授权、请明星代言使用权利人有一定影响的标识等。(2)"擅自使用"不限于以相同或者近似的方式使用。例如，不仅一个经营者将他人有一定影响的商品名称用作自己的商品名称可能构成混淆行为，而且将他人有一定影响的商品名称用作该经营者的字号也可能构成混淆行为。也就是说，只要标识本身相同或者相似即可，而不必限于进行相同或者近似的使用。我国《反不正当竞争法》2019年修正之前认为要进行相同使用——例如把一种商品的名称用作另一种商品的名称——才能构成混淆，如果经营者把他人商品的名称作为自己的字号进行使用，就要适用《反不正当竞争法》的一般条款，否则就很难应对。

需要注意的是，最高人民法院《关于适用〈中华人民共和国反不正当竞争法〉若干问题的解释》(法释〔2022〕9号)第10条规定："在中国境内将有一定影响的标识用于商品、商品包装或者容器以及商品交易文书上，或者广告宣传、展览以及其他商业活动中，用于识别商品来源的行为，人民法院可以认定为反不正当竞争法第六条规定的'使用'。"

4. 结果要件是"引人误认为是他人商品或者与他人存在特定联系"。这里需要注意两个问题:(1)混淆的主体标准。混淆行为的主体应为市场中的相关普通消费者，这种消费者区别于专业人士或其他无关人员。同时，是否产生混淆，应以消费者施加与商品价值相适应的一般注意力并对商品形成的整体印象来综合判断。(2)混淆结果的类型。根据我国《反不正当竞争法》第6条的规定，混淆结果可分为如下两类:一是商品混淆。所谓商品混淆，即将一个经营者的商品误认为其他经营者的商品。二是关系混淆。所谓关系混淆，即误以为该经营者或者其商品与被混淆对象存在某种商业联合、许可使用、商业冠名、广告代言等特定关系。最高人民法院《关于适用〈中华人民共和国反不正当竞争法〉若干问题的解释》(法释〔2022〕9号)第12条第2款、第3款规定："反不正当竞争法第六条规定的'引人误认为是他人商品或者与他人存在特定联系'，包括误认为与他人具有商业联合、许可使用、商业冠名、广告代言等特定联系。在相同商品上使用相同或者视觉上基本无差别的商品名称、包装、装潢等标识，应当视为足以

---

[4] 肖顺武：《混淆行为法律规制中"一定影响"的认定》，载《法学评论》2018年第5期。

造成与他人有一定影响的标识相混淆。"

三、混淆行为的表现形式

根据我国《反不正当竞争法》第6条的规定,混淆行为有以下几种:

(一)商品标识混淆行为

所谓商品标识混淆行为,是指擅自使用与他人有一定影响的商品名称、包装、装潢等相同或者近似的标识。在市场经济条件下,消费者对商品的名称、包装、装潢等是非常敏感的,特别是一些经典的商品,都会在这几个方面给消费者留下较为深刻的印象。因此,一旦其他市场主体擅自使用竞争对手商品的名称、包装、装潢等,往往会导致消费者的混淆。至于什么是装潢,最高人民法院《关于适用〈中华人民共和国反不正当竞争法〉若干问题的解释》(法释〔2022〕9号)第8条规定:"由经营者营业场所的装饰、营业用具的式样、营业人员的服饰等构成的具有独特风格的整体营业形象,人民法院可以认定为反不正当竞争法第六条第一项规定的'装潢'。"

具体而言,构成商品标识混淆这一不正当竞争行为的要件是:(1)经营者有使用竞争对手商品名称、包装、装潢等商品标识的行为。(2)被使用的商品的名称、包装、装潢等"有一定影响"。(3)经营者使用这种商品标识是擅自使用。(4)被使用的商品标识和竞争对手的商品标识是相同或者相似的。(5)发生了混淆的后果。

(二)主体标识混淆行为

所谓主体标识混淆行为,是指擅自使用他人有一定影响的企业名称(包括简称、字号等)、社会组织名称(包括简称等)、姓名(包括笔名、艺名、译名等)。在市场经济条件下,市场主体的标识特别是名称是展示其商业和商品声誉的重要载体,因此,市场主体标识也成为混淆行为的重要维度。最高人民法院《关于适用〈中华人民共和国反不正当竞争法〉若干问题的解释》(法释〔2022〕9号)第9条规定:"市场主体登记管理部门依法登记的企业名称,以及在中国境内进行商业使用的境外企业名称,人民法院可以认定为反不正当竞争法第六条第二项规定的'企业名称'。有一定影响的个体工商户、农民专业合作社(联合社)以及法律、行政法规规定的其他市场主体的名称(包括简称、字号等),人民法院可以依照反不正当竞争法第六条第二项予以认定。"

概括来讲,主体标识混淆行为的构成要件如下:(1)经营者有擅自使用他人的企业名称(包括简称、字号等)、社会组织名称(包括简称等)、姓名(包括笔名、艺名、译名等)的行为。(2)被擅自使用的名称或者姓名有一定影响。(3)该行为造成了"引人误认"的效果。"引人误认"效果包括:一是误认某一市场主体就是另一市场主体;二是某一市场主体被误认为与他人存在特定联系。换言之,就是市场主体的行为足以造成购买者对商品来源或关系的误解。

(三)网络领域特殊标识混淆行为

所谓网络领域特殊标识混淆行为,是指经营者擅自使用他人有一定影响的域名主体部分、网站名称、网页等。当今时代,互联网的深入发展已经成为不可遏制的潮流。互联网可以说已深深嵌入市场经济的发展进程之中。在这样一种背景下,一些不法经营者为了获取不当竞争机会,就会擅自使用他人有一定影响的网络标识,例如,其他经营者的域名、网站名称、网页等,让相关消费者误认为该域名、网站、网页等是其想交易的对象。可以说,这种混淆行为是随着互联网的发展而滋生出来的。

(四)其他混淆行为

这是关于混淆行为的兜底条款,是制定法为适应社会生活发展的需要而作出的立法技术处理。为规范今后可能出现的其他混淆行为,我国《反不正当竞争法》规定了兜底条款,即"其他足以引人误认为是他人商品或者与他人存在特定联系的混淆行为"。需要注意的是,兜底条款的适用是比较慎重的,即仅在其行为"足以"引人误认为是他人商品或者与他人存在特定联系时,才构成这里规定的混淆行为。

值得注意的是,最高人民法院《关于适用〈中华人民共和国反不正当竞争法〉若干问题的解释》(法释〔2022〕9号)第14条规定:"经营者销售带有违反反不正当竞争法第六条规定的标识的商品,引人误认为是他人商品或者与他人存在特定联系,当事人主张构成反不正当竞争法第六条规定的情形的,人民法院应予支持。销售不知道是前款规定的侵权商品,能证明该商品是自己合法取得并说明提供者,经营者主张不承担赔偿责任的,人民法院应予支持。"

四、混淆行为的法律责任

我国《反不正当竞争法》除了对混淆行为的法律责任作了一般规定外,还对混淆行为的特定法律责任作了规定。

(一)民事责任

根据我国《反不正当竞争法》的规定,实施混淆行为主体的民事责任是:(1)如果经营者的实际损失可以确定,那么,经营者的法定赔偿额即为其实际损失。(2)如果经营者的实际损失难以计算,则按照侵权人获得的利益确定。(3)如果经营者因被侵权所受到的实际损失、侵权人因侵权所获得的利益都难以确定,则由人民法院根据侵权行为的情节判决给予权利人500万元以下的赔偿。

此外,侵权人还应当赔偿经营者为制止侵权行为所支付的合理开支。至于何为"合理开支"?根据《最高人民法院知识产权案件年度报告(2009)》(法〔2010〕173号)的观点,其要点如下:(1)权利人为调查、制止侵权行为所支付的各种开支,只要是合理的,都可以纳入赔偿范围。(2)这种合理开支并非必须要有票据一一予以证实,人民法院可以根据案件具体情况,在有票据证明的合理开支数额的基础上,考虑其他确实可能发生的支出因素,在原告主张的合理开支赔偿数额内,综合确定合理开支赔偿额。

(二)行政责任

经营者实施混淆行为的,由监督检查部门责令停止违法行为,没收违法商品。违法经营额5万元以上的,可以并处违法经营额5倍以下的罚款;没有违法经营额或者违法经营额不足5万元的,可以并处25万元以下的罚款。情节严重的,吊销营业执照。经营者登记的企业名称违反《反不正当竞争法》对混淆行为的禁止性规定的,应当及时办理名称变更登记,但在名称变更前,由原企业登记机关以统一社会信用代码代替其名称。此外,最高人民法院《关于适用〈中华人民共和国反不正当竞争法〉若干问题的解释》(法释〔2022〕9号)第25条规定:"依据反不正当竞争法第六条的规定,当事人主张判令被告停止使用或者变更其企业名称的诉讼请求依法应予支持的,人民法院应当判令停止使用该企业名称。"

第三节 商业贿赂行为的法律规制

一、商业贿赂行为的含义

根据我国《反不正当竞争法》的规定,商业贿赂行为是指经营者采用财物或者其他手段贿赂相关单位或者个人以谋取交易机会或者竞争优势的行为。2020年国家市场监督管理总局发布的《规范促销行为暂行规定》(国家市场监督管理总局令第32号)第9条明确规定:"经营者不得假借促销等名义,通过财物或者其他手段贿赂他人,以谋取交易机会或者竞争优势。"

商业贿赂是市场经济的毒瘤,其危害主要表现在如下几个方面:(1)商业贿赂会扭曲市场竞争。在市场经济条件下,经营者本应通过商品或者服务更好的质量或性价比来获取交易机会和竞争优势,但是,商业贿赂通过对交易主体或者能够影响交易的主体施加不当影响而不当获取交易机会,从而扭曲了市场竞争。(2)商业贿赂会促使低质产品得以畅行,损害社会利益。由于商业贿赂的介入,一些性价比低乃至假冒伪劣产品不当获取了交易机会,不仅损害竞争对手的利益,也损害消费者利益和社会公共利益。(3)商业贿赂会影响国家经济运行。一是商业贿赂会影响国家税收,因为商业贿赂的秘密性往往使其逃避了国家的税收监管;二是商业贿赂会在一定程度上"污染"国家制定宏观经济政策时的基础数据;三是商业贿赂影响国家的商务环境和投资环境,从而使市场主体难以专注于市场机制倡导的行为。

二、商业贿赂行为的构成要件

1. 商业贿赂的行为主体包括行贿者和受贿者。商业贿赂的行贿者是经营者,但不能简单地认为受贿者是经营者或者对方单位。一般来说,经营者不可能为了接受小额的利益(行贿利益)而出卖自己的较大利益(除非是存在委托代理的情况,或者所有权和经营权分离的情况),因此,受贿者应该是交易的有关中间人员,这些人员由于没有基于所有权的利益,因此会出卖经营者的利益。同时,有关中间人员是指可能影响交易的单位或者个人,如企业的领导、代理人(如推销员、采购员)等。概括来讲,这里所谓"可能影响交易的单位或者个人",包括以下类型:一是交易相对方的工作人员;二是受交易相对方委托办理相关事务的单位或者个人;三是利用职权或者影响力影响交易的单位或者个人。

需要注意的是,如何认定职工执行职务时的商业贿赂行为?(1)经营者本人直接进行商业贿赂,自然应当属于商业贿赂行为。(2)经营者通过职工进行的商业贿赂行为,一般应当认定为经营者的行贿或者受贿行为。(3)经营者有反证的机会。也就是说,如果经营者有证据证明该职工的行为与其谋取交易机会或者竞争优势无关(如为他人谋取交易机会或者竞争优势等),则不应当认定为该经营者的行为。

在现实经济生活中,一些单位实行承包经营,如果承包人在承包期间独立对外交往时实施商业贿赂行为,那是否应当认定为发包单位的行为?答案是肯定的。理由在于:(1)单位内部的约定不能对抗外部。事实上,单位内部的承包经营合同只是在发包人和承包人之间具有法律的效力,这也是合同相对性的体现。从交易安全的角度看,交易相对人一般不能因为单位内部的约定而免除单位的责任。(2)承包经营并没有改变职工的地位及企业与职工的关系,改变的只是经营方式。(3)我国《民法典》第170条明确规定:"执行法人或者非法人组织工作任务的人员,就其职权范围内的事项,以法人或者非法人组织的名义实施的民事法律行为,对法人或者非法人组织发生效力。法人或者非法人组织对执行其工作任务的人员职权范围的限制,不得对抗善意相对人。"

2. 商业贿赂以谋取交易机会或竞争优势为目的。商业贿赂的目的是谋取交易机会或者竞争优势,这是商业贿赂区别于其他贿赂的重要方面。如果某种贿赂是为了提拔、晋级、调动工作等而收买有关人员,则不构成商业贿赂而只能构成其他贿赂。

3. 商业贿赂的性质是违法行为。商业贿赂的性质是违法行为,因为这种贿赂行为通过对可能影响交易的单位或者个人输送利益的方式实施,违反了法律规定和商业道德,但是,这种利益输送需要达到足以认定为商业贿赂的程度。因此,按照商业惯例赠送小额广告礼品的行为、根据财务制度的礼仪性接待开支等,在金额较小的情况下,一般都不能认定为商业贿赂。

4. 商业贿赂的行为人实施了利益输送行为。要认定商业贿赂,还要求行为人在客观上实施了以财物或其他手段给可能影响交易的单位或者个人以利益的行为,也就是实施了利益输送行为。这种利益输送行为的范围是非常广泛的,包括:(1)赠送货币现金,包括人民币、外币等,这是最主要也是最常见的贿赂物,具体也以宣传费、赞助费、信息费、科研费、劳务费、咨询费等各种名义出现。(2)给予有价证券,包括债券、股票、股票认购券、现金支票、代金券等,有时也表现为各种各样的证、卡、提货单等,如信用卡、高级娱乐场所会员卡、折扣券、打折卡等。(3)赠送礼品、物品,包括各种高档生活用品、奢侈消费品、工艺品、收藏品等,有时也表现为房屋、车辆等大宗商品。(4)提供其他利益,包括减免债务、提供担保、免费娱乐、旅游、考察等财产性利益,以及就业就学、荣誉、特殊待遇等非财产性利益。总之,正如2008年最高人民法院、最高人民检察院发布的《关于办理商业贿赂刑事案件适用法律若干问题的意见》所指出的,商业贿赂中的财物,既包括金钱和实物,也包括可以用金钱计算数额的财产性利益,如提供房屋装修、含有金额的会员卡、代币卡(券)、旅游费用等。当然,具体数额以实际支付的资费为准。

三、与商业贿赂行为的认定相关的概念

(一)折扣

折扣,即商品购销中的让利,是指经营者在销售商品时,以明示并如实入账的方式给予对方的价格优惠,包括支付价款时对价款总额按一定比例即时予以扣除和支付价款总额后再按一定比例予以退还两种形式。根据我国商务部2012年发布的《商品折扣规范》,所谓折扣是指"在商品交易活动中,卖方按原价给予买方一定比例的减让"。折扣的特征是:

1. 折扣是由经营者向交易对方所作的款项支付。此点使折扣既区别于佣金,也区别于商业贿赂。佣金是经营者在交易活动中向买卖双方之外为其提供服务的第三人(也就是中间人)所作的劳务报酬支付,商业贿赂的支付对象是可能影响交易的单位或者个人。

2. 折扣的给予和接受是以明示和入账的方式进行的。这里的明示和入账,是指根据合同约定的金额和支付方式,在依法设立的反映其生产经营活动或者行政事业收支的财务账上按照财务会计制度规定明确如实记载。

3. 折扣一般具有合法性。这是因为，折扣采取明示入账的方式进行，符合商业惯例。当然，折扣要具有合法性，亦须遵守价格法、反垄断法等相关规定。此外，折扣要具有合法性，其数额不得超过必要的限度。例如，德国就规定折扣不得超过交易总额的3%，我国对额度虽无明文规定，但是，我国商务部2012年发布的《商品折扣规范》对折扣的规范作了明确规定：(1) 经营者应遵循公平合法和诚实信用的原则。(2) 经营者定价应依据生产经营成本和市场供求状况。(3) 不应虚构折扣商品的原价。(4) 应实行明码标价。价签价目应齐全、标价内容应真实明确、字迹清晰、货签对位、标示醒目。(5) 折扣销售商品应使用降价标签，如实标明降价原因以及原价和现价，以区别于以正价销售的商品。(6) 在折扣店、品牌折扣商城等折扣商品经营场所进行折扣商品促销宣传时，广告内容应真实、清晰。(7) 在进行结算时，应出具结算单据，并应当列出具体收款项目、原价、折扣和现价。(8) 应建立健全内部价格管理档案。如实、准确、完整记录折扣销售活动中的相关价格资料，保留降价资料。(9) 价格管理人员应经过专业的培训，并得到相关授权。(10) 应制定折扣销售价格论证制度，对商品降价幅度、降价时间等情况进行论证。

（二）佣金

佣金是指经营者在市场交易中给予为其提供服务的具有合法经营资格的中间人的劳务报酬。佣金的特点包括如下几个方面：

1. 佣金是一种劳务报酬。事实上，佣金是对为交易提供服务的中间人所付出的劳务的价值补偿。

2. 佣金是经营者向中间人所作的支付。需要注意的是，佣金既可以由买方支付，也可以由卖方支付，还可以由买卖双方共同支付。但无论如何，都必须以买卖双方以外的中间人为支付对象。此点使佣金区别于经营者向交易相对方支付的折扣。在向买卖双方之外的第三人支付这一点上，佣金与商业贿赂具有相似性。因此，实践中要区分是佣金还是商业贿赂，还应当结合接受佣金的主体能否被认定为为交易提供服务的适格中间人来判定经营者作出的支付究竟是佣金还是商业贿赂。

3. 佣金的支付和接受是以明示的方式进行的。所谓明示，是要求佣金被如实记载在经营者与中间人之间订立的居间合同、中介合同或代理合同中。当然，如果是简单的交易，也允许在发票上注明。至于经营者给中间人佣金的，必须如实入账，而中间人接受佣金的，也必须如实入账。

4. 中间人具有合法的中介资格。中间人要收取佣金，就应当具有合法的经营资格。从实践来看，认定为佣金时，要求中间人必须具有从事中介业务活动的经营资格，如果不具有相关从业资格而进行该项服务，则其收入所得不属于合法佣金，对于向不合法的中间人支付佣金的经营者，还可能构成商业贿赂行为。

四、商业贿赂行为的法律责任

（一）行政责任

经营者进行商业贿赂的，由监督检查部门没收违法所得，处10万元以上300万元以下的罚款。情节严重的，吊销营业执照。但是，根据我国《反不正当竞争法》关于从轻或者免除处罚的规定：经营者进行商业贿赂，有主动消除或者减轻违法行为危害后果等法定情形的，依法从轻或者减轻行政处罚;违法行为轻微并及时纠正,没有造成危害后果的,不予行政处罚。此外,经营者进行商业贿赂而受到行政处罚的,由监督检查部门记入信用记录,并依照有关法律、行政法规的规定予以公示。

(二)民事责任

一方面,经营者进行商业贿赂行为,给他人造成损害的,应当依法承担民事责任。经营者的合法权益受到商业贿赂行为损害的,可以向人民法院提起诉讼。因商业贿赂行为受到损害的经营者的赔偿数额,按照其因被侵权所受到的实际损失确定;实际损失难以计算的,按照侵权人因侵权所获得的利益确定。赔偿数额还应当包括经营者为制止侵权行为所支付的合理开支。另一方面,经营者进行商业贿赂,应当承担民事责任、行政责任和刑事责任,其财产不足以支付的,经营者的财产应优先用于承担民事责任。

第四节 虚假宣传行为的法律规制

一、虚假宣传行为的概念

所谓虚假宣传行为,是指经营者在商品上或者以其他方法,对商品或服务进行与实际情况不符的公开宣传,导致或足以导致购买者对商品产生错误认识的不正当竞争行为。我国《反不正当竞争法》第8条规定:"经营者不得对其商品的性能、功能、质量、销售状况、用户评价、曾获荣誉等作虚假或者引人误解的商业宣传,欺骗、误导消费者。经营者不得通过组织虚假交易等方式,帮助其他经营者进行虚假或者引人误解的商业宣传。"此外,2020年国家市场监督管理总局发布的《规范促销行为暂行规定》第5条明确规定:"经营者开展促销活动,应当真实准确,清晰、醒目标示活动信息,不得利用虚假商业信息、虚构交易或者评价等方式作虚假或者引人误解的商业宣传,欺骗、误导消费者或者相关公众(以下简称消费者)。"由此看来,虚假宣传行为准确地讲应该是"虚假或者引人误解的商业宣传行为"或者"引人误解的商业宣传行为",但是,基于表述简洁的需要,本书统一简称为"虚假宣传行为"。执法实践中要准确理解虚假宣传行为,应特别注意如下两个方面:一方面,引人误解的商业宣传可能是虚假的,也可能是真实的,但一般为虚假的;另一方面,虚假的商业宣传可能让人误解,也可能不引人误解。这一点是需要特别注意的,并不是虚假的就一定会引人误解。

根据最高人民法院《关于适用〈中华人民共和国反不正当竞争法〉若干问题的解释》(法释〔2022〕9号)第17条的规定,经营者具有下列行为之一,欺骗、误导相关公众的,人民法院可以认定为《反不正当竞争法》第8条第1款规定的"引人误解的商业宣传":(1)对商品作片面的宣传或者对比。(2)将科学上未定论的观点、现象等当作定论的事实用于商品宣传。(3)使用歧义性语言进行商业宣传。(4)其他足以引人误解的商业宣传行为。同时,人民法院应当根据日常生活经验、相关公众一般注意力、发生误解的事实和被宣传对象的实际情况等因素,对引人误解的商业宣传行为进行认定。总之,理解虚假宣传行为,重心需落脚到引人误解上面,要从是否影响竞争的角度进行理解。

二、虚假宣传行为的构成要件

1. 虚假宣传行为的主体是经营者。虚假宣传行为的主体只能是经营者,而这里的经营者,是指从事商品生产、经营或者提供服务的自然人、法人和非法人组织。

2. 虚假宣传行为的主观方面为故意。从主观方面看,虚假宣传往往都是故意行为,并且行为人具有谋取交易机会或者竞争优势的动机,具有误导他人购买经营者商品或服务的目的。

3. 行为人客观上对商品作了虚假或者引人误解的商业宣传。需要注意的是,虚假宣传行为的行为人在客观上对商品或服务作了虚假或者引人误解的商业宣传,但这本身不是目的,目的在于欺骗、误导购买者,并且这种欺骗、误导既包括现实性,也包括可能性。理解这一不正当竞争行为,需要注意以下两个方面:

一方面,这里的商业宣传是指经营者直接或者间接地介绍自己所推销的商品的活动。商业宣传包括商业广告,经营者通过商业广告实施虚假或者引人误解的宣传,也可能构成不正当竞争行为。但鉴于商业广告已由我国《广告法》规范,因此,《反不正当竞争法》规定,属于发布虚假广告的,依照《广告法》的规定追究法律责任。另一方面,对商品作虚假或者引人误解的商业宣传是指对商品的性能、功能、质量、销售状况、用户评价、曾获荣誉等与商品有关的信息作虚假或者引人误解的商业宣传。其中,对商品作虚假商业宣传,是指经营者宣传的商品信息与实际情况不相符合;对商品作引人误解的商业宣传,通常是指经营者在对商品进行宣传时使用了含混不清或者具有多重语义的表述,或者表述虽然真实,但仅陈述了部分事实,足以使普通购买者产生错误联想。

此外,认定虚假宣传构成不正当竞争还需要把握以下几点:(1)如果虚假或者引人误解的商业宣传已经造成普通购买者误认误购所宣传的商品,一般应当认定为不正当竞争行为。(2)如果对商品某些信息的宣传虽然不真实,但对购买者的购买决策不足以产生实质性影响,一般不宜认定为不正当竞争行为。(3)有的宣传虽然虚假,但显然属于夸张的表达或者艺术性的表达,普通公众施以普通的认识就不会发生误解,一般不宜认定为不正当竞争行为。

鉴于组织虚假交易是长期存在于现实经济生活中的一种虚假或者引人误解的商业宣传行为,尤其是近年来在电子商务领域,一些经营者雇用他人为其"刷单炒信"[5]——通过网络虚构交易量、用户好评等——以吸引消费者购买商品,进而不当谋取交易机会或者竞争优势,因此,我国《反不正当竞争法》第8条除规定经营者不得对商品的销售状况、用户评价作虚假或者引人误解的商业宣传外,还专门规定经营者不得通过组织虚假交易等方式,帮助其他经营者进行虚假或者引人误解的商业宣传。

三、虚假宣传行为的法律责任

经营者进行虚假或引人误解的商业宣传,或者通过组织虚假交易等方式帮助其他经营者进行虚假或者引人误解的商业宣传的,由监督检查部门责令停止违法行为,处20万元以上100万元以下的罚款;情节严重的,处100万元以上200万元以下的罚款,可以吊销营业执照。经营者进行虚假宣传,如果属于发布虚假广告的,依照《广告法》的规定处罚,同时,我国《刑法》第222条规定了虚假广告罪,规定"广告主、广告经营者、广告发布者违反国家规定,利用广告对商

---

[5] 卢代富、林慰曾:《网络刷单及其法律责任》,载《重庆邮电大学学报(社会科学版)》2017年第5期。

品或者服务作虚假宣传,情节严重的,处二年以下有期徒刑或者拘役,并处或者单处罚金"。需要注意的是,根据最高人民法院《关于适用〈中华人民共和国反不正当竞争法〉若干问题的解释》第18条的规定,如果当事人因为经营者从事了虚假宣传行为而请求该经营者赔偿损失的,则被侵权人应当举证证明其因虚假或者引人误解的商业宣传行为受到的损失。此外,根据原国家工商行政管理总局2013年《关于依据〈反不正当竞争法〉对虚假宣传行为定性处罚有关问题的答复意见》,企业在互联网上发布虚假、不真实的企业简介信息属于引人误解的虚假宣传行为,可以依据《反不正当竞争法》的有关规定定性处罚。

第五节　侵犯商业秘密行为的法律规制

一、商业秘密的概念

商业秘密(trade secret、business secrecy)这一概念是由英国、美国率先提出来的。如美国《统一商业秘密法》就认为商业秘密是一种情报,包括公式、图样、汇编、设计、技巧或工序,该情报具有独立的或潜在的经济价值,由于不被普遍认知,故能从其泄露或使用中获得经济价值的其他人不能通过正常的途径查清。在我国,商业秘密这一概念最早出现在1991年4月9日颁布的《民事诉讼法》第66条和第120条之中,但该法并未对商业秘密的具体含义作出界定。但是,1992年7月14日,最高人民法院公布的《关于适用〈中华人民共和国民事诉讼法〉若干问题的意见》(已失效)第154条首次对商业秘密作了界定,认为商业秘密主要是指技术秘密(know-how)、商业情报及信息等,如生产工艺、配方、贸易联系、购销渠道等当事人不愿公开的工商业秘密。可以说,这一界定已经明确了商业秘密的大致范围,但是并未揭示其内涵。

一般来说,狭义的商业秘密只包括工业使用的技术,如设计图纸、工艺流程、配方、数据等技术信息,但广义的商业秘密则泛指工业、商业以及其他经济事业的秘密商业信息。根据我国《反不正当竞争法》第9条第4款的规定,所谓商业秘密是指不为公众所知悉、具有商业价值并经权利人采取相应保密措施的技术信息、经营信息等商业信息。由此看来,我国与美国等国家一样,主要是从信息的角度对商业秘密进行界定的,其外延主要是技术信息和经营信息等商业信息。

二、商业秘密的特征

(一)秘密性

秘密性即商业秘密应属于不为公众所知悉、处于保密状态、一般人不易通过正当途径或方法获得的信息。秘密性是商业秘密最基本的特征,这一点将商业秘密与"共有领域""公知信息""公知技术"等区分开来。那么,如何判断不为相关领域的人普遍知道呢?其判断标准主要包括两个:一是该信息是否为公众所了解;二是通过正当途径获取该信息的难易程度。概括来讲,商业秘密的秘密性包括以下两个方面:

1. 主观秘密性。所谓主观秘密性,是指信息的持有者具有的对该信息予以保密的主观愿望。在各国立法中,通常都以信息的持有者对信息是否采取了相应的保密措施来判断其是否具有这种主观愿望。那么,保密措施包括哪些呢?(1)软性措施。这往往是指制度上的保密措施,如签订保密合同、制定保密制度、在保密资料上加印"机密"或"保密"之类字样、限制文件发放的范围和数量、加强保密教育等。(2)硬性措施。这主要是指物理措施,如隔离机器设备、加强门卫、为资料上锁、使用保险箱等。

那么,这些保密措施的强度要求是什么呢?根据《反不正当竞争法》的规定,其要求是"采取相应保密措施"。根据最高人民法院《关于审理侵犯商业秘密民事案件适用法律若干问题的规定》(法释〔2020〕7号)第6条的规定,具有下列情形之一,在正常情况下足以防止商业秘密泄露的,人民法院应当认定权利人采取了相应保密措施:(1)签订保密协议或者在合同中约定保密义务的。(2)通过章程、培训、规章制度、书面告知等方式,对能够接触、获取商业秘密的员工、前员工、供应商、客户、来访者等提出保密要求的。(3)对涉密的厂房、车间等生产经营场所限制来访者或者进行区分管理的。(4)以标记、分类、隔离、加密、封存、限制能够接触或者获取的人员范围等方式,对商业秘密及其载体进行区分和管理的。(5)对能够接触、获取商业秘密的计算机设备、电子设备、网络设备、存储设备、软件等,采取禁止或者限制使用、访问、存储、复制等措施的。(6)要求离职员工登记、返还、清除、销毁其接触或者获取的商业秘密及其载体,继续承担保密义务的。(7)采取其他合理保密措施的。总之,相应的保密措施不等于最佳、最有效、最保险的保密措施。相反,相应的保密措施应该是在有限的人力、物力资源条件下,仅足够为商业秘密提供最基本保障的措施。换言之,相应的保密措施往往是最理想的措施以外最经济的保密措施。正如最高人民法院《关于审理侵犯商业秘密民事案件适用法律若干问题的规定》(法释〔2020〕7号)第5条规定的:一方面,权利人为防止商业秘密泄露而在被诉侵权行为发生以前所采取的合理保密措施,应当认定为相应保密措施;另一方面,应根据商业秘密及其载体的性质、商业秘密的商业价值、保密措施的可识别程度、保密措施与商业秘密的对应程度以及权利人的保密意愿等因素,综合认定权利人是否采取了相应保密措施。

2. 客观秘密性。所谓客观秘密性是指某种信息在客观上没有被公众所了解或没有进入公有领域。认定某种信息是否具有客观秘密性的标准包括:(1)根据该信息是否确为公众所了解的事实加以考察,即将该信息的公开行为所造成的实际效果作为判断客观秘密性的标准。根据最高人民法院《关于审理侵犯商业秘密民事案件适用法律若干问题的规定》(法释〔2020〕7号)第3条的规定,权利人请求保护的信息在被诉侵权行为发生时不为所属领域的相关人员普遍知悉和容易获得的,人民法院应当认定其为不为公众所知悉。(2)该信息获取的难易程度。原来作为商业秘密管理的信息,一旦处于他人意欲获取便可以通过合法途径获得的状态,即丧失其客观秘密性,而不论该信息是否已确为公众了解以及了解该信息的公众规模大小。应当注意的是,商业秘密的秘密性在程度上有高低,但这并不影响法律对商业秘密的保护。例如,有的商业秘密信息是创造性的信息,甚至可以申请专利;而有的商业秘密信息则只是汇集性的信息——该行业的其他人只要付出劳动进行整理就可以得到相同或者相近的信息(如客户名单),但是同行没有这样做而该经营者这样做了,此时该种商业秘密的秘密性程度就较低。但无论秘密程度高还是低,都不影响法律对该种商业秘密的平等保护。

需要注意的是,"不为公众所知悉"具有"相对秘密性"。所谓相对秘密性,是指商业秘密并不是除所有权人外在国内或者国际上绝对没有人知道,而是未在本行业内众所周知。从积极的角度看,商业秘密可以为一定范围内必须知道的人(或者说负有保密义务的人)知道;从消极的角度看,商业秘密不能为不负有保密义务的人知道。根据最高人民法院《关于审理侵犯商业秘密民事案件适用法律若干问题的规定》(法释〔2020〕7号)第4条的规定,具有下列情形之一的,人民法院可以认定有关信息为公众所知悉:(1)该信息在所属领域属于一般常识或者行业惯例的。(2)该信息仅涉及产品的尺寸、结构、材料、部件的简单组合等内容,所属领域的相关人员通过观察上市产品即可直接获得的。(3)该信息已经在公开出版物或者其他媒体上公开披露的。(4)该信息已通过公开的报告会、展览等方式公开的。(5)所属领域的相关人员从其他公开渠道可以获得该信息的。将为公众所知悉的信息进行整理、改进、加工后形成的新信息,在被诉侵权行为发生时不为所属领域的相关人员普遍知悉和容易获得的,应当认定该新信息不为公众所知悉。

(二)非物质性

商业秘密的非物质性也叫无体性、无形性。商业秘密是人类智力活动的产物,它包括技术信息、经营信息等商业信息。这些信息往往通过设计图纸、配方、公式、操作指南、实验报告、技术记录、经营策略、方案、计划等形式表现出来。虽然商业秘密的载体可能是有形的,但其表现出来的思想内容则是无形的。因此,与工业产权一样,商业秘密实际上是一种无形资产,具有非物质性的特征。需要注意的是,正因为商业秘密具有这一特性,所以一旦发生商业秘密遗失或被窃的情况,虽然可以追回商业秘密的载体,但往往难以追回商业秘密的内容,这在很大程度上也决定商业秘密保护方法的特殊性。

(三)价值性

商业秘密必须具有商业价值,能够给持有人带来直接的或潜在的经济利益及竞争优势。这是商业秘密区别于政治秘密、个人隐私的主要方面。商业秘密的价值性还体现为实用性,即商业秘密须是能够直接在生产经营中运用,并产生经济效益或竞争优势的经验和知识。这也是商业秘密有别于理论成果的基本方面,因为理论成果虽然可能对生产经营具有一定的指导意义,但往往不能直接地付诸实施,只有经过再创造工作,将其转化为具体的技术或经营方案,才具有直接的产业实用性。根据最高人民法院《关于审理侵犯商业秘密民事案件适用法律若干问题的规定》(法释〔2020〕7号)第7条的规定,生产经营活动中形成的阶段性成果因不为公众所知悉而具有现实的或者潜在的商业价值的,人民法院经审查可以认定该成果具有商业价值。

此外,理解商业秘密的价值性要注意以下几个问题:(1)这种价值既包括现实价值,也包括潜在价值。无论是现实的可直接使用的商业秘密,还是正在研究、试制、开发之中的具有潜在(可预期)价值的信息,都可以构成商业秘密,受到法律的保护。(2)无论是积极的信息还是消极的信息,只要具有价值性,就可以构成商业秘密。需要注意的是,消极的信息如失败的试验报告,对经营者的竞争对手而言,可能有助于节约研发的费用,因此,这种商业性信息依然可以成为商业秘密。(3)无论是继续使用的信息还是短暂的信息,都可以构成商业秘密。一般的商业秘密是可以继续使用的信息,但是,有的商业秘密是短暂的信息,如招投标的标底,其时效性就比较短。(4)商业秘密的价值应当具有客观性,即商业秘密不仅经营者个人认为其有价值,而且客观上确有价值。(5)商业秘密是能使经营者获得竞争优势或交易机会的信息。如果一种信息由经营者作为商业秘密管理,但该信息无法让经营者获得竞争优势或者交易机会,则也不是商业秘密。当然,这种信息可以构成个人隐私或者国家机密等。

(四)专有性

商业秘密的专有性要求商业秘密应是其持有人在事实上专属的技术信息和经营信息等商业信息。事实上,这是商业秘密的秘密性的进一步要求和体现。如果某种商业信息是人人可以通过合法途径获取并加以利用的信息,则这种信息不具备秘密性,一般也不具备专有性,当然也不能称其为商业秘密。需注意的是,商业秘密的专有性是自然形成的,它区别于依据法定条件和程序取得的专利的那种专有性。虽然一个市场主体拥有某个商业秘密,但是如果其他市场主体也拥有这个商业秘密,则只要双方都将其作为商业秘密保护起来,造成"不为公众所知悉"的客观效果,则这两个市场主体完全可以成为该商业秘密的共同所有者,也当然享有商业秘密的这种专有性,但显然,这种专有性和专利的那种排他的专有性是很不一样的。

三、商业秘密的分类

(一)技术秘密

所谓技术秘密,有时也被称为技术诀窍、专有技术、非专利技术等,是指不为公众所知悉、能够为权利人带来经济利益、具有实用性并经权利人采取保密措施的技术信息。技术秘密不仅具备商业秘密的基本特征,还具有技术性特征:一是技术秘密是服务于工业生产目的的;二是技术秘密往往是有关产品制造和工艺改造方法的知识、诀窍和经验等技术信息;三是技术秘密与商业秘密中经营秘密相区别的基本标志就是其具有技术性。作为商业秘密的技术秘密,由于其往往是未取得专利的技术知识,因此它不受专利法保护,也没有专利那种独占排他的垄断权。

根据最高人民法院《关于审理侵犯商业秘密民事案件适用法律若干问题的规定》(法释〔2020〕7号)第1条第1款的规定:与技术有关的结构、原料、组分、配方、材料、样品、样式、植物新品种繁殖材料、工艺、方法或其步骤、算法、数据、计算机程序及其有关文档等信息,人民法院可以认定其构成《反不正当竞争法》所称的技术信息。具体来讲,可以作为技术秘密的技术知识范围如下:(1)本身不具备专利条件,但具有较高实用价值的技术。(2)依国内工业产权法规定,不属于专利保护范围的技术。根据《专利法》(2020年修正)第25条的规定,对以下各项不授予专利:科学发现;智力活动的规则和方法;疾病的诊断和治疗方法;动物和植物品种(但是其生产方法可依法授予专利并取得专利保护);原子核变换方法以及用原子核变换方法获得的物质;对平面印刷品的图案、色彩或者二者的结合作出的主要起标识作用的设计。(3)具备了申请专利的条件,但当事人尚未申请或经申请但尚未被授予专利的技术,或者当事人出于某种考虑,例如,不愿因申请专利而公开技术秘密,或想取得比专利更长期的保护而不予申请专利的技术。(4)在某项申请专利的发明创造中,申请人在不影响其专利性的前提下,不在专利申请文件中披露而作为技术秘密来享有的关键性技术。

(二)经营秘密

经营秘密,是指不为公众所知悉、具有商业价值并经权利人采取保密措施的经营信息,经营秘密同样具有商业秘密的一般特征。同时,经营秘密虽不具有技术性,但具有经营管理性,即它是经营管理以及与经营管理密切相关的信息。根据最高人民法院《关于审理侵犯商业秘密民事案件适用法律若干问题的规定》(法释〔2020〕7号)第1条第2款、第3款的规定:与经营活动有关的创意、管理、销售、财务、计划、样本、招投标材料、客户信息、数据等信息,人民法院都可以认定其构成《反不正当竞争法》所称的经营信息。上述客户信息,包括客户的名称、地址、联系方式以及交易习惯、意向、内容等信息。当然,某项信息是不是经营秘密,要根据商业秘密的构成要件,视具体情况加以认定。

(三)管理秘密

指组织生产和经营管理的秘密,特别是合理有效管理各部门、各行业之间相互合作与协作,使生产与经营有效运行的经验性信息,如管理模式、公关技巧等。有些国家将管理秘密归入技术秘密和经营秘密。但是,我国将管理秘密单独作为商业秘密完全是可行的。理由在于:从《反不正当竞争法》的规定看,特别是《反不正当竞争法》2019年修正时特别规定商业秘密为"技术信息、经营信息等商业信息",此时鉴于1993年制定的《反不正当竞争法》第10条规定商业秘密就是"技术信息和经营信息",因此,从文义解释的角度看,[6]我国目前《反不正当竞争法》对商业秘密的界定应该不仅包括列举的技术信息和经营信息,还包括这些信息之外的"商业信息",否则无法对照1993年制定的《反不正当竞争法》第10条关于商业秘密的规定来理解2019年修正后的《反不正当竞争法》第9条关于商业秘密的规定。正因如此,将管理秘密作为技术秘密和经营秘密之外的另一种商业秘密,是完全可行的。

四、侵犯商业秘密的表现

(一)不正当取得权利人商业秘密的行为

根据《反不正当竞争法》第9条第1款第1项规定,经营者"以盗窃、贿赂、欺诈、胁迫、电子侵入或者其他不正当手段获取权利人的商业秘密"是侵犯商业秘密的行为。这里的行为主体是经营者,主观上是故意,客观方面是经营者实施了以盗窃、贿赂、欺诈、胁迫、电子侵入或者其他不正当手段获取商业秘密的行为,显然,合法获取他人的商业秘密不在此列。

理解这一侵犯商业秘密的行为需要注意如下三点:(1)不正当获取他人商业秘密的行为本身就是违法的。显然,一个经营者以盗窃、利诱、胁迫或者其他不正当竞争手段获取权利人的商业秘密,这种盗窃、利诱等行为本身就是违法的。(2)不正当手段的范围是广泛的。《反不正当竞争法》第9条采取了列举加概括的规定方式,认为这个范围就是"盗窃、贿赂、欺诈、胁迫、电子侵入或者其他不正当手段"。需要注意的是,在实践中,如果掌握商业秘密的雇员喜欢自吹自擂,或者自己醉酒后吐露商业秘密,一般不能被认定为不正当取得权利人的商业秘密。(3)被诉侵权人以违反法律规定或者公认的商业道德的方式获取权利人的商业秘密的,人民法院应当认定其属于以其他不正当手段获取权利人的商业秘密。

(二)披露、使用或者允许他人使用不正当取得的商业秘密的行为

需要注意的是,不正当取得权利人的商业秘密就是侵犯商业秘密的行为,即便取得商业秘密以后没有使用(包括自己使用和允许他人使用)。但是,为了更好地保护商业秘密,《反不正当竞争法》第9条第1款第2项明确规定:"披露、使用或者允许他人使用以前项手段获取的权利人的商业秘密"是侵犯商业秘密的行为。这里所谓前项手段,则是指采用"盗窃、贿赂、欺诈、胁迫、电子侵入或者其他不正当手段"。换言之,采取不正当手段取得他人的商业秘密后,如果有以下行为之一的,也是侵犯商业秘密的行为:一是披露以不正当手段取得的商业秘密;二是

---

[6] 梁慧星:《民法解释学》(第3版),法律出版社2009年版,第216页。

使用以不正当手段取得的商业秘密;三是允许他人使用以不正当手段取得的商业秘密。此外,根据最高人民法院《关于审理侵犯商业秘密民事案件适用法律若干问题的规定》(法释〔2020〕7号)第9条的规定,被诉侵权人在生产经营活动中直接使用商业秘密,或者对商业秘密进行修改、改进后使用,或者根据商业秘密调整、优化、改进有关生产经营活动的,人民法院应当认定其属于使用商业秘密。

(三)违反保密义务披露、使用或者允许他人使用经营者正当获取的商业秘密

在市场经济条件下,权利人的商业秘密虽然需要保密,但是,要实现商业秘密的价值,在一些特定的情况下,经营者会不可避免地接触到或者掌握其他经营者的商业秘密。如果此时经营者违反规定而披露、使用或者允许他人使用其掌握的商业秘密,也构成侵犯商业秘密。

《反不正当竞争法》第9条第1款第3项规定:经营者"违反保密义务或者违反权利人有关保守商业秘密的要求,披露、使用或者允许他人使用其所掌握的商业秘密"的行为是侵犯商业秘密的行为。理解这一规定需注意如下几点:(1)经营者获取商业秘密本身是合法的,因为经营者之所以获取了该商业秘密,是因为其负有保密义务(包括法定保密义务和约定保密义务,可以统称为负有保密义务)或者被要求保守商业秘密。换言之,商业秘密权利人之所以让经营者获取了商业秘密,是因为已经要求对方承担保密义务。(2)经营者获取商业秘密本身是合法的,因为经营者是根据其保密义务要求而获取商业秘密的,但是,如果经营者违反了保密义务的要求,出现以下情形之一,就构成侵犯商业秘密:一是违反保密义务披露其掌握的商业秘密;二是违反保密义务而使用其掌握的商业秘密;三是违反保密义务而允许其他人使用其掌握的商业秘密。(3)当事人未在合同中约定保密义务并不意味着不需要承担保密义务。根据最高人民法院《关于审理侵犯商业秘密民事案件适用法律若干问题的规定》(法释〔2020〕7号)第10条第2款的规定:"当事人未在合同中约定保密义务,但根据诚信原则以及合同的性质、目的、缔约过程、交易习惯等,被诉侵权人知道或者应当知道其获取的信息属于权利人的商业秘密的,人民法院应当认定被诉侵权人对其获取的商业秘密承担保密义务。"

(四)教唆、引诱、帮助他人侵犯商业秘密

在市场经济条件下,鉴于市场竞争的激烈,一些经营者为了获取他人的商业秘密可以说是绞尽脑汁,因此,现实中侵犯商业秘密的行为往往不局限于直接的竞争对手之间,通过教唆、引诱、帮助他人来侵犯商业秘密也是较为常见的情况。

《反不正当竞争法》第9条第1款第4项明确规定:经营者"教唆、引诱、帮助他人违反保密义务或者违反权利人有关保守商业秘密的要求,获取、披露、使用或者允许他人使用权利人的商业秘密"的行为是侵犯商业秘密的行为。理解这一侵犯商业秘密的规定,需注意如下几个方面:(1)被教唆、被引诱、被帮助的主体掌握的商业秘密本身是合法获取的商业秘密,但是,该主体负有"保密义务"(包括法定义务和约定义务)或者该主体被权利人要求保守商业秘密。(2)经营者并不是直接侵犯商业秘密的,而是借助"教唆、引诱、帮助"等方式来侵犯权利人的商业秘密。(3)侵犯权利人商业秘密的方式包括:一是教唆他人违反保密义务而获取商业秘密;二是引诱他人违反保密义务而披露商业秘密;三是帮助他人违反保密义务而使用或允许他人使用权利人的商业秘密。这种侵犯商业秘密的行为的特殊性在于,经营者侵犯他人的商业秘密,并不是直接进行的,而是通过他人来进行。

(五) 经营者以外的其他主体实施侵犯商业秘密行为

为了更好地保护商业秘密,同时,也为了应对市场经济条件下侵犯商业秘密行为的复杂性,我国法律将经营者以外的主体实施了《反不正当竞争法》列举的侵犯商业秘密行为的,视为侵犯商业秘密,从而实现对我国商业秘密的周密保护。

《反不正当竞争法》第9条第2款规定,"经营者以外的其他自然人、法人和非法人组织实施前款所列违法行为的,视为侵犯商业秘密"。理解这一规定需注意以下两个方面:(1)侵权的主体是经营者以外的主体,主体范围包括自然、法人和非法人组织。该条的用意在于扩大商业秘密的侵权主体范围。也就是说,尽管该主体可能不是相关领域的经营者,但是,只要其实施了《反不正当竞争法》列举的侵犯商业秘密的行为,那么,该行为就会被视为侵犯商业秘密。(2)侵权的表现是经营者以外的主体实施了下列行为:一是不正当取得权利人的商业秘密;二是披露、使用或者允许他人使用不正当取得的商业秘密;三是披露、使用或者允许他人使用经营者正当获取的商业秘密;四是教唆、引诱、帮助他人侵犯商业秘密。

(六) 第三人侵犯商业秘密的行为

《反不正当竞争法》第9条第3款规定:"第三人明知或者应知商业秘密权利人的员工、前员工或者其他单位、个人实施本条第一款所列违法行为,仍获取、披露、使用或者允许他人使用该商业秘密的,视为侵犯商业秘密。"理解这一规定需要注意以下几个方面:(1)第三人侵犯商业秘密的表现形式包括如下四种:一是不正当取得权利人的商业秘密;二是披露、使用或者允许他人使用不正当取得的商业秘密;三是披露、使用或者允许他人使用经营者正当获取的商业秘密;四是教唆、引诱、帮助他人侵犯商业秘密。(2)要认定第三人侵犯了商业秘密,还需要确定第三人的主观状态,也就是要求第三人是"明知或者应知"的。(3)员工、前员工的确定。法人、非法人组织的经营、管理人员以及具有劳动关系的其他人员,可以被认定为员工、前员工。同时,根据最高人民法院《关于审理侵犯商业秘密民事案件适用法律若干问题的规定》(法释〔2020〕7号)第12条的规定,人民法院认定员工、前员工是否有渠道或者机会获取权利人的商业秘密,可以考虑与其有关的下列因素:一是职务、职责、权限;二是承担的本职工作或者单位分配的任务;三是参与和商业秘密有关的生产经营活动的具体情形;四是是否保管、使用、存储、复制、控制或者以其他方式接触、获取商业秘密及其载体;五是需要考虑的其他因素。

需要注意的是,根据最高人民法院《关于审理侵犯商业秘密民事案件适用法律若干问题的规定》(法释〔2020〕7号)第14条第1款的规定,通过自行开发研制或者反向工程获得被诉侵权信息的,[7]不属于侵犯商业秘密行为。也就是说,如果经营者通过实施反向工程而获取了权利人的商业秘密,则该行为不属于侵犯商业秘密的行为。但是,如果侵权人被诉侵犯商业秘密后,以该商业秘密可以通过反向工程获取从而主张免责的,则法院依然应认定该行为属于侵犯商业秘密的行为。

五、侵犯商业秘密的法律责任

(一) 商业秘密侵权的举证责任

在有关商业秘密的民事审判程序中,为了减轻权利人的举证责任,更好地保护权利人的商

---

[7] 反向工程,是指通过技术手段对从公开渠道取得的产品进行拆卸、测绘、分析等而获得该产品的有关技术信息。

业秘密,《反不正当竞争法》事实上加重了侵权者举证责任:只要权利人提供了初步证据证明商业秘密被侵犯后,举证责任就转移到侵权方。根据《反不正当竞争法》第 32 条第 2 款的规定,商业秘密权利人提供初步证据合理表明商业秘密被侵犯,且提供以下证据之一的,涉嫌侵权人应当证明其不存在侵犯商业秘密的行为:(1)有证据表明涉嫌侵权人有渠道或者机会获取商业秘密,且其使用的信息与该商业秘密实质上相同。(2)有证据表明商业秘密已经被涉嫌侵权人披露、使用或者有被披露、使用的风险。(3)有其他证据表明商业秘密被涉嫌侵权人侵犯。需要注意的是,根据最高人民法院《关于审理侵犯商业秘密民事案件适用法律若干问题的规定》(法释〔2020〕7 号)第 13 条规定,人民法院认定是否构成"实质上相同",可以考虑下列因素:一是被诉侵权信息与商业秘密的异同程度;二是所属领域的相关人员在被诉侵权行为发生时是否容易想到被诉侵权信息与商业秘密的区别;三是被诉侵权信息与商业秘密的用途、使用方式、目的、效果等是否具有实质性差异;四是公有领域中与商业秘密相关信息的情况;五是需要考虑的其他因素。

(二)侵犯商业秘密的法律责任类型

1. 行政责任。《反不正当竞争法》第 21 条规定:经营者以及其他自然人、法人和非法人组织违反该法第 9 条规定侵犯商业秘密的,由监督检查部门责令停止违法行为,没收违法所得,处 10 万元以上 100 万元以下的罚款;情节严重的,处 50 万元以上 500 万元以下的罚款。第 26 条规定:"经营者违反本法规定从事不正当竞争,受到行政处罚的,由监督检查部门记入信用记录,并依照有关法律、行政法规的规定予以公示。"

2. 民事责任。一是民事责任优先。《反不正当竞争法》第 27 条规定:"经营者违反本法规定,应当承担民事责任、行政责任和刑事责任,其财产不足以支付的,优先用于承担民事责任。"二是赔偿额的计算。根据《反不正当竞争法》第 17 条的规定,民事损害赔偿额的计算规则是:(1)因不正当竞争行为受到损害的经营者的赔偿数额,按照其因被侵权所受到的实际损失确定;实际损失难以计算的,按照侵权人因侵权所获得的利益确定。经营者恶意实施侵犯商业秘密行为,情节严重的,可以在按照上述方法确定数额的 1 倍以上 5 倍以下确定赔偿数额。赔偿数额还应当包括经营者为制止侵权行为所支付的合理开支。(2)经营者侵犯商业秘密,权利人因被侵权所受到的实际损失、侵权人因侵权所获得的利益难以确定的,由人民法院根据侵权行为的情节判决给予权利人 500 万元以下的赔偿。

需要注意的是,根据最高人民法院《关于审理侵犯商业秘密民事案件适用法律若干问题的规定》(法释〔2020〕7 号)第 17 条的规定,人民法院对于侵犯商业秘密行为判决停止侵害的民事责任时,停止侵害的时间一般应当持续到该商业秘密已为公众所知悉时为止。依照上述规定判决停止侵害的时间明显不合理的,人民法院可以在依法保护权利人的商业秘密竞争优势的情况下,判决侵权人在一定期限或者范围内停止使用该商业秘密。

3. 刑事责任。《反不正当竞争法》第 31 条规定,违反该法规定,构成犯罪的,依法追究刑事责任。根据《刑法》第 219 条的规定,实施侵犯商业秘密行为,情节严重的,处 3 年以下有期徒刑,并处或者单处罚金;情节特别严重的,处 3 年以上 10 年以下有期徒刑,并处罚金。同时,对单位实行双罚制:即对单位判处罚金,对个人依据情节进行处罚。

第六节　不当有奖销售行为的法律规制

一、有奖销售的含义

根据《规范促销行为暂行规定》第11条第1款的规定,所谓有奖销售,是指经营者以销售商品或者获取竞争优势为目的,向消费者提供奖金、物品或者其他利益的行为。需要注意的是,根据《规范促销行为暂行规定》第12条的规定,经营者为了推广移动客户端、招揽客户、提高知名度、获取流量、提高点击率等,附带性地提供物品、奖金或者其他利益的行为,也属于有奖销售。

一般来说,有奖销售主要包括两种方式:(1)抽奖式有奖销售。所谓抽奖式有奖销售是指经营者以抽签、摇号、游戏等带有偶然性或者不确定性的方法,决定消费者是否中奖的有奖销售行为。(2)附赠式有奖销售。所谓附赠式有奖销售是指经营者向满足一定条件的消费者提供奖金、物品或者其他利益的有奖销售行为。需要注意的是,经政府或者政府有关部门依法批准的有奖募捐及其他彩票发售活动,不是这里所讲的有奖销售。

不当有奖销售是指那些打着有奖销售的噱头,在形式上给予消费者优惠或赠与但实质上往往损害消费者利益且严重违反公平竞争原则的销售行为。一般说来,不当有奖销售有如下危害:(1)不当有奖销售容易造成强势企业与弱势企业的不公平竞争。一方面,在市场经济条件下,中小企业毕竟是大多数,而大型企业是少数,在利益的驱动下,大型企业往往容易滥用自己的优势经济地位而从事有奖销售行为;另一方面,经营者的不当有奖销售往往会打击那些经营同类商品或近似商品的经营者,特别是竞争对手。(2)不当有奖销售往往易于损害消费者的利益。事实上,经营者从事不当有奖销售具有策略性,消费者往往并不能真正享受优惠。(3)不当有奖销售容易造成市场供求信息失灵。不当有奖销售往往会增加商品或者服务的购买量,诱发错误的购物导向,然后造成市场供求信息的失灵,这种失灵通过市场价格机制的扩展会导致厂家盲目扩大生产,最终造成市场上相关产品积压、社会资源浪费,甚至会使国家宏观调经济控政策失灵,进而阻碍社会经济发展。

二、不当有奖销售的构成要件

1. 行为主体是作为卖方的经营者。从行为主体上看,有奖销售一般只能发生在商品或者服务的经营者与购买者之间,否则,不构成有奖销售。例如,经营者对销售人员的业绩奖励,各种奖金(运动员奖金,科研奖)、奖励等。此外,如果是经过政府或者有关部门批准的彩票发售等活动,也不属于不当有奖销售的规制范围,而如果是非法从事彩票发售行为则将受到其他法律的禁止,也不是《反不正当竞争法》规制的不当有奖销售。

2. 行为主体主观上为故意。一般来说,不当有奖销售的经营者存在故意的主观心理状态,并且具有促进销售或者获取竞争优势的目的。

3. 行为主体在客观上实施了法律所禁止的有奖销售行为。具体而言,行为人在客观上实施的法律禁止的有奖销售行为包括：

(1) 有奖销售信息不明确，影响兑奖。根据《规范促销行为暂行规定》第13条的规定，经营者在有奖销售前，应当明确公布奖项种类、参与条件、参与方式、开奖时间、开奖方式、奖金金额或者奖品价格、奖品品名、奖品种类、奖品数量或者中奖概率、兑奖时间、兑奖条件、兑奖方式、奖品交付方式、弃奖条件、主办方及其联系方式等信息，不得变更，不得附加条件，不得影响兑奖，但有利于消费者的除外。在现场即时开奖的有奖销售活动中，对超过500元奖项的兑奖情况，应当随时公示。

(2) 采用谎称有奖或者故意让内定人员中奖的欺骗方式进行有奖销售。根据《规范促销行为暂行规定》第15条的规定，经营者进行有奖销售，不得采用以下谎称有奖的方式：一是虚构奖项、奖品、奖金金额等；二是仅在活动范围中的特定区域投放奖品；三是在活动期间将带有中奖标志的商品、奖券不投放、未全部投放市场；四是将带有不同奖金金额或者奖品标志的商品、奖券按不同时间投放市场；五是未按照向消费者明示的信息兑奖；六是其他谎称有奖的方式。

(3) 经营者实行抽奖式有奖销售的最高奖金额不得超过5万元。根据《规范促销行为暂行规定》第17条的规定，有下列情形之一的，认定为最高奖的金额超过5万元：一是最高奖设置多个中奖者的，其中任意一个中奖者的最高奖金额超过5万元；二是同一奖券或者购买一次商品具有两次或者两次以上获奖机会的，累计金额超过5万元；三是以物品使用权、服务等形式作为奖品的，该物品使用权、服务等的市场价格超过5万元；四是以游戏装备、账户等网络虚拟物品作为奖品的，该物品市场价格超过5万元；五是以降价、优惠、打折等方式作为奖品的，降价、优惠、打折等利益折算价格超过5万元；六是以彩票、抽奖券等作为奖品的，该彩票、抽奖券可能的最高奖金额超过5万元；七是以提供就业机会、聘为顾问等名义，并以给付薪金等方式设置奖励，最高奖的金额超过5万元；八是以其他形式进行抽奖式有奖销售，最高奖金额超过5万元。

此外，根据《规范促销行为暂行规定》第18条的规定，经营者以非现金形式的物品或者其他利益作为奖品的，应按照同期市场同类商品的价格计算其金额。

4. 行为客观上侵害了竞争秩序和损害了消费者的利益。不当有奖销售不仅侵害了其他经营者的公平竞争权，也破坏了市场竞争秩序，同时往往也会最终损害消费者的利益。如果对不当有奖销售行为放任不管，则很可能会助长社会的投机心理，导致市场资源配置机制出现紊乱，最终也会损害社会公共利益。因此，对这种行为法律应当予以禁止。

三、不当有奖销售行为的法律责任

(一) 民事责任

从事不当有奖销售行为会引发民事责任，经营者承担民事责任需要注意如下两点：一是因不当有奖销售行为受到损害的经营者的赔偿数额，按照其因被侵权所受到的实际损失确定；实际损失难以计算的，按照侵权人因侵权所获得的利益确定。此外，赔偿数额还应当包括经营者为制止侵权行为所支付的合理开支。二是经营者从事不当有奖销售行为，如果应当承担民事责任、行政责任和刑事责任，但其财产不足以支付的，则应优先用于承担民事责任。

(二) 行政责任

根据《反不正当竞争法》第22条的规定，经营者进行有奖销售的，由监督检查部门责令停止违法行为,处5万元以上50万元以下的罚款。此外,为规范经营者的有奖销售行为,根据《规范促销行为暂行规定》第19条的规定,经营者应当建立档案,如实、准确、完整地记录设奖规则、公示信息、兑奖结果、获奖人员等内容,妥善保存2年并依法接受监督检查。

同时,为了进一步拓展《反不正当竞争法》的实践效果和震慑经营者的违法行为:一方面,《反不正当竞争法》第25条规定,经营者有主动消除或者减轻违法行为危害后果等法定情形的,应依法从轻或者减轻行政处罚。如果违法行为轻微并及时纠正,没有造成危害后果的,不予行政处罚。另一方面,《反不正当竞争法》第26条规定,经营者从事不正当竞争,受到行政处罚的,应当由监督检查部门记入信用记录,并依照有关法律、行政法规的规定予以公示。

第七节 商业诋毁行为的法律规制

一、商业诋毁的含义

商业诋毁又叫商业诽谤、诋毁他人商誉,是指经营者通过编造、传播虚假信息或者误导性信息,损害竞争对手的商誉(包括商业信誉、商品声誉),以削弱其竞争力并由此获取竞争优势或交易机会的行为。商誉是人们对经营者资信情况、经营绩效、商业道德、产品质量、服务态度、企业形象等的社会综合评价。在很大程度上,商业信誉、商品声誉甚至是企业的安身立命之本,其具有社会性、信息性,是一种无形财产。《民法典》第527条甚至规定,应当先履行债务的当事人,有确切证据证明对方丧失商业信誉的,可以中止履行。

二、商业诋毁的构成要件

1. 行为主体是经营者。商业诋毁的行为主体是经营者,当然包括经营者的职工,因为在市场经济条件下,经营者职工的行为往往就是经营者行为的具体体现。一般来说,商业诋毁的主体主要限于以竞争为目的而处于同一经营领域的竞争者,范围包括法人、非法人组织、自然人。需注意的是,新闻单位发布一些失实的报道,事实上也会产生损害经营者商业信誉和商品声誉的后果,但这种行为不构成商业诋毁的行为,主要原因就在于其主体不是《反不正当竞争法》意义上的经营者。从民法等角度看,这种行为可以认定为侵害名誉权。此外,消费者对经营者进行批评时,如果借机诽谤、诋毁的,同样应认定为侵害名誉权。

2. 行为主体主观上存在故意。商业诋毁行为主观上具有降低对方商誉的目的,即不正当竞争的目的。事实上,商业诋毁的目的就是贬损对手的商誉从而排挤竞争对手或者获取交易机会,进而占领市场。如果出于其他目的,如发泄私愤或打击报复,一般只能构成民法上的名誉侵权,严重的构成《刑法》第221条规定的损害商业信誉、商品声誉罪,而不构成不正当竞争行为。因此,评论失实一般不构成商业诋毁。

3. 行为侵害的客体是他人的商誉。商业诋毁行为侵害的客体是作为竞争对手的经营者(他人)的商誉,其认定标准一般是根据中立的相关交易者对该行为的判断为准。只要该商业诋毁行为在相当一部分相关交易者看来使他人商誉受到侵害,一般就可认为该行为侵害了他人商誉。需注意的是,商业诋毁一般需要达到损毁他人商誉的结果,而侵犯他人名誉权一般只需要有这种行为即可。

4.行为的客观方面为编造、传播信息损害他人商誉。商业诋毁行为在客观方面表现为编造、散布虚假信息或者误导性信息,对竞争对手的商誉进行诋毁。所谓编造,就是无中生有、歪曲事实,可以是全部编造,也可以是部分编造。所谓散布,就是扩散布告。散布的形式多样,可以是口头或书面方式,可以通过大众传媒也可以私人传播。只要散布的内容到达任何一个第三人,散布行为即可成立。同时,虚假事实必须对商誉不利。在"TCL 王牌电器(惠州)有限公司、海信视像科技股份有限公司等商业诋毁纠纷案"中,最高人民法院指出,认定是否构成商业诋毁,其根本要件是相关经营者之行为是否以误导方式对竞争对手的商业信誉或者商品声誉造成了损害。

5.行为所针对的对象是竞争对手。一般来说,商业诋毁所针对的对象是竞争对手,但是,随着市场经济深入发展,竞争对手已经超越了传统的提供相同或者类似的产品、服务的经营者范围。因此,理解这里的竞争对手,需注意如下两个方面的问题:(1)一些经营者提供的商品或者服务虽然不相同或相似,但是功能相同或者相似,则可能构成竞争对手。例如,录音机和音乐手机是完全不同的产品,但它们的经营者完全可能构成竞争对手。(2)经营者之间存在争夺消费者注意力、购买力等商业利益冲突的,也可能成为竞争对手。例如,网络游戏提供者、社交软件提供者、视频网站可能因为争夺消费者的上网流量、广告机会而成为竞争对手,房地产企业和金融企业可能因争夺社会资金流向而成为竞争对手。

三、商业诋毁的法律责任

根据《反不正当竞争法》第 23 条的规定:经营者有商业诋毁行为的,由监督检查部门责令停止违法行为、消除影响,处 10 万元以上 50 万元以下的罚款;情节严重的,处 50 万元以上 300 万元以下的罚款。此外,最高人民法院《关于适用〈中华人民共和国反不正当竞争法〉若干问题的解释》(法释〔2022〕9 号)第 19 条规定,当事人主张经营者实施了商业诋毁行为的,应当举证证明其为该商业诋毁行为的特定损害对象。此外,我国《反不正当竞争法》第 25 条、第 26 条、第 27 条、第 31 条也对经营者从事商业诋毁这一不正当竞争行为应负的法律责任进行了规定。

第八节 网络领域不正当竞争行为的法律规制

一、网络领域不正当竞争行为的分类

(一)传统不正当竞争行为在网络领域的延伸

所谓传统不正当竞争行为在网络领域的延伸,是指经营者利用了网络但并未使用网络专业技术手段而实施的不正当竞争行为。因此,这类不正当竞争行为,表面看是网络上的不正当竞争行为,但其实只是把传统的不正当竞争行为搬到了网上。例如,网络游戏直播中的虚假宣传行为与传统的虚假宣传行为本质上并没有太大的区别,因此,对其适用《反不正当竞争法》有关虚假宣传行为的规定进行规制就属于自然的逻辑。[8] 此外,经营者利用网络实施混淆行为、商业诋毁行为等不正当竞争行为也一样。总之,此类不正当竞争行为与传统不正当竞争行为相比并不存在实质上的差别,差别只在于是否使用了网络这一技术手段。对这种不正当竞争行为,按照《反不正当竞争法》关于传统不正当竞争行为的认定进行处理即可,事实上,司法实践中也是这样操作的。

（二）网络领域特有的不正当竞争行为

所谓网络领域特有的不正当竞争行为,是指经营者利用网络专业技术手段,通过影响用户选择或者其他方式实施的妨碍、破坏其他经营者合法提供的网络产品或者服务正常运行的行为。所谓"运行",这里应作宽泛的理解,既包括网络产品或者服务的安装、使用,也包括网络产品或服务的下载。与其他领域一样,在网络领域,经营者合法提供的网络产品或者服务应当平等地接受用户的自主选择,经营者通过影响用户选择或者其他方式实施妨碍、破坏其他经营者合法提供的网络产品或者服务的正常运行,违反了公平、诚实信用等原则和商业道德,损害了其他经营者的公平竞争权和消费者的合法权益,损害了市场竞争秩序,因而是不正当竞争行为。

根据《反不正当竞争法》第12条第2款的规定,网络领域特有的不正当竞争行为是妨碍、破坏其他经营者合法提供的网络产品或者服务正常运行的行为,具体包括以下几种类型:

1. 未经其他经营者同意,在其合法提供的网络产品或者服务中,插入链接、强制进行目标跳转。根据最高人民法院《关于适用〈中华人民共和国反不正当竞争法〉若干问题的解释》(法释〔2022〕9号)第21条的规定,未经其他经营者和用户同意而直接发生的目标跳转,人民法院应当认定为"强制进行目标跳转"。但是,如果经营者仅插入链接,目标跳转是由用户触发的,那么,人民法院应当综合考虑插入链接的具体方式、是否具有合理理由以及对用户利益和其他经营者利益的影响等因素,综合认定该行为是否构成不正当竞争行为。

2. 误导、欺骗、强迫用户修改、关闭、卸载其他经营者合法提供的网络产品或者服务。根据最高人民法院《关于适用〈中华人民共和国反不正当竞争法〉若干问题的解释》(法释〔2022〕9号)第22条的规定,经营者事前未明确提示并经用户同意,以误导、欺骗、强迫用户修改、关闭、卸载等方式,恶意干扰或者破坏其他经营者合法提供的网络产品或者服务,人民法院应当依照《反不正当竞争法》第12条第2款第2项予以认定,也就是误导、欺骗、强迫用户修改、关闭、卸载其他经营者合法提供的网络产品或者服务。

3. 恶意对其他经营者合法提供的网络产品或者服务实施不兼容。互联网的本质和价值在于互联互通,共享、共治、开放、包容等是互联网的基本要求。如果经营者恶意不兼容其他经营者合法提供的网络产品或者服务,就会损害其他经营者的利益和消费者以及用户的利益,是一种典型的网络不正当竞争行为。至于如何判断该经营者是否存在恶意,可以从是否违反商业道德、诚实信用原则等角度予以考虑。

4. 其他妨碍、破坏其他经营者合法提供的网络产品或者服务正常运行的行为。考虑到网络领域不正当竞争行为的特殊情况,我国《反不正当竞争法》规定了兜底条款。值得注意的是,这一兜底条款是较为宽泛的,因为其对网络领域新的不正当竞争行为的要求是"妨碍、破坏其

---

[8] 肖顺武:《网络游戏直播中不正当竞争行为的竞争法规制》,载《法商研究》2017年第5期。

他经营者合法提供的网络产品或者服务正常运行的行为",主要是对行为本身进行客观描述。当然,从制度实践看,执法者或者司法工作者如果要适用这一条,可能还是需要特别慎重,甚至可能需要保持某种谦抑性。[9] 毕竟,到底是不正当竞争行为还是网络领域的正常商业模式,执法者、法官并不总是具有更好的判断力。

二、网络领域不正当竞争行为的法律责任

在网络领域实施不正当竞争行为的经营者,应当承担《反不正当竞争法》针对所有不正当竞争行为所规定的法律责任。根据最高人民法院《关于适用〈中华人民共和国反不正当竞争法〉若干问题的解释》(法释〔2022〕9号)第23条的规定,如果权利人因不正当竞争行为被侵权所受到的实际损失、侵权人因侵权所获得的利益难以确定,权利人主张依据《反不正当竞争法》第17条第4款的规定来确定赔偿数额,即由人民法院根据侵权行为的情节判决给予权利人500万元以下的赔偿,人民法院应予支持。

此外,对于网络领域特有的不正当竞争行为,《反不正当竞争法》第24条规定:经营者妨碍、破坏其他经营者合法提供的网络产品或者服务正常运行的,由监督检查部门责令停止违法行为,处10万元以上50万元以下的罚款;情节严重的,处50万元以上300万元以下的罚款。需注意的是,在追究经营者网络领域不正当竞争行为的法律责任时,应注重"非公益必要不干扰原则"的运用。从反面看,如果是为了网络用户或者社会公共利益的需要,网络服务经营者可以实施干扰措施,但即便如此,该经营者也要确保这些干扰措施具有必要性和合理性。

———— 思考题 ————

1. 反不正当竞争法的调整对象是什么?
2. 反不正当竞争法与民事侵权法有什么区别?分析不正当竞争行为的本质。
3. 我国《反不正当竞争法》规定的不正当竞争行为有哪几种类型?
4. 混淆行为有哪些表现形式?如何认定"有一定影响"?
5. 商业诋毁的构成要件是什么?
6. 商业贿赂的主体有什么特殊性?为什么?
7. 网络领域不正当竞争行为的表现形式有哪些?

---

[9] 张占江:《论反不正当竞争法的谦抑性》,载《法学》2019年第3期。

第十四章 消费者保护法律制度

| 内容提要 |

消费者保护法是通过赋予消费者权利、对经营者科以义务而对处于弱势地位的消费者给予倾斜保护的法律制度,它在市场秩序的维护中发挥着重要的作用。本章阐述了消费者保护法的定义、特点和性质,消费者的含义及我国消费者的基本权利,消费者保护法中的经营者的含义及经营者的义务,消费者权益的立法、行政和司法保护,消费者组织的性质和功能,消费者保护法中的各种法律责任,消费者争议及其解决的途径等内容。

| 学习重点 |

消费者保护法的特点、性质　　消费者的定义
消费者权利的特征　　　　　　我国消费者的基本权利
经营者义务的内容　　　　　　消费者权益的行政保护
消费者组织　　　　　　　　　消费者保护法中的法律责任
消费者争议及其解决途径

第一节 消费者保护法概述

一、消费者保护法的定义和特征

通常所说的消费者保护法有广义与狭义之分,狭义上的消费者保护法仅指消费者保护基本法,即1993年10月31日第八届全国人大常委会第四次会议通过,并于1994年1月1日起施行的《消费者权益保护法》(该法分别于2009年8月27日和2013年10月25日进行了修正);广义上的消费者保护法是指由国家制定、颁布的具有保护消费者功能的各种法律规范的总称。本书使用的消费者保护法除以《消费者权益保护法》标明外,皆为广义上的消费者保护法。现代消费者保护法具有以下基本特征:

1.现代消费者保护法是商品经济发展到一定阶段的产物,是国家通过法律干预经济生活的重要体现。商品经济的发展经历了不同的时期。在早期的简单商品经济时代,市场对社会资源的配置只能起到非常有限的作用。在这种条件下,虽然也存在涉及消费者利益保护的法律,但由于消费者问题并未普遍化,这类法律规范大多以与其他法律合体的形态存在。在

现代市场经济条件下,国家制定了各种保护消费者利益的法律,这些法律不仅在数量上急剧膨胀,而且在性质上也发生了变化,它体现了国家对市场的干预,是对市场配置资源所产生负面效应的有效救治。因此,现代消费者保护法与传统消费者保护的规定在性质上是不同的。

2. 现代消费者保护法是在充分认识到消费者弱者地位的基础上对消费者利益给予的特殊保护。就传统法律体系中各种保护消费者利益的规定而言,一般都是基于双方地位平等的观念而将经营者和消费者视为交易双方当事人给予同等的保护。它无视消费者与经营者的差别,旨在追求消费者与经营者的形式平等和权利义务对等。现代消费者保护法则基于对消费者具体人格的识别,在充分认识到消费者弱者处境的前提下,站在消费者的立场上,对消费者给予特殊的保护。因此,它往往对消费者一方给予更多的权利,而对经营者一方设置更多的义务,经营者与消费者的权利义务并不对等。现代消费者保护法具有与传统法律有关消费者保护的规定完全不同的价值取向。

3. 消费者保护法是具有预防、救治功能的法律。消费者保护法对消费者利益的保护主要通过两种途径实现:一是通过法律对各种商品和服务的质量应当达到的标准、经营者的生产经营活动应当遵守的规则等作出规定,约束生产经营者,使生产者生产出高质量、安全、能满足消费者需求的商品(包括服务,下同),并通过正确标示,指导消费者合理地使用商品,以预防消费者损害事件发生。二是通过法律规定消费者的权益,在经营者违反规定侵害消费者合法利益时,为消费者提供及时、充分的救济。在这两种途径中,前者体现了消费者保护法的预防功能,后者则体现了消费者保护法的救济功能。

二、消费者保护法的性质

消费者保护法具有经济法的性质。这是因为:(1)消费者保护法从消费者的利益出发,在充分考虑消费者弱者地位的基础上给予其特殊的法律保护,它是对特定法律主体进行倾斜保护的法律,体现了国家对社会经济生活的干预。(2)在现代社会,消费者保护问题已经成为普遍的社会问题。经营者的不法经营行为并非仅仅针对某一具体的消费者,而是针对不特定的多数消费者,消费者保护法对消费者的倾斜保护明确体现了社会本位的观念。(3)消费者的需求是通过市场提供的商品而得到满足的,因此,从调整对象的角度来看,消费者保护法所调整的仍然是社会经济关系,这与经济法所调整的社会关系是一致的。(4)消费者保护法是国家基于消费者弱者地位的考虑,作为一项社会法律对策而制定的。消费者保护法在不少方面体现了国家对消费者权益的特别保护,这种特殊保护并不是为了谋求形式正义,而是为了追求实质正义。这些都符合现代经济法的基本特征,因此,从总体上说,消费者保护法具有经济法的性质,是经济法的重要组成部分。

尽管消费者保护法是经济法的重要组成部分,但这并不意味着其体系内部不能包含其他性质的法律规范。某些民事、行政、刑事法律规范同样具有明显的保护消费者的功能,因而也应当被纳入消费者保护法体系。

第二节　消费者及其权利

一、消费者

《消费者权益保护法》第2条规定："消费者为生活消费需要购买、使用商品或者接受服务，其权益受本法保护；本法未作规定的，受其他有关法律、法规保护。"从这一规定我们可以看出，所谓消费者，是指为满足生活消费需要而购买或使用经营者提供的商品或服务的人。这一定义包括以下含义：

1. 消费者是购买、使用商品或接受服务的人。对于消费者的范围理论上有不同的观点。一种观点认为，消费者只能是自然人而不能是法人或其他社会组织；而另一种观点则认为，无论是自然人、法人或其他社会组织都可以成为消费者。我们同意前一种观点。因为，消费者保护法的根本目的是保护人们生活性消费过程中的安全，维护他们的经济利益，只有自然人才能成为终极消费的主体。作为自然人集合体的法人及其他社会组织，其本身并不具有消费者资格，但是，其社员及职工作为自然人仍属消费者。有人认为，有些商品既可以用于个人消费，亦可以用于生产经营，如各种餐、炊具既可以为家庭使用，又可以为餐馆使用，在后一种情况下，它显然是作为生产资料使用的，如果不承认餐馆是消费者，那么，其合法的权利就得不到保护。实际上，我们并不否认法人及其他社会团体在其权利受到侵害时可以通过其他法定的手段进行救济，只是消费者保护法保护的并不是这些社会团体的利益，而是消费者的利益。

将消费者限制在个体社会成员的范围内具有非常重要的意义。现代消费者保护法是在对市场经济条件下消费者弱者地位充分认识的基础上对消费者给予特殊保护的立法。如果将消费者的范围规定得过广，将各种社会团体和组织都视为消费者，那么，以此为指导方针而制定的法律必然会忽视个体消费者的弱势地位，对其给予特殊保护也就必然会失去理论上的依据。

2. 消费者购买、使用的商品和接受的服务由经营者提供。消费者是与经营者相对应的法律主体，是人的一种社会角色，而不是一个阶级、阶层或固定的集团。当某人为了生活需要而购买或使用他人提供的商品或服务时，他就是这种商品或服务的消费者；而当他以营利为目的向他人提供某种商品或服务时，他又是经营者。消费者不仅包括购买商品或服务的人，而且包括使用商品或接受服务的人。但是，消费者所使用的商品应当是他人生产、制造的，而不是其自己生产、制造的。例如，农民食用自己生产的蔬菜，这时，该农民就不属于按法律规定应给予特殊保护的消费者。消费者所消费的商品和服务是其自己或他人通过一定的方式从经营者那里获得的。一定的方式通常是指购买，但又不仅限于购买。通过支付任何形式的对价（如劳动、提供便利等）而获得经营者的商品和服务的人，都应当属于消费者。甚至不支付任何对价而获得由经营者赠与的商品或服务的人，亦属于消费者。因此，对消费者的含义我们必须与一定商品与服务的提供者——经营者的含义结合起来理解。因此，凡是为了满足自己或他人个人消费需求而购买商品或为了自己的消费需求而使用商品、接受服务的人均属消费者。

3. 消费者是进行生活性消费活动的人。由于消费者并不是一个固定的阶层或集团，因此，消费者的含义具有严格的时间性。这就决定了任何人只有在进行消费活动时才是消费者。消费活动的内容包括：其一，为生活需要而购买商品；其二，为了生活需要而使用商品；其三，为了生活需要接受他人提供的服务。消费者是为了个人生活需要而购买或使用商品与接受服务的人，这是消费者与经营者的根本区别。

应当注意的是，在我国，由于广大农村普遍实行联产承包责任制，农业经营者往往是以家庭为基础的广大农户，虽然他们购买的直接用于农业生产的种子、农药、化肥等属生产资料，但在经济活动中，他们有时却有着与消费者相似的遭遇。考虑到我国农业经营者的特殊情况，《消费者权益保护法》第62条规定，农民购买、使用直接用于农业生产的生产资料，参照该法执行。这一规定具有两层含义：(1)它肯定了购买、使用农业生产资料的农民不属于消费者。(2)为了更好地保护农民利益，法律对购买、使用农业生产资料的农民给予了与消费者相当的法律保护。农民在购买、使用农业生产资料时，同消费者一样，享受《消费者权益保护法》规定的消费者所享有的各种权利。

二、消费者权利的定义和特征

消费者权利就是消费者在购买、使用商品或接受服务时依法享有的受法律保护的利益。

对于消费者权利，我们不能只简单地理解为是一种民法上的民事权利，因为民事权利是平等当事人之间基于法律的规定或者约定而产生的。消费者保护法上的消费者权利则具有下列特征：

1. 基于消费者的身份而享有的权利。也就是说，消费者的权利是与消费者的身份联系在一起的。一方面，这表现为，只有在以消费者的身份购买、使用商品或接受服务时才能享有这些权利；另一方面，它表明，凡是消费者，他们在购买、使用商品或接受服务时，都享有这种权利，即消费者的权利又是以消费者身份的存在为充分条件的，一旦人们以消费者的身份出现时，他就当然地享有这些权利。

2. 消费者的权利通常是法定权利。按照权利发生的依据不同，可以将权利分为法定权利和约定权利。前者是由法律直接规定而产生的，如选举权、诉权、劳动权等。后者则是由当事人依法约定而产生的，如合同当事人所享有的法定权利之外的各项权利等。消费者的权利是法定权利，作为法定权，它依据法律的规定而产生，消费者可直接享有。

3. 法律基于消费者的弱者地位而特别赋予的权利。从历史演化的角度来看，消费者保护法中规定的消费者的各项权利在传统上大多在交易当事人自治的范围内。为了充分保护消费者的利益，现代国家将这些权利法定化，充分体现了法律对消费者给予特殊保护的立场。

三、我国消费者的基本权利

（一）消费者的安全权

消费者的安全权，是指消费者在购买使用商品或接受服务时所享有的人身和财产安全不受侵害的权利。《消费者权益保护法》第7条规定，消费者在购买、使用商品和接受服务时享有人身、财产安全不受损害的权利。消费者有权要求经营者提供的商品和服务，符合保障人身、财产安全的要求。

消费者的安全权是消费者最重要的权利。安全权包括以下两个方面的内容：一是人身安全权。它又包括：(1)消费者的生命安全权，即消费者的生命不受危害的权利，如食品有毒而致消费者死亡,即侵犯了消费者的生命权。(2)消费者的健康安全权,即消费者的身体健康状况不受损害的权利,如食物不卫生而使消费者中毒或电器爆炸致消费者残疾等均属侵犯消费者健康安全权。二是财产安全权,即消费者的财产不受损失的权利,财产损失有时表现为财产在外观上发生损毁,有时则表现为财产价值的减少。

消费者在整个消费过程中都享有安全权。这就要求:(1)经营者提供的商品必须具有合理的安全性,不得提供有可能对消费者人身及财产造成损害的不安全、不卫生的产品。(2)经营者向消费者提供的服务必须有可靠的安全保障。(3)经营者提供的消费场所应具有必要的安全保障,使消费者能在安全的环境中选购商品及接受服务。也就是说,消费者在购买商品、接受服务以及使用商品的整个消费过程中,其安全都要得到保障。

(二)消费者的知悉权

消费者知悉权,又称消费者知情权,是消费者依法享有的了解与其购买、使用的商品和接受的服务有关的真实情况的权利。

消费者的知悉权具有两方面的基本内涵:(1)消费者有了解真实情况的权利。《消费者权益保护法》第8条第1款规定,消费者享有知悉其购买、使用的商品或者接受的服务的真实情况的权利。(2)消费者有充分了解有关情况的权利。一般来说,对商品和服务中与消费者利益相关的一切信息消费者都有权了解;但是,与消费者利益没有直接联系的信息以及国家法律保护的技术、经营信息除外,如商品的具体工艺过程、食品饮料的具体配方、经营者的商业秘密等。《消费者权益保护法》第8条第2款规定,消费者有权根据商品或者服务的不同情况,要求经营者提供商品的价格、产地、生产者、用途、性能、规格、等级、主要成分、生产日期、有效期限、检验合格证明、使用方法说明书、售后服务,或者服务的内容、规格、费用等有关情况。由于商品、服务的具体形态不同,对有些商品,以上各类信息没有必要面面俱到,而对另一些商品和服务,其应披露的信息则可能会超出以上范围,所以信息披露的具体内容应当根据不同商品和服务的具体情况来决定。总之,凡与消费者正确地判断、选择、使用商品或接受服务等有直接联系的信息,消费者都有权了解。

(三)消费者的选择权

消费者的选择权是指消费者根据自己的意愿自主地选择其购买的商品及接受的服务的权利。《消费者权益保护法》第9条明确规定,消费者享有自主选择商品或者服务的权利。消费者有权自主选择提供商品或者服务的经营者,自主选择商品品种或者服务方式,自主决定购买或者不购买任何一种商品、接受或者不接受任何一项服务。消费者在自主选择商品或者服务时,有权进行比较、鉴别和挑选。

消费者的选择权包括以下几个方面的内容:(1)消费者有权根据自己的意愿和需要选择商品和服务,经营者不得强迫消费者接受他不需要的商品和服务。(2)消费者有权自主地选择作为其交易对象的经营者,购买其商品或接受其服务,任何经营者不得强迫消费者接受其提供的商品和服务。(3)消费者对商品和服务有权进行比较、鉴别、挑选,购买自己满意的商品或服务。(4)消费者有权自主地作出决定,消费者可以在比较、鉴别的基础上,根据自己的意愿决定接受或不接受某种商品或服务。只要其在挑选过程中未对经营者的商品造成损害,经营者就不得强迫其接受。经营者可以为消费者正确地行使选择权提供各种信息和咨询意见,但不得代替消费者作出决定或以暴力、威胁等手段强迫消费者作出决定。

(四) 消费者的公平交易权

消费者的公平交易权是指消费者在与经营者之间进行的消费交易中所享有的获得公平的交易条件的权利。《消费者权益保护法》第 10 条规定，消费者享有公平交易的权利。消费者在购买商品或者接受服务时，有权获得质量保障、价格合理、计量正确等公平交易条件，有权拒绝经营者的强制交易行为。

交易公平，就一般意义而言，是指交易各方在交易过程中获得的利益相当。在消费性交易中，就是指消费者获得的商品及服务与其支付的货币价值相当。商品或服务与消费者支付的价款是否相当，要根据社会一般认为的合理的价格标准进行判断。公平交易权表现为消费者有权要求获得公平的交易条件。交易条件是交易涉及的基本要素，包括交易标的物、交易定价、标的物计量、交付方式等。公平的交易条件意味着在交易涉及的各项基本要素的要求方面应当对消费者公平。具体地说，公平的交易条件有如下基本要求：(1) 有质量保障。消费者有权要求经营者提供的商品具备公众普遍认为其应当具备的功能，即商品应具有适销性，如食品应能够食用，药品应具有一定治愈疾病的效用，日常用品、家用电器应具有其一般应具备的功能等，不具适销性的商品，不能销售；消费者与经营者对商品的质量有约定的，商品应当具备相应的质量。(2) 定价合理。消费者有权要求商品或服务的定价合理。经营者可以根据商品质量不同而制定不同的价格，商品的价格应当与质量保持一致，优质高价、劣质低价，不得销售劣质高价的商品。(3) 计量正确。消费者实际获得的商品数量不低于双方事先约定的数量，商品的计量方式正确，不存在缺斤少两等现象。(4) 其他交易条件公平。也就是说，交付方式、付款方式、售后服务等其他方面的交易条件也必须对消费者公平。公平交易权还意味着消费者与经营者之间的交易必须是双方自愿达成的。强制交易行为是违反消费者意愿的交易行为。在自愿交易的条件下，如果经营者提出的交易条件不公平，消费者可以通过拒绝交易而免遭损害，但是，在强制交易的情况下，消费者则要被迫接受不公平的交易条件，这无疑是要求消费者必须接受经营者的非法侵害。因此，《消费者权益保护法》将拒绝强制交易行为也作为消费者公平交易权的一项重要内容。

(五) 消费者的索赔权

消费者的索赔权是指消费者对其在购买、使用商品或接受服务过程中受到的人身或财产损害所享有的依法获得赔偿的权利。《消费者权益保护法》第 11 条规定，消费者因购买、使用商品或者接受服务受到人身、财产损害的，享有依法获得赔偿的权利。

消费者遭受的人身及财产损害，通常包括以下类型：(1) 经营者未采取必要的安全措施或未提供必要的安全设施而使消费者在购买商品、接受服务时人身受到伤害或财产遭受损失，如经营场所房屋塌落而致消费者受伤。(2) 服务经营者采用的服务方式不当而致消费者人身或财产损害，如理发师割破消费者耳朵。(3) 不公平的交易条件而使消费者蒙受经济损失，如缺斤少两、价格显失公平。(4) 消费者购买商品、接受服务时遭受经营者的侮辱、殴打或其他不公平对待，而致其人身及财产损害。(5) 商品缺陷而致消费者人身、财产遭受损害，如电视机爆炸而致人身伤害和财产损失。(6) 在解决上述消费者与经营者之间的争议过程中发生的必要费用支出，如车旅费等。对于以上损害，消费者都可以通过法定途径要求赔偿。

消费者索赔权的行使可以通过自力救济和公力救济的途径进行。就自力救济而言，消费者在发现其遭受损害时，可以直接告知经营者，要求经营者给予适当赔偿，也可以要求消费者协会协助其与经营者交涉,以获得赔偿。就公力救济而言,主要是通过向有关国家行政机关申诉,要求其责令经营者赔偿。必要时,可以直接向法院提起诉讼,通过司法途径获得相应的赔偿。

(六)消费者的结社权

消费者的结社权是指消费者为了维护自身的合法权益而依法组织社会团体的权利。

消费者往往是孤立、分散的个体社会成员,其面对的经营者往往是具有强大的经济实力、庞大的组织机构,拥有各种专门知识与经验的专业人员的企业。因此,尽管法律规定交易当事人地位平等,但由于交易双方实力悬殊,实际上很难实现真正的平等。正因如此,我国《消费者权益保护法》第12条规定:"消费者享有依法成立维护自身合法权益的社会组织的权利。"

首先,消费者享有结社权意味着消费者可以组织社会团体。我国宪法规定,公民有结社自由,消费者保护法中规定的消费者的结社权,正是宪法中这一公民基本权利在特定领域中的具体体现。其次,消费者行使结社权是为了维护自己的利益,通过成立自己的组织对经营者的行为进行监督,对消费者提供各种帮助、支持,代表消费者参与政府决策,反映消费者呼声,加强消费者教育,为消费者提供各种服务。最后,消费者的结社权应依法行使。权利的行使必须合法,这是一条被普遍接受的法律原则,对消费者行使结社权而言,也同样如此。也就是说,消费者在设立自己的社团时,必须遵守法定程序。唯有如此,其成立的社团才是合法的社团。同样,消费者社团成立后也只能在法律及其章程规定的范围内进行活动,只有这样,其活动自由才受法律保障。

(七)消费者的受教育权

消费者的受教育权是指消费者享有的获得有关消费和消费者权益保护方面的知识的权利。《消费者权益保护法》第13条规定,消费者享有获得有关消费和消费者权益保护方面的知识的权利。消费者应当努力掌握所需商品或者服务的知识和使用技能,正确使用商品,提高自我保护意识。

消费者的受教育权作为一种权利:首先,它意味着消费者通过适当方式获得有关消费知识和消费者保护知识的要求是合理的,消费者可以一定方式来实现这一要求。其次,它还意味着政府、社会应当努力保证消费者能够接受这种教育,除督促经营者充分客观地披露有关商品、服务的信息外,还必须通过各种制度和措施促进有关知识及时传播,保障消费者受教育的权利能够实现。

消费者受教育权的内容主要涉及两个方面的知识:(1)消费知识,消费知识包括与消费者正确选购、公平交易、合理使用消费品、接受服务等有关的知识,如关于选购商品的方法、应当注意的问题、商品的一般价格构成、某种商品的正常功能效用、使用某种商品应当注意的问题、在发生突发事故时应如何处置等,内容极为广泛。(2)有关消费者保护方面的知识,主要指有关消费者如何保护自己的法律知识,包括消费者权利、经营者的义务、消费者在其权益受侵害时应如何维权、消费者在行使权利过程中应该注意哪些问题等。

实现消费者受教育权的方式是多种多样的,既可以将有关知识编入国家教育纲要,在学校教学计划中安排适当的消费者教育内容,也可以通过电台、报刊等大众传媒向广大听众、观众、读者传播;经营者既可以专门就某些新产品举办咨询答疑或培训活动,也可以通过日常业务活动进行宣传教育。

(八) 消费者的受尊重权

消费者的受尊重权,是指消费者在购买、使用商品,接受服务时享有的人格尊严、民族风俗习惯受到尊重,个人信息得到保护的权利。《消费者权益保护法》第 14 条规定,消费者在购买、使用商品和接受服务时,享有人格尊严、民族风俗习惯得到尊重的权利,享有个人信息依法得到保护的权利。

首先,消费者的受尊重权意味着消费者的人格权不受侵犯。人格是公民作为一个独立的人必须享有的受法律保护的利益,非法剥夺他人生命,损害他人健康,干涉他人使用或改变姓名,盗用、假冒他人姓名,未经本人同意以营利为目的使用他人肖像,以侮辱诽谤等方式损害公民的名誉,非法剥夺公民的荣誉称号等,都是侵犯人格权的行为。经营者侵犯消费者的人格权通常表现为对消费者进行殴打、辱骂、强行搜身、非法拘禁等。其次,消费者的受尊重权还意味着消费者的民族风俗习惯应受到尊重。经营者在商品包装、商标及广告中不得使用有损少数民族形象的文字、图画,不得强迫少数民族消费者接受本民族禁忌的食品或其他商品。最后,消费者受尊重权还包括消费者个人信息受保护的权利。个人信息是与特定消费者个体身份相关的、对特定消费者个体有识别效果的信息。如消费者姓名、出生年月日、身份证号码、户籍、遗传特征、教育背景、职业、健康、身体状况、财务状况等方面的信息。以不法手段获取、存储、利用消费者个人信息,是对消费者合法利益的严重侵害。随着网络技术的发展,消费者个人信息权被侵害的现象非常普遍,针对这种情况,2013 年修正的《消费者权益保护法》增加了消费者"享有个人信息依法得到保护的权利"的规定。

值得注意的是,消费者的受尊重权是法律赋予消费者的一项法定权利,经营者不得以任何方式予以剥夺。一些商店企图通过店堂告示等方法使其侵犯消费者人格权的行为合法化。例如,北京某商厦就曾在店内高悬"本商场有权搜查顾客携带的包袋"的告示。这种告示不仅不具有法律效力,而且其本身就是对消费者权益的侵害。

(九) 消费者的监督权

消费者的监督权,是指消费者对于商品和服务以及消费者保护工作进行监察和督导的权利。"监督"一词具有监察、督导的含义,监察即对一些不法现象进行检举、控告,使其昭然于世;督导,即提出意见或进行处理,以督促违法者改正。《消费者权益保护法》第 15 条规定,消费者享有对商品和服务以及保护消费者权益工作进行监督的权利。消费者有权检举、控告侵害消费者权益的行为和国家机关及其工作人员在保护消费者权益工作中的违法失职行为,有权对保护消费者权益工作提出批评、建议。

消费者监督权的内容主要包括两个方面:(1)对商品和服务进行监督。任何消费者在日常消费生活中,发现经营者提供的商品或服务不符合国家规定的要求,经营者出售假冒伪劣商品、漫天要价、进行虚假标示、发布欺骗性广告、掺杂使假、短斤少两、侵犯消费者人格等不法行为时,都有权向有关部门反映,并要求处理。(2)对消费者保护工作进行监督,主要是指对国家机关及其工作人员在消费者保护工作中的违法失职行为进行监督。在我国还应包括对各种消费者组织的工作进行的监督,如国家工作人员包庇、纵容经营者损害消费者利益,国家机关及其工作人员与经营者勾结,让假冒伪劣商品流入市场,对消费申诉不予处理或无限期拖延甚至徇私舞弊、贪赃枉法、违法处理等,对这些违法失职行为,消费者都有权予以检举控告。此外,对消费者保护工作中存在的种种问题,消费者还有权提出批评、建议,以促进消费者保护法的执法工作和消费者保护工作的改善。

第三节 经营者及其义务

一、消费者保护法中的经营者

一般意义而言,经营者是指以营利为目的而从事商品生产和服务提供的人。消费者保护法中的经营者则与这种一般意义上的经营者不同。在消费者保护法中,经营者是与消费者相对应的主体,是指通过市场为消费者提供消费资料和消费服务的人。

经营者是商品生产流通的实施者。经营者为获得商品的交换价值而为他人生产、经营商品和提供服务。作为生产者,他生产产品不是为了满足自身的需要,而是为了通过市场满足他人的需要;作为销售者,其购入他人生产的产品也不是为了满足自身的需求,而是为了通过进出价差获得利益。经营者是与商品交换密切联系的概念,无商品交换就不存在经营者。例如,为了自身实验的需要而制造仪器设备的科研机构,为了自己家庭的需要而生产粮食、蔬菜,养殖牲畜、家禽的农民,尽管他们也从事生产活动,但由于其生产无须以市场为中介而与消费者发生联系,他们在进行这些活动时就不是以经营者的身份出现的。消费者保护法中的经营者的营利目的并不是绝对的,虽不以营利为目的,但通过市场中介(采用商品交换形式)而将其产品提供给消费者的人,亦可以成为消费者保护法中的经营者。例如,某些公益性企业虽其设立之初衷不是以营利为目的,但仍然可以成为经营者。

二、消费者保护法直接规定经营者义务的作用

消费者保护法直接规定经营者义务的作用表现在以下方面:

1. 为经营者提供基本的行为标准。消费者权益受到的侵害一般都源于经营者,故为保护消费者利益,必须对经营者的行为进行约束。对经营者的行为进行约束,仅靠经营者的自律是不够的,必须从外部对经营者进行一定的强制性制约。通过法律规定经营者的义务,可为经营者提供基本的行为标准,当其严格按照这个标准从事经营活动时,消费者最基本的利益就可以得到保护。

2. 防止经营者利用自己的优势进行不公平交易。相对于消费者而言,经营者在交易实力上具有很大的优势。只有以法律形式将经营者对消费者的基本义务固定下来,才能以法律的强制力保证经营者履行自己的义务。在有法定义务的情况下,经营者与消费者之间没有约定或虽有约定但与法律规定相抵触时,可以按照法律规定处理,这样便可以使消费者的基本的正当利益获得保障。

3. 使消费者普遍获得基本的保护。消费者个人的具体情况不同,他们中间有穷人和富人,有老人、青壮年和儿童,有高级专业技术人员,有文盲,有神智体魄健全者,有存在精神和身体障碍者,有城市的市民,有来自农村的农民。他们各自的知识范围、社会经历、主观能力、财产

状况等差别很大,经营者受利益驱动往往有意和无意地对他们区别看待,同样的商品,神智健全的青壮年可以获得比较公平的交易条件,而老年人、残疾人就不一定能够获得。由法律统一规定经营者的义务,可以有效地防止交易歧视,使消费者普遍都能获得基本的保护。

4. 为消费者寻求救济提供方便。在法律对经营者的义务作出明确规定的情况下,消费者在其合法权利受到侵害时,可以直接引用法律规定要求经营者承担责任,从而可以克服合同约定的任意性、不完全性、错漏及难以保存等方面的问题,保证消费者能够获得及时、充分的救济。

需要指出的是,为什么《消费者权益保护法》只规定经营者的义务而不规定经营者的权利。这是因为经营者的义务与消费者的权利是紧密相关的,只有经营者履行了自己的义务,消费者的权利才能得到切实的保障。《消费者权益保护法》只规定经营者的义务,而未规定经营者的权利,主要是为了体现《消费者权益保护法》的立法宗旨,即对消费者权益给予特别保护,因此,经营者的权利不宜在该法中规定。

三、经营者义务的内容

我国经营者对消费者所负义务的一般规定主要见于《消费者权益保护法》。该法第三章对经营者的义务进行了全面的规定,这些规定涵盖了经营者对消费者所负义务的主要方面。它对于一般经营者都适用,但经营者的义务不仅仅限于这些。在某些特殊的领域,法律对经营者尚有其他方面的要求,例如,《药品管理法》对药品经营者规定了特殊的义务,《食品安全法》对食品经营者规定了特殊的义务,等等。这些义务有些是对《消费者权益保护法》规定的补充,有些则是其具体化。《消费者权益保护法》规定的经营者义务,主要包括十二个方面。

(一)履行法律义务,恪守公德、诚信经营的义务

法律义务包括法律直接规定的义务,即法定义务,以及经一定法律行为设置的义务,即约定义务。约定义务本身虽由当事人约定,但履行合法的约定义务则是一种法定义务。《消费者权益保护法》不可能对经营者的一切义务都一一列举,对于其他法律规定的以及经营者与消费者依法约定的义务,经营者当然应当履行。

履行法律义务要求经营者必须履行法定义务。《消费者权益保护法》第16条第1款规定,经营者向消费者提供商品或者服务,应当依照该法和其他有关法律、法规的规定履行义务。从这一规定可以看出,履行法定义务本身就是经营者的义务之一。产品质量法、药品管理法、食品安全法、反不正当竞争法等保护消费者利益的法律,根据不同情况对经营者的义务进行了规定。经营者在向消费者提供商品和服务时,必须严格履行这些法定义务,不得以任何理由逃避这些义务的履行,否则将会受到法律的制裁。因此,各类消费者保护法中规定的对经营者的要求,也是经营者的义务,经营者应该严格履行这些法定义务,这是作为法律主体的经营者守法的一种表现。

履行法律义务还要求经营者严格履行其与消费者约定的义务。《消费者权益保护法》第16条第2款规定,经营者和消费者有约定的,应当按照约定履行义务,但双方的约定不得违背法律、法规的规定。合同是权利义务产生的一种形式,当合同符合法律规定的要件时,其约定便能产生相应的法律后果,形成受法律保护的权利和法律强制当事人履行的义务。作为合同当事人,任何一方都有义务履行,这种"履行合同"的义务是法律直接规定的,无论合同中有无约

定,当事人都负有这种义务。然而,合同法律效力的产生是有条件的,当合同的约定违反法律法规的规定时,就不会产生法律效力,其约定也就不能对当事人产生约束力。故对违背法律法规的规定的合同,当事人不仅没有履行的义务,反而负有不得履行的义务。

无论是法定义务还是约定义务,都是以存在明确的规定或约定为前提的,如果法律没有明确的规定,合同也没有明确的约定,经营者是否就可以不受任何约束呢？显然不是。为了使消费者利益得到更好的保护,防止经营者在法律或合同没有明确规定或约定的情况下侵害消费者利益,《消费者权益保护法》第16条第3款规定,经营者向消费者提供商品或者服务,应当恪守社会公德,诚信经营,保障消费者的合法权益;不得设定不公平、不合理的交易条件,不得强制交易。该款是该法修订时增加的内容,法律这样规定的目的,就是使经营者不仅要受到法律和合同的约束,同时也要受社会公德和诚实经营的商业道德准则的约束,防止经营者利用法律和合同漏洞,侵害消费者的合法权益,特别是通过合同设定不公平、不合理的交易条件,或进行强制交易,使法律对消费者权益的保护更加严密。

（二）接受消费者监督的义务

消费者与经营者提供的商品与服务具有直接利害关系,同时,作为一般民众的消费者人数众多,经营者的一切活动无不处在消费者的视野之中。经营者的商品或服务是否符合消费者的要求？存在哪些问题？对此,消费者是最好的评判者。因此,消费者监督是督促经营者改善经营管理、提高产品和服务质量、实现消费者权利的最有力的保证。《消费者权益保护法》第17条明确规定,经营者应当听取消费者对其提供的商品或者服务的意见,接受消费者的监督。

接受消费者监督包括如下含义:(1)经营者应当允许消费者对其商品和服务提出不同的看法。不得因为他会贬低其商品和服务而不允许消费者表达自己的意见,更不得因消费者对其商品或服务不满而对消费者进行人身攻击、殴打、辱骂。(2)经营者应当为消费者反映自己的要求提供便利的渠道,以便消费者的要求能够顺利达到经营者的决策层,对经营者的行为产生影响。为此,在必要时,经营者应当设立专门的机构,配备专门人员,以听取消费者意见,如设立消费者投诉机构,处理消费者投诉;设置消费者投诉箱,收集消费者意见;设立市场机构或消费者服务机构,主动征询消费者意见。(3)经营者应当正确对待消费者的意见和建议,在对消费者要求进行鉴别的基础上,分情况认真地进行处理,对工作人员态度恶劣、损害消费者利益的行为,应坚决予以制止;对产品、服务质量等方面合理意见应认真听取,并采取措施提高产品、服务的质量水平。(4)对于经营者带有违法性的损害消费者利益的行为,消费者可以及时予以制止,经营者应当立即停止违法行为,主动对消费者承担责任,并积极配合有关国家机关对此进行处理。

（三）商品、服务安全保证义务

消费者的人身与财产安全是其最基本的利益所在,安全权亦是消费者最重要的权利。消费者的这一权利要得到实现,就必须要求经营者提供的商品和服务具有可靠的安全性。《消费者权益保护法》第18条规定:"经营者应当保证其提供的商品或者服务符合保障人身、财产安全的要求。对可能危及人身、财产安全的商品和服务,应当向消费者作出真实的说明和明确的警示,并说明和标明正确使用商品或者接受服务的方法以及防止危害发生的方法。宾馆、商场、餐馆、银行、机场、车站、港口、影剧院等经营场所的经营者,应当对消费者尽到安全保障义务。"从这一规定可以看出,经营者的商品、服务安全保证义务主要包括以下内容:

1. 确保商品、服务符合安全要求。这是指经营者提供的商品和服务应当具有人们合理期待的安全性。在我国,商品、服务符合安全要求,意味着商品服务应符合国家安全标准和行业安全标准,没有标准的,应不存在不合理的危险。所谓不存在不合理的危险,是指在人们按一般观念使用该商品时,不致对其人身或财产造成损害。经营者提供的商品和服务应当符合法律规定的安全性要求。

2. 对危险商品和服务进行警示和说明。这主要针对一些由于其自身性质或现有的技术水平限制不可能完全保证其安全性的商品和服务。对于这些商品,法律允许其存在一定程度的危险,但经营者应当向消费者作出真实的说明和明确的警示,同时,应说明正确使用商品或接受服务的方法以及防止危害发生的方法。

3. 公共营业场所安全保障义务。宾馆、商场、餐馆、银行、机场、车站、港口、影剧院等经营场所是消费者集中进行消费的场所。一方面,消费者人身财产安全可能因为这些场所房屋、设施和其他因素存在的安全隐患引发安全事故而受到损害;另一方面,由于大量人员集中在这些场所,这些人员来源复杂,一些不法分子混迹其间,伺机作案的可能性很大。为更好地保护消费者的人身、财产安全,消费者保护法对这些场所的经营者规定了安全保障义务。这一安全保障义务,意味着这些场所的经营者不仅自己不能侵害消费者的人身、财产安全,而且应采取有效的保障措施,防止消费者的人身财产安全受到来自场所设施、环境因素和其他人行为的侵害。

4. 采取安全保障措施的义务。《消费者权益保护法》第 19 条规定,经营者发现其提供的商品或者服务存在缺陷,有危及人身、财产安全危险的,应当立即向有关行政部门报告和告知消费者,并采取停止销售、警示、召回、无害化处理、销毁、停止生产或者服务等措施。采取召回措施的,经营者应当承担消费者因商品被召回支出的必要费用。

(四) 信息提供义务

《消费者权益保护法》第 20 条规定:"经营者向消费者提供有关商品或者服务的质量、性能、用途、有效期限等信息,应当真实、全面,不得作虚假或者引人误解的宣传。经营者对消费者就其提供的商品或者服务的质量和使用方法等问题提出的询问,应当作出真实、明确的答复。经营者提供商品或者服务应当明码标价。"由此可见,经营者信息提供义务主要包括以下内容:

1. 经营者不得拒绝提供有关信息。消费者了解商品、正确使用商品所需的信息往往依赖经营者而获得,若经营者拒绝提供信息,则消费者便失去最重要的信息来源渠道。因此,与消费者利益相关的商品、服务信息,特别是有关商品或者服务的质量、性能、用途、有效期限等信息,经营者都有义务提供,不得拒绝。

2. 应当提供真实的信息。经营者必须保证其提供的信息的真实性,其通过标签、说明、包装、广告以及口头方式对消费者所作的产品、服务宣传必须与商品、服务的真实情况相符,不得进行引人误解的虚假宣传。所谓引人误解,是指这种虚假宣传可能使消费者信以为真。

3. 应当提供充分的信息。经营者提供的信息不仅应当真实,而且应当充分。信息是否充分,应根据商品、服务的类型及消费者个体差异来决定。一般而言,信息充分是针对消费者对商品、服务作出正确消费决策的需要而言,凡可能影响消费者正确判断、选择、使用、消费的信息,经营者都应提供。但充分信息并不是指一切与商品、服务有关的信息,如商品的具体配方、商品制作的具体工艺等则不属于这一范围。

4. 应当提供全面的信息。经营者提供的信息应当全面,既应包括有利于商品、服务声誉的信息,也应包括不利于其商品、服务声誉的信息,不得故意隐瞒商品或服务存在的瑕疵。

5. 信息应以适当的方式提供。经营者提供信息应当采取适当的方式。(1)信息的载体应容易为消费者所触及。(2)信息应以易为一般消费者所理解的语言、文字、图形等来表述。(3)重要信息应当以特殊的、能引起消费者特别注意的方式标示。

6. 对商品、服务应明码标价。明码标价的作用在于便于国家进行价格监督,有利于防止欺骗性交易,防止交易歧视,便于消费者根据自己的支付能力作出交易选择。

(五)身份标明义务

《消费者权益保护法》第21条规定:"经营者应当标明其真实名称和标记。租赁他人柜台或者场地的经营者,应当标明其真实名称和标记。"从这一规定可以看出,经营者在与消费者的交易中,应当表明自己的真实身份。经营者的名称和标记代表着经营者的信誉,消费者一般倾向于选择市场声誉好的经营者的商品和服务,经营者标明身份可以防止消费者误解,消费者因使用、消费某一商品而受到损害时,亦可方便地找到该商品的提供者,以获得救济。身份标明义务主要有以下要求:

1. 经营者应当标明其身份。凡是通过市场向消费者提供商品、服务的经营者,都应当尽可能地标明其身份。生产者应当在商品或其包装上标明自己的名称或标记,销售者应当于其经营地标明其名称或标记,服务业者应于其服务场所等适当位置标明自己的身份,个体工商业者应当标明自己的姓名。

2. 经营者应当标明其真实身份。经营者标明的应是真实的名称或标记,不得冒充他人名义进行经营活动,亦不得采用足以引起消费者误解的近似于他人的名称或标记进行经营活动。

3. 租赁他人柜台或场地的,应当标明其真实名称和标记。

(六)出具凭证、单据义务

《消费者权益保护法》第22条规定:"经营者提供商品或者服务,应当按照国家有关规定或者商业惯例向消费者出具发票等购货凭证或者服务单据;消费者索要发票等购货凭证或者服务单据的,经营者必须出具。"发票等购物凭证和服务单据是经营者与消费者之间签订合同的凭证,消费者享受"三包"等售后服务权利,以及在利益受到侵害时寻求救济,都需要有关凭证、单据作为凭据或证据。经营者出具凭证、单据的义务主要有以下内容:

1. 经营者应当主动依法或依商业习惯向消费者出具凭证、单据。

2. 消费者索要购货凭证和服务单据时,经营者必须出具。在消费者主动索要购货凭证和服务单据的情况下,即便法律无强制性规定,且按一般商业习惯亦无须出具,经营者仍负有出具的义务。购货凭证和服务单据是经营者与消费者之间合同关系的书面证明。消费者作为合同之当事人,有权拥有交易证明材料,若经营者拒不出具,消费者有权解除合同,取消与经营者的交易。

(七)商品、服务品质担保义务

《消费者权益保护法》第23条第1款、第2款规定:"经营者应当保证在正常使用商品或者接受服务的情况下其提供的商品或者服务应当具有的质量、性能、用途和有效期限;但消费者在购买该商品或者接受该服务前已经知道其存在瑕疵,且存在该瑕疵不违反法律强制性规定的除外。经营者以广告、产品说明、实物样品或者其他方式表明商品或者服务的质量状况的，应当保证其提供的商品或者服务的实际质量与表明的质量状况相符。"可见，经营者的品质担保义务主要有两方面内容：(1)在其对商品、服务的质量未通过广告、产品说明、实物样品等方式作出许诺时，应当保证其所提供的商品和服务具有该商品、服务应当具有的一般质量。(2)在其对商品、服务质量存在许诺的情况下，应当保证其提供的商品和服务具备其所许诺的质量。经营者违反上述担保义务，便应依法承担责任，这种责任便为经营者的品质担保责任。对于耐用消费品和房屋装修等商品和服务，商品和服务存在的瑕疵往往需要经过消费者一定时间的使用后才能发现，为更好保护消费者利益，《消费者权益保护法》第23条第3款规定，经营者提供的机动车、计算机、电视机、电冰箱、空调器、洗衣机等耐用商品或者装饰装修等服务，消费者自接受商品或者服务之日起6个月内发现瑕疵，发生争议的，由经营者承担有关瑕疵的举证责任。对于经营者品质担保责任，我们在以后的章节中还将作专门讨论，在此不再赘述。

(八)退货、更换、修理义务("三包"义务)

《消费者权益保护法》第24条规定，经营者提供的商品或者服务不符合质量要求的，消费者可以依照国家规定、当事人约定退货，或者要求经营者履行更换、修理等义务。没有国家规定和当事人约定的，消费者可以自收到商品之日起7日内退货；7日后符合法定解除合同条件的，消费者可以及时退货，不符合法定解除合同条件的，可以要求经营者履行更换、修理等义务。依照前述规定进行退货、更换、修理的，经营者应当承担运输等必要费用。

1. 退货、更换、修理义务的一般规定。经营者承担一般"三包"义务主要有以下情况：

(1)有国家规定或合同约定的情形。经营者提供的商品或服务不符合质量要求，如国家有规定或当事人之间存在约定，则按照国家相关规定或当事人约定进行退货、更换或修理。

(2)没有国家规定或合同约定的情形。《消费者权益保护法》对没有国家规定和当事人约定情形的商品退货、更换、修理问题作了明确的规定。据此，消费者自收到商品之日起7日内可以退货；7日后符合法定解除合同条件的，也可以及时退货，不符合法定解除合同条件的，可以要求经营者履行更换、修理等义务。这里所指的符合法定解除条件，是指消费者一方依照法律规定享有单方合同解除权，如按照《民法典》第610条的规定，标的物不符合质量要求，致使不能实现合同目的的，买受人可以拒绝接受标的物或者解除合同。因此，如果消费者购买的不符合质量要求的商品根本不具备其应有的功能，不能实现消费者购买该商品的目的，也可以及时退货。但何谓"及时"，法律并没有明确的规定，一般而言，应当理解为在合理的时间内提出退货，何谓合理时间，则应根据案件的具体情况确定。

2. 通过网络、电视、电话、邮购方式销售商品的特别规定。随着网络和通信技术的发展，通过网络、电视、电话、邮购等非传统方式销售商品，已经成为一种时尚。这种商品销售方式在给消费者带来便利的同时，也可能使消费者的权利更容易受到侵害。为了应对这一问题，《消费者权益保护法》第25条对有关网购等消费者的退货问题(消费者的反悔权)作出了特别的规定。其内容涉及以下几个方面：

(1)消费者7日内无理由退货权。根据该法第25条规定，经营者采用网络、电视、电话、邮购等方式销售商品，消费者有权自收到商品之日起7日内退货，且无须说明理由。从经营者义务的角度来说，该项规定表明，经营者对其通过网络等方式销售商品，应当负有接受消费者7日内无理由退货的义务。

(2)消费者无理由退货的例外规定。根据该法第25条第2款规定,下列商品消费者不享有7日内无理由退货权:一是消费者定作的商品,二是鲜活易腐商品,三是在线下载或者消费者拆封的音像制品、计算机软件等数字化商品,四是交付的报纸、期刊。此外,其他根据商品性质并经消费者在购买时确认不宜退货的商品,也不适用无理由退货。

值得注意的是,对于以上商品,尽管消费者没有无理由退货权,但这并不意味着消费者不能退货,如果消费者有正当的理由,仍然可以退货,如消费者收到的商品并非其欲购买的商品,或虽属其购买的商品,但存在严重质量问题,不能发挥正常的功能,在符合一般商品退货条件的情况下,消费者当然可以退货。

(3)有关退货条件、退款期限和成本负担的规定。《消费者权益保护法》第25条第3款规定,消费者退货的商品应当完好。经营者应当自收到退回商品之日起7日内返还消费者支付的商品价款。退回商品的运费由消费者承担;经营者和消费者另有约定的,则按照约定。

(九)遵守格式条款使用规则,不得不当免责的义务

《消费者权益保护法》第26条规定,经营者在经营活动中使用格式条款的,应当以显著方式提请消费者注意商品或者服务的数量和质量、价款或者费用、履行期限和方式、安全注意事项和风险警示、售后服务、民事责任等与消费者有重大利害关系的内容,并按照消费者的要求予以说明。经营者不得以格式条款、通知、声明、店堂告示等方式,作出排除或者限制消费者权利、减轻或者免除经营者责任、加重消费者责任等对消费者不公平、不合理的规定,不得利用格式条款并借助技术手段强制交易。格式条款、通知、声明、店堂告示等含有以上所列内容的,其内容无效。这一规定有以下几层含义:

1. 使用格式条款应当以显著方式提醒相关内容。格式条款是经营者单方提出的作为双方交易合同或合同一部分并在经营活动中反复使用的事先拟定的合同条款。由于格式条款没有经过双方当事人协商,因而,与合同乃双方意思合意的本质相矛盾。因此,法律要求经营者对其中的某些与消费者有重大利害关系的内容提醒对方注意,通过提醒消费者注意,使其准确了解这些内容,并在充分了解的基础上作出是否签订合同的决定。这样,至少在合同的关键条款方面,双方意思表示一致,弥补了格式条款由单方意思决定的缺陷,为其最终成为约束双方当事人的法律文件克服了障碍。如消费者在充分了解格式条款内容的情况下,认为该格式条款对其不利,可以要求对其不满意的条款进行协商。经协商,达成一致的,协商后达成的条款就替代格式条款成为合同的内容,不能达成协议的,消费者可以选择放弃交易。

2. 经营者提出的格式条款应当公平、合理。不公平合理的格式条款有以下两种最典型的形式,消费者保护法明确作出了禁止性规定。

(1)排除、限制消费者权利的格式条款。所谓排除消费者权利,是指以格式条款等方式表明消费者不具有某项权利或不得行使某项权利,如以店堂告示的方式,声明消费者不得挑选商品就是对消费者选择权的排除,某些经营者在格式合同中嵌入条款,对国家实行"三包"的商品规定不实行"三包"就侵犯了消费者依国家规定享有的退货、更换、修理权。所谓限制消费者权利,就是对消费者权利或权利行使附加不合理的条件和要求。如我们经常看到的一些经营者以店堂告示的方式声明,本店购买的商品"如假包换",如仔细推敲,实际上限制了消费者的权利。因为,按照消费者保护法的规定,如果消费者购买到的商品是假货,则他不仅享有要求更换商品的权利,而且可以依法要求经营者给予3倍于商品价格的赔偿,这种看似公道的店堂告

示,实际上是对消费者权利的严重限制。

(2)减轻、免除经营者责任,加重消费者责任的格式条款。此处所指的免除责任是指,通过格式条款免除经营者依照法律或商业习惯而应当承担的责任。从严格意义上说,不当免责条款也是不公平、不合理合同条款的一种。免责条款主要受到以下几个规则的限制:一是法定之侵权责任不得事先免除。在消费者保护法中,有关产品侵权责任,经营者对消费者进行侮辱、殴打等侵害消费者人格权的责任等皆属侵权责任,依法不得免除。二是法律规定之强制性义务不得事先免除,如经营者对消费者的法定"三包"义务便属法定强制性义务,不得以免责条款免除。三是故意或重大过失所生之责任原则上不得事先免除,此处所指的故意或重大过失,包括侵权责任和合同责任中的故意或重大过失。[1]

3. 不公平、不合理的格式条款等无效。格式条款、通知、声明、店堂告示等排除、限制消费者权利,减轻、免除经营者的责任,加重消费者的责任的,其内容无效。应当注意的是,这里的无效仅指格式条款、通知、声明、店堂告示中限制消费者权利,减轻、免除经营者责任或加重消费者责任的内容无效,若其他内容并不因此而受到影响,则其他内容仍可以有效。

(十)尊重消费者人格义务

《消费者权益保护法》第 27 条规定,经营者不得对消费者进行侮辱、诽谤,不得搜查消费者的身体及其携带的物品,不得侵犯消费者的人身自由。

侵犯消费者人格权是一种严重的侵权行为,因此,其责任当然不能通过一般契约条款加以免除。有些商店在店堂明文告示"本店有权搜查带入本店任何包袋的权利"。这些店堂告示当然是无效的,而且,其存在本身亦是对消费人格的一种侵害,有关国家机关应及时予以制止。

当然,消费者中亦有极个别的人在购买商品、接受服务时乘机盗窃经营者的商品。发现这种情况时,经营者可以采取必要的措施。我国《刑事诉讼法》规定,任何公民对于正在实施犯罪行为或在犯罪后即时被发觉的人,都可将其扭送司法机关处理。对于经营者来说亦有权这样处理。但不能凭空怀疑消费者,更不能自作主张随意对消费者实施搜身、盘问、殴打或非法拘禁。

(十一)特定经营者的基本信息提供义务

《消费者权益保护法》第 28 条规定:"采用网络、电视、电话、邮购等方式提供商品或者服务的经营者,以及提供证券、保险、银行等金融服务的经营者,应当向消费者提供经营地址、联系方式、商品或者服务的数量和质量、价款或者费用、履行期限和方式、安全注意事项和风险警示、售后服务、民事责任等信息。"规定特定经营者的基本信息提供义务,不仅有利于消费者准确了解与自己利益相关的交易情况,也有利于在发生纠纷时及时、有效地寻求救济。从以上规定可知,负有信息提供义务的经营者包括两类:(1)采用网络、电视、电话、邮购方式提供商品、服务的经营者。(2)从事金融服务的经营者。

以上两类经营者应当向消费者提供的信息也包括两类:(1)与经营者身份相关的基本信息,包括有关经营者经营地址、联系方式的信息。(2)经营者与特定消费者之间交易的相关基本信息,包括商品或者服务的数量和质量、价款或者费用、履行期限和方式、安全注意事项和风险警示、售后服务、民事责任等信息。至于经营者以何种方式履行信息提供义务,法律并没有

---

[1] 韩世远:《免责条款研究》,载梁慧星主编:《民商法论丛》第 2 卷,法律出版社 1994 年版。

明确规定。鉴于与经营者身份相关的信息是所有与该经营者有交易关系的消费者都需要的信息,因此,对于这些信息,经营者可以适当方式(如通过网站)公开,同时,在特定消费者要求其提供时,也有义务专门提供。对于其与特定消费者交易相关的信息,则可根据情况主动定期向特定消费者提供,在消费者提出要求时,也应负有专门向其提供的义务。

(十二)合法收集、利用消费者个人信息的义务

为防止个人信息被不法收集、利用,保护消费者的合法权益,新修订的《消费者权益保护法》增加了第29条,对经营者收集、利用消费者个人信息问题作出了专门规定。其主要内容如下:

1. 对经营者收集、使用消费者个人信息提出一般要求。《消费者权益保护法》第29条第1款规定:"经营者收集、使用消费者个人信息,应当遵循合法、正当、必要的原则,明示收集、使用信息的目的、方式和范围,并经消费者同意。经营者收集、使用消费者个人信息,应当公开其收集、使用规则,不得违反法律、法规的规定和双方的约定收集、使用信息。"这一规定对经营者收集、使用消费者个人信息提出了四点要求:(1)应当遵循合法、正当和必要原则。(2)明示目的、方式和范围,并经消费者同意。(3)公开收集、使用个人信息的规则。经营者进行信息收集和使用所遵循的规则,应向消费者公开。(4)经营者收集、使用消费者个人信息不得违反法律、法规的规定和其与消费者的约定。

2. 经营者对消费者个人信息负有保密义务。这主要有三层含义:(1)经营者及其工作人员的保密义务。经营者及其工作人员对收集的消费者个人信息必须严格保密,不得泄露,更不得出售该信息或违反法律规定向他人提供信息。(2)应采取保密措施。经营者在收集了消费者个人信息后,不仅不得泄露这些信息,而且要采取必要的技术措施和其他措施,确保信息安全,防止信息泄露或丢失。(3)泄密补救措施。在经营者收集的消费者个人信息发生或可能发生泄露或丢失时,应采取补救措施。

3. 经营者不得利用个人信息发送商业信息。实践中,与消费者曾经发生交易的经营者往往保留该消费者信息,并利用这些信息中消费者的联系方式,将有关商品、服务的信息或资料发给消费者,或向消费者推荐其商品和服务,以此希望获得消费者的再次惠顾。然而,这些行为可能对消费者产生严重的滋扰,为杜绝这种做法,《消费者权益保护法》第29条第3款明确规定,经营者未经消费者同意或者请求,或者消费者明确表示拒绝的,不得向其发送商业性信息。

以上是《消费者权益保护法》规定的经营者对消费者一般义务,它对各类经营者都有约束力。但除此以外,从事某类特殊商品或服务经营的经营者还可能负有某些特殊的义务,这些义务也是经营者义务的重要组成部分。

第四节 消费者利益的国家保护

一、消费者利益的国家保护概述

消费者是公民的一个侧面,消费者的安全、消费领域的秩序、消费关系中的正义以及消费

者的福利，是人类社会安全、秩序、正义和福利的一个重要组成部分。国家的基本职能决定它不可能完全置社会生活的这一领域于不顾。国家对消费者利益的保护一般是通过国家机关的职权活动实现的。国家机关依据其行使权力的性质不同，可以被划分为立法机关、行政执法机关和司法机关。对消费者利益的保护是通过这三种不同的国家机关的职权活动实现的，与此相适应，可将国家对消费者的保护分为三种，即立法保护、行政保护和司法保护。

二、消费者权益的立法保护

消费者权益的立法保护是指立法机关通过制定、修改、颁布、废止等立法活动来保护消费者的利益。立法对消费者权益的保护作用主要表现在三个方面：(1)通过法律向社会宣示消费者的合法权利以及法律对各种侵犯其利益行为的禁止，从而警示经营者不得实施侵犯消费者利益的行为，促使人们自觉地遵守法律规定从而防止侵害消费者利益的行为发生。(2)通过法律规定，为国家行政机关及司法机关的执法和司法活动提供依据，以便行政、司法机关能准确地判断某种行为是否违反法律关于消费者保护的规定，并在侵害消费者利益的行为发生时，予以及时、有效地制止、补救。(3)通过对行政、司法活动的法律监督，保证消费者保护法的全面落实。

通过立法保护消费者的利益，必须保证法律本身的公正性、科学性和可执行性。为此，必须研究我国的基本国情，参考外国的立法经验。然而，法律要充分保护消费者的利益，必须反映消费者的呼声，反映消费者的要求和愿望。我国《消费者权益保护法》第30条规定："国家制定有关消费者权益的法律、法规、规章和强制性标准，应当听取消费者和消费者协会等组织的意见。"只有广泛听取消费者的意见和要求，制定出来的法律才能充分体现对消费者利益的保护。因此，国家在制定消费者保护法时应尽可能吸收从事消费者保护工作的有关人员参加法律的起草工作。在法律草案草拟过程中，应当进行社会调查，草案形成后，应当广泛邀请消费者参与讨论，征求消费者意见。

三、消费者权益的行政保护

消费者权益的行政保护是指行政机关通过行政执法和监督活动对消费者进行的保护。行政机关对消费者的保护主要有两种：一是各级人民政府对消费者的综合保护，二是各级人民政府行政管理部门对消费者权益的专项保护。

《消费者权益保护法》第31条规定："各级人民政府应当加强领导，组织、协调、督促有关行政部门做好保护消费者合法权益的工作，落实保护消费者合法权益的职责。各级人民政府应当加强监督，预防危害消费者人身、财产安全行为的发生，及时制止危害消费者人身、财产安全的行为。"各级人民政府作为综合管理机构，不可能事无巨细地对保护消费者权益的各项工作全面负责，根据前述规定，各级人民政府在消费者保护方面的基本职责包括：(1)领导职责。各级人民政府在消费者保护方面的领导职责表现为组织、协调、督促有关行政部门做好消费者权益保护方面的工作，落实其在保护消费者权益方面的各项职责。(2)监督职责。各级人民政府在保护消费者权益方面的基本职责是监督职责，通过监督，发现消费者保护中存在的问题，并及时采取措施或督促相关政府部门采取措施，及时制止危害消费者人身、财产安全的行为，防止危害消费者人身、财产安全的行为发生。

在大多数情形下，消费者权益保护的具体工作分别由具有保护消费者职能的国家行政部门负责进行。在各种国家行政部门中,与消费者权益保护关系最为密切的是市场监管部门、卫生健康管理部门、发展改革部门、商务管理部门以及行政监察等部门。根据《消费者权益保护法》的规定,其基本的职责是:(1)依法在各自的职责范围内,采取措施,保护消费者的合法权益。(2)听取消费者和消费者协会等组织对经营者交易行为、商品和服务质量问题的意见,及时调查处理。(3)在各自的职责范围内定期或者不定期对经营者提供的商品和服务进行抽查检验,并及时向社会公布抽查检验结果。(4)发现并认定经营者提供的商品或者服务存在缺陷,有危及人身、财产安全危险的,应当立即责令经营者采取停止销售、警示、召回、无害化处理、销毁、停止生产或者服务等措施。(5)依法惩处经营者在提供商品和服务中侵害消费者合法权益的违法犯罪行为。

四、消费者权益的司法保护

在我国,司法机关包括行使法律监督权的各级检察机关和行使审判权的各级人民法院。它们在消费者权益保护方面也发挥着非常重要的作用。

(一)人民检察院在保护消费者利益中的职责

人民检察院是专门行使法律监督权的国家机关。在消费者保护方面,人民检察院可以通过立案侦查活动,揭露严重侵害消费者权益的违法犯罪行为;人民检察院在履行职责中发现食品药品安全领域侵害众多消费者合法权益的损害社会公共利益的行为,在相关消费者协会不提起诉讼的情况下,也可以向人民法院提起诉讼。在相关消费者协会提起消费者公益诉讼的情况下,人民检察院可以支持起诉。通过提起公诉、提起公益诉讼、支持起诉,使严重侵害消费者利益的行为受到制裁;通过对审判活动的监督,维护法律的权威,保护消费者权益;通过法律监督活动,保证消费者保护法的全面、正确实施。

(二)人民法院在消费者权益保护中的职责

人民法院是国家审判机关,其通过审判权的行使来保护消费者的合法权益。在消费者权益保护方面,人民法院通过对刑事案件的审理,打击严重侵犯消费者利益的违法犯罪行为;通过对民事案件的审理,追究经营者的民事责任,使受害消费者获得及时、充分的补偿;通过对行政案件的审理,维护消费者的合法利益,督促国家行政机关严格履行保护消费者的职责;通过司法解释、司法创制活动,阐释法律的含义,弥补现行法律之不足,使消费者保护法得以正确实施,消费者权益获得更充分的保障。

消费者纠纷往往具有金额小、案情较为简单的特点,双方当事人都不愿花大量的时间、精力和金钱打官司。为方便消费者通过司法途径解决纠纷,不少国家都设立了消费者小额索赔法庭,专门处理消费者纠纷。我国《消费者权益保护法》第35条明确规定,人民法院应当采取措施,方便消费者提起诉讼。对符合《民事诉讼法》起诉条件的消费者权益争议,必须受理,及时审理。近年来,我国一些地区的基层法院也开始设立消费者法庭或消费巡回法庭,受理消费者小额纠纷,方便消费者诉讼,对消费者纠纷的及时解决,发挥了重要的作用。

第五节 消费者组织

一、消费者组织概述

消费者组织是指消费者自己组织起来的,以保护其自身利益为宗旨的社会组织。与其他社会组织相比,消费者组织具有以下几个法律特征:

1. 消费者组织是一种公益性社会团体。从法律性质来看,消费者组织是一种社会团体。消费者组织是由消费者组成的社会组织。除单个的消费者外,消费者组织本身亦可以成员的身份与其他消费者组织联合起来成立各种社会组织。这种社会组织,仍然具有社会团体的性质。它不同于国家机关,不是公共权力的行使机构,也不同于各种财团组织,不是以一定的财产为基础而设立的组织,更不同于各种经济组织,它不以营利为目的,通常也不从事生产经营活动。

2. 消费者组织以保护消费者利益为宗旨。消费者组织必须以保护消费者利益为宗旨。这是消费者组织与其他社会团体相区别的重要标志。保护消费者利益包括保护消费者的根本利益、保护消费者的某一方面利益以及保护某些消费者的利益。因此,为了消费者安全或公平交易等权利的实现而设立的监督组织,以及为了保护老年或儿童消费者利益而设立的组织,也属于消费者组织。消费者组织不得违反其宗旨而从事其他活动。

3. 消费者组织的法律地位具有特殊性。从法律地位上看,消费者组织有些具有法人资格,有些则不具有法人资格。凡符合《民法典》规定的法人条件、经依法登记成立的消费者组织,都可取得法人资格。相反,不符合法定条件则不能取得法人资格。但不具有法人资格的消费者组织仍然可以依法进行各种维护消费者权益的活动。

根据我国《消费者权益保护法》的规定,我国消费者组织有两种类型:一为消费者协会,二为其他消费者组织。依法成立的其他消费者组织依照法律、法规及其章程的规定,开展保护消费者合法权益的活动。将消费者组织分为这两种类型是由我国的特殊国情所决定的。

二、消费者协会

(一)消费者协会的设置与职责

消费者协会基本上是按照行政区划设置的。全国设立中国消费者协会,各省、自治区、直辖市设立省、自治区、直辖市消费者协会,其下各地、市、县也设有相应的消费者协会。

根据《消费者权益保护法》第37条的规定,消费者协会履行下列公益性职责:(1)向消费者提供消费信息和咨询服务,提高消费者维护自身合法权益的能力,引导文明、健康、节约资源和保护环境的消费方式。(2)参与制定有关消费者权益的法律、法规、规章和强制性标准。(3)参与有关行政部门对商品和服务的监督、检查。(4)就有关消费者合法权益的问题,向有关部门反映、查询,提出建议。(5)受理消费者的投诉,并对投诉事项进行调查、调解。(6)投诉事项涉及商品和服务质量问题的,可以委托具备资格的鉴定人鉴定,鉴定人应当告知鉴定意见。

(7)就损害消费者合法权益的行为,支持受损害的消费者提起诉讼或依法提起诉讼。(8)对损害消费者合法权益的行为,通过大众传播媒介予以揭露、批评。

各级人民政府对消费者协会履行职责应当予以必要的经费等支持。消费者协会应当认真履行保护消费者合法权益的职责,听取消费者的意见和建议,接受社会监督。

(二)对消费者协会的限制

《消费者权益保护法》第38条规定,消费者组织不得从事商品经营和营利性服务,不得以收取费用或者其他牟取利益的方式向消费者推荐商品和服务。

1. 不得从事商品经营和营利性服务,包括两方面的含义:(1)消费者协会不得以营利为目的,从事商品生产、流通的活动,如投资开办工厂、开设商店或以消费者协会的名义从事商事代理活动或其他经营活动。(2)消费者协会在日常工作中为消费者提供咨询服务或进行其职责范围内的其他事务,不得以营利为目的,收取服务费、咨询费等费用。

2. 不得以收取费用或其他牟利方式向消费者推荐商品和服务。这里有两层含义:(1)消费者协会可以进行产品和服务的推荐工作。推荐产品和服务是消费者协会指导消费的重要方式之一。消费者协会可以通过报刊、广播、电视等传播媒介或通过新闻发布会、专题讲座、举办展览、散发宣传资料等方式进行优质产品和服务的推荐工作。这种正常的推荐工作是维护消费者利益所必需的,因而受到法律保护。(2)消费者协会向社会推荐产品和服务,不得收取费用或牟利。凡以牟利为目的推荐产品和服务的行为,无论其推荐是否真实,是否造成对消费者的实际损害,均属违法,应当追究有关人员的法律责任。

第六节 消费者争议及其解决途径

一、消费者争议

消费者争议,是指消费者与经营者之间发生的与消费者权益有关的争议。

消费者争议的一方当事人是消费者,而另一方则是经营者。双方都是消费者或都是经营者的争议不属于消费者争议。消费者是相对于经营者的一个概念,因而,没有经营者亦无所谓消费者。一般公民与行政机关的争议,不属于消费者争议。

二、消费者争议中的当事人确定

在消费者争议中,消费者一方当事人是与争议有直接利害关系的消费者,它包括两种情况:一是侵权纠纷中因经营者侵权行为而受人身或财产损害的人。应当注意的是,除与经营者有合同关系的消费者以外,因受到缺陷商品、服务侵害而与经营者没有合同关系的受害人,也可以成为消费者争议中的消费者一方当事人。二是合同纠纷中与他人发生争议的合同关系的当事人,即与经营者缔结合同,并受合同约束的人。但有以下例外:(1)在受害消费者死亡的情况下,受害消费者的近亲属可以成为争议的当事人。消费者近亲属包括死者的父母、配偶、子女等。(2)在消费保险合同争议中,与经营者签订合同的投保人和受益人都可以成为争议的当事人。(3)在因经营者违反品质担保义务而发生的争议中,虽与担保者没有合同关系,但与销售产品的销售者有合同关系的人,可以成为与担保者争议的当事人。(4)因虚假广告而遭受损失的消费者虽与广告经营者没有合同关系,在特定情形下,亦可以成为与广告经营者发生纠纷的当事人。

经营者一方当事人的确定,应考虑消费争议的具体情况。根据《消费者权益保护法》的规定,消费者在其权益受到侵害或发生争议时,可根据具体情况,确定争议的对方当事人。主要有以下情形:

(一)商品生产者或销售者

按照《消费者权益保护法》第40条:(1)消费者在购买、使用商品时,其合法权益受到损害的,可以向销售者要求赔偿。销售者赔偿后,属于生产者的责任或者属于向销售者提供商品的其他销售者的责任的,销售者有权向生产者或者其他销售者追偿。(2)消费者或者其他受害人因商品缺陷造成人身、财产损害的,可以向销售者要求赔偿,也可以向生产者要求赔偿。属于生产者责任的,销售者赔偿后,有权向生产者追偿。属于销售者责任的,生产者赔偿后,有权向销售者追偿。(3)消费者在接受服务时,其合法权益受到损害的,可以向服务者要求赔偿。

(二)承受致害企业权利义务者

按照《消费者权益保护法》第41条,致消费者合法权益受到损害的企业发生合并、分立的,消费者可以向合并后的企业请求赔偿,或向分立后承受原企业权利义务的企业请求赔偿,分立时对原企业的权利义务承担未作明确划分的,分立后的各企业应承担连带责任,消费者可择其一而请求承担责任,亦可将分立后的各企业作为共同当事人而要求承担责任。

(三)营业执照的使用者或持有者

按照《消费者权益保护法》第42条,使用他人营业执照的经营者提供商品、服务损害消费者合法权益的,消费者除可向其提出承担责任的要求外,还可以要求营业执照的持有人承担责任。

(四)展销会的举办者或柜台出租者

按照《消费者权益保护法》第43条,消费者在展销会、租赁柜台购买商品或者接受服务,其合法权益受到损害的,可以向销售者或者服务者要求赔偿。展销会结束或者柜台租赁期满后,也可以向展销会的举办者、柜台的出租者要求赔偿。展销会的举办者、柜台的出租者赔偿后,有权向销售者或者服务者追偿。

(五)网络交易平台

按照《消费者权益保护法》第44条,消费者通过网络交易平台购买商品或者接受服务,其合法权益受到损害的,可以向销售者或者服务者要求赔偿。网络交易平台提供者不能提供销售者或者服务者的真实名称、地址和有效联系方式的,消费者也可以向网络交易平台提供者要求赔偿;网络交易平台提供者作出更有利于消费者的承诺的,应当履行承诺。网络交易平台提供者赔偿后,有权向销售者或者服务者追偿。网络交易平台提供者明知或者应知销售者或者服务者利用其平台侵害消费者合法权益,未采取必要措施的,依法与该销售者或者服务者承担连带责任。也就是说,在网络交易平台提供者不能提供销售者或者服务者的真实名称、地址和有效联系方式时,或者网络交易平台提供者作出更有利于消费者的承诺,就该承诺的履行而与消费者发生争议时,以及网络交易平台提供者明知或者应知销售者或者服务者利用其平台侵害消费者合法权益而未采取必要措施时,消费者都可以直接以网络交易平台为对方当事人,寻求法律救济。但网络交易平台提供者赔偿后,有权向销售者或者服务者追偿。

(六)广告经营者、发布者和商品服务推荐者

《消费者权益保护法》第45条规定,消费者因经营者利用虚假广告或者其他虚假宣传方式提供商品或者服务,其合法权益受到损害的,可以向经营者要求赔偿。广告经营者、发布者发布虚假广告的,消费者可以请求行政主管部门予以惩处。广告经营者、发布者不能提供经营者的真实名称、地址和有效联系方式的,应当承担赔偿责任。广告经营者、发布者设计、制作、发布关系消费者生命健康商品或者服务的虚假广告,造成消费者损害的,应当与提供该商品或者服务的经营者承担连带责任。社会团体或者其他组织、个人在关系消费者生命健康商品或者服务的虚假广告或者其他虚假宣传中向消费者推荐商品或者服务,造成消费者损害的,应当与提供该商品或者服务的经营者承担连带责任。由此可见,广告经营者、发布者不能提供商品、服务经营者真实名称、地址和有效联系方式,以及设计、制作、发布关系消费者生命健康的商品或服务的虚假广告造成消费者损害的,就有可能成为消费者争议的对方当事人。社会团体、其他组织和个人(商品服务推荐者)对关系消费者生命健康的商品、服务作虚假广告或作虚假宣传时,也可能成为消费者争议的对方当事人。

三、消费者争议的解决途径

根据《消费者权益保护法》第39条的规定,消费者争议,可以通过下列途径解决:

(一)协商和解

这是指消费者与经营者在发生争议后,就与争议有关的问题进行协商,达成和解协议,使纠纷得以解决的活动。协商和解从性质上说属于当事人自力救济的一种形式,在协商和解中应特别注意以下几个问题:

1.协商和解必须遵守自愿原则。在协商和解中,是否进行协商和解以及按照怎样的条件进行和解,都须由当事人自己决定,不得强迫协商,更不得采用暴力、威胁手段强行要求对方接受某种和解条件。

2.当事人应当具有和解权利。可以协商和解的争议应当是当事人具有和解权利的争议,即其涉及的权利义务必须是当事人可以处分的权利义务。对涉及犯罪行为的争议以及涉及公共利益的争议,当事人不得进行和解。

3.协商和解不得损害第三方利益。当事人协商和解不得损害国家利益、社会公共利益或第三人的利益。和解协议的内容不得违法。例如,经营者对其伪劣商品给消费者造成的损害虽答应赔偿,但以消费者对其假冒商标的行为不得检举、揭发为条件。损害第三方合法利益的和解协议应为无效。

(二)调解

《消费者权益保护法》第39条规定,消费者争议可以通过请求消费者协会或依法成立的其他调解组织调解解决。消费者纠纷的调解可以由消费者协会进行,也可由依法成立的其他调解组织进行。不过消费者协会调解是消费者纠纷调解中最规范、最普遍、最有效的一种调解

形式。

调解从性质上说仍属于私力救济的范围。消费者协会在调解过程中,应特别注意以下几个问题:(1)严格遵守自愿原则。是否调解、是否达成调解协议以及怎样达成调解协议,应由当事人自己决定。调解协议达成后,亦应由当事人自愿履行,消费者协会可以督促当事人履行,但不得强迫。消费者协会可以在调解过程中提出解决纠纷的方案,供双方当事人参考,但不得代当事人作出决定,或以仲裁者身份作出裁决。(2)不得拒绝调解。消费者协会应积极主动地促成当事人达成协议,并鼓励当事人自觉履行。在消费者提出请求时,消费者协会不得拒绝调解。(3)认真履行监督职责。在调解过程中发现经营者存在违法犯罪行为时,应及时报告国家有关部门,要求国家有关部门采取措施,及时予以制止。同时,还可对某些不法行为或侵害消费者利益的其他问题,通过新闻媒介予以曝光,维护消费者利益。(4)依法公正地进行调解。消费者协会在受理投诉、进行调解过程中,应当遵循以事实为根据、以法律为准绳的原则,不得利用消费者对其的信任,在调解过程中欺骗消费者,鼓动消费者接受对其不利的条件。(5)不得妨碍当事人行使诉权。调解不是解决消费者争议的必经程序,当事人不愿意调解或调解不能达成协议或达成协议后一方反悔的,都可以通过仲裁或诉讼解决争议,消费者协会不得妨碍当事人申请仲裁或起诉。

(三)行政投诉

消费者在发生权益纠纷后,除协商和解或向消费者协会申请调解外,还可以向有关行政机关投诉,要求行政机关维护自己的合法权益。

所谓行政投诉,是指自然人或法人认为自己的合法权益受到损害而向行政机关提出的要求行政机关予以保护的请求。根据《消费者权益保护法》第46条,消费者向有关行政部门投诉的,该部门应当自收到投诉之日起7个工作日内,予以处理并告知消费者。

行政机关对消费者争议的处理不得妨碍当事人行使诉权,无论行政机关作出的处理决定是否标有"最终裁定"或"最终决定"的字样,只要当事人对其处理不服,都可以向司法机关提起诉讼。当事人的诉权不容剥夺,行政机关对违法经营者作出正确适当的处罚并不意味着作为争议当事人的消费者放弃了自身利益。对经营者处罚的目的在于维护公共利益,而消费者行使诉权的目的在于维护自身的利益,二者不能混淆,更不能互相替代。

(四)消费者争议的仲裁

根据《消费者权益保护法》的规定,对消费者权益争议,如当事人之间存在仲裁协议,可将纠纷提交仲裁机构仲裁,有关消费者争议的仲裁,应根据《仲裁法》的规定进行。

仲裁协议是争议双方当事人达成的将争议提交仲裁机构仲裁的协议。仲裁协议是仲裁机构解决争议的前提,当事人之间没有仲裁协议的,不能申请仲裁。若当事人对仲裁协议的效力有异议,可以请求仲裁委员会作出决定,或由人民法院作出裁定。一方请求仲裁委员会决定,另一方请求法院裁定的,以法院裁定为准。当事人之间无仲裁协议的,仲裁机关不予受理。

仲裁裁决自作出之日起发生法律效力,对生效仲裁裁决,当事人应当履行。一方当事人不履行的,另一方当事人可依照《民事诉讼法》的规定向人民法院申请强制执行。人民法院在接到当事人执行申请后,应依法组成合议庭审查核实,符合执行条件的,予以执行;不符合条件的,不予执行。当事人可根据双方达成的仲裁协议重新申请仲裁,也可以向人民法院起诉。

(五)消费者纠纷的诉讼解决途径

消费者诉讼有两种基本的形式:一为一般消费者诉讼,二为消费者公益诉讼。就一般消费者诉讼而言,在消费者争议发生后,当事人在没有仲裁协议的情况下,可以向法院起诉。一般消费者争议是消费者与经营者之间的权益争议,因此,从性质上说,它一般为民事案件,但是,在特殊情况下,消费者争议可能属于刑事案件。因为损害消费者利益情节严重的行为往往会构成犯罪,而此种犯罪行为又往往会导致消费者的财产损害。例如,经营者出售劣质有毒食品、酒类、饮料等致消费者中毒,出售不符合安全要求的商品致消费者人身或财产遭受重大损害等,都可以构成犯罪,并导致消费者人身或财产损害,因而,受害消费者有可能提起刑事附带民事诉讼。

消费者公益诉讼是新修订的《民事诉讼法》和《消费者权益保护法》新增的一种消费者诉讼形式。经营者的行为可能使众多消费者的权益受到侵害。一方面,由于受到侵害的单个消费者受到的损害并不大,因而没有寻求法律保护的积极性;另一方面,即便少数受害消费者就自身的损害通过诉讼途径请求经营者承担责任,也不能使未提起诉讼的其他消费者获得相应的赔偿。同时,通过消费者个人诉讼,更不能有效阻止经营者对众多不特定消费者实施持续的侵害。通过消费者公益诉讼,可以以较低的司法成本,一并解决经营者侵害众多消费者利益的问题,并可通过一次裁判,有效禁止经营者继续实施侵害众多消费者权益的行为,彻底杜绝经营者对众多消费者利益的持续侵害。根据《消费者权益保护法》第47条的规定,对侵害众多消费者合法权益的行为,中国消费者协会以及在省、自治区、直辖市设立的消费者协会可以向人民法院提起诉讼。除此之外,根据《民事诉讼法》58条的规定,人民检察院在履行职责中发现食品药品安全领域侵害众多消费者合法权益等损害社会公共利益的行为,在相关消费者协会不提起诉讼的情况下,也可以向人民法院提起诉讼。在相关消费者协会提起消费者公益诉讼的情况下,人民检察院可以支持起诉。

第七节 消费者保护法中的法律责任

一、消费者保护法中的法律责任概述

消费者保护法中的法律责任是指经营者违反保护消费者的法律规定或经营者与消费者约定的义务而依法承担的法律后果。它是为保证经营者依法履行义务而采取的措施,是保障消费者保护法顺利实施的重要手段。其主要有以下特征:

1.消费者保护法中的法律责任是一种综合性责任。消费者保护法是以法的功能为基础而形成的一个法律类别。为了保护消费者利益,立法者必然要采用多种方法来对经营者与消费者之间的关系进行调整。这必然要求法律根据经营者损害消费者利益行为的性质和程度规定经营者的法律责任。消费者保护法中法律责任的综合性表现在,它涵盖了各种不同性质、不同内容的法律责任形式。从性质上看,既有公法责任,亦有私法责任;既有民事责任,又有行政责任和刑事责任。

2.承担责任的主体是经营者。消费者保护法中的责任是经营者责任。这是由消费者保护法的性质所决定的,消费者保护法以保护消费者为目的,故其内容主要为有关消费者权利和经营者义务的规定。经营者在消费者权益保护法中总是以义务主体的身份出现,因此,以经营者义务为基础的法律责任必然表现为经营者责任。

3.承担责任是因经营者损害消费者的利益。损害消费者利益既包括损害消费者的普遍利益(公共利益之一种表现形式),亦包括损害消费者的私人利益。当经营者的行为仅损害消费者的私人利益时,只引起私法责任。当经营者的行为既损害私人利益,又损害公共利益时,则既要承担私法责任,亦要承担公法责任。当经营者的行为仅涉及公共利益(如制造劣质、不安全商品尚未出售)时,则仅承担公法责任,即行政责任或刑事责任。只有当经营者实施损害消费者利益的行为时,才依照消费者保护法的规定承担责任。

4.具有一定的惩罚性。一般民事责任基于当事人地位平等原则而确立,故一般民事责任具有补偿性的特点,而消费者权益保护法中的民事责任则基于对消费者的特殊保护而确立,故除具有补偿性外,还具有惩罚性。《消费者权益保护法》第55条第1款规定,经营者提供商品或服务有欺诈行为的,应当按消费者的要求增加赔偿其受到的损失,增加赔偿的金额为消费者购买商品价款或接受服务费用的3倍。此即为典型的带有惩罚性的赔偿责任。

二、关于侵害消费者权益民事责任的特别规定

从责任的发生基础看,消费者权益保护法中的经营者的民事责任主要包括侵权责任、合同责任、拒绝承担责任的责任以及欺诈行为的惩罚性赔偿责任。《消费者权益保护法》第48条第1款规定:"经营者提供商品或者服务有下列情形之一的,除本法另有规定外,应当依照其他有关法律、法规的规定,承担民事责任:(一)商品或者服务存在缺陷的;(二)不具备商品应当具备的使用性能而出售时未作说明的;(三)不符合在商品或者其包装上注明采用的商品标准的;(四)不符合商品说明、实物样品等方式表明的质量状况的;(五)生产国家明令淘汰的商品或者销售失效、变质的商品的;(六)销售的商品数量不足的;(七)服务的内容和费用违反约定的;(八)对消费者提出的修理、重作、更换、退货、补足商品数量、退还货款和服务费用或者赔偿损失的要求,故意拖延或者无理拒绝的;(九)法律、法规规定的其他损害消费者权益的情形。"同时,该条第2款规定:"经营者对消费者未尽到安全保障义务,造成消费者损害的,应当承担侵权责任。"前述规定所列的情形是经营者侵害消费者权益的常见情形,对于这些侵害消费者权益的情形,《民法典》《产品质量法》《食品安全法》《药品管理法》等法律对经营者的责任已经作了规定,因此,在通常情况下,经营者的责任一般按照这些法律规定处理。此外,为更好地保护消费者的合法权益,《消费者权益保护法》还对经营者民事责任作出了特别的规定,并且该法的特别规定优先适用。《消费者权益保护法》对于经营者民事责任的特别规定,主要有以下几个方面:

(一)人身伤害责任形式的特别规定

《消费者权益保护法》第49条规定,经营者提供商品或者服务,造成消费者或者其他受害人人身伤害的,应当赔偿医疗费、护理费、交通费等为治疗和康复支出的合理费用,以及因误工减少的收入。造成残疾的,还应当赔偿残疾生活辅助具费和残疾赔偿金。造成死亡的,还应当赔偿丧葬费和死亡赔偿金。该条是关于经营者产品与服务侵权责任形式规定,应当注意的是,

作为侵权责任,它不受合同关系的限制,在产品侵权时,其责任认定适用《产品质量法》有关产品责任构成要件的规定,即产品、服务存在缺陷(不合理的危险),对消费者或者其他人造成了人身伤害,伤害与产品缺陷之间存在因果关系。产品责任实行严格责任原则,不以经营者存在过错为要件。责任的形式包括侵权人赔偿受害人因侵权而产生的以下损失:(1)医疗费、护理费、交通费等为治疗和康复支出的合理费用;(2)因误工减少的收入;(3)造成残疾的,另加残疾生活自助具费和残疾赔偿金;(4)造成死亡的,另加丧葬费、死亡赔偿金以及由死者生前扶养的人所必需的生活费等费用。

(二)侵害消费者人格尊严、人身自由和个人信息权责任的特别规定

《消费者权益保护法》第50条规定,经营者侵害消费者的人格尊严、侵犯消费者人身自由或者侵害消费者个人信息依法得到保护的权利的,应当停止侵害、恢复名誉、消除影响、赔礼道歉,并赔偿损失。这是《消费者权益保护法》关于经营者侵害消费者人格尊严、人身自由和个人信息权利的特别规定。人格尊严是指公民作为一个人应当受到他人最起码的尊重的权利。人身自由是公民在法律范围内有独立支配自己行为而不受他人非法干涉、剥夺和限制的自由。经营者侮辱、谩骂消费者的行为是经常发生的侵害消费者人格尊严的行为,而搜身、扣留消费者等行为则既侵犯消费者的人身自由,同时也侵犯消费者人格尊严。个人信息受法律保护的权利,是指消费者个人信息中受到法律保护的利益。《消费者权益保护法》第29条规定了经营者对于消费者个人信息保护的各项义务,经营者违反义务的行为都是对消费者个人信息权益的侵害,应当按照法律规定承担停止侵害、恢复名誉、消除影响、赔礼道歉的责任,造成消费者损失的,应当赔偿损失。

(三)精神损害赔偿的特别规定

《消费者权益保护法》第51条规定,经营者有侮辱诽谤、搜查身体、侵犯人身自由等侵害消费者或者其他受害人人身权益的行为,造成严重精神损害的,受害人可以要求精神损害赔偿。从该条的规定可以看出,消费者精神损害赔偿适用于经营者采取侮辱、搜身、侵犯消费者人身自由等侵害消费者或其他受害人的人身权益的行为,这种行为只有造成了受害人严重的精神损害,才能要求经营者承担精神损害赔偿责任。精神损害一般指侵权行为导致受害人心理和情感上遭受创伤和痛苦,如过度的精神悲伤、忧虑等。严重的精神损害,包括造成当事人死亡、残疾、患严重的心理疾病或精神病、精神分裂、精神抑郁等严重影响其正常学习、工作和生活的情形。按照最高人民法院《关于确定民事侵权精神损害赔偿责任若干问题的解释》(2020年修正),因人身权益或具有人身意义的特定物受到侵害,自然人或其近亲属可向人民法院提起诉讼请求精神损害赔偿。精神损害的赔偿数额,由人民法院综合考虑侵权人的过错程度(法律另有规定的除外),侵权行为的目的、方式、场合等具体情节,侵权行为所造成的后果,侵权人的获利情况,侵权人承担责任的经济能力,受理诉讼法院所在地的平均生活水平等因素确定。

(四)消费者财产损害的特别规定

《消费者权益保护法》第52条规定,经营者提供商品或者服务,造成消费者财产损害的,应当依照法律规定或者当事人约定承担修理、重作、更换、退货、补足商品数量、退还货款和服务费用或者赔偿损失等民事责任。该条规定的财产损害,是经营者提供商品或服务造成的消费者财产损害。它既包括商品本身的损害,也包括提供商品、服务过程中对消费者财产造成的损害,还包括其在销售商品或提供服务过程中因环境因素等造成消费者的财产损害以及在售后

服务等过程中对消费者财产造成的损害。在发生此类损害时,经营者应根据法律或其与消费者的约定,承担修理、重作、更换、退货、补足商品数量、退还货款或服务费用以及赔偿损失的责任。如上门安装空调过程中,空调掉落导致空调本身和消费者家中其他财产受到损害,此时,经营者不仅要修理或更换空调机,也要赔偿对消费者家中其他财产造成的损害。

（五）预收款退还的特别规定

《消费者权益保护法》第53条规定:"经营者以预收款方式提供商品或者服务的,应当按照约定提供。未按照约定提供的,应当按照消费者的要求履行约定或者退回预付款;并应当承担预付款的利息、消费者必须支付的合理费用。"预收款的方式,即先向消费者收取预收款,然后,在约定期限或期日向消费者提供商品或服务。在预收款交易中,经营者必须严格履行合同,按约定的期限(时间)、地点、方式等要求,向消费者提供商品和服务。如果没有按照约定提供商品和服务,消费者有两种选择:(1)要求经营者重新履行约定。(2)要求退回消费者的预付款。在前一种情形下,因重新履行约定给消费者增加的必要费用,应当由经营者承担;在后一种情形下,经营者必须退回预收款,并支付占用消费者预付款期间的利息,赔偿消费者因此而必须支付的合理费用。

（六）不合格产品退货的特别规定

《消费者权益保护法》第54条规定,依法经有关行政部门认定为不合格的商品,消费者要求退货的,经营者应当负责退货。该条规定的退货,是适用于各种情形的退货,即便已经超过了法律规定或当事人约定的退货期,如果商品被有关行政部门认定为不合格,消费者也享有退货权。因此,对于经有关部门认定不合格的商品,经营者不得以该商品已过退货期为由拒绝消费者退货。

（七）欺诈和故意侵害消费者权益的惩罚性赔偿的特别规定

1. 欺诈行为的惩罚性赔偿

《消费者权益保护法》第55条第1款规定:经营者提供商品或者服务有欺诈行为的,应当按照消费者的要求增加赔偿其受到的损失,增加赔偿的金额为消费者购买商品的价款或者接受服务的费用的3倍;增加赔偿的金额不足500元的,为500元。法律另有规定的,依照其规定。该条适用的关键是如何认定经营者的行为属于欺诈行为。对此,目前法律并没有明确规定。2015年1月5日原国家工商行政管理总局发布了《侵害消费者权益行为处罚办法》(2020年国家市场监督管理总局修订),对经营者的欺诈行为进行了列举。根据该办法,经营者的以下行为属于欺诈行为:

(1)提供商品、服务过程中的欺诈行为。一是在销售的商品中掺杂、掺假,以假充真,以次充好,以不合格商品冒充合格商品;二是销售国家明令淘汰并停止销售的商品;三是提供商品或者服务中故意使用不合格的计量器具或者破坏计量器具准确度;四是骗取消费者价款或者费用而不提供或者不按照约定提供商品或者服务。

此外,下列提供商品、服务过程中的行为,如果经营者不能证明未欺骗、误导消费者,也构成欺诈行为:一是销售的商品或者提供的服务不符合保障人身、财产安全要求;二是销售失效、变质的商品;三是销售伪造产地、伪造或者冒用他人的厂名、厂址、篡改生产日期的商品;四是销售伪造或者冒用认证标志等质量标志的商品;五是销售的商品或者提供的服务侵犯他人注册商标专用权;六是销售伪造或者冒用知名商品特有的名称、包装、装潢的商品。

(2) 提供信息过程中的欺诈行为。一是不以真实名称和标记提供商品或者服务;二是以虚假或者引人误解的商品说明、商品标准、实物样品等方式销售商品或者服务;三是作虚假或者引人误解的现场说明和演示;四是采用虚构交易、虚标成交量、虚假评论或者雇佣他人等方式进行欺骗性销售诱导;五是以虚假的"清仓价""甩卖价""最低价""优惠价"或者其他欺骗性价格表示销售商品或者服务;六是以虚假的"有奖销售""还本销售""体验销售"等方式销售商品或者服务;七是谎称正品销售"处理品""残次品""等外品"等商品;八是夸大或隐瞒所提供的商品或者服务的数量、质量、性能等与消费者有重大利害关系的信息,误导消费者;九是以其他虚假或者引人误解的宣传方式误导消费者。

(3) 特定服务业经营者的欺诈行为。一是从事为消费者提供修理、加工、安装、装饰装修等服务的经营者谎报用工用料,故意损坏、偷换零部件或材料,使用不符合国家质量标准或者与约定不相符的零部件或材料,更换不需要更换的零部件,或者偷工减料、加收费用,损害消费者权益的;二是从事房屋租赁、家政服务等中介服务的经营者提供虚假信息或者采取欺骗、恶意串通等手段损害消费者权益的。

除法律另有规定外,对于以上欺诈行为,消费者都可以要求增加赔偿其受到的损失。

2. 故意提供有缺陷商品致消费者严重受害的惩罚性赔偿

《消费者权益保护法》第 55 条第 2 款规定,经营者明知商品或者服务存在缺陷,仍然向消费者提供,造成消费者或者其他受害人死亡或者健康严重损害的,受害人有权要求经营者依照该法第 49 条、第 51 条等法律规定赔偿损失,并有权要求所受损失 2 倍以下的惩罚性赔偿。该规定有以下几层含义:(1) 在行为构成上,经营者必须有故意违法行为,即经营者明知商品或服务存在不合理的危险,仍然向消费者提供;在结果上,造成了消费者或其他受害人死亡或健康严重损害的后果。(2) 消费者可根据法律规定请求经营者承担人身伤害赔偿责任,包括该法第 49 条规定的医疗费、护理费、交通费等为治疗和康复支出的合理费用,因误工减少的收入、生活辅助具费、残疾赔偿金、丧葬费和死亡赔偿金,以及第 51 条规定的精神损害赔偿金。(3) 消费者或受害人有权要求经营者支付 2 倍的惩罚性赔偿金。应当注意的是,此处之 2 倍赔偿,是以消费者或受害人所受损失为标准计算的,而不是以相关商品价款或服务费用为标准计算的。惩罚性赔偿不同于罚款,应当归受害的消费者或其他受害人所有。

除《消费者权益保护法》外,其他法律中也规定了经营者生产、经营假冒伪劣商品的惩罚性赔偿责任。根据《食品安全法》第 148 条第 2 款的规定,生产不符合食品安全标准的食品或者经营明知是不符合食品安全标准的食品,消费者除要求赔偿损失外,还可以向生产者或者经营者要求支付价款 10 倍或者损失 3 倍的赔偿金;增加赔偿的金额不足 1000 元的,为 1000 元。但是,食品的标签、说明书存在不影响食品安全且不会对消费者造成误导的瑕疵的除外。根据《药品管理法》第 144 条第 2 款的规定,因药品质量问题受到损害的,受害人可以向药品上市许可持有人、药品生产企业请求赔偿损失,也可以向药品经营企业、医疗机构请求赔偿损失。接到受害人赔偿请求的,应当实行首负责任制,先行赔付;先行赔付后,可以依法追偿。生产假药、劣药或者明知是假药、劣药仍然销售、使用的,受害人或者其近亲属除请求赔偿损失外,还可以请求支付价款 10 倍或者损失 3 倍的赔偿金;增加赔偿的金额不足 1000 元的,为 1000 元。

三、消费者保护法中的行政责任

经营者损害消费者利益的行政责任是指经营者违反消费者保护法,从事损害消费者利益的经营活动而依法受到的行政处罚。行政处罚从内容上看包括四种类型,即申诫罚、财产罚、能力罚和人身罚。在消费者保护法中,这几种类型的行政处罚都可以适用。

按照《消费者权益保护法》第56条,经营者损害消费者利益应当被追究行政责任的情形主要包括:(1)提供的商品或者服务不符合保障人身、财产安全要求。(2)在商品中掺杂、掺假,以假充真,以次充好,或者以不合格商品冒充合格商品。(3)生产国家明令淘汰的商品或者销售失效、变质的商品。(4)伪造商品的产地,伪造或者冒用他人的厂名、厂址,篡改生产日期,伪造或者冒用认证标志等质量标志。(5)销售的商品应当检验、检疫而未检验、检疫或者伪造检验、检疫结果。(6)对商品或者服务作虚假或者引人误解的宣传。(7)拒绝或者拖延有关行政部门责令对缺陷商品或者服务采取停止销售、警示、召回、无害化处理、销毁、停止生产或者服务等措施。(8)对消费者提出的修理、重作、更换、退货、补足商品数量、退还货款和服务费用或者赔偿损失的要求,故意拖延或者无理拒绝。(9)侵害消费者人格尊严、侵犯消费者人身自由或者侵害消费者个人信息依法得到保护的权利。(10)法律、法规规定的对损害消费者权益应当予以处罚的其他情形。

对于以上10种侵害消费者行为,如果其他有关法律、法规对处罚机关和处罚方式有规定,则依照其他法律、法规的规定执行;其他法律、法规未作规定的,按照《消费者权益保护法》第56条的规定执行。可见,在行政责任方面,《消费者权益保护法》的适用与民事责任规定的适用是相反的:侵害消费者的民事责任在法律适用方面实行《消费者权益保护法》优先,即该法有规定的,适用该法的规定,没有规定的,适用其他法律的规定;而在行政责任方面,则实行其他法律优先,即如果其他法律、法规对侵害消费者权益的处罚机关、处罚方式有规定,则优先适用其他法律、法规,只有在其他法律、法规没有规定的情况下,才适用《消费者权益保护法》第56条的规定。

《消费者权益保护法》关于经营者侵害消费者权益行政责任的特别规定,主要有以下内容:(1)处罚机关。在法律、法规没有规定的情况下,上述10种行为的行政处罚机关是市场监督管理部门(原为工商行政管理部门)或者其他有关行政部门。(2)责任形式。责任形式包括:责令改正、警告、没收违法所得、罚款、责令停业整顿,吊销营业执照。其中,罚款的幅度有两种,经营者有违法所得的,处以违法所得1倍以上10倍以下的罚款,没有违法所得的,处以50万元以下的罚款。责令停业整顿、吊销营业执照只适用于情节严重的情形。(3)就各种责任形式的关系而言,责令改正是最轻的适用于所有侵害消费者行为的责任形式;警告、没收违法所得、罚款可以在责令改正的基础上单处或并处;如果经营者的行为属于严重违法行为,在作出警告、没收违法所得和罚款后,还可处以停业整顿和吊销营业执照。(4)信用处罚。这是2013年修正后的《消费者权益保护法》新增的一种处罚措施。据此,对经营者上述侵害消费者权益行为,处罚机关除依法予以处罚外,还应当将对其处罚的情况记入信用档案,并向社会公布。

四、常见的损害消费者利益的犯罪行为及其刑事责任

违反法律损害消费者利益的行为不仅可能承担民事责任和行政责任,而且可能承担刑事责任。《消费者权益保护法》第57条规定,经营者违反本法规定提供商品或者服务,侵害消费者合法权益,构成犯罪的,依法追究刑事责任。常见的损害消费者利益的犯罪行为包括五类:(1)制售假冒伪劣商品型犯罪,主要包括《刑法》第二编"分则"第三章第一节规定的各种犯罪,包括生产、销售伪劣产品罪,生产、销售、提供假药罪,生产、销售、提供劣药罪,生产、销售不符合安全标准的食品罪,生产、销售有毒、有害食品罪,生产、销售不符合标准的医用器材罪,生产、销售不符合安全标准的产品罪,生产、销售伪劣农药、兽药、化肥、种子罪,生产、销售不符合卫生标准的化妆品罪等。(2)扰乱市场秩序型犯罪,主要指《刑法》第二编"分则"第三章第八节规定的虚假广告罪,合同诈骗罪,非法经营罪,强迫交易罪,伪造、倒卖伪造的有价票证罪,逃避商检罪等。(3)侵犯知识产权型犯罪,其中与消费者利益关系密切的有假冒注册商标罪,销售假冒注册商标的商品罪,非法制造、销售非法制造的注册商标标识罪,假冒专利罪,侵犯著作权罪。(4)危害公共卫生型犯罪,包括医疗事故罪,非法行医罪等。(5)渎职型犯罪,其中与消费者利益最为密切的有《刑法》第 414 条规定的放纵制售伪劣商品犯罪行为罪,第 412 条规定的商检徇私舞弊罪等。经营者实施上述侵犯消费者利益的行为,构成犯罪的,司法机关应当按照刑法相关条款的规定追究其刑事责任。

———— 思考题 ————

1. 现代消费者保护法有何基本特点？如何理解消费者的"弱势"地位？
2. 为什么说消费者保护法具有经济法的性质？
3. 如何理解消费者的定义？"知假买假者"是消费者吗？
4. 我国消费者的基本权利有哪些？经营者的义务有哪些？
5. 消费者组织对消费者权益的维护有什么作用？
6. 如何理解经营者的侵权责任和合同责任？
7. 经营者自愿承诺"假一赔十"违反《消费者权益保护法》第 55 条关于 3 倍赔偿的规定吗？
8. 如何认识消费者争议？解决消费者争议的途径有哪些？

第十五章　产品质量法律制度

| 内容提要 |

产品质量法律制度与市场竞争密切相关,激烈的市场竞争在某些情况下可能导致消费者和用户权益受到损害,而通过产品质量立法的完善,对消费者和用户进行实质性的全面保护,能在很大程度上有效制止质量虚假行为。本章立足于我国法律、法规,通过对产品质量监督管理制度、产品质量责任制度、产品召回制度的介绍,比较系统地阐述了产品质量法律制度的基本框架和主要内容。

| 学习重点 |

产品与产品质量的含义　　　产品质量监督管理制度
产品责任　　　　　　　　　产品召回法律制度

第一节　产品质量法律制度概述

一、产品与产品质量的含义

(一)产品的含义和特征

产品可以从自然属性和法律属性两个不同的范畴进行定义。从自然属性来讲,产品是指劳动力通过劳动工具对劳动对象进行加工所形成的、适合人类生产和生活需要的一定的劳动成果,包括生产资料和消费资料,其是人类生存和发展的物质条件。从法律属性来讲,产品是指经过某种程度或方式的加工并用于消费和使用的物品。但是,它并不包括所有的物品。

综观各国法律,对"产品"一词的解释和定义是不完全相同的。概括起来,有广义和狭义两种解释。广义上的"产品"是指一切经过工业处理过的东西,不论是可以移动的还是不可移动的,工业的还是农业的,经过加工的还是非经过加工的,任何可销售或可使用的制成品,只要使用它或通过它导致了伤害,都可将其视为发生产品质量责任的"产品"。[1] 美国的产品责任法中对"产品"就采用广义的解释。狭义上的"产品"则仅指可移动的工业制成品,如1976年欧洲共同体《产品责任指令草案》中就把"产品"定义为"工业生产的可移动的产品"。但是,随着经

---

[1] 曹建明:《国际产品责任法概说》,上海社会科学院出版社1987年版,第2页。

济的发展,人类可利用的资源和生产出的产品的种类越来越广泛,各国的立法和司法实践也趋向于把产品作广义的解释。我国的法律同样对产品进行了较为宽泛的解释。2018年第三次修正的《产品质量法》第2条规定产品"是指经过加工、制作,用于销售的产品",不包括建设工程,但建设工程使用的建筑材料、建筑构配件和设备,属于该条规定的产品范围的,构成产品。

(二)产品质量的含义

产品质量是指产品性能在正常使用的条件下,能够满足合理使用用途要求所必须具备的特征和特性的总和。根据国际标准化组织颁布的ISO 8402—86标准,产品质量的含义为:"产品或服务满足规定或潜在需要的能力特征的总和。"该定义中所称的"需要"往往随时间、空间的变化而变化,与科学技术的不断进步有着密不可分的关系。"需要"可以转化为具有具体指标的特征和特性。我国《产品质量法》对产品质量的界定是通过是否符合以下三项要求进行的:

1. 产品的安全性。这是指产品应当不存在危及人身、财产安全的不合理的危险,该产品具有在保障人体健康、人身、财产安全方面的国家标准或者行业标准的,应当符合该标准。

2. 产品的适用性。这是指产品必须具备其应当具备的使用性能,比如保温瓶作为一种产品必须具有保温的性能,一旦失去该性能,就是不符合产品质量要求。但是,如果事先对产品存在使用性能方面的瑕疵作出说明的除外。

3. 产品的担保性。产品应当符合生产者在产品或者其包装上注明采用的产品标准,符合以产品说明、实物样品等方式表明的质量状况。生产者的说明或者实物都是生产者对产品质量的明示或者默示的担保,产品如果不符合其担保,就被认为是不符合质量要求的。

二、产品质量法

(一)产品质量法的含义

产品质量法是调整在生产、流通和消费过程中因产品质量所发生的社会关系的法律规范的总称。产品质量法律制度包括产品监督管理制度和产品责任制度。在市场经济较为发达的工业国家,大多以产品责任立法为主,而我国则表现为全面的产品质量管理立法,既包括生产者或销售者对其生产或销售的产品应当承担的责任,也包括生产者和销售者如何管理产品质量、国家各级管理部门如何监督产品质量以及衡量产品质量的基准、质量保证等一系列制度。我国产品质量法不仅重视事后的处罚和产品责任的承担,更注重事前的监督管理和防范,实质上是有关产品质量管理的法律。

(二)产品质量法的发展

产品质量法是随着现代工业生产的发展和广泛、复杂的社会分工而逐步形成和发展起来的。其中,美国产品责任法是发展最迅速、最完备、最有代表性的,特别是严格责任原则的应用,对各主要工业发达国家的产品责任立法及国际产品责任立法都有较大影响。美国习惯法将"产品制造人责任的法律基础"分成三部分加以讨论:过失责任(negligence),契约责任发展而成的担保责任(warranty),侵权行为法上之严格责任(strict liability in tort)。在成文法方面,美国先后制定了美国《统一商法典》(The Uniform Commercial Code)、美国《买卖法》(The Sales Act)和联邦立法如《麦格森—摩斯法案》(Magnuson–Moss Warranty Act)、《统一消费者买卖实物法案》(Uniform Consumer Sales Practices Act)。

1985年7月,欧洲共同体理事会正式通过了《产品责任指令》,并要求各成员国通过本国立法程序将其纳入国内法予以实施,欧洲国家的产品责任立法从此发生了根本性转变。1987年英国率先立法,同年5月颁布的《消费者保护法》使英国成为第一个与欧洲共同体《产品责任指令》一致的立法国家。德国联邦议会于1989年11月5日通过了《产品责任法》,自此,该法与德国《民法典》成为并存于德国国内的两套产品责任法体系。

由于贸易的全球化趋势日益加强,世界上陆续出现了一些区域性或全球性的国际产品责任公约,这些公约在不同的国际范围内协调各国有关产品责任的法律规定,呈现出规定明确、内容固定、拘束力强、应用方便等特点,主要有《斯特拉斯堡公约》和欧洲共同体《产品责任指令》。《斯特拉斯堡公约》于1977年1月27日由欧洲理事会的成员国签字,该条约在产品责任原则、生产者范围、生产者赔偿责任、范围及其确定等方面作了详尽的规定。欧洲共同体《产品责任指令》规定了产品责任原则、生产者的免责条件和关于损害赔偿范围及赔偿限额等内容。

(三)我国产品质量立法

新中国成立以来,我国颁布了一系列有关产品质量监督管理的法律法规。从1951年中央人民政府颁布《兵工总局组织条例》,到1957年全国各企业建立起从准备生产到产品出厂的整套技术检验监督制度,再到1978年我国推行全面质量管理制度,产品质量的立法工作逐步得到重视。此后的10余年时间又颁发了《工业产品质量责任条例》《计量法》《计量法实施细则》《标准化法》《标准化法实施细则》等10多部与产品质量有关的法律法规。在此基础上,1993年第七届全国人大常委会颁布了《产品质量法》。这部法律参考并吸收了他国的立法经验,如采用严格产品责任制,明确损害赔偿的范围等,同时又符合我国国情,它调整的是产品质量关系,规定的是产品质量的法律责任,比西方国家单纯的产品责任立法要广泛。该法的颁布实施使中国产品质量法律制度得到了进一步的完善。2000年7月,第九届全国人大常委会第十六次会议对该法作了修正,使其成为我国产品质量法制建设的里程碑;2009年8月,第十一届全国人大常委会第十次会议对其作了第二次修正;2018年12月,第十三届人大常委会第七次会议对其作了第三次修正。产品质量法不断被修正,在一定程度上可以认为,我国产品质量立法是不断健全和完善的。

(四)产品质量法的立法宗旨

1. 保障并提高产品质量。保障和提高产品质量是制定产品质量法的直接目的。在市场竞争中,有些企业为了牟取非法利益,无视产品质量,对消费者的人身和财产造成巨大威胁。因此,通过产品质量法律制度对此进行管理和监督是极为必要的。

2. 保障消费者的合法权益。消费者通过有偿取得商品和接受服务参与社会再生产,没有消费活动就没有社会再生产的继续进行。因此,无论是西方国家的产品责任法,还是发展中国家新建立的产品质量管理法律制度,都把消费者权益保护列为产品质量法的立法宗旨之一。明确地提出消费者在监督产品质量中的权利,提出"无过失责任"以及在消费者保护法中规定缺陷产品的责任等,都是为了更好地维护消费者的合法权益。

3. 规范社会竞争秩序。维护良好的市场秩序是现代市场经济法制建设的重要内容,因此,围绕着市场秩序制度的优化,现代市场经济法制的每一项立法都有使命实现这一神圣的目标,并把它细化在法律规范的设计中。在我国,《产品质量法》《广告法》《反不正当竞争法》等都是市场秩序法律制度体系的一部分,有着共同的立法宗旨。

第二节 产品质量监督管理法律制度

产品质量监督管理制度是指国务院市场监督管理部门以及地方人民政府市场监督管理部门依法定的行政权力，以实现国家职能为目的，对产品质量进行监督管理的制度。

一、产品质量监督

根据国家标准 GB 6583·1—86 对质量监督的定义，质量监督是指为保证质量要求，由用户或第三方对程序、方法、条件、产品、过程和服务进行连续评价，并按照规定标准或合同要求对记录进行分析。所谓产品质量监督管理，是指对产品质量监督活动的计划、组织、指挥、调解和监督制度的总称。我国的产品质量监督主要有以下三种形式：

（一）国家监督

这是指由代表国家的政府专职机构进行监督，可以分为抽查型质量监督和评价型质量监督。抽查型质量监督是指国务院市场监督管理部门在市场上通过定期或不定期抽取样品进行监督检验，对照标准检验其是否合格，从而责成企业采取改进措施，直到达到技术标准的要求；评价型质量监督是指国务院市场监督管理部门对企业的生产条件、产品质量考核合格后，颁发某种证书，确认和证明这一产品已经达到要求的质量水平。我国《产品质量法》中的"产品质量认证制度""企业质量体系认证制度"都属于国家监督的具体形式。

（二）自律监督

自律监督包括企业在生产经营中的自我监督和同行业企业对同类产品质量的相互监督。自律监督的主要任务是按照一定的技术标准和订货合同对产品质量进行严格检验，包括对原辅材料、外购零配件、半成制品、最终成品以及主要工序工艺进行检验，对新产品能否正式投产提出意见，签发成品合格证书等。行业自律监督还包括行业组织的相互监督。

（三）社会监督

所谓社会监督，就是广泛动员和组织全社会各方力量，对产品质量进行关注、监督和评议，促进企业提高产品质量，维护国家和消费者的利益。社会监督的具体形式有消费者投诉、群众评议、舆论监督等。

二、产品质量监督管理体制

现行《产品质量法》根据我国管理实际，在总结过去立法经验的基础上，确立了统一管理、分工负责的产品质量管理体制。根据国家对行政机关的不同授权，可以将其分为级别管理体制和职能管理体制。级别管理体制的管理主体分为中央一级国务院市场监督管理部门和县级以上地方各级人民政府市场监督管理部门。职能管理体制的管理主体分为政府地方市场监督管理部门和政府有关行政主管部门。国家根据这些行政机关的各自职能，授予其不同的产品质量监督管理权限。

（一）国务院市场监督管理部门的职能和分工

"国务院市场监督管理部门负责全国产品质量监督管理工作。"这是关于国家一级质量管理部门的规定。目前，国务院市场监督管理部门是指国家市场监督管理总局。它负责对全国产品质量工作进行统一管理，组织协调，对产品质量管理工作进行宏观指导。

（二）国务院有关部门的职能与分工

"国务院有关部门在各自的职责范围内负责产品质量的监督管理工作。"这也是关于国家一级管理部门的规定，但范围限定在本行业内部关于产品质量方面的行业监督管理和生产经营性管理工作，如国家药品监督管理局负责西药、中药的质量监督管理工作，行业认证委员会负责认证工作的具体实施。

（三）县级以上地方市场监督管理部门的职能与分工

地方级管理部门主管本行业行政区域内的产品质量监督工作。省级市场监督管理部门的职责是按照国家法律、法规的规定和省级人民政府赋予的职权，组织、协调省级范围内的产品质量监督管理工作；市（州、盟）、县（区）级市场监督管理部门，则在省级市场监督管理部门的垂直统一领导下，按照职能分工，做好本行政区域内产品质量监督管理工作。

（四）县级以上地方人民政府有关部门的职责和分工

这些部门在各自的职责范围内，负责本行政区域内、本部门内有关产品质量方面的生产经营性的监督管理工作。市场监督管理部门和各级政府的相关部门应当在各自的职责范围内引导、督促生产者、销售者加强产品质量管理，提高产品质量，并依法采取措施，制止产品生产、销售中违反法律规定的行为。

三、产品质量监督管理制度

产品质量监督管理制度是指由产品质量法确认的互相联系、互相依存、自成体系的管理规定，包括企业质量体系认证制度、产品质量认证制度、产品质量检验制度和产品质量监督检查制度等。

（一）企业质量体系认证制度

企业质量体系认证是指认证机构根据申请，对企业的产品质量保证能力和质量管理水平进行综合性的检查和评定，对符合质量体系认证标准的企业颁发认证证书的活动。《产品质量法》第14条规定："国家根据国际通用的质量管理标准，推行企业质量体系认证制度……"

企业质量体系由组织机构、职责、程序、过程和资源五个方面组成，所以企业质量体系认证的基本内容即是对这五个方面情况进行评价、确认。质量体系认证的依据为 GB/T 19001—ISO 9001、GB/T 19002—ISO 9002、GB/T 19003—ISO 9003 三种质量保证标准。对于某些特殊行业的质量体系认证，还可以依据其他国际公认的质量体系规范性标准，如美国石油协会（API）发布的 QI 等。

在我国，企业质量体系认证由国务院市场监督管理部门，即国家市场监督管理总局对全国的企业质量认证工作实行统一管理。承担质量体系认证具体工作的认证机构，必须经过国务院市场监督管理部门的认可，或者经过国务院市场监督管理部门授权的部门认可，方具有开展质量体系认证工作的资格。

(二)产品质量认证制度

产品质量认证制度是指认证机构依据产品标准和相应的技术要求,对申请认证的产品进行检验,对符合相应标准和相应技术要求的产品颁发认证证书和标志予以证明的制度。产品质量认证的对象是实物产品,即经过工业加工、手工制作等生产方式所获得的具有特定物理、化学性能的物品。产品质量认证的依据是具有国际水平的国家标准和行业标准以及其他技术性要求。

按照《产品质量法》的规定,企业根据自愿原则可以向国务院市场监督管理部门认可的或者国务院市场监督管理部门授权的部门认可的认证机构申请产品质量认证。同时,产品质量认证实行第三方认证制度,即由独立于生产方和购买方的专门认证机构进行认证。我国的产品质量认证工作由专门的认证委员会承担。每一类开展质量认证的产品都应有相应的认证委员会。目前,我国的产品质量认证主要包括安全认证和合格认证;安全认证是指以安全标准为依据进行的认证或只对产品中有关安全的项目进行的认证;合格认证是指对产品的全部性能、要求,依据标准或相应技术要求进行的认证。经认证机构审查,对符合标准或要求的申请企业,颁发产品质量认证证书,准许企业在其获准认证的产品上使用规定的产品质量认证标志。

我国《产品质量法》规定的产品质量认证,为自愿认证。但是,2023年7月20日,国务院公布第二次修订的《认证认可条例》对产品质量实行自愿认证与强制认证相结合的制度。按照规定,法人、组织和个人可以自愿委托依法设立的认证机构进行产品、服务、管理体系认证。同时,为了维护国家安全、防止欺诈行为、保护人体健康或者安全、保护动植物生命或者健康、保护环境,国家规定相关产品必须经过认证的,应当经过认证并标注认证标志后,方可出厂、销售、进口或者在其他经营活动中使用。这就是"中国强制性认证"(China Compulsory Certification,简称3C认证或CCC认证)。根据这一制度,国家对必须经过认证的产品,统一产品目录,统一技术规范的强制性要求、标准和合格评定程序,统一标志,统一收费标准;统一的产品目录由国务院认证认可监督管理部门会同国务院有关部门制定、调整,由国务院认证认可监督管理部门发布,并会同有关方面共同实施;列入目录的产品,必须经国务院认证认可监督管理部门指定的认证机构进行认证。

(三)产品质量检验制度

产品质量检验是指检验机构根据特定标准对产品品质进行检测,并判断其合格与否的活动。根据检验主体,可将其分为第三方检验和生产经营者的自我检验;根据检验性质,可将其分为国家检验和民间检验;根据被检查产品的销售范围,可将其分为国内产品检验和进口产品检验;根据检验程序,可将其分为出厂检验和入库检验;根据检验方式,可将其分为抽样检验和全数检验。

产品质量检验制度是指由产品质量检验法所确认的关于产品质量检验的方法、程序、要求和法律性质的各项内容的总称。我国《产品质量法》第12条规定,产品质量应当检验合格,不得以不合格产品冒充合格产品。

企业产品质量检验是产品质量的自我检验,与第三方检验不同,它具有自主性和合法性的特点:自主性是指这种检验是企业为保障产品质量合格,能够使用并满足消费者的要求,依法主动进行的检验。除法律强制要求外,企业有权选择检验范围、方法和标准,有权规定检验程序和设置检验机构。合法性是指企业产品质量检验必须依法进行,遵循国家有关规定。

产品出厂时,可由企业自行设置的检验机构进行合格检验,企业也可委托有关产品质量检验机构进行合格检验。按照我国法律规定,产品质量检验机构必须具备相应的检测条件和能力,并须经省级以上人民政府市场监督管理部门或者其授权的部门考核后,方可承担产品质量检验工作。法律、行政法规对产品质量检验机构另有规定的,则依照有关法律、行政法规的规定执行。

(四)产品质量监督检查制度

产品质量监督检查是一项强制性的行政措施。它以监督抽查为主要方式,目的在于加强对生产、流通领域产品质量的监督,以督促企业提高产品质量,从而保护国家和广大消费者的利益,维护社会经济秩序。监督检查的重点有三类产品:第一类是可能危及人体健康和人身、财产安全的产品,如药物、食品等;第二类是影响国计民生的重要工业产品,如钢铁、石油制品等;第三类是消费者、有关组织反映有质量问题的产品。

由于抽查是有关机关代表政府实施的一种具有威慑力的行政行为,影响面比较大,所以这一制度由国务院市场监督管理部门统一规划,组织协调。按照现行法律规定,凡是中央部门对同一企业的同一产品已组织抽查的,地方部门不得再组织抽查,以避免重复抽查。此外,为了防止重复抽查乱收费的问题,减轻企业负担,《产品质量法》规定,监督抽查费用按照国务院规定列支,不得向企业收取。市场监督管理部门在产品质量监督抽查中超过规定的数量索取样品或者向被检查人收取检验费用的,由上级市场监督管理部门或者监察机关责令退还;情节严重的,对直接负责的主管人员和其他直接责任人员依法给予行政处分。产品质量抽查的结果应当由国家指定的报刊负责公布,这样既有利于发挥抽查的监督作用,又有利于保证抽查的公正性、权威性。

第三节 产品责任制度

一、产品责任制度概述

产品责任是指产品的生产者、销售者或中间商因其产品给消费者、使用者或其他人造成人身、财产损害而应承担的一种补偿责任。它与产品质量责任虽联系密切但并不相同。产品质量责任是指生产者、销售者以及对产品质量负有直接责任的人员违反产品质量法规定的产品质量义务,应当承担的法律责任,包括民事责任、行政责任和刑事责任。它既是事前责任,也是事后责任。产品责任属于产品质量责任中的民事责任,是一种在产品造成实际损害后的消极责任。

产品责任的承担者一般包括产品的生产者和销售者,作为产品责任的主要承担者,他们之间存在连带关系。此外,若造成产品缺陷的是产品的设计者、装配者、修理者、零部件的生产者、仓储者或其他人,那么这些人最终也要承担产品责任。

二、产品责任归责原则

在产品责任法的产生和发展中,有两个重要的关键问题:一是产品责任产生的依据,是违约还是侵权;二是产品责任的归责原则,是过错责任原则还是无过错责任原则[2]。欧美国家的产品责任法律制度围绕着这两个问题,经历了大致相同的发展历程。其中,美国产品责任法的发展经验较为成熟。

(一)美国的产品责任归责原则

美国在100多年的产品责任法的发展史中,经历了疏忽责任阶段、违反担保责任阶段和侵权行为严格责任阶段。

1. 疏忽责任阶段。疏忽责任是指制造商和销售商在产品制造或销售时疏忽而致使消费者遭受人身或财产的损害,制造商或销售商应对其疏忽承担的责任。它的确立始于1916年美国著名的判例"麦克夫森诉别克汽车案"(Macpherson v. Buick Motor Co.)[3],疏忽责任原则突破了传统的以合同关系追究产品责任的理论,在原告要求被告承担疏忽引起的产品责任时,不必局限于双方是否有合同关系。

2. 违反担保责任阶段。1932年"巴克斯特诉福特汽车公司案"[4]确立了违反担保原则。它是指制造商或经销商由于违反对货物的明示或默示担保,致使消费者或使用者因产品缺陷而遭受损害,而应当承担赔偿责任的归责原则。明示担保是卖方证明其产品符合规定标准的说明、广告或标签;默示担保是依据法律的规定产生,卖方必须对产品应当具有的适销性和特定产品的适用性进行无条件的担保,尽管它不以书面的形式出现,但从产品投放市场之时起,这种默示的担保就自动依法产生。

3. 侵权行为严格责任阶段。1963年美国加利福尼亚州最高法院审理的"格林曼诉尤宝公司案"(Greenman v. Yuba Power Products, Inc.)[5]中,泰勒(Traynor)大法官确立了著名的"格林曼规则":如果一个制造商将产品投放到市场,知道消费者将不加检查地使用,后来证明该产品有瑕疵并给他人带来了伤害,这个制造商就要承担严格侵权责任。此后,美国《侵权法重述》(第二次)第402A条,正式确立了产品责任中的严格责任理论[6]。严格责任(也称无过失责任)是指只要产品有缺陷,对消费者或使用者具有不合理的危险,造成人身伤害或财产损害,该产品生产、销售各个环节的人都应负赔偿责任。原告无须指出被告有疏忽,也无须证明存在明示或默示的担保以及被告违反担保行为。消费者只要证明产品存在危险或处于不合理的状

---

[2] 王淑焕编著:《产品责任法教程》,中国政法大学出版社1993年版,第17页。

[3] 在此案中,别克汽车制造公司将一辆车卖给汽车中间商,中间商又卖给甲,甲因车胎缺陷而受重伤,于是以别克汽车制造公司应承担过错责任为由向法院提起诉讼。卡多佐法官认为,无论他们是否有合同关系,生产汽车的生产者都有合理注意的义务,否则构成疏忽。基于过错责任原则,消费者可以直接起诉缺陷产品的制造商,不再由于合同关系的阻拦而不能向制造商索赔。参见李亚虹:《美国侵权法》,法律出版社1999年版,第136~137页。

[4] 该案中,被告通过广告宣传车的玻璃是防碎的,而该汽车的玻璃碰到一块石头时碎了,原告因此受到伤害。华盛顿法院根据明示担保原则确认被告应承担责任,而不论其是否有故意的欺诈和陈述上的过失。

[5] 在这一案件中存在两个被告,被告人尤宝公司是工具制造商,另一被告是工具零售商。1955年,原告之妻到零售店里买了一把可以同时用作锯子、钻子和车床的工具。1957年的一天,原告在使用工具的时候,卡在机器中的木头迸出来,打伤了他的头。原告没有将此事通知尤宝公司,而是直接告到了法庭。参见张为华:《美国消费者保护法》,中国法制出版社2000年版,第101~102页。

[6] 张为华:《美国消费者保护法》,中国法制出版社2000年版,第102页。

态、产品的缺陷在投入市场之前就已存在、该产品缺陷导致了损害即可。被告在诉讼中能提出的抗辩理由是有限的,他只能就产品制造时的工艺条件、产品出售后是否已经被改动、产品是否已过有效期限等几点提出抗辩。一般来说,如果产品缺陷确实对消费者造成了持久的、严重的人身伤害或财产损失,制造商或经销商的责任几乎是无法避免的。

(二)我国的产品责任归责原则

我国《产品质量法》第41条第1款规定,"因产品存在缺陷造成人身、缺陷产品以外的其他财产(以下简称他人财产)损害的,生产者应当承担赔偿责任"。按照国内多数人的见解,这一规定贯彻了严格责任原则。第42条规定,由于销售者的过错使产品存在缺陷,造成人身、他人财产损害的,销售者应当承担赔偿责任。销售者不能指明缺陷产品的生产者也不能指明缺陷产品的供货者的,销售者应当承担赔偿责任。第43条规定,因产品存在缺陷造成人身、他人财产损害的,受害人可以向产品的生产者要求赔偿,也可以向产品的销售者要求赔偿。属于产品的生产者的责任,产品的销售者赔偿的,产品的销售者有权向产品的生产者追偿。属于产品的销售者的责任,产品的生产者赔偿的,产品的生产者有权向产品的销售者追偿。

上述规定表明,我国采取的是严格责任和疏忽责任相结合的双重归责原则,生产者对其生产的缺陷产品造成他人人身或财产的损害承担严格责任,而销售者则承担产品责任,以其过错的存在为条件。至于生产者和销售者之间的追偿关系,由于其已不是产品责任问题,因而应按一般过错责任原则确定其各自应负的责任。

(三)产品责任的构成要件

1. 产品存在缺陷。根据大多数国家和地区的规定,产品缺陷是指产品存在不合理的危险,且这种危险在产品离开生产者或销售者之前就已经存在。[7] 根据我国《产品质量法》第46条的规定,该法所称缺陷,是指产品存在危及人身、他人财产安全的不合理的危险。第46条除了将是否存在不合理的危险作为判定标准外,还规定产品有保障人体健康和人身、财产安全的国家标准、行业标准的,是指不符合该标准。依此规定,我国认定产品缺陷的标准有两个:一是是否存在不合理的危险,二是国家保障人体健康和人身、财产安全的强制性标准。对因使用产品而受到的损害,如果消费者能够证明产品不符合相应标准,则可以主张其存在缺陷,请求损害赔偿。我国产品责任法律制度中并没有对产品缺陷作明确的分类,但一般认为可分为四种:制造缺陷、设计缺陷、警示缺陷和开发缺陷。

2. 存在损害事实。这是指产品因缺陷造成了人身、缺陷产品以外的其他财产的损害。如果产品有缺陷,但并未造成人身或财产损害,或者仅造成缺陷产品本身损害,均不构成产品责任。在这种情况下,生产者或销售者仅按法律关于产品瑕疵担保责任的有关规定,承担修理、更换、退货或者赔偿损失的责任。

3. 产品缺陷与损害后果之间有因果关系。因果关系是客观事物之间前因后果的关联性。产品缺陷与损害后果之间有因果关系,即损害的结果是产品缺陷直接导致的。在产品责任事故中,损害后果的发生往往是多种原因导致的,因此,只有确定产品缺陷是引起损害后果的唯

---

[7] 美国《侵权法重述》(第二次)第402条规定:"凡销售有不合理危险的缺陷产品者,应对最终使用者或消费者因此遭受的人身或财产损害承担赔偿责任。"欧洲共同体《产品责任指令草案》也把"产品缺陷"定义为"若产品未给人们和财产提供一个人有权期待的安全,则该产品有缺陷"。

一原因或直接原因,产品责任才能成立,生产者才能承担责任。

现代产品责任制度为了更好地保护消费者利益,在适用疏忽责任原则确定和追究产品责任时,对于生产者或销售者的过错,各国都已不再要求受害者承担证明责任,而是通过"举证责任倒置"或"事实自证规则"来确定生产者或销售者过错,这表明了产品责任法的发展趋势,也是整个市场秩序规制法律制度朝着消费者主权的时代迈进的标志。

现代产品责任法虽然采取严格责任,但并非绝对责任,生产者仍有获得免责的可能性。各国产品责任立法都有对产品责任免除的规定。生产者和销售者如果存在法定免责事由,可全部或部分免除赔偿责任。我国《产品质量法》第41条第2款还针对产品责任的特殊性,规定了免除生产者产品责任的条件:(1)未将产品投入流通。(2)产品投入流通时,引起损害的缺陷尚不存在。(3)将产品投入流通时的科学技术水平尚不能发现缺陷的存在。但《产品质量法》并未就销售者的免责条件作出规定,对此,可以按照民事法律确立的有关民事责任免除的条件进行确定。

(四)我国生产者、销售者的产品质量义务与责任

1. 生产者的产品质量义务

(1)明示担保义务。明示担保是指产品的生产者对产品的性能和质量所作的一种声明或陈述。《产品质量法》第26条第2款第3项要求生产者生产的产品质量应当符合在产品或者其包装上注明采用的产品标准,符合以产品说明、实物样品等方式表明的质量状况,如果产品质量不符合明示担保的标准,应当依法承担责任。

(2)默示担保义务。默示担保主要是适销性默示担保,是指生产者用于销售的产品应当符合该产品生产和销售的一般目的。《产品质量法》规定产品质量应当符合下列要求:不存在危及人身安全的不合理危险,有保障人体健康和人身财产安全的国家标准、行业标准的,应当符合该标准;具备产品应当具备的使用性能,但是,对产品存在使用性能瑕疵作出说明的除外。

(3)生产者禁止行为。《产品质量法》明文禁止生产者实施下列行为:生产国家明令淘汰的产品,伪造产地、伪造和冒用他人的厂名厂址、伪造或者冒用认证标志等质量标志,掺杂掺假、以假充真、以次充好、以不合格产品冒充合格产品等。

2. 销售者的产品质量义务

(1)进货检查验收义务。销售者应当建立并执行进货检查验收制度,验明产品的出厂检验合格证明等,以防假冒伪劣产品进入流通领域。销售者的进货检查验收应当包括产品标识检查、产品观感检查和必要的产品内在质量的检验。

(2)销售产品质量保持义务。销售者应当采取措施,保持销售产品的质量。此外,还要建立一套完备的保管、维修制度,配置必要的产品保护设备,培训保管人员等。

(3)销售者应当对产品的标识负责。销售者销售的产品的标识应当符合《产品质量法》关于产品标识的要求。

(4)销售者的禁止行为。法律明确规定销售者不得从事下列行为:销售国家明令淘汰并禁止销售的产品和失效、变质的产品;伪造产地、伪造或冒用他人的厂名厂址、伪造或冒用认证标志等质量标志;掺杂掺假、以假充真、以次充好、以不合格的产品冒充合格产品。

3. 生产者与销售者的产品质量责任

(1)民事责任。产品责任,即产品缺陷损害赔偿责任。此种形式的民事责任的基本含义如

前所述。产品缺陷而致人身或财产受损害的赔偿主要有三种：对人身损害的赔偿、对财产损害的赔偿以及对精神损害的赔偿。产品瑕疵担保责任是指在产品买卖关系中，一方当事人为了全面履行买卖关系中所承担的义务，向对方当事人作出保证和承诺，依照这种保证和承诺，如果产品存在瑕疵，担保人应当承担由此而引起的法律后果。

我国《民法典》第582条对产品质量违约责任作出了规定："履行不符合约定的，应当按照当事人的约定承担违约责任。对违约责任没有约定或者约定不明确，依据本法第五百一十条的规定仍不能确定的，受损害方根据标的的性质以及损失的大小，可以合理选择请求对方承担修理、重作、更换、退货、减少价款或者报酬等违约责任。"《产品质量法》第40条第1款则明确了销售者的瑕疵担保责任，规定售出的产品有下列情形之一的，销售者应当负责修理、更换、退货；给购买产品的消费者造成损失的，销售者应当赔偿损失：一是不具备产品应当具备的使用性能而事先未作说明的，二是不符合在产品或者其包装上注明采用的产品标准的，三是不符合以产品说明、实物样品等方式表明的质量状况的。

该条第2款、第3款还进一步规定："销售者依照前款规定负责修理、更换、退货、赔偿损失后，属于生产者的责任或者属于向销售者提供产品的其他销售者（以下简称供货者）的责任的，销售者有权向生产者、供货者追偿。销售者未按照第一款规定给予修理、更换、退货或者赔偿损失的，由市场监督管理部门责令改正。"也就是说，当产品存在瑕疵时，销售者应当向购买产品的用户和消费者负责。如果产品出现瑕疵是其自身行为所导致的，则销售者须承担瑕疵担保责任，如果产品瑕疵担保责任属于生产者，销售者也必须先承担责任，然后再向生产者追偿。此外，我国《产品质量法》第40条第4款还规定：生产者之间，销售者之间，生产者与销售者之间订立的买卖合同、承揽合同有不同约定的，合同当事人按照合同约定执行。

必须指出，产品的"瑕疵"与"缺陷"不同。前者是合同法上的概念，是指产品质量不符合法律规定或当事人的约定。后者是产品质量法上的概念，专指产品存在危及人身和财产安全的质量问题。瑕疵产品不对人身财产具有危害，因而不属于产品质量法上的缺陷产品；而有缺陷的产品，也可能属于质量合格产品，如存在设计缺陷或者警示缺陷的产品，虽然存在可能危害消费者的人身财产安全的隐患，但是并无合同上的瑕疵。区分两者的意义在于更好地明确产品的民事责任。[8]

(2)行政责任。行政责任可分为行政处分和行政处罚两种，具体主要包括如下几种情况：①生产、销售不符合保障人体健康和人身、财产安全的国家标准、行业标准的产品的，责令停止生产、销售，没收违法生产、销售的产品，并处违法生产、销售产品（包括已售出和未售出的产品，下同）货值金额等值以上3倍以下的罚款；有违法所得的，并处没收违法所得；情节严重的，吊销营业执照。②在产品中掺杂、掺假，以假充真，以次充好，或者以不合格产品冒充合格产品的，责令停止生产、销售，没收违法生产、销售的产品，并处违法生产、销售产品货值金额50%以上3倍以下的罚款；有违法所得的，并处没收违法所得；情节严重的，吊销营业执照。③生产国家明令淘汰的产品的，销售国家明令淘汰并停止销售的产品的，责令停止生产、销售，没收违法生产、销售的产品，并处违法生产、销售产品货值金额等值以下的罚款；有违法所得的，并处没收违法所得；情节严重的，吊销营业执照。④销售失效、变质的产品的，责令停止销售，没收违法销售的产品，并处违法销售产品货值金额2倍以下的罚款；有违法所得的，并处没收违法所

---

[8] 王家福主编：《经济法律大辞典》，中国财政经济出版社1992年版，第479、645~646页。

得;情节严重的,吊销营业执照。⑤伪造产品产地的,伪造或者冒用他人厂名、厂址的,伪造或者冒用认证标志等质量标志的,责令改正,没收违法生产、销售的产品,并处违法生产、销售产品货值金额等值以下的罚款;有违法所得的,并处没收违法所得;情节严重的,吊销营业执照。

(3)刑事责任。我国《产品质量法》对生产者、销售者违反该法,并触犯刑法的严重行为还规定应承担刑事责任,主要有以下七种情况:①生产、销售不符合保障人体健康和人身、财产安全的国家标准、行业标准的产品,构成犯罪的。②在产品中掺杂、掺假,以假充真,以次充好,或者以不合格产品冒充合格产品,构成犯罪的。③生产国家明令淘汰的产品的,销售国家明令淘汰并停止销售的产品,构成犯罪的。④销售失效、变质的产品,构成犯罪的。⑤产品质量检验机构、认证机构伪造检验结果或者出具虚假证明,构成犯罪的。⑥知道或者应当知道属于该法规定禁止生产、销售的产品而为其提供运输、保管、仓储等便利条件,或者为以假充真的产品提供制假生产技术,构成犯罪的。⑦各级人民政府工作人员和其他国家机关工作人员包庇、放纵产品生产、销售中违反该法规定行为并构成犯罪的,向从事违反该法规定的生产、销售活动的当事人通风报信,帮助其逃避查处并构成犯罪的,阻挠、干预市场监督管理部门依法对产品生产、销售中违反该法规定的行为进行查处,造成严重后果,构成犯罪的。

4. 社会团体和社会中介机构的责任

从保护消费者利益的角度出发,凡是影响产品责任质量,损害消费者利益的行为,都应被纳入产品质量责任的范围。我国《产品质量法》第58条规定:"社会团体、社会中介机构对产品质量作出承诺、保证,而该产品又不符合其承诺、保证的质量要求,给消费者造成损失的,与产品的生产者、销售者承担连带责任。"这显示了对产品责任的强化趋势。

三、产品责任诉讼与产品责任保险

(一)产品责任诉讼

产品责任诉讼是指当事人在其他诉讼参与人的配合下为解决产品责任纠纷所进行的全部活动。我国《产品质量法》对产品责任的诉讼时效作了明确规定。按照规定,因产品存在缺陷造成损害要求赔偿的诉讼时效期间为2年,自当事人知道或者应当知道其权益受到侵害时起计算。同时,为了体现公平原则,平衡产品的生产者和消费者之间的利益,《产品质量法》第45条第2款又规定,因产品存在缺陷造成损害要求赔偿的请求权,在造成损害的缺陷产品交付最初消费者满10年丧失;但是,尚未超过明示的安全使用期的除外。

(二)产品责任保险

产品责任保险是指保险人与投保人之间达成协议,由保险人承保生产者或者销售者生产或销售的产品存在缺陷致使第三人人身伤亡或财产损失所应当承担的产品责任的一种保险制度。它始于19世纪末20世纪初,最初的产品责任保险的范围主要限于一些与人体健康直接相关的产品。近代以来,随着产品的日益丰富和现代化程度的不断提高,因使用产品而发生的事故也急剧增加,各国的产品责任法逐步用严格责任取代了疏忽责任,从而加重了生产者、销售者的产品质量责任。我国的产品责任保险产生于1980年,随着市场经济的发展,其范围不断扩大。

产品责任保险合同是产品责任的关键。产品责任保险合同中的产品保险责任一般包括两项内容:一项是在保险期限内,被保险人生产、销售、修理、加工的产品存在缺陷造成他人人身或财产的损害依法应承担的赔偿责任;另一项是被保险人为解决产品责任事故而支付的仲裁费、诉讼费以及其他合理费用。

第四节　产品召回法律制度

一、产品召回法律制度概述

(一)产品召回的含义

产品召回是指缺陷产品的制造商、进口商或者经销商选择更换、赔偿等积极有效的补救措施消除其产品可能引起人身伤害、财产损失的缺陷的过程。从产品召回制度的最终目的来看，它是消费者保护制度。各国的消费者保护法一般主要包括消费者保护一般法和消费者保护特别法两个层次。消费者保护一般法规定消费者的基本权利、经营者的基本义务以及国家对消费者的保护政策等，它在消费者保护法律体系中处于主导地位。产品召回制度是为了保障产品消费领域的消费者安全权而设立的特殊消费者保护制度，因此，它属于消费者保护特别法。

美国是第一个确立产品召回制度的国家，而美国召回制度的确立又始于汽车召回。美国《国家交通与机动车安全法》的颁布使汽车制造商负有公开汽车召回信息，将相关情况通报交通管理部门和用户，并对汽车进行免费修理的义务。其后，美国逐渐在多项关于产品质量和消费者人身财产安全的立法中引入了召回制度。[9]

(二)产品召回制度的意义

1.产品召回有利于消费者利益。产品召回制度具有对消费者保护的广泛性和事前性的特点，它与产品责任法律制度相结合，能为消费者提供更为完善的保护。在产品召回制度下，只要符合召回条件，生产商、进口商或经销商就必须对所有投入流通的该类产品采取积极的补救措施，以消除其产品可能引起产品危害的缺陷，防患于未然。产品召回制度所带来的事前保护对于降低诉讼成本、提高诉讼效率无疑也具有重要的意义，因为它避免了在损害发生后引起的"诉累"，有利于社会整体利益的提高。

2.产品召回有利于促进科学技术发展。对生产者可以证明的将产品投入流通时的科学技术水平尚不能发现存在产品缺陷的情况，各国的产品责任法律制度一般都规定不承担赔偿责任。这固然符合经济发展的要求，但当产品开发缺陷造成损害时，消费者很难依照产品责任法获得救济，其人身和财产安全就会处于不安定的状态。产品召回制度的建立能够较好地解决这一矛盾，因为如果可能造成产品危害的缺陷产品都可以被召回，而不论该缺陷的种类，那么，就会给广大消费者提供更为完善的保护。

3.产品召回有利于维护经济秩序并促进经济发展。发展产品召回制度还具有维护经济秩

---

[9]　现在，美国的产品召回已涉及汽车、摩托车、飞机、船舶、食品、药品、化妆品、医疗器械、儿童玩具等领域，并颁布了相关具体法案，如《消费者产品安全法》《儿童安全保护法》《汽车保用法》《国家交通与机动车安全法》《交通召回增加责任与文件》《食品、药品及化妆品法》《食品添加剂修正法》《肉类食品卫生法》《儿童玩具安全法》《联邦危险品法》《电冰箱安全法》《食品安全法》《毒品包装法》《天然气、管道煤气安全法》等。

序的作用:一方面,它能够促使厂商增加产品质量意识,提高产品质量,达到维护市场竞争秩序的目的;另一方面,它还兼有环境保护制度之功能。对排放量超标的汽车[10]、不可循环的有害原料制作的产品等实施产品召回,可以净化空气,保持洁净的生活环境,并实现资源的循环利用,节省自然资源,实现人类的可持续发展。

二、产品召回法律关系

(一)产品召回法律关系的主体

1. 产品召回的实施者。产品召回的实施者即承担缺陷产品召回责任的厂商,通常是制造商和进口商。根据"就危险源之开启或使之持续者,须采取必要的可期待之保护他人措施"的原则,[11]制造商和进口商理应承担产品召回责任。制造商制造了缺陷产品,他们甚至还可能是产品的研发者,位于"生产—销售—消费"链条的首位。制造商通过产品生产获取利润,并把缺陷产品带入流通领域和消费领域,从而危及消费者安全和健康,因此,制造商要对缺陷产品承担召回责任;进口商也是产品召回的实施者。缺陷产品出口到其他国家,由于法律的属地管辖原则,进口国政府要求他国的制造商承担产品召回责任往往存在制度上和实践中的困难,当居于国外的产品制造商不主动提起产品召回时,进口国为了更有效地实施产品召回和保护本国消费者,可以直接指令该产品的本国进口商或代理商实施召回。因此,进口商或者代理商应成为产品召回的连带责任主体。进口商等在实施产品召回后,可以通过他们与产品制造商之间的协议,转移其所承担的产品召回成本和损失。依照我国 2020 年 10 月修订的《缺陷汽车产品召回管理条例实施办法》,汽车产品生产者是缺陷汽车产品的召回主体。

2. 产品召回的监管者。产品召回的监管者即承担监督和管理产品质量以及缺陷产品召回的职责,当厂商不召回缺陷产品时指令厂商召回缺陷产品的政府机关。例如,法国的消费者保护法授权国务院在消费者安全委员会听证后发布公告,责令厂商从市场收回产品、退还价款或者更换产品等。[12] 我国 2019 年修订的《缺陷汽车产品召回管理条例》第 4 条规定,国务院产品质量监督部门负责全国缺陷汽车产品召回的监督管理工作,国务院有关部门在各自职责范围内负责缺陷汽车产品召回的相关监督管理工作。这是从我国目前各个行政机构的设置状况、技术力量等现实状况出发所采取的对策。将来在全国范围内统一实施产品召回制度,应在条件成熟的情况下,设立国务院的直属机构,[13]如消费者保护委员会,对全国性的消费者事务和普通产品召回实施统一的监管,并在各省、自治区、直辖市设立分支机构,主管各辖区的普通产

---

[10] 美国的汽车召回制度把排放量超标的汽车作为汽车召回的对象,而我国原国家质量技术监督总局公布的《缺陷汽车产品召回管理规定(草案)》并没有把排放量超标的汽车作为汽车召回的对象,这不能不说是该规定的不足之处。
[11] 郭丽珍:《论制造人之产品召回与警告责任》,载苏永钦等:《总则·债编:民法七十年之回顾与展望纪念论文集(一)》,中国政法大学出版社 2002 年版,第 200~201 页。
[12] 郭丽珍:《论制造人之产品召回与警告责任》,载苏永钦等:《总则·债编:民法七十年之回顾与展望纪念论文集(一)》,中国政法大学出版社 2002 年版,第 152~202 页。
[13] 由国务院直属机构对产品召回进行管理,有利于提高产品召回监管的权威和促进产品召回的实施,能够尽可能地克服产品召回实施过程中可能出现的地方保护主义。

品召回。对于各类特殊产品召回,则由食品、药品等主管部门实施监管。[14]

3. 产品召回的协助者。销售商、租赁商是制造商和消费者的中介和渠道,尽管他们不是产品召回责任的承担者,但是销售商、租赁商和制造商一样,在发现产品存在缺陷时,负有向消费者保护机关报告的义务,并且,当制造商提起产品召回以后,销售商、租赁商作为产品召回的协助者,应当配合、协助制造商、进口商进行产品缺陷警示和实施缺陷产品召回。此外,产品召回的其他参与者还包括公布产品召回信息的新闻媒体、对产品召回进行监督的消费者团体以及对缺陷产品进行检验鉴定的中立的权威产品质量鉴定机构等。

(二) 产品召回法律关系的客体——能引起危害的缺陷产品

在产品召回法律关系中,客体是法律关系的重心,也是整个产品召回制度的重心。

1. 缺陷产品。与产品责任法中的"缺陷"不同,产品召回制度中的缺陷应该是系统性的缺陷,即某一批次的产品存在相同的缺陷。个别产品的缺陷完全可以通过消费警示等其他方式对消费者进行保护,而不需要制造商付出巨大成本实施召回。从国外的一些做法来看,如果产品的使用可能会对环境造成污染并超过一定标准,也可能被认为是产品存在缺陷,如在一些国家的汽车召回制度中,排放量严重超标的汽车被认为是缺陷汽车。

2. 产品危害。产品危害指存在缺陷的产品侵害消费者、产品使用者或者社会公众的利益,从而造成大量消费者、产品使用者和社会公众人身安全、健康受到直接和间接威胁或者损害的危险和灾难。[15] 决定缺陷产品是否需要召回的关键因素是该产品是否会引发产品危害,而判断该产品是否会引发产品危害则要结合产品缺陷的状况、进入流通和消费领域的缺陷产品数量、缺陷产品带来危险的严重程度以及造成消费者伤害的可能性程度、消费者的自我保护意识、受教育程度等因素进行综合考察。

(三) 产品召回法律关系中的权力(利)与义务

1. 消费者的权利

在产品召回制度中,消费者的人身安全保障权最容易被缺陷产品侵害,对该权利的保障主要通过产品召回请求权的行使来实现。

产品召回请求权在消费者的产品召回权利中处于核心的地位。消费者在发现市场销售或者使用中的产品存在可能危及人身、财产安全的缺陷时,可以向厂商提出批评和意见,要求厂商公布该产品安全质量方面的数据,并对该产品的质量进行检验、鉴定,消费者有权获悉产品检验的真实结果。如果产品确实存在缺陷,可以请求厂商召回缺陷产品。消费者也可以向政府部门反映,检举厂商违反产品质量安全强制性法规的行为,要求政府部门履行监督和管理市场和企业生产的职责,对市场上的产品进行检验、抽查。对存在缺陷的产品,消费者可以请求政府部门指令厂商召回。消费者还可以向消费者团体反映,要求消费者团体向政府反映。产

---

[14]《缺陷汽车产品召回管理条例》第4条规定:"国务院产品质量监督部门负责全国缺陷汽车产品召回的监督管理工作。国务院有关部门在各自职责范围内负责缺陷汽车产品召回的相关监督管理工作。"第5条规定:"国务院产品质量监督部门根据工作需要,可以委托省、自治区、直辖市人民政府产品质量监督部门负责缺陷汽车产品召回监督管理的部分工作。国务院产品质量监督部门缺陷产品召回技术机构按照国务院产品质量监督部门的规定,承担缺陷汽车产品召回的具体技术工作。"

[15] 美国《消费品安全法》将"实质性的产品危害"(substantial product hazard)定义为:违反现行的消费品安全法规而对公众安全造成实质性的危险,或者由于产品存在缺陷而对公众安全造成实质性的危险。

品在需要召回的情况下,如果消费者请求厂商召回而厂商不主动召回,消费者可以请求政府部门指令其召回,或者向法院提起诉讼,请求法院判令厂商召回缺陷产品。我国《缺陷汽车产品召回管理条例》第 18 条[16]没有对车主的汽车召回请求权进行规定,车主是一个被动接受的角色,这说明我国汽车召回制度还存在一定的缺陷,未来应对车主的汽车召回请求权等合理诉求进行相应的规范和明确,以达到更好地保护消费者的目的。

2. 厂商的产品召回义务

与消费者基本权利相对应的是厂商在生产经营活动中的基本义务。从各国产品召回的实践来看,厂商的召回义务包括停止缺陷产品生产和销售的义务、产品缺陷报告义务、制订召回计划义务、产品缺陷警示和公布召回信息义务、进行修理更换或退货的义务以及召回的义务等。厂商能否从消费者的利益出发,充分、切实地履行召回义务是消费者权利能否获得保障的关键。厂商的这些义务贯穿于产品召回程序之中,义务的充分履行也就构成了完整的产品召回程序。[17]

3. 政府在产品召回监管中的权责

政府在产品召回监管中的权责包括:(1)政府对厂商的产品缺陷报告进行登记和备案,对相关情况进行调查和核实,并把可能存在缺陷的产品交由权威质量鉴定部门进行检验鉴定,根据鉴定结果对产品可能引起的产品危害进行评估,以便决定厂商将要采取的产品召回措施。(2)政府应对厂商制订的召回计划进行审查,根据产品危害情况提出修改意见,并对厂商即将公布的产品缺陷警示和召回信息资料的真实性、准确性、充分性进行审查。(3)政府应配合厂商进行产品缺陷警示,在政府网站上定期发布产品缺陷警示和召回信息。(4)政府对厂商的修理、更换、退货等行为进行监督和管理,对厂商不符合法律法规和消费者利益的召回行为进行纠正。(5)在厂商不主动提起产品召回时,政府依据消费者的投诉或者质量监督检验部门的抽查结果等,在确定产品存在缺陷的情况下,指令厂商实施召回,并依法对该厂商进行处罚。(6)在召回过程中,当厂商与销售商、消费者发生纠纷并提交政府要求解决时,政府依法对其进行调解和裁判。

三、产品召回程序

召回的程序分为主动召回程序和指令召回程序。主动召回是指产品的生产商、进口商或者经销商在获悉其生产、进口或者经销的产品存在可能危害消费者健康、安全的缺陷时,依法向政府部门报告,主动及时通知消费者,并从市场和消费者手中收回问题产品,采取予以更换、

---

[16] 该条规定:"生产者实施召回,应当以便于公众知晓的方式发布信息,告知车主汽车产品存在的缺陷、避免损害发生的应急处置方法和生产者消除缺陷的措施等事项。国务院产品质量监督部门应当及时向社会公布已经确认的缺陷汽车产品信息以及生产者实施召回的相关信息。车主应当配合生产者实施召回。"

[17] 以美国为例,传统的普通产品召回程序为:厂商报告产品缺陷→政府评估产品危害→厂商制定召回计划→产品缺陷警示和公布召回信息→厂商实施修理、更换和退货→厂商召回总结等。传统召回程序复杂、周期长,实施效果不甚理想,为了改变这种状况,美国消费品安全委员会于 1995 年 8 月推出召回指引程序(pilot program),后来又扩大了该程序的适用范围。指引程序取消了传统召回程序中大多数情况下的政府预先评估环节,以鼓励厂商主动实施召回。指引程序取得极大成功,在开始 6 个月内厂商发起产品召回 57 起,召回缺陷产品 350 万件,截至 1997 年 5 月,厂商共发起产品召回 140 起,召回产品 1290 万件,厂商实施召回计划的时间也缩短为 14 个工作日,缺陷产品召回率由原来的 30% 上升到 60%,极大地降低了消费者受到缺陷产品侵害的可能性。1997 年 5 月,指引程序作为一项产品召回简易程序(fast track program)固定下来。

赔偿的积极有效的补救措施,以消除缺陷产品危害风险的制度。指令召回是指政府指令产品的生产商、进口商或者经销商及时通知消费者,并从市场和消费者手中收回问题产品,采取予以更换、赔偿的积极有效的补救措施,以消除缺陷产品危害风险的制度。无论哪一种召回都是在主管部门的监督下进行的,虽然两种不同的召回发起的原因有所不同,但概括而言,都包括缺陷产品发现、主管机关立案调查(风险评估)、通知企业召回、企业制订召回计划、企业实施召回计划、召回总结等不同阶段。

四、我国产品召回制度的发展与完善

为了加强我国产品质量管理,完善对消费者的保护,维护我国市场经济健康发展,2004年3月12日,原国家质量监督检验检疫总局、国家发展和改革委员会、商务部、海关总署联合发布了《缺陷汽车产品召回管理规定》,并于2004年10月1日正式施行,[18] 它以汽车业为突破口填补了我国产品召回制度的立法空白。2012年10月10日,国务院常务会议通过了《缺陷汽车产品召回管理条例》,2012年10月22日公布,自2013年1月1日起施行,2019年3月2日修订。2020年10月23日,国家市场监督管理总局发布并实施修订后的《缺陷汽车产品召回管理条例实施办法》。自此,我国有了更高位阶的立法来规制缺陷汽车产品的召回,进一步完善了我国的产品召回制度。

《缺陷汽车产品召回管理条例》第1条开宗明义讲到其制定的宗旨,即规范缺陷汽车产品召回,加强监督管理,保障人身、财产安全。较之前的《缺陷汽车产品召回管理规定》更加简洁、规范,法规的适应性更强。

《缺陷汽车产品召回管理条例》第3条明确了缺陷汽车召回制度中的"缺陷"是指由于设计、制造、标识等原因导致的在同一批次、型号或者类别的汽车产品中普遍存在的不符合保障人身、财产安全的国家标准、行业标准的情形或者其他危及人身、财产安全的不合理的危险。生产者应对符合以下任一条件的汽车予以召回:(1)经营者获知汽车产品存在缺陷的。(2)生产者确认汽车产品存在缺陷的。(3)国务院产品质量监督部门调查认为汽车产品存在缺陷的,生产者既不按照通知实施召回又不在规定期限内提出异议的,或者经国务院产品质量监督部门依照规定组织论证、技术检测、鉴定确认汽车产品存在缺陷的。

关于汽车召回的方式,《缺陷汽车产品召回管理条例》采取制造商主动召回和主管部门指令召回两种管理程序。国家鼓励制造商主动召回,但如果制造商获知缺陷存在而未采取主动召回行动,主管部门就会要求其按照指令召回管理程序的规定进行缺陷汽车产品召回。同时,《缺陷汽车产品召回管理条例》还规定汽车生产者应当按照国务院产品质量监督部门的规定提交召回阶段性报告和召回总结报告。此外,《缺陷汽车产品召回管理条例》对生产者、经营者不配合产品质量监督部门缺陷调查,未按照已备案的召回计划实施召回,未将召回计划通报销售者以及未停止生产、销售或者进口缺陷汽车产品,隐瞒缺陷情况,经责令召回拒不召回的规定有较为严厉的行政处罚措施。

《缺陷汽车产品召回管理条例》不仅规定了汽车产品召回过程中的消费者权利、厂商义务

---

[18] 在其正式实施之前,国家质量监督检验检疫总局先后发布了四个实施细则,即《缺陷汽车产品召回信息系统管理办法》《缺陷汽车产品召回专家库建立与管理办法》《缺陷汽车产品调查和认定实施办法》《缺陷汽车产品检测与实验监督管理办法》,为在我国实施汽车召回制度在制度上铺平了道路。

和政府职责等,还规定了产品召回的程序,以及不按相关程序召回或者未召回的法律责任,掀开了我国产品质量法律制度建设的新篇章。《缺陷汽车产品召回管理条例》出台至今,特别是近几年,已有不少汽车厂商按照《缺陷汽车产品召回管理条例》及有关规定对其产品实施了召回。从实践来看,被召回的问题车绝大多数尚未造成大范围严重的消费者人身和财产的损害,厂商所采取的措施既有利于消除威胁消费者安全的隐患,也有助于树立该企业在市场上的良好信誉和形象。

《缺陷汽车产品召回管理条例》的出台值得肯定,但产品召回制度是一项复杂的系统工程,虽然《缺陷汽车产品召回管理条例》规定了一些召回信息披露制度和建立缺陷汽车产品召回信息管理系统等,但不够系统。要真正贯彻落实,除制定法律法规外,还须建立一系列配套机制予以辅助和配合,如产品缺陷预警制度、产品缺陷和召回信息披露制度等。目前,我国汽车、食品[19]、药品[20]以及儿童玩具[21]等消费品都已建立起产品召回管理制度。为了使我国产品召回制度走向成熟和完善,今后不仅要建立配套机制,为汽车、消费品等产品召回制度的实施创造条件,还要继续进行法律法规建构,将产品召回的覆盖范围扩大至消费品各个领域,为消费者的合法利益提供最大限度的保护。

―――――― 思考题 ――――――

1. 试述我国《产品质量法》中的产品。
2. 什么是产品质量认证?什么是企业质量体系认证?
3. 简述国家监督抽查制度的范围和方式。
4. 产品质量责任和产品责任这两个概念是什么关系?
5. 比较产品瑕疵责任和产品缺陷责任的异同。
6. 结合实际情况,分析我国建立产品召回制度的必要性。
7. 试析产品召回法律关系的客体。

---

[19] 《食品安全法》(2015 年修订)第 63 条规定:"国家建立食品召回制度。食品生产者发现其生产的食品不符合食品安全标准或者有证据证明可能危害人体健康的,应当立即停止生产,召回已经上市销售的食品,通知相关生产经营者和消费者,并记录召回和通知情况。食品经营者发现其经营的食品有前款规定情形的,应当立即停止经营,通知相关生产经营者和消费者,并记录停止经营和通知情况。食品生产者认为应当召回的,应当立即召回。由于食品经营者的原因造成其经营的食品有前款规定情形的,食品经营者应当召回。食品生产经营者应当对召回的食品采取无害化处理、销毁等措施,防止其再次流入市场。但是,对因标签、标志或者说明书不符合食品安全标准而被召回的食品,食品生产者在采取补救措施且能保证食品安全的情况下可以继续销售;销售时应当向消费者明示补救措施。食品生产经营者应当将食品召回和处理情况向所在地县级人民政府食品药品监督管理部门报告;需要对召回的食品进行无害化处理、销毁的,应当提前报告时间、地点。食品药品监督管理部门认为必要的,可以实施现场监督。食品生产经营者未依照本条规定召回或者停止经营的,县级以上人民政府食品药品监督管理部门可以责令其召回或者停止经营。"

[20] 《药品召回管理办法》(国家食品药品监督管理局令第 29 号)(2007 年 12 月 6 日经国家食品药品监督管理局局务会审议通过)。

[21] 《儿童玩具召回管理规定》(国家质量监督检验检疫总局令第 101 号)(2007 年 7 月 24 日经国家质量监督检验检疫总局局务会议审议通过)。

第十六章 广告法律制度

| 内容提要 |

广告法是调整广告活动关系的法律规范的总称,《广告法》是其中最主要的法律规范,是维护广告市场秩序、规范广告经营行为、保护消费者权益的基本法律依据。广告法律制度由广告内容准则、广告行为规范、广告监督管理和广告法律责任等部分组成。

| 学习重点 |

广告法律制度的定义和规范对象　　广告内容准则
广告行为规范　　　　　　　　　　广告法律责任

第一节　广告法律制度概述

一、广告法律制度的定义

广告法律制度,是指规范和管理广告活动,保护消费者的合法权益,维护社会经济秩序的法律制度。《广告法》规范的广告类型主要为商业广告。广义的广告包括各种形式的信息传播,旨在传达某种信息、观点、理念等。按照广告是否具有营利动机,可以将广告划分为商业广告和非商业广告。非商业广告包括公益广告及其他社会类广告。商业广告是指商品经营者或者服务提供者通过一定媒介和形式直接或者间接地介绍自己所推销的商品或者服务的广告。在市场经济活动中,商业广告最为普遍,对消费者和社会公众的影响最为显著,与公益广告、其他社会类广告存在显著差异,因此《广告法》的调整对象主要为商业广告。同时,考虑到公益广告具有引领道德风尚、传播先进文化、推动社会和谐的重要功能,《广告法》也对公益广告作了原则性规定。[1]

二、广告法律制度的规范对象

广告法律制度规范的对象是商业广告活动,其构成要素包括广告活动主体、广告活动场域、广告活动方式。

---

[1]《广告法》第22条、第39条、第73条。

(一)广告活动主体

现代商业社会的广告传播是由多个广告活动主体参与其中共同完成的。广告活动主体主要包括以下四类：(1)广告主，是指为推销商品或者服务，自行或者委托他人设计、制作、发布广告的自然人、法人或者其他组织。(2)广告经营者，是指接受委托提供广告设计、制作、代理服务的自然人、法人或者其他组织。(3)广告发布者，是指为广告主或者广告主委托的广告经营者发布广告的自然人、法人或者其他组织。(4)广告代言人，是指广告主以外的，在广告中以自己的名义或者形象对商品、服务做推荐、证明的自然人、法人或者其他组织。由于广告代言人在广告中以自己名义独立发表观点，对商品起了隐性担保的作用，因此广告代言人有义务约束自身行为，承担不实陈述的法律责任。

此外，广告行业组织应当依照法律、法规和章程的规定，制定行业规范，加强行业自律，促进行业发展，引导会员依法从事广告活动，推动广告行业诚信建设。政府在加强事中事后监管的同时，也要创新市场监管理念，鼓励企业自我监督，发挥行业组织、社会组织的监督作用，形成企业自治、行业自律、政府监管、社会监督的社会共治格局。

公共场所及信息平台也对维护广告管理秩序、制止违法广告负有相应的法律义务。日常实践中，违法广告以多种形式传播，包括在车站、商场、公园等公共场所发送，以及利用电信传输平台或互联网媒体平台发送和发布。以上公共场所的管理者或者电信业务经营者、互联网信息服务提供者在此类广告活动中有制止违法广告的义务。

(二)广告活动场域

伴随经济社会的发展，尤其是经济活动范围的扩大，广告活动的场域从传统的室内、实体性空间向户外、互联网等多维空间拓展。与此同时，广告活动场域的扩大对不特定社会公众也产生了显著的影响，有必要对在一定空间场域发布广告作出限制性规定。

户外广告是指利用户外场所、空间、设施等发布的广告，例如，利用展示牌、电子显示装置、灯箱、交通工具、水上漂浮物、升空器具、城市轨道交通设施、地下通道等发布广告。为了进一步加强对户外广告设施的规划和安全管理，同时考虑到各地的社会经济发展情况差异较大，因此《广告法》授权县级以上地方人民政府加强对户外广告的监督管理，制定户外广告设置规划和安全要求。由于户外广告通常利用地理位置和周围环境吸引社会公众的注意，因此，应通过设立禁止性条款，消除户外环境由广告活动带来的不利影响，具体包括：不得利用交通安全设施、交通标志，影响行人和驾驶员视野，以免造成交通事故；不得影响市政公共设施、交通安全设施、交通标志、消防设施、消防安全标志的使用；不得妨碍生产或者人民生活，损害市容市貌；不得在国家机关、文物保护单位、风景名胜区等的建筑控制地带，或者县级以上地方人民政府禁止设置户外广告的区域设置。

随着技术的迅速发展，以互联网技术为基础的数字化传播环境对广告业造成直接的影响，催生出互联网广告这种新的形式。互联网广告，是指利用网站、网页、互联网应用程序等互联网媒介，以文字、图片、音频、视频或者其他形式，直接或者间接地推销商品或者服务的商业广告活动。在互联网发布、发送广告的过程中，为了保障消费者使用网络的合法权益，互联网广告不得影响用户正常使用网络。在互联网页面以弹出等形式发布的广告，应当显著标明关闭标志，确保一键关闭。

禁止在少年儿童的教育场所，以及利用学习相关的工具、设备、资料等开展商业性广告宣传活动。中小学校、幼儿园是少年儿童的主要学习场所，其空间环境直接影响着他们身心的健康成长。教材、教辅资料、练习册、文具、教具、校服、校车是少年儿童在学习中最常接触的事物和工具，借助这些器具发布商业性广告对他们的日常行为可能产生不良影响。当然，由于公益广告不具有商业目的，并对少年儿童思想品德教育和培养有正向引导作用，因而可以在中小学校、幼儿园内，或者教材、教辅资料等相关载体上发布。

（三）广告活动方式

广告活动主体向当事人住宅或其交通工具等发送广告前，应当征得当事人的同意或者得到当事人的请求。事前同意应以广告首次发布前为准，以保护当事人不受商业性信息打扰的权利。若广告发送者故意隐瞒真实身份和联系方式，将侵扰广告接收者的私人生活安宁，[2] 并导致广告接收者无法拒绝和举报，也给执法工作造成很大困难。因此，以电子信息方式发送广告的应当明示发送者的真实身份和联系方式，向接收者提供拒绝继续接收的方式，以保护接收者的知情权和拒绝权。

三、广告法律制度的规范体系

广告法律制度的规范体系，是指由调整不同领域广告活动的法律规范组成的有机统一整体。我国广告法律制度，以《广告法》为主体，在境内发布商业广告和举办商业广告活动都属于《广告法》调整范围。为了加强广告管理，推动广告事业的发展，有效地利用广告媒介为社会主义建设服务，国务院制定了《广告管理条例》。同时，国务院各职能部门根据不同领域的广告活动实际情况还制定了包括《互联网广告管理办法》《房地产广告发布规定》《农药广告审查发布规定》《兽药广告审查发布规定》《药品、医疗器械、保健食品、特殊医学用途配方食品广告审查管理暂行办法》《公益广告促进和管理暂行办法》等在内的部门规章。

其他立法中涉及广告内容的规定共同构成广告法律制度，如《食品安全法》第73条第1款规定："食品广告的内容应当真实合法，不得含有虚假内容，不得涉及疾病预防、治疗功能。食品生产经营者对食品广告内容的真实性、合法性负责。"《野生动物保护法》第32条规定："禁止为出售、购买、利用野生动物或者禁止使用的猎捕工具发布广告。禁止为违法出售、购买、利用野生动物制品发布广告。"《畜牧法》第83条规定："违反本法第二十九条规定的，依照《中华人民共和国广告法》的有关规定追究法律责任。"《种子法》第77条规定："违反本法第二十一条、第二十二条、第二十三条规定……依照《中华人民共和国广告法》的有关规定追究法律责任。"《刑法》第222条规定："广告主、广告经营者、广告发布者违反国家规定，利用广告对商品或者服务作虚假宣传，情节严重的，处二年以下有期徒刑或者拘役，并处或者单处罚金。"

四、广告法律制度的功能

（一）保护消费者合法权益

商业广告活动是商品经营者、服务提供者与消费者之间的一种经济活动，其根本目的是促进市场交易。由于信息不对称，消费者在交易中处于相对弱势地位，因此法律为了保护消费者权益，预防和打击虚假广告等侵害消费者知情权、公平交易权的行为。

---

[2]《民法典》第1033条第1项。

对于特殊人群,我国还建立了特别广告法律制度。广告不得损害未成年人身心健康,如诱导未成年人贪图享乐或者影响其树立正确的道德认知和行为规范。未成年人由于年龄、智力和社会阅历等的限制,对社会事物和自身能力的认识尚不健全,尤其是对烟草、医疗、药品、化妆品等广告不易理解或者容易误解,从而对可能产生的危害后果缺乏足够的预见以及必要的防范能力,因此有必要给予特别保护,禁止针对未成年人的大众传播媒介上发布相关广告。广告不得损害残疾人身心健康。禁止通过大众传播媒介或者其他方式贬低损害残疾人人格。[3]

(二)维护公平竞争的市场环境

广告法律制度对保护经营者的合法权益,维护公平竞争的市场环境,也发挥了重要的作用。例如经营者的商业秘密权,市场监督管理部门在履行广告监督管理职责时,可能获得或者获知商业秘密。《广告法》第52条规定,市场监督管理部门和有关部门及其工作人员对其在广告监督管理活动中知悉的商业秘密负有保密义务。

(三)促进广告业的健康发展

广告业是现代服务业的重要组成部分,在服务生产、引导消费方面具有积极作用。规范广告活动,明确广告活动各方的权利和义务,明确有关部门的权限和职责,有利于营造健康诚信的广告业环境,使广告业在良好的法治环境中得以实现长远的发展。

第二节 广告内容准则

一、广告一般准则

(一)真实

真实性是广告的核心原则。确保广告具有真实性有助于消费者在充分知悉相关信息的前提下作出理性选择,保护消费者的知情权与公平交易权。广告中,真实性要求相关主体必须如实介绍商品或者服务,禁止任何形式的欺骗误导。对于广告中的艺术创作,相关主体需要处理好真实性与艺术性的关系,确保选择的艺术形式、手段不违背真实性原则。

(二)合法

广告合法是指广告活动主体在广告活动中应该遵循法律法规的规定,具体体现在:一是广告所推销的商品或者服务应当是国家法律允许经营的,二是广告的表现形式和内容要符合法律规定,三是广告发布程序要符合法律规定。

(三)准确

法律对商品或者服务的重要信息表述、附带赠送商品或者服务的内容表述、法律或行政法规有特别规定的内容表述都要求准确。商品或服务的重要信息,如性能或内容、产地、用途、质量、价格、生产者、有效期等内容;附带赠送商品或者服务的内容,如礼品的品种、规格、数量、期

---

[3]《残疾人保障法》第3条第3款。

限和方式等信息,都是消费者选择商品或服务的主要参考依据,因此要求广告传达的相关信息应当准确、清楚、明白,以保障消费者知情权,不致引起误解。对于法律、行政法规规定的标识内容,相关主体应当遵守,比如药品广告应当显著标明禁忌、不良反应。

(四)可识别

广告应当具有可识别性,其表现形式及其语言、文字、图像和声音等具体内容应当易于识别。信息的受众对信息的接受度和信任度会依据信息来源的不同而有所区别。商业广告的目的在于推销商品或服务,具有劝诱性,只有确保消费者能明确认知信息来自广告,才能更加谨慎对待广告推销行为。相关主体不得以新闻报道形式变相发布广告,通过大众传播媒介发布的广告应当显著标明"广告"。

二、广告特殊准则

(一)医疗、药品、医疗器械广告

医疗、药品、医疗器械广告不得含有下列内容:表示功效、安全性的断言或者保证,说明治愈率或者有效率,与其他药品、医疗器械的功效和安全性或者其他医疗机构比较,利用广告代言人推荐、证明。药品广告的内容不得与国务院药品监督管理部门批准的说明书不一致,应当显著标明禁忌、不良反应,应当显著标明忠告语。对于医疗器械广告,若推荐给个人自用,或者其注册证明文件中有禁忌内容、注意事项的,相关主体应当在广告中显著标明相关内容。

麻醉药品、精神药品、医疗用毒性药品、放射性药品等特殊药品以及戒毒治疗药品,禁止以任何形式发布广告。其他处方药严格控制广告发布范围,只能在国务院卫生行政部门和国务院药品监督管理部门共同指定的医学、药学专业刊物上做广告。

此外,为了防止医疗、药品和医疗器械以外的商品或服务对疾病的治疗或预防功能进行虚假宣传,误导消费者和患者,除医疗、药品和医疗器械广告之外,禁止其他任何广告涉及疾病治疗功能,并且不得使用医疗用语或者易使推销的商品与药品、医疗器械相混淆的用语。广播电台、电视台、报刊音像出版单位、互联网信息服务提供者不得以介绍健康、养生知识等形式变相发布医疗、药品、医疗器械广告。[4]

(二)保健食品广告

保健食品是指具有特定保健功能,适用于特定人群,适量食用有助于调节机体功能,不以治疗疾病为目的的食品。由于保健食品具有较高的专业性,个别生产经营者可能利用广告手段,夸大或者宣传保健食品具有治疗疾病的功能,从而欺骗误导消费者,严重威胁广大人民群众的健康安全。保健食品广告不得含有下列内容:表示功效、安全性的断言或者保证,涉及疾病预防、治疗功能,声称或者暗示广告商品为保障健康所必需,与药品、其他保健食品进行比较,利用广告代言人作推荐、证明。同时,由于保健食品本质上不是药品,不以治疗疾病为目的,因此保健食品广告应当显著标明"本品不能代替药物"。广播电台、电视台、报刊音像出版单位、互联网信息服务提供者不得以介绍健康、养生知识等形式变相发布保健食品广告。[5]

---

[4] 《广告法》第15条、第16条、第17条、第19条。
[5] 《广告法》第18条、第19条。

(三)农药、兽药、饲料和饲料添加剂广告

对于农药、兽药、饲料和饲料添加剂等重要的农业生产物资加强广告内容监督,对维护农用物资使用者的合法权益,保障农产品质量安全具有重要作用。农药、兽药、饲料和饲料添加剂广告不得含有下列内容:表示功效、安全性的断言或者保证,利用科研单位、学术机构、技术推广机构、行业协会或者专业人士、用户的名义或者形象作推荐、证明,说明有效率;含有违反安全使用规程的文字、语言或者画面,法律、行政法规规定禁止的其他内容。[6]

(四)烟草广告

烟草会对人类健康造成严重危害已经被广泛认知和接受。《广告法》明确规定,在大众传播媒介或者公共场所、公共交通工具、户外不得发布烟草广告,禁止向未成年人发送任何形式的烟草广告。此外,还禁止两种变相发布的情形:一是在其他商业广告、公益广告中出现烟草制品的名称、商标、包装、装潢以及类似内容;二是在烟草制品生产者或者销售者发布的迁址、更名、招聘等启事中出现烟草制品的名称、商标、包装、装潢以及类似内容。[7]

(五)酒类广告

酒在中国传统文化中具有独特的地位,酒文化源远流长。然而,过量饮酒对个人健康和社会秩序都会带来危害。酒类广告不得含有以下内容:诱导、怂恿饮酒或者宣传无节制饮酒,出现饮酒的动作,表现驾驶车、船、飞机等活动,明示或者暗示饮酒有消除紧张和焦虑、增加体力等功效。[8]

(六)教育、培训广告

教育、培训对于促进个人成长、社会发展、经济繁荣和社会和谐都具有不可替代的重要作用。为了规范教育培训广告市场,保护消费者的合法权益,教育、培训广告禁止发布保证性承诺;不得宣称与考试机构及其人员相关;禁止利用学术机构、行业协会等单位和组织以及专业人士、受益者等人员作推荐、证明。[9]

(七)招商等有投资回报预期类广告

由于社会公众缺乏专业投资知识和安全防范意识,往往对广告宣传盲目相信,导致其财产遭受重大损失。为了规范招商等有投资回报预期类广告的市场秩序,引导消费者理性投资,保护投资者的合法权益,《广告法》对招商类广告的发布具有明确要求:一是此类广告中必须明示风险及责任承担,二是此类广告发布的内容禁止含有保证性承诺,三是禁止利用学术机构、行业协会、专业人士、受益者的名义或者形象作推荐、证明。[10]

(八)房地产广告

在实践中,房地产广告不乏虚假宣传的现象,如对小区环境及周边设施作误导宣传等,侵害了购房者的合法权益。房地产广告应当满足房源信息真实、面积表达规范的要求。房地

---

[6]《广告法》第21条。
[7]《广告法》第22条。
[8]《广告法》第23条。
[9]《广告法》第24条。
[10]《广告法》第25条。

广告不得含有以下内容:升值或投资回报的承诺,以项目到达某一具体参照物的所需时间表示项目位置,含有违反国家有关价格管理规定的内容,对规划或者建设中的交通、商业、文化教育设施以及其他市政条件作误导宣传。[11]

(九)种子、种畜禽、种苗和种养殖广告

种子、种畜禽、种苗的品质直接关系农民、牧民、渔民及其家庭的收入和产量,甚至直接关系某一地域范围内的社会稳定。因此,有必要对种子、种畜禽、种苗和种养殖广告的内容进行规范,明确品种名称、生产性能、生长量或者产量、品质、抗性、特殊使用价值、经济价值、适宜种植或者养殖的范围和条件。种子、种畜禽、种苗和种养殖广告不得含有以下内容:作科学上无法验证的断言,对功效作断言或者保证,对经济效益进行分析、预测或者作保证性承诺,利用学术机构、行业协会等单位和组织以及专业人士、受益者等人员作推荐、证明。[12]

第三节 广告行为规范

一、一般行为规范

一方面,广告活动中应当依法订立书面合同。广告主、广告经营者、广告发布者在广告活动中采取书面形式签订广告合同,可以明确各方的权利义务、责任范围,对于广告合同的履行有着重要作用,也为将来解决法律纠纷提供了有力的法律依据。根据不同的业务类型,广告合同可以分为广告设计合同、广告制作合同、广告代理合同、广告发布合同等。

另一方面,广告活动中不得进行不正当竞争。广告活动中不正当竞争是指在广告活动中违反广告法及反不正当竞争法的规定,损害其他广告活动主体的竞争权益,获得不正当竞争优势或扰乱市场秩序的行为。其包括但不限于:利用虚假违法广告欺骗和误导消费者,以不正当手段获得市场份额,贬低竞争对手的商品或服务,采取商业贿赂等不正当手段争取交易机会。

二、广告主行为规范

一方面,广告主应当委托具有合法经营资格的广告经营者、发布者。广告主委托广告经营者、发布者时,应当委托具有合法经营资格的广告经营者、广告发布者,取得广告发布登记证件的广播电台、电视台、报刊音像出版单位属于具有合法经营资格的广告发布者。对于广告经营者和广播电台、电视台、报刊音像出版单位以外的其他广告发布者,虽未取得资格许可,但依法进行工商登记,且营业范围包含广告经营、广告发布业务的,均属于具有合法经营资格的广告经营者、发布者。

另一方面,广告主在广告中使用他人名义、形象时应当履行的义务。以他人的名义、形象从事广告活动,涉及其姓名权或者名称权、肖像权的,需要得到他人的同意。此处的"同意",是

---

[11] 《广告法》第26条。
[12] 《广告法》第27条。

指书面同意,比如让其出具证明同意的书面凭证。若使用无民事行为能力人、限制民事行为能力人的名义或者形象,应当事先取得其监护人的书面同意。

三、广告经营者、广告发布者行为规范

1. 广告经营者在广告中使用他人名义、形象应当履行的义务。广告经营者在广告中使用他人名义、形象应当履行的义务与广告主应当履行的义务相同。此处不再赘述。

2. 广告经营者、广告发布者应当建立健全广告业务日常管理制度和履行自律审查义务。建立健全广告业务的承接登记、审核、档案管理制度,有利于广告经营者、广告发布者通过制度建设加强广告审查,从而避免发布虚假违法广告。承接登记是指广告经营者、广告发布者与广告主接洽广告业务时,应当了解、记录其基本情况,确认其合法主体资格。审核是指广告经营者、广告发布者对承接的广告业务证明文件的种类、数量、出处,及其真实性、合法性、有效性进行查验;对广告内容的真实性、合法性进行核对。档案管理是指广告经营者、广告发布者将广告活动中涉及的各个环节和流程的材料归纳整理,进行存档,范围包括但不限于广告主出具的各种证明文件、广告活动当事人之间签订的广告合同、广告内容修改记录、广告主对广告发布样稿的确认记录、广告审核意见、广告发布后广告主和消费者的反映意见等。

3. 广告经营者、广告发布者应当明示广告收费标准和收费办法。广告服务价格实行市场调节价,由广告经营单位依据经营服务成本和市场供求状态自主制定价格。要求明码标价,是建立公平、透明和合规的广告商业环境的重要一步,有助于保护消费者权益,促进健康的市场竞争。

4. 广告发布者向广告主、广告经营者提供真实资料的义务。广告主、广告经营者对广告的传播效果非常关心,而媒介传播效果方面的资料是衡量广告效果的一项重要指标。广告发布者接受委托发布广告时,广告主、广告经营者通常会要求广告媒体提供自己发布广告有效范围的相关资料。因此,广告发布者向广告主、广告经营者提供的覆盖率、收视率、点击量、发行量等资料应当真实。

四、广告代言人行为规范

1. 广告代言人在广告中对商品、服务作推荐、证明,应当依据事实,符合广告法和有关法律、行政法规规定。广告代言人作推荐、证明依据事实,是指不得为内容无事实依据或者不符合事实的广告代言,推荐或证明的具体内容也应当事实。例如,某调查机构证明某商品的市场占有率高,但实际上该调查机构并未开展市场调查,此类情况可以认定广告代言人未依据事实。依据广告法和有关法律、法规的禁止性、限制性规定,部分商品服务不得在广告中进行推荐、证明。例如,不得在医疗、药品、医疗器械和保健食品广告中利用广告代言人作推荐、证明。

2. 广告代言人不得为其未使用过的商品或者未接受过的服务作推荐、证明。为避免广告代言人对其未真实使用或体验过的产品或服务进行不负责任的推荐、证明,给公众造成误导甚至欺骗,广告法要求代言人在代言广告前必须先行体验,这符合广告真实性原则的要求,也更有利于对公众的权益保护。

3. 不得利用不满10周岁的未成年人作为广告代言人。不满10周岁的未成年人心智发育尚未成熟,其主要时间应投入接受相应的受教育活动,而不是参加商业性质的活动。由于缺乏对社会事物的辨识能力和认知能力,未成年人对广告代言活动的理解和适应性与其心智状况

明显不符,还可能对社会产生不良示范效应,因此需要更加谨慎地监管未成年人参加商业广告活动的情况。需要注意,不满10周岁的未成年人在广告中作为广告表演者出现并不受法律禁止。同时,此处"不满10周岁",是指未成年人在签订广告代言合同、制作或拍摄广告时不满10周岁,与广告发布时的实际年龄无关。

第四节　广告监督管理

一、广告监管体制

（一）市场监督管理部门主管广告监督管理工作

广告监督管理工作应当严格按照法律进行,贯穿广告活动的全过程,包括事前审查预警、事中监测监管、事后检查处理等。在中央层面,根据国务院有关部门的职责划分,广告活动的监督管理属于国务院市场监督管理部门的职责,其主管全国的广告监督管理工作;在地方层面,由县级以上地方市场监督管理部门主管本行政区域的广告监督管理工作。有关部门在各自的职责范围内负责广告管理相关工作,如对一些特殊广告进行发布前审查。

根据国务院市场监督管理部门在广告监督管理方面的规定,其职责主要包括:拟定广告业发展规划、政策措施并组织实施,拟定广告监督管理的具体措施、办法,组织、指导、监督管理广告活动,组织监测各类媒体广告发布情况,查处虚假广告等违法行为,指导广告审查机构和广告行业组织的工作。相应地,县级以上的地方市场监督管理部门在广告监督管理方面也有类似职责。

（二）市场监督管理部门广告监督管理职责和职权

为了保障广告监督管理工作的顺利开展,市场监督管理部门可以行使的职权包括:(1)现场检查权。对涉嫌从事违法广告活动的场所在法定权限范围内,按照程序,以不少于2人的执法人员实施现场检查。(2)询问调查权。询问相关当事人或证人,对有关单位或者个人进行调查。(3)要求涉嫌违法当事人限期提供有关证明文件。如广告审查批件、当事人的营业执照、与广告宣传内容相关的证明文件等。(4)查阅复制权。查阅、复制与涉嫌违法广告有关的合同、票据、账簿、广告作品及其他有关资料,包括以书面形式和电子介质形式保存的相关资料。(5)查封扣押权。查封、扣押与涉嫌违法广告直接相关的广告物品、经营工具、设备等财物。(6)责令暂停发布可能造成严重后果的涉嫌违法广告。责令暂停发布广告本身不属于行政处罚,而是一种行政措施。为防止涉嫌违法广告可能造成的社会危害扩大,市场监督管理部门必须及时责令暂停发布,如经核实广告并不违法,应当及时恢复该广告的发布。(7)法律、行政法规规定的其他职权。

市场监督管理部门应当建立健全广告监测制度,完善监测措施,及时发现和依法查处违法广告行为。广告监测是指市场监督管理部门依法对媒体广告发布情况进行的监测活动,主要包括广告资料的采集汇总、涉嫌违法广告的证据固定、监测结果的处理等。

(三)市场监督管理部门会同其他部门制定大众传播媒介广告发布行为规范

大众传播媒介是指能够广泛传播信息、观点、思想的工具或平台,包括报纸、广播、电影、电视、期刊、移动通信网络、互联网等。广告活动包括设计、制作、代理、发布等,其中发布是广告活动的重要环节和领域,对广告市场秩序有重要影响。不同的广告发布媒体传播方式存在不同特点,因此不同类型的大众传播媒介会受到不同部门的监督管理。对于广告发布中存在一些需要有关部门协调配合、共同解决的问题,广告法授权市场监督管理部门会同其他有关部门共同制定相关行为规范。

二、广告行政审查

对于医疗、药品、医疗器械、农药、兽药和保健食品等特殊商品和服务广告,我国建立了行政审查制度,即广告审查机关对广告内容的真实性和合法性进行前置审查,未经审查,不得发布。由于这些商品与服务的特殊性,有必要由具有法定监管职责、具有专业监管能力的政府部门,依照法定的程序和标准,对其广告内容进行发布前审查。广告主申请广告行政审查,应提交证明文件,广告审查机关依法在规定期限内作出审查决定。审查合格的,发放广告审查批准文件并抄送市场监督管理部门,及时向社会公布批准的广告。对于审查不合格、不能通过的,广告审查机关应当作出不批准的决定。任何单位或者个人不得伪造、变造或者转让广告审查批准文件。

三、广告社会监督

(一)任何单位和个人有权向市场监督管理等部门投诉、举报

投诉人一般是受到违法广告活动侵害的受害人或单位,举报人则不限于其权益受到直接的侵害者本人,可以是任何检举、控告违法广告活动的个人或单位。市场监督管理部门和有关部门应当向社会公开受理投诉、举报的电话、信箱或者电子邮件地址,并且要保障这些渠道和途径的畅通,接到投诉、举报的部门应当自收到投诉之日起7个工作日内,予以处理并告知投诉人、举报人。市场监督管理部门和有关部门不依法履行职责的,任何单位或者个人有权向其上级机关或者监察机关举报,有关部门应当为投诉人、举报人保密。

(二)消费者协会和其他消费者组织对违法广告进行社会监督

《消费者权益保护法》第36条规定,消费者协会和其他消费者组织是依法成立的对商品和服务进行社会监督的保护消费者合法权益的社会组织。针对虚假广告,消费者可向消费者协会或其他消费者组织进行投诉,后者应当受理并对投诉事项进行调查、调解,并采取适当的行动来保护消费者权益。其具体的行动措施包括:参与有关部门对虚假广告的监督检查;就有关消费者合法权益的问题向有关部门反映、查询,提出建议;就损害消费者合法权益的行为,支持受损害的消费者提出诉讼;对损害消费者合法权益的虚假广告行为通过大众传播媒介予以披露、批评。另外,对侵害众多消费者合法权益的行为,中国消费者协会以及在省、自治区、直辖市设立的消费者协会,可以向人民法院提起诉讼。

第五节 广告法律责任

一、民事责任

(一)广告主、广告经营者、广告发布者发布虚假广告的民事责任

广告主是保证广告真实性的第一责任人,当消费者的合法权益因为虚假广告而受到损害时,广告主应当承担首要民事责任。实践中,广告主是虚假广告的源头,是广告中推销商品或者服务的主体,发布虚假广告欺骗误导消费者,导致其购买商品或者接受服务后合法权益受到损害,广告主承担首要责任。

在广告活动中,广告经营者、广告发布者以及广告代言人都承担着重要的责任和义务,如广告经营者、广告发布者应当查验有关证明文件、核对广告内容,广告代言人不得为其未使用过的商品或者服务代言,不得进行欺骗误导性代言。当出现虚假广告侵害消费者合法权益时,广告经营者、广告发布者、广告代言人在特定情况下也应当承担连带责任。广告经营者、广告发布者、广告代言人依法与广告主承担连带责任时,消费者有权请求广告主、广告经营者、广告发布者、广告代言人中的部分或者全部连带责任人赔偿其损失。对消费者作出赔偿超出了自己依法应当承担的赔偿数额的连带责任人,有权向其他连带责任人追偿。

(二)广告主、广告经营者、广告发布者侵权行为的民事责任

在广告中损害未成年人或者残疾人的身心健康,造成其人身财产损失或者其他损害的;假冒他人专利的;贬低其他生产经营者的商品、服务的:依法承担民事责任。在广告中未经同意使用他人名义或者形象,包括使用他人的姓名、名称、肖像等,构成侵犯公民基本人身权利的行为,应当承担民事责任。此外,还存在其他侵犯他人合法民事权益的行为,比如广告违反广告法,有危害人身、财产安全或者泄露个人隐私的情形。[13] 承担民事责任的方式主要有:停止侵害,排除妨碍,消除危险,返还财产,恢复原状、修理、重作、更换,赔偿损失,支付违约金,消除影响、恢复名誉,赔礼道歉。[14]

二、行政责任

(一)发布虚假广告的行政责任

发布虚假广告的,由市场监督管理部门责令停止发布、责令广告主在相应范围内消除影响,并处罚款。在相应范围内消除影响,一般情况下是责令广告主在相同媒介、以相同方式再次发布更正性的广告或者申明,消除违法广告所带来的影响。2年内有3次以上违法行为或者其他严重情节的,市场监督管理部门可作出加重处罚,包括加重罚款、吊销营业执照,以及由广告审查机关撤销广告审查批准文件、1年内不受理其广告审查申请等。发布虚假医疗广告的,

---

[13]《广告法》第9条。
[14]《民法典》第179条第1款。

除按照前述内容进行查处外,还可以由卫生行政部门吊销相应的诊疗科目或者吊销其医疗机构执业许可证。

对广告经营者、广告发布者明知或者应知其为虚假广告,仍然进行设计、制作、代理、发布的,需要承担行政责任。"明知"是指广告经营者、广告发布者已经知道其为虚假广告,比如在履行核对义务时已经发现广告内容虚假、已经被行政机关或者他人告知其为虚假广告等;"应知"是指广告经营者、广告发布者应当知道其为虚假广告而没有发现,存在过失,比如广告内容明显虚假而其未履行核对义务导致未被发现、根据常识就应当发现广告内容虚假等。在前述行为下,由市场监督管理部门没收广告费用,并处罚款;2年内有3次以上违法行为或者其他严重情节的,除罚款外,还可以由市场监督管理部门吊销营业执照、吊销广告发布登记证件。对广播电台、电视台、报刊音像出版单位等新闻媒体由市场监督管理部门、新闻出版广电部门暂停其广告发布业务;对电信、互联网等网络媒体由市场监督管理部门、通信管理部门暂停其广告发布业务。

因代言过虚假广告而受行政处罚的代言人,法律施以3年行业禁入的惩戒。在虚假广告中作推荐、证明受到行政处罚未满3年的自然人、法人或者其他组织,不得利用其作为广告代言人。其中3年的期限应自行政处罚决定生效之日起算。

因发布虚假广告,或者有其他广告法规定的违法行为,被吊销营业执照的公司、企业的法定代表人,对违法行为负有个人责任的,自该公司、企业被吊销营业执照之日起3年内不得担任公司、企业的董事、监事、高级管理人员。

(二)发布违反广告内容准则和广告法禁止发布的广告、违法使用广告代言人、违反广告发布前审查规定的行政责任

广告应当发挥在社会主义精神文明建设和弘扬中华民族优秀传统文化中的积极作用,避免损害社会善良风俗、损害民族和国家的尊严与利益。对未成年人和残疾人,广告活动需予以特殊保护。发布广告应当遵守有关药品、医疗器械、烟草等特殊产品或者服务的广告规则。若广告主、广告经营者、广告发布者违反上述规则,发布广告,妨碍人民群众生命健康安全,应由市场监督管理部门责令停止发布,并对违法广告活动主体实施行政处罚。对广告主的处罚措施包括:罚款;情节严重的,还可以吊销营业执照;如果涉案广告需要在发布前进行广告审查,还可以由广告审查机关撤销广告审查批准文件,并且1年内不受理该广告主的广告审查申请。对广告经营者、广告发布者的处罚措施包括:没收广告费用,并处罚款;情节严重的,还可以吊销营业执照;对广告发布者,可以吊销广告发布登记证件。广告主、广告经营者、广告发布者违法行为情节严重的,处罚措施则更加严厉。[15]

发布广告违反特殊内容准则、违法使用广告代言人、违反广告发布前审查规定的,由市场监督管理部门责令停止发布,责令广告主在相应范围内消除影响,并处罚款;情节严重的,加重罚款,并可以吊销营业执照;依法应当在广告发布前申请广告审查的,还可以由广告审查机关撤销广告审查批准文件、1年内不受理其广告审查申请。对广告经营者、广告发布者的行政处罚采用过错责任原则,即明知或者应知广告活动违法,由市场监督管理部门没收其广告费用,并处罚款,情节严重的,加重罚款,并可以由有关部门暂停其广告发布业务、吊销营业执照、吊销广告发布登记证件等。医疗广告违反上述规定,情节严重的,除由市场监督管理部门依法予

---

[15]《广告法》第57条。

以行政处罚外,还应当通报卫生行政部门,由卫生行政部门吊销其诊疗科目或者吊销医疗机构执业许可证。[16]

(三)发布广告违反可识别性准则、贬低其他生产经营者的商品或者服务的行政责任

广告违反可识别性准则具体包括以下几种情形:(1)大众传播媒介以新闻报道形式变相发布广告。(2)大众传播媒介发布的广告未显著标明"广告"。(3)广播电台、电视台、报刊音像出版单位、互联网信息服务提供者以介绍健康、养生知识等形式变相发布医疗、药品、医疗器械、保健食品广告。(4)其他违反广告法发布广告不具有可识别性,不能使消费者辨明其为广告的行为。发布广告也不得贬低其他生产经营者的商品或者服务。在上述行为下,由市场监督管理部门责令停止发布,并对广告主处以罚款。广告发布者、广告经营者明知或者应知广告主的广告行为违反上述规定,不加制止,仍然提供设计、制作、代理、发布服务的,由市场监督管理部门处以罚款。

(四)广告经营者、发布者不建立健全广告业务管理制度、不明码标价的行政责任

广告经营者、广告发布者没有建立健全广告业务管理制度的,或者未对广告内容进行核对的,由市场监督管理部门责令广告经营者、广告发布者建立健全广告业务的承接登记、审核、档案管理制度,可以并处罚款。

广告经营者、广告发布者作为提供广告服务的经营者,应当按照法律规定公布其服务的收费标准和办法。根据《价格法》的规定,县级以上地方各级人民政府价格主管部门负责本行政区域内的价格工作。因此,违反上述规定的,由县级以上人民政府价格主管部门责令整改,可以并处罚款。

(五)广告代言人违法为商品服务作推荐、证明的行政责任

在医疗、药品、医疗器械广告、保健食品广告中作推荐、证明的,为其未使用过的商品或者未接受过的服务、明知或者应知广告虚假仍在广告中对商品、服务作推荐、证明的,由市场监督管理部门没收违法所得,并处违法所得1倍以上2倍以下罚款。"明知",即广告代言人知道广告内容违法仍然在广告中作推荐或者证明的;"应知",即广告代言人按照常理应当知道或者法律法规已经明确禁止的。

(六)广告活动违背当事人意愿且造成影响的行政责任

广告活动违背当事人意愿的情形包括:未经消费者同意或者请求,向其住宅、交通工具发送广告,或者以电子信息方式向消费者的电子邮箱、移动电话、即时通信工具、社交媒体账户等发送广告,侵害了消费者的自主选择权、人身财产安全权;未经单位同意或者请求,向其工作场所、交通工具发送广告,或者以电子信息方式向单位的电子邮箱、移动电话、即时通信工具、社交媒体账户等发送广告,扰乱了单位的正常工作秩序,造成环境污染、交通安全危害;以电子信息方式发送的,未明示发送者的真实信息,未向接收者提供拒绝继续接收的方式。对上述行为,由有关部门责令停止违法行为,对广告主处以罚款。

利用互联网页面以弹出形式发布广告未显著标明关闭标志,不能确保一键关闭,影响用户正常使用网络的,由广告发布者所在地市场监督管理部门对广告主处以罚款。对处理异地广

---

[16]《广告法》第58条。

告主有困难的,可移交广告主所在地处理。

公共场所管理者、电信业务经营者和互联网信息服务提供者如果明知或者应知市场主体利用其载体的广告活动违法而未制止的,由市场监督管理部门没收违法所得,并处罚款;情节严重的,应当将情况通报有关部门,由有关部门依法停止相关业务。

(七)骗取、伪造、变造或者转让广告审查批准文件的行政责任

根据广告审查有关规定,广告主提出相关申请,广告审查机关依据其提供的材料进行审查,作出行政许可决定。因此,广告主通过隐瞒真实情况或者提供虚假材料骗取广告审查机关的核准,是严重扰乱正常的广告行政审查工作和公平竞争的市场秩序,损害消费者合法权益的行为。对于这类违法行为,一经发现,广告审查机关应当不予受理或者不予批准,并对广告主作出警告,1年内不再受理该申请人的广告审查申请。

广告主通过欺骗、贿赂等不正当手段获取广告审查批准的,作出批准决定的广告审查机关应当予以撤销,并处罚款,3年内不再受理该申请人的广告审查申请。广告审查机关撤销广告批准决定的,应当将有关情况通报市场监督管理部门。

广告审查批准文件属于国家机关公文。广告主、广告经营者、广告发布者伪造、变造或者转让广告审查批准文件的,由市场监督管理部门没收违法所得,并处罚款。

(八)广播电台、电视台、报刊音像出版单位变相发布广告和广告管理部门未履行对应管理义务的行政责任

广播电台、电视台、报刊音像出版单位都属于大众传播媒介,在社会中扮演着重要角色,在信息传递、社会舆论引导、社会价值观念塑造等方面重要的地位和影响力,也在一定程度上代表了政府形象,是公信力的体现。为进一步规范上述媒体的广告发布行为,形成部门联合监管的合作机制,《广告法》专门对上述媒体的广告违法行为责任追究作出特别规定。广播电台、电视台、报刊音像出版单位发布违法广告,或者以新闻报道形式变相发布广告,或者以介绍健康、养生知识等形式变相发布医疗、药品、医疗器械、保健食品广告,市场监督管理部门给予处罚的,应当通报新闻出版、广播电视主管部门以及其他有关部门。新闻出版、广播电视主管部门以及其他有关部门应当依法对负有责任的主管人员和直接责任人员给予处分;情节严重的,还可以暂停媒体的广告发布业务。新闻出版、广播电视主管部门以及其他有关部门未依照上述规定对广播电台、电视台、报刊音像出版单位进行处理的,对负有责任的主管人员和直接责任人员,依法给予处分。

(九)拒绝、阻挠市场监督管理部门监督检查等行为的行政责任

市场监督管理部门在广告监督管理过程中依法行使职权,当事人应当协助、配合,不得拒绝、阻挠。[17] 阻碍国家机关工作人员依法执行职务的行为属于妨害社会管理的行为。对于当事人拒绝、阻挠市场监督管理部门依法执行广告监督检查,情节较轻未构成犯罪的,应当由公安机关依据《治安管理处罚法》的规定进行处理。

(十)广告审查机关工作人员、有关部门未依法履行职责的行政责任

市场监督管理部门是法定的广告监督管理机关,实际工作中,应当严格依法行政,认真履行职责。市场监督管理部门工作人员在履行广告监管职责中,玩忽职守、滥用职权、徇私舞弊,

---

[17] 《广告法》第51条。

尚不构成犯罪的,依法给予行政处分。

负责广告管理相关工作的有关部门,包括卫生行政、食品药品监督管理、农业行政主管部门等广告审查机关,新闻出版、广播电视主管部门等行业行政管理部门,实际工作中,还包括城市综合管理、规划、交通管理、市容环境卫生等行政管理部门。上述部门工作人员在工作中玩忽职守、滥用职权、徇私舞弊,尚不构成犯罪的,依法给予行政处分。

三、刑事责任

(一)虚假广告罪

发布虚假广告情节严重的,扰乱了市场经济秩序,甚至可能危害他人生命财产安全。《刑法》第 222 条规定,"广告主、广告经营者、广告发布者违反国家规定,利用广告对商品或者服务作虚假宣传,情节严重的,处二年以下有期徒刑或者拘役,并处或者单处罚金"。

(二)伪造、变造、买卖国家机关公文、证件、印章罪

如果伪造、变造、转让广告审查批准文件情节特别严重,符合《刑法》第 280 条第 1 款关于"伪造、变造、买卖或者盗窃、抢夺、毁灭国家机关的公文、证件、印章的,处三年以下有期徒刑、拘役、管制或者剥夺政治权利,并处罚金;情节严重的,处三年以上十年以下有期徒刑,并处罚金"规定的,应当移送司法机关追究刑事责任。

(三)损害商业信誉、商品声誉罪

广告中贬低其他生产经营者的商品、服务,损害企业商业信誉或商品声誉,给他人造成重大损失或有其他严重情节的,依照符合《刑法》第 221 条的规定,构成"损害商业信誉、商品声誉罪",处 2 年以下有期徒刑或者拘役,并处或者单处罚金。

(四)妨害公务罪

以暴力、威胁方法阻挠市场监督管理部门监督检查,依据《刑法》第 277 条的规定,构成妨害公务罪,处 3 年以下有期徒刑、拘役、管制或者罚金。

当事人有其他违反《广告法》规定的行为,比如在广告经营活动中伪造、变造广告审查机关广告审查批准文件妨碍社会管理,扰乱公共交通工具秩序或者公共场所秩序等公共秩序,如果构成妨害公务罪,应当依法追究其刑事责任。

(五)滥用职权罪、玩忽职守罪

各广告管理机关未依法履职,致使公共财产、国家和人民利益遭受重大损失的,根据《刑法》第 397 条的规定,构成滥用职权罪、玩忽职守罪,处 3 年以下有期徒刑或者拘役;情节特别严重的,处 3 年以上 7 年以下有期徒刑。国家机关工作人员徇私舞弊,犯上述罪的,处 5 年以下有期徒刑或者拘役;情节特别严重的,处 5 年以上 10 年以下有期徒刑。市场监督管理和其他负责广告管理相关工作的部门,如果未依法履职构成渎职罪的,应当由司法机关追究其刑事责任。

———— 思考题 ————

1. 广告法的规范对象包括哪些?
2. 广告活动应遵循哪些一般准则?
3. 广告监督管理制度包括哪些?

第四编　宏观经济调控法律制度

第十七章　宏观经济调控法律制度概述

| 内容提要 |

宏观经济调控是指国家从经济运行的全局出发,运用各种宏观经济手段,对国民经济总体的供求关系进行调节和控制。宏观经济调控以总量平衡为调控的主要目标,以间接手段为调控的主要方式,以对经济利益的引导为实现调控的主要手段。宏观经济调控法,是调整宏观经济调控关系之法,它具有调整范围的整体性和普遍性、调整方法的指导性和调节性、调整手段的综合性和协调性等特征。宏观经济调控法的基本制度包括计划与投资法律制度、产业调节法律制度、财税调节法律制度、金融调节法律制度、价格调节法律制度和国有资产管理法律制度。

| 学习重点 |

宏观经济调控的定义和特征　　　　　我国宏观经济调控的基本目标
宏观经济调控法的定义和特征　　　　宏观经济调控法的基本原则
宏观经济调控法的体系和基本法律制度

第一节　宏观经济调控法概述

一、宏观经济调控的定义和特征

（一）宏观经济调控的定义

宏观经济调控是指国家从经济运行的全局出发,运用各种宏观经济手段,对国民经济总体的供求关系进行调节和控制。党的十八届三中全会通过的《中共中央关于全面深化改革若干重大问题的决定》明确指出:"宏观调控的主要任务是保持经济总量平衡,促进重大经济结构协调和生产力布局优化,减缓经济周期波动影响,防范区域性、系统性风险,稳定市场预期,实现经济持续健康发展。"党的二十大报告指出,健全宏观经济治理体系,发挥国家发展规划的战略导向作用,加强财政政策和货币政策协调配合,着力扩大内需,增强消费对经济发展的基础性作用和投资对优化供给结构的关键作用。可见,宏观经济调控,不仅是社会主义市场经济发展的宏观要求,而且在社会主义市场经济中占有极其重要的地位。

宏观经济调控理论,于20世纪30年代由英国著名的经济学家凯恩斯提出,后经过其学生和支持者的阐释、修补和发展而趋于完善。1929～1933年的经济危机，猛烈地冲击着自由竞争和自由经营的传统理论，"看不见的手"已逐渐失去了对自由市场经济的调节作用，经济学家开始认识到完全的自由市场经济并非完美无缺，必须由其他调节方式加以弥补，在这种情况下，凯恩斯提出了一套与传统经济学不同的理论，经济学说史将其称为"凯恩斯革命"。他认为，在现代资本主义条件下，市场机制已不能充分发挥其自动调节的作用，自由放任政策已不适应社会经济发展所需。因此，他主张国家运用财政、金融政策对经济实行全面干预和调节。在经济分析方法上变以往的个量分析为总量分析，国家应从总体上研究资源的充分利用。只有这样，才能解决资本主义的危机和失业问题。1936年，凯恩斯发表了他的代表作《就业、利息和货币通论》，至此，国家干预经济的理论或者说宏观经济调控理论正式形成。第二次世界大战以后，西方经济学家在此理论的基础上，提出了一整套需求管理理论，强调通过财政政策和货币政策，使总供给与总需求相平衡，以达到既无通货膨胀，又无失业的经济稳定增长目标。进入20世纪70年代以后，西方市场经济国家出现了失业与通货膨胀并存的"滞胀"现象，凯恩斯主义理论受到新的挑战。以美国的萨缪尔逊为代表的"后凯恩斯主义者"主张研究供给方面的问题，以弥补凯恩斯需求管理理论的不足和缺陷。尽管凯恩斯的国家干预理论存在很多缺陷，不能从根本上治愈西方市场经济的痼疾，但他所提出的宏观经济调控理论，对所有市场经济的国家都具有重要的借鉴作用。

宏观经济调控是对国民经济总体的供求关系进行的调节和控制。国民经济总体的供求关系，指社会总供给和社会总需求关系。社会总供给是指国民经济在一定时期内能够提供给社会的全部商品和劳务总量，社会总需求是指全社会生产需求和消费需求的总和。社会总供给和社会总需求能否保持平衡，对国民经济平衡具有重要的意义。当总供给大于总需求时，可能会造成社会资源的浪费；当总需求大于总供给时，可能会造成物价全面上涨，引起经济生活的动荡。因此，要使国民经济保持持续、健康的发展，就必须努力保持总供给和总需求的平衡；而要保持总供给和总需求平衡，就必须加强宏观经济调控。

社会总供给和总需求的平衡，包含相互联系、相互制约的两个方面，即总量平衡和结构平衡。总量平衡是结构平衡的前提，结构平衡是总量平衡的基础。只有总量平衡，国家调节产业结构的决策才能不受物价波动的干扰而合理和准确，从而使经济运行在良性循环的状态下进行；只有结构平衡，才能使产业结构、产品结构与社会的需求结构相适应，从而使总量平衡得以长期的维持。因此，在宏观经济调控过程中不能把总量平衡和结构平衡割裂开来，只有把两者结合起来，才能达到预期的效果。

(二)宏观经济调控的特征

1. 以总量平衡为调控的基本目标。与直接调控相比，宏观经济调控的基本目标针对的不是微观主体的具体经济行为，而是国民经济的总量平衡。市场作为经济活动的综合实现场所，反映的是总供给与总需求的矛盾运动过程。国家的宏观经济决策通过市场转化为各种市场信号，形成要素流动和投资决策的指示器，将企业的经济行为纳入宏观经济调控的轨道。随着供求关系的变化，市场主体会作出新的反应，形成新的市场信号，并反馈给宏观经济调控主体。宏观经济调控主体经过处理，又会作出新的宏观经济调控决策。如此循环往复，使总供给与总需求逐步趋于平衡，实现宏观经济调控的预期目标。

2. 以间接手段为主要的调控方式。宏观经济调控作为现代市场经济的主要标志，既区别于传统的市场经济,也与计划经济调控方式不同。传统的市场经济主要依靠"看不见的手"来调节,计划经济主要依靠政府对微观经济主体的直接管理来运行。现代市场经济则依靠"看不见的手"和"看得见的手"相互配合发挥作用,而这只"看得见的手"主要表现为计划、财政、金融、价格及产业政策等间接手段,通过市场中介引导市场主体,使市场主体的微观经济活动同宏观经济发展目标相衔接。市场在宏观经济中发挥着信息传递的作用。国家向市场输入保证国家经济调控目标实现的经济参数,使它们在市场经济中发生内部机理变换,最终输出符合宏观经济调控需求的市场信号,达到对市场主体经营决策进行引导的目的。

3. 以对经济利益的引导为实现调控的主要手段。在市场经济中,追求经济利益是微观经济主体生产经营的直接动力,这就决定了国家要实现宏观经济调控的目的就必须利用各经济主体的利益欲望,通过改变经济利益关系激励各经济主体的行为基本符合国家宏观经济调控的要求。只有这样,才能达到宏观经济调控的目的。

(三)我国宏观经济调控的目标及其实现

1. 我国宏观经济调控的目标

2020年5月11日,中共中央、国务院《关于新时代加快完善社会主义市场经济体制的意见》指出:"构建有效协调的宏观调控新机制。加快建立与高质量发展要求相适应、体现新发展理念的宏观调控目标体系、政策体系、决策协调体系、监督考评体系和保障体系。健全以国家发展规划为战略导向,以财政政策、货币政策和就业优先政策为主要手段,投资、消费、产业、区域等政策协同发力的宏观调控制度体系,增强宏观调控前瞻性、针对性、协同性。完善国家重大发展战略和中长期经济社会发展规划制度。科学稳健把握宏观政策逆周期调节力度,更好发挥财政政策对经济结构优化升级的支持作用,健全货币政策和宏观审慎政策双支柱调控框架。实施就业优先政策,发挥民生政策兜底功能。完善促进消费的体制机制,增强消费对经济发展的基础性作用。深化投融资体制改革,发挥投资对优化供给结构的关键性作用。"国家在进行宏观经济调控时,必须深刻领会和正确把握这些政策的内涵和要求。

(1)促进经济增长。经济增长是衡量经济全面发展的主要指标,是社会发展和人民生活水平提高的物质基础,是宏观经济调控的首要目标。经济增长需要与资源供给和市场需求相协调。经济增长速度应与社会经济发展相适应,速度低了,经济增长潜力不能充分发挥出来,经济社会生活中的许多矛盾难以解决;速度过快,势必造成比例失调,导致经济大起大落。促进经济增长,不仅是数量增加,而且要优化结构和提高质量、效益,还必须合理利用资源,保护生态环境,实现可持续发展。

(2)增加就业。增加就业就是要在经济增长过程中充分利用劳动力要素,促进城乡居民收入增长,努力体现社会公平,实现社会稳定。就业是民生之本,政府应把改善创业环境和增加就业岗位放到更加突出的位置,把缓解就业压力作为重要的体制改革和政策目标。增加就业,必须统筹城乡新增劳动力就业、下岗职工再就业和农民工进城就业,坚持劳动者自主择业、市场调节就业和政府促进就业的方针,充分发挥各方面的主动性和积极性。经济发展、结构调整和改革推进,都要有利于扩大就业。

(3)稳定物价。稳定物价就是要保持商品与服务价格总水平基本稳定。既要抑制通货膨胀,又要克服通货紧缩。无论是通货膨胀还是通货紧缩,都会影响市场主体对经济运行前景的判断和信心,扭曲资源配置,对经济发展和社会稳定产生负面作用。在物价总水平持续较快上涨时,要抑制通货膨胀;在物价总水平持续出现负增长时,要克服通货紧缩。

(4)国际收支平衡。国际收支是在一定时期内一个国家与其他国家商品、服务贸易和资本流动的结果。实现国际收支平衡,是保持国家宏观经济稳定的条件。我国坚持国际收支平衡、略有节余的方针,有效利用国际国内两个市场、两种资源,在不断增加经济总量的同时,还要努力促进经济增长质量和经济效益的提高,不断增强国际竞争力。

2. 我国宏观经济调控目标的实现

实现我国的宏观经济调控目标,应始终把发展作为国家宏观经济调控的首要任务。坚持科学发展观就是要按照统筹城乡发展、统筹区域发展、统筹经济社会发展、统筹人与自然和谐发展、统筹国内发展和对外开放的要求,建立有利于逐步改变城乡二元经济结构的体制;形成促进区域经济协调发展的机制;建设统一开放、竞争有序的现代市场体系;健全就业、收入分配和社会保障制度;建立促进经济社会可持续发展的机制。

(1)统筹城乡发展。城乡二元经济结构是指发展中国家传统产业比重过大,农村经济社会发展落后于城市,城乡差距明显的一种状态。统筹城乡经济社会发展,必须更加注重加快农村发展。为了达到这一目标,经济法应从如下几个方面建立和健全相应的法律制度:一是修改和完善调整国民收入分配结构的法律制度,加大对农业的支持和保护力度;二是通过宏观经济调控,促进农业和农村的发展,协调农村发展与城镇化建设的关系;三是通过财政、金融、税收等多种经济手段,促进城市对农村的带动作用;四是通过完善农村土地制度、健全农业社会化服务体系、农产品市场体系以及农村税费制度,实现城乡社会经济的统筹发展。

(2)统筹区域发展。改革开放以来,我国社会经济有了很大发展,但由于各地客观条件和改革开放的步伐和力度不同,地区差距在原有基础上呈扩大之势。实现现代化和建设和谐社会,就要促进落后地区的经济社会发展,统筹区域发展。为达到这一目标,国家应在完善宏观经济调控法的同时,尽快制定《不发达地区促进法》,如《西部开发法》《老工业基地振兴法》等。

(3)统筹经济社会发展。社会发展包括科技、教育、文化、卫生、体育等社会事业的发展,也包括社会就业、社会保障、社会公正、社会秩序、社会管理、社会和谐、社会结构、社会各领域体制和机制的完善等。经济发展是社会发展的前提和基础,也是社会发展的根本保证;社会发展是经济发展的目的,同时也为经济发展提供精神动力、智力支持和必要条件。改革开放以来,我国的经济体制改革取得了明显的成效,人民的生活水平有了很大提高,但是,经济增长与社会的全面进步并不完全同步。在新时期,我国宏观经济调控的目标是,切实加强对失业、贫困、医疗、教育、公共卫生及社会公正等方面的调整和规范力度,促进社会各领域的统筹协调发展。

(4)统筹人与自然和谐发展。这要求处理好经济建设、人口增长与资源利用、生态环境保护的关系,推动整个社会走上生产发展、生活富裕、生态良好的文明发展道路。就我国目前经济发展的整体状况而言,人均资源占有量少,环境承载能力相对较弱,同时,经济的高速增长对环境的压力越来越大。因此,国家宏观经济调控在促进人与自然的和谐发展上,应完善自然资源、环境保护等方面的法律制度,以利于经济社会的健康、持续发展。

(5)统筹国内发展和对外开放。加入世界贸易组织使我国经济体制改革面临的任务变得艰巨和复杂:一方面,要求我国经济体制改革要逐渐与国际上市场经济发展的主流相适应;另一方面,我们也必须主动参与国际市场竞争,在更大范围、更广领域和更高层次上参与国际经济技术合作和竞争,提高对外开放水平。因此,我国在利用世界贸易组织的相关规则,扶植和促进国内弱质产业发展的同时,要不断提高企业的创新能力和国际竞争力。

二、宏观经济调控法的定义和调整对象

(一)宏观经济调控法的定义

宏观经济调控法作为经济法的重要组成部分,和宏观经济调控理论一样经历了一个发展过程。早期的宏观经济调控法以危机对策法的形式出现,主要表现在美国的罗斯福"新政"时期。经济大危机爆发以后,罗斯福推行一系列调节政策,在短短的几个月内就出台了70多部法规,其中主要的有《紧急银行法》《金融改革法》《产业复兴法》《农业经济调整和农业信贷法》《社会救济法条例》等法案,这些法案的实施使美国的经济危机得以缓解。

第二次世界大战后,随着经济社会化程度的不断提高,西方市场经济国家政府的职能发生变化,维持和保障有效的市场运行、引导和促进社会经济发展已成为政府的重要工作。德国在1945年成立了综合计划委员会,通过计划引导经济发展。日本在指导、促进、稳定经济方面制定了一系列调控法规,如《中小企业基本法》《农业企业振兴资金法》《果农振兴特别措施法》《促进渔业现代化资金法》《外汇管理法》《外贸管理法》等。

宏观经济调控法,是调整宏观经济关系之法。宏观经济调控关系是指国家在宏观经济调控过程中与其他社会组织发生的各种社会经济关系,如计划关系、财税调节关系、价格调控关系等,它包含以下几个方面的含义:(1)宏观经济调控关系的一方主体是国家。它是国家为了实现总供给与总需求的基本平衡,促进经济结构的优化,引导国民经济持续、快速、健康发展,在对国民经济总体活动进行调整和控制过程中所发生的社会经济关系。(2)宏观经济调控关系是国家在履行管理经济职能,以间接手段调控经济运行过程中发生的间接管理关系。(3)宏观经济调控关系是国家在对国民经济进行总体调控过程中,与市场主体普遍发生的社会经济关系。

按照宏观经济调控的功能和目的来划分,可以把这些关系划分为两类:(1)指导性社会经济关系。这是指国家在引导市场经济行为方向的过程中发生的调控关系,包括因执行产业政策产生的社会经济关系、因计划而产生的社会经济关系。(2)调节性社会经济关系。这是指国家实施经济调节手段所发生的社会经济关系,包括财税调节关系、金融调节关系、价格调节关系等。

通过上述对宏观经济调控关系的分析,我们可以对宏观经济调控法下这样一个定义:宏观经济调控法是调整国家在宏观经济调控过程中与其他社会组织所发生的各种社会经济关系的法律规范的总称。

(二)宏观经济调控法的特征

1. 调整范围的整体性和普遍性。整体性指宏观经济调控法对整个国民经济活动进行调整。宏观经济调控法,不像某些具体经济法规,只调整个别领域、个别层次的具体的经济关系,而是着眼于对国民经济整体的调整。它不仅对国民经济的生产、交换、分配、消费诸环节进行调整,而且对国民经济系统中各地区、各产业的经济活动进行调整。通过整体调整,达到国民经济良性运行、持续发展的目的。普遍性指宏观经济调控措施以对所有的经济主体调控为目的,而不是以干预个别具体的市场主体行为为目的。不论企业的所有制性质或组织形式如何,国家都一视同仁,涉及哪个产业或企业,就对哪个产业或企业产生作用。

2. 调整方法的指导性和调节性。宏观经济调控法的着眼点是承认并维护市场主体的合法

地位和合法权益,所以,国家作为调控主体主要是通过市场以间接方式影响市场主体,这些间接的方式表现为指导和调节。所谓指导性,是指某项特定的法律制度所具有的指导作用,如计划指导、产业政策指导,它通过一定的法律规定,为市场主体指明具体的行为方向和行为所能达到的范围。所谓调节性,是指某些特定的法律制度通过鼓励和抑制市场主体的行为以达到宏观经济调控的目的,如税率、利率等。宏观经济调控法主要以指导性调整方法引导市场主体从事经营活动的方向,以调节性调整方法促使市场主体的行为顺乎其方向。指导性调整方法与调节性调整方法有机结合,成为国家实现宏观经济调控的有效途径。

3. 调整手段的综合性和协调性。调整手段的综合性和协调性是指宏观经济调控法在调整国民经济的运行时,不仅要运用计划、价格、税收、财政、金融等多种具体的手段,而且要使这几种调控手段相互渗透、互相配合、相互作用,形成一种整体上的合力,以促进调控目标的实现。

第二节 宏观经济调控法的基本原则和调整方法

一、宏观经济调控法的基本原则

宏观经济调控法的基本原则,是指体现在宏观经济调控法之中的调整宏观经济调控关系时所必须遵循的基本行为准则。关于宏观经济调控法的基本原则,理论界还有不同的认识。有的学者认为,宏观经济调控法有四项基本原则,即平衡优化原则、有限干预原则、宏观效益原则、统分结合原则;有的学者认为,宏观经济调控法有五项基本原则,即总量控制原则、间接调控为主原则、协同调控原则、集中统一调控权原则、政府的调控行为规范化和约束原则;有的学者认为,宏观经济调控法有六项基本原则,即间接调控原则、计划指导原则、公开原则、合法原则、适度性原则、稳定性与灵活性相结合原则。我们认为,宏观经济调控法基本原则的确定,一应反映宏观经济调控法的本质,二应揭示宏观经济调控法调控经济关系的独特手段。基于这样的分析,我们认为,宏观经济调控法有三项基本原则。

(一)间接调控原则

间接调控原则,是指政府运用经济手段,通过市场机制引导市场主体的活动,使其符合整个宏观经济发展目标的原则。在社会主义市场经济条件下,政府主要通过经济计划、财政政策、货币政策、产业政策、区域社会经济政策、收入分配政策等对市场主体的活动进行调控。为了更好地运用这些调控手段,国家还通过经济立法选择了税率、利率、汇率等相应的经济参数,针对不同的经济情况,把各种经济政策和经济参数搭配使用,目的就是使市场主体的行为符合整个国民经济发展的目标。

(二)计划指导原则

计划指导原则,是指政府通过国民经济与社会发展计划,引导市场主体的生产经营活动沿着国家计划指导的方向发展的原则。在社会主义市场经济条件下,计划指导是宏观经济调控的重要形式。社会主义市场经济体制的建立并不否定计划指导本身存在的合理性,我们建立市场经济体制是对原有的排斥市场、排斥商品和货币关系、排斥价值规律作用的单一计划体制的否定,并不是对将计划作为调控手段、管理机制的否定。因此,在社会主义市场经济条件下,计划仍然是宏观经济调控的一种重要手段。它不仅确定国民经济发展的重要方向,而且与财政、货币政策协调配合,共同指导和调节国民经济运行,展示国民经济发展走势、方向和国家长期发展战略,引导市场主体的经营思路和投资流向。

我国2021年发布《国民经济和社会发展第十四个五年规划和2035年远景目标纲要》明确了我国"十四五"时期经济社会发展主要目标:一是改革开放迈出新步伐,二是社会文明程度得到新提高,三是生态文明建设实现新进步,四是民生福祉达到新水平,五是国家治理效能得到新提升。

(三)相互协调原则

相互协调原则,是指宏观经济调控中的各种调控手段相互配合、形成合力,共同发挥作用的原则。政府宏观经济调控的目的是实现总需求与总供给的平衡。为达到这一调控目的,政府采用了计划、产业政策、财政政策、金融政策、价格政策等调控手段。每一种调控手段,各有特点,在经济调控中各有其优越性和局限性。因此,国家在依法确定宏观经济调控手段时,应协调各种调控手段,充分发挥其互补功能和组合效应。

我国《预算法》第17条就明确规定:"各级预算的编制、执行应当建立健全相互制约、相互协调的机制。"例如,在需求膨胀时,国家应使计划、财政政策和金融政策相互配合,控制总需求,通过投资计划控制投资规模;通过完善税制改革,增加税收,抑制总需求;通过国家预算收支总规模的变动,调节投资总量,削减国家预算内投资;通过中央银行控制货币发行量,加强中央银行的再贷款回收,提高利率,实施保值储蓄;等等。所以,只有坚持相互协调原则,才能真正实现宏观经济调控的目的。

二、宏观经济调控法的调整方法

宏观经济调控法的调整方法是指由国家或政府规定的、可用于干预宏观经济调控关系的各种合理方法。宏观经济调控法的调整方法具体来讲包括两种方法:一种是国家公权介入的调整方法,另一种是国家私权介入的调整方法。

(一)国家公权介入的调整方法

国家公权介入的调整方法,是指国家以公权者的身份,依法对宏观经济进行调整的措施或手段。公权介入的调整方法,依其手段是否具有强制性又可分为国家公权力强行性介入的调整方法和国家公权力非强行性介入的调整方法两种。

1.国家公权力强行性介入的调整方法。国家公权力强行介入宏观经济的调整方法,也称指令性调整方法,是指国家以公共权力者的身份介入宏观经济活动并对宏观经济活动进行强制性的整顿和调控。其目的是使整个国民经济的发展符合市场经济的运行规律和社会公共利益的需要,提高经济运行效率,保障国民经济协调、持续、高效发展。

国家公权力强行性介入的调整方法又包括强行性经济手段和强行性非经济手段两种,具体阐述如下:

(1)强行性经济手段是指国家运用计划、税收、价格、利率、汇率等手段对国民经济进行调整。这些经济性手段带有强烈的强制性色彩,具有法律的强制力。例如,计划一经制定和公布,负有计划执行义务的主体就必须执行,无正当理由、不经法定程序不得变更和取消计划;税率经依法确定以后，即具有强制约束征纳税双方的作用，非经立法机构通过法定程序修改或废止，任何人不能擅自变动；国家制定的价格必须严格执行，否则即要承担法律责任。这类强制性经济手段是调控宏观经济的主要手段，在宏观经济调控中非常普遍，也经常被运用。

(2) 强行性非经济手段是指国家运用非经济性的强行性手段来调整经济。政府以行政命令的方法调节经济，表现为在有关法律、法规和规章制度中规定政府实施公权力而采取命令、禁止、撤销、免除、确认、许可等强行性行政方法。例如，责令停止在建项目，撤（吊）销营业执照、许可证或资格证书，减免税收等。

强行性介入的调整方法是刚性的调整方法，市场主体必须服从。它是宏观经济调控方法体系中重要的、不可或缺的组成部分。

2. 国家公权力非强行性介入的调整方法。国家公权力非强行性介入的调整方法，也称指导性调整方法，是指国家以公共权力者的身份介入宏观经济活动并对宏观经济活动进行非强制性的整顿和调控。这种调整方法主要指引导、建议、提倡经济政策，发布官方信息等。例如，市场监管总局《关于印发〈滥用行政权力排除、限制竞争执法约谈工作指引〉的通知》(国市监竞协发〔2023〕93号)第2条规定，"本指引所称约谈，是指反垄断执法机构约见涉嫌违反反垄断法规定，滥用行政权力排除、限制竞争的行政机关和法律、法规授权的具有管理公共事务职能组织的法定代表人或者负责人，指出涉嫌违法问题，听取情况说明，要求其提出改进措施，引导其主动消除相关竞争限制，并跟踪执行效果的执法措施。"第5条规定："反垄断执法机构在立案调查前、立案调查期间、向有关上级机关提出依法处理的建议后、线索核查或者案件调查结束后，可以依法实施约谈。实施约谈不影响依法采取立案、调查、向有关上级机关提出依法处理的建议等其他执法措施。"应当说，这里的约谈就是属于指导性调整方法。

指导性调整方法不具有强制性，这是它与强行性干预方法的最大区别，它不要求相对人必须接受，或不接受指导就要受到法律制裁，而是一种柔性的调整方法。指导性调整方法有利于实现政府与市场的统一，随着政府职能的转变，这种方法在宏观经济的调控中会得到越来越广泛的运用。

(二) 国家私权介入的调整方法

国家私权介入的调整方法，主要是指国家以非公权力的手段直接参与到宏观经济活动之中并以此实现对整个国民经济的运行进行宏观经济调控的目的。

国家私权介入宏观经济的调整方法主要有：投资创办国有企业、政府采购、政府出售与收购等。我国《政府采购法》第2条规定，该法所称采购是指以合同方式有偿取得货物、工程和服务的行为，包括购买、租赁、委托、雇用等。

国家私权介入调整宏观经济的方法符合社会主义市场经济对构筑私权秩序的要求，反映了市场经济对国家主体的特殊要求。

第三节　宏观经济调控法的法律体系

宏观经济调控法的法律体系，是指调整宏观经济调控关系的规范性文件体系。对于宏观经济调控法的法律体系由哪些规范性文件组成,我国法学理论界有不同的认识。有人认为,应由宏观经济调控主体法、宏观经济调控手段法、市场行为规范法和宏观经济调控监督法组成;有人认为,应由规范政府各经济管理部门自身行为法和政府调控市场经济运行法组成;也有人认为,宏观经济调控法分为国家直接管理国民经济法、国家间接管理国民经济或者间接参与经济活动法和国家直接参与国民经济活动法;还有人认为,宏观经济调控法由计划法、经济政策法和调节手段法组成。无论以上哪种观点,都从一个侧面揭示了宏观经济调控法的调整范围及其性质,对于建立完备的宏观经济调控法律体系都有积极的意义。

对宏观经济调控法结构的研究,应从宏观经济调控法的调整对象入手。虽然某一具体的宏观经济调控关系都有特殊性,但某一类宏观经济调控关系都有其共同性,因而调整这些关系的法律、法规就有一致性的特点。这样既可避免对某一具体宏观经济调控法的"肢解",又便于对宏观经济调控法律体系的结构进行分类研究。宏观经济调控关系包括指导性宏观经济调控关系和调节性宏观经济调控关系。与此相适应,我国需要建立和完善的宏观经济调控法律体系,该法律体系应由两类规范性文件组成:(1)规范指导性宏观经济调控关系的法律和法规,如产业结构调整法、计划法。(2)规范调节性宏观经济调控关系的法律和法规,如预算法、所得税法、价格法、中国人民银行法、外汇管理法等。

我国关于宏观经济调控的立法可以追溯到计划经济时期。计划经济时期,国家担负组织、领导社会主义经济建设,发展社会主义生产力的重要任务,主要是在行政性的法律和法规中体现宏观经济调控方面的规定。改革开放以后,尤其是向市场经济体制转轨之后,为了适应新的社会经济条件的需要,我国陆续颁布了许多调整经济关系的法律法规,值得注意的是,我国《宪法》第15条第2款就明确规定:"国家加强经济立法,完善宏观调控。"在这些法律法规中,相当一部分是宏观经济调控法。这些法律法规涉及计划、产业政策、投资、税收、金融、价格等方面。

一、计划与投资法

就计划法而言,计划法是调整规划关系的法律规范的总称,是我国宏观经济调控法律制度的重要组成部分。规划对市场调节的作用,决定了计划法仍然是宏观经济调控法不可或缺的组成部分。在社会主义市场经济体制下,计划法的指导思想需要改变,即计划要面向市场,反映市场,保障和引导市场健康运行。这一指导思想决定了计划法所确定的计划的基本性质是指导性的,计划的内容是经济社会发展战略、宏观经济调控目标体系和宏观经济政策以及重大的经济调控方案,计划编制的程序要体现民主性和科学性,计划的实现主要依靠经济杠杆和经济参数的引导。

就投资法而言,所谓投资法是指调整国家综合运用各种手段,对投资主体直接投资活动进行调控和规范过程中发生的经济关系的法律规范的总称。换言之,投资法是规范投资行为、调整投资关系的法律规范的总称。投资法调整的是在投资活动中所形成的各种社会关系,主要包括投资主体的权利和义务、投资决策的运行机制、投融资方式及运行机制、投资的程序管理及方向管理、投资总量与结构的调控、投资布局的调控及违反投资法的法律责任等。目前,我国尚未制定统一的投资法。改革开放以后,为了规范投资主体的投资行为,加强对全社会投资的宏观经济调控,我国先后颁布了《固定资产投资方向调节税暂行条例》(1991年发布,已废止)、《关于建设项目实行业主责任制的暂行规定》(1992年发布,已废止)、国务院《关于固定资产投资项目试行资本金制度的通知》(1996年发布)、《国家基本建设大中型项目实行招标投标的暂行规定》(1997年发布,已废止)、《外商投资法》(2019年发布)、《政府投资条例》(2019年发布)等一系列法律法规。虽然这些法律法规适用于各类投资主体的投资行为,但是,由于缺乏一部规范投资关系的专门性法律,加之长期以来投资管理体制存在许多不合理之处,我国投资领域问题迭出。所以,随着投资体制改革的不断深入,制定一部对投资体制改革进程有重大影响、科学规范投资决策和投资行为的投资法已显得十分必要。

二、产业调节法

产业调节法,是指调整国家与市场主体在产业结构及产业组织调整过程中发生的社会经济关系的法律规范的总称。其主要内容是关于促进产业结构、产业区域、产业组织合理化,保护、扶植或限制某些产业或某类经济活动,调整、援助衰退产业等方面的法律规定。其目的在于通过对产业结构进行宏观经济调控,充分利用市场机制,促进资源合理配置,实现国民经济持续、稳定、健康的发展。

产业结构调整法是国家产业政策在法律上的反映。产业政策是由中央或地方政府实行的促进产业发展的各种政策措施之和,包括产业结构政策、产业组织政策、产业区域政策。它在国家长期发展政策中处于核心地位。改革开放以后,我国十分重视产业政策对经济的引导作用。1989年3月,国务院发布了《关于当前产业政策要点的决定》,明确了我国产业结构调整的方向。社会主义市场经济体制的目标确立以后,国务院又制定了《90年代国家产业政策纲要》,明确了20世纪90年代我国产业政策的主题,主要是强化农业的基础地位,大力发展农村经济,增加农业收入;大力加强基础产业,努力缓解基础设施和基础工业严重滞后的局面,加快支柱产业的发展,带动国民经济的全面振兴;合理调整外贸结构,大力提高出口效益,增强我国企业国际竞争能力;提高产业技术水平,支持新技术的发展和新产品的开发;大力发展第三产业等。

产业政策在我国长期发展政策中的核心地位,决定了反映产业政策的产业调节法律制度在我国宏观经济调控法律体系中居于核心地位。它所反映的立法目的、原则以及建立的各项基本制度对其他宏观经济调控立法都具有指导意义,计划法、税收法、财政法、金融法、价格法等都要符合其立法宗旨,以确保产业结构调整法的实施和国家宏观经济调控措施的落实。

三、财税调节法

财税调节法,是指调整财税关系的法律规范的总称。它是国家财税调节政策在法律上的反映。其主要内容包括国家预算法律制度、财政收入法律制度、财政支出法律制度。它在宏观经济调控法律体系中处于重要的地位,因为财税调控既可以调控国民经济总量,又可以调控经济结构。

国家预算作为具有法律效力的财政收支计划在宏观经济调控方面发挥着重要的作用,这主要表现在两个方面:(1)通过国家预算收支的总规模调节社会总需求和总供给的平衡关系。预算收入规模增大,意味着企业和个人可供支配收入减少,需求减少,预算收入规模减小,需求则相对增大;同时预算支出规模扩大,需求量也就增大,缩小国家预算支出,也会减少需求量。因此,国家预算收支规模的减少与扩张可以有效控制社会总需求和社会总供给的平衡关系。(2)通过预算支出结构的变化,可以有效调整产业结构和产品结构。国家对哪个产业增加投入,哪个产业就得到保护、促进和发展。如我国《预算法》第1条就明确规定,预算法的目的是规范政府收支行为、强化预算约束、加强对预算的管理和监督、建立健全全面规范、公开透明的预算制度,保障经济社会的健康发展。

国家税收是财政调控的又一手段,它可以通过确定科学的税种、合理的税率,调整产业之间、产品之间的利益关系,引导和促进产业结构、产品结构的合理发展。目前,我国已经制定了《个人所得税法》(2018年修正)、《环境保护税法》(2018年修正)、《企业所得税法》(2018年修正)、《车辆购置税法》(2018年通过)、《耕地占用税法》(2018年通过)、《船舶吨税法》(2018年修正)、《烟叶税法》(2017年通过)、《城市维护建设税法》(2020年通过)、《车船税法》(2019年修正)、《资源税法》(2019年通过)、《契税法》(2020年通过)以及《印花税法》(2021年通过)等税收方面的法律。

四、金融调节法

金融调节法,是调整金融调控关系的法律规范的总称。它是金融调控政策在法律上的反映。与财税调节法一样,金融调节法在宏观经济调控法律体系中具有重要的地位,因为金融调节与财政调节都对社会总需求和社会总供给的平衡关系有调控作用。在整个国民经济中金融与财政是国家供给资金的两条主要渠道,二者共同参与社会总资金运动,并且相互配合、相互支持,共同发挥调控宏观经济的功能。金融宏观经济调控的主要任务由中国人民银行承担,而中国人民银行对经济的调控作用,又主要通过履行《中国人民银行法》所赋予的职责来实现,即通过制定和执行货币政策,发行货币和管理人民币流通,审批、监督管理金融机构,监督管理金融市场,持有、管理、经营国家外汇储备和黄金储备,经理国库等职责来实现。中央银行宏观经济调控的主要目标是调节货币总量,保持币值稳定。要保持人民币币值稳定,最根本的是要确定年度货币发行量和货币供应量。

根据《中国人民银行法》的规定,人民币的发行权和年度货币供给量的决定权归中国人民银行,批准权归国务院。因此,中国人民银行在金融宏观经济调控中肩负着重要的职责,发挥着重要的作用。此外,2022年发布的《金融稳定法(草案)》第2条明确规定:"维护金融稳定的目标是保障金融机构、金融市场和金融基础设施基本功能和服务的连续性,不断提高金融体系抵御风险和服务实体经济的能力,遏制金融风险形成和扩大,防范系统性金融风险。"

五、价格调节法

价格调节法,是调整价格关系的法律规范的总称。它是国家价格调控政策在法律上的反映。价格调控是指国家在市场环境不完备,市场机制对价格的自发调节不健全的情况下,以直接或间接的方式对市场价格的形成和运行进行干预或施加影响,从而确保宏观经济目标得以实现的一种调控措施。其主要内容包括:(1)国家根据宏观经济发展的需要,通过施加外在影响或其他干预手段,在市场价格形成之前或运行过程中对其进行引导、调节和修正,力求把不合理的价格和不正常的价格波动制止于形成之前,尽可能限制和弱化其对经济的负面影响,以确保宏观经济目标的实现。(2)国家在特定的情况下,对价格总水平进行调控。由于客观条件不完善,市场机制的价格调节功能发挥不正常,使社会价格总水平偏离了宏观经济目标所确定的轨道,国家为了制止这种倾向及其对经济运行的不良影响而采取的调控措施,就是价格调控法。

价格法作为规范价格调控之法,主要作用在于理顺价格关系,控制价值规律对价格形成的自发性、盲目性影响,发挥价格在宏观经济调控中的作用,以达到通过价格调整供求关系,促进生产和消费结构合理化,谋求社会价格总水平基本稳定,实现国民经济良性循环和稳定协调的发展目的。我国《价格法》第 3 条第 1 款明确规定:"国家实行并逐步完善宏观经济调控下主要由市场形成价格的机制。价格的制定应当符合价值规律,大多数商品和服务价格实行市场调节价,极少数商品和服务价格实行政府指导价或者政府定价。"

六、国有资产管理法

国有资产管理法是指调整在管理国有资产过程中发生的经济关系的法律规范的总称。它包括国有资产管理和经营体制法律制度、国有资产产权界定法律制度、国有资产产权登记法律制度、国有资产评估法律制度、国有资产产权交易法律制度、侵吞国有资产行为的认定与查处制度等内容。国家为了调整这些国有资产管理关系而制定的一系列法律规范形成了国有资产管理法律制度。

在我国,国有资产数量非常庞大,是我国社会总资产的主体成分,并且以国有资产为支撑点的国有经济仍是我国国民经济的基本支柱。如何管理好国有资产并在市场机制中充分发挥国有资产效益,是市场经济条件下国家的一项重要职能。国有资产管理担负的主要任务包括:一是优化国有资产结构,二是保护国有资产及其权益不受损害,三是保障国有资产不断增值,四是维护国有资产使用单位的合法权益。

依法规范国有资产管理行为,对于合理配置和有效经营国有资产,提高国有资产的经济效益和社会效益,防止国有资产的流失,保护国有资产及其权益不受损害,具有重要的意义。我国《企业国有资产监督管理暂行条例》(2019 年修订)第 1 条明确规定:"为建立适应社会主义市场经济需要的国有资产监督管理体制,进一步搞好国有企业,推动国有经济布局和结构的战略性调整,发展和壮大国有经济,实现国有资产保值增值,制定本条例。"

———— 思考题 ————

1. 何谓宏观经济调控?它有哪些特征?
2. 我国宏观经济调控的主要目标是什么?
3. 宏观调经济控法的定义、特征及调整对象是什么?
4. 宏观经济调控法的手段有哪些?
5. 宏观经济调控法有哪些基本原则?
6. 宏观经济调控法由哪些法律制度构成?

第十八章 计划与投资法律制度

内容提要

计划法是调整计划关系的法律规范的总称。"计划"有广义和狭义之分,广义的计划是指国家对整个社会经济活动的部署和安排;狭义的计划则是指国家通过制定经济、社会发展战略,编制和组织实施中长期计划方案来引导经济运行,调控经济发展。计划制定是指计划编制机构对涉及国民经济长远发展的战略目标、重要任务、具体措施等进行预测、论证、编制、审议的行为。计划制定的程序包括确定计划的初步方案、编制计划和审议通过计划。计划实施的主要举措有信息引导,与计划配合的金融、财政政策,政策性投融资,金融等物质手段。

投资是指经济主体为了获得经济利益而垫付货币或其他资源,并进而转化为实物资产或金融资产的活动。投资法是指调整在国家综合运用各种手段,对投资主体直接投资活动进行调控和规范过程中发生的经济关系的法律规范的总称。

学习重点

计划的含义及其分类	计划法的定义及调整对象
计划形式	计划的编制和实施
投资法的定义	投资法的基本原则
投资主体	

第一节 计划法概述

一、计划法的定义

"计划"一词,有广义和狭义两种理解。广义的计划指国家对整个社会经济活动的部署或安排。狭义的计划是指国家通过制定经济、社会发展战略,编制和组织实施中长期计划方案来引导经济运行,调控经济发展,它是市场经济体制下国家宏观经济调控的手段之一。我国经历了从计划经济体制向市场经济体制的转变,因而计划的性质、内容也发生了变化。从性质上看,在计划经济时期,计划是指令性的,具有命令与服从的特征。在市场经济条件下,计划作为宏观经济调控手段之一,其基本性质是指导性的。市场机制是整个经济运行和资源配置的基本性机制,计划仅是对市场的宏观反映和总体指导,具有战略性、宏观性、政策性的特征。它不是政府对各个市场主体行为的指令和对市场份额的分配。在不属于市场发挥作用的领域和非正常情况下,政府采取的某种代替市场配置资源的计划也只是对总体上实行指导性计划的补充或权宜之计,并不改变市场经济条件下计划的基本性质。

从内容上看,传统计划经济体制下,国家计划直接管理微观经济活动,定指标、分投资、批项目、分物资,企业的供、产、销直接由国家计划管理;而在市场经济条件下,国家计划内容的重点则是制定和提出经济发展的总体规划、重大方针和政策,实现总量平衡。其具体内容是:(1)确定经济和社会发展战略。经济和社会发展战略包括国民经济和社会发展的总体战略、科技进步战略、产业结构调整战略、区域经济协调战略、经济与社会进步战略。(2)确定目标和计划指标。宏观经济目标是政府在总体上把握市场运行基本态势的基础上向社会公开展示的宏观经济政策取向和市场运行的宏观经济政策环境。计划指标是由指标名称和计划数字两部分组成的具体计划任务,是计划任务的数字表现。调控目标和计划指标,不仅为市场主体在竞争中的自主决策提供最基本的宏观信息,同时也是政府经济管理部门制定具体宏观经济政策和运用经济杠杆的依据。(3)确定宏观经济政策。计划所包括的宏观经济政策,主要是指以调节总需求为重点的经济总量平衡政策,以产业政策为核心的经济结构政策,兼顾效率与公平的收入分配政策,以谋取国际比较利益的国际经济政策,以及作为上述宏观政策手段的财政政策、金融政策、投资政策等。[1] 这些计划的内容是密切联系的。发展战略和调控目标为社会各界(政府经济管理部门、市场主体)的行为提供方向指引,宏观经济政策是为实现发展战略和调控目标而采取的措施。

在西方一些市场经济国家的宏观经济调控体系中,计划作为政府对社会经济生活进行干预的手段之一,不仅在确定经济发展的目标和战略,而且在调节产业结构和促进经济动态的平衡和协调过程中也发挥了重要作用。法国在1947~1992年已经连续实施了10个中长期计划。每个计划不仅有明确的战略目标,而且有相应的产业结构政策,如第1个至第3个计划(1947~1961年)的发展目标和战略是复兴战后经济和实现工业装备的现代化。为此,法国政府确定煤、电、钢、水泥、交通、农机、化肥等基础产业为优先发展产业,放慢制造业的发展速度,形成了以劳动密集型基础产业为重心的产业结构。第4个至第6个计划(1962~1975年)确定了提高劳动生产率、增强国际竞争力、以工业化推动国民经济大幅度增长的战略目标。在这一时期,法国政府把产业发展的重点由基础部门转向制造业及石油化工等新兴部门,产业结构由以劳动密集型为主转向了以资本和技术密集型为主。20世纪70年代中期以后,法国经济处于"滞胀"时期,第7个和第8个计划(1976~1985年)的主要目标是宏观经济平衡和重新调整产业结构。为此,法国收缩和改造了资源消耗多、劳动生产率低的基础产业部门,重点发展信息、微电子生物工程等高技术产业。产业结构由以资本和技术密集型为主向以知识和技术密集型为主转换。[2] 日本自第二次世界大战后,相继推行了12个全国性的经济计划,并以此指导政府有关部门的工作,诱导市场主体的行为,促进国民经济协调、健康地发展。

对于什么是计划法,我国是否需要制定计划法,法学界以及实践部门一直存在争论。在高度集中体制下,人们普遍赞成制定计划法,甚至把计划法推崇为经济法的"龙头法"。市场经济

---

[1] 白和金:《现代市场经济宏观调控模式的国际比较和中国经济的宏观管理体制改革》,载国家计委国民经济综合司编:《中外专家论当代市场经济的宏观调控》,中国财政经济出版社1996年版,第16页。
[2] 魏礼群、利广安主编:《国外市场经济的宏观调控模式与借鉴》,中国计划出版社1994年版,第112页。

体制确定了以后,人们对是否需要制定计划法又产生了怀疑。应当说,随着我国经济体制的转变,把计划法作为经济法的"龙头法"已经失去了其存在的体制基础,但是,也不能把我们的思维推向取消计划法的极端。计划法作为我国宏观经济调控法组成部分,在社会主义市场经济中发挥着重要的作用。何谓计划法?我们认为计划法是调整国民经济和社会发展计划在编制、审批、执行和监督过程中发生的社会关系的法律规范的总称。它是我国宏观经济调控法的重要组成部分。

二、计划法的调整对象

计划法的调整对象就是计划关系。计划关系是计划主体在计划活动中所发生的社会关系。这里所说的计划主体,包括审批主体(如权力机关)、管理主体(如各级人民政府及其职能部门)、实施计划主体(如企业、事业单位)等。计划活动是指计划的编制、审批、执行、监督、检查以及调整与修改的全过程。

计划关系可以分为两大类:(1)间接计划关系,即国家运用经济政策、经济杠杆等手段引导计划执行主体的经济活动所发生的计划关系。(2)直接计划关系,即计划执行主体因完成国家的指令性计划而产生的计划关系。

在计划经济时期,国家管理计划主要是通过下达命令性计划指标实现的。因此,直接计划关系是计划法的主要调整对象。在社会主义市场经济体制下,市场对资源的配置起决定性作用,计划作为国家宏观经济调控的一种手段只起导向性作用,国家通过经济政策、经济杠杆等手段引导计划执行主体的活动向着国家预定的经济活动和社会发展的方向发展,在此活动中产生的计划关系主要是间接性的计划关系,所以,计划法调整的对象主要是间接性的计划关系。

新中国成立后,我国非常重视对计划关系的法律调整,先后制定了《国民经济计划编制暂行办法》(1952年颁布)、《关于编制国民经济年度计划暂行办法(草案)》(1953年颁布)、《国家计划委员会暂行组织通则》(1955年颁布)、《关于改进计划管理体制的规定》(1958年颁布)、《关于改进计划体制工作的若干暂行规定》(1984年颁布)、《关于试编两年滚动计划暂行办法的通知》(1991年颁布)等。[3] 这些规范性文件对于加强当时的计划工作和完善计划法制建设发挥了积极的作用。随着我国市场经济体制的建立和不断完善,这些法规已不能适应经济发展的需要,制定有中国特色的计划法已迫在眉睫。

三、我国计划法的立法模式

党的十四届三中全会以后,我国确立了市场经济体制。对于市场经济要不要计划及计划法,理论界有不同的看法。有人认为,我国的市场经济处于初始阶段,在许多方面还残留着计划经济的弊端,因此,在这种情况下强调计划是不合适的,应鼓励自由竞争,通过市场竞争达到优胜劣汰的目的;当市场经济发展到一定阶段时,再进行计划调控,实施国家的计划干预。这种观点实质上是"市场经济补课论"的翻版,是自由放任主义,是不可取的。我国市场经济的建立与西方资本主义国家市场经济的产生和发展是不同的。我国的市场经济一开始就面临着市场经济内在要求的挑战,它经不起任何经济危机的打击或破坏,因此我们在一开始就应重视计

---

[3] 《中国发展战略报告》(2001年第2期),《规划动态》栏目中的"我国计划、投资体制改革回顾"部分。

划的调控和加强计划立法。

关于计划法的立法模式,目前世界上大体有三种:(1)法典式,即颁布计划基本法,规范所有的计划关系。(2)分散式,即不制定计划基本法,计划关系分别由一系列单独的经济法规调整。(3)结合式,即既颁布单独的计划法,以规范计划活动中的一般性问题,如计划体制、计划的基本原则等,同时又在行政法、经济法中规范具体的计划行为及相应的计划关系。

我们认为,第三种模式比较适合我国,理由是:(1)我国的市场经济体制初步确立,计划法作为宏观经济调控法是必不可少的,但计划法的调整对象都有哪些,我们不可能一下子就弄清楚,因此不可能制定出一部计划法典。(2)计划工作在市场经济条件下也要法制化,国家应对计划活动中的基本原则和一般问题作出规定,以规范计划主体的行为。因此,在市场经济条件下,我国应有一个单独的计划基本法。

四、计划的形式

计划可以从不同角度进行分类:

(一)指标性计划和政策性计划

按计划是否量化,计划可分为指标性计划和政策性计划。所谓指标性计划包括指导性计划和指令性计划,政策性计划包括政府的经济纲领、综合经济政策报告等。

(二)综合计划、行业计划和专项计划

按内容计划可以分为综合计划、行业计划和专项计划。所谓综合计划是指国民经济和社会发展计划,包括经济、科技、社会发展计划;行业计划是指某一行业的发展计划,包括发展目标、发展重点等内容;专项计划是指某一重要领域和解决重点问题的专门性计划。

(三)长期计划、中期计划和短期计划

按期限计划可以分为长期计划、中期计划和短期计划:

1. 长期计划。长期计划是指 10 年以上的纲领性计划,是国家在较长时期内的任务和目标的总体规划。其主要任务是:一是正确分析国内外政治经济形势和科学技术发展的趋势,进行客观经济预测,提出发展战略;二是确定国民经济和社会发展的方向、目标、步骤、重点、重大比例关系、发展速度、重要指标和重大建设项目;三是规定实施长期计划的重大政策和措施。

2. 中期计划。中期计划一般是 5 年计划,是长期计划的实施性计划,是国民经济和社会发展计划的基本形式。中期计划的主要任务是:一是确定计划期间经济增长速度和重大比例关系,二是确定人民生活提高的幅度和社会发展的主要目标,三是规定重要的经济和科技政策及计划实现的重大措施。

3. 短期计划。短期计划一般是年度计划,是落实中期计划的具体行动计划。其主要任务是:一是根据中期计划和经济运行的实际情况确定国民经济和社会发展的任务,合理安排生产和人民生活;二是制定实施年度计划的具体措施。

在这三种计划形式中,长期计划和中期计划在宏观经济调控中具有特别重要的意义,因为市场经济条件下的计划是一种纲领性、指导性计划,目的在于保障和引导市场健康运行,而不是对各个市场主体行为的具体指令和分配应由市场配置的资源。另外,重大科学技术成果的应用、产业结构的调整、生产布局的改变、大中型基本建设项目的落实等都需要中长期计划来

安排,短期计划难以完成这些任务。所以在市场经济条件下,国家必须重视中长期计划的编制和实施。

(四)约束性计划指标和预期性计划指标

按执行计划的职责主体是否具有强制性,计划指标可分为约束性计划指标和预期性计划指标。所谓约束性计划指标是指政府在公共服务和公共利益领域对有关部门提出的工作要求,是政府必须通过合理配置公共资源和有效运用行政力量,确保实现的指标,该计划指标具有强制性。所谓预期性计划指标是政府期望的发展目标,主要通过市场主体的自主行为来实现,是一种指导性、导向性指标。

2006年第十届全国人民代表大会第四次会议批准的"十一五"规划首次把社会经济发展目标分为约束性计划指标和预期性计划指标,它反映了我国社会主义市场经济发展的客观需要,更好地体现了社会主义市场经济条件下规划的定位,有利于理顺政府和市场的关系,强化政府在公共服务和涉及公共利益领域需要履行的职责。约束性计划指标是一个动态指标,它随着社会经济发展变化而不断调整,正如习近平总书记在中国共产党第十八届五中全会上作的《关于〈中共中央关于制定国民经济和社会发展第十三个五年规划的建议〉的说明》所讲的:"'十一五'规划首次把单位国内生产总值能源消耗强度作为约束性指标,'十二五'规划提出合理控制能源消费总量。现在看,这样做既是必要的,也是有效的。根据当前资源环境面临的严峻形势,在继续实行能源消费总量和消耗强度双控的基础上,水资源和建设用地也要实施总量和强度双控,作为约束性指标……"[4]因此,约束性计划指标和预期性计划指标是不断变化的,预期性计划指标在一定的社会经济发展期,也可能被确定为约束性计划指标。

第二节 计划法基本制度

一、计划制定法律制度

(一)计划制定的含义

计划制定是指计划编制机构根据国内国际的社会经济形势及发展趋势和宏观经济规律的要求,对涉及国民经济全局和长远发展的战略目标、重要任务、具体措施等进行预测、论证、编制、审议等行为。依法调整计划制定过程中发生的社会关系,对于保证计划编制的民主化、计划制定的科学性和可行性具有重要意义。

(二)计划编制机构及其职责

计划编制机构包括计划的制定、审批和管理机构。由于各国的国情及计划的内容不同,计划编制机构及其职责也不一样,如日本政府的经济企划厅,负责制定中长期计划,提出各财政年度的经济预测和经济运营的基本态势,编写经济白皮书、世界经济白皮书等,对政府的经济

---

[4] 《中共中央关于制定国民经济和社会发展第十三个五年规划的建议》,人民出版社2015年版,第57~58页。

政策进行调整。法国的计划机构有:(1)决策机构——中央计划委员会。该委员会由总统任主席,成员包括计划总署主任、计划和国土整治部长等中央政府官员以及地方和社会各界代表。其职能主要是确定编制计划的大政方针,并对计划的执行情况进行检查和修改。(2)编制机构——计划总署。计划总署是在总理的直接领导下负责计划起草和进行正常协调的常设职能机构。(3)协调机构——现代化委员会(直属计划总署领导)。其成员包括行政官员、议员、专家、工会和雇主协会代表等。委员会由不同的经济和社会专家组成。各委员会主席由总理任命。委员会的主要职能是讨论政府的计划方针,起草本专题范围内的工作报告。计划制定后,委员会解散。(4)审议机构——国民议会和经济社会委员会。[5]

在我国,根据计划内容的不同,计划由不同的机构进行编制。全国性的国民经济和社会发展计划由国务院编制和管理,由国家计划主管部门负责编制的具体工作;全国性的行业计划由国务院各个部门负责编制。地方性的国民经济和社会发展计划由地方人民政府编制和管理,同级人民政府的计划主管部门负责具体编制工作。1959年设国家计委,1998年改为国家发展计划委员会,2003年改为国家发展和改革委员会,各级地方人民政府的相关部门的名称也作了相应的修改。国家计划主管部门是全国国民经济和社会发展计划的具体编制者,在计划制定过程中承担着重要的职责。其主要职责有:(1)拟订并组织实施国民经济和社会发展战略、中长期规划和年度计划。(2)提出加快建设现代化经济体系、推动高质量发展的总体目标、重大任务以及相关政策。(3)统筹提出国民经济和社会发展主要目标,监测、预测、预警宏观经济和社会发展态势趋势,提出宏观经济调控政策建议。(4)指导推进和综合协调经济体制改革有关工作,提出相关改革建议。(5)提出利用外资和境外投资的战略、规划、总量平衡和结构优化政策。(6)负责投资综合管理,拟订全社会固定资产投资总规模、结构调控目标和政策,会同相关部门拟订政府投资项目审批权限和政府核准的固定资产投资项目目录。(7)推进落实区域协调发展战略、新型城镇化战略和重大政策,组织拟订相关区域规划和政策。(8)组织拟订综合性产业政策。(9)推动实施创新驱动发展战略。(10)跟踪研判有关风险隐患,提出相关工作建议。(11)负责社会发展与国民经济发展的政策衔接,协调有关重大问题。(12)推进实施可持续发展战略,推动生态文明建设和改革,协调生态环境保护与修复、能源资源节约和综合利用等工作。(13)会同有关部门拟订推进经济建设与国防建设协调发展的战略和规划,协调有关重大问题。组织编制国民经济动员规划,协调和组织实施国民经济动员有关工作。(14)承担国家国防动员委员会、国务院西部地区开发领导小组、国务院振兴东北地区等老工业基地领导小组、推进"一带一路"建设工作领导小组、京津冀协同发展领导小组、推动长江经济带发展领导小组、粤港澳大湾区建设领导小组、推进海南全面深化改革开放领导小组等有关具体工作。(15)管理国家粮食和物资储备局、国家能源局。(16)完成党中央、国务院交办的其他任务。

(三)计划制定的程序

计划制定的程序是指计划法主体在制定计划时应遵循的行为规则,包括确定计划的初步方案、编制计划、审议通过计划三个阶段。

1.确定计划的初步方案。计划的初步方案,由国家计划主管部门在掌握大量经济信息的

---

[5] 魏礼群、利广安主编:《国外市场经济的宏观调控模式与借鉴》,中国计划出版社1994年版,第114页。

前提下,进行科学预测,分析研究社会经济形势及发展趋势并提出计划方针和目标的总体设想。该项工作应在计划期前2年开始进行。

经济信息是编制计划的基础和依据,是计划工作的出发点。经济信息的内容十分丰富,包括统计资料、会计资料、情报资料、党和国家的有关方针和政策、各有关专业部门和综合职能部门的业务资料以及社会、自然、地理方面的信息等。计划编制机构在广泛收集信息的基础上,对所收集的信息进行科学分析,去伪存真,探索其内在的联系和规律性,从而得出比较科学的结论。

科学预测是指在正确理论的指导下,借助科学知识对经济发展的趋势、结构变化和政策效应以及国际形势变化对我国经济发展的影响等进行认真预测和分析,揭示和预见其未来的发展趋势和规律。科学预测不仅能为宏观经济调控和计划工作提供全面、充分的依据,而且还可以减少计划制定的盲目性,提高计划的科学性。

制定正确的计划不仅要了解宏观经济现象的历史,分析宏观经济现象的现状,而且要预测未来经济和社会发展的趋势。不能科学地预测未来,便不能正确地反映未来,因而就不能编制出科学的计划。正因如此,世界上有些国家成立了社会经济发展预测机构,把计划预测工作作为制定计划的重要组成部分。我国的计划初步方案由国家计划主管部门提出,报国务院批准。

2. 编制计划。各级人民政府及其计划管理部门,根据国家确定的计划方针、目标和政策,起草本地区的计划,并报国家计划主管部门,由国家计划主管部门综合平衡后报国务院,形成国家正式计划草案。各级人民政府在编制计划过程中,除采用现代科学的系统方法、评审方法和科学方法外,还应注意协商制定和综合平衡。

协商制定是指政府在制定计划时,应扩大参与计划制定的单位和人员的范围,提高计划的社会参与度,吸收有关专家、学者、企业家和人民群众等代表参加,并认真听取他们的意见,使计划的制定和实施成为政府、企业和社会各界通过直接对话达成共识的过程。通过协商沟通政府和社会各界人士对社会经济发展的认识,使计划的目标、方针、政策兼顾各方的利益。这是计划成为社会各界和各个经济主体的共同纲领的基础,也是指导性计划得以实施的最重要保证。世界上有些国家对计划的协商制定也很重视,如日本"官民协调体制"中的审议会,就是由政府、产业界、学术界人士组成的,它在政府计划决策的民主化、科学化方面发挥了重要的作用。法国计划总署领导的现代化委员会,其成员组成也具有广泛性,不仅有行政官员、议员,而且还有专家、工会和雇工协会的代表。

综合平衡是编制计划的基本方法。综合平衡是指政府在制定计划时,对全社会的人力、财力、物力进行统筹规划,合理安排,从总体上求得社会总供给和总需求之间的平衡,使社会生产能大体上按比例协调发展。目前,在计划综合平衡时要注意运用各种现代化的计划手段和分析手段,寻求平衡的最优比例和最佳方案。

3. 审议通过计划。各级人民代表大会及其常务委员会是审议、批准和监督计划执行的国家权力机关。全国性的综合计划由全国人民代表大会审议批准,地方计划由地方各级人民代表大会审议批准,全国的和地方的行业计划与专项计划,则分别由国务院和同级人民政府批准。

二、计划实施法律制度

（一）计划实施的主要措施

计划批准后，各级人民政府或政府授权部门应积极组织实施，各企业和基层单位应切实按照社会需要和本单位的实际情况组织实施，涉及指令性计划的单位应保证计划的完成，任何单位或个人都不得擅自修改或拒不执行。

计划实施的措施和手段包括经济手段、法律手段和行政手段。经济手段是通过调整经济利益关系来间接调节经济活动，它包括实施各种经济政策措施和利用经济杠杆等。法律手段主要是通过经济立法和执法来调节经济活动。行政手段是指政府机构运用行政权力对市场、企业和有关经济活动所进行的超经济行政强制。在社会主义市场经济条件下，政府的经济计划是以经济政策和经济杠杆为主要手段来贯彻执行的，具体措施有以下几项：

1. 信息引导。在企业成为独立的市场主体和市场体系日益完备的情况下，企业不再依靠国家计划来获得资源和市场份额，而需要了解客观经济政策和及时、准确的市场信息。指导性计划本身就具有宏观信息的导向作用。政府机构发布的信息就其权威性和重要性而言，能够在相当大的程度上影响市场主体的行为和预期目的，但这种信息导向必须真实地反映经济运行和市场供求的态势和发展趋势，有利于市场的健康运行，绝不允许以虚假的、错误的信息误导和操控市场。

2. 与计划相互配合的金融、财政政策。计划、金融和财政部门是我国最有权威的宏观经济调控部门，对我国经济的稳定和发展起着举足轻重的作用，因此，三部门应互相配合。计划部门制定社会发展计划，确定社会和经济发展战略和目标，安排重点建设项目，进行综合平衡时，财政、金融部门应积极配合，制定切实可行的财政和金融政策以保证国家宏观经济调控的实施和计划的落实。

3. 政策性投融资。将政策性投融资作为实施国家产业政策的重要杠杆，是后发达国家和新兴工业化国家的成功经验。中国作为发展中国家，要发挥计划引导长期资源配置的优势，就需要把政策性投融资作为实施产业政策的有力杠杆纳入计划调控手段中，计划部门要研究提出政策性投融资的规模、结构、使用方向和可供选择的重点建设项目。政策性投融资机构在国家计划指导下，按照不追求利润最大化、保证资金安全有效的原则独立运作。

4. 把国家订货、国家储备、国家投放作为稳定市场、稳定物价的手段。国家计划要在预测市场供求总体态势和发展趋势的基础上，根据保持宏观经济稳定、保障市场健康运行的要求，合理安排国家重点资源的国家订货、国家储备和国家投放，适时适度地对市场供求进行吞吐调节，以利于开展有效竞争，防止市场剧烈波动，抑制通货膨胀。

（二）计划实施过程中的调整

国民经济和社会发展计划，经法定程序正式批准后便具有法律效力，一般不作修改或调整。只有遇到下列特殊情况时，才能修改或调整计划：(1)发生特殊重大的自然灾害，严重影响原定计划任务完成的。(2)发生未能预料的重大情况，必须改变计划的。(3)国际关系发生重大变化，严重影响国内经济生活的。(4)发生其他特殊重大情况，必须改变计划的。修改或调整计划必须获得原计划审批机关的批准。

第三节 投资法概述

一、投资和投资法的定义

投资是指经济主体为了获得经济利益而垫付货币或其他资源,并进而转化为实物资产或金融资产的活动。它是一国经济增长的基本推动力。社会发展的各个时期,如果没有一定量的投入,经济是难以启动和发展的。投资法是调整国家在干预投资活动过程中发生的社会关系的法律规范的总称。它是规范投资活动的行为规则,是保障投资活动顺利进行的法律手段。投资法调整国家在干预投资活动中形成的各种社会关系,主要包括投资主体的权利和义务、投资决策的运行机制、投融资方式及运行机制、投资的程序管理及方向管理、投资总量与结构的调控、投资布局的调控及违反投资法的法律责任等。

投资法律关系具有以下三方面特征:(1)主体的广泛性和特定性。在投资活动中,政府、企业法人或公民个人均可成为投资法律关系的主体。(2)方法的综合性。这是因为投资活动在宏观上兼有市场调节和计划调节的二元体系的特点。(3)行为的规范性。在投资活动中,对政府直接或间接调控投资关系的手段必须规范化,并将行政调控手段依法限制在必要的范围内。

我国目前尚未制定统一的投资法,这主要是由我国长期以来计划经济体制的影响造成的。有关投资方面的法律规范主要散见于关于基本建设的有关法规、规定等规范性文件中,如1962年颁布的《关于加强基本建设计划管理的几项规定》等。改革开放以来,我国投资体制发生了深刻变化,以国家为单一投资主体的格局被打破,出现了国家、企业、个人投资并存的局面。为了适应投资体制改革的进一步深化,规范投资主体的投资行为,国家于1991年发布了《固定资产投资方向调节税暂行条例》(已失效)、1992年发布了《关于建设项目实行业主责任制的暂行规定》(已失效)、1996年发布了《关于固定资产投资项目试行资本金制度的通知》、1997年发布了《国家基本建设大中型项目实行招标投标的暂行规定》(已失效)、2019年发布了《外商投资法》与《政府投资条例》等。但随着投资体制改革的不断深化,要求制定一部专门的、科学规范投资决策和投资行为的投资法的呼声越来越高,这已是社会主义市场经济发展的必然要求。下面主要围绕固定资产投资进行阐述。

二、固定资产投资的定义

固定资产是流动资产的对称,指那些在社会生产过程中,能够在较长时间内使用并在使用过程中保持其原来物质形态的物质资料。按用途固定资产可以分为属于生产资料的固定资产和非生产资料的固定资产。固定资产投资是当事人为了获取经济利益,投入货币或其他资源,并转化为固定资产的活动,是建造、补偿和更新固定资产的活动的总称。

我国固定资产投资法规制的固定资产投资,包括基本建设投资和更新改造措施投资两部分。基本建设是指利用国家预算内基本建设拨款、自筹资金、国内外基本建设贷款以及其他专项资金进行的,以扩大生产能力或新增效益为主要目的的新建、扩建工程及有关工作。它包括：(1)为经济、科技和社会发展而新建的项目。(2)为扩大生产能力或新增效益而增建分厂、主要车间、矿井、铁路支干线、码头泊位等项目。(3)为改变生产力布局进行的全厂性迁建项目。(4)遭受严重灾害后需要重建的恢复性建设项目。(5)没有折旧和固定收入的行政、事业单位增建业务用房和职工宿舍项目等。更新改造措施是指利用企业折旧基金、国家更新改造措施拨款、企业自有资金、国内外更新改造贷款等资金,对现有的企业、事业单位的原有设备进行技术改造和固定资产更新以及相应的辅助性的配套生产及生活福利等工程和有关工作。

固定资产投资具有以下特点：(1)资产从投入到回收的周期长。(2)投资的结果主要是形成新的生产能力或改造现有的生产能力。(3)投资过程具有固定性。投资过程的固定性又表现在如下几个方面：一是地点的固定性,建设地点一旦确定就不能随意更改；二是建设程序的固定性,任何建设项目都要按一定程序进行；三是建设内容的固定性,一旦投资活动开始,其资金的投入、建设内容也就不能随意更改。

三、固定资产投资法的定义和调整对象

固定资产投资法是调整国家在干预固定资产投资活动过程中所发生的经济关系的法律规范的总称。它是人们进行固定资产投资活动的行为规则,是顺利进行固定资产投资的法律保障,是宏观经济调控法的重要组成部分。

固定资产投资法调整的对象是在固定资产投资过程中各种主体所结成的各种关系。它包括两种关系：一种是国家机关对固定资产投资进行组织和指导而形成的宏观经济调控关系、管理关系,另一种是有关社会组织为完成一定的投资项目所形成的协作关系。

我国调整固定资产投资关系的法律、法规主要有1978年《关于加强基本建设管理的几项规定》、1978年《关于基本建设程序的若干规定》、2004年《关于投资体制改革的决定》(部分失效)、2017年《企业投资项目核准和备案管理条例》(2023年修订)等。这些法律、法规在规范固定资产投资关系方面发挥了重要作用,但立法层次不高、社会回应性不强。因此,应尽快研究制定一部符合我国国情的固定资产投资法。

固定资产投资法的原则包括：(1)投资规模合理原则,即投资规模应与国家的综合国力相适应,投资的总需求应与总供给基本平衡,在建项目投资规模与年度规模相适应。(2)合理布局原则,即要求安排好投资的部门分配和地区分配,以便促进经济结构和地区结构的优化。(3)加强责任制、提高经济效益原则,即在市场经济条件下,固定资产投资要讲求经济效益,要以最低的消耗取得最大的效果,要降低成本、缩短建设周期,加快资金周转。

我国正处于深化经济改革的新时期,与新的经济体制相适应的固定资产投资体制仍处在探索和形成阶段。依照当前固定资产投资体制改革的方向,我国未来的固定资产投资法应着力于以下几方面：(1)固定资产投资管理体制。其要旨是要按照社会主义市场经济体制的客观要求,廓清中央与地方、各种投资主体在固定资产投资中的职责和权限。(2)固定资产投资的风险约束机制。其主要目标在于建立投融资决策自主、风险自负的自我约束机制,从而改变投资领域中责任不明、投资吃"大锅饭"、投资膨胀和浪费严重等问题。(3)固定资产投资的宏观经济调控制度。其重点在于建立以产业政策为基础,对投资总量和结构进行及时、有效、灵活调控的制度。(4)投资项目管理制度。其基本目的是通过法律的形式,确立科学的项目建设程序、审批或登记备案、概预算管理、招投标等制度。

第四节 投资法基本制度

一、投资主体法律制度

（一）投资主体的定义

投资主体，又称投资者，是指从事投资活动、享有投资决策权、具备筹资能力并享受投资收益及承担投资风险的自然人或法人。

在我国市场经济条件下，投资主体应具备以下条件：(1)在社会和经济发展过程中能够相对独立地作出投资决策。这里的相对独立有两层含义：一是指自然人或法人有直接投资的决定权，二是指自然人或法人拥有的投资自主权的权利范围和行使要符合相关法律、法规的规定。(2)有足够的资金来源进行投资。投资来源有多种渠道，如国家基本建设投资拨款资金、银行贷款、投资者自筹资金等。(3)对投资所形成的资产享有所有权和法人财产权或经营管理权。投资活动中的各类主体均可本着"谁投资，谁受益"的原则，依法对投资项目按投资额享有权益。(4)能够承担投资风险及相应的法律责任。

（二）投资主体的分类

我国的投资主体主要有以下几类：(1)政府。政府包括中央政府和地方政府。政府投资的重点是政府承担市场机制不能发挥作用或不允许市场机制发挥作用的领域内的投资，如非竞争性的基础工业和基础设施建设。(2)企业和事业单位。市场经济条件下，企业是大多数经济领域内的投资主体。(3)个人。国内自然人只要符合投资主体要求，就可以成为投资主体。(4)在中国境内投资的外国公司、企业、其他经济组织。

（三）投资主体的权利与义务

国家通过立法保护投资者的利益，投资主体依法享有同等的合法权利，包括：(1)选择建设地点和投资环境。(2)选择投资方式和贷款的金融机构。(3)确定投资内容。(4)选择工程承包、设计、施工单位。(5)获取和支配投资带来的收益。(6)项目合同约定的其他权利。

投资主体承担的义务有：(1)遵守国家长远规划、地区和城市规划。(2)节约建设用地，合理使用资源。(3)依法缴纳税金。(4)接受国家财政、审计、统计、市场监督、环保、公安、监察等方面的依法监督。(5)向政府主管部门申请立项登记注册和递交竣工资料。

各级政府及其职能部门应切实保障投资者的合法权益不受侵犯，投资当事人有权拒绝支付超过规定的费用。

（四）投资主体的投资范围

主体类型不同，投资主体的投资范围也有所差异，各类主体的投资范围具体如下：(1)政府投资的范围。中央政府投资范围主要面向跨地区的公用事业、全国性文化、教育、国防、航天等基础设施以及党、政、军机构的投资，极少数大型国家骨干企业、高新技术、自然资源的保护开发与再造等战略投资，以及对贫困地区的扶持和国家必须垄断的黄金、白银业的投资。地方政府投资范围主要包括区域性的公用事业、城市建设、地方骨干企业等基础设施,以及教育、文化、卫生、社会福利等非生产性的事业。(2)企业投资的范围。企业和企业集团主要根据市场需求,进行一般生产经营性和技术更新、改造管理现代化的投资,以及企业内部的福利性投资和对社会公益事业的赞助投资。(3)个人投资的范围。个人投资具有数额小、灵活性大等特点,个人一般进行灵活性较强的小型生产经营性投资、消费性住宅或购买股票、债券的投资。

二、投资资金管理法律制度

(一)基本建设资金管理的法律规定

为了改善基本建设资金的管理,实行投资使用责任制和提高效益,从1979年开始,国家预算内基本建设投资逐步由财政部拨款改为银行贷款。1986年以后,除科研、学校、行政单位等部分建设项目仍由国家财政拨款外,其余由国家预算安排的基本建设项目全部改为银行贷款。此外,还有利用外资、自筹资金等多种投资渠道。由于资金来源不同,对资金的具体管理办法也不同。

1. 基本建设投资拨款的管理。基本建设投资拨款由国家开发银行委托商业银行分次、逐笔拨付给建设单位无偿使用。用拨款投资安排的建设项目,必须严格按照国家规定的范围进行。根据《政府投资条例》第3条第1款的规定,政府投资资金应当投向市场不能有效配置资源的社会公益服务、公共基础设施、农业农村、生态环境保护、重大科技进步、社会管理、国家安全等公共领域的项目,以非经营性项目为主。根据财政部颁布的《基本建设财务规则》,基本建设是指以新增工程效益或者扩大生产能力为主要目的的新建、续建、改扩建、迁建、大型维修改造工程及相关工作。

建设项目的管理,应当遵守以下规定:(1)大中型建设项目在国家计划中确定,小型项目由主管部门和地区在国家核定的拨款投资内安排,并需要经各地国家开发银行审核确认。(2)各部门、各地区无权自行扩大财政拨款建设项目的范围。(3)实行拨款的建设项目,其年度用款实行限额管理。

2. 基本建设贷款的管理。基本建设贷款有两种方式:一种是银行直接贷款,另一种是"拨改贷"。它们都是有偿使用的,实行有借有还、贷款实行差别利率的原则,对不同地区、部门和产品的贷款规定不同的还款期限和差别利率,以鼓励短线产品的生产,限制长线产品的生产和重复建设,促进产业结构的优化。

3. 基本建设自筹资金的管理。基本建设自筹资金有两类:一类是各级财政的自筹资金,另一类是各企业、事业单位的自筹资金。用自筹资金进行基本建设,要求资金来源正当,并存入指定银行,坚持先存后批、先批后用的原则,由银行监督其使用。地方各级财政自筹资金依照规定可用于基本建设的有:上年财政预算节余资金、当年财政超收分成和总预备费以及地方预算外的专项资金。企业自筹资金用于基本建设的有:企业专用基金、利润留成、基本建设收入留成、向社会筹集的资金等。

(二)更新改造资金管理的法律规定

更新改造资金主要来源于企业的生产发展基金、用于与主体改造工程配套的生活福利建设的福利基金、银行贷款、国家预算内拨款和利用外资等。其中,银行贷款、国家预算内拨款和利用外资的更新改造实行指令性计划,其余实行指导性计划。

三、投资程序法律制度

投资程序是指在资产投资建设过程中各项工作所必须遵守的顺序,是投资及其管理活动中的一系列流程规则。投资程序制度具有程序法的意义,投资活动必须按照一定的程序进行。

(一)投资建设程序

投资建设程序是指每个投资项目从投资决策、建设实施直到竣工验收、交付使用的全过程应经过的先后阶段和顺序,以及各阶段的法定要求。其一般分为以下几个阶段:(1)投资决策阶段。该阶段一般依次经过投资项目的建议、可行性研究、编制设计任务书和项目审批环节。(2)投资项目建设实施阶段。该阶段一般依次经过投资项目的设计和施工环节。(3)投资建设项目的竣工验收和交付使用阶段。该阶段是投资项目建设程序的最后阶段,是在投资建设基础上的全面检验,是提高投资效益的重要环节。

(二)投资监督程序

投资监督程序主要包括立法和司法机关对投资活动的审查监督,以及政府和有关社会组织对投资活动的审查监督。

四、涉外投资法律制度

外商投资是指外国公司、企业、其他经济组织和个人将无形或有形资产投入我国,并通过对其资产运行的完全或部分控制,追求最大的经济效益的行为。《外商投资法》第2条第2款规定:该法所称外商投资,是指外国的自然人、企业或者其他组织(以下称外国投资者)直接或者间接在中国境内进行的投资活动,包括下列情形:(1)外国投资者单独或者与其他投资者共同在中国境内设立外商投资企业。(2)外国投资者取得中国境内企业的股份、股权、财产份额或者其他类似权益。(3)外国投资者单独或者与其他投资者共同在中国境内投资新建项目。(4)法律、行政法规或者国务院规定的其他方式的投资。我国《外商投资法》第4条规定,国家对外商投资实行准入前国民待遇加负面清单管理制度。前述准入前国民待遇,是指在投资准入阶段给予外国投资者及其投资不低于本国投资者及其投资的待遇;所称负面清单,是指国家规定在特定领域对外商投资实施的准入特别管理措施。国家对负面清单之外的外商投资,给予国民待遇。负面清单由国务院发布或者批准发布。中华人民共和国缔结或者参加的国际条约、协定对外国投资者准入待遇有更优惠规定的,可以按照相关规定执行。外商投资的形式主要包括设立中外合资经营企业、中外合作经营企业和外资企业三种。

外商投资法是指调整外商在中国投资设立企业以及生产经营活动过程中发生的各种经济关系的法律规范的总称。外商投资法的特征为:(1)外商投资法是具有双重性质的经济法。一方面,外商投资法是一种涉外经济法,涉及国际经济合作和技术交流;另一方面,外商在中国注册登记,是中国企业法人,受中国法律保护和管理,属于国内经济法调整的范畴。(2)外商投资法在内容和结构上属于一种综合性的法律规范。外商投资法的内容非常丰富,涉及外商直接投资,既有投资法的内容,也有公司法的内容,同时具有涉外经济管理法的内容。

———— 思考题 ————

1. 何谓计划?广义的计划和狭义的计划有何不同?

2. 计划法的调整对象如何界定?
3. 我国计划法的立法状况如何?
4. 何谓投资?
5. 我国投资法的基本原则有哪些?
6. 固定资产投资的主体有哪些?其投资范围是什么?

第十九章 产业调节法律制度

| 内容提要 |

产业调节法是关于促进产业结构合理化,规定各产业部门在社会经济发展中的地位和作用,规范产业调节关系,确定国家实施产业调节的基本措施和手段的法律规范的总称。产业调节法具有综合性、指导性、协调性和灵活性的特征。产业调节法的基本原则包括优化产业结构原则、依法合理调节原则和效益原则。产业调节法包括产业结构法、产业组织法、产业技术法和区域经济促进法等基本法律制度。

| 学习重点 |

产业调节法的定义、特征　　　产业调节法的基本原则
产业结构法的定义和基本内容　　产业组织法的定义和基本内容
产业技术法的定义和基本内容　　区域经济促进法的定义和基本内容

第一节 产业调节法律制度概述

一、产业调节法的定义和特征

(一)产业调节法的定义

产业调节法是关于促进产业结构合理化,规定各产业部门在社会经济发展中的地位和作用,规范产业调节关系,确定国家实施产业调节的基本措施和手段的法律规范的总称。其目的在于通过对产业结构进行宏观经济调控,增进市场机制的效果,弥补市场机制的缺陷,促进资源在国民经济各部门之间的合理配置,提高宏观经济效益,实现国民经济增长和社会可持续发展。

产业调节法是以国家为调控主体,对产业结构、产业组织、产业技术和区域经济发展进行调控的法律手段,是经济法的重要组成部分,是宏观经济调控法中的基本法。

中国过去长期实行计划经济体制,加之采取产品经济发展的指导思想,将生产资料的优先增长当作任何时期都适用的规则,片面追求工农业生产发展速度,忽视产业结构的合理配置,导致我国的产业结构严重失调,这正是当下中国经济发展过程中迫切需要解决的问题。这些问题反映到法律上就要求我们必须尽快以产业调节法为核心建立中国的宏观经济调控立法体

系。只有将产业调节法作为宏观经济调控法的基本法,才能针对我国市场发育不足的问题,正确地运用各种宏观经济调控手段,建立适应中国发展要求的宏观经济调控法律制度,实现宏观经济调控的总体目标。

(二) 产业调节法的特征

作为宏观经济调控的基本法,与其他宏观经济调控法相比,产业调节法具有以下四个显著的特征:

1. 综合性。产业调节法作为国家宏观经济调控的重要法律,其调整对象、调整方法、调整模式都具有显著的综合性特征。(1)产业调节法的客体是一国国民经济的整体,而国民经济本身就是一个综合性的问题,涉及很多的人和事,涉及很多的经济社会关系。因而,产业调节法的调整对象便天生地具有了综合性特征。(2)由于调整对象具有综合性(多样性、广泛性、复杂性),就必然要求产业调节法在调整这些关系、解决这些问题时采取积极鼓励和倡导、激励和扶持、消极限制和禁止、处罚和制裁等多种措施。只有这样,产业调节法促进资源合理配置和经济持续稳定增长的目标才能够顺利实现。这种采取多种措施的必要性使产业调节法的调整手段自然而然地打上了综合性的烙印。(3)产业调节必须遵循可持续发展的基本原则,而可持续发展本身就是一种综合性极强的发展模式,这也使产业调节法在调整模式上具有了综合性特征。调整对象、调整方法和调整模式的综合性决定了产业调节法的综合性。

2. 指导性。产业政策法律化的过程,实际上就是协调规划、财政、金融、价格、外贸等各项调控措施的过程,它关涉国民经济结构这一立国支柱的稳固与安全,以及当代及其后代发展的根本问题。因此,它必须对整个宏观经济调控法具有指导性。产业调节法对宏观经济调控法的指导性集中地表现在产业调节法的立法目标和原则,以及它所建立的各项基本制度、调整方法和手段上。从这种意义上来讲,产业调节法在宏观经济调控法中处于上位法的位置,其他法律均应接受该法的指导。

3. 协调性。现代市场经济的发展,要求国家及其代表者——政府克服"市场失灵",成为保护有效的市场经济运行、引导和促进社会经济发展的一种内在条件和有机组成部分,而产业调节则是政府克服市场机制宏观性失灵的一个很重要的方面,相应地,产业调节法则是协调市场调节机制与国家(政府)调节机制的重要法律之一。因而,产业调节法要实现产业结构的合理化、资源配置的优化以及可持续发展等目标,就要协调局部利益与整体利益、当前利益与长远利益、个人利益与社会公共利益、经济发展与环境资源保护等各种关系。因此,产业调节法具有很强的协调性。

4. 灵活性。产业结构在本质上是一个动态的发展过程,任何一个国家的产业结构都不会也不应该是一成不变的。因此,产业调节法应根据经济社会的发展情势和产业结构的变动,对产业的发展进行灵活的调整。这正是产业调节法灵活性的体现。就我国而言,科学发展观的提出是对人类传统发展模式的一次巨大变革,它坚持以人为本和经济社会的全面、协调、可持续发展,强调要按照"统筹城乡发展、统筹区域发展、统筹经济社会发展、统筹人与自然和谐发展、统筹国内发展和对外开放"的要求,推进改革开放。为适应这些要求,这就必然要求对原有的产业调节法进行适时的完善及灵活的调整。事实上,无论是联合国环境与发展大会制定的《21世纪议程》,还是《中国21世纪议程——中国21世纪人口、环境与发展白皮书》,都提出了按照可持续发展的要求对现行的法律系统进行重新评估,并根据评估结论进行修改的要求。

二、产业调节法的原则

产业调节法的原则,是指调整产业结构关系、产业组织关系、产业技术关系、区域经济发展关系和相关社会关系的基本指导思想,是产业调节法律规范所必须遵循和贯彻的基本准则。产业调节法的原则起着维系、保证产业调节法的统一、协调与稳定的作用。具体来讲,产业调节法的原则有优化产业结构原则、依法合理调节原则和效率原则。

(一)优化产业结构原则

所谓优化产业结构,是指按社会再生产要求的投入产出比例建立起来的各产业生产能力配置构成的方式。现实中的产业结构由于这样或那样的原因,总会有与社会经济发展的需要相背离的情形,当市场自身无法矫正这种背离时,只有通过国家的干预才能予以纠正。产业调节法就是调整国家干预产业结构活动的法律规范,其根本的价值就在于它能提供这样一种制度保障,使产业结构在国家干预下,向符合社会再生产要求的方向转化。

(二)依法合理调节原则

依法合理调节原则是产业结构调节关系对产业调节法提出的不同于其他法律规范的特殊要求。它要求被依法赋予产业结构调节权的机关在法律规定的范围内,根据错综复杂的产业结构调节关系的实际需要,合理地行使自由裁量权,正确决策,合理使用各种调节手段,把握调节的力度,促使产业结构符合社会再生产和社会经济可持续发展的要求。这一原则有以下两层含义:(1)依法调节,即产业结构调节机关必须依法行使调节权。(2)合理调节,即产业结构调节权的行使应当力求客观、适度、符合理性。

(三)效率原则

所谓效率原则,是指在产业调节法的制定和贯彻实施的过程中,应讲究效率,力求以最小的代价实现优化产业结构的目的,以发挥降低交易成本和规制资源配置风险的一般作用。产业结构调节主要是一种政府行为,由于政府行为存在内生的低效率障碍,而能够对政府行为发挥经常性制约作用的只有法律制度,因此,必须通过法律制度来克服这一消极因素的影响。

优化产业结构原则、依法合理调节原则和效率原则反映了产业结构关系和产业结构调节活动的本质要求,是我们检讨、反思和重新组织产业结构调节活动的根本准则。优化产业结构是一切产业结构调节活动的出发点和归宿,它在产业调节法基本原则体系中居于核心地位;依法合理调节原则和效率原则体现了社会经济对产业结构调节活动的规范与约束的本质要求,是对法律的安全与效益价值的进一步反映,也是优化产业结构,促进社会经济快速、健康、持续发展的保证。贯彻这三项基本原则,可以保证我国产业结构调节活动的内在一致性、稳定性和连续性。

三、产业调节法的体系

关于产业调节法的法律体系,目前学术界还有不同的认识。我们认为,产业调节法应由产业结构调节法、产业组织调节法、产业技术调节法和区域经济促进法几个部分组成。

(一)产业结构调节法

产业结构调节法是促进产业之间资源合理分配的一种法律制度。它的主要内容包括整体产业结构规划制度、保护和扶植战略产业制度、调整和援助衰退产业制度以及促进产业结构合理化的其他相关制度等内容。

（二）产业组织调节法

产业组织调节法是关于政府对产业组织进行调节的法律规范的总称，是政府协调市场结构、市场行为和市场结果之间相互关系的法律规则，其主要目标是使企业运行具有活力，保护有效竞争机制，符合产业结构调整方向，充分利用规模经济，取得最大经济效益。产业组织调节法的内容主要包括确保经济自由和资源最佳配置制度和弥补市场机制的不足以确保社会经济效益的制度。

（三）产业技术调节法

产业技术调节法是规定与产业结构转换相适应的产业技术发展目标、途径、措施的法律规范的总称，目的在于促进产业技术进步，推动产业结构合理化、高级化。产业技术调节法的主要法律制度包括产业技术结构的选择和技术发展方面的法律制度、促进资源向技术开发领域投入的制度以及基础性研究的资助与组织制度。

（四）区域经济促进法

区域经济促进法是促进区域间协调和均衡发展的一种法律制度。它的主要内容包括以下几个方面：经济特区法律制度、贫困地区发展支持制度、中西部地区发展优惠制度和东部沿海地区与中西部地区合作制度。

第二节　产业调节法的基本制度

一、产业结构调节法律制度

产业结构是指国民经济各种产业部门之间及各部门内部不同层次之间质的结合与量的比例。

产业结构调节法是促进产业之间资源合理分配的一种法律制度，其核心在于促进产业结构合理化、高级化和资源的合理配置。产业结构调节法律制度的主要内容包括四个方面。

（一）整体产业结构规划制度

整体产业结构规划是国家或政府根据一定时期内整个社会经济发展的情况提出的产业结构的长期设想。现代各国经济的发展实践证明，政府经济规划对经济的发展有着显著的成效。

整体产业结构规划直接关系国民经济和社会发展的全局，只有科学地进行规划才有利于经济的持续发展和国家整体产业素质及产业综合竞争能力的提高。总的来说，产业结构合理化的过程，就是产业结构高级化的过程。在产业结构的总体规划下，应区别各类产业，采取不同的措施。对于第一产业、第二产业、第三产业，应根据国民经济发展的要求确立基本结构和重点发展方向。在各产业内部，应确立战略产业或重点产业，采取保护、扶植手段促进其发展；对于衰退产业，应采取调整、援助措施，使其顺利过渡；而对于一般产业，则应采取增强活力的措施。只有这样，才能使新兴产业迅速发展，使传统的但又具有生机的产业力量不断增强，使衰退产业的劳动力和资金不断向其他产业转移，最终使整个产业结构不断优化。

(二)保护、扶植战略产业制度

战略产业是一国为实现产业结构高级化目标所选定的对国民经济发展具有重要意义的具体产业部门，它具有以下基本特点：(1)在国民经济中占有较高份额。(2)具有广阔的市场前景和巨大的社会需求。(3)产业关联度高，可以带动和影响其他一系列产业的发展。(4)战略产业是国家竞争力的主要支撑力量。各国的战略产业部门都是根据其不同的经济、技术发展水平和对未来经济技术发展的预测来确定的。

保护、扶持战略产业的法律制度是关于确定战略产业的标准、程序以及保护和扶持战略产业的法律措施和手段的总和。常用的保护和扶持手段可以归纳为四个方面：(1)贸易保护手段，即在国际规则允许的范围内，采取贸易保护措施，保护尚处于幼小阶段、缺乏竞争力的战略产业。(2)投资手段，即通过财政的优先安排，为战略产业的公共基础设施、设备进行投资，确立有利于战略产业发展的投资方向。(3)税收等优惠，主要是采取一些特别措施，给予战略产业以种种优惠，如重要产品的税负制度、税额扣除、收入扣除、特别折旧、准备金和基金、压缩记账等，以振兴技术、扩大出口。(4)战略性技术引进，主要是在一些新兴的技术部门，引进国内外先进的技术和设备，并予以低息贷款等金融优惠，以加速本国产业技术进步的进程，缩短与国际先进水平的差距。

必须指出的是，战略产业并不是一成不变的，有些新兴产业和成长产业经过一段时间的发展又可能转变为衰退产业，成为调整和援助的对象。因此，需要不断地确定新的战略产业，并根据新的战略产业的发展情况制定相应的保护、扶持措施，制定相应的新法律。

(三)调整、援助衰退产业制度

衰退产业，即所谓的夕阳产业，一般是指经过一段时间发展后出现衰退或处于困境中的产业。某些夕阳产业对于国民经济的整体发展还具有一定的意义，对于社会的安定也有不可忽视的作用，因此，必须采取调整和援助措施，及早发现已经和即将陷入衰退的产业，及时采取措施对其进行援助和调整，以减少经济损失和社会动荡。

对于衰退产业的调整、援助措施主要可以概括为以下五个方面：(1)调整设备。这主要是加速折旧以至于报废"过剩设备"，以降低设备的生产能力。(2)调整内部结构。其目的主要是通过对衰退产业的内部结构进行调整，加速现代技术对衰退产业的改造过程，促进设备现代化和知识密集化，增加衰退产业的生存能力。(3)调节剩余资本和剩余劳动力，以维持社会稳定。对于衰退产业经过设备调整和结构调整后出现的剩余资本和剩余劳动力，应采取稳定措施，以维持就业和居民生活的稳定，其中包括预防失业措施，优先为衰退产业或萧条地区的离职者提供就业机会，实施转业培训，促使中小企业实现就地转换行业和从外地引进投资等。(4)采取补贴措施，表现为专门为企业的技术改造发放低息贷款，建立工业现代化基金等。(5)吸收外国资本，具体措施是为外国投资者提供各种便利，吸引外国资金，增强企业改造的能力。

对于衰退产业的调整和援助虽然不是一国产业调节法的重点，但由于衰退产业直接影响整个国民经济的发展速度和经济效益，甚至直接影响社会的安定，因而各国都普遍重视衰退产业的调整和援助问题。衰退产业的顺利调整是劳动力和资本合理流动的必要条件，也是产业结构向合理化、高级化发展的必经过程。因此，衰退产业的调整、援助措施的选择也就十分

(四) 促进产业结构合理化的其他相关制度

影响产业结构合理化的因素有很多,促进产业结构合理化也必须有相应的配套措施,其中最主要的制度有:

1. 能源结构调整制度。能源作为最基本的生产资料之一,对经济发展的作用是毋庸置疑的,一国的能源结构与产业结构的关系也是显而易见的。能源产业属于国民经济结构中的基础产业部分,能源产业的发展状况与一国国民经济发展的整体水平密切相关。由于能源结构与产业结构密切关系,各国也十分注意采取有利于产业结构合理化的能源调整制度,如发展节能型产业,尽可能利用廉价能源,节省资本和劳动的投放,以提高劳动生产率。

2. 区域经济促进制度。区域经济促进,又可称区域经济开发。区域经济开发从宏观角度看涉及一国领域内经济发展的整体布局,从微观角度看则涉及特定区域内经济和社会发展的整体布局。在社会主义市场经济条件下,区域经济开发对于促进区域协调发展具有特别重要的意义。《国民经济和社会发展第十四个五年规划和2035年远景目标纲要》中提出"优化区域经济布局　促进区域协调发展",要求"深入实施区域重大战略、区域协调发展战略、主体功能区战略,健全区域协调发展体制机制,构建高质量发展的区域经济布局和国土空间支撑体系"。这一规划目标为新发展阶段完善区域经济促进制度提供了重要指引。

3. 环境保护制度。要实现某些产业高速发展的产业结构调整目标,如果不重视环境保护,就必然会带来污染和生态破坏等一系列环境问题。因此,在制定产业结构调整目标时,也必须注意经济发展与环境保护的协调问题。严重的环境污染和破坏会造成社会公害,反过来又会影响经济建设的顺利进行和持续发展,最终将会成为制约经济发展的因素,影响整个产业结构合理化目标的实现。所以,产业调节法必须考虑与环境保护法律制度相协调,保证社会、经济、环境协调发展,以求得经济效益、社会效益与环境效益的统一。

二、产业组织调节法律制度

产业组织有广义和狭义之分。狭义的产业组织,是指存在于经济实体内部(如企业)的组织结构;广义的产业组织还包括存在于经济实体外部(企业之间)的组织形态,亦即具有同一属性的企业之间的相互关系。在社会化生产过程中,企业之间总会形成一定的相互关系,这种相互关系的结构就叫作产业组织。产业组织调节法是关于政府对产业组织进行调节的法律规范的总称,是政府协调市场结构、市场行为和市场结果之间相互关系的法律规则,其主要目标是使企业运行具有活力、符合产业结构调整方向,保护有效竞争机制,充分利用规模经济,取得最大经济效益。产业组织调节制度的内容主要包括以下两个方面:

(一) 确保经济自由和资源最佳配置的制度

企业是社会的细胞,无论是发展经济还是实现产业结构调整的目标都要以搞活企业为前提。因此,产业组织调节法的首要内容就是保证企业能够充满活力,使企业能够对政府各种激励措施作出积极、敏锐的反应。这就要求政府一方面要给企业尽量提供必要的支撑条件,另一方面又要让企业在竞争机制中运行。为此,就需要建立以下制度:(1)维持与扩大竞争范围的制度,如对经济管制的限制性和禁止性规定、外贸和外资自由化制度、鼓励和扶持出口的制度。(2)为进行充分有效的竞争而采取的扶持制度,包括对中小企业的扶持制度、对中小企业合并改组的鼓励制度等。(3)完善合理竞争环境的制度,如培植各种要素市场、鼓励公平竞争的制度。

(二)补充市场机制的不足以确保社会经济效益的制度

这一制度建立的目的在于通过政府的宏观经济调控实现经济发展外部性的内部化。外部性问题是市场机制自身无法或无力解决的问题,只有公共权力介入,才能有效地解决外部性问题。为此,就要求建立以下制度:(1)垄断规制法律制度。政府应根据社会公共利益的需要,对各种垄断行为进行调节,对有害于社会整体经济发展的垄断行为和垄断形式予以禁止;对具有规模经济的公用事业,在允许垄断的同时,限制其弊害;对有利于增强国际竞争能力的特殊行业或企业,则通过企业改组和设备投资等方式鼓励其发展规模经济。(2)经济信息法律制度。须以法律形式明确政府在推行产业规划、提供信息预测,以及推进技术开发、过剩设备处理、促进资源流动等方面的权利义务,确保经济健康运行。

三、产业技术调节法律制度

产业技术调节法是规定与产业结构转换相适应的产业技术发展目标、途径、措施的法律规范的总称,目的在于促进产业技术进步,推动产业结构的合理化、高级化。产业技术调节法律制度主要包括以下三个方面的内容:

(一)产业技术结构的选择和技术发展方面的法律制度

产业发展的物质基础是技术进步,如果一个企业缺乏技术创新能力,那么,该企业在竞争环境中就难以生存和发展,一个企业的创新能力越强,其发展的潜力就越大。产业技术调节法通过促进企业技术进步从而促进产业技术进步。当今产业结构逐步表现出技术密集趋势,因而产业技术调节法对产业结构升级具有决定性的意义。在这种情况下,国家必须通过制定合理的推动技术进步的政策,促进技术进步。从产业调整的角度来看,国家关于技术进步的法律首先应确定一国技术进步的基本目标和技术发展方向,其次应确定重点发展的技术产业部门和对传统产业的技术创新要求;具体包括制定一国的技术进步基本法、技术密集型产业结构转换法、重点技术产业发展促进法以及对产业主体进行经济性评价的相关技术标准规定等。

(二)促进资源向技术开发领域投入的制度

产业结构的优化与升级在很大程度上取决于技术进步,产业组织的成长也与技术进步密切相关。在资源、能源都十分有限的情况下,技术进步便成为一国经济与社会发展的根本动力。但由于技术本身所具有的高风险性(技术风险和商业风险),一般企业宁愿等待别人的开发成果也不愿轻易涉足。在这种情况下,国家为了促进企业的科技进步,就必须通过立法引导资源向技术开发领域流动,并使投资者得到因投资技术开发而应获得的利益,以逐步实现以技术进步带动产业升级、促进产业结构优化的目的。促进资源向技术开发领域投入的制度应包括鼓励技术引进制度、鼓励对引进技术的消化吸收制度、技术产权交易制度、技术风险投资制度、鼓励企业技术创新制度、鼓励科研机构与企业联合进行技术开发制度、财政扶持和税收优惠等积极鼓励引导制度,此外还应包括对企业进行技术评价的制度、加速设备折旧制度、产品淘汰制度、产品标准和质量标准制度等限制和禁止性制度。建立这些制度的目的即在于促进技术开发与产业结构的选择和转换相结合。

(三) 基础性研究的资助与组织制度

基础性技术研究是技术进步的前提,没有基础性研究的突破,就不可能有大的技术进步。但基础性研究较之于一般开发性研究更具投入大、周期长、不确定性大、无直接经济效益的特点,因而一般的企业或无力承担,或不会对基础性研究有大的投入兴趣。在这种情况下,国家就必须从经济和社会整体发展的高度担当起组织和资助基础性研究的职责,从而提升本国在世界科技领域里的领先地位。一般地说,基础性研究的资助和组织制度主要包括对基础性研究组织的确定制度,对企业无力承担而又必须进行的科学研究提供经费支持的制度,对企业不愿意承担的属于公益性的基础性研究(如环境保护)提供经费的制度,对特定的高新技术领域或产业提供资助和优惠政策的制度等。

四、区域经济促进法

区域经济促进,又称区域开发,是指在长期综合利用各种资源、保护环境以及可持续发展的前提下,在一定区域空间内进行的经济开发活动。区域经济促进法是调整在区域资源利用、环境保护和可持续发展过程中所发生的经济关系的法律规范的总称,主要包括以下四个方面的内容:

(一) 经济特区法律制度

经济特区是指一国或某一地区基于特定的经济目的而依法设置的,实行特殊经济管制和特殊经济政策的特定区域。经济特区的种类很多,主要包括自由港、自由贸易区、自由边境区、出口加工区、科技工业园区、保税区等类型。其主要功能在于加速区域经济发展,扩大对外贸易,加快吸引外商投资和引进先进科学技术与科学管理经验,并以此带动相关区域的经济发展。

世界上最早出现的经济特区是意大利于 1547 年在热那亚湾建立的自由港——雷格亨港。该港也是世界上第一个正式命名的自由港。其后,欧洲发达资本主义国家相继建立了本国的自由港和自由贸易区。第二次世界大战之后,新兴国家以及许多发展中国家也借鉴发达国家的做法,建立了多个各具特色的经济特区,特别是进入 20 世纪 80 年代以来,世界各类经济特区发展迅猛,无论是数量,还是种类都有了很大发展,而且各类经济特区也正朝着多功能综合性特区的方向发展。

党的十一届三中全会确立了改革开放的重大战略方针,并于 1980 年 8 月 26 日首先在广东省的深圳市、珠海市、汕头市和福建省的厦门市设立了经济特区,其后,又于 1988 年 4 月在海南省建立了经济特区。几十年来,经济特区取得了举世公认的伟大成就,向世界展现了中国改革开放的雄心壮志和追赶时代的勇气,同时也为我国进一步扩大对外开放提供了经验。

经济特区法是指调整经济特区在发展过程中,实施特殊经济管理体制及特殊经济政策所发生的社会经济关系的法律规范的总称。中国经济特区立法是中国实行对外开放政策的产物,它在经济特区的经济发展与法制建设中发挥着重要的作用。经济特区法的产生是与我国经济特区的创办相适应的,其调整对象主要是经济特区在创办、管理、建设等一系列活动过程中产生的各种社会经济关系,并且这些社会经济关系主要是一种国家经济调节管理关系。

经济特区法律体系主要包括:关于经济特区的性质、目的、功能、类型、法律地位等方面的法律制度,关于经济特区的管理体制方面的法律制度,关于经济特区实行特殊的具体经济政策、经济措施等方面的法律制度,关于经济特区的劳动与社会保障等方面的法律制度,关于经济特区有关经济体制改革方面的法律制度,关于经济特区立法的法律制度以及其他方面的法律制度。我国《立法法》实施之后,正式确立了经济特区的立法权,并在2023年的修正中明确了上海市浦东新区和海南自由贸易港的立法权。

(二)贫困地区发展支持制度

贫困地区是指生产能力低下、生产方式落后、经济发展缓慢、文化生活贫瘠、交通闭塞,贫困人口相对集中的地域。贫困地区形成的原因也各不相同,除地理环境、自然资源方面的原因以外,也有国家政策不合理、受传统落后思想观念束缚等原因。

我国的贫困人口多集中在中西部地区,虽然其占全国人口的比例在逐年减少,但总量仍然很大。贫困地区的经济和社会发展整体水平低,严重制约着文化教育、医疗卫生事业的发展。人口素质的低下更使之缺乏独立抵御市场风险和参与市场竞争的能力,这对我国整体社会经济的发展和人民生活水平的提高都有很大的阻碍。因此,我们必须十分注意和重视贫困地区的发展问题,并以支持的态度和手段促进之。

贫困地区发展支持制度,是指国家为了帮助贫困地区经济的发展而采取的包括产业政策、扶贫政策、税收优惠等在内的一系列政策、措施。对贫困地区发展的支持制度主要包括:(1)实行贫困地区工资补贴政策。贫困地区需要大量的人才,而发达地区依靠其工资优势吸引了许多贫困地区急需的人才,因而对贫困地区实行工资补贴政策将有利于贫困地区留住人才。(2)对到贫困地区投资的企业实行优惠政策。凡到贫困地区兴办开发性企业,可通过适当方式使用当地的扶贫资金进行联合开发;对在国家确定的"老、少、边、穷"地区新办的企业,可在3年内减征或免征所得税。(3)强化政府宏观经济调控。为了改善贫困地区的基础设施,搞好公益性项目,政府要通过大力改善投资环境吸引经济发展所必需的要素资源流入这些地区。此外,国家在贫困地区的对外贸易、经济合作、交通、通信建设等方面也应该采取优惠制度,支持贫困地区的经济发展。

(三)中西部地区发展优惠制度

中西部地区指位于我国中西部,经济相对欠发达的省、市、自治区。其中,中部地区包括山西、河南、湖北、湖南、江西、安徽6个省,西部地区包括四川、重庆、云南、贵州、西藏、广西、陕西、甘肃、宁夏、青海、新疆、内蒙古12个省、直辖市、自治区。

中西部地区地大物博、资源丰富,历史上曾经是全国政治、经济、文化中心,为中华民族的文明作出了重大贡献。可以说,中西部地区与东部沿海地区的差距由来已久,改革开放以来又进一步拉大,这其中有长期积累的历史原因,有区位与政策等客观原因。中西部地区生态脆弱,这种脆弱的生态能否满足人口增长的需求,能否支撑经济的开发,关系着该地区经济的发展,也关系着整个国家国民经济的发展,因此,我们必须重视中西部的经济发展和社会进步,并给予该地区发展优惠。

中西部地区发展优惠制度是指我国为促进中西部地区的发展而给予的财政、税收、投融资、产业开发、基础性建设等多方面的优惠政策。这些优惠政策主要包括:(1)调整国家对中西部地区的投融资政策。一方面,国家要逐步扩大政策性银行对中西部地区贷款发放的比重,将国家的建设资金更多地投向中西部地区;另一方面,在重大项目立项及其前期工作、财政补贴、投资参股和控股、投资风险担保等方面,对经济欠发达地区实施区别对待和同等条件下优先照顾等优惠政策。(2)实施中央财政转移支付制度。国家在制定"经济和社会发展规划"时应逐步增加对中西部地区的财政支持，逐步提高中央财政在中西部地区的投入比重，并对中西部地区各种优势产品尤其是资源性产品的价格进行调整，提高中西部地区通过市场机制进行自我发展的能力。(3)优先安排中西部地区的资源开发和基础设施建设项目。对中西部资源开发项目，国家应实行投资倾斜；对跨地区的能源、交通运输、通信等重大基础性设施项目，应以国家投资为主进行全面建设；加快对中西部地区加工工业区的建设，引导资源加工型和劳动密集型产业向中西部地区转移；加强中西部地区与东部沿海地区的交流与合作，推进中西部地区经济发展。

我国党和政府非常重视中西部经济和社会的发展问题。国务院于2006年审议通过了《西部大开发"十一五"规划》，2009年审议通过了《促进中部地区崛起规划》。进入新发展阶段，国家制定《国民经济和社会发展第十四个五年规划和2035年远景目标纲要》提出"推进西部大开发形成新格局"的宏伟目标，强调应"切实提高政策精准性和有效性"，以上目标和要求成为引导未来西部大开发各项政策和法治行动的根本遵循。

(四)东部沿海地区与中西部地区合作制度

东部沿海地区与中西部地区合作制度，是指我国东部沿海发达地区与中西部欠发达地区加强技术合作、优势互补、经济联合，东部沿海地区对中西部地区给予资金和技术支持，中西部地区发挥能源、原材料等优势支持东部地区发展的互利互惠、共同发展的制度。

由于我国改革开放以来的政策扶持以及优越的地理位置等因素，东部沿海地区的经济实力和技术水平都高于中西部地区，这导致了地区间的贫富差距，不利于我国经济的进一步发展。在这种情况下，国家应该采取措施鼓励东部沿海地区的企业向中西部地区发展，组织好中西部地区对东部沿海地区的劳务输出。中西部地区虽然经济落后，但却有着丰富的自然资源和劳动力资源。因而，东部沿海地区采取多种形式与中西部地区联合开发资源，利用中西部地区丰富的劳动力资源，发展劳动密集型产业，既有利于中西部地区的发展，也有利于东部沿海地区的经济再上一个新台阶。东部沿海地区与中西部地区合作制度应该是在平等互利、优势互补的基础上，走相互协调、共同发展的道路，绝不能放弃、牺牲或者损害一方的利益。只有这样，才能缩小地区间的差距、有利于人民的共同富裕、有利于国家的长治久安。

―――― 思考题 ――――

1. 产业调节法的定义和调整对象是什么？
2. 产业调节法有哪些基本特征？
3. 产业调节法必须遵循哪些原则？
4. 产业调节法的基本法律制度包括哪些？

第二十章 财税调节法律制度

| 内容提要 |

财政是指国家在资金的管理、积累、分配和使用方面的经济活动。其主要职能表现为配置资源、分配收入和调控经济。财政法是指调整财政关系的法律规范的总称,包括预算法、国债法、政府采购法、税法等。

| 学习重点 |

财政的定义、特征及职能　　财政法的定义和体系
预算的管理体制、程序及法律责任　　税收的定义及其特征
税法的定义、特征及基本要素　　我国税收征收管理的主要内容
国债的定义、特点及种类　　国债的发行与偿还
政府采购的定义、特征、主体及对象　　政府采购的方式和程序

第一节 财政法概述

一、财政的定义

财政是指国家在资金的管理、积累、分配和使用方面的经济活动。财政是一个历史范畴,它是人类社会发展到一定历史阶段的产物,是国家出现以后才产生的。

任何一个国家要生存、发展和强大,就必须要有财政。国家为了维护其存在和实现其职能,必须要消耗一定的物质资料。但是,国家并不直接生产其所需要的物质资料,要取得这种物质资料,就必须凭借国家的权力,强制地、无偿地把一部分社会产品占为己有,以保障国家的需要。这样,在整个社会产品分配中,就出现了一种由国家直接参与的社会产品分配。也就是从社会产品的分配关系中,分离出一种以国家为主体的特殊的分配关系,即财政。恩格斯在分析国家的基本特征时指出:"为了维持这种公共权力,就需要公民缴纳费用——捐税。捐税是以前的氏族社会完全没有的。但是现在我们却十分熟悉它了。"[1]捐税是国家财政活动的最初形式之一,它和国家收入的其他形式形成财政分配的一个方面——筹集资财的活动。为了

---

[1]《马克思恩格斯选集》(第4卷),人民出版社1972年版,第167页。

维持国家机构和统治者的需要,国家把通过财政分配占为己有的社会产品用于各种用途,这就形成了财政分配的另一个方面——支付资财的活动。

由此可见,国家的存在离不开财政。庞大的国家机器的运转需要以财政为动力,国家离开了财政就意味着失去了赖以存在的物质基础。同时,财政的存在也离不开国家。没有国家权力作保证,财政分配是根本无法实现的。

二、财政法的定义和调整对象

财政法是指调整财政关系的法律规范的总称。它包括预算法、税收法、国债法、政府采购法、补助支出法、国有资产管理法。

财政法的调整对象是财政关系。所谓财政关系,是指国家凭借政治权力对一部分社会产品和国民收入进行分配和再分配过程中所形成的以国家为一方主体的分配关系,主要包括预算关系、税收关系、国债关系、政府采购关系、企业财务管理关系、行政事业单位财务管理关系、财政信用关系以及财政监督关系等。具体来说,我国财政法主要调整下列财政关系:(1)调整国家预算、决算的编制、审查、批准、监督,以及预算执行和调整方面的财政关系。(2)调整国家机关、企事业单位在资金收入方面的财政关系。(3)调整与企事业单位和公民缴纳税款有关的财政关系。(4)调整国家机关、企事业单位在资金使用方面的财政关系。(5)调整与财政监督有关的财政关系。

三、财政法的体系

财政法由以下法律制度组成:

1. 预算法。预算法是调整国家预算收支关系的法律规范的总称。预算法在财政法体系中处于核心地位。预算法的主要内容包括国家预算的原则、体制、管理职权、预算收支范围、预算编制、预算执行和监督、预算调整等。

2. 税收法。税收法是调整税收征纳关系的法律规范的总称。税收法是财政法的重要组成部分,主要内容包括税法的基本原则、税法结构、税收管理体制、具体税种的主体与客体及内容、税收征收管理、违反税法的法律责任等。

3. 国债法。国债法是调整国债在发行、使用、偿还和管理过程中发生的经济关系的法律规范的总称。国债法的主要内容包括国债的分类和结构、国债的发行、国债的使用、国债的偿还、国债的管理、违反国债法的法律责任等。

4. 政府采购法。又称公共采购法,是指规范政府以购买者身份采购货物、工程和服务行为的法律规范的总称。政府采购法的主要内容包括政府采购模式的选择、政府采购的主体、政府采购的资金来源和管理等。

5. 补助支出法。补助支出法是规范政府将一部分财政资金无偿转移给特定主体的行为的法律规范的总称,它包括社会保障支出和财政补贴两部分。补助支出法的主要内容包括政府补助支出的对象、范围、形式、程序、管理和监督等。

6. 国有资产管理法。国有资产管理法是调整在管理国有资产过程中发生的经济关系的法律规范的总称。国有资产管理法的主要内容包括国有资产管理和经营体制、产权界定、产权登记、产权交易等。考虑到国有资产管理的诸多特殊性,本书将设专章对其进行介绍。

第二节 预算法律制度

一、预算和预算法的定义

预算,即国家预算,它是依照法定程序编制的基本财政收支计划,是国家有计划地集中和分配资金,调节社会经济生活的主要财政手段。它包括预算收入和预算支出两部分。预算具有以下特点:

1. 法定性。预算是依照预算法规定的程序编制的、由法定机构审批的具有法律效力的文件,任何单位或个人都无权变更,如需调整必须依照法律规定进行。

2. 期限性。预算是有期限的,一般是以一个预算年度为限。一个预算年度通常为1年。各国规定的预算年度的起止时间不同,有的采取公历年制,即自公历1月1日至12月31日,有的采取跨年制。我国采取的是公历年制。

3. 预测性。财政预算是一项超前性的测算工作,在每年预算年度到来之前,国家有关部门将根据经济信息进行预测和计算,国家财政计划是否平衡在很大程度上取决于这种超前性工作的科学性和准确性。

预算法是财政法的重要组成部分,是国家调整预算收支关系的法律规范的总称。我国调整预算关系的法律规范主要是指1994年3月第八届全国人民代表大会第二次会议通过、1995年1月起施行、2014年8月和2018年12月修正的《预算法》。制定《预算法》的目的是规范政府收支行为,强化预算约束,加强对预算的管理和监督,建立健全全面规范、公开透明的预算制度,保障经济社会的健康发展。

二、预算管理体制

我国《预算法》第3条规定,国家实行一级政府一级预算,共设立中央,省、自治区、直辖市,设区的市、自治州,县、自治县,不设区的市、市辖区,乡、民族乡、镇五级预算。全国预算由中央预算和地方预算组成。地方预算由各省、自治区、直辖市总预算组成。地方各级总预算由本级预算和汇总的下一级总预算组成;下一级只有本级预算的,下一级总预算即指下一级的本级预算。没有下一级预算的,总预算即指本级预算。

(一)预算审批机关

1. 全国人民代表大会审查中央和地方预算草案及中央和地方预算执行情况的报告,批准中央预算和中央预算执行情况的报告,改变或者撤销全国人民代表大会常务委员会关于预算、决算的不适当决议。全国人民代表大会常务委员会监督中央和地方预算的执行,审查和批准中央预算的调整方案,审查和批准中央决算,撤销国务院制定的同宪法、法律相抵触的关于预算、决算的行政法规、决定和命令,撤销省、自治区、直辖市人民代表大会及其常务委员会制定的同宪法、法律和行政法规相抵触的关于预算、决算的地方性法规和决议。

2. 县级以上地方各级人民代表大会审查本级总预算草案及本级总预算执行情况的报告,

批准本级预算和本级预算执行情况的报告,改变或者撤销本级人民代表大会常务委员会关于预算、决算的不适当的决议,撤销本级政府关于预算、决算的不适当的决定和命令。

3. 乡、民族乡、镇的人民代表大会审查和批准本级预算和本级预算执行情况的报告,监督本级预算的执行,审查和批准本级预算的调整方案,审查和批准本级决算,撤销本级政府关于预算、决算的不适当的决定和命令。

(二)预算编制和管理机关

1. 国务院编制中央预算、决算草案,向全国人民代表大会作关于中央和地方预算草案的报告,将省、自治区、直辖市政府报送备案的预算汇总后报全国人民代表大会常务委员会备案,组织中央和地方预算的执行,决定中央预算预备费的动用,编制中央预算调整方案,监督中央各部门和地方政府的预算执行,改变或者撤销中央各部门和地方政府关于预算、决算的不适当的决定、命令,向全国人民代表大会、全国人民代表大会常务委员会报告中央和地方预算的执行情况。

2. 县级以上地方各级政府编制本级预算、决算草案,向本级人民代表大会作关于本级总预算草案的报告,将下一级政府报送备案的预算汇总后报本级人民代表大会常务委员会备案,组织本级总预算的执行,决定本级预算预备费的动用,编制本级预算的调整方案,监督本级各部门和下级政府的预算执行,改变或者撤销本级各部门和下级政府关于预算、决算的不适当的决定、命令,向本级人民代表大会、本级人民代表大会常务委员会报告本级总预算的执行情况。

3. 乡、民族乡、镇政府编制本级预算、决算草案,向本级人民代表大会作关于本级预算草案的报告,组织本级预算的执行,决定本级预算预备费的动用,编制本级预算的调整方案,向本级人民代表大会报告本级预算的执行情况。

经省、自治区、直辖市政府批准,乡、民族乡、镇本级预算草案、预算调整方案、决算草案,可以由上一级政府代编,并依照《预算法》第21条的规定报乡、民族乡、镇的人民代表大会审查和批准。

4. 各部门编制本部门预算、决算草案,组织和监督本部门预算的执行,定期向本级政府财政部门报告预算的执行情况。各单位编制本单位预算、决算草案;按照国家规定上缴预算收入,安排预算支出,并接受国家有关部门的监督。

三、预算类型及其收支范围

预算包括一般公共预算、政府性基金预算、国有资本经营预算、社会保险基金预算。

(一)一般公共预算

一般公共预算是对以税收为主体的财政收入,安排用于保障和改善民生、推动经济社会发展、维护国家安全、维持国家机构正常运转等方面的收支预算。一般公共预算收入包括各项税收收入、行政事业性收费收入、国有资源(资产)有偿使用收入、转移性收入和其他收入。一般公共预算支出按照其功能分类,包括一般公共服务支出,外交、公共安全、国防支出,农业、环境保护支出,教育、科技、文化、卫生、体育支出,社会保障及就业支出和其他支出;按照其经济性质分类,包括工资福利支出、商品和服务支出、资本性支出和其他支出。

(二)政府性基金预算

政府性基金预算是对依照法律、行政法规的规定在一定期限内向特定对象征收、收取或者以其他方式筹集的资金,专项用于特定公共事业发展的收支预算。政府性基金预算应当根据基金项目收入情况和实际支出需要,按基金项目编制,做到以收定支。

(三)国有资本经营预算

国有资本经营预算是对国有资本收益作出支出安排的收支预算。国有资本经营预算应当按照收支平衡的原则编制,不列赤字,并安排资金调入一般公共预算。

(四)社会保险基金预算

社会保险基金预算是对社会保险缴款、一般公共预算安排和其他方式筹集的资金,专项用于社会保险的收支预算。社会保险基金预算应当按照统筹层次和社会保险项目分别编制,做到收支平衡。

四、预算编制

(一)编制预算的一般性要求

国务院应当及时下达关于编制下一年预算草案的通知。编制预算草案的具体事项由国务院财政部门部署。各级政府、各部门、各单位应当按照国务院规定的时间编制预算草案。

各级预算应当根据年度经济社会发展目标、国家宏观经济调控总体要求和跨年度预算平衡的需要,参考上一年预算执行情况、有关支出绩效评价结果和本年度收支预测,按照规定程序征求各方面意见后,进行编制。各级政府依据法定权限作出决定或者制定行政措施,凡涉及增加或者减少财政收入或者支出的,应当在预算批准前提出并在预算草案中作出相应安排。

各部门、各单位应当按照国务院财政部门制定的政府收支分类科目、预算支出标准和要求,以及绩效目标管理等预算编制规定,根据其依法履行职能和事业发展的需要以及存量资产情况,编制本部门、本单位预算草案。政府收支分类科目,收入分为类、款、项、目;支出按其功能分类分为类、款、项,按其经济性质分类分为类、款。

省、自治区、直辖市政府应当按照国务院规定的时间,将本级总预算草案报国务院审核汇总。

(二)各级政府举债的基本编制规范

中央一般公共预算中必需的部分资金,可以通过举借国内和国外债务等方式筹措,举借债务应当控制适当的规模,保持合理的结构。对中央一般公共预算中举借的债务实行余额管理,余额的规模不得超过全国人民代表大会批准的限额。地方各级预算按照量入为出、收支平衡的原则编制,一般不列赤字。

经国务院批准的省、自治区、直辖市的预算中必需的建设投资的部分资金,可以在国务院确定的限额内,通过发行地方政府债券举借债务的方式筹措。举借债务的规模,由国务院报全国人民代表大会或者全国人民代表大会常务委员会批准。省、自治区、直辖市依照国务院下达的限额举借的债务,列入本级预算调整方案,报本级人民代表大会常务委员会批准。举借的债务应当有偿还计划和稳定的偿还资金来源,只能用于公益性资本支出,不得用于经常性支出。

除上述情形外,地方政府及其所属部门不得以任何方式举借债务。除法律另有规定外,地方政府及其所属部门不得为任何单位和个人的债务以任何方式提供担保。

(三)预算收入与支出的基本编制规范

各级预算收入的编制,应当与经济社会发展水平相适应,与财政政策相衔接。各级政府、各部门、各单位应当依照法律规定,将所有政府收入全部列入预算,不得隐瞒、少列。

各级预算支出应当依照《预算法》规定,按其功能和经济性质分类编制。各级预算支出的编制,应当贯彻勤俭节约的原则,严格控制各部门、各单位的机关运行经费和楼堂馆所等基本建设支出。各级一般公共预算支出的编制,应当统筹兼顾,在保证基本公共服务合理需要的前提下,优先安排国家确定的重点支出。

(四)转移支付的基本编制规范

一般性转移支付应当按照国务院规定的基本标准和计算方法编制。专项转移支付应当分地区、分项目编制。县级以上各级政府应当将对下级政府的转移支付预计数提前下达下级政府。地方各级政府应当将上级政府提前下达的转移支付预计数编入本级预算。

(五)扶助性支出、预备费、周转金与调节基金的编制规范

中央预算和有关地方预算中应当安排必要的资金,用于扶助革命老区、民族地区、边疆地区、贫困地区发展经济社会建设事业。

各级一般公共预算应当按照本级一般公共预算支出额的 1%~3% 设置预备费,用于当年预算执行中的自然灾害等突发事件处理增加的支出及其他难以预见的开支。

各级一般公共预算按照国务院的规定可以设置预算周转金,用于本级政府调剂预算年度内季节性收支差额。

各级一般公共预算按照国务院的规定可以设置预算稳定调节基金,用于弥补以后年度预算资金的不足。

五、决算制度

国家决算是国家预算年度收支执行情况的总结。它由中央总决算和地方总决算汇编而成。决算草案由各级政府、各部门、各单位在每一预算年度终了后按照国务院规定的时间编制。编制决算草案的具体事项,由国务院财政部门部署。编制决算草案,必须符合法律、行政法规的规定,做到收支真实、数额准确、内容完整、报送及时。国务院财政部门编制中央决算草案,经国务院审计部门审计后,报国务院审定,由国务院提请全国人民代表大会常务委员会审查和批准。县级以上地方各级政府财政部门编制本级决算草案,经本级政府审计部门审计后,报本级政府审定,由本级政府提请本级人民代表大会常务委员会审查和批准。乡、民族乡、镇政府编制本级决算草案,提请本级人民代表大会审查和批准。

六、国家预算和决算的监督

全国人民代表大会及其常务委员会对中央和地方预算、决算进行监督。县级以上地方各级人民代表大会及其常务委员会对本级和下级预算、决算进行监督。乡、民族乡、镇人民代表大会对本级预算、决算进行监督。各级人民代表大会和县级以上各级人民代表大会常务委员会有权就预算、决算中的重大事项或者特定问题组织调查,有关的政府、部门、单位和个人应当如实反映情况和提供必要的材料。各级人民代表大会和县级以上各级人民代表大会常务委员会举行会议时,人民代表大会代表或者常务委员会组成人员,依照法律规定程序就预算、决算中的有关问题提出询问或者质询,受询问或者受质询的有关政府或者财政部门必须及时给予答复。

国务院和县级以上地方各级政府应当在每年6月至9月向本级人民代表大会常务委员会报告预算执行情况。上一级政府监督下级政府的预算执行,下级政府应当定期向上一级政府报告预算执行情况。各级政府财政部门负责监督检查本级各部门及其所属各单位预算的执行,并向本级政府和上一级政府财政部门报告预算执行情况。同时,各级政府审计部门对本级各部门、各单位和下级政府的预算执行和决算实行审计监督。对预算执行和其他财政收支的审计工作报告应当向社会公开。公民、法人或者其他组织发现有违反《预算法》的行为,可以依法向有关国家机关进行检举、控告。接受检举、控告的国家机关应当依法进行处理,并为检举人、控告人保密。任何单位或者个人不得压制和打击报复检举人、控告人。

第三节 国债法和政府采购法

一、国债法

(一)国债的定义、特征和职能

国债,又称国家公债,是国家以其信用为基础,按照债的一般原理,向国内外所举借的债务。在这种债权债务关系中,国家作为债务人通过在国内外发行债券或向外国政府、金融机构以借款方式筹措财政资金,取得财政收入。国债是国家财政收入的一种特殊形式,是国家调节经济、弥补财政赤字和进行宏观经济调控的重要手段。

国债不同于一般的债权债务关系,其特征如下:(1)国债的主体较为特殊。因国债而产生的法律关系的主体,不同于一般债权债务关系的主体。国债的债务人只能是国家,国债的债权人既可以是国内外的自然人、法人或其他组织,也可以是某一个国家或地区的政府以及国际金融组织。(2)国债是国家财政收入的一种特殊形式。其举借方式具有自愿性和偿还性,即国家以发行国债或借款的方式筹集资金时须遵循有借有还、还本付息和诚信的原则。(3)国债是国家信用的重要形式。国债是信用等级最高、最具安全性、风险性最小的债务。国债以国家信用与国家财政作担保,债权债务关系容易实现。一般而言,国债到期,国家会足额偿还本息,其风险性很小甚至可以说没有风险。(4)国债是重要的经济杠杆。在当今世界各国,国债的作用已不仅局限于平衡预算、弥补财政赤字,它还是调节经济、实现宏观经济调控、促进经济稳定和发展的重要的经济杠杆。

国债的职能包括:(1)弥补财政赤字。由于用发行国债的方式来弥补财政赤字,比采取增加税收、增发货币或财政透支等方式更好,因而各国均重视通过发行国债来弥补财政赤字。但发行国债的规模应该适度,同时应适当对其管理。(2)宏观经济调控的职能。由于国债是财政分配的组成部分,国债收入的取得和使用、偿还等在宏观上均具有经济调节的功能,因而运用国债手段可以进行宏观经济调控;特别是可以通过国债调节生产、消费和投资方向,促进经济结构的合理化和经济总量的平衡。

(二)国债法的定义及基本内容

国债法,是指调整国债在发行、流通、转让、使用、偿还和管理等过程中所发生的社会关系的法律规范的总称。它主要规范国家(政府)、国债中介机构和国债投资者涉及国债时的行为,调整国债主体在国债发行、兑付过程中所发生的各种法律关系。国债法是财政法的重要部门法,其许多基本原理与财政法是一致的。

国债法的基本内容包括:国债的分类和结构;国债的发行主体、发行对象与发行方式;国债发行的种类、规模或数额、利率;国债的用途、使用原则;国债市场与国债持有人的国债权利;国债还本付息的期限,偿还方式、方法;国债管理机构及其职权、职责;违反国债法的法律责任等。我国现行调整国债关系的法律规范主要是1992年3月18日国务院颁布、2011年1月8日修订的《国库券条例》。该条例共14条,对国库券的发行对象、计算单位、发行国债条件的确定、发行方式、偿还本息、流通、转让、抵押、筹集资金的使用、国债法律责任等都作了原则性的规定。就实际情况来看,该条例已不能适应社会主义市场经济发展的要求,我们更期待国债法的出台,以对国债行为和国债关系作出更为明确的规定。

(三)国债的分类

按照不同的划分标准,国债可以作如下分类:

1. 按举借债务方式,国债可分为国家债券和国家借款。国家债券,是通过发行债券形成国债法律关系,国家债券是国家内债的主要形式。我国发行的国家债券主要有国库券、财政债券、国家经济建设债券、国家重点建设债券等。国家借款,是指按照一定的方式和程序,由借贷双方共同协商,签订协议,形成国债法律关系。国家借款是国家外债的主要形式,包括外国政府贷款、国际金融组织贷款和国际商业组织贷款等。

2. 按偿还期限,国债可分为定期国债和不定期国债。定期国债,是指国家发行的严格规定还本付息期限的国债。定期国债按还债期限的长短又可分为短期国债(1年以内)、中期国债(1~10年)和长期国债(10年以上)。不定期国债,是指国家发行的不规定还本付息期限的国债。该类国债的债权人可按期取息,但无权要求清偿本金,如英国曾发行的永久性国债即属此类。

3. 按发行地域,国债可分为国家内债与国家外债。国家内债,是指在国内发行的国债,其债权人一般是本国的公民、法人或其他组织,且以本国货币还本付息。国家外债,是指在本国境外举借的债,其债权人一般是外国政府、国际组织或外国企业和居民,一般以外币支付本息。外债发行过多会导致债务国的国际收支不平衡,但根据本国的偿还能力适量发行外债有利于利用外资,引进先进技术设备,加快本国经济的发展。

4. 按用途,国债可分为赤字国债、建设国债和特种国债。赤字国债是指用于弥补财政赤字的国债。建设国债是指用于国家经济建设的国债。在特定范围内为满足特定需要或特定用途而发行的国债为特种国债。

5. 按是否可以上市流通,国债可分为上市国债和不上市国债。上市国债是指可以在证券交易所自由买卖的国债,如我国发行的无记名国债。该类国债的买卖价格,取决于国债市场的供求状况,并随币值的变化而波动。不能上市自由买卖的国债为不上市国债,如我国发行的凭证式国债。

此外,按发行性质,国债可分为自由国债和强制国债;按偿付方式,国债可分为普通国债与有奖国债。新中国成立以来,我国已发行的国家内债有20世纪50年代发行的人民胜利折实公债、经济建设公债,20世纪80年代以来发行的国库券、国家重点建设债券、国家建设债务、财政债券、特种国债等。

(四)国债的发行、偿还与管理

国债的发行,是指国债的售出或被认购的过程。国债发行中的重要问题是发行条件和发行方法。发行条件涉及国债种类、发行对象、数额、发行价格、利率、付息方式、流动性等内容。国债的发行方式主要有以下三种:(1)公募法,是指国家向社会公众公开募集国债的方法。它既可用于上市国债,也可用于不上市国债。(2)包销法,是指国家将发行的债券统一售于银行,再由银行向外发售的方法。(3)公卖法,是指政府委托经纪人在证券交易所出售公债的方法。该发行法的优点是可以吸取大量的社会游资,促进社会资金的运转,缺点是易受证券市场的影响,公债收入不够稳定,同时也给证券交易造成较大的压力。

国债的偿还,是指国家依照信用契约,对到期国债支付本金利息的过程。它是国债运行的终点。国债的偿还大致有以下四种方法:(1)买销法。买销法是由政府委托证券公司或其他有关机构,从流通市场上以市场价格买进政府所发行的国债。这种方法对政府来讲,虽然要向证券公司等受托机构支付一定的手续费,但是不需要花费广告宣传费用,偿还成本低,而且可以以市场时价买进债券,及时体现政府的经济政策。(2)比例偿还法。比例偿还法是指政府按照公债的数额,分期按比例偿还。由于这种偿还方法是政府向公债持有者直接偿还,不通过市场,所以,又称直接偿还法。比例偿还法的优点是能够严格遵守信用契约,缺点是偿还期限固定,政府机动性较小。我国20世纪50年代发行的国债均采用比例偿还法。(3)抽签偿还法。抽签偿还法是指政府通过定期抽签确定应清偿的国债的方法。一般是以国债的号码为抽签依据,一旦公开抽签确定应清偿国债的号码之后,所有相同号码的国债都同时予以偿还。我国1981年至1984年发行的国库券,就是采用抽签偿还法偿还的。(4)一次偿还法。一次偿还法是指国家对于定期发行的国债,在国债到期后,一次还本付息。我国自1985年以来发行的国库券就是发行期限结束后一次还本付息完毕。目前,我国大多数国债均实行一次偿还法。

所谓国债的管理,简单地说,就是政府对国债的运行过程所进行的决策、组织、规划、指导、监督和调节。具体地说,就是政府通过国债的发行、调整、偿还和市场买卖等活动,对国债的总额增减、价格变化、期限长短和利率升降等方面,制定相应的方针,采取有效措施,以贯彻财政和货币政策。国债管理包括内债管理和外债管理两个方面:(1)内债管理。内债的管理包括内债规模和内债结构两个方面的管理。(2)外债管理。外债是指一切对非当地居民、以外国货币或当地货币单位核算的有制约性偿还责任的负债,对当地居民的外币负债除外。外国政府贷款、国际金融机构贷款、外国银行贷款、出口信贷和发行国际债券是外债的主要形式。确保适度的外债规模,建立合理的外债结构是外债管理的基本要求。

二、政府采购法

(一)政府采购的定义和特征

我国《政府采购法》第2条第2款规定:"本法所称政府采购,是指各级国家机关、事业单位和团体组织,使用财政性资金采购依法制定的集中采购目录以内的或者采购限额标准以上的货物、工程和服务的行为。"

政府采购具有以下特点:(1)采购资金是财政性资金。政府采购的首要特点是采购资金是财政性资金。我国的财政性资金是指纳入预算管理的资金。(2)采购人具有特定性。在政府采购中,采购人是特定的。政府采购人包括集中采购人和分散采购人。集中采购的采购机构必须经批准才能成立。分散采购的采购人虽然是使用人,但也必须经过批准才能进行采购,并且只限于使用财政资金的国家机关、事业单位和团体组织。(3)政府采购具有非营利性。政府采购是一种非商业性的采购行为,它不以营利为目的,而是为了实现政府职能和公共利益,确保财政资金得以合理使用。(4)政府采购对象具有广泛性。政府采购的对象从一般的办公用品到武器、航天飞机等,几乎无所不包,涉及货物、工程和服务等各个领域,范围非常广泛。(5)采购程序具有法定性。《政府采购法》明确、详细地规定了政府采购的程序、步骤,采购人和供应商都应当严格按照法定的程序进行采购和供应。

(二)政府采购制度的历史沿革

政府采购制度起源于英国。英国建立政府采购制度后,其他国家纷纷效仿。美国联邦政府的采购历史可以追溯到1792年,当时有关政府采购的第一个立法确定政府采购责任人为美国联邦政府的财政部长。第二次世界大战后,政府采购制度的影响力不断扩大,西方发达国家纷纷建立了政府采购制度。近二三十年来,发展中国家也日益重视建立政府采购制度。在国际贸易中,政府采购占有重要地位,最具代表性的政府采购国际公约是世界贸易组织的《政府采购协议》。1996年,我国政府向亚太经济合作组织提交的单边行动计划中明确提出,中国政府最迟于2020年开放政府采购市场。1996年,我国的政府采购工作在上海市试点,这是我国政府采购制度化建设的起始点。2000年,政府采购工作在全国铺开。

1998年,国务院根据建立政府采购制度的需要以及与国际惯例接轨,明确财政部为政府采购的主管部门,履行拟定和执行政府采购政策的职能。财政部于1999年颁布了《政府采购管理暂行办法》(已失效),之后又颁布了《政府采购招标投标管理暂行办法》《政府采购合同监督暂行办法》《政府采购品目分类表》《政府采购信息公告管理办法》《政府采购运行规程暂行规定》《政府采购资金财政直接拨付管理暂行办法》等一系列规章制度。2002年6月29日,第九届全国人大常委会第二十八次会议通过了《政府采购法》,于2003年1月1日起施行,2014年8月31日,第十二届全国人大常委会第十次会议对该法进行了修正。该法的颁布标志着我国政府采购工作走上了法制化的轨道。

(三)政府采购的主体及对象

政府采购的主体,即政府采购当事人,是指在政府采购中享有权利和承担义务的各类主体,包括采购人、供应商和采购代理机构等。

政府采购的对象十分广泛,包括货物、工程和服务。货物是指各种形态和种类的物品,包括原材料、燃料、设备和产品等;工程是指建设工程,包括建筑物和构筑物的新建、改建、扩建及其相关的装修、拆除和修缮等;服务是指除货物和工程以外的其他政府采购对象。

(四)政府采购方式

我国《政府采购法》规定的采购方式包括招标方式与非招标方式两种。

1. 招标采购。招标采购包括公开招标采购和邀请招标采购两种方式。(1)公开招标。公开招标是指招标人以招标公告的方式,邀请不特定的供应商参加投标。公开招标是政府采购的主要采购方式。(2)邀请招标。邀请招标是指招标人以投标邀请书的方式邀请特定的供应商提供资格文件,只有通过资格审查的供应商才能参加后续招标的采购方式。

2. 非招标采购。非招标采购方式,是指除招标采购方式以外的采购方式,主要有竞争性谈判、单一来源采购、询价和国务院政府采购监督管理部门认定的其他采购方式。

(五)政府采购程序

政府采购程序可以分为一般采购程序和特殊采购程序两大类。

1.一般采购程序主要指公开招标采购程序,具体包括以下环节:(1)编制政府采购计划。(2)发出招标书。(3)招标。(4)投标。(5)开标、评标和议标。(6)签订政府采购合同。

2.特殊采购程序的情况则较为复杂,具体包括竞争性谈判采购程序、单一来源采购程序、询价采购程序等。(1)竞争性谈判采购程序。该程序具体包括成立谈判小组、制定谈判文件、确定邀请参加谈判的供应商名单、谈判、确定成交供应商等内容。(2)单一来源采购程序。采取该程序采购的,采购人与供应商应当遵循《政府采购法》规定的原则,在保证采购项目质量和双方商定合理价格的基础上进行采购。(3)询价采购程序。该程序具体包括成立询价小组、确定被询价的供应商名单、询价、确定成交供应商等内容。

(六)政府采购合同

1.政府采购合同的定义及特征

政府采购合同是指采购人因政府采购行为而与供应商在平等自愿的基础上,依法签订的明确双方权利义务关系的协议。政府采购合同与一般的民事合同相比,具有以下特征:

(1)合同主体具有特定性。政府采购合同一方当事人必须是行政机关或其他行政主体。这是政府采购合同在主体上不同于一般民事合同的显著特征。

(2)合同目的具有明确性。政府采购合同以维护公共利益、实施国家行政管理任务为目的。政府采购合同的内容涉及国家和社会的公共事务,行政机关是政府采购合同的发动者,通过与供应商签订政府采购合同以达到规范政府采购行为、维护公共利益的目的。这同一般民事合同的签订者签订合同是为满足自身需要显然不同。

(3)合同履行原则具有特殊性。政府采购合同贯彻行政优益权原则。行政优益权是指行政机关享有的优先处分的权益,也称主导性权利。在政府采购合同中行政优益权表现为:行政机关在合同履行过程中享有监督权;根据维护公共利益的需要,在情势变更时双方当事人应当变更、中止或终止合同;行政机关享有对供应商违约行为的制裁权;等等。

2.政府采购合同的形式与内容

根据《政府采购法》第44条的规定,政府采购合同应当采用书面形式。政府采购合同应当包括以下内容:当事人的名称和住所,标的,数量和质量,价款或酬金,履行期限、地点和方式,违约责任,解决争议的方法。

3.政府采购合同的订立程序

政府采购合同与一般民事合同的订立过程一样,也要经过要约和承诺两个阶段,所不同的是政府采购一般先由采购机构发布采购信息,以此来吸引各供应商前来竞争,并针对采购机构的采购信息,进行报价,由采购机构对各个供应商进行评审,最终选定成交人。因此,在要约之前,政府采购合同的订立存在一个要约邀请阶段,具体程序如下:

(1)要约邀请。根据《政府采购法》的立法原则,政府采购应当尽可能采用招标投标方式选定成交人。招标行为属于要约邀请。除招标投标方式外,政府采购还可以采用竞争性谈判、单一来源采购和询价等方式。在这些方式中,采购人向供应商进行的询价行为属于要约邀请。

(2)要约。供应商针对采购机构发布的采购信息在规定的期限内向采购机构报送标书、提出报价的意思表示属于要约。

(3)承诺。在政府采购过程中,既然投标人投标的过程为要约,那么招标人在对各投标人的投标文件进行严格评审、确定某一投标人为中标人之后,向其发出中标通知书的意思表示即为对投标人要约的承诺。

另外,政府采购合同的履行除应遵循民事合同的一般原则外,还应遵循公开性原则、竞争性原则、社会公共利益原则和保护民族工业原则。

(七)政府采购争议的解决机制

1. 政府采购争议的行政解决机制

政府采购主要采取公开招标、邀请招标、竞争性谈判、询价等法定方式进行,供应商认为采购单位在采购方式的选用、招标文件的发布、招标程序的操作等方面违反法律的规定,使其利益受损,可以通过质疑、投诉、行政复议和行政诉讼等行政争议纠纷解决方式解决纠纷。

2. 政府采购争议的民事解决机制

凡是处于平等地位的供应商、采购人和采购代理机构在合同的订立、效力、履行和违约责任等方面发生纠纷的,原则上都可以适用一般民事合同的四种解决途径,即协商、调解、仲裁和诉讼。但由于政府采购活动的特殊性,在政府采购争议民事解决机制中,应突出协商、调解、仲裁手段的重要性,以减轻对簿公堂的讼累。

(八)监督检查

政府采购监督管理部门应加强对政府采购活动及集中采购机构的监督检查。监督检查的主要内容有:有关政府采购的法律、行政法规和规章的执行情况,采购范围、采购方式和采购程序的执行情况,政府采购人员的职业素质和专业技能。

政府采购监督管理部门不得设置集中采购机构,不得参与政府采购项目的采购活动。同时,采购代理机构与行政机关也不得存在隶属关系或其他利益关系。

第四节　税收法律制度

一、税收和税法的定义

(一)税收的定义和特征

税收是国家为实现其职能,凭借政治权力,按照法律预先规定的标准,强制地、无偿地征收货币或实物的一种经济活动,是国家参与社会产品和国民收入分配和再分配的重要手段,也是国家管理经济的一个重要调节杠杆。

目前,我国税收收入占国家财政收入的90%以上,它是国家取得财政收入的最主要的来源。因此,重视和发挥税收调节经济、调节分配的宏观经济调控作用至关重要。党的十八届三中全会提出,财政是国家治理的基础和重要支柱,更是将税收置于国家治理的重要地位。

税收与国家取得财政收入的其他形式相比,具有下列显著特征:(1)强制性。税收的强制性是指税收这种分配是以国家的政治权力为直接依据的,而不是以生产资料的所有权为依据的。其具体表现就是国家以法律形式作出直接规定,纳税人必须依法纳税,自觉履行纳税义务,否则就要受到法律制裁。(2)无偿性。税收的无偿性是指国家取得税收收入,既不需要返还,也不需要对纳税人付出任何代价。正如列宁所说:"所谓赋税,就是国家不付任何报酬而向居民取得东西。"[2](3)固定性。税收的固定性是指国家通过法律事先规定对什么征税以及征收的比例或数额。在征税以前,国家预先规定征税对象和征收数额的比例,纳税人只要取得了应该纳税的收入,就必须按照税法规定的比例纳税。

(二)税法的定义及其调整对象

税法是调整国家与纳税人之间征纳税关系的法律规范的总称。换言之,税法就是调整税收关系的法律规范的总称。

税法的调整对象是税收关系。所谓税收关系,是指代表国家行使其职权的各级财税机关在向负有纳税义务的单位和公民个人征收税款(或实物)过程中所形成的征纳税关系。这实质上是国家强制参与国民收入分配的一种分配关系,也是具有行政权力因素的特殊经济关系。其中既包括国家最高权力机关或其授权的最高行政管理机关和地方行政管理机关因制定和实施税法产生的关系,也包括各级征收机关之间因征收权责而产生的管理关系和税收监督关系等。具体地讲,我国税法调整的税收关系,主要包括:

1.代表国家行使其职权的财税机关与下列纳税人因征纳税而产生的税收关系,包括:(1)财税机关与企业之间的税收关系。(2)财税机关与国家行政机关、事业单位及其他预算外单位之间的税收关系。(3)财税机关与城乡个体工商户、农村专业户、承包户之间的税收关系。(4)财税机关与个人所得税缴纳者之间的税收关系。

2.国家权力机关、国家行政机关、各级财税机关及其各自的上下级因税收监督而产生的关系。

二、税法的构成要素

(一)纳税主体

纳税主体,又称纳税义务人,它是指税法规定的直接负有纳税义务的社会组织和公民个人。

(二)征税客体

征税客体,又称征税对象,它是指对什么东西征税。我国税法规定的税收依据征税客体可分为流转税、所得税、财产税、行为税和资源税五大类。

(三)税率

税率,是指应纳税额占征税对象数额的比例。在征税对象既定的前提下,税收的调控力度主要体现在税率上,因此,税率是税收的核心要素。税率按照计算单位可分为两种形式:以绝对量的形式表示的税率和以百分比的形式表示的税率。前者适用于从量课征的税收,如生产销售1吨盐缴多少税,这种形式称为定额税率,即对征税对象的每单位直接规定税额。后者适用于从价计征的税收。以百分比课征的税率又可分为两种形式:

---

[2]《列宁全集》(第32卷),人民出版社1958年版,第275页。

1. 比例税率。它是指对同一征税对象,不分数额大小,只规定一个百分比的税率。其一般适用于对流转额的征税,也适用于对所得额的征税。

2. 累进税率,又称等级税率,它是指按征税对象数额的大小,规定不同等级的税率。征税对象数额越大,税率越高。其一般适用于对所得额的征税。累进税率又可分为全额累进税率和超额累进税率。全额累进税率把征税对象按数额的大小划分为若干不同的等级,对每一个等级分别规定不同的税率,当征税对象达到某一等级,就对其全部数额适用该级别的税率征税。超额累进税率是根据征税对象数额的大小,划分成若干不同的等级,并对每一个等级规定税率,分别计算税额。征税对象数额增加,需要提高一个等级税率时,只对其超过部分按提高一级的税率计算税额,每一纳税人的征税对象按其所属等级同时适用几个税率来分别计算,然后将计算结果相加,即得出其应纳税额。目前,我国对收益类税,都采用这种超额累进税率。

(四)税种、税目

税种,即税收的种类,指征的是什么税。税目是指各税种中具体规定的应纳税的项目。

(五)减税免税

减税免税,是指税法对特定的纳税人或征税对象给予鼓励和照顾的一种优待性规定。减税是对应纳税额少征一部分,免税是对应纳税额全部免除。

适用减税免税的情况主要有下列三种:(1)未达到起征点。起征点是指对征税对象达到征税数额开始征税的界限,达到起征点数额的征税,未达到起征点的则不征税。(2)未超过免征额。免征额是指在征税对象中免予征税的数额,即按一定的标准从全部征税对象中预先免予征税的部分,只对超过部分征税。(3)符合法定减免条件。法定减免条件是指税法中对哪些情况下减税、哪些情况下免税的具体规定。只有具备这些条件,才能减税或免税。

(六)纳税期限

纳税期限,是指税法规定纳税人缴纳税款的具体时限。纳税人不按期纳税,应依法缴纳滞纳金。

(七)违法处理

违法处理,是指对纳税人违反税法的行为,如欠税、漏税、偷税、抗税或未履行纳税登记、申报等,税务机关所采取的惩罚措施。

三、现行税种

(一)流转税

流转税是以商品流转额和劳务收入为征税对象的一种税。其特点是:流转税的征收伴随商品交换和非商品服务进行,计税依据是商品价格和服务收费,税额是商品价格或服务收费的组成部分,只与商品价格和服务收费的多少以及税率的高低有直接关系,而与商品和劳务成本没有关系。在价格和税率既定的前提下,商品或劳务成本降低或提高都不影响税额;反过来,在价格和成本既定的前提下,税率的提高或降低就直接调节着企业的利润水平。流转税的这个特点,在保证国家财政收入,促进企业改革经营管理,以及配合价格政策调节生产和消费等方面都有重要意义。流转税包括增值税、土地增值税、消费税和关税。

1. 增值税。增值税是以产品新增的价值,即增值额为征税对象的一种税。增值税的课税对象,从理论上说,是商品销售收入扣除产品中已税的物耗部分,增值额大体上相当于单位活劳动创造的价值,即净产值或国民收入的一部分,包括工资、利息、租金、利润及其他增值性质的项目之和。增值税按扣除范围的大小,可以分为生产型增值税、收入型增值税和消费型增值税。生产型增值税是指销售收入中只扣除外购的原材料等劳动对象的消耗部分,不包括固定资产折旧的价值。收入型增值税是指销售收入扣除已税的物耗及固定资产折旧的价值。消费型增值税是指销售收入扣除外购已税产品与固定资产的价值,其与收入型增值税最大的区别在于外购固定资产价值一次性全部扣除。我国的增值税属于消费型增值税。

2024年12月25日第十四届全国人民代表大会常务委员会第十三次会议通过的《增值税法》对增值税课税要素作了具体规定。(1)纳税主体。在中国境内销售货物、服务、无形资产、不动产,以及进口货物的单位和个人(包括个体工商户),为增值税的纳税主体。(2)应纳税额。纳税人发生应税交易后,按照一般计税方法计算缴纳增值税的,应纳税额为当期销项税额抵扣当期进项税额后的余额。按照简易计税方法计算缴纳增值税的,应纳税额为当期销售额乘以征收率。(3)增值税税率。增值税税率实行三档比例税率。纳税人销售货物、加工修理修配服务、有形动产租赁服务,以及进口货物,税率为13%。纳税人销售交通运输、邮政、基础电信、建筑、不动产租赁服务,销售不动产,转让土地使用权,销售或者进口农产品、天然气等货物,税率为9%。纳税人销售服务、无形资产,税率为6%。纳税人出口货物,除国务院另有规定外,税率为0。境内单位和个人跨境销售国务院规定范围内的服务、无形资产,税率为0。(4)免征项目。增值税免征项目包括:农业生产者销售的自产农产品,农业机耕、排灌、病虫害防治、植物保护、农牧保险以及相关技术培训业务,家禽、牲畜、水生动物的配种和疾病防治;医疗机构提供的医疗服务;古旧图书,自然人销售的自己使用过的物品;直接用于科学研究、科学试验和教学的进口仪器、设备;外国政府、国际组织无偿援助的进口物资和设备;由残疾人的组织直接进口供残疾人专用的物品,残疾人个人提供的服务;托儿所、幼儿园、养老机构、残疾人服务机构提供的育养服务,婚姻介绍服务,殡葬服务;学校提供的学历教育服务,学生勤工俭学提供的服务;纪念馆、博物馆、文化馆、文物保护单位管理机构、美术馆、展览馆、书画院、图书馆举办文化活动的门票收入,宗教场所举办文化、宗教活动的门票收入。相较于《增值税暂行条例》仅规定了货物免征项目,《增值税法》调整了货物免征项目的范围,并将免征项目扩大至服务领域。(5)专项优惠政策。根据国民经济和社会发展的需要,国务院对支持小微企业发展、扶持重点产业、鼓励创新创业就业、公益事业捐赠等情形可以制定增值税专项优惠政策,报全国人民代表大会常务委员会备案。

2. 土地增值税。土地增值税是对单位和个人有偿转让土地使用权的增值收益进行征税的一个税种。这是国家为规范土地、房地产交易秩序,合理调节土地增值收益,维护国家权益而开征的税。

根据1993年12月13日由国务院颁布、2011年1月8日修订的《土地增值税暂行条例》的规定,土地增值税的主要内容包括:(1)纳税主体。转让国有土地使用权、地上的建筑物及其附着物并取得收入的单位和个人,为土地增值税的纳税主体。(2)征税对象。土地增值税的征税对象是转让房地产所取得的增值额,即纳税人转让土地使用权、房地产所取得的收入减除法定扣除项目金额后的余额。这里所说的扣除项目包括:取得土地使用权所支付的金额;开发土地的成本、费用;新建房及配套设施的成本费用,或者旧房及建筑物的评估价格;与转让房地产有关的税金;财政部规定的其他扣除项目。(3)税率。土地增值税实行四级超额累进税率:增值额未超过扣除项目金额50%的部分,税率为30%;增值额超过扣除项目金额50%、未超过扣除项目金额100%的部分,税率为40%;增值额超过扣除项目金额100%,未超过扣除项目金额200%的部分,税率为50%;增值额超过扣除项目金额200%的部分,税率为60%。(4)征收管理。纳税人应当自转让房地产合同签订之日起7日内向房地产所在地主管税务机关办理纳税申报,并在税务机关核定的期限内缴纳土地增值税。土地增值税由税务机关征收。土地管理部门、房产管理部门应当向税务机关提供有关资料,并协助税务机关依法征收土地增值税。纳税人未按照该条例缴纳土地增值税的,土地管理部门、房产管理部门不得办理有关的权属变更手续。

3. 消费税。消费税是以消费品销售额或消费支出额为课税对象的一种税。消费税具有以下特征:一是征税范围具有选择性,只对一部分消费品征税。二是税率、税额具有差别性。根据不同消费品的种类、档次、结构、功能以及供求、价格等情况,法律规定了不同的税率、税额。三是消费税是价内税,即以含税价格为计税依据的税。

国务院于1993年12月13日颁布了《消费税暂行条例》,该条例于2008年11月5日修订通过。依照其规定,消费税的内容主要包括:(1)征税范围。消费税的征税范围包括14类产品:烟、酒及酒精、化妆品、贵重首饰及珠宝玉石、鞭炮和焰火、成品油、汽车轮胎、摩托车、小汽车、高尔夫球及球具、高档手表、游艇、木质一次性筷子、实木地板等。(2)纳税主体。在中国境内生产、委托加工和进口应税消费品的单位和个人,以及国务院确定的销售规定的消费品的其他单位和个人。(3)税率。消费税主要采用比例税率。14类应税消费品的税率最高为45%,最低为1%。

4. 关税。关税是指设在边境,沿海口岸或国家指定的其他水、陆、空国际交往通道上的海关机关,按照国家的规定,对进出国境的货物和物品所征收的一种税。关税是一种特殊的税种,它是维护国家主权和经济利益,执行国家对外经济政策的重要手段。它通过对出口货物大部分免税、小部分征税的政策来鼓励出口,增强产品的国际竞争力,保护国内的某些资源。它利用高低不同的税率以及关税的减免,鼓励国内必需品的进口,限制非必需品的进口,有利于引进技术和先进设备。

我国调整关税的现行法律规范主要是全国人大常委会于2024年4月26日通过的《关税法》。关税的主要内容包括:(1)纳税主体。关税的纳税主体包括进口货物的收货人、出口货物的发货人、进境物品的携带人或者收件人。(2)征税对象。关税的征税对象是进出口货物的完税价格。(3)税率。关税的税率为比例税率。进出口货物的税率分为进口税率和出口税率。进口税率又分为最惠国税率、协定税率、特惠税率、普通税率、关税配额税率暂定税率等。原产于共同适用最惠国待遇条款的世界贸易组织成员的进口货物,原产于与中华人民共和国缔结或者共同参与含有相互给予最惠国待遇条款的国际条约、协定的国家或者地区的进口货物,以及原产于中华人民共和国境内的进口货物,适用最惠国税率。原产于与中华人民共和国缔结或者共同参与含有关税优惠条款的国际条约、协定的国家或者地区且符合国际条约、协定有关规定的进口货物,适用协定税率。原产于中华人民共和国给予特殊关税优惠安排的国家或者地区且符合国家原产地管理规定的进口货物,适用特惠税率。原产于上述各税率所列以外国家或者地区的进口货物,以及原产地不明的进口货物,适用普通税率。

(二)所得税

所得税又称收益税,是以纳税人的所得额或收益额为课税对象的一类税,属直接税的范畴。所得税的计征实行"多得多征、少得少征、无所得不征"的原则,能够针对纳税人的贫富程度来调节社会的收入和财富的分布状态,针对纳税人的实际纳税能力来确定税收负担,最能体现税收的公平原则。在我国,所得税仅次于流转税,在税制结构中居于第二位,主要有企业所得税、个人所得税。

1. 企业所得税

企业所得税是对在中华人民共和国境内的企业和其他取得收入的组织就其来源于中国境内、境外的生产经营所得和其他所得征收的一种税。2007年3月16日第十届全国人民代表大会第五次会议通过并颁布了《企业所得税法》。同时废止了1991年4月9日第七届全国人民代表大会第四次会议通过的《外商投资企业和外国企业所得税法》和1993年12月13日国务院发布的《企业所得税暂行条例》。《企业所得税法》的颁布统一了我国的企业所得税制度,在税收立法史上具有十分重要的意义。2017年2月、2018年12月,《企业所得税法》先后进行两次修正。企业所得税的基本内容如下:

(1)纳税人。企业所得税以中华人民共和国境内的企业和其他取得收入的组织为纳税人。但是,个人独资企业、合伙企业不适用《企业所得税法》。

根据《企业所得税法》的规定,企业分为居民企业和非居民企业。居民企业,是指依法在中国境内成立,或者依照外国(地区)法律成立但实际管理机构在中国境内的企业;非居民企业,是指依照外国(地区)法律成立且实际管理机构不在中国境内,但在中国境内设立机构、场所的,或者在中国境内未设立机构、场所,但有来源于中国境内所得的企业。

(2)征税对象。根据《企业所得税法》的规定,居民企业应当就其来源于中国境内、境外的所得缴纳企业所得税。非居民企业在中国境内设立机构、场所的,应当就其所设机构、场所取得的来源于中国境内的所得,以及发生在中国境外但与其所设机构、场所有实际联系的所得,缴纳企业所得税。非居民企业在中国境内未设立机构、场所的,或者虽设立机构、场所但取得的所得与其所设机构、场所没有实际联系的,应当就其来源于中国境内的所得缴纳企业所得税。

(3)税率。企业所得税的税率为25%。但是,非居民企业在中国境内未设立机构、场所的,或者虽设立机构、场所但取得的所得与其所设机构、场所没有实际联系的,适用税率为20%。

(4)应纳税所得额的计算。企业所得税应纳税所得额是企业每一纳税年度的收入总额,减除不征税收入、免税收入、各项扣除以及允许弥补的以前年度亏损后的余额。其中,收入总额包括:销售货物收入,提供劳务收入,转让财产收入,股息、红利等权益性投资收益,利息收入,租金收入,特许权使用费收入,接受捐赠收入,其他收入。但是,下列收入为不征税收入:财政拨款,依法收取并纳入财政管理的行政事业性收费、政府性基金,国务院规定的其他不征税收入。

根据《企业所得税法》的规定,下列项目可以扣除:一是企业实际发生的与取得收入有关的、合理的支出,包括成本、费用、税金、损失和其他支出,准予在计算应纳税所得额时扣除。二是企业发生的公益性捐赠支出,在年度利润总额12%以内的部分,准予在计算应纳税所得额时扣除。三是企业按照规定计算的固定资产折旧,准予扣除。四是企业按照规定计算的无形资产摊销费用,准予扣除。五是企业发生的下列支出作为长期待摊费用,按照规定摊销的,准予扣除:已足额提取折旧的固定资产的改建支出,租入固定资产的改建支出,固定资产的大修理支出,其他应当作为长期待摊费用的支出。六是企业使用或者销售存货,按照规定计算的存货成本,准予在计算应纳税所得额时扣除。七是企业转让资产,该项资产的净值,准予在计算应纳税所得额时扣除。

(5)应纳税额的计算与征收。企业的应纳税所得额乘以适用税率,减除依照《企业所得税法》关于税收优惠的规定减免和抵免的税额后的余额,为应纳税额。

企业所得税分月或者分季预缴。企业应当自月份或者季度终了之日起15日内,向税务机关报送预缴企业所得税纳税申报表,预缴税款。企业应当自年度终了之日起5个月内,向税务机关报送年度企业所得税纳税申报表,并汇算清缴,结清应缴应退税款。

2. 个人所得税

个人所得税是以个人的所得或收入为征税对象的一种税。个人所得税法、个人所得税法实施条例、税收征管法以及由中国各级税务机关发布的有关个人所得税征管的规定,构成了现行我国个人所得税法的主体法律基础。我国规范个人所得税的基本法律规范是2011年6月30日公布,自2011年9月1日起施行,2018年8月31日修正的《个人所得税法》。个人所得税的基本内容如下:

(1) 纳税人。在中国境内有住所,或者无住所而一个纳税年度在中国境内居住累计满183天的个人,以及在中国境内无住所又不居住或者无住所而一个纳税年度内在中国境内居住累计不满183天的个人,只要达到我国税法规定的纳税标准,就是个人所得税的纳税人。

(2) 征税对象。个人所得税以个人取得的各项所得为征税对象,具体包括下列内容:工资、薪金所得,劳务报酬所得,稿酬所得,特许权使用费所得,经营所得,利息、股息、红利所得,财产租赁所得,财产转让所得,偶然所得。

(3) 税率。我国个人所得税采用分类所得税制,不同的收入项目分别采用不同的税率形式:综合所得采用超额累进税率,税率为3%~45%;经营所得采用超额累进税率,税率为5%~35%;利息、股息、红利所得,财产租赁所得,财产转让所得和偶然所得,适用比例税率,税率为20%。

(4) 减免规定。一是免税项目,包括:省级人民政府、国务院部委和中国人民解放军军以上单位,以及外国组织、国际组织颁发的科学、教育、技术、文化、卫生、体育、环境保护等方面的奖金;国债和国家发行的金融债券利息;按照国家统一规定发给的补贴、津贴;福利费、抚恤金、救济金;保险赔款;军人的转业费、复员费、退役金;按照国家统一规定发给干部、职工的安家费、退职费、基本养老金或者退休费、离休费、离休生活补助费;依照我国有关法律规定应予免税的各国驻华使馆、领事馆的外交代表、领事官员和其他人员的所得;中国政府参加的国际公约、签订的协议中规定免税的所得;国务院规定的其他免税所得。二是减税项目,包括:残疾、孤老人员和烈属的所得,因严重自然灾害造成重大损失的,国务院规定的其他减税所得。

(5) 应纳税额的计算和征收。个人所得税应纳税额以应纳税所得额为计税依据,基本计算公式为:应纳税额=应纳税所得额×适用税率。根据《个人所得税法》的规定,各个不同收入项目的应纳税所得额分别如下:一是居民个人的综合所得,以每一纳税年度的收入额减除费用6万元以及专项扣除、专项附加扣除和依法确定的其他扣除后的余额,为应纳税所得额。二是非居民个人的工资、薪金所得,以每月收入额减除费用5000元后的余额为应纳税所得额;劳务报酬所得、稿酬所得、特许权使用费所得,以每次收入额为应纳税所得额。三是经营所得,以每一纳税年度的收入总额减除成本、费用以及损失后的余额,为应纳税所得额。四是财产租赁所得,每次收入不超过4000元的,减除费用800元;4000元以上的,减除20%的费用,其余额为应纳税所得额。五是财产转让所得,以转让财产的收入额减除财产原值和合理费用后的余额,为应纳税所得额。六是利息、股息、红利所得和偶然所得,以每次收入为应纳税所得额。

(6) 征纳方法。个人所得税,采取支付单位代扣代缴为主和纳税人自行申报为辅两种征纳方法。取得综合所得需要办理汇算清缴,取得应税所得没有扣缴义务人或扣缴义务人未扣缴税款,取得境外所得,因移居境外注销中国户籍,非居民个人在中国境内从两处以上取得工资、薪金所得及国务院规定的其他情形,纳税义务人应当自行申报纳税。

四、税收征收管理法律制度

税收征收管理是税收机关对纳税人依法征收税款和进行税务监督管理的总称。1992年9月4日第七届全国人民代表大会常务委员会第二十七次会议通过并于1993年1月1日起施行的《税收征收管理法》,确定了我国的税收征收管理制度。该法于1995年、2001年、2013年、2015年分别进行了修订与修正。国务院于2002年9月7日发布了《税收征收管理法实施细则》,并于2012年、2013年、2016年进行了修订。《税收征收管理法》及《税收征收管理法实施细则》主要包括以下内容:

(一)税务管理

1.税务登记。企业、企业在外地设立的分支机构和从事生产经营的场所、个体工商户和从事生产经营的事业单位(以下统称从事生产经营的纳税人)自领取营业执照之日起30日内,持有关证件,向税务机关申报办理税务登记,税务机关应当于收到申报的当日办理登记并发给税务登记证件。纳税人税务登记内容发生变化的,自工商行政管理机关或者其他机关办理变更登记之日起30日内,持有关证件向原税务登记机关申报办理变更税务登记。

2.账簿、凭证管理。从事生产、经营的纳税人应当自领取营业执照或者发生纳税义务之日起15日内,按照国家有关规定设置账簿。纳税人使用计算机记账的,应当在使用前将会计电算化系统、会计核算软件、使用说明书及有关资料报送主管税务机关备案。从事生产经营的纳税人、扣缴义务人必须按照国务院财政、税务主管部门规定的保管期限保管账簿、记账凭证、完税凭证及其他有关资料。账簿、记账凭证、完税凭证及其他有关资料不得伪造、变造和擅自损毁。

3.纳税申报。纳税人必须在法律、行政法规规定或者税务机关依照法律、行政法规确定的申报期限内办理纳税申报,报送纳税申报表、财务会计报表以及税务机关根据实际需要要求纳税人报送的其他纳税资料。扣缴义务人必须在法律、行政法规规定或者税务机关依照法律、行政法规确定的申报期限内报送代扣代缴、代收代缴税款报告表以及税务机关根据需要要求扣缴义务人报送的其他有关资料。

(二)税款征收

税务机关依照法律、行政法规的规定征收税款,不得违反法律、行政法规的规定开征、停征、多征、少征、提前征收、延缓征收或者摊派税款。

扣缴义务人依照法律、行政法规的规定履行代扣、代收税款的义务。

纳税人、扣缴义务人按照法律、行政法规规定或者税务机关依照法律、行政法规的规定确定的期限,缴纳或者解缴税款,纳税人因有特殊困难不能按期缴纳税款的,经县级以上税务管理机关批准,可以延期缴纳,但最长不得超过3个月。

纳税人未按规定期限缴纳税款的,扣缴义务人未按规定期限解缴税款的,税务机关除责令限期缴纳外,从滞纳税款之日起,按日加收滞纳税款5‰的滞纳金。

纳税人可以依照法律、行政法规的规定向税务机关书面申请减税、免税。减税、免税的申请须经法律、行政法规规定的减税、免税审查批准机关审批;地方各级政府及其主管部门、单位和个人违反法律、行政法规规定,擅自作出的减税、免税决定无效。

(三)税务检查

根据《税收征收管理法》的规定:税务机关有权检查纳税人的账簿、记账凭证、报表和有关资料,检查扣缴义务人代扣代缴、代收代缴税款账簿、记账凭证和有关资料;有权到纳税人的生产、经营场所和货物存放地检查纳税人应纳税的商品、货物或者其他财产,检查扣缴义务人与代扣代缴、代收代缴税款有关的经营情况。纳税人、扣缴义务人必须接受税务机关依法进行的税务检查,如实反映情况,提供有关资料,不得拒绝、隐瞒。

(四)违反税法的行为及其处理

违反税法的行为,是指纳税主体或征税机关以及直接责任人员故意或过失地违反了税收征收管理制度的行为。它包括下列三种行为:

1. 违反税收征收管理程序的行为。根据《税收征收管理法》第60条至第62条的规定,以下几种行为属于违反税收征收管理程序的行为:(1)未按照规定的期限申报办理税务登记、变更或者注销登记的。(2)未按照规定设置、保管账簿或者保管记账凭证和有关资料的。(3)未按照规定将财务、会计制度或者财务、会计处理办法和会计核算软件报送税务机关备查的。(4)未按照规定将其全部银行账号向税务机关报告的。(5)未按照规定安装、使用税控装置,或者损毁或者擅自改动税控装置的。(6)扣缴义务人未按照规定设置、保管代扣代缴、代收代缴税款账簿或者保管代扣代缴、代收代缴税款记账凭证及有关资料的。(7)纳税人未按照规定的期限办理纳税申报和报送纳税资料的,或者扣缴义务人未按照规定的期限向税务机关报送代扣代缴、代收代缴税款报告表和有关资料的。

2. 偷税抗税行为。(1)偷税。偷税是指纳税人采取伪造、变造、隐匿、擅自销毁账簿、记账凭证,在账簿上多列支出或者不列、少列收入,进行虚假的纳税申报等手段,不缴或者少缴应纳税款的行为。依照《税收征收管理法》的规定,扣缴义务人采取上述偷税手段,不缴或者少缴已扣、已收税款,纳税人欠缴应纳税款,采取转移或者隐匿财产的手段,妨碍税务机关追缴欠缴的税款,以假报出口或者其他欺骗手段,骗取国家出口退税款的,也属偷税行为。(2)抗税。抗税是指以暴力、威胁方法拒不缴纳税款的行为。

3. 税务人员的违法行为。(1)税务人员、纳税人、扣缴义务人勾结、唆使或者协助纳税人、扣缴义务人从事偷税行为。(2)税务人员徇私舞弊或者玩忽职守,少征或者不征应征税款,致使国家税收遭受重大损失。(3)税务人员利用职务上的便利,收受或者索取纳税人、扣缴义务人财物或者谋取其他不正当利益。(4)税务人在征收税款过程中实施的其他违法行为。

(五)税务争议的解决程序

除关税外,其他税种的纳税人、扣缴义务人、纳税担保人同税务机关在纳税上发生争议时,必须先依照税务机关的纳税决定缴纳或者解缴税款及滞纳金或者提供相应的担保,然后可以在收到税务机关开具的缴款凭证之日起60日内向上一级税务机关申请行政复议。上一级税务机关应当自收到行政复议申请之日起60日内作出行政复议决定。对行政复议决定不服的,可以在接到行政复议决定之日起15日内向人民法院起诉。

当事人对税务机关的处罚决定、强制执行措施或者税收保全措施不服的,可以在接到处罚通知之日起或者税务机关采取强制执行措施、税收保全措施之日起15日内向作出处罚决定或者采取强制执行措施、税收保全措施机关的上一级机关申请行政复议;对行政复议决定不服的,可以在接到行政复议决定之日起15日内向人民法院起诉。当事人也可以在接到处罚通知之日起或者税务机关采取强制执行措施、税收保全措施之日起 15 日内直接向人民法院起诉。复议和诉讼期间,强制执行措施和税收保全措施不停止执行。

当事人对税务机关作出的处罚决定逾期不申请行政复议,也不向人民法院起诉,又不履行的,作出处罚决定的税务机关可以采取《税收征收管理法》第 40 条规定的强制执行措施或者申请人民法院强制执行。

―――― 思考题 ――――

1. 何谓财政法?它由哪些法律制度构成?
2. 我国的预算收入和预算支出包括哪些内容?
3. 什么是税收?它有哪些特征?
4. 我国的税收种类有哪些?
5. 违反税收管理法的行为有哪些?
6. 国债有哪些种类?
7. 政府采购的定义和特征是什么?

第二十一章　金融法律制度

| 内容提要 |

金融就是货币资金的融通,它是现代经济的核心。金融法是调整金融关系的法律规范的总称,金融关系包括金融监管关系和资金融通关系。中国人民银行是我国的中央银行,商业银行是依照《商业银行法》和《公司法》设立的吸收存款、发放贷款、办理结算等业务的企业法人。政策性银行是由政府设立的,以贯彻政府经济政策为目标,专门经营政策性信用业务的非营利性银行。目前,我国的政策性银行包括中国国家开发银行、中国农业发展银行和中国进出口银行。人民币是我国境内流通使用的唯一合法货币。人民币的发行权属于国务院。外汇是货币行政当局以银行存款、财政部国库券、长短期政府债券等形式所保有的,在国际收支逆差时可以使用的债权。它包括外国货币、外币支付凭证、外币有价证券、特别提款权、欧洲货币单位以及其他外汇资产。

| 学习重点 |

金融法的定义和体系　　　　　　　　中国人民银行的地位、职责和货币政策工具
中国人民银行金融监管的原则及内容　　商业银行的定义、特征及业务范围
政策性银行的定义、特征及种类　　　　货币发行和管理的法律规定
外汇管理的法律规定

第一节　金融法概述

一、金融法的定义和调整对象

(一)金融法的定义

金融法是调整金融关系的法律规范的总称。它是国家领导、组织、管理金融业和保障金融秩序的基本手段和基本方法,是国家宏观经济调控法的重要组成部分。

金融,简单说就是货币资金的融通,一般是指与货币流通和银行信用有关的一切经济活动。例如,货币的发行、流通和回笼,存款的吸收与支付,贷款的发放与回收,票据的承兑与贴现,银行同业拆借,金银和外汇的买卖,国内、国际的货币收支与结算,有价证券的发行与交易等。在我国,一切金融业务活动,都必须通过中央银行、商业银行、政策性银行和其他金融机构

进行。国家禁止非金融机构经营金融业务。新中国成立以来,尤其是党的十一届三中全会以来,我国为适应经济活动及金融体制改革的需要,制定了一系列金融法律法规。这些金融法律法规主要有:《中国人民银行法》《商业银行法》《金银管理条例》《国家金库条例》《金融资产管理公司条例》等。这些法律法规的颁布和实施对于促进我国金融业及金融市场的发展具有重要的作用。为响应党的二十大报告提出的"加强和完善现代金融监管,强化金融稳定保障体系,依法将各类金融活动全部纳入监管,守住不发生系统性风险底线"的要求,我国还制定了《私募投资基金监督管理条例》等。

(二)金融法的调整对象

金融法的调整对象是金融关系,它是指金融机构相互之间以及它们与其他社会组织、个人之间,在货币资金融通过程中所发生的金融监督关系和资金融通关系,具体表现为金融监管关系和资金融通关系。

1. 金融监管关系。它是指国家金融管理机关与银行、非银行金融机构之间的金融管理关系,包括:(1)金融主管机关因各类银行、非银行金融机构的设立、变更、接管和终止而产生的主体资格监管关系。(2)中央银行因货币发行与流通而同各类金融机构与非金融机构所形成的货币发行关系、现金与转账结算等货币流通管理关系。(3)金融主管机关对各类金融机构的业务活动进行的业务行为监督关系,包括存款贷款管理、结算管理、信托管理、保险管理、证券发行与交易管理等。

2. 资金融通关系。它是指银行等金融机构之间以及银行与非金融机构的法人、其他组织和个人之间的融资关系,包括:(1)银行与非金融机构、自然人因存款、储蓄行为而产生的存款关系和储蓄关系。(2)银行与非金融机构、自然人因贷款产生的借贷关系。(3)金融机构之间因同业拆借、票据转贴现、汇兑结算、外汇买卖等活动而产生的同业资金来往关系。(4)其他关系,如证券发行与交易关系、信托关系、保险关系等。

二、金融法的体系

金融法的体系是指由调整不同领域的金融关系的法律规范所组成的有机联系的统一整体。按照金融法的科学体系,它应当包括银行法、货币法、证券法、票据法、信托法和保险法等。但是,考虑到证券法、票据法、信托法和保险法已在作为核心课程之一的商法中讲述,故本书只讲金融法中的银行法、货币法和金融监督法。

第二节 中国人民银行法律制度

一、中国人民银行的定义

中国人民银行是唯一代表国家进行金融控制和金融管理的特殊金融机构。中国人民银行是我国的中央银行。

从历史上看,中央银行制度最早萌芽于17世纪中叶,最先具有中央银行名称的是瑞典国家银行。该行成立于1656年,最初以私人资本形式出现。1668年起才由国家出资并改名为瑞典国家银行。当时该行并不具备现代中央银行的职能,17世纪末以后,其才逐步发展为瑞典的中央银行。实际上,最先执行中央银行职能的是1694年成立的英格兰银行。1884年英国通过的《英格兰银行条例》是世界上最早的中央银行法,该条例正式确立了英格兰银行的中央银行地位。19世纪以后,世界各国大都采用了中央银行制度,纷纷成立了中央银行,但其名称各有不同。有的直接以国家命名,如英格兰银行、法兰西银行、日本银行等;有的被称为国家银行,如比利时国家银行、希腊国家银行;有的被称为储备银行,如美国联邦储备银行、印度储备银行;有的则直接被称为中央银行,如土耳其中央银行、阿根廷中央银行。

我国最早的中央银行是1905年设立的户部银行。1924年孙中山在广州市设立过中央银行。新中国成立后,我国设立了中国人民银行,但长期以来,它都是一个综合性的国家银行,既执行中央银行的职能,担负领导和监管全国金融事业的任务,又兼营工商信贷、储蓄和结算业务,具有国家机关和经济组织的双重性质。1983年9月,国务院发布了《关于中国人民银行专门行使中央银行职能的决定》。根据这个决定,中国人民银行专门行使中央银行的职能,不再办理工商信贷业务、结算业务和储蓄业务,从而确立了中国人民银行的中央银行法律地位。1986年1月,国务院又颁布了《银行管理暂行条例》(已失效),进一步强化了中国人民银行作为中央银行的地位和职权。社会主义市场经济体制建立以后,为了确定中国人民银行的地位和职责,保证国家货币政策的正确制定和执行,建立和完善中央银行宏观经济调控体系,加强对金融业的监督管理,我国制定了《中国人民银行法》。该法于1995年3月18日经第八届全国人民代表大会第三次会议通过,并于当日发布实施。2003年12月27日第十届全国人民代表大会常务委员会第六次会议又通过了《关于修改〈中华人民共和国中国人民银行法〉的决定》,修正后的《中国人民银行法》于2004年2月1日起施行。

二、中国人民银行的性质和地位

(一)中国人民银行是国家的中央银行

中国人民银行的性质是由其在国家机构和国民经济中所处的地位决定的,并随中国人民银行制度的发展而不断改变。现在的中国人民银行较之改革开放以前的中央银行,在地位和性质上已经发生了很大变化,它已发展为代表国家管理金融的特殊机关,处于我国金融业的首脑和领导地位,其已经具备了一般中央银行的性质,具体表现在:

第一,中国人民银行是国家机构的组成部分。中国人民银行代表国家制定和推行统一的货币金融政策,管理和监督全国金融机构的活动,代表国家管理金融市场,参与国际金融活动,管理外汇,其领导人由国家任命。由此可见,中国人民银行是国家机构的组成部分。

第二,中国人民银行是我国信用制度的枢纽,是国家干预和调节经济的重要工具。中国人民银行虽然是我国国家机构的组成部分,但它与一般政府管理机构又有所不同。它是我国信用活动的组织者和主动干预者。它虽然不直接与社会公众发生贷款行为,但仍要为政府和金融机构办理银行业务,提供金融服务,如对各金融机构开展存贷款业务,为政府代理国库业务等。此外,中国人民银行主要采取经济管理手段,如利率政策、贴现政策、汇率政策、公开市场业务政策等,而一般的政府管理机构主要采用行政管理手段。

(二)中国人民银行与最高国家权力机关和行政机关的关系

为了进一步了解中国人民银行的性质和地位,我们还可以从它与全国人民代表大会及国务院的关系上来进行分析。

1. 中国人民银行与全国人民代表大会的关系

《中国人民银行法》第6条规定:"中国人民银行应当向全国人民代表大会常务委员会提出有关货币政策情况和金融业运行情况的工作报告。"这是我国首次以立法的形式明确了中国人民银行与全国人民代表大会的关系,即中国人民银行应当向全国人民代表大会或常委会报告工作,并接受其监督。中国人民银行作为我国的中央银行和宏观经济调控机构之一,其制定和执行的货币政策的运行情况如何,对全国经济总体目标将会产生重大影响。因此,作为全国最高的权力机关,全国人民代表大会有权了解货币政策情况和金融业运行情况,并认真进行监督和检查。另外,这也是加强中国人民银行独立性的又一法律措施,使中国人民银行更具有相对独立性。

2. 中国人民银行与国务院的关系

《中国人民银行法》第2条规定:"中国人民银行是中华人民共和国的中央银行。中国人民银行在国务院领导下,制定和执行货币政策,防范和化解金融风险,维护金融稳定。"该法第7条规定:"中国人民银行在国务院领导下依法独立执行货币政策,履行职责,开展业务,不受地方政府、各级政府部门、社会团体和个人的干涉。"这些规定,既明确了中国人民银行的法律地位,为中国人民银行依法履行职责提供了可靠的法律依据,又使其与国务院的关系通过法律确定下来。二者的关系具体表现在两个方面:(1)中国人民银行是国务院的直属机构,是国务院的组成部分。它的活动与政府的经济活动总目标是一致的。(2)中国人民银行具有相对的独立性。中国人民银行的相对独立性表现在,中国人民银行行长由全国人民代表大会及其常务委员会决定,由国家主席任免,中国人民银行实行行长负责制,行长领导中国人民银行的工作,中国人民银行在法定权限内,依法独立执行货币政策和履行其他职能。

三、中国人民银行的职能

中国人民银行的职能包括:

1. 中国人民银行是发行的银行。发行的银行是指有权发行货币的银行。垄断货币发行特权,成为全国唯一的货币发行机构,是中央银行不同于商业银行及其他金融机构的独特之处。根据《中国人民银行法》的规定,中国人民银行作为发行的银行,其主要职责体现在:(1)决定年度货币供应量,报国务院批准后执行。(2)负责办理人民币的统一印制和发行业务。(3)制定货币发行制度。(4)设立人民币发行库。(5)调拨人民币发行基金。

2. 中国人民银行是政府的银行。政府的银行是指中央银行作为政府管理金融的工具为政府服务。中国人民银行作为政府的银行,其职责表现在:(1)经理国库,持有、管理、经营国家外汇储备、黄金储备。(2)作为国家的中央银行从事有关的国际金融活动。(3)在公开市场上买卖国债、其他政府债券和金融债券以及外汇。(4)代理国务院财政部门向各金融机构组织发行、兑付国债和其他政府债券。

3. 中国人民银行是银行的银行。银行的银行是指其与商业银行和其他金融机构发生业务来往,与商业银行发生存贷款关系及资金往来结算关系,是全国存贷款准备金的保管者,是金融票据交换中心,是全国银行业的最后贷款者。中国人民银行作为银行的主要职责有:(1)要求银行业金融机构按照规定的比例交存存款准备金,集中保管存款准备金。(2)向商业银行提供贷款。(3)充当全国金融机构的资金结算中心。

4. 中国人民银行是管理金融的银行。中国人民银行作为管理金融的银行,是指中央银行有权制定和执行货币政策,并对商业银行和其他金融机构的业务活动进行领导、管理和监督。其主要职责是:(1)依法制定和执行货币政策,发布有关金融监督管理和业务的命令和规章,统一管理存贷款制度,制定人民币对外币的比价。(2)审批金融机构的设立和撤并。(3)维护支付、清算系统的正常运行。(4)指导、部署金融业反洗钱工作,负责反洗钱的资金监测。(5)协调和稽核各金融机构的业务工作,按照规定监督管理金融市场,负责金融业的统计、调查、分析和预测等。2023年3月第十四届全国人民代表大会第一次会议通过《关于国务院机构改革方案的决定》,决定组建国家金融监督管理总局,并对中国人民银行的监管职能做出调整:"国家金融监督管理总局在中国银行保险监督管理委员会基础上组建,将中国人民银行对金融控股公司等金融集团的日常监管职责、有关金融消费者保护职责,中国证券监督管理委员会的投资者保护职责划入国家金融监督管理总局。"也就是说,中国人民银行将不再承担对金融控股公司等金融集团的监管以及金融消费者保护等职责,在金融监管领域将更专注于宏观审慎监管。

四、中国人民银行的货币政策目标

(一)货币政策的定义

货币政策也即金融政策,是中央银行为实现其特定的经济目标而采用的各种控制和调节货币供应量或信用量的方针和措施的总称,包括信贷政策、利率政策和外汇政策。它是针对整个国民经济运行中出现的经济增长、通货膨胀、国际收支以及与此相联系的货币供应量、利率、汇率等问题而实行的一种宏观经济政策。其目的是通过对社会总需求的调整间接地影响社会总供给的变动,从而促进整个社会总需求与总供给的平衡。货币政策包括三个方面的要素:货币政策目标、货币政策中介目标和货币政策工具。

货币政策目标一般说来有四个:稳定货币、充分就业、促进经济增长和平衡国际收支。具体到各个国家,又有所不同:有的采取单一目标,即把稳定货币作为中央银行的货币政策目标;有的采取双重目标,即把稳定货币和经济增长作为中央银行的货币政策目标;有的采取多重目标,即把稳定货币、充分就业、经济增长、国际收支平衡作为中央银行的货币政策目标。货币政策中介目标是实现货币政策最终目标的桥梁。1993年12月国务院发布的《关于金融体制改革的决定》指出:"货币政策的中介目标和操作目标是货币供应量、信用总量、同业拆借利率和银行备付金率。"可见,我国把货币供应量和信用总量作为货币政策的中介目标,把同业拆借利率和银行备付金率作为操作目标。

(二)中国人民银行的货币政策目标

《中国人民银行法》第3条规定,中国人民银行的"货币政策目标是保持货币币值的稳定,并以此促进经济增长"。这一规定既确定了"稳定货币"的第一属性,又明确了"促进经济增长"的最终目标,界定和理顺了稳定货币与发展经济增长之间的关系。它既不同于把"稳定货币"作为中央银行货币政策的单一目标,也区别于以"稳定货币、发展经济"为中央银行货币政策的双重目标。单一的货币政策目标强调了"稳定货币"的第一性,而忽略了经济发展,导致稳定货币政策的目标不明确。双重目标在实际执行中往往出现畸轻畸重、相互冲突和对抗的情形,如有的国家以牺牲货币稳定为代价来求得经济发展。《中国人民银行法》所规定的我国中央银行的货币政策目标,既充分肯定了"稳定货币"是第一性的,又明确了稳定货币的目标是

"促进经济增长",它在克服单一目标片面性的同时,对双重目标的内容和关系进行了重新界定。这一规定既适应大力发展社会主义市场经济的内在要求,又符合我国现阶段的国情。

目前,我国进入了全面建设社会主义现代化国家的新发展阶段,要加快构建新发展格局,着力推动高质量发展,必须保持货币币值的稳定。只有在稳定货币的基础上,才能进一步促进经济的增长,达到积极、稳定发展的良性循环。另外,我国中央银行法未将"充分就业""国际收支平衡"作为中国人民银行的货币政策目标,这主要是因为我国工业化程度还不高,整个国民经济的国际化程度有待进一步加强。

2023年10月30日至31日中央金融工作会议在北京举行,首次提出建设金融强国的目标,指出"高质量发展是全面建设社会主义现代化国家的首要任务,金融要为经济社会发展提供高质量服务",要"始终保持货币政策的稳健性,更加注重做好跨周期和逆周期调节,充实货币政策工具箱"。同年11月20日召开的中央金融委员会会议,审议通过了推动金融高质量发展相关重点任务分工方案,同样强调"要着力提升金融服务经济社会发展的质量水平,在保持货币政策稳健性的基础上",推进各项具体政策和工作举措,促进金融业更好发展壮大。因此,《中国人民银行法》把保持货币币值的稳定,并以此促进经济增长作为货币政策目标是符合我国国情的。

(三)中国人民银行的货币政策工具

《中国人民银行法》第23条规定,我国中央银行可以运用的货币政策工具有以下六种:

1. 存款准备金政策。存款准备金政策是指中央银行在法律所赋予的权力范围内通过规定或调整商业银行缴存于中央银行的存款准备金比率,控制商业银行的信用创造能力,间接地控制社会货币供应量的活动。其主要内容包括:(1)规定存款准备金率。(2)规定存款准备金的缴存范围。(3)规定存款准备金缴存比例。(4)规定存款准备金缴存时间以及对迟缴、少缴的处罚。

2. 基准利率政策。基准利率是指利率体系中起主导作用的基础利率,它的水平和变动决定其他各种利率的水平和变动。中国人民银行通过对基准利率的调整来实现紧缩银根或放松银根的目的。

3. 再贴现政策。贴现就是将未到期的票据向商业银行转让,融通资金。再贴现是指商业银行或其他金融机构将贴现所获得的未到期票据向中央银行转让,也就是商业银行和中央银行之间的票据买卖和资金让渡。再贴现政策就是中央银行通过制定或调整再贴现利率来干预和影响市场利率及货币市场的供应与需求,从而调节市场货币供应量的一种金融政策。其内容包括再贴现的条件、对象和范围,再贴现的业务程序,制定和调整再贴现率。

4. 再贷款政策。再贷款是指中央银行对商业银行的贷款。中国人民银行通过再贷款控制和调节商业银行的信贷活动,从而控制和调节货币供应量和信用总量。

5. 公开市场政策。公开市场政策是指中央银行为实现货币政策目标而在公开市场上买进或卖出有价证券的行为。根据《中国人民银行法》的规定,我国中央银行公开市场业务是指中国人民银行在公开市场上买卖国债、其他政府债券和金融债券及外汇,从而控制和调节货币供应量。中国人民银行于2004年建立了公开市场业务一级交易商年度考评调整机制,2018年3月中国人民银行发布公告,为进一步增强一级交易商筛选的有效性和针对性,对考评指标体系进行了部分调整。

6. 其他货币政策工具。其他货币政策工具主要包括货币限额、消费者信用控制、不动产信用控制等。

五、中国人民银行的组织机构

中国人民银行实行行长负责制。行长领导中国人民银行的工作,副行长协助行长工作。中国人民银行设行长一人,副行长若干人。行长人选根据国务院总理的提名由全国人民代表大会决定;全国人民代表大会闭会期间,由全国人民代表大会常务委员会决定,由国家主席任免。副行长由国务院总理任免。

中国人民银行根据履行职责的需要设立分支机构,作为中国人民银行的派出机构。中国人民银行对分支机构实行集中统一领导和管理。中国人民银行的分支机构根据中国人民银行的授权,负责本辖区的金融监督管理,承办有关业务。2023年3月第十四届全国人民代表大会第一次会议通过《关于国务院机构改革方案的决定》,对中国人民银行的组织机构做出调整:"撤销中国人民银行大区分行及分行营业管理部、总行直属营业管理部和省会城市中心支行,在31个省(自治区、直辖市)设立省级分行,在深圳、大连、宁波、青岛、厦门设立计划单列市分行……不再保留中国人民银行县(市)支行,相关职能上收至中国人民银行地(市)中心支行。"

六、中国人民银行业务活动的法律规定

(一)中国人民银行业务活动的特点

中国人民银行是我国的中央银行,为履行调节经济、金融监管的职能,它必须要开展业务活动。作为特殊的金融机构,中国人民银行的业务活动有下列特点:(1)业务活动不以营利为目的。(2)对商业银行的存款不付利息。(3)业务对象是政府、商业银行和其他金融机构。

(二)中国人民银行业务活动的范围

中国人民银行的主要业务有:(1)为银行业金融机构开立账户。(2)要求银行业金融机构交存存款准备金。(3)确定中央银行基准利率。(4)为在中国人民银行开立账户的银行业金融机构办理再贴现。(5)向商业银行提供贷款。(6)在公开市场上买卖国债、其他政府债券和金融债券及外汇。(7)依照法律、行政法规的规定经营国库。(8)代理国务院财政部门向各金融机构组织发行、兑付国债和其他政府债券。(9)组织或协调组织金融机构相互之间的清算系统,协调金融机构相互之间的清算事项,提供清算服务。(10)法律、行政法规规定的其他业务。

中国人民银行在进行业务活动时,不得对银行业金融机构的账户透支;不得对政府财政透支,不得直接认购、包销国债和其他政府债券;不得向地方政府、各级政府部门提供贷款,不得向非银行金融机构以及其他单位和个人提供贷款,但国务院决定中国人民银行可以向特定的非银行金融机构提供贷款的除外;不得向任何单位或个人提供担保。

七、中国人民银行金融监督管理的法律规定

(一)金融监督管理的定义

金融监督管理简称金融监管,是指中央依据法律准则和法律程序对金融主体、金融业务活动和金融市场实行的检查、稽核、组织和协调。金融监管是中国人民银行的重要职能和职责之一。中央银行实施金融监督,对于保证货币政策的顺利实施,抑制通货膨胀,维护公众利益,保持社会安定以及保证金融体系安全,保障金融市场稳定都具有十分重要的意义。党的十八届三中全会通过的《中共中央关于全面深化改革若干重大问题的决定》明确指出:"落实金融监管改革措施和稳健标准,完善监管协调机制,界定中央和地方金融监管职责和风险处置责任。"这一决定为改革和完善我国金融监管法律制度明确了方向。党的二十大报告中提出"加强和完善现代金融监管,强化金融稳定保障体系,依法将各类金融活动全部纳入监管,守住不发生系统性风险底线",这就要求不断提升金融监管能力和水平,金融监管改革任务非常艰巨。

(二)金融监管的目标

1. 保证金融业经营的安全性。保证金融业经营的安全性就是指保证整个银行体系存贷款的安全可靠,从而维护广大存款人及社会公众的合法权益,保证金融业务的稳定。金融机构以货币信用为经营活动的内容,以追逐利润的最大化为唯一的经营目标。经营风险较大的金融业经营活动的失败会破坏整个社会的信用链条,以致动摇货币制度,造成社会经济的混乱,因此必须加强监督,把经营的安全性作为监管的首要目标。

2. 保证中央银行货币金融政策的一致性。所谓货币金融政策的一致性,是指通过中央银行的外部监督管理,使商业银行经营活动与中央银行的货币政策目标保持一致。中央银行运用各种货币政策工具推行其政策,实现货币政策目标,是以商业银行业务经营活动为其中介而传导的。但由于商业银行以追求利润的最大化为经营目标,因此中央银行的政策意向往往与商业银行的业务经营活动不一致。鉴于此,中央银行为了保证货币政策的顺利实施,就必须通过严格的监督管理活动来限制商业银行那些与中央银行政策意向不一致的经营活动,促使它们配合中央银行贯彻实施货币政策。

3. 保持金融市场的稳定性。金融市场是把社会闲置资金引导到生产建设中去的媒介。健全的金融市场是货币政策有效发挥作用的基础。中央银行参与金融市场的重要任务就是稳定金融市场,为社会经济的发展创造一个良好的融通资金的环境。因此,中央银行必须通过金融监督管理活动,保持金融市场的稳定性,进而实现国民经济的持续、健康和协调发展。

(三)中国人民银行金融监管的对象和范围

中国人民银行金融监管的对象是国有商业银行、地方商业银行、保险公司、信托投资公司、财务公司、证券公司、租赁公司、城乡信用合作社等银行和非银行金融机构。

中国人民银行金融监管的范围包括:(1)监管银行业同业拆借市场和银行间债券市场。(2)监督管理黄金市场。(3)实施外汇管理,监管银行间外汇市场。(4)监管支付结算、清算。

(四)中国人民银行的监督管理权

1. 全面监督检查权。全面监督检查权是指中国人民银行有权对金融机构以及其他单位和个人的下列行为进行检查监督:(1)执行有关存款准备金管理规定的行为。(2)与中国人民银行特种贷款有关的行为。(3)执行有关人民币管理规定的行为。(4)执行有关银行间同业拆借市场、银行间债券市场管理规定的行为。(5)执行有关外汇管理规定的行为。(6)执行有关黄金管理规定的行为。(7)代理中国人民银行经理国库的行为。(8)执行有关清算管理规定的行为。(9)执行有关反洗钱规定的行为。

2. 直接监督检查权。直接监督检查权是指当银行业金融机构出现支付困难,可能引发金融风险时,为了维护金融稳定,中国人民银行经国务院批准,有权对银行业金融机构进行检查监督。

3. 建议检查监督权。建议检查监督权是指中国人民银行根据执行货币政策和维护金融稳定的需要，可以建议国务院银行业监督管理机构对银行业金融机构进行监督检查。国务院银行业监督管理机构应当自收到建议之日起30日内予以答复。

4. 要求报送资料权。要求报送资料权是指中国人民银行根据履行职责的需要，有权要求银行业金融机构报送必要的资产负债表、利润表以及其他财务会计、统计报表和资料。

5. 行政处罚权及法律、行政法规规定的其他权利。

第三节　商业银行法律制度

一、商业银行法概述

（一）商业银行的定义及特点

商业银行是指依照《商业银行法》和《公司法》设立的，吸收公众存款、发放贷款、办理结算等业务的企业法人。它的基本职能是通过各种融资渠道和信用手段筹集资金货币，为商品生产和商品流通提供所需的货币资金和信用工具，促进国民经济发展。

商业银行具有以下特点：（1）它的资金来源主要是吸收公众存款，特别是吸收活期存款。西方国家习惯上将经营1年以下的短期信用业务的银行，称为商业银行，这是其他金融机构所不能从事的业务。（2）它主要从事商业性货币信用业务，且业务范围比较广泛，不受专业分工的限制，与其他银行相比被称为百货公司式的银行。（3）它以追求利润的最大化为经营目标。

（二）商业银行的分类

按银行资本的组织形式不同可以将商业银行分为三类：国有商业银行、股份制商业银行和外资银行。

（三）商业银行法的定义

商业银行法是调整商业银行在设立、变更、终止及开展业务活动中发生的各种社会关系的法律规范的总称。其主要内容包括商业银行的性质、种类、地位、法律形式、管理体制、业务范围、监督管理、法律性质等。我国规范商业银行行为的基本法律是1995年5月10日第八届全国人民代表大会常务委员会第十三次会议通过，并于1995年7月1日起实施的《商业银行法》。2003年12月27日，第十届全国人民代表大会常务委员会第六次会议审议通过了《关于修改〈中华人民共和国商业银行法〉的决定》，2015年8月29日第十二届全国人民代表大会常务委员会第十六次会议通过了《关于修改〈中华人民共和国商业银行法〉的决定》。2021年4月29日第十三届全国人民代表大会常务委员会第二十八次会议通过《关于授权国务院在自由贸易试验区暂时调整适用有关法律规定的决定》，授权国务院在自由贸易试验区暂时调整适用有关法律，调整期限为3年，其中《商业银行法》第19条、第24条、第74条部分规定属于暂时调整适用的法律规定。

二、商业银行的设立、变更、接管和终止

（一）商业银行的设立

1. 设立的条件

商业银行的设立是指商业银行创办人依照法律规定的条件和程序，取得商业银行合法资格的行为。《商业银行法》第11条规定："设立商业银行，应当经国务院银行业监督管理机构审查批准。未经国务院银行业监督管理机构批准，任何单位和个人不得从事吸收公众存款等商业银行业务，任何单位不得在名称中使用'银行'字样。"

设立商业银行应该具备下列条件：(1)有符合《商业银行法》和《公司法》规定的章程。(2)有符合《商业银行法》规定的注册资本最低限额，即设立全国性商业银行的注册资本最低限额为10亿元人民币，城市商业银行的注册资本最低限额为1亿元人民币，农村商业银行的注册资本最低限额为5000万元人民币。注册资本应当是实缴资本。国家金融监督管理总局根据审慎监管的要求可以调整注册资本的最低限额，但不得少于前述规定的限额。(3)有具备任职专业知识和业务工作经验的董事、高级管理人员。(4)有健全的组织机构和管理制度。(5)有符合要求的营业场所、安全防范措施和与业务有关的其他设施。此外，设立商业银行，还应当符合其他审慎性条件。

经批准设立的商业银行，由国家金融监督管理总局颁发经营许可证，凭许可证向市场监督管理部门办理登记，领取营业执照。

2. 商业银行的法律地位

商业银行是经营货币信用业务的金融企业，是具有民事权利能力和民事行为能力，依法自主经营、自负盈亏的企业法人，商业银行以其全部法人财产独立承担民事责任。商业银行与中央银行不同，它不是国家的金融行政监管机关，没有进行金融行政管理的职权。商业银行与政策性银行也不同，它不承担国家政策性金融业务。商业银行在其经营自主权范围内开展业务活动，坚持效益性、安全性、流动性的经营原则，自主经营、自担风险、自负盈亏、自我约束，以追求利润最大化为经营目的。

3. 商业银行分支机构的设立及法律地位

《商业银行法》第19条第1款规定："商业银行根据业务需要可以在中华人民共和国境内外设立分支机构。设立分支机构必须经国务院银行业监督管理机构审查批准……"申请人应当向国务院银行业管理机构提交下列文件、资料：(1)申请书，申请书应当载明拟设立的分支机构的名称、营运资金额、业务范围、总行及分支机构所在地等。(2)申请人最近2年的财务会计报告。(3)拟任职的高级管理人员的资格证明。(4)经营方针和计划。(5)营业场所、安全防范措施和与业务有关的其他设施的资料。(6)国务院银行业监督管理机构规定的其他文件、资料。

国务院银行业监督管理机构对设立分支机构的申请进行审查，对符合法律规定的，予以批准设立，发给经营许可证。经批准设立的商业银行分支机构，由国务院银行业管理机构颁发经营许可证，并凭该许可证向市场监督管理部门办理登记，领取营业执照。由于分支机构不是法人，不具有法人资格，故其领取的是"营业执照"。商业银行的分支机构在总行授权范围内依法开展业务，其民事责任由总行承担。

全国人民代表大会常务委员会《关于授权国务院在自由贸易试验区暂时调整适用有关法

律规定的决定》对自由贸易试验区内"中资银行业金融机构分行级以下分支机构(不含分行)设立、变更、终止以及业务范围审批"和"外资银行分行级以下分支机构(不含分行)设立、变更、终止以及部分业务范围审批"事项授权国务院进行调整,"调整实施方式"由审批改为备案。故商业银行分支机构的设立以审批为常态,备案为例外。

(二)商业银行的变更

商业银行的变更包括商业银行的事项变更和主体变更。

1. 事项变更。事项变更主要是指:(1)变更名称。(2)变更注册资本。(3)变更总行或分支行所在地。(4)调整业务范围。(5)变更持有资本总额或股份总额5%以上的股东。(6)修改章程。(7)国务院银行业监督管理机构规定的其他变更事项。

2. 主体变更。主体变更是指商业银行的分立与合并。商业银行的分立、合并适用《公司法》的规定,并经国务院银行业监督管理机构审查批准。商业银行的分立是指商业银行依照有关法律规定分成两个或两个以上商业银行的行为,商业银行的合并是指两个或两个以上的商业银行按照有关法律规定组成一个新的商业银行的行为。

(三)商业银行的接管

接管是指国务院银行业监督管理机构在商业银行已经或者可能发生信用危机,严重影响存款人利益时,对该银行采取的整顿和改组等措施。接管的目的是保护存款人的利益,恢复商业银行的正常经营能力。由于国务院银行业监督管理机构自身不从事经营活动,接管也不是为了自己利益,而是为了他人利益,且不以营利为目的,所以《商业银行法》第64条第2款规定:"……被接管的商业银行的债权债务关系不因接管而变化。"这就是说,因接管而产生的民事责任,仍由被接管的商业银行承担。

(四)商业银行的终止

终止是指商业银行因出现解散、被撤销和被宣告破产等法律规定的情形而消灭其法律主体资格的法律行为。商业银行因下列原因而终止:

1. 解散。解散是指商业银行由于出现了法定事由或公司章程规定的情况,而停止对外的经营活动,清算未了结的债权债务,使银行法人资格消灭的法律行为。解散由银行股东会决议通过后,向国务院银行业监督管理机构提出申请,并附解散的理由和支付存款的本金和利息等债务清偿计划,经国务院银行业监督管理机构批准后解散。

2. 被撤销。商业银行应当依照法律、法规的规定正确使用经营许可证,如果违反法律规定进行经营活动,国务院银行业监督管理机构有权吊销其经营许可证,撤销违法经营的商业银行。《商业银行法》第74条、第75条明确规定了国务院银行业监督管理机构可吊销商业银行经营许可证的情形。另外,《商业银行法》第23条第2款规定,商业银行及其分支机构自取得营业执照之日起无正当理由超过6个月未开业的,或者开业后自行停业连续6个月以上的,由国务院银行业监督管理机构吊销其经营许可证,并予以公告。

3. 破产。商业银行不能支付到期债务,经国务院银行业监督管理机构国家金融监督管理总局同意后,由人民法院依法宣告其破产,商业银行因破产而终止。

三、商业银行的组织体制、组织形式和组织机构

（一）我国商业银行的组织体制

我国商业银行实行总分行制的组织体制。总分行制也称分支行制,是指依法可以在国内外开设分支机构的银行体制。在分支行制下,各商业银行经营范围广,经营规模大,与社会发生的信用关系广泛,金融业务多种多样,经营成本也相对较低。总行可以对各分支机构的业务活动及资金进行合理调剂,尽量分散和减少信用风险,因此总分行制是目前世界上绝大多数国家商业银行所采用的一种体制。我国《商业银行法》第19条第1款规定:"商业银行根据业务需要可以在中华人民共和国境内外设立分支机构……"

（二）商业银行的组织形式

《商业银行法》第17条第1款规定:"商业银行的组织形式、组织机构适用《中华人民共和国公司法》的规定。本法施行前设立的商业银行,其组织形式、组织机构不完全符合《中华人民共和国公司法》规定的,可以继续沿用原有的规定,适用前款规定的日期由国务院规定。"据此,我国商业银行主要有两种,即有限责任公司形式的商业银行和股份有限公司形式的商业银行。

1.有限责任公司形式的商业银行。它又有两种存在形式:(1)有限责任公司式的商业银行。它是指由2个以上50个以下股东共同出资设立,股东以其出资额为限对银行承担责任,银行以其全部资产对银行的债务承担责任的商业银行。(2)国有独资公司形式的商业银行。它是指由国家授权投资机构或者国家授权的部门单独投资设立的有限责任公司形式的商业银行。国有独资公司形式的商业银行是有限责任公司形式的商业银行的特殊表现形式,它只有一个股东,即国家。国有独资商业银行的章程由国有资产监督管理机构制定,或由董事会制定,报国有资产监督管理机构批准。

2.股份有限公司形式的商业银行。它是指将银行的全部资本分为等额股份,股东以其所持股份为限对银行承担责任,银行则以其全部资产对银行的债务承担责任的商业银行。

（三）商业银行的组织机构

根据《商业银行法》第17条的规定,我国商业银行的组织机构包括股东会、董事会、行长或总经理、监事会。

1.股东会。股东会是商业银行的权力机构,依法行使下列职权:(1)决定商业银行的经营方针和投资计划。(2)选举和更换非由职工代表担任的董事、监事,决定有关董事、监事的报酬事项。(3)审议批准董事会的报告。(4)审议批准监事会或者监事的报告。(5)审议批准商业银行的年度财务预算方案、决算方案。(6)审议批准商业银行的利润分配方案和弥补亏损方案。(7)对商业银行增加或减少注册资本作出决议。(8)对发行金融债券作出决议。(9)对商业银行合并、分立、解散、清算或者变更组织形式作出决议。(10)修改商业银行的章程。(11)商业银行章程规定的其他职权。

商业银行股东会由董事会召集,董事长主持。董事长不能履行职务或者不履行职务的,由副董事长主持;副董事长不能履行职务或者不履行职务的,由半数以上董事共同推举一名董事主持。国有独资商业银行不设股东会,由国有资产监督管理机构行使股东会职权。商业银行的合并、分立、解散、增减资本和发行金融债券,必须由国有资产监督管理机构决定。

2.董事会。根据《公司法》的规定,有限责任公司和股份有限公司董事会成员为3人以上,

其成员中可以有公司职工代表。因此,有限责任公司形式的商业银行和股份有限公司形式的商业银行的董事会成员都为3人以上。国有独资商业银行的董事会成员由国有资产监督管理机构按照董事会的任期委派或更换。董事任期由章程规定,但每届任期不得超过3年,可连选连任。董事会设董事长1人,可以设副董事长。董事长、副董事长产生的办法,有限责任公司形式的商业银行由章程规定;国有独资公司形式的商业银行由国有资产监督管理机构从董事会成员中指定;股份有限公司形式的商业银行由董事会以全体董事过半数选举产生。董事长为商业银行的法定代表人。

商业银行董事会对股东会或股东大会负责,行使下列职权:(1)负责召集股东会或股东大会,并向股东会或股东大会报告工作。(2)执行股东会或股东大会的决议。(3)决定商业银行的经营计划和投资方案。(4)决定商业银行的年度财务预算方案、决算方案。(5)制定商业银行的利润分配方案和弥补亏损方案。(6)制定商业银行增加或减少注册资本的方案以及发行金融债券的方案。(7)制定商业银行合并、分立、解散或者变更组织形式的方案。(8)决定商业银行内部管理机构的设置。(9)决定聘任或者解聘行长(总经理),根据行长(总经理)的提名,聘任或者解聘副行长(副总经理)、财务负责人及其报酬事项。(10)制定商业银行的基本管理制度。(11)商业银行章程规定的其他职权。

董事会会议由董事长召集和主持。董事长不能履行职务或者不履行职务的,由董事长召集和主持;副董事长不能履行职务或者不履行职务的,由半数以上董事共同推举1名董事召集和主持。有限责任公司形式的商业银行董事会的议事方式和表决程序除《公司法》有规定外,由章程规定;股份有限公司形式的商业银行董事会会议每年度至少召开2次,并且应由过半数以上的董事出席方可举行,董事会作出决议,必须经全体董事过半数通过。

3. 行长或总经理。行长或总经理为商业银行的日常经营管理者,由董事会聘任或解聘。行长或总经理对董事会负责,行使下列职权:(1)主持商业银行的经营管理工作,组织实施董事会决议。(2)组织实施商业银行年度经营计划和投资方案。(3)拟订商业银行内部管理机构设置方案。(4)拟订商业银行的基本管理制度。(5)制定商业银行的具体规章。(6)提请聘任或解聘副行长或副总经理和财务负责人。(7)决定聘任或解聘除应由董事会决定聘任或解聘以外的负责管理人员。(8)商业银行章程或董事会授予的其他职权。全国人民代表大会常务委员会《关于授权国务院在自由贸易试验区暂时调整适用有关法律规定的决定》对自由贸易试验区内"中资银行业金融机构分行级以下分支机构(不含分行)高级管理人员任职资格"和"外资银行分行级以下分支机构(不含分行)高级管理人员任职资格"授权国务院进行调整,调整方式由审批改为备案。商业银行的行长或总经理可列席董事会会议。

4. 监事会。商业银行应按《公司法》的规定设立监事会。监事会的成员不得少于3人,由股东代表和适当比例的职工代表组成,具体比例由章程规定。监事会中的职工代表由职工民主选举产生。董事、高级管理人员不得兼任监事。监事的任期每届为3年,可连选连任。监事会行使下列职权:(1)检查商业银行的财务。(2)对董事、高级管理人员执行职务的行为进行监督,对违反法律、行政法规、商业银行章程或者股东会决议的董事、高级管理人员提出罢免的建议。(3)当董事、高级管理人员的行为损害商业银行的利益时,要求其予以纠正。(4)提议召开临时股东会会议,在董事会不履行《公司法》规定的召集和主持股东会会议职责时召集和主持股东会会议。(5)向股东会会议提出议案。(6)依照《公司法》第189条的规定,对董事、高级管理人员提起诉讼。(7)商业银行章程规定的其他职权。

监事也可列席董事会会议,并对董事会决议事项提出质询或者建议。国有独资商业银行设立监事会。监事会对国有独资商业银行的信贷资产质量、资产负债比例、国有资产保值增值等情况以及高级管理人员违反法律、行政法规或章程的行为或损害银行利益的行为进行监督。

四、商业银行的监督管理

（一）商业银行的自我监督

1. 建立、健全风险管理和内部控制制度。商业银行应按照有关规定,制定该行的业务规则,建立、健全该行的风险管理和内部控制制度。银行业监督管理机构的监督管理只有通过银行内部的严格制度才能起作用。商业银行内部必须机构完备、制度严密,有合理有效的操作规程以及严格的内部监督机制。商业银行的内部管理和监督制度的合法有效是监督管理当局有效监督管理的前提。

2. 建立、健全自身及其分支机构的稽核检查制度。《商业银行法》第60条规定,商业银行应建立、健全该行对存款、贷款、结算、呆账等各项情况的稽核、检查制度。内部稽核、检查是指对于商业银行自身及其分支机构所从事的业务活动,以会计核算资料为主要依据,以法律、法规和有关规定为标准,对存款、贷款、结算、呆账等情况的真实性、合法性、安全性和效益性进行检查的一种内部经济监督方式。这种自我监督对于商业银行合法、安全、有效地经营是十分重要的。

（二）国务院银行业监督管理机构和中国人民银行的监督管理

1. 资产负债比例管理。资产负债比例管理是指银行法规定的商业银行在经营过程中,应该达到的资本充足率、资产流动比率等指标,并以此规范商业银行的经营活动,保证资金的安全性、流动性和营利性。它是中央银行对商业银行进行监督管理的一项重要内容。我国《商业银行法》第39条规定,商业银行贷款应当遵守下列资产负债比例管理的规定:(1)资本充足率不得低于8%。(2)流动性资产余额与流动性负债余额的比例不得低于25%。(3)对同一借款人的贷款余额与商业银行资本余额的比例不得超过10%。(4)国务院银行业监督管理机构对资产负债比例管理的其他规定。需要注意的是,《商业银行法》施行前设立的商业银行,在《商业银行法》施行后,其资产负债比例不符合上述规定的,应当在一定时期内达到资产负债比例的要求。

2. 商业银行同业拆借的管理。商业银行在进行同业拆借时,应当遵守中国人民银行的规定。禁止利用拆入资金发放固定资产贷款或者用于投资。拆出资金限于交足存款准备金、留足备付金和归还中国人民银行到期贷款之后的闲置资金。拆入资金用于弥补票据结算、联行汇差头寸的不足和解决临时性周转资金的需要。

3. 商业银行其他方面的监督管理。商业银行在中华人民共和国境内不得从事信托投资和证券经营业务,不得向非自用不动产投资或者向非银行金融机构和企业投资,但国家另有规定的除外。商业银行应当建立、健全该行对存款、贷款、结算、呆账等各项情况的稽核、检查制度。商业银行对分支机构应当进行经常性的稽核和检查监督。商业银行应当按照规定向国务院银行业监督管理机构、中国人民银行报送资产负债表、利润表以及其他财务会计、统计报表和资料。国务院银行业监督管理机构有权依照《商业银行法》第三章至第五章的规定,随时对商业银行的存款、贷款、结算、呆账等情况进行检查监督。商业银行应当按照国务院银行业监督管理机构的要求,提供财务会计资料、业务合同和有关经营管理方面的其他信息。中国人民银行有权依照《中国人民银行法》第 32 条、第 34 条规定对商业银行进行检查监督。

(三) 国家审计机关的审计监督

根据我国《商业银行法》第 56 条的规定:"商业银行应当于每一会计年度终了三个月内,按照国务院银行业监督管理机构的规定,公布其上一年度的经营业绩和审计报告。"此外,我国《商业银行法》第 63 条规定,商业银行应当依法接受审计机关的审计监督。

第四节 政策性银行法律制度

一、政策性银行的定义

政策性银行是指由政府创办的、不以营利为目的的专门经营政策性贷款业务的银行机构。它是适应贯彻国家产业政策、调控宏观经济的需要产生的。20 世纪 30 年代,美国、德国、日本率先建立政策性银行。第二次世界大战后,各国为了恢复战争创伤,发展经济,设立了一批政策性银行;后又为发展基础产业,扶植落后地区的经济发展,各国普遍建立了各自的政策性银行体系。我国的政策性银行在 20 世纪 90 年代以后才开始建立。1993 年 12 月 25 日,国务院发布《关于金融体制改革的决定》,提出要深化金融体制改革,组建政策性银行。我国先后组建的中国国家开发银行、中国进出口银行、中国农业发展银行均属于政策性银行。政策性银行是专门为配合政府的社会经济政策,贯彻政府的经济意图而设立的,它是政府发展经济、调整产业结构、进行宏观经济调控的金融机构。其作用在于弥补商业银行在资金配置上的缺陷,健全与优化一国金融体系的整体功能,促进国民经济的全面、健康发展。

政策性银行与商业银行相比,具有以下法律特征:(1)政策性银行由政府创办,属于政府的金融机构。例如,德国《复兴开发银行法》规定,复兴开发银行为政府所有,其中联邦政府占 80% 的股份,各州政府占 20% 的股份。我国的《国家开发银行章程》第 7 条规定,国家开发银行注册资本为 500 亿元人民币,由财政部核拨。(2)政策性银行不以营利为目的。政策性银行以贯彻和执行政府的社会经济政策为己任,主要是为国家重点建设和按照国家产业政策扶植的行业及企业提供政策性贷款,实行自主保本经营。(3)政策性银行主要从事贷款业务,不吸收存款。其资金来源包括政府提供的资本金、各种借入资金和发行金融债券筹措的资金,其资金运作多为长期贷款和资本贷款。

政策性银行法是规定政策性银行的组织和行为的法律规范的总称。其内容包括政策性银行的性质,地位,资金来源和运作,业务范围,组织形式和组织机构设立、变更和终止等。

二、中国国家开发银行的法律规定

(一) 中国国家开发银行的性质和任务

中国国家开发银行是专门从事政策性国家重点建设贷款及贴息业务的银行,它是国务院直接领导的政策性金融机构,对由其安排投资的国家重点建设项目,在资金总量和资金结构配置上负有宏观经济调控的职责。2015年,国务院明确中国国家开发银行的国有开发性金融机构定位,着重支持中国经济重点领域和薄弱环节发展。开发性金融是政策性金融的深化和发展,以服务国家发展战略为宗旨,以国家信用为依托,以市场运作为基本模式,以保本微利为经营原则,以中长期投融资为载体,在实现政府发展目标、弥补市场失灵、提供公共产品、提高社会资源配置效率、熨平经济周期性波动等方面具有独特优势和作用。

中国国家开发银行在金融业务上接受中国人民银行的指导和监督。中国国家开发银行总部设在北京市。随着业务的发展,中国国家开发银行经批准可在国内外设置必要的办事机构。中国国家开发银行对国家政策性贷款的拨付业务,优先委托中国建设银行办理,并对其委托的有关业务进行监督。

中国国家开发银行的主要任务是:按照国家的法律、法规和方针、政策,建立长期稳定的资金来源,筹集和引导社会资金用于国家重点建设。投资项目不留资金缺口,用于支持国家基础设施、基础产业和支柱产业的大中型基本建设和技术改造等政策性项目及其配套工程的建设。从资金来源上对固定资产投资总量进行控制和调节,优化投资结构,从而逐步建立投资约束和风险责任机制,提高投资效益,促进国民经济的持续、快速、健康发展。

(二)中国国家开发银行资金来源、注册资本、经营的业务范围及规则

中国国家开发银行的资金来源于财政部核拨,其注册资本为500亿元人民币。

中国国家开发银行主要经营和办理的业务是:(1)管理和运用国家核拨的预算内经营性建设基金和贴息资金。(2)向国内金融机构发行金融债券和向社会发行财政担保建设债券。(3)办理有关的外国政府和国际金融组织贷款的转贷,经国家批准在国外发行债券,根据国家利用外资计划筹借国际商业贷款等。(4)向国家基础设施、基础产业和支柱产业的大中型基本建设和技术改造等政策性项目及其配套工程发放政策性贷款。(5)办理建设项目贷款条件评审、咨询和担保等业务,为重点建设项目物色国内外合资伙伴,提供投资机会和投资信息。(6)经批准的其他业务。

(三)中国国家开发银行的内部组织形式及财务会计制度

1. 中国国家开发银行的组织形式

中国国家开发银行是由原来的中国人民建设银行的一部分政策性业务和国家投资机构组成的,负责管辖中国人民建设银行和国家投资机构。中国国家开发银行设有总行、分行,并有其控股子公司。中国国家开发银行对国家政策性贷款的拨付业务,优先委托中国人民建设银行办理,并对其委托的有关业务进行监管。

中国国家开发银行实行行长负责制,设行长1人,副行长若干人,均由国务院任命。行长负责全行工作,副行长协助行长工作。开发银行行长主持行长会议,研究决定以下重大事项:(1)审定本行的业务方针、计划和重要规章。(2)审查行长的工作报告。(3)审定筹资方案,确定政策性贷款计划。(4)审查、通过本行年度财务决算报告。(5)审定其他重大事项。

中国国家开发银行设董事会,由执行董事(含董事长)、部委董事和股权董事组成,按照有关法律法规及《国家开发银行章程》履行职责。董事会的职权主要包括:制定年度财务预算方案、决算方案、利润分配方案、弥补亏损方案、董事会议事规则及其修订方案,信息披露政策及制度等;审议批准中长期发展战略、年度经营计划和投资方案,年度债券发行计划,资本管理规划方案和资本补充工具发行方案,重大项目,风险管理、内部控制等基本管理制度,内部管理架

构,一级境内外分支机构设置、调整和撤销方案,内部审计章程、年度工作计划和内部审计机构,年度报告等,决定对该行董事长及经营管理层的授权事项等。董事会下设战略发展和投资管理委员会、审计委员会、风险管理委员会、关联交易控制委员会、人事与薪酬委员会等5个专门委员会。

2. 中国国家开发银行的监事会

中国国家开发银行设立监事会,监事会由财政部、中国人民银行、审计署等部门各一位负责人以及国务院指定的其他人员组成。监事会主席由各监事会成员单位定期轮换担任,每届任期为3年。监事会的主要职责是:监督中国国家开发银行执行国家方针政策的情况,监督中国国家开发银行资金使用方向和资产经营状况,提出中国国家开发银行行长的任免建议。监事会不能干预中国国家开发银行的具体业务。

3. 中国国家开发银行财务会计的规定

中国国家开发银行按照《会计法》和财政部有关金融、保险企业的财务、会计制度执行。中国国家开发银行基本财务报表为资产负债表和损益表,每年定期公布,并由中华人民共和国的注册会计师和审计事务所出具审计报告。

三、中国农业发展银行的法律规定

(一)中国农业发展银行的性质和任务的规定

中国农业发展银行是负责筹集农业政策性信贷资金,办理国家规定的农业政策性金融业务的银行,是国务院直接领导的政策性金融机构。根据《中国农业发展银行章程》的规定,中国农业发展银行是注册资本为200亿元人民币的独立法人,实行独立核算,自主、保本经营,实行企业化管理。

中国农业发展银行的主要任务是按照国家的法律、法规和方针政策,以国家信用为基础,筹集农业政策性信贷资金,承担国家规定的农业政策性金融业务,代理财政性支农资金的拨付,为农业和农村经济发展提供优惠低息贷款。

在新发展时期,中国农业发展银行坚持实施"六个坚持"总体战略和"四个全力"发展战略。"六个坚持"总体战略指:坚持党的领导、党的建设的政治保证,坚持支农为国、立行为民的崇高使命,坚持建设现代化农业政策性银行的宏伟愿景,坚持家国情怀、专业素养的价值追求,坚持执行国家意志、服务"三农"需求、遵循银行规律"三位一体"的办行理念,坚持服务乡村振兴的银行的战略定位。"四个全力"发展战略也称"一二六六"战略,指"十四五"时期,中国农业发展银行要:围绕实现"一大目标",即"高质量发展达到同业先进水平";贯通驱动高质量发展的"两大路径",即"改革"和"创新";以服务乡村振兴统揽工作全局,聚焦支持农业农村重点领域和薄弱环节的"六大领域",即"全力服务国家粮食安全、巩固拓展脱贫攻坚成果同乡村振兴有效衔接、农业现代化、农村建设、区域协调发展和生态文明建设";强化"六大支撑",即"依法治理、人才队伍、风险管控、基础管理、数字科技、文化品牌"。

(二)中国农业发展银行组织机构的规定

中国农业发展银行是国务院直接领导的政策性金融机构,在业务上接受中国人民银行的指导和监督。

中国农业发展银行在机构设置上实行总行、分行、支行制。其中,总行设在北京市,经中国人民银行批准后,可在若干农业比重大的省、自治区设派出机构(分行或办事处)和县级营业机构。

中国农业发展银行实行行长负责制,对其分支机构实行垂直领导的管理体制。总行设行长1人,副行长若干人,由国务院任命。行长为法定代表人,负责全行工作,副行长协助行长工作。分行的正、副行长由总行任命;支行的正、副行长由其所在的省、自治区、直辖市分行任命。职员实行行员制。行长负责全行工作,主持行长会议,研究并决定以下重大事项:(1)该行的业务方针、计划和重要规章制度。(2)行长的工作报告。(3)国家重点农业政策性贷款项目。(4)该行年度决算报告。(5)有关该行的其他重大事项。

中国农业发展银行设立监事会。监事会由中国人民银行、财政部、农业部、国内贸易等有关部门选派人员组成,并报国务院批准。由国务院任命监事会主席1人。监事会的主要职责是:(1)监督中国农业发展银行执行国家方针政策的情况。(2)检查中国农业发展银行的业务经营和财务状况。(3)查阅、审核中国农业发展银行的财务资料。(4)监督、评价中国农业发展银行行长的工作,提出任免、奖惩建议。但应当注意的是,监事会只对中国农业发展银行起监督、检查、评价的作用,并不干预中国农业发展银行的具体业务。具体业务主要由中国农业发展银行行长主持负责。

(三)中国农业发展银行经营业务活动的规定

中国农业发展银行主要经营和办理下列业务活动:(1)办理由国务院确定,由中国人民银行安排资金并由财政部予以贴息的粮食、棉花、油料、猪肉、食糖等主要农副产品的国家专项储备贷款。(2)办理粮、棉、油、肉等农副产品的收购贷款及粮油调销、批发贷款,办理承担国家粮、油等产品政策性加工任务企业的贷款和棉麻系统棉花初加工企业的贷款。(3)办理国务院确定的扶贫贴息贷款、老少边穷地区发展经济贷款、贫困县县办工业贷款、农业综合开发贷款以及其他财政贴息的农业方面的贷款。(4)办理国家确定的小型农、林、牧、水利基本建设和技术改造贷款。(5)办理中央和省级政府的财政支农资金的贷款拨付,为各级政府设立的粮食风险基金开立专户并代理拨付。(6)发行金融债券。(7)办理业务范围内开户企事业单位的存款。(8)办理开户企事业单位的结算。(9)境内筹资。(10)办理经国务院和中国人民银行批准的其他业务。

(四)中国农业发展银行财务会计制度的规定

由中国农业银行改组而新建的中国农业发展银行,作为独立的法人,其资本金通过从原来的中国农业银行资本金中拨出一部分解决。中国农业发展银行接管原中国农业银行和中国工商银行的农业政策贷款(债权),并接受相应的人民银行贷款(债务)。

中国农业发展银行的财务会计制度,按照《会计法》和财政部有关金融、保险企业财务、会计制度执行。中国农业发展银行以公历自然年度为会计年度,每年向财政部报送年度财务决策。中国农业发展银行基本财务报表为资产负债表和损益表,每年定期公布,并由中华人民共和国的注册会计师和审计事务所出具审计报告。

四、中国进出口银行的法律规定

(一)中国进出口银行的性质和任务

中国进出口银行是对我国进出口业实行政策性贷款业务的专业银行,是经营国家进出口方面业务的政策性金融机构,在稳增长、调结构、支持外贸发展、实施"走出去"战略等方面具有重要作用。其主要任务是执行国家产业政策和外贸政策。也就是说,中国进出口银行要以金融手段支持我国出口贸易的发展,尤其是支持机电产品和成套设备出口,以促进出口商品的升级换代。

（二）中国进出口银行的资金来源和注册资本

中国进出口银行的资本金由财政部核拨。该行资金来源主要是财政专项资金和对金融机构发行的金融债券。中国进出口银行业务范围主要是为大型机电成套设备进出口提供买方信贷和卖方信贷,为成套机电产品出口信贷办理贴息及出口信贷担保。其不办理商业银行业务。该行坚持自担风险、保本经营,不与商业性金融机构竞争,其业务受中国人民银行监督。

（三）中国进出口银行的经营范围、经营原则和经营措施

中国进出口银行的经营范围包括:提供进出口信贷,提供信贷担保等业务,兼办出口信用保险业务,其他业务。

在经营原则方面,中国进出口银行必须坚持自主、保本经营,实行企业化管理的原则。中国进出口银行作为政策性银行,一方面要通过经营活动,为支持我国成套设备与机电产品出口作出贡献;另一方面要在经营活动中取得效益,把政策性与效益性统一起来。银行通过加强管理,综合经营,增收节支,在取得财政合理补贴后实现保本和争取盈利。

在经营措施方面,从总体上讲,要增强风险意识,建立安全防范机制。

（四）中国进出口银行的组织机构与财务制度

中国进出口银行设董事会。董事会由13名董事组成,包括3名执行董事(含董事长)、10名非执行董事。董事会设董事长1人,视需要设副董事长。董事长可兼任银行行长。董事长、银行行长都由政府或政府授权任免。

中国进出口银行设立监事会。监事会由国务院根据《国有重点金融机构监事会暂行条例》(中华人民共和国国务院令第282号)等法律、法规委任派出并对国务院负责。监事会受国务院委托对银行的经营方针及国有资产的保值、增值情况,对银行行长的经营业绩进行监督检查,对银行行长的工作作出评价和提出建议。

中国进出口银行设有总行和分支机构(包括境内分行与境外分行、代表处)。中国进出口银行的财务制度与其他政策性银行类似。

第五节 货币法律制度

一、人民币法律制度

（一）人民币概述

1. 人民币制度的建立

人民币于1948年12月中国人民银行成立时发行,新中国成立后,人民币成为我国市场上

流通的法定货币。其后,国务院又先后发布了《关于发行新的人民币和收回现行的人民币的命令》(1955年2月21日)、《关于发行新版人民币的命令》(1987年4月25日)等,使人民币制度得以建立和逐步健全。1995年3月18日颁布的《中国人民银行法》首次从法律上确立了人民币的法律地位,2000年2月3日发布,2014年7月29日、2018年3月19日修订的《人民币管理条例》则健全和完善了我国人民币法律制度。到目前为止,我国共发行了五套人民币,其中前三套已经停止使用。我国目前人民币的面额有1分、2分、5分、1角、2角、5角、1元、2元、5元、10元、20元、50元、100元13种。元为主币,角、分为辅币。人民币的符号为"￥"。

2. 人民币的法律地位

《中国人民银行法》第16条和《人民币管理条例》第3条的规定明确了人民币的法律地位,即人民币是我国的法定货币。一方面,人民币具有法定性,以人民币支付中国境内的一切公共的和私人的债务,任何单位和个人不得拒收;另一方面,人民币是我国唯一合法的货币,国家禁止发行除人民币以外的其他货币或变相货币,同时禁止人民币以外的其他货币或变相货币在境内私自流通。目前,我国正逐步推进人民币国际化,提升人民币的国际地位。党的二十大报告强调,"有序推进人民币国际化"。跨境人民币结算是推进人民币国际化的重要抓手。近年来,通过开展跨境贸易人民币结算试点,我国金融机构、企业和个人开展的跨境交易总额中,有近一半使用人民币结算。目前,国际货币体系加速进入调整期,我国应紧抓历史机遇,通过优化双边货币互换机制、加快打造"区域货币流通圈"、健全相关风险防控体系,有序推进跨境人民币结算走实走深,为人民币国际化奠定坚实基础。

(二)人民币发行法律制度

1. 人民币发行的原则

人民币发行的原则主要有:(1)集中统一发行原则。《中国人民银行法》第18条第1款规定:"人民币由中国人民银行统一印制、发行。"这说明我国人民币的发行权集中在中国人民银行,其他任何单位和个人都无权发行货币和变相货币。(2)经济发行原则,又称信用发行原则,是指货币的发行量应当与市场上商品的流通量相适应。货币发行量过大,会引起通货膨胀;发行量过小,则会导致通货紧缩。因此,人民币的发行必须根据经济发展和商品流通的实际需要来进行,要避免财政发行。(3)计划发行原则,是指货币的发行要根据国民经济和社会发展的计划来进行。在我国,具体计划由中国人民银行制定,报国务院批准后实施。

2. 人民币发行的具体规定

党的二十大报告中指出,建设现代中央银行制度。这是深化金融体制改革的重要部署。现代中央银行制度,是中央银行为实现币值稳定、充分就业、金融稳定、国际收支平衡等任务而设计和实施的现代货币政策框架、金融基础设施服务体系、系统性金融风险防控体系和国际金融协调合作治理机制的总和。建设实践中的重要任务包括"完善基础货币投放机制,健全基准利率和市场化利率体系",体现币值稳定是现代中央银行履行职能的首要目标,这就需要通过包括人民币发行管理在内的货币管理制度实现,人民币发行是货币管理的重要环节。

人民币发行的具体规定包括:(1)货币发行决定权属于国务院。货币发行关系着全国的商品生产和流通,关系着币值、物价和人民生活的稳定,因此货币发行权必须集中于中央。1949年9月,中国人民政治协商会议第一次全体会议通过的《中国人民政治协商会议共同纲领》(已失效)明确规定,货币发行权属于国家。《中国人民银行法》第5条第1款规定,中国人民银行就年度货币供应量、利率、汇率和国务院规定的其他重要事项作出的决定,报国务院批准后执行。国家禁止伪造变造人民币,禁止出售、购买伪造、变造的人民币,禁止运输、持有、使用伪造、变造的人民币,禁止故意毁损人民币,禁止在宣传品、出版物或者其他商品上非法使用人民币图样。任何单位或个人不得印制、发售代币票券,以代替人民币在市场上流通。残缺、污损的人民币,按照中国人民银行的规定兑换,并由中国人民银行负责回收、销毁。(2)货币发行由中国人民银行执行。国家授权中国人民银行掌管货币发行,中国人民银行是我国唯一的货币发行机关。中国人民银行设立人民币发行库,在其分支机构设立分支库。分支库调拨人民币发行基金应当按照上级库的调拨命令办理。任何单位和个人不得违反规定动用发行基金。

(三)人民币流通管理法律制度

人民币的流通包括现金流通和非现金流通。现金流通即以人民币现金清偿债务,非现金流通即通过银行转账的方式清偿债务。人民币的流通管理通常指现金管理。现金管理是指银行和其他非银行金融机构根据法律的规定,对开户单位的现金收支活动进行监督和管理的一项财经制度。中国人民银行是现金管理的主管部门,各级人民银行负责对开户银行的现金管理进行监督和稽核,开户行负责现金管理的具体实施,对开户单位收支、使用现金进行监督管理。凡在开户银行开立账户的机关、团体、部队、企业、事业单位必须依据有关法律规定,接受开户银行对现金管理的监督。

1. 现金使用的范围

我国对人民币现金的使用范围作了严格的规定。国务院1988年发布、2011年修订的《现金管理暂行条例》规定现金的使用范围是:(1)职工工资、津贴。(2)个人劳务报酬。(3)根据国家规定颁发给个人的科学技术、文化艺术、体育等各种奖金。(4)各种劳保、福利费用以及国家规定的对个人的其他支出。(5)向个人收购农副产品和其他物资的价款。(6)出差人员必须随身携带的差旅费。(7)结算起点以下的零星支出。(8)中国人民银行确定需要支付现金的其他支出。购置国家规定的专项控制商品,必须采取转账的结算方式,不得使用现金。结算起点的调整,由中国人民银行确定,报国务院备案。

2. 开户单位的现金管理

开户单位的现金管理主要包括以下内容:(1)除收购单位向个人收购农副产品和其他物资支付的价款,出差人员必须随身携带的差旅费外,开户单位支付给个人的款项中,支付现金每人一次不得超过1000元,超过使用现金限额的部分,应当以支票或者银行本票支付;确需全额支付现金的,经开户银行审核后,予以支付现金。(2)库存现金限额。开户银行应当根据实际需要,核定开户单位3天至5天的日常零星开支所需的库存现金限额。边远地区和交通不便地区的开户单位的库存现金限额可以多于5天,但不得超过15天的日常零星开支,需要增加或者减少库存现金限额,应当向开户银行提出申请,由开户银行核定。(3)现金收支管理。现金收支应当于当日送存开户银行,送存确有困难的,由开户银行确定送存时间;支付现金,不得从本单位的现金收入中直接支付(坐支),因特殊情况需要坐支现金的,由开户银行核定坐支的范围和限额;向个人收购农副产品和其他物资,出差人员必须随身携带的差旅费以及因特殊情况必须使用现金的,需经开户银行审核后支付现金。

(四)人民币保护法律制度

人民币是我国的法定货币,为了严格维护人民币的法律地位,我国《刑法》《中国人民银行法》《人民币管理条例》等法律法规都规定了对人民币的法律保护。其主要内容有:(1)禁止损害人民币和阻止人民币流通。(2)禁止非法流通人民币。(3)禁止伪造、变造人民币和持有、使用、运输、伪造、变造的人民币。(4)禁止印制、发行人民币代币票券。(5)禁止人民币样币流通。(6)实行人民币出入境管理。另外,对于人民币的残损,法律规定了兑换制度。

二、外汇管理法律制度

（一）外汇及外汇管理

1. 外汇的定义与范围

外汇是指以外国货币表示的可用于国际结算的支付手段和资产。根据《外汇管理条例》的规定,我国的外汇包括:(1)外国货币,包括纸币和铸币。(2)外汇支付凭证,包括票据、银行存款凭证、邮政储蓄凭证等。(3)外币有价证券,包括政府债券、公司债券、股票等。(4)特别提款权、欧洲货币单位。(5)其他外汇资产。

2. 外汇管理

外汇管理又称外汇管制,是指一个国家为了维护本国汇价,保持本国收支平衡,依法对本国境内的外汇收支、买卖、借贷、转移以及外汇汇率和外汇市场实行一定限制的制度。外汇管理有利于集中外汇资金,增加外汇收入,减少外汇支出。国际外汇收支平衡是国民经济发展的必要前提,外汇储备量关系到本国货币的汇价,从而进一步影响到贸易投资等领域的活动,因此各国对外汇收支都会或多或少采取一些管制措施,以防止外汇投机行为。

根据世界各国和地区对外汇管理的宽严程度,可将外汇管理分为三种类型:(1)严格的外汇管理,即对经常项目外汇和资本项目外汇的收支都实行严格的限制。大多数发展中国家都实行严格的外汇管理,因为这些国家通常经济落后,外汇短缺。(2)部分的外汇管理,即对经常项目的收支原则上不加限制,但对资本项目的收支则加以限制。一些发达的工业国家和某些经济发展较快的新兴工业国采取部分的外汇管理。我国属于此种类型。(3)不加限制的外汇管理,即对经常项目的收支和资本项目的收支都不加限制,允许外汇自由兑换,自由出入国境。

党的二十大报告强调,"高质量发展是全面建设社会主义现代化国家的首要任务",并围绕构建高水平社会主义市场经济体制等五个方面作出部署安排,为经济金融工作明确根本方向。该战略部署为推动外汇管理工作高质量发展明确根本方向。当前,我国外汇市场的内部及外部环境发生明显变化,外汇管理工作面临新挑战,外汇管理部门必须坚决贯彻落实党的二十大重大战略部署,统筹国内国际两个大局,深刻把握外汇领域的主要矛盾和目标任务,增强工作的科学性和预见性,扎实推进外汇管理工作高质量发展。

3. 我国的外汇管理立法

外汇管理立法是指调整国家在外汇管理活动过程中发生的法律关系的法律规范的总称。1980年12月8日国务院发布了《外汇管理暂行条例》(已失效),随后又公布了一系列外汇管理施行细则及其他外汇管理办法,初步建立了我国的外汇管理法规体系。随着改革的深入,我国不断进行外汇体制的改革。1996年1月29日国务院发布了《外汇管理条例》,取代了原来的《外汇管理暂行条例》,该条例借鉴了国际惯例,巩固了我国外汇改革的成果;1997年1月14日,国务院修正了该条例;2008年8月1日国务院第二十次常务会议再次修订通过了该条例。

4. 我国外汇管理的机构和对象

根据我国《外汇管理条例》第2条的规定,国务院外汇管理部门及其分支机构是我国的外汇管理机构。我国外汇管理的对象是：境内机构、境内个人的外汇收支或者外汇经营活动，以及境外机构、境外个人在境内的外汇收支或者外汇经营活动。

(二)我国外汇管理制度的内容

1. 经常项目外汇管理

经常项目是指国际收支中经常发生的交易项目，包括贸易收支、劳务收支和单方面转移等。根据《外汇管理条例》第5条的规定，国家对经常性国际支付和转移不予限制。(1)经常项目外汇收支应当具有真实、合法的交易基础。经营结汇、售汇业务的金融机构应当按照国务院外汇管理部门的规定，对交易单证的真实性及其与外汇收支的一致性进行合理审查。(2)经常项目外汇收入，可以按照国家有关规定保留或者卖给经营结汇、售汇业务的金融机构。经常项目外汇支出，应当按照国务院外汇管理部门关于付汇与购汇的管理规定，凭有效单证以自有外汇支付或者向经营结汇、售汇业务的金融机构购汇支付。(3)携带、申报外币现钞出入境的限额，由国务院外汇管理部门规定。

2. 资本项目外汇管理

资本项目是指国际收支中因资本输出和输入而产生的资产与负债的增减项目，包括直接投资、各类贷款、证券投资等。

(1)境外机构、境外个人在境内直接投资，经有关主管部门批准后，应当到外汇管理机关办理登记。境外机构、境外个人在境内从事有价证券或者衍生产品发行、交易，应当遵守国家关于市场准入的规定，并按照国务院外汇管理部门的规定办理登记。

(2)境内机构、境内个人向境外直接投资或者从事境外有价证券、衍生产品发行、交易，应当按照国务院外汇管理部门的规定办理登记。国家规定需要事先经有关主管部门批准或者备案的，应当在外汇登记前办理批准或者备案手续。

(3)外债管理。国家对外债实行规模管理。借用外债应当按照国家有关规定办理，并到外汇管理机关办理外债登记。国务院外汇管理部门负责全国的外债统计与监测，并定期公布外债情况。

(4)对外担保管理。提供对外担保，应当向外汇管理机关提出申请，由外汇管理机关根据申请人的资产负债等情况作出批准或者不批准的决定；国家规定其经营范围需经有关主管部门批准的，应当在向外汇管理机关提出申请前办理批准手续。申请人签订对外担保合同后，应当到外汇管理机关办理对外担保登记。

(5)对外贷款。银行业金融机构在经批准的经营范围内可以直接向境外提供商业贷款。其他境内机构向境外提供商业贷款，应当向外汇管理机关提出申请，并按照国务院外汇管理部门的规定办理登记，外汇管理机关根据申请人的资产负债等情况作出批准或者不批准的决定；国家规定其经营范围需经有关主管部门批准的，应当在向外汇管理机关提出申请前办理批准手续。

(6)资本项目外汇收入保留或者卖给经营结汇、售汇业务的金融机构，应当经外汇管理机关批准，但国家规定无须批准的除外。

(7)资本项目外汇支出管理。资本项目外汇支出，应当按照国务院外汇管理部门关于付汇与购汇的管理规定，凭有效单证以自有外汇支付或者向经营结汇、售汇业务的金融机构购汇支付。国家规定应当经外汇管理机关批准的，应当在外汇支付前办理批准手续。

(8)外商投资企业资本管理。依法终止的外商投资企业,按照国家有关规定进行清算、纳税后,属于外方投资者所有的人民币,可以向经营结汇、售汇业务的金融机构购汇汇出。

3.金融机构外汇业务管理

(1)经营资格管理。金融机构经营或者终止经营结汇、售汇业务,应当经外汇管理机关批准;经营或者终止经营其他外汇业务,应当按照职责分工经外汇管理机关或者金融业监督管理机构批准。(2)外汇管理机关对金融机构外汇业务实行综合头寸管理。金融机构的资本金、利润以及因本外币资产不匹配需要进行人民币与外币间转换的,应当经外汇管理机关批准。

4.人民币汇率和外汇市场管理

(1)汇率制度。人民币汇率实行以市场供求为基础的、有管理的浮动汇率制度。(2)外汇市场管理。经营结汇、售汇业务的金融机构和符合国务院外汇管理部门规定条件的其他机构,有权按照国务院外汇管理部门的规定在银行间外汇市场进行外汇交易。外汇市场交易应当遵循公开、公平、公正和诚实信用的原则。外汇市场交易的币种和形式由国务院外汇管理部门规定。国务院外汇管理部门依法监督管理全国的外汇市场。国务院外汇管理部门可以根据外汇市场的变化和货币政策的要求,依法对外汇市场进行调节。

三、金银管理法律制度

(一)金银与金银管理

1.金银的地位

金银属于贵重金属,在世界金融史上具有重要的地位。在历史上金银曾作为主要的货币形式在市场上流通。随着金属货币制度的崩溃,金银作为货币形式退出了流通领域,但金银仍然是国家的贵重物资,其作为一种特殊商品,在一国经济发展中依然具有重要地位,主要体现在:(1)金银是国家重要的外汇储备,在国际市场上,它被视为国际支付的最后手段。(2)金银不仅是工业生产、科学研究的重要原材料,也是高级装饰材料,还是国家重要的储备物资。因此,各国都非常重视对金银的管理,尤其是对黄金的管理。

2.金银管理

金银管理是指国家授权某一政府机关对金银的生产、收购、配售、经营以及进出国境等方面进行的管理。实行金银管理在保持国家外汇储备、保证人民币法律地位和币值稳定等方面都有十分重要的作用。大多数国家都通过立法的形式来加强对金银的管理。由于各国的政治、经济等具体国情不同,各国对金银的管理制度也有区别,有严格管理型,有部分管理型,也有自由放任型。我国对金银一直实行严格的管理制度。为保证国家经济建设对金银的需要,1983年国务院发布了《金银管理条例》(2011年进行了修订),同年12月28日制定了《金银管理条例施行细则》,1984年2月1日中国人民银行、海关总署又联合制定公布了《对金银进出国境的管理办法》(已失效),后来国家有关部门又颁布了一些有关金银管理的规范性文件,这些行政法规、规章确立了我国金银管理制度的基本内容。

(二)我国金银管理的基本内容

1.金银管理的主管机关

根据《中国人民银行法》和《金银管理条例》的规定,我国的金银主管机关是中国人民银行。中国人民银行对金银实行统一管理、统购统配的政策,境内机构的一切金银的收入和支出,都被纳入国家金银收支计划。中国人民银行主要负责管理国家金银储备、金银的收购与配售、会同国家物价主管机关制定和管理金银收购与配售价格、会同国家有关主管机关审批经营金银制品、管理和检查金银市场等。在未设中国人民银行的地方,可由中国人民银行分行委托有关专业银行进行金银管理的各项工作。

2.金银管理的对象

根据《金银管理条例》第 2 条的规定,我国被列入金银管理范围的贵金属有黄金和白银两大类,具体包括:(1)矿藏生产金银和冶炼副产金银。(2)金银条、块、锭、粉。(3)金银铸币。(4)金银制品和金基、银基合金制品。(5)化工产品中所含的金银。(6)金银边角余料及废渣、废液、废料中所含的金银。此外,铂(白金)按照国家有关规定管理,属于金银质地的文物,按照《文物保护法》的规定管理,不适用《金银管理条例》的规定。

────── 思考题 ──────

1. 什么是金融法?其体系如何?
2. 中国人民银行有哪些职能?
3. 中国人民银行的货币政策工具有哪些?
4. 商业银行有哪些特征?
5. 什么是政策性银行?它有哪些特征?
6. 人民币的保护措施有哪些?
7. 外汇管理的范围包括哪些?

第二十二章　价格法律制度

| 内容提要 |

价格法是调整价格关系的法律规范的总称。《价格法》所称价格包括商品价格和服务价格。依照《价格法》的规定，国务院价格主管部门统一负责全国的价格工作，国务院其他有关部门在各自的职责范围内，负责有关价格工作。价格的形式包括市场调节价、政府指导价和政府定价三种。价格总水平的调控手段主要有经济手段、法律手段和行政手段。县级以上各级人民政府价格主管部门、社会组织、新闻单位以及消费者有权对价格行为进行监督。

| 学习重点 |

价格法的定义和适用范围　　价格管理机构及其职责
价格形式　　　　　　　　　价格总水平的调控
价格监督检查

第一节　价格法概述

一、价格法的定义和调整对象

（一）价格法的定义

价格法是调整价格关系的法律规范的总称。价格是商品生产和商品交换发展到一定阶段的产物，是价值形式长期发展的结果。价格作为价值的货币表现，反映了商品生产和交换特有的经济关系，体现着商品生产经营者之间相互交换劳动的关系。价格的这一本质特征说明商品生产经营的劳动要得到社会承认，就必须通过交换实现交换价值，而交换价值是由市场供求关系决定，在公平竞争中形成的。因此，合理的市场价格的形成，要有比较充分的、公平的市场竞争环境。我国《价格法》中所称的价格，包括商品价格和服务价格两大类。其中，商品价格是指各类有形产品和无形资产的价格；服务价格是指各类有偿服务的收费。随着我国社会主义市场经济体制的不断完善，价格改革持续推进，绝大多数竞争性商品价格陆续放开，政府定价范围不断缩减，市场决定价格的机制基本形成。但同时我们还应看到，我国一些重点商品价格市场化程度还有待提高，正如中共中央、国务院《关于推进价格机制改革的若干意见》（2015年10月12日）（以下简称《价格机制改革意见》）中所指出的："一些重点领域和关键环节价格改革还需深化,政府定价制度需要进一步健全,市场价格行为有待进一步规范。"因此,依法规范经营者的价格行为和政府的定价行为,理顺价格关系,是我国社会主义市场经济发展的客观要求。

(二)价格法的调整对象

价格法的调整对象是价格关系。价格关系是指在价格的制定、执行和监督过程中所发生的各种社会经济关系。具体地讲是指以下几种价格关系:(1)各级人民政府价格主管部门、其他有关部门在制定、调整和执行商品价格和服务价格中所产生的价格关系;(2)经营者在自主定价过程中与政府价格主管部门、其他有关部门、行业组织在价格指导、监督和检查过程中所产生的价格关系;(3)各级人民政府价格主管部门、其他有关部门和经营者之间因执行或违反价格法律、法规和政策而产生的价格关系;(4)各种商品的生产者和经营者、服务的提供者相互之间以及他们与消费者之间因提供商品和服务而产生的价格关系。

改革开放以来,我国非常重视对价格关系的法律调整。在不同时期,我国制定了不同的法律规范。为了适应企业制度的改革,国务院于1982年8月颁布了《物价管理暂行条例》(已失效)。该条例以法规形式赋予企业一定的定价权,初步确立了价格监督检查制度,规定了企业在生产经营活动中的价格行为准则。这一条例虽然改变了政府统一定价的价格管理模式,但由于价格改革处于初始阶段,政府定价在价格形成上仍占绝对优势。1984年10月,中央作出关于经济体制改革的决定后,我国初步形成了政府定价、政府指导价和市场调节价三种价格形成机制和价格管理体制新格局。1987年9月,国务院发布了《价格管理条例》,初步把市场机制引入价格管理体制,确定了直接管理与间接管理相结合的价格管理模式。这一条例对推进和保障价格改革的深入发展起到了重要的作用。此后,国务院及价格管理部门和有关部门还发布了《重要生产资料和交通运输价格管理暂行规定》(已失效)、《关于商品和服务实行明码标价的规定》(已失效)、《关于商品和服务实行明码标价的规定实施细则》、《制止牟取暴利的暂行规定》、《城市基本生活必需品和服务收费价格监测办法》、《商品住宅价格管理暂行办法》(已失效)和《城市房产交易价格管理暂行办法》(已失效)等。这些法规对于巩固、完善、深化价格改革成果,推进和保障价格改革的深入发展起了重要的作用。1997年12月29日,第八届全国人民代表大会常务委员会第二十九次会议通过的《价格法》,是在总结我国价格改革成果和价格法制建设经验教训的基础上制定的,是调整价格关系的基本法。它的实施对于规范价格行为、发挥价格合理配置资源的作用、稳定市场价格总水平、保护消费者和经营者的合法权益、促进社会主义市场经济健康发展具有重要的作用。为了使《价格法》所确定的立法宗旨和具体规则切实得到贯彻落实,国家发展和改革委员会依据《价格法》的相关规定,针对我国经济生活中有关价格关系和价格行为的具体情况,陆续发布了若干配套法规和行政规章,如《价格违法行为行政处罚规定》等。

二、价格法的作用

完善的价格法律制度是贯彻国家价格政策和实现经济目标的重要保障。价格法作为规范价格关系的法律,是我国经济法体系中宏观经济调控法的重要组成部分,是国家运用法律手段,加强价格管理,规范价格行为,发挥合理配置资源的作用,稳定市场物价总水平,保护消费者和经营者的合法利益,促进社会主义市场经济健康发展的重要法律规范。

1. 规范市场主体的价格行为,维护价格秩序。由于市场经济是以市场调节为基础的经济体制,市场调节说到底就是价格调节,要求价格反映价值,并随市场供求关系而自由涨落。但在现代市场经济条件下,除极少数重要商品和服务的价格由政府价格主管部门直接制定外,大多数价格均由企业自主制定并在竞争中形成,因此,价格决策和决定主体呈现出了多元化、分散化的特征,而价格也主要通过市场形成。这样一来,就更需要有统一的规则来规范各市场主体的价格行为,使之有法可依,有章可循。同时,也要求国家对价格实行一定的干预和管制。《价格法》通过法律形式规定了各级价格主管部门和市场主体的权利和义务,使价格形成方式更加规范化、合理化。这对建立和维护市场价格秩序,克服和减少价格违法行为,推动社会主义市场经济发展,具有十分重要的意义。

2. 创造公平竞争环境,优化价格形成机制。在市场经济体制下,以价格为核心的市场机制在资源的配置方面起着决定性作用。因此,为了更合理地配置资源,就要有一个合理的价格形成机制,使价格能灵活地反映市场供求关系和资源的稀缺程度。合理价格的形成,除了要有规范化的市场主体价格行为,还要有一个公平合理的市场竞争环境,以尽量排除垄断、行政权力和其他非经济因素的干扰,使合理的价格在良好的竞争环境中形成。但公平合理的竞争环境的形成不是自发的,必须靠价格法来规范和保证。价格法规范了价格形成的原则、方式和程序,明令禁止了不正当的市场竞争行为,对公平合理的竞争环境和价格形成环境的建立起了保障作用。

3. 保护经营者和消费者的正当权益,协调生产和消费的关系。价格是连接生产和消费的纽带,因此与经营者和消费者的关系都非常密切。对经营者来说,应当在自主经营、自负盈亏的基础上,依法赋予其自主定价的权利,以保障经营者的正当权益,促进企业建立起一个良好的、有活力的经营机制。对消费者来说,价格问题又是涉及其根本利益的问题,只有限制、禁止非法价格行为,使价格合理化,才能使消费者的权益得到保障。因此,规范价格活动必须同时以保护消费者和经营者的合法权益为原则,才能更好地协调消费与生产的关系,使社会主义市场经济健康发展。

4. 规范、加强和改善宏观经济调控,稳定市场价格总水平。市场调节有自发性、盲目性、滞后性等缺陷,往往带来经济的起伏波动和不稳定状态。因此,为保持总供给与总需求的基本平衡,保持市场价格总水平的稳定,避免经济过热和通货膨胀,价格法规范了政府的价格行为,明确了宏观经济调控的模式和手段,这就为主要用经济办法调控和干预国民经济,保护国民经济的稳定和健康发展创造了条件。

第二节　价格管理体制的法律规定

一、价格管理体制的定义和类型

价格管理体制是国家管理价格的基本原则、方法,价格管理机构职责权限的划分及价格管理手段和监督检查等制度的总称。价格管理体制的类型取决于某一个国家经济体制的类型,概括起来有三种。

(一) 集中统一型的价格管理体制

集中统一型的价格管理体制实行于高度集中统一的经济管理体制的国家。我国1978年以前就属于这种类型。其特点是价格管理以行政管理方法为主,价格管理权集中于中央,国家直接规定和调整各种商品价格和服务价格。它的优点是有利于保持价格的基本稳定和人民生活的安定。其缺点是生产经营者没有定价权,不利于发挥价格的宏观经济调控作用,整体经济机制的运行缺乏生机和活力,是一种比较僵化的价格管理体制。

(二) 分散型的价格管理体制

分散型的价格管理体制实行于比较发达的市场经济国家。其特点是商品价格和服务价格由市场主体协商议定,除少数商品的价格由国家进行一定的干预外,绝大部分商品和服务价格由生产经营者自主确定。国家对价格管理主要采取经济和法律手段实行间接调控。这种价格管理体制的优点是价格在市场竞争中形成,直接受价值规律的支配,由市场供求关系自发调节,有利于充分发挥价格的杠杆作用,有利于市场主体之间的竞争和市场经济的发展。其缺点是价格变动幅度过大,不利于国家的宏观经济调控,也容易造成社会劳动的浪费,给经济发展带来极大的损害。

(三) 混合型的价格管理体制

混合型的价格管理体制介于集中统一型和分散型价格管理体制之间。其特点是多种价格形式并存,既有政府的统一定价,又有经营者自行确定的价格。在管理方法上,实行直接管理和间接调控相结合的方法,并采取多样化的价格管理手段。这种管理体制既保证了国家宏观经济调控措施的贯彻执行,又能充分发挥价格的杠杆作用。它克服了上述两种价格管理体制的弊端,同时又发扬了它们的优点。《价格法》中所规定的我国目前的价格管理体制就属于这种类型。

二、我国价格管理体制改革的历程

(一) 我国计划经济时期价格管理体制的特点

新中国成立以后,我国实行了一种与高度集权的计划管理体制相适应的集中统一的价格管理体制,这种价格管理体制主要有以下几个方面的特点:

1. 价格的决策权和制定权集中于中央政府。中央政府不仅制定全国的价格管理方针、政策和管理原则,而且直接制定和调整生产资料、生活资料价格及服务收费标准。省、自治区、直辖市人民政府的定价权限很小,县级人民政府和商品生产者及经营者几乎无定价权。

2. 价格管理形式单一,主要是国家定价形式。我国原有的价格管理体制,虽然也曾存在浮动价格和市场自由价格,但所占比重很小,特别是"文化大革命"期间,随着集市贸易的取消,基本上不存在自由价格,商品价格和服务收费标准由国家直接制定,而且很少进行调整。

3. 价格管理采用直接方式,以行政手段为主。国家对价格的管理主要依靠行政手段,凭借行政权力对价格实行直接管理,很少按价值规律,运用经济杠杆,对价格实行间接调控。

(二) 我国计划经济时期价格管理体制的弊端

我国原有的价格管理体制,虽然对稳定物价、安定人民生活和促进经济发展起了一定的作

用,但它不能适应市场经济发展的目标,本身存在一定的弊端,主要表现在以下两个方面:

1. 不利于增强企业的活力。企业是商品生产和交换的直接承担者,是社会生产力发展和技术进步的主导力量,是国民经济的细胞。社会主义经济有无活力取决于企业有无活力,因此,增强企业活力是经济体制改革的中心,也是价格管理体制改革的中心环节。但要使企业真正成为自主经营、自负盈亏的商品生产者和经营者,就必须使企业享有定价权。原有的管理体制,不承认企业是独立的企业法人,不允许企业有定价权,这样就使企业无法利用价格积极参与市场竞争,也就相应地失去了活力。

2. 不利于充分发挥价格杠杆对宏观经济的调节作用。在原有价格管理体制下,国家把数以万计的商品纳入计划价格的轨道,由国家统一制定和调整,当市场供求状况或劳动生产率变化时,计划价格往往不能调整,从而使价格难以发挥其杠杆作用,更难以对国民经济进行调节。

(三)价格管理体制改革

党的十一届三中全会以后,我国开始有计划地进行价格体制改革。其历程大体可以分为五个阶段:

1. 第一阶段(1979～1984年)。这一阶段价格改革的特点是调放结合、以调为主,即提高农副产品的价格,开放小商品的品种范围。经过这一阶段的价格改革,推进了我国价格结构的调整,使价格对经济发展的调节作用得到了较好的发挥。

2. 第二阶段(1985～1988年)。这一阶段价格改革由调放结合、以调为主转为以放为主,即除粮食、食用植物油的合同定购部分及棉花、烤烟、糖料等少数几种关系国计民生的重要农产品价格由国家制定外,绝大部分农产品价格放开,并放开了少数工业消费品价格。在这一阶段,宏观经济总量失衡,通货膨胀有所加剧,导致价格总水平上涨。

3. 第三阶段(1989～1991年)。价格改革进入以治理整顿为主的深化改革阶段。从正确处理改革、发展、稳定三者关系出发,在加强对价格总水平控制的同时,我国以遏制通货膨胀为中心,放宽了价格调整的部分。在这一阶段,我国已形成了以市场调节为主,政府定价和政府指导价为辅的价格结构形式。

4. 第四阶段(1992～2014年)。价格改革进入以建立、健全适应发展社会主义市场经济要求的价格管理体制新阶段。这一阶段不仅形成了国家定价、国家指导价和市场调节价三种价格形式,而且确定了直接管理和间接调控相结合的价格管理方式,还加强了政府价格主管部门对价格的监督检查。

5. 第五阶段(2015年以后)。市场决定价格机制不断完善阶段。这一阶段主要完善重点领域价格形成机制,基本放开竞争性领域和环节价格;健全政府定价制度,把政府定价范围主要限定在重要公共事业、公益性服务、网络型自然垄断环节。按照《价格机制改革意见》的要求,到2020年市场决定价格机制基本完善,科学、规范、透明的价格监管制度和反垄断执法体系基本建立,价格调控机制基本健全。进入新时代以后,我国价格管理体制改革持续推进。2021年5月18日,国家发展和改革委员会印发《关于"十四五"时期深化价格机制改革行动方案的通知》,方案立足新发展阶段,贯彻新发展理念,构建新发展格局,围绕助力"碳达峰、碳中和"目标实现,加强和改进价格调控,促进资源节约和环境保护,提升公共服务供给质量四个着力点,对"十四五"时期价格改革重点任务作出了部署。

三、价格管理机构及其职责

（一）国务院价格主管部门的职责

我国《价格法》规定，国务院价格主管部门统一负责全国的价格工作。其主要职责是：研究拟订国家的价格方针、政策、计划和改革方案，经国务院批准后组织实施；研究拟定价格法规草案；负责全国的价格管理和综合平衡工作；依法规定商品和服务的作价原则、作价办法，指导、监督国务院业务主管部门和省、自治区、直辖市人民政府的价格工作；检查、处理违反价格法的行为；协调处理国务院其他有关部门之间，省、自治区、直辖市之间，国务院其他有关部门与省、自治区、直辖市之间的价格争议；建立全国价格信息网络，开展价格信息服务工作；履行国务院赋予的其他职责。

（二）国务院有关部门的职责

我国《价格法》规定，国务院其他有关部门在各自的职责范围内，负责有关的价格工作。其主要职责是：负责组织、监督本系统、本行业贯彻执行国家的价格法规和政策；依照价格管理权限依法规定商品和服务的作价原则和办法，制定、调整分管的商品价格和服务价格；组织、监督本系统、本行业执行规定的商品价格和服务价格；指导本系统、本行业价格工作；检查、处理违反价格法的行为；对国务院价格主管部门管理的商品价格和服务价格提供有关的资料，提出价格调整方案；等等。

（三）地方人民政府价格管理部门的职责

我国《价格法》规定，县级以上地方各级人民政府价格主管部门负责本行政区域内的价格工作。其主要职责是：贯彻执行国家的价格方针、政策和法规；组织、监督有关部门实施国务院价格主管部门和国务院其他有关部门制定的商品价格和服务价格；按照价格管理权限，依法规定商品和服务的作价原则、作价办法；制定、调整分管的商品价格和服务价格；检查、处理价格违法行为。

（四）地方人民政府其他有关部门的职责

我国《价格法》规定，县级以上地方各级人民政府其他有关部门在各自的职责范围内，负责有关的价格工作。其主要职责是：监督本系统、本行业贯彻执行国家的价格法规和政策；组织、监督本系统、本行业实施国家价格主管部门和国务院其他有关部门制定的商品价格和服务价格；指导、协调本系统、本行业的价格工作；查处价格违法行为；等等。

第三节 价格形式的法律规定

一、市场调节价

（一）市场调节价的定义及特点

1.市场调节价的定义。市场调节价，是指由经营者自主制定，通过市场竞争形成的价格。

市场调节价是我国社会主义市场经济条件下的主要价格形式。这一定义包括以下几层含义：(1)市场调节价是由经营者自主制定的价格。这里所说的经营者是指经营商品或提供有偿服务的法人、其他社会组织和个人。市场调节价是由经营者依法根据生产经营成本和市场供求状况，按照自己的意志制定的价格。经营者的定价权不受任何单位和个人的干涉。(2)市场调节价是一种竞争价格。让经营者拥有自主定价权，只是市场调节价发挥作用的必要条件，而非充分条件。让市场调节价发挥合理配置资源作用，还要求经营者之间有充分的竞争关系。因为经营者有了定价权后，就会寻找对自己有利的经营条件，经营者之间就会产生排他性。如果没有竞争，经营者的自主定价权就有可能变为垄断权。(3)市场调节价是经营者依法确定的价格。经营者虽然自主制定价格，不受任何单位和个人的干涉，但经营者必须遵守国家的法律、法规及有关政策，不得实施任何价格违法行为，否则要受到法律惩罚。

2. 市场调节价的特点。(1)市场调节价具有不稳定性。由于市场调节价受到市场供求的直接影响，所以它总是随着市场供求变化而频繁地变化。当商品供不应求时，价格上涨；当供过于求时，价格下跌；当供求大体平衡时，价格相对稳定。因此，它与国家定价相比，具有较大的灵活性。(2)市场调节价具有多样性。随着经济的发展，市场上供应的商品日益丰富，不仅品种繁多，质量不一，而且产生渠道不同。这就决定了市场调节价的多样性。其主要表现是同一产品在同一时间、同一地区、不同交易场所的价格不同；对于同一交易场所的同一产品，不同的经营者出售的价格不同。

(二)市场调节价的范围

《价格法》第6条规定："商品价格和服务价格，除依照本法第十八条规定适用政府指导价或者政府定价外，实行市场调节价，由经营者依照本法自主制定。"按照这一条的规定，市场调节价的范围是指未被列入政府指导价和政府定价范围内并适合在市场竞争中形成的商品和服务价格，具体是指：商品和服务比较丰富，不属于资源稀缺的范围；商品和服务不具有自然垄断性，可以由多个经营者同时经营；商品和服务不属于关系国计民生的特别重要的品种。

(三)经营者确定市场调节价的基本依据

依据我国《价格法》第8条，经营者确定市场调节价的基本依据有两个：生产经营成本和市场供求状况。

1. 生产经营成本。生产经营成本是指与生产经营有关的各项费用。按成本构成理论，生产经营成本包括变动成本和固定成本两部分。变动成本指直接与商品经营相联系的费用，如原材料成本、劳动成本、资金成本、管理成本，这部分成本随原材料市场、劳动力市场和资金市场价格的变动而变动；固定成本指商品生产经营所需要的一切设备的各种费用，这部分成本相对稳定。经营者定价时首先考虑的是变动成本。销售收入首先补偿的也是变动成本，多余的才补偿固定成本。当销售收入等变动成本等于固定成本时，就是该商品的盈亏界点，收入超过盈亏界点，就成为利润。

2. 市场供求状况。市场供求状况是影响价格形成的又一重要因素，对于市场价格高低有着重要影响。市场供求状况与价格的关系一般表现为三种情况：当商品供求基本平衡时，价格就会相对稳定；当商品供不应求时，价格就会上涨；当商品供过于求时，价格就会下跌。因此，经营者在市场竞争中定价时，必须考虑供求关系，以追求利润的最大化。

二、政府指导价

（一）政府指导价的定义和特征

政府指导价,是指依照《价格法》的规定,由政府价格主管部门或者其他有关部门,按照定价权限和范围规定基准价及其浮动幅度,指导经营者制定的价格。其基本特征有：

1. 政府指导价的定价主体是政府价格主管部门或者其他有关部门与经营者。政府指导价先由政府价格主管部门或者其他有关部门按照价格法规定的定价权限和范围,制定一个基准价及其浮动幅度,然后经营者在这一基准价及其浮动幅度的范围内自主制定价格。政府制定的基准价及其浮动幅度只是一个指导性范围,交易时的具体价格由经营者制定。

2. 政府指导价是宏观控制性与微观灵活性相结合的一种价格。实行政府指导价的商品的品种、基准价、浮动幅度、差率大小都是国家价格管理部门或者其他有关部门根据宏观经济调控的需要确定的,任何单位和个人都必须严格执行,不得擅自变动,如果需要调整,必须按照价格管理权限和审批程序办理。经营者可以在国家规定的价格浮动范围内,根据自身的生产情况和市场供求状况随时调整,制定具体的销售价格,以创造有利的生产经营条件。

（二）政府指导价的主要形式

1. 浮动价格。浮动价格是指政府对出售的商品和收费,规定基准价格和浮动幅度,允许经营者根据市场供求状况,在一定范围内自行制定和调整价格的一种价格形式。这种价格既有利于稳定市场价格,又有利于经营者根据不同的产销情况确定具体的销售价格。

2. 最高限价。最高限价是指政府对经营者出售某些商品的价格规定最高的限度,经营者只能在国家规定的价格限度内出售商品的一种价格形式。这种价格形式,是政府加强价格管理,制止哄抬物价,保持市场价格基本稳定的重要手段。

3. 最低保护价。最低保护价是指政府对经营者出售的商品价格规定最低限度,经营者只能高于政府规定的价格限度出售商品的一种价格形式。这种价格形式,对于保护生产经营者的积极性,扶植地区经济发展具有重要作用。

（三）政府指导价的范围

政府指导价的范围,涉及两个问题：一是实行政府指导价的商品品种范围,二是这些商品的指导价由哪一级政府确定。

1. 实行政府指导价的商品品种范围。我国《价格法》规定,政府指导价的范围限于下列五类商品和服务价格：(1)与国民经济发展和人民生活关系重大的极少数商品价格。(2)资源稀缺的少数商品价格。(3)自然垄断经营的商品价格。(4)重要的公用事业价格。(5)重要的公益性服务价格。这五类商品和服务一般都是供给弹性小或需求弹性小、自然垄断性强、对生产和生活影响较大的商品和服务。对这部分商品和服务的价格由政府直接管理,有利于物价稳定和经营持续发展。

2. 政府指导价的定价权限划分。关于政府指导价的定价权限划分和分工问题,我国《价格法》未作具体规定,而是在该法第19条第1款规定了处理这种权限划分和分工的依据,即"政府指导价、政府定价的定价权限和具体适用范围,以中央的和地方的定价目录为依据"。中央定价目录规定了国务院价格主管部门的定价权限、具体适用范围以及其他有关行业主管部门及地方各级人民政府在制定政府指导价、政府定价方面的权限。中央定价目录由国务院价格主管部门制定、修订,报国务院批准后公布实施。

地方定价目录规定了省、自治区、直辖市人民政府价格主管部门的定价权限、具体适用范围以及与其他有关行业主管部门在制定政府指导价、政府定价方面的权限划分。地方定价目录由省、自治区、直辖市人民政府价格主管部门制定,但必须依据中央定价目录规定的定价权限和具体适用范围制定,经本级人民政府审核同意,并报国务院价格主管部门审定后才能公布实施。

中央和地方的定价目录关系到社会主义市场经济条件下政府直接管理价格的程度和范围问题,因此必须随着市场经济的发展而及时调整,以保障定价目录与社会主义市场经济发展程度相适应。

(四)制定政府指导价的基本依据

1. 有关商品或者服务的社会平均成本。制定政府指导价应当依据有关商品或者服务的社会平均成本,而不是依据某一商品或者服务的个别成本。适用政府指导价的商品和服务项目,多属于关系国计民生的重要品种或具有自然垄断性的品种,只能以社会平均成本为依据制定价格,使其所获利润持平,才能鼓励经营者通过加强管理、技术更新、降低个别成本、扩大生产的方式获得较多利润。

2. 市场供求状况。政府指导价虽然受定价主体和社会平均成本的限制,但定价的原则和办法,在允许的范围内也可体现价值规律,反映市场供求,以减小指导价格明显高于或低于市场价格而对社会所产生的不良后果。

3. 国民经济与社会发展需求以及社会承受能力等。政府管理价格,一方面要注意保护经营者的利益,另一方面要从宏观上注意如何才能有利于国民经济和社会的发展,只有这样,才能使价格的宏观经济调控作用得以充分发挥。

(五)政府指导价的调整

为了保障政府指导价始终与社会主义市场经济的发展程度相适应,就必须适时对政府指导价进行调整。这是完善和发挥政府指导价作用的重要措施。

政府指导价调整的内容主要包括:(1)政府指导价的具体适用范围调整。随着社会主义市场经济的发展,政府指导价的具体适用范围将日益缩小,越来越多的原本采用政府指导价和政府定价的商品和服务项目将采取市场调节价。只有在价格总水平的非正常时期或者容易引起价格剧烈波动的特殊领域(如粮食市场),原本适用市场调节价的商品和服务项目才会适用政府指导价。(2)政府指导价的价格水平的调整。一般来说,政府对价格水平的调整要比对具体适用范围的调整更为频繁。因为价格水平要根据不同的商品和服务项目在不同时期的不同平均成本和市场供求状况而不断地进行调整,使政府指导价尽量接近市场价格。(3)政府指导价必须根据经济运行情况适时调整。

政府指导价调整的权限和程序,应按照价格法关于定价主体的权限和定价的程序进行,任何单位或个人不得擅自调整。

三、政府定价

政府定价,是指依照《价格法》的规定,由政府价格主管部门或者其他有关部门按照定价权限和范围制定的价格。其基本特征是政府作为定价主体对必要的商品和服务直接制定价格,具有强制性和稳定性。有关政府定价的范围、基本依据及定价的调整与政府指导价相同。按照《价格机制改革意见》的规定,今后推行政府定价项目清单化,定期评估价格改革成效和市场竞争程度,适时调整具体定价项目。

第四节 价格总水平的调控和价格监督管理

一、价格总水平的调控

(一)价格总水平的含义

价格总水平也称一般价格水平,是指一个国家或者地区在一定时期内,在全社会范围内各种商品和服务价格变动的平均或者综合水平,或者说是一个国家在一定时期内各种商品价格的综合平均水平。价格总水平是国民经济的综合反映。对价格总水平实施调节和控制,防止其剧烈波动,是国家进行宏观经济调控的重要目标,也是价格管理的核心内容。因此,我国《价格法》第 26 条明确指出:"稳定市场价格总水平是国家重要的宏观经济政策目标。国家根据国民经济发展的需要和社会承受能力,确定市场价格总水平调控目标,列入国民经济和社会发展计划,并综合运用货币、财政、投资、进出口等方面的政策和措施,予以实现。"

(二)价格总水平的宏观调控

1. 价格总水平调控手段

调控价格总水平的手段是多种多样的,按其性质的不同有经济手段、法律手段和行政手段之分。这些手段可以单独使用,也可以合并使用。

(1)经济手段。经济手段是指政府根据价格形成的内在规律和市场供求规律,通过调节商品的需求和供给,影响价格形成的各种因素,从而达到控制价格总水平的目的。经济手段是市场经济国家普遍使用的重要调控手段之一。财政、税收、货币、工资、信贷、投资以及价格调节基金、风险基金、重要商品储备等是各国常用的经济调控手段。

经济调控手段与其他调控手段相比,有以下几个明显的特点:第一,间接性。经济手段不直接对商品或服务市场施加影响,而是通过生产者和经营者这种中介对市场价格产生影响。这种手段,既对经济进行了宏观上的引导,又不干预生产者和经营者的自主权。第二,诱导性。国家通过物质利益的分配使生产者和经营者自觉地接受价格调节,引导着社会生产资料和劳动力的再分配,给企业以勃勃生机。第三,效果的滞后性。一项经济调节措施的出台,其效应的产生要经过一个"时间过程",而不会立刻产生效应。为克服这一不足:一方面,要求政府及时掌握市场变化,科学准确地进行价格预测,及时、科学地作出调控决策;另一方面,要求政府在运用经济手段时辅以必要的行政和法律手段。

(2)法律手段。法律手段用法律规范来调整价格关系,使价格的制定、调整、实现、争议及裁决等行为法律化。法律手段具有规范性、稳定性、严肃性等特点。在市场经济条件下,政府通过制定一系列的价格法律、法规,确定价格的职能、地位和作用,确立价格决策主体的权利和义务,建立价格运行的机制和公平合理的市场秩序,确立价格调控管理制度和法律责任,探求政府宏观调控的规范化、制度化,从而减少政府行为的任意性和提高政府工作效率。因而,法律手段也是价格宏观调控的重要手段。

(3)行政手段。行政手段是指政府用行政命令的方式,对商品价格的形成、变动所进行的直接管理。行政手段具有强制性、直接性和局部性等特点。它容易造成价格机制的扭曲,因而在市场经济条件下,应遵循价值规律等经济规律,尽量用经济手段和法律手段进行物价总水平的宏观调控。但是,行政手段作为一种即时效果显著的干预方式,不应完全取消,而应在特定情况下采用。这些特定的情况应该有明确的限定性,并且当这种特定情形消失时,行政手段就应及时解除。行政手段主要是国家定价、限价、冻结物价等。

2. 价格总水平调控基本制度

我国《价格法》第四章对价格总水平调控的基本制度作了具体的规定。这些制度有价格监测制度、重要商品储备制度、价格调节基金制度、保护价格制度等。

(1)价格监测制度是依据价格运行的规律,对构成和影响价格变动的各种因素进行监视、分析、研究,用科学的方法和手段对未来一定时期内商品市场价格和价格总水平的变化及其趋势进行判断和推测的制度。价格监测是国家管理经济的一项重要内容,也是做好国家和企业价格工作的重要手段。搞好价格监测工作,对于正确确定宏观经济目标、任务和价格方针、政策,增加政府调控价格水平的主动性,以及企业正确制定市场政策、提高生产经营效益,都具有很重要的作用。因此,《价格法》第28条规定了建立价格监测制度的要求。

(2)重要商品储备制度针对的重要商品,一般是指人民群众必备的主要食品、日用工业品和防灾救灾物品等。考虑到这些对国民经济和人民生活有极大影响的商品在有些时候的生产和供给可能出现不稳定的状况,我国《价格法》第27条规定:"政府可以建立重要商品储备制度,设立价格调节基金,调控价格,稳定市场。"储备制度的主要作用是当市场出现重大的供求不平衡时,通过吞吐储备商品,平衡供求。它是社会主义市场经济条件下国家对市场价格进行间接的非行政性干预的主要手段。目前,我国主要对粮食等生活必需品采用这一措施,成立了专门的国家粮食和物资储备局。

(3)价格调节基金制度是政府为了调节商品供求关系,平抑市场价格而建立的专项基金。价格调节基金主要用于平抑临时和突发性市场价格波动以及对重大节假日的副食品市场价格进行补贴,支持主要蔬菜基地和生猪、鸡、奶牛等畜禽基地建设,加强农贸市场和专业批发市场建设以及重要商品储备设施的建设等。价格调节基金的建立,使地方政府利用作为经济手段的价格杠杆调控市场供求关系,稳定市场价格,维护市场价格总水平基本稳定的能力大大增强,对于保护当地经营者和消费者的合法权益,维护社会稳定等起到了积极作用。

(4)保护价格制度是当粮食等重要农产品的市场购买价格过低时,政府可以在收购时制定一个旨在保护农民利益的合理价格,按照该价格收购重要农产品,从而保护农民的正当经济利益,保护他们的生产积极性,这就是《价格法》规定的保护价格制度。农产品保护价格制度是一种重要的非行政性价格调控手段,即在丰收之年粮价过低时,政府动用粮食风险基金等财政性资金,以高于市场价的价格收购农民的粮食,以免"谷贱伤农",保护农民生产粮食的积极性。

(5)价格干预措施是指当重要商品和服务价格显著上涨或者可能显著上涨时,国家基于稳定市场、稳定物价的特殊需要而采取的临时性行政干预措施。我国《价格法》第30条第1款明确规定:"当重要商品和服务价格显著上涨或者有可能显著上涨,国务院和省、自治区、直辖市人民政府可以对部分价格采取限定差价率或者利润率、规定限价、实行提价申报制度和调价备案制度等干预措施。"

价格干预措施的具体内容包括限定差价率、限定利润率、规定限价、实行提价申报制度和调价备案制度。这些干预措施,可以单独运用,也可以合并使用。

价格干预措施是非正常措施,也是反市场经济要求的行政强制干预措施,因此,《价格法》对其实施的条件作了严格的限制,以防止行政随意干预市场甚至滥用行政权力干预市场的现象发生。

(6)紧急干预措施是指在市场价格总水平出现剧烈波动时,国务院决定在全国范围内或部分区域内实行临时集中定价权限、部分或全面冻结价格的制度。我国《价格法》第31条明确规定:"当市场价格总水平出现剧烈波动等异常状态时,国务院可以在全国范围内或者部分区域内采取临时集中定价权限、部分或者全面冻结价格的紧急措施。"

紧急干预措施是更为严厉的行政强制干预市场价格的措施,所以,实施的条件更为严格。根据我国《价格法》第31条的规定,实施紧急干预措施必须具备以下条件:第一,市场价格总水平出现了剧烈波动或者其他异常状态;第二,采取其他措施无法使市场价格恢复正常;第三,紧急措施的实施主体只能是国务院,其他任何部门不得随意实施。

紧急措施的具体内容包括:第一,在全国范围内或者部分区域内采取临时集中定价权限,即把已经放开的由经营者定价的商品和服务,再临时集中由政府定价,待市场价格恢复正常后再放开;第二,在全国范围内或者部分区域内冻结物价,可以根据情况冻结部分商品和服务的价格,也可以冻结全部商品和服务的价格。

二、价格监督检查

(一)价格监督检查的定义

价格监督检查,是指县级以上各级人民政府价格主管部门、社会组织、新闻单位以及消费者依照价格法对价格活动进行监督检查,对价格违法行为进行处理的活动的总称。

价格监督检查是价格管理的一项重要内容。加强价格监督检查工作,不仅有利于国家价格法规的贯彻执行,及时发现问题,纠正和制止经营者的不正当价格行为,而且对于防止失控性价格波动,保持市场价格的基本稳定有重要的作用。

(二)价格监督检查的种类

价格监督检查可以根据不同的标准进行分类,主要有以下几种:

1. 按价格监督检查主体的不同可分为政府监督、社会监督、舆论监督。(1)政府监督,是指政府价格主管部门,依据《价格法》赋予的职权进行的价格监督行为。《价格法》规定,政府价格主管部门进行价格监督检查时,可以行使下列职权:询问当事人或者有关人员,并要求其提供证明材料和与价格违法行为有关的其他资料;查询、复制与价格违法行为有关的账簿、单据、凭证、文件及其他资料,核对与价格违法行为有关的银行资料;检查与价格违法行为有关的财物,必要时可以责令当事人暂停相关营业;在证据可能灭失或者以后难以取得的情况下可以依法先行登记保存,当事人或者有关人员不得转移、隐匿或者销毁。(2)社会监督,是指消费者组织、职工价格监督组织、居民委员会、村民委员会等组织以及消费者对价格行为所进行的监督。(3)舆论监督,是指新闻单位对价格活动所进行的监督。

2. 按价格监督检查对象的不同可分为农产品价格监督检查、工业品价格监督检查、收费价格监督检查。(1)农产品价格监督检查,是指价格监督主体依据国家有关农产品价格的法规、政策,对各种农产品的经营及加工单位在收购、加工、调拨、供应、批发、零售环节的价格行为实施的监督检查。(2)工业品价格监督检查,是指价格监督主体依据国家有关工业品价格的法规、政策,对工业品生产、经营企业在销售工业品过程中的价格行为实施的监督检查。(3)收费价格监督检查,是指价格监督主体依照国家有关收费法规和政策,对国家行政机关在实施社会经济、技术、资源管理等活动和一些事业单位向社会提供非营利性服务以及一些企业向社会提供营利性服务的收费行为进行的监督检查。

3. 按价格监督检查时间性的不同可划分为经常性价格监督检查和临时性价格监督检查。(1)经常性价格监督检查,是指价格监督主体有计划、定时地对市场商品价格和各种收费进行的检查。(2)临时性价格监督检查,是指价格主管部门根据群众举报、领导交办及社会需要不定时地对市场商品价格和服务价格进行的检查。

(三)价格监督检查的主要内容

1. 国家价格法律、法规和政策的执行情况。国家法律、法规和政策是实现国家宏观经济调控目标及价格总水平控制目标的保证,其贯彻执行依赖于全体公民对国家价格法律、法规和政策认识和贯彻执行的自觉性的提高,因此,价格法律、法规和政策的执行情况是价格监督检查工作的主要内容。

2. 监督中央和地方各项价格调控措施的贯彻落实情况。为了保证重要商品和服务价格的基本稳定,消除价格总水平剧烈波动等异常状态,中央和地方政府适时采取了各种调控措施,包括一般措施,如财政、货币政策手段干预措施和紧急措施。价格监督检查通过查处价格违法行为,推动和保障中央和地方各项价格调控措施的贯彻落实。

(四)价格听证制度

价格听证是指政府在制定、调整列入听证目录中的关系群众切身利益的公用事业价格、公益性服务价格、自然垄断经营的商品价格时,组织政府价格主管部门、社会有关方面对其必要性、可行性、科学性进行论证的制度。它是价格决策民主化和科学化的重要形式,是减少盲目性、片面性的有效途径,也是对重要的商品和服务价格进行有效监督、防止其不当定价的重要手段。

政府价格听证的项目是中央和地方定价目录中关系群众切身利益的公用事业价格、公益性服务价格和自然垄断经营的商品价格。这些商品价格和服务收费项目,既与群众生活密切相关,又多出自自然垄断行业,缺乏成本约束机制和竞争机制;同时,生产这些商品或提供此类服务的行业多由政府投资兴建,因而它更不能以利润最大化为经营目标。

价格听证的程序包括申请、审核与决定组织听证、举行听证会和公布定价等几个步骤。(1)申请。经营者或者主管部门在制定、调整价格听证目录范围内的商品价格或服务价格时,以及消费者或者社会团体认为需要听证的,应按照定价权限规定向政府价格主管部门提出书面申请。(2)审核与决定组织听证。政府价格主管部门对收到的申请审核后,认为符合听证条件的,应当在受理申请之日起10日内作出组织听证的决定,并与有定价权的相关部门、团体协调听证会的有关准备工作。(3)举行听证会。政府价格主管部门应当在作出组织听证决定的3个月内举行听证会,并至少在举行听证会10日前将聘请书和听证材料送达听证会代表,并确定能够参会的代表人数。听证会应当在2/3以上听证会代表出席时举行。政府价格主管部门应当在举行听证会后制作听证纪要,并于 10 日内送达听证代表,代表对听证纪要有疑义的,可以向听证主持人或者上级政府价格主管部门反映。(4)公布定价。政府的价格主管部门应当向社会公布定价和最终结果。实行价格公布制度,可以规范价格行为,提高制定和调整价格的透明度,便于经营者执行,也便于消费者监督。

―――――― 思考题 ――――――

1. 价格法的定义及适用范围是什么?
2. 我国的价格形式有哪些?
3. 价格管理体制的类型有哪些?
4. 价格总水平的调控措施有哪些?
5. 违反价格法的法律责任有哪些?
6. 价格监督的主要内容有哪些?

第二十三章　国有资产管理法律制度

| 内容提要 |

国有资产的涵摄范围十分广泛，包括资源类国有资产、经营性国有资产和非经营性国有资产，本章仅就经营性国有资产管理法律制度进行阐述，具体包括国有资产经营管理体制、国家出资企业法律制度、国家出资企业管理者的选择与考核、重大事项中的国有资产监管法律制度、国有资产日常监督法律制度、国有资本经营预算法律制度等内容。

| 学习重点 |

国有资产的概念和分类　　　国有资产的管理和经营体制
国家出资企业的含义及其类型　　国有资本经营预算的基本内容

第一节　国有资产管理法律制度概述

一、国有资产管理概述

（一）国有资产的概念及分类

国有资产是指国家依法取得和认定的，或者国家以各种形式对企业投资、向行政事业单位拨款等形成的财产。国有资产是国家所有权的客体，国家是国有资产所有权的唯一主体。2023年发布的十四届全国人大常委会《关于国有资产管理情况监督工作的五年规划（2023—2027）》指出："国有资产是全国人民的共同财富，是推进强国建设、民族复兴伟业的重要物质基础和政治基础。"国有资产包括经营性资产、非经营性资产和资源性资产三类。

1. 经营性资产。经营性资产是指国家作为投资者，投资于各种类型的企业，用于生产、经营或者服务性活动而形成的国有资产及其收益。经营性国有资产分布范围最广，数量也最多。经营性国有资产是国有资产中最重要、最活跃的部分，是国有资产不断增长的基础，因而成为国有资产管理的重点对象，在现行法制中，这部分国有资产被称为企业国有资产。《企业国有资产法》（2009年5月1日施行）第2条规定："本法所称企业国有资产（以下称国有资产），是指国家对企业各种形式的出资所形成的权益。"

2. 非经营性资产。非经营性资产是指国家以拨款或者其他形式形成的，由行政事业单位占有、使用的各类资产。非经营性资产主要配置于各级党政机关、科学、教育、文化等事业单位和人民团体等非生产经营领域,在使用目的上具有服务性。因此,对非经营性资产的使用,不能以营利为目的。2020年通过的《行政事业性国有资产管理条例》第2条规定:"行政事业性国有资产,是指行政单位、事业单位通过以下方式取得或者形成的资产:(一)使用财政资金形成的资产;(二)接受调拨或者划转、置换形成的资产;(三)接受捐赠并确认为国有的资产;(四)其他国有资产。"

3. 资源性资产。资源性资产是指具有开发价值,依法属于国家的自然资源。资源性资产主要包括:土地、矿藏、水流、森林、草原、海洋、湖泊和滩涂等。我国绝大多数自然资源属于国家所有。国家投入于非营利性的行政和事业单位的国有资产的管理及其使用,由于在理论上与公权力机关及公共团体的组织法密不可分,因此应当属于行政法的调整范围,故本章不予论述。土地、森林、矿产、水流等国有自然资源的管理运营,由《土地管理法》《森林法》《水法》《矿产资源法》等自然资源保护和管理方面的专项性法律进行调整,在理论上应当属于自然资源法学的研究范围,因此也不纳入本章的论述范围。本章只阐述国家投资于企业之中的经营性国有资产的管理及其运营的基本法律制度,因此,下述"国有资产"仅指"企业国有资产"。

(二)国有资产管理的概念及任务

国有资产管理是指企业国有资产的所有者——国家依据法律规定对国有资产所有权的行使、管理权限划分、资产运营状况、收益获取、资产处分等行为所进行的监督、管理和控制的全过程。根据我国《企业国有资产监督管理暂行条例》(2019年修订)第29条的规定,所谓国有资产管理是指国有资产监督管理机构依照国家有关规定,负责企业国有资产的产权界定、产权登记、资产评估监管、清产核资、资产统计、综合评价等基础管理工作。国有资产监督管理机构协调其所出资企业之间的企业国有资产产权纠纷。

在市场经济条件下,如何管理好国有资产并保证国有资产的增值,杜绝和减少浪费、侵吞国有资产的行为是市场经济条件下国家的一项重要职能。国有资产管理包括两个方面,一是国有资产管理部门对国有资本运营质量及企业财务状况的监测,二是对企业国有资产产权变动的监督管理。其主要任务是:(1)确保国有资产的国家所有权不被侵犯。(2)优化国有资产结构。(3)保障国有资产的良性循环和不断增值。(4)正确处理国家所有权人与企业事业单位使用权人之间的关系,维护国有资产使用单位的合法权益。

二、国有资产管理法概述

(一)国有资产管理法的概念及特征

国有资产管理法是指调整在管理国有资产的形成、运营及处分等过程中发生的所有经济关系的法律规范的总称。现行国有资产管理法最主要的法律渊源是十一届全国人大常委会第五次会议于2008年10月28日通过的,于2009年5月1日起施行的《企业国有资产法》,该法共9章77条,主要对企业国有资产的监督管理体制、国家出资企业、关涉国有资产出资人权益的重大事项、国有资本经营预算等问题作了比较全面的规定。2015年10月25日,国务院发布了《关于改革和完善国有资产管理体制的若干意见》(国发〔2015〕63号)(以下简称《国资管理意见》),该意见明确要求,正确处理好政府与市场的关系,以管资本为主加强国有资产监管,改革国有资本授权经营体制,真正确立国有企业的市场主体地位。根据《企业国有资产法》及国务院有关规定,国有资产管理法应当主要包括国有资产管理和经营体制法律制度、国家出资企业法律制度、国家出资企业管理者的选择与考核、重大事项中的国有资产监管法律制度、国有资产日常监督法律制度、国有资本经营预算法律制度等内容。国有资产管理法具有以下法律特征:

1. 国有资产管理法是一种财产法与管理法相结合的法律制度。国有资产的一项重要内容是确认国有资产的权属,明确国有资产所有权的主体并通过立法明确该所有权的主体。从这个角度讲国有资产法是财产法,属财政法的范畴。同时,国有资产管理法的另一个重要内容是对国有资产的控制、监督与管理,其大量实体内容是以管理为中心展开的。从这个角度讲,它又是管理法。

2. 国有资产管理法是以国有资产所有权的实施为中心内容的法律制度。国有资产管理法律关系的基本权利主体是作为所有者的国家,法人和自然人作为国有资产管理法律关系的当事人出现时,则是被管理主体,而其实体则以国家所有权的实施为中心。

(二)国有资产管理法的基本原则

1. 维护国家基本经济制度,发挥国有经济在国民经济中的主导作用的原则。一方面,这一原则表明了《企业国有资产法》的《宪法》依据,即该法制定和运作的根本目的以及一以贯之的基本准则是维护公有制的经济基础,因此作为公有制经济最主要组成部分之一的企业国有资产的流失预防及保护性法律制度的建构就是必需的,这是消极性的要求,也是最低层次的要求,决定了《企业国有资产法》中大量监督管理性法律规范存在的必要性。另一方面,这一原则还明确了《企业国有资产法》巩固和发展国有经济、促进国有经济在国民经济中主导性作用充分发挥的任务,这是积极性的要求,也是较高层次的要求,这就要求《企业国有资产法》中必须构建能使企业国有资产对整体国民经济发挥宏观经济调控作用的法律制度,"国有资本经营预算"就是这一类型的制度。

2. 国家的社会经济管理职能与国有资产所有者职能分开的原则。国家的社会经济管理职能与国有资产所有者职能分开是指国家以社会管理者的身份行使的职能与国家以财产所有者的身份行使的职能相分离。国家的这两种职能分开,主要是因为这两种职能产生的依据及性质不同。国家的社会经济管理职能依据的是政治权力,而国家作为国有资产所有者的职能依据的则是财产权利。坚持这两种职能分开的原则,不仅有利于克服计划经济体制下长期形成的政企不分造成的各种弊端,同时也有利于国有资产的保值和增值。

3. 国有资产的所有权与经营权相分离的原则。国有资产的所有权与经营权相分离是指在保持国有资产所有权不变的前提下,国有资产占有者、使用者对国家授予其经营管理的财产依法享有经营权。经营权是从所有权中派生出来的一种独立的财产权。所有权与经营权分离的原则产生于我国的经济体制改革时期,并在改革中得到了发展和完善,《全民所有制工业企业法》(2009年修正)对此作了明确的规定。该法第2条规定:"全民所有制工业企业(以下简称企业)是依法自主经营、自负盈亏、独立核算的社会主义商品生产和经营单位。企业的财产属于全民所有,国家依照所有权和经营权分离的原则授予企业经营管理。企业对国家授予其经营管理的财产享有占有、使用和依法处分的权利。企业依法取得法人资格,以国家授予其经营管理的财产承担民事责任。"

第二节 国有资产管理基本法律制度

一、国有资产管理和经营体制法律制度

国有资产管理和经营体制法律制度是指规定国有资产监督管理和经营的各类主体及其组织体系和相应权利(力)义务的法律规范的总称。从理论上分析,国有资产管理和经营权来源于国有资产所有权,而并非以公共事务管理为内容的公权力,当国有资产所有权以投资的形式实现其权利内容时,随之置换而来的即是各类投资性权益,因此,也可以说国有资产管理和经营权其实就是这些投资性权益的总和,相应地,国有资产管理和经营体制也就是配置这些投资性权益的法律制度,《企业国有资产法》将这些投资性权益称为"出资人权益"。根据《企业国有资产法》的规定,我们可以依出资人权益的运行状况,将国有资产管理和经营体制概括地分为出资人权益的享有体制和出资人权益的行使体制两种。

(一)出资人权益的享有体制

根据《企业国有资产法》第4条第1款的规定,国务院和地方人民政府依照法律、行政法规的规定,分别代表国家对国家出资企业履行出资人职责,享有出资人权益。这一出资人权益的享有有以下几个方面的特征:(1)出资人权益来源于国家统一的国有资产所有权。(2)出资人权益的享有并不意味着出资人权益的拥有,因为在国家统一的国有资产所有权这一前提下,拥有因投资而取得的出资人权益的,只能是国家,亦即全国人民。(3)出资人权益的享有直接来源于国有资产国家所有权的代表行使。这种代表行使在本质上是国有资产所有权的实现方式,而非拥有国有资产所有权。因此,由国务院和地方人民政府依法分享国有资产的出资人权益绝不意味着由它们"分割"并独立享有国有资产所有权,这一点与某些国家由中央和地方政府分别享有独立、平等和完整的国有资产所有权的"分级所有权"存在根本性区别。(4)出资人权益的享有同时还意味着出资人职责的负担。依法享有出资人权益的国务院和地方人民政府同时还负有依法履行出资人职责的义务,亦即,出资人权益的享有与出资人职责的履行是一个事物的两个方面,这是出资人权益享有的特殊性,这种特殊性不但要求出资人权益的享有者不得随意抛弃或消极行使出资人权益,还要求出资人权益必须依法实现,同时还必须以国有资产所有权人利益的最大化为基本原则。

《企业国有资产法》第4条第2款还对国有资产出资人权益享有的企业范围作了原则性规定,由国务院享有出资人权益、履行出资人职责的企业范围包括:(1)关系国民经济命脉和国家安全的大型国家出资企业;(2)重要基础设施和重要自然资源等领域的国家出资企业。这些企业通常分布在航空航天、石油石化、电力、电信、交通运输、重要资源开发、国防、重大装备制造等领域。在其他领域的企业由地方人民政府代表国家履行出资人职责,因此形成的出资人权益,由地方人民政府依法享有。

(二)出资人权益的行使体制

出资人权益的行使体制是指在出资人权益享有机制的基础之上,依据法律规定具体行使出资人权益、履行出资人职责、实现出资权内容的主体类型、组织体系及相应的权利和义务。

《企业国有资产法》将具体行使出资人权益、履行出资人职责的主体设定为两种类型：一是国务院和地方人民政府设立的国有资产监督管理机构，二是其他主体和机构（《企业国有资产法》第11条），法律将二者统称为"履行出资人职责的机构"。从法律规范的内容来分析，这两类具体履行出资人职责的机构都具有以下法律特征：(1)它们都有具体的行使国有资产出资人相关权益的权利。(2)它们享有的权利来源于前述国有资产出资人权益享有主体的授权，因此，这种具体行使权的存续、发动和权利内容都取决于国有资产出资人权益享有主体的具体授权，而这种授权在很大程度上是行政自由裁量权所涵摄的范围。(3)与国有资产出资权益享有权的性质相对应，这种具体行使权也同时是一种必须履行的义务或职责，行使权主体不得随意抛弃、懈怠和消极行使。除所具有的权利上的共同点之外，这两类具体履行出资人职责的机构在各自的组织形式及其存续状态上也有区别：

第一，国务院及地方人民政府设立的国有资产监督管理机构在其设立及存续目的上具有专门性，它们一般是各级人民政府依据《企业国有资产法》的规定（《企业国有资产法》第二章）专门设立的专司企业国有资产管理职权的机构，因此，其具体的名称、组织形式、人员配置、运行方式、管理规则等内容都由设立其的人民政府决定，这也是《企业国有资产法》不具体规定各级国有资产监督管理机构的组织结构和运行程序的法理所在。在实践中，这种专门履行国有资产出资人职责的主体是：按照国务院机构改革方案设立的国务院国有资产监督管理委员会、地方人民政府根据国务院的规定设立的地方各级国有资产监督管理委员会。

第二，其他被授权具体履行国有资产出资人职责的主体在存续状态上具有兼职性。《企业国有资产法》第11条第2款规定：国务院和地方人民政府根据需要，可以授权其他部门、机构代表本级人民政府对国家出资企业履行出资人职责。该款并未如第1款关于国有资产监督管理机构的规定那样使用"设立"二字，从文义解释的角度不难看出，法律在这里认定的授权主体应当是原先既已存在，并已经承担了相应职责的部门和机构，《企业国有资产法》在这里仅是在它们已有的职责之上再附加上相关国有资产出资人的职责。在实践中，这些兼职履行相应国有资产出资人职责的部门和机构一般都是一些行业性管理部门，如财政部根据国务院授权就对金融行业、中国对外文化集团公司、中国出版集团公司、中国烟草总公司等企业中的国有资产履行出资人职责。

对于两类具体履行出资人职责的主体各自的权利行使范围如何，发生矛盾时该如何协调，《企业国有资产法》并未规定。从立法精神来看，专门性国有资产监督管理机构应当是今后国有资产监管的一般性主体。具体来讲，履行出资人职责的机构所具有的基本权利和义务（职责），概括起来有以下几点：

第一，对国家出资企业依法享有的收益权和管理权。这些权利都是最基本的出资人权益。收益权是指履行出资人职责的机构按照国家的出资比例或额度，对国家出资企业的盈利，代表国家获取股息或红利的权利，这种收益权与私人投资者的投资收益权最大的不同之处在于：所获取的收益并不是归属于具体履行出资人职责的机构，而是最终归属于国有资产所有权主体——国家，亦即全国人民，具体而言就是通过财政收入的途径收归国库，再以财政支出的方式为人民提供各类公共产品和服务。管理权包括参与重大决策权和选择管理人员权两种。

第二，对国家出资企业的章程享有制定权。这种权利因为国家资本在国家出资企业之中的配置状态不同具体表现为唯一制定和参与制定两种行为方式，在国家为唯一出资人的国有独资企业、国有独资公司中，其章程必须由履行出资人职责的机构全权制定或批准，而在投资主体多元化的国有资本控股公司和国有资本参股公司中，具体履行出资人职责的机构则依据《公司法》的规定，以股东或发起人的身份参与公司章程的制定。在国有资本控股和参股的公司中，具体履行出资人职责的机构作为股东一般都是委派专门的股东代表实际参与公司管理的，因此，对所委派的股东代表的行为进行规范是必需的，《企业国有资产法》第13条对此进行了专门规定，为股东代表设定了在参加股东会时，应当按照委派机构的指示提出提案、发表意见、行使表决权的义务，并为其设定了将其履行委派职责的情况和结果及时报告委派机关的义务。可见，《企业国有资产法》该条重在对股东代表的行为进行规制，而对其选任标准或任职资格，《企业国有资产法》并未规定，立法者将这项任务授权给具体履行出资人职责的机构自行决定。因此，对委派参加国有资本控股和参股公司管理的股东代表的选任也应当是履行出资人职责的机构的法定权利之一。

第三，履行出资人职责时的勤勉和谨慎义务。这种勤勉和谨慎义务是具体行使出资人权益时最基本的注意义务，也是权利行使的基本界限。这种勤勉和谨慎义务主要表现在以下几个方面：依照法律、行政法规以及企业章程履行出资人职责；保障出资人权益，防止国有资产损失；尊重国家出资企业的各项法定权利，不得非法干涉企业经营自主权。

第四，对授权主体所应负的基本义务。它包括：其一，向授权的本级人民政府负责并报告工作的义务。其二，接受授权的本级人民政府监督和考核的义务。其三，向授权的本级人民政府定期报告国有资产总量、结构、变动、收益等汇总分析情况的义务，这种义务设定的直接目的是向各级政府提供国有资产存续及其运营状况的基本信息，但最终目的却在于帮助各级政府对国有经济进行优化布局，进而为相应的整体经济状态进行宏观调控提供基础和信息前提。

（三）改革国有资本授权经营体制

按照《国资管理意见》的要求，我国将进一步改革国有资本授权经营体制。其主要内容有：(1)改组组建国有资本投资、运营公司。主要通过划拨现有商业类国有企业的国有股权，以及国有资本经营预算注资组建，以提升国营资本运营效力，提高国有资本回报率；或选择具有一定条件的国有独资企业集团改组设立，以服务国家战略，提升产业竞争力。(2)明确国有资产监管机构与国有资本投资、运营公司关系。政府授权国有资产监管机构依法对国有资本投资、运营公司履行出资人职责。国有资本监管机构按照"一企一策"原则，明确对国有资本投资、运营公司授权的内容、范围和方式，依法落实国有资本投资、运营公司董事会职责。国有资本投资、运营公司对授权范围内的国有资本履行出资人职责，依法自主开展国有资本运作，对所出资企业行使股东职责，维护股东合法权益。(3)界定国有资本投资、运营公司与所出资企业关系。国有资本投资、运营公司依法对所出资企业行使股东权利，以出资额为限承担有限责任。

二、国家出资企业

国家出资企业的法定含义是国家出资的国有独资企业、国有独资公司、国有资本控股公司以及国有资本参股公司(《企业国有资产法》第5条)。国有独资企业是指按照全民所有制工业企业法设置的，全部资本均由国家投资的非公司制企业法人；根据法律规定，该企业法人对于国家投资亦即授权其经营的财产享有独立的经营权，也依法有权占有、使用及处分；该企业法人并不具备如公司那样的内部治理结构，其高级管理人员和监事会均由政府委派。国有独资公司、国有资本控股公司及国有资本参股公司都是按照《公司法》的规定由国家资本投入其中（投资比例各有不同），并依据法定的内部治理结构独立运营的公司法人。

（一）国家出资企业的法律特征

1.国家出资企业在性质上都是具体的经营国有资产的主体。按照《企业国有资产法》的规定，国务院是国有资产所有权的行使主体代表，包括国务院在内的各级人民政府是国有资产投入到国家出资企业后所形成的出资人权益的享有主体，各级国有资产监督管理机构及其他被政府授权的部门和机构是出资人权益的具体行使主体，而各类国家出资企业则是接受国家投资，并运用国家资本进行经营的主体，这样形成的层级式结构，构成了中国特色的国有资产（企业国有资产）管理和运营体制。

2.国家出资企业是具有一定的责任财产，能够独立享受权利和承担义务的经营性法人。国家出资企业的出资虽然全部或者部分来源于国有资产，并且与民营企业等不包含国家出资的企业相比，这种企业具有更为明显的公共目的，或者说担负着更多的社会责任，但在市场活动中，国家出资企业仍然是商事主体，在追求社会效益的同时也追求经济效益。同时，与其他企业法人一样，国家出资企业能够以自己的名义从事经济活动，享受权利和承担义务，并以其清偿债务时依法实际拥有的和依法应当归其拥有的财产作为其责任财产，用于担保债权人债权的实现。

3.国家出资企业都以营利性和公益性兼顾的原则经营。国家出资企业作为经营性法人，追求利益的最大化是其当然目的，因此，营利性势必应当成为国家出资企业的必要性经营原则。但是，国家将国有资产投入国民经济领域，除追求保值增值的目的之外，在很大程度上还以调控宏观经济、掌握国民经济命脉、维护社会平稳和谐发展等为其目的，因此，公共利益原则也应当成为国家出资企业在其运营中必须遵循的基本原则。在一般情形下，这两种原则是可以兼顾的，因为国家基于特定的政策目的，决定将国有资本投入某个领域本身就是为了实现公共利益，但在特殊情况下，如果两种原则发生冲突，则必然应当以公共利益的实现为准。

（二）国家出资企业的基本权利

《企业国有资产法》对各类国家出资企业的基本权利和义务作了统一的原则性规定。对基本权利的规定是保障国家出资企业经营活动顺利开展，实现国家资本保值增值的必要条件；而对基本义务的规定则是预防国有资产流失的重要制度性保障。概括起来，国家出资企业的基本权利有以下三项：

1.法人财产权。国家将国有资本投入各类企业由其经营时，在法理上将失去对投资资本的所有权，随之置换而来的将是各类出资人权益（包括自益权和公益权，股权是前者的典型），投入的国有资本就成为国家出资企业的法人财产权的客体，这一权利在《民法典》和《公司法》上都得到了确认。根据《企业国有资产法》的规定，这一法人财产权的内容主要表现为：(1)占有，即国家出资企业对因投资而形成的财产得进行排他性的控制。(2)使用，即国家出资企业对因投资而形成的财产进行运营，以充分实现其使用价值。(3)收益，即国家出资企业对经营法人财产所产生的盈余得收取并依法存留。(4)依法处分，即国家出资企业对法人财产权得依法进行处置。

2.经营自主权。《企业国有资产法》第16条第2款规定，国家出资企业依法享有的经营自主权和其他合法权益受法律保护。所谓国家出资企业的经营自主权，是指国家出资企业在不违反国家法律法规的前提下所拥有的调配使用其人力、物力、财力,自行组织生产经营活动的权利。国家出资企业所经营的资本全部或者部分是国有资本,为了实现国有资本运营的经济和社会效益尤其是公共目标,国家对国家出资企业的监管要严于对民营企业等不包含国家出资的企业的监管,但国家出资企业仍然依法享有开展经营活动所必需的自主权。我国现行立法虽然并未对国家出资企业经营自主权的内容作出统一的规定,但有大量的相关法律依据,除适用于所有企业的有关经营自主权的一般规定外,部分国有独资企业的经营自主权还在《全民所有制工业企业法》(2009年修正)等国有企业相关立法中有较为详细的涉及,而国有独资公司、国有资本控股公司和国有资本参股公司等国家出资企业的经营决策及其实施,则在《公司法》中有明确的规定。

3. 投资权。国家出资企业有向其他企业运用法人财产进行投资,并对所投资企业依法享有资产收益、参与重大决策和选择管理者等出资人权益的权利。从国家出资企业投资的本质来看,这还应当是国家资本的运营方式,但这并不意味着国家可以超越其出资企业直接对其出资企业的投资企业行使出资人权利,因为在法律上,这种投资行为是国家出资企业作为独立的法律主体,运用自己的法人财产权,实现经营自主权的结果,为了从根本上保障国家利益,《企业国有资产法》第21条在赋予国家出资企业投资权的同时,还原则性地为其设置了"维护其出资人权益"的义务。

除这三项基本权利之外,《企业国有资产法》还对国家出资企业的基本义务进行了原则性规定:既包括一般性法律义务,即遵守法律、法规,接受社会监督,承担社会责任,建立健全财会制度等;还包括对出资人所负的基本义务,即向出资人提供真实、完整的财务和会计信息,向出资人分配利润等。建立和健全企业内部治理结构,即完善法人治理结构、建立健全内部监督管理和风险控制制度,公司类国家出资企业应当依法设置监事会,并对董事等高级管理人员及财会进行监督检查,通过职工代表大会或其他方式实现民主管理等。

三、国家出资企业管理者的选择与考核

(一)国家出资企业管理者的选择

1. 国家出资企业管理者的选择权。它包含两方面的内容,即任免权和建议任免权。在国有独资企业和国有独资公司中,表现为直接任免权,而在国家资本控股及国家资本参股的公司中,则表现为通过参加股东会或股东大会提出管理人员建议任免人选的权利。这两种权利也因企业类型的不同而有不同:(1)任免国有独资企业的经理、副经理、财务负责人和其他高级管理人员。(2)任免国有独资公司的董事长、副董事长、董事、监事会主席和监事。(3)向国有资本控股公司、国有资本参股公司的股东会、股东大会提出董事、监事人选。

《企业国有资产法》还对履行出资人职责的机构选择国家出资企业管理者的权利作了保留性规定,即对上述第1项、第2项企业管理者的任免,国务院和地方人民政府规定由本级人民政府任免的,依其规定。在法理上,履行出资人职责的机构其企业管理者的选择权来源于本级人民政府的授权,当本级人民政府决定将某些企业管理者的任免权予以保留时,履行出资人职责的机构当然不会享有这些被授权主体保留的权利。在实践中,被国务院保留管理者任免权的企业是一些关系国民经济重大命脉和国家安全的大型重点企业、重要基础设施和重要自然资源建设和开发领域中的大型重点企业;被地方人民政府保留管理者任免权的企业则是在本地

区影响和规模较大的企业。[1]

2. 国家出资企业管理者的任职资格。它包含积极资格和消极资格两个方面，积极资格具体包括：(1)有良好的品行。这是对国家出资企业管理者品质上的要求，内容应当说是相当广泛，但最重要的应该是两点：一是遵纪守法，二是良好的职业道德。(2)有符合职位要求的专业知识和工作能力。这是对国家出资企业管理者执业能力和素质的基本要求，但规定得比较原则，法律并未具体化与各项职位相匹配的专业知识和能力要求，也并未对如何具体验证是否具备这些能力和知识作出规定，看来还是留由履行出资人职责的机构具体认定。(3)有能够正常履行职责的身体条件。这是对国家出资企业管理者身体条件的要求，同第2项一样，也是原则性的规定，立法目的还是将其具体认定的权利授权给履行出资人职责的机构。(4)法律、行政法规规定的其他条件。这是兜底性条款，是为了满足各类具体经营事务需要的特殊要求，比如根据《证券法》的规定，证券公司的高级管理人员在任职前应当取得国务院证券监管机构核准的从业资格，再如《证券投资基金法》规定的证券投资基金公司的经理应当具有证券从业资格。

消极资格是指担任国家出资企业管理者所不应当有的情形，即国家出资企业的董事、监事、高级管理人员在任职期间出现不符合积极资格规定的条件的情形，或者出现了《公司法》规定的不得担任公司董事、监事、高级管理人员情形的，履行出资人职责的机构应当依法予以免职或者提出免职建议。

除此之外，《企业国有资产法》还对各种类型国家出资企业管理者兼职的限制进行了专门规定，这与《公司法》规定大体一致，但需要指出的是，《企业国有资产法》对国有资本控股公司的董事长兼任经理的限制要严格于《公司法》，即非经股东会、股东大会同意，不得兼任。这一方面考虑到了国有资本控股公司的特殊性，另一方面也有利于促进国有资本控股公司建立和完善内部监督制约机制。[2]

(二)国家出资企业管理者的考核

1. 经营业绩考核。它是指按照一定的标准对国家出资企业管理者运营国有资产的效果、经营活动的绩效等进行认定、评估和考察并决定奖惩及其报酬的系列行为。《企业国有资产法》将经营业绩考核具体分为年度考核和任期考核两种，其考核权由具体履行出资人职责的机构行使。

(1)经营业绩考核的适用范围。它只适用于直接任命的国家出资企业的管理者，他们是国有独资企业的经理、副经理、财务负责人和其他高级管理人员以及国有独资公司的董事长、副董事长、董事、监事会主席和监事。

(2)经营业绩考核的标准。《企业国有资产法》并未明确具体的考核标准。在实践中，对考核标准的制定一般都是由各级人民政府或其授权的履行出资人职责的机构具体进行，它们往往根据国家出资企业所处行业、自身条件及市场状况等因素来确定，主要包括利润增长指标、资产收益指标等。

---

[1] 安建主编:《中华人民共和国企业国有资产法释义》,法律出版社2008年版,第83页。
[2] 安建主编:《中华人民共和国企业国有资产法释义》,法律出版社2008年版,第77页。

国务院 2003 年颁布的《企业国有资产监督管理暂行条例》(2019 年修订)[3]第 18 条规定,国有资产监督管理机构应当与其任命的企业负责人签订业绩合同,根据业绩合同对企业负责人进行年度考核和任期考核。可见,在由具体履行出资人职责的机构直接任命管理人员的国有独资企业和国有独资公司中,高级管理人员经营业绩的考核标准是可以通过业绩合同的约定来确定的。

(3) 经营业绩考核的后果。具体履行出资人职责的机构依法对其任命的管理人员进行经营业绩考核后所形成的考核结果,将是对相关管理人员进行奖惩的主要依据。如果相关管理人员的经营业绩达到甚至超过了确定的考核标准,则对其进行奖励;反之,则对其进行惩罚。《企业国有资产法》并未具体规定奖惩方式,依据 2019 年修订的《企业国有资产监督管理暂行条例》第 18 条、第 19 条,奖惩方式和具体内容应当都约定在业绩合同中。在实践中,奖励的方式主要包括薪酬奖励和股权奖励,惩处的方式则主要包括减扣薪金、减少或取消股权激励、免职、解聘等。[4]可见,对相关企业管理者的奖惩方式总体上可以概括为经济性奖惩与职务性奖惩两类,前者具体表现为经济利益的损益,后者则表现为职务的升降或去留。

2. 任期经济责任审计。根据《企业国有资产法》的规定,任期经济责任审计的适用范围包括:国有独资企业、国有独资公司和国有资本控股公司的主要负责人。何为主要负责人,法律未明确,权威的立法释义认为应当是指这些企业的法定代表人。[5]

《企业国有资产法》并未明确任期经济责任审计的主体,但依据《审计法》(2021 年修正)及其相关法规的规定,审计机关应当是任期经济责任审计的主体。审计应当自相关企业负责人任期结束时开始。

《企业国有资产法》也未具体规定任期经济责任审计的内容。在实践中,任期经济责任审计一般包括对企业负责人在任期间所在企业的资产、负债、损益,企业资产的完整和保障增值程度,企业对外投资、资产处置以及利润分配等财产及相关经济行为的真实性、合法性和绩效所进行的审计。

任期经济责任审计的审计方式、程序及审计结果的法律效果等都应当根据《审计法》的相应规定具体确定。

四、重大事项当中的国有资产监管

在国家出资企业的一些重大事项中,极有可能涉及国有资产的处分,因此,法律有必要设置相应的监管制度,以预防国有资产流失现象的发生,从而避免国家出资企业所经营的国有资产贬值。从《企业国有资产法》的体系结构和规范内容来看,其对相关重大事项中国有资产监管的规定占据了全部法律的大部分,由此可见该部分规制内容的重要性。之所以作出这样的

---

[3] 在《企业国有资产法》颁行以前,《企业国有资产监督管理暂行条例》是规制企业国有资产管理的主要法律文件,其中的许多内容直接成为《企业国有资产法》制定的制度借鉴。虽然《企业国有资产法》对中国企业国有资产监督管理体制和基本内容都进行了某种程度上的重构与完善,但仍缺乏一些具体的操作性规范,而这些规范在《企业国有资产监督管理暂行条例》中却有体现。在国务院尚未宣布废止或以新的法规代替《企业国有资产监督管理暂行条例》之前,这些具体性规范在不与《企业国有资产法》的立法目的和规范内容相冲突的前提下,还应当是具有法律效力的。

[4] 安建主编:《中华人民共和国企业国有资产法释义》,法律出版社 2008 年版,第 80 页。

[5] 安建主编:《中华人民共和国企业国有资产法释义》,法律出版社 2008 年版,第 81 页。

结构安排,是因为这些重大事项"与出资人权益关系重大,也是实践中发生国有资产流失的主要环节,各方面普遍要求作出有针对性的法律规定"。[6]

《企业国有资产法》第五章对该内容是按照"从一般到具体"的立法思路进行的规定,先对重大事项的范围及在这些事项中相关监管主体的一般性管理权作出规定,再分别针对企业改制、与关联方的交易、资产评估及国有资产转让这几类具体事项作出相应的规定。

(一)重大事项的范围

根据《企业国有资产法》第30条的规定,涉及国有资产出资人权益的重大事项包括:国家出资企业的合并、分立、改制、上市、增加或减少资本,发行债券,进行重大投资,为他人提供大额担保,转让重大财产,进行大额捐赠,分配利润,解散,申请破产。

(二)针对各类企业相关重大事项的一般性监管权

1. 针对国有独资企业和国有独资公司相关重大事项的监管权。根据《企业国有资产法》第31条的规定,国有独资企业、国有独资公司合并、分立、增加或减少注册资本,发行债券,分配利润,解散,申请破产等事项,由具体履行出资人职责的机构享有决定权。

对于国有独资企业、国有独资公司的除依据法律、行政法规和企业章程由履行出资人职责的机构享有决定权的事项之外的事项,以及《企业国有资产法》第30条所指的重大事项,国有独资企业由企业负责人集体讨论决定,实践中,通常由企业经理(厂长)办公会议决定,国有独资公司则由董事会按照法定或章程约定的议事规则决定。

2. 针对重要的国有独资企业、国有独资公司、国有资本控股公司相关重大事项的监管权。《企业国有资产法》第34条第1款规定:重要的国有独资企业、国有独资公司、国有资本控股公司的合并、分立、解散、申请破产以及法律、行政法规和本级人民政府规定应当由履行出资人职责的机构报经本级人民政府批准的重大事项,履行出资人职责的机构在作出决定或者向其委派参加国有资本控股公司股东会会议、股东大会会议的股东代表作出指示前,应当报请本级人民政府批准。

这一法律条文中蕴含的监管权实际就是人民政府的批准权,围绕这一权力可以作如下解读:(1)各级人民政府的批准权行使的相对人是重要的国有独资企业、国有独资公司、国有资本控股公司,该如何具体确定这些企业,《企业国有资产法》第34条第2款授权国务院进行规定。(2)各级人民政府的批准权行使的范围包括两类事项:一是上述企业的合并、分立、解散、申请破产等事项,二是法律、行政法规和本级人民政府规定应当报请本级人民政府批准的事项。(3)各级人民政府的批准权行使机制是对具体履行出资人职责的机构依法作出的决定和指示的事先审查与批准。因此,具体履行出资人职责的机构有义务就法定重大事项在作出决定和指示之前,向本级人民政府上报,并等待其批准。可见,在这种情形下,履行出资人职责的机构依法享有的决定权与指示权并无实际内容,仅代表实际决策者——政府实现决策内容的象征性权力,所以,实际履行出资人职责的主体应当是人民政府,但实际履行并不意味着直接履行,直接履行的主体依然是法定的履行出资人职责的机构。

3. 国家出资企业相关重大事项的民意表达机制。国家出资企业的合并、分立、改制、解散、

---

[6] 全国人大财政经济委员会副主任委员石广生于2007年12月23日在第十届全国人大常委会第三十一次会议上所作的《关于〈中华人民共和国国有资产法(草案)〉的说明》。

申请破产等重大事项,应当听取企业工会的意见,并通过职工代表大会或其他形式听取职工的意见和建议。在这一民意表达机制中,国家出资企业在法定重大事项发生时,负有召集企业工会、职工代表大会或以其他适当方式听取工会和职工的意见和建议的义务,因此也可推知,企业工会以及职工代表大会依法也应当享有要求企业管理者召集会议,并以合理、适当的方式听取职工意见和建议的权利。

(三)企业改制中的国有资产监管

1. 企业改制的法定含义。企业改制包括三种情形(《企业国有资产法》第39条):(1)国有独资企业改为国有独资公司。(2)国有独资企业、国有独资公司改为国有资本控股公司或非国有资本控股公司。(3)国有资本控股公司改为非国有资本控股公司。

2. 企业改制的决定权。企业改制的决定权是一种是否进行企业改制以及以何种方式进行企业改制的权利。企业改制应当制定改制方案,改制方案主要包括:改制后的企业组织形式、企业资产和债权债务处理方案、股权变动方案、改制的操作程序、资产评估和财务审计等中介机构的选聘等。(1)国有独资企业、国有独资公司的改制决定权由具体履行出资人职责的机构享有,国有资本控股公司的该职权则由包括履行出资人职责的机构在内的公司股东会、股东大会享有。(2)重要的国有独资企业、国有独资公司的改制,具体履行出资人职责的机构在直接行使决定权以前必须将改制方案报请本级人民政府批准;重要的国有资本控股公司的改制,具体履行出资人职责的机构在对其委派参加股东会的股东代表发出指示前,也应当将指示内容报请本级人民政府批准。(3)企业改制如果涉及重新安置企业职工的,还应当制定职工安置方案,并经职工大会或者职工代表大会审议通过。

3. 改制企业的资产价值的确定。企业改制应当进行资产价值的确定,以防止国有资产的流失。法律规定了资产确定的基本原则和基本方式:(1)遵循准确、客观、公正的基本原则。这三项原则可以简化为两种具体要求:一是必须保证资产确定的全面性,即应当将改制企业的所有资产都纳入确定范围,防止遗漏;二是资产价值的确定必须以市场价值为基准,以保证价值确定结果的客观与公平。(2)改制企业的资产价值确定包括清产核资、财务审计和资产评估三种基本方式。清产核资是指通过账务清理、财产清查、价值重估等方式,认定改制企业的各项资产损益;[7]财务审计是指对改制企业的各项财务收支活动进行的审计,目的在于保证这些收支活动的真实性与合法性;资产评估是指委托资产评估机构通过法定标准和程序、以科学的方法,对资产的现有价值进行的评价和估算。

法律还对涉及以改制企业的实物、知识产权、土地使用权等非货币财产折算出资和股份时的评估活动设置了禁止性规范,即不得将财产低估折价或者有其他损害出资人权益的行为。

(四)与关联方交易当中的国有资产监管

1. 关联方的法定含义。关联方是指国家出资企业的董事、监事、高级管理人员及其近亲属,以及由这些人所有或者实际控制的企业。可见,关联方主要包括两种主体类型:一种是自然人,即国家出资企业的董事、监事、高级管理人员及其近亲属。法律对"近亲属"的范围并未明确,从法理上来讲,应当包括国家出资企业董事、监事及高级管理人员的配偶、父母、子女、兄

---

[7] 国务院国有资产监督管理委员会制定的《国有企业清产核资办法》(2003年9月9日发布)对清产核资的范围、内容、程序、组织、要求和法律责任等都作了比较全面的规定。

弟姐妹、祖父母、外祖父母等亲属。另一种是企业法人,即由国家出资企业的董事、监事、高级管理人员及其近亲属全部出资成立和经营的独资企业、公司,由这些人控股经营的公司,以及虽未控股但通过各种方式实际控制其经营的企业。

2. 对关联方的禁止性规定。《企业国有资产法》第43条第1款规定:国家出资企业的关联方不得利用与国家出资企业之间的交易,谋取不当利益,损害国家出资企业利益。这款规定并不禁止关联方与国家出资企业之间的一切交易行为,而是禁止关联方利用交易谋取不当利益,损害国家出资企业出资人利益的行为。所谓不当利益,是指利用关联交易,在损害国家出资企业利益的同时,所获取的私人利益。因此,判断不当利益的关键是看关联交易是否已经或者可能使国家出资企业的利益减损,而关联方却因此利益增加。

3. 对特定国家出资企业的禁止性规定。《企业国有资产法》第44条规定:国有独资企业、国有独资公司、国有资本控股公司不得无偿向关联方提供资金、商品、服务或者其他资产,不得以不公平的价格与关联方进行交易。这一条首先排除了国有独资企业、国有独资公司、国有资本控股公司以非交易的方式(如赠与)向关联方转移资产的可能性,从而将国有独资企业、独资公司、国有资本控股公司向其关联方进行的一切资产转移都纳入市场交易范围,紧接着规定交易的基本准则是必须依据公平的价格,亦即市场价格交易。所谓以不公平的价格与关联方进行交易既包括以明显不合理的高价从关联方购进商品或者服务,还包括以明显不合理的低价向关联方转让商品、服务或者其他财产。

4. 履行出资人职责的机构对特定行为的批准权。根据《企业国有资产法》第45条的规定,未经履行出资人职责的机构同意,国有独资企业和国有独资公司不得有以下行为:(1)与关联方订立财产转让、借款的协议;(2)为关联方提供担保;(3)与关联方共同出资设立企业,或者向董事、监事、高级管理人员或者其近亲属所有或实际控制的企业投资。

(五)资产评估

1. 对相关企业资产评估义务的设定。(1)必须进行资产评估的情形。按照规定,国有独资企业、国有独资公司和国有资本控股公司在下列情形发生时,必须按照规定对有关资产进行评估:合并、分立、改制,转让重大财产,以非货币财产对外投资,清算,法律、行政法规以及企业章程规定应当进行资产评估的情形。除上述情形外,资产拍卖,企业兼并、联营、出售,与外国公司、企业和其他经济组织或者个人开办中外合资经营企业或中外合作经营企业等情形发生时,也应当进行资产评估。(2)出具委托书或评估报告。国有独资企业、国有独资公司和国有资本控股公司在前述情形出现时,有义务委托依法设立的符合条件的资产评估机构进行资产评估。持有国务院或者省、自治区、直辖市人民政府国有资产管理部门颁发的国有资产评估资格证书的资产评估公司、会计师事务所、审计事务所、财务咨询公司,经国务院或者省、自治区、直辖市人民政府国有资产管理行政主管部门认可的临时评估机构,可以接受委托。接受或评估的单位,应将评估的情况向履行出资人的职责机构报告。(3)向评估单位提供有关情况和资料。国有独资企业、国有独资公司、国有资本控股公司及其董事、监事、高级管理人员有义务向资产评估机构如实提供有关情况和资料,不得与资产评估机构串通评估作价。所谓"串通评估作价"是指国有独资企业、国有独资公司、国有资本控股公司及其董事、监事、高级管理人员与资产评估机构在资产评估过程中合谋,由资产评估机构出具虚假评估报告,以谋取非法利益的行为。[8]

2. 资产评估机构及其工作人员的义务。资产评估机构及其工作人员受托评估有关资产时,有遵守法律、行政法规和评估职业准则,独立、客观、公正地对受托评估的资产进行评估的义务。资产评估机构作弊或者玩忽职守,致使资产评估结果失实的,国有资产管理部门可以宣布资产评估结果无效,并可以根据情节轻重,对该资产评估机构给予警告、停业整顿甚至吊销国有资产评估资格证书的处罚。

(六)国有资产转让的监管[9]

1. 国有资产转让的含义。它是指依法将国家对企业的出资所形成的权益转移给其他单位或个人的行为,但按照国家规定无偿划转国有资产的除外。可见,法律所谓的国有资产转让仅指国有资产的有偿转让。

国有资产转让的客体是国家对企业出资所形成的各种权益,在国有独资企业中,这种权益表现为出资,在国有独资公司、国有资本控股和参股公司中,这种权益则表现为股份、股权。因此,国家出资企业法人财产权范围内的各种动产、不动产及无形资产的有偿转让并非《企业国有资产法》中的国有资产转让。

2. 国有资产转让的基本原则。国有资产转让应当遵循以下四个原则:(1)有利于国有经济布局和结构的战略性调整。(2)防止国有资产流失。(3)不得损害交易各方的合法权益。(4)等价有偿和公平、公正、公开。

3. 国有资产转让的批准权。国有资产转让的批准权由具体履行出资人职责的机构享有和行使。但是转让全部国有资产和转让部分国有资产致使国家对该企业失去控制的,履行出资人职责的机构在决定国有资产转让前,必须报请本级人民政府批准。可见,国家在国有独资企业、国有独资公司、国有资本控股公司及国有资本参股公司中所拥有的出资、股份、股权全部有偿转让时,必须报请本级人民政府批准;国家在国有独资企业、国有独资公司及国有资本控股公司中所拥有的出资、股份、股权的部分有偿转让有可能导致国家失去对这些企业的控制权时,也应当报请本级人民政府批准。

4. 国有资产向管理层转让的限制性规定。国有资产向管理层转让是指依照法律、行政法规或者国务院国有资产监督管理机构的规定向本企业的董事、监事、高级管理人员或者其近亲属,或者这些人员所有或实际控制的企业转让国有资产的行为。法律对这种转让行为设定了以下限制性规定:(1)管理层应当与其他受让参与者平等竞买。(2)转让方应当按照规定,如实披露有关信息。披露的信息应当包括:目前管理层持有标的企业的产权情况、拟参与受让国有产权的管理层名单、拟受让比例、受让国有产权的目的及相关后续计划、是否改变标的企业的主营业务、是否对标的企业进行重大重组等。(3)相关的董事、监事和高级管理人员不得参与转让方案的制定和组织实施。

---

[8] 安建主编:《中华人民共和国企业国有资产法释义》,法律出版社2008年版,第108页。
[9] 对国有资产转让行为,在国务院国有资产监督管理委员会与财政部于2003年联合制定的《企业国有产权转让管理暂行办法》中有比较全面、详尽的规定,具体包括转让的监督管理、转让的程序、转让的批准程序及法律责任等制度内容。

五、国有资本经营预算

(一)国有资本经营预算的含义

国有资本经营预算是指国家以所有者身份依法取得国有资本收益,并对所得收益进行分配而发生的各项收支预算,是政府预算的重要组成部分。[10] 将国有资本经营收益纳入预算管理有利于合理调整和规范国家出资企业的收入分配关系,有利于增强政府的宏观经济调控能力,进一步推进国有经济布局和结构的战略性调整,促进国有企业的改革和发展,也有利于使全体人民共享国有资本的经营成果。

1993年党的十四届三中全会决定明确提出了"建立政府公共预算和国有资本经营预算"的要求。《预算法》第5条规定:预算包括一般公共预算、政府性基金预算、国有资本经营预算、社会保险基金预算。一般公共预算、政府性基金预算、国有资本经营预算、社会保险基金预算应当保持完整、独立。政府性基金预算、国有资本经营预算、社会保险基金预算应当与一般公共预算相衔接。《预算法实施条例》第5条第1款规定:各部门预算应当反映一般公共预算、政府性基金预算、国有资本经营预算安排给本部门及其所属各单位的所有预算资金。此后,党的十六届三中全会、十六届六中全会、十七大的相关文件也都提出了要建立健全国有资产经营预算制度。从2003年开始,上海市、北京市、深圳市等城市陆续开展了国有资产经营预算的实践,积累了许多有益经验。

2007年9月8日,国务院发布了《关于试行国有资本经营预算的意见》,对国有资本经营预算的收支范围、国有资本经营预算的编制和审批、国有资本经营预算的执行、国有资本经营预算的职责分工等内容进行了全面规定。《企业国有资产法》第六章"国有资本经营预算"规范内容的形成和设置,很大程度上是基于《关于试行国有资本经营预算的意见》及其他既存的政策性规范,以及国有资本经营预算的实践经验。

(二)国有资本经营预算的收支范围

根据《企业国有资产法》第59条的规定,国家取得的下列国有资本收入,以及下列收入的支出,应当编制国有资本经营预算:(1)从国家出资企业分得的利润;(2)国有资产转让收入;(3)从国家出资企业取得的清算收入;(4)其他国有资本收入。

《企业国有资产法》对国有资本经营预算的支出范围未作明确规定,后来国务院根据国有资本经营预算的制度实践颁布了《关于试行国有资本经营预算的意见》,对支出类型作了规定,具体可分为三种:(1)资本性支出,即根据产业发展规划、国有经济布局和结构调整、国有企业发展要求以及国家战略、安全等需要安排的支出。(2)费用性支出,即用于弥补国有企业改革成本等方面的支出。(3)其他支出。

(三)国有资本经营预算的编制和审批

1.国有资本经营预算的编制规则。国有资本经营预算的编制必须遵循以下基本规则:(1)国有资本经营预算应当按年编制。(2)国有资本经营预算应当单独编制并纳入本级人民政府的预算。(3)国有资本经营预算不列赤字,即国有资本经营预算的支出应当严格按照当年预算收入的规模和数量,不得大于当年预算收入。

---

[10] 这是国务院《关于试行国有资本经营预算的意见》(2007年9月8日发布)对国有资本经营预算的明确定义。

2. 国有资本经营预算的编制主体。国务院和有关地方人民政府财政部门负责国有资本经营预算草案的编制工作,具体履行出资人职责的机构负责向财政部门提出由其履行出资人职责的国有资本经营预算建议草案。

3. 国有资本经营预算的审批。国有资本经营预算作为本级人民政府预算的组成部分,应当报请本级人代表大会批准。

(四)国有资本经营预算的执行

经本级人民代表大会审批的国有资本经营预算,即具有法律约束力,相关预算执行单位负有严格按照生效预算为相应的国有资本收支行为的法律义务。对此国务院《关于试行国有资本经营预算的意见》对生效的国有资本经营预算的执行设定了比较完善的规则体系,具体表现为以下几个方面:(1)国有资本经营预算收入由财政部门、国有资产监管机构收取、组织上交。企业按规定应上交的国有资本收益,应及时、足额直接上缴财政。(2)国有资本经营预算资金支出,由企业在经批准的预算范围内提出申请,报经财政部门审核后,按照财政国库管理制度的有关规定,直接拨付使用单位。使用单位应当按照规定用途使用、管理预算资金,并依法接受监督。(3)国有资本经营预算执行中如需调整,须按规定程序报批。年度预算确定后,企业改变财务隶属关系引起预算级次和关系变化的,应当同时办理预算划转。(4)年度终了后,财政部门应当编制国有资本经营决算草案报本级人民政府批准。

六、国有资产监督

根据运行主体,可以将国有资产监督分为权力性监督机制和社会公众监督机制两种。其中,权力性监督机制又包括:

(一)各级人大常委会的监督权

各级人大常委会对国有资产的管理和运营情况进行监督的法定方式包括:

1. 听取和审议本级人民政府代表国家履行出资人职责情况和国有资产监督管理情况的专项工作报告。因此,各级人民政府负有依法向本级人大常委会作出关于其履行出资人职责情况以及对国有资产进行监督管理情况的专项工作报告的义务,本级人大常委会在审议这些专项工作报告后,有将审议意见交由政府处理的权力,政府则相应地负有将处理情况及时报告本级人大常委会的义务。

2. 组织对《企业国有资产法》执行情况进行监督检查。各级人大常委会有权组织对《企业国有资产法》实施情况进行监督检查,检查结束后,将执法检查报告提请常委会审议。

(二)各级人民政府的监督权

各级人民政府的监督权行使对象是其授权的具体履行出资人职责的机构,监督权的内容则是对具体履行出资人职责的机构履行职责的情况进行监督。具体而言,各级人民政府的监督权包含以下三点:[11](1)对具体履行出资人职责的机构是否在授权范围内履行职责进行监督。(2)对具体履行出资人职责的机构是否按照法定程序履行职责进行监督。(3)对具体履行出资人职责的机构是否能够有效履行职责进行监督。

---

[11] 安建主编:《中华人民共和国企业国有资产法释义》,法律出版社2008年版,第127~128页。

(三)审计监督权

1. 各级人民政府审计机关的审计权。国务院和地方各级人民政府审计机关享有对国有资本经营预算执行情况和属于审计监督对象的国家出资企业进行审计监督的权力。审计的对象为国有独资企业、国有独资公司、国有资本控股公司以及国有资本虽未控股但占较大比重但能够实际控制企业经营管理的企业。审计监督权的内容主要体现为对审计对象企业的资产、负债、损益等的真实性、合法性和绩效进行检查、审查和评估。

2. 委托中介机构审计的权力。委托审计权由具体履行出资人职责的机构享有,委托的审计机构为具备法定资格的会计事务所,审计的对象为所出资企业的财务会计报告,委托审计权的实现方式因国家出资企业的类型不同而不同:(1)对于国有独资企业和国有独资公司的审计,由具体履行出资人职责的机构直接委托会计事务所进行;(2)对于国有资本控股公司的审计,由具体履行出资人职责的机构凭借其控股股东的地位,通过股东会作出决议,由公司聘请会计事务所进行。除上述三大权力性监督机制之外,《企业国有资产法》还赋予社会公众监督权。根据法律规定,国务院和地方人民政府负有依法向社会公众公布国有资产状况和国有资产监督管理工作情况的义务,任何单位和个人均有权对造成国有资产损失的人和行为进行检举和控告,但法律对社会公众相关监督权的具体内容、行使方式、行使程序及法律效果等问题均未作出规定。

―――― 思考题 ――――

1. 试述我国国有资产经营管理体制的基本内容。
2. 关系国有资产出资人权益的重大事项有哪些?《企业国有资产法》分别规定了哪些相应的管理措施?
3. 试述履行出资人职责的机构性质及其法定职责。
4. 简述国有资本经营预算制度在我国的发展及其基本内容。

第五编 | 经济监管法律制度

第二十四章　经济监管法律制度概述

| 内容提要 |

本章通过对经济监管法进行定义分析与特征描述,阐明中国在建立社会主义市场经济体制的过程中,建立和完善经济监管法律制度的必要与可能;通过分析经济监管权的性质、来源、内容,阐明经济监管法律制度的核心;通过分析我国经济监管体制存在的问题与原因,提出重构经济监管体制的具体设想。

| 学习重点 |

经济监管的含义和产生的理论基础　　经济监管法律制度的特征和功能
经济监管权的性质、来源和内容　　　我国现行经济监管体制存在的问题及其解决途径

第一节　经济监管法的界定及功能

一、经济监管法的定义和特征

经济监管法是一个概括性名词,是指为了解决市场失灵问题,依据市场经济规律而制定的有关政府介入市场行为的各种法律规范的总称。事实上,经济监管法既不是一个法典化的部门法,也不是集中在一个具体法律文件中的法律规范的总和,它只是经济法学者对具有同类功能的经济法律、法规予以学理概括的结果,是法学研究抽象化的产物。[1] 较之于经济法中的其他法律制度,经济监管法具有如下特征:

(一)微观性

经济监管法直接指向的是微观经济层面的市场要素,如市场主体的资格、行为与状态,市场结构以及价格、财务。为在特定的微观市场环境中贯彻某种特定的经济政策、规范市场主体行为,监管机构必须对原有各种交易关系和竞争关系进行特殊安排,对传统法律调整的"平等关系或建立这种关系的条件进行修改甚至破坏"。[2] 如禁止市场垄断就是"修改甚至破坏"的典型,实际上是一种对市场自发秩序的矫正。经济监管法通过确立一个基本的法律关系模式,

---

[1]　赵新华、冯彦君、董进宇:《市场管理法学》,吉林大学出版社2001年版,第3页。
[2]　[日]金泽良雄:《经济法概论》,满达人译,甘肃人民出版社1985年版,第45页。

并以之为标准,使市场主体的竞争行为规范化,通过禁止那些偏离此模式的行为,从而调节、整合市场中现实的经济秩序。

(二)强制性

作为一种直接干预法律机制,经济监管法与宏观经济调控法不同,不是以利益杠杆为中介,通过调整和改变利益参数间接影响市场主体的行为选择,而是在实现调整功能时,表现出较强的刚性色彩。例如,经济监管法主要表现为禁止性规范,即规定不作为义务,通常以"禁止……""不得……"为标志。通过这些禁止性规范,经济监管法得以发挥维护竞争机制,保障消费者利益,确保市场秩序的独有功能。

(三)基础性与前提性

经济监管法与宏观经济调控法都是国家干预经济生活的法律机制,两者相互配合,各有指向与侧重。相对而言,经济监管法的功能在于建立和维护市场机制所必需的基本和前提条件,而宏观经济调控法是在此基础上贯彻国家的宏观经济政策。如果没有经济监管法的基础性作用,宏观经济调控法的一些安排可能因缺乏微观基础而无从实现。即使在实践中已建立的宏观经济调控机制,也可能被扭曲,导致与初衷背离,难以取得实效。

二、经济监管法的功能

经过 40 多年的改革开放,我国已逐步形成了相应的市场秩序,市场竞争机制、市场价格机制基本形成,市场秩序得到改善。但是,市场秩序紊乱的问题并没有得到根本的遏制,近年来出现的有毒食品、互联网上的假冒伪劣商品等,会削弱人们的获得感、幸福感、安全感。因此,在相当长时间内,市场经济机制与相应的市场秩序的建构与完善仍是社会普遍关注的焦点,大力整顿和规范市场经济秩序,仍为当务之急。经济监管法的实质是政府公权力介入市场运行,通过法定化的手段,实现对市场主体资格、行为以及状态等有效监督的法律机制,上述问题的解决,有赖于经济监管法功能的强化与发挥。

经济监管法的主要功能在于保障政府经济监管职能的有效运行,通过法定方式赋予经济监管主体对市场交易行为制定政策规范、开展监督检查、纠正违法违规行为、维护市场主体合法权益等的权力。同时,经济监管法为经济监管主体厘定权力行使的边界,使监管权力与监管行为以不破坏市场机制的正常运行、不侵害市场主体的合法权益为限度。其重点是市场交易活动中的市场准入、公平竞争和维权保护三方面。

1.明确市场准入监管,保障市场主体的合法性。主体具有合法性是法律行为合法的基础,在当代市场经济发展中,随着市场专业化、专门化、技术化程度的日益提升,各具特色的要素市场对市场主体的资格提出了不同的要求:如在一般商品市场中,对市场主体的资格无须进行严格限制;而在金融市场、房地产市场、产权市场等要素市场中,情况则不完全等同,其主体的资本状况、专业技术水平与能力、经营方式与手段不仅关系到企业自身的成败,更关系到整个国家与社会的稳定与发展。因此,必须对不同性质的市场主体采取不同的市场准入制度。为此,经济监管法应对各种市场主体资格取得的原则、条件、程序作出明确的规定,以确保各类市场主体的合法性,在源头上防止非法交易的产生。

世界各国对市场主体的资格要求各不相同。西方国家大多数采取"准则主义",普遍认为市场主体的"门槛"不宜过高,政府有义务为作为投资者和纳税人的市场主体提供高效、便捷的服务,而市场主体从事违法经营危害了公平竞争秩序,则严惩不贷。在我国,市场准入法正在经历由高门槛向低门槛的转变,《行政许可法》及《公司法》充分地体现了放宽准入的思想,公司登记采取准则主义,对行政许可设定了严格的限制,确定了市场机制优先的行政审批原则。从基本趋势看,国家一直在大力推进简政放权,着力深化行政审批制度改革。但是,"宽进"不是为了"宽进"而"宽进",而是基于促进市场主体进入市场、实现"大众创业万众创新"、提升市场竞争广泛度进而繁荣市场等目的而实行的市场化改革。因此,"宽进"必须有与之相适应的"严管"特别是要注重采用信用监管。[3]

2. 维护公平竞争秩序,提高市场竞争效率。竞争机制是市场经济的内在运行机制之一,是人类长期以来的基本生活方式,也是市场经济发展与变迁的动力与源泉。只有保证竞争机制的有效运作,才能确保市场主体的优胜劣汰,实现经济发展的效率与公平。

秩序是法的基本价值之一,维护秩序是法的任务,而维护市场(经济)秩序则是经济法的基本任务。所谓市场秩序,是指以明晰的产权为基本制度、以价格体系为资源配置的基本机制、以有效竞争为结构特点的市场经济体系在配置资源中所呈现出来的一种和谐、有序、稳定的运行状态。[4] 在有序的市场中,市场关系稳定、市场结构合理、市场行为规则得到遵守、市场交易安全。市场经济要求现代国家不但要维护既有合理的经济秩序以保证经济发展的连续性,而且也要注意建立有利于经济发展的新秩序。市场秩序的形成有赖于经济监管法充分发挥其现实的调整功能。在此意义上,市场监管法承载着对市场竞争和各种权益保护的重任,而如何建构经济新秩序和维护既有的合理秩序,决定了经济监管法的基本功能与指向。

确保公平竞争的市场秩序,是经济监管的中心任务。在金融、房地产、技术与信息这些特殊的要素市场中,建立监管制度更为重要。一方面,它能保证政府依法对各类市场主体的各种交易行为的合法性进行审查与监控,为经济与社会发展创造一个公平竞争的良好市场秩序环境;另一方面,它能为政府的监管行为划定界限与程序,赋予市场主体以相应的行政救济与司法救济权,以防止经济监管主体滥用权力、破坏市场竞争秩序。

3. 监督市场交易行为,维护弱势群体权益。经济法一贯关注弱势群体的权益。为此,它会以现实生活中各主体的智力水平、获取信息能力及经济实力规模的差异为标准,突出对具备特殊身份的主体的区别对待,强调对社会生活中消费环节、产品(服务)流转关系的特别调整,从而予以特殊的制度安排和法律保障。在金融、房地产、技术与信息、社会公用事业等一些特殊的要素市场中,购买商品或接受服务的消费者处于弱势地位,权利受到侵害的可能性更大,更需要政府采取较为强势的监管措施,维护他们的合法权益。

第二节 经济监管权

一、经济监管权的定义和性质

经济监管权,是指政府作为监管者依据法律授权取得的对各类市场进行监督管理的权力。

---

[3] 卢代富等:《"宽进严管"背景下市场主体信用监管制度研究》,法律出版社2023年版。
[4] 纪宝成主编:《转型经济条件下的市场秩序研究》,中国人民大学出版社2003年版,第15页。

从市场监管者的角度来看,经济监管权是规范市场交易行为,预防、查处、惩罚危害市场环境的不正当行为,保护市场主体的合法权益,维护经济秩序和公共利益所必需的工具或手段。从市场主体的角度来看,经济监管权是他们参与市场竞争时所不得不考虑的一种制度约束。关于经济监管权的性质,存在不少争论,大多认为是一种经济行政管理权,既具有一般行政权的特征,也具有经济管理权的特性。

经济监管权是因政府介入市场而形成的一种权力,主体是法律授权的国家机关,内容是对市场主体的市场行为进行一定程度的介入。从法律地位上讲,法律授权成立的市场监管机关显然属于行政机关;从行为性质上讲,经济监管是代表国家行使的公共管理行为,是行政行为的一种。因此,经济监管权的行使必须遵循依法行政的基本原则,不得超越权限范围和懈怠;同时,由于经济监管权是对市场的直接介入,监管行为也不得违背市场规律。

(一)法定性

首先,经济监管的法定性是指经济监管机关享有的权力只能由宪法和法律所设定,即主体法定。其次,经济监管的法定性是指经济监管机关只能在法律或授权的范围内针对特定的行为人和事项作出处理,即权限法定。最后,经济监管的法定性是指经济监管权的行使须严格遵循行政程序法的规定,即程序法定。

(二)专属性

经济监管的专属性主要有两个方面的含义:一是经济监管主体的监管权只能由具有行政主体资格的组织依法享有,监管权的行使不受其他任何组织和个人的非法干涉;二是经济监管主体内部有明确的职权范围和分工,各监管主体的职权特定或专有,在实施经济监管活动时均不得超越其职权范围。

(三)优益性

经济监管的优益性是指经济监管权主体在行使职权时依法所获得的职务上或物质上的各种优越条件的特性。学者们也称之为行政优益权,主要是指监管主体在行使监管权时依法享有获得协助权、优先通过或使用权、对行政法律关系的单方形成权、对相对人的强制权与处罚权以及基于监管权和行使监管权的需要而获得国家各种物质条件保障的权力。

(四)权责统一性

经济监管的权责统一性是指任何监管主体在享有或行使行政权的同时,必须履行法定的各种义务,即职责。监管主体的职权与职责互相依存,互相渗透,互相适应,不能分离。监管主体的监管职权本质上是监管权力、监管职责、监管任务与监管权限的统一体。

(五)不可自由处置性

经济监管的不可自由处置性是指经济监管权作为体现国家意志、具有社会公益性、职权与职责高度统一且具体化了的一种公权力,从根本上排除了经济监管主体按照自己的意愿进行任意处分的可能性。在国家和社会生活中,监管主体的监管既是一种权力,同时又是对国家和人民的一种义务,其监管职权的运作既要保护相对人的合法利益,同时又要维护国家和人民的整体利益,因此,监管职权一般不得转让或放弃。

(六)市场约束性

经济监管的市场约束性是指经济监管权必须受市场机制的约束。在各种产品市场和要素市场中,市场主体的各种创新行为都应该得到鼓励,市场机制是鼓励创新的动力源泉,因此,经济监管行为不得随意破坏市场机制。经济监管权在市场中的"进"与"退"都是为了市场机制作用的充分有效发挥。经济监管本身是为了抵御市场的失灵,如果市场能够有效地运作,监管就应受到严格控制。所以,经济监管权必须以不破坏市场机制的正常发挥为限。

二、经济监管权的来源

(一)市场失灵

现代经济系统中,两类市场对经济运行起着极重要的作用,即要素市场和产品市场。要素市场是分配土地、资金等生产要素的市场,产品市场是进行商品和服务交易的市场。

古典经济学认为市场机制是实现经济资源最佳配置的最有效机制,也是促进经济效率提升的最佳机制。亚当·斯密说:"在这场合,像在其他许多场合一样,他受着一只看不见的手的指导,去尽力达到一个并非他本意想要达到的目的。也并不因为事非出于本意,就对社会有害。他追求自己的利益,往往使他能比在真正出于本意的情况下更有效地促进社会的利益。"[5]也就是说,市场会按照它自身的逻辑运行直至达到最终均衡。对市场的任何监管都不过是政府以"有形的脚"踩"无形的手",只会造成市场的不均衡和社会的无谓损失。

然而,实践证明市场并非完美无缺,市场失灵始终是困扰经济发展的幽灵。现代经济学对市场失灵展开了深刻的研究,并证明市场本身的力量并不足以克服市场固有的缺陷。造成市场失灵的原因主要有信息不完全、市场的外部性、市场的垄断性等。

在两类市场中,金融、技术与信息、房地产、劳动力等要素市场具有聚敛、配置、调节、反映等重要功能,在经济社会中发挥着极其重要的作用。要素市场功能的实现程度,取决于要素市场的运行效率。一个高效率的要素市场必须是运行有序,合理竞争,信息透明度高,真正"公正、公开、公平"的市场。然而,要素市场内在的投机性和高风险性,往往造成市场失灵,所以现代经济学理论将经济监管权作为一种工具性的安排,目的就在于通过市场之外的力量来纠正要素市场自身无法应对或应对成本极高的问题。

(二)私法不完备

市场主体在要素市场中的交易形成了一定的供求关系,并在一定程度上决定着价格,而价格又指导着供求及资源的配置。在很多情况下,参与要素市场的市场主体形成的法律关系主要是平等主体之间的财产关系,即民事法律关系。在一般情况下,设置民事救济程序,通过司法就可以解决民事冲突。但是,在市场失灵时这一机制同样会失灵。这是因为民事法律秩序的实现隐含着两个至关重要的假定:(1)法律基本完备。所谓法律基本完备,即所有可能造成损害的行为及该行为的构成要件、法律责任都能准确地由法律详细规定,对任何案件,任何一个法官都能按照法律明确无误、没有偏差地推断出行为人是否违反了法律以及应该承担什么样的法律责任。[6]违法者无法通过寻找法律的漏洞并利用它获取并合法地保有不法收益。(2)案件事实极易查明且权利人不惜采取所有可获得的救济方式。换句话说,为恢复其利益受损前的状态,权利人无成本约束,同时诉讼结果是具有确定性的。

---

[5] [英]亚当·斯密:《国民财富的性质和原因的研究》(下卷),郭大力、王亚南译,商务印书馆1974年版,第27页。
[6] 许成钢:《法律、执法与金融监管——介绍"法律的不完备性"理论》,载《经济社会体制比较》2001年第5期。

如果能够满足上述的两个假设,那么民事法律的运行机制就足以支撑有利于提高社会整体福利的交易,任何对此领域的监管除造成社会净损失外别无他用。事实表明,在大多数时候,民事法律运行机制确实主导着市场的有序运行。但是,对金融、房地产、技术与信息等要素市场来说,这两个假设显然不存在。经济监管权来源的法律理由,就是这两个基本假设在要素市场上无法得到实质性的满足。

就法律的完备性而言,由于现代社会的发展对私法自给自足、法律价值单一、法律关系守恒等观念提出了严峻挑战,现代法律制度早已打破了私法完备神话。就诉讼结果的确定性而言,任何案件事实都是过去曾发生的事情,极易查明的情形在许多案件中几乎不可能,必然带来诉讼结果的不确定性。在这两个假设都不可能满足的情况下,难以要求立法者将其享有的剩余立法权和主动执法权以某种形式分配给监管者,以达到仅仅依赖法院的司法权所不能实现的最优的效果。[7]

三、经济监管权的内容

"政府监管权作为一种直接限制市场主体的权利或增加其义务的公权力,区别于宏观调控权和资产管理权,是现代市场经济条件下政府职能重构的产物。"[8]政府监管权在经济法领域,最重要的部分就是经济监管权。一般认为,经济监管权包括如下几个部分:

（一）监督检查权

监督检查权是指经济监管主体对相对人遵守经济法律法规和履行经济义务的情况进行监督检查的权力。监督检查并不直接影响相对人的实体权利义务,而只是检查其对已设定的权利义务的行使或履行情况。当检查中发现相对人的违法行为时,监管机关将另行作出相应的行政处罚决定。按不同的分类标准,可将经济监督检查分为一般监督检查与特定监督检查、依职权的监督检查与依授权的监督检查、事前监督检查与事后监督检查等。

经济监管主体有依法对相对人进行监督检查的权力,但检查必须依照法定的程序和形式进行,有为相对人保守技术和业务秘密的义务。相对人则有提供必要的技术资料、如实反映情况、不得弄虚作假的义务,相对人可拒绝与监管主体职权无关的不合理检查。

（二）行政许可实施权

行政许可实施权是指经济监管主体根据相对人的申请,经审查依法准予其从事某种市场行为的权力。行政许可是经济监管主体通过颁发许可证对市场采取的有效管理。

经济监管中实行许可证制度的作用在于:(1)可以将各种要素市场的发展纳入国家统一管理的轨道,加强对金融、土地、技术与信息的规范,对于不符合法定条件的市场主体,不颁发许可证,以保证社会与经济秩序的稳定。(2)许可证管理是引导要素市场健康平稳发展的基础和保证。对各种要素市场实行许可证管理,可以严格市场准入标准,从而强化对要素市场的管理。(3)在行政许可中,可以根据各主体的不同情况,规定各种限制性条件,有利于管理的个别化、具体化。对不符合条件者,可以不颁发许可证。对违反限制条件的不正当经营者,可给予扣押、吊销许可证的制裁。因此,这是一种灵活、高效、适用面广的有效管理方式。(4)行政许

---

[7] 许成钢:《法律、执法与金融监管——介绍"法律的不完备性"理论》,载《经济社会体制比较》2001年第5期。
[8] 盛学军:《政府监管权的法律定位》,载《社会科学研究》2006年第1期。

可便于广大公众参与管理和监督,便于监管主体及时发现违法者。

(三)行政处罚权

行政处罚权是指监管主体对违反经济法律、法规的相对人给予惩戒或制裁的权力。若没有对违法者的制裁,则经济监管无从建立。《行政处罚法》(2021年修订)第2条规定:"行政处罚是指行政机关依法对违反行政管理秩序的公民、法人或者其他组织,以减损权益或者增加义务的方式予以惩戒的行为。"行政处罚权必须依照《行政处罚法》规定的权力和程序行使。

行政处罚直接涉及相对人的实体权利义务,包括限制人身自由权的处罚、剥夺财产权的处罚、限制或剥夺行为权的处罚、科以义务的处罚、申诫罚等。《行政处罚法》第5条规定:"行政处罚遵循公正、公开的原则。设定和实施行政处罚必须以事实为依据,与违法行为的事实、性质、情节以及社会危害程度相当。对违法行为给予行政处罚的规定必须公布;未经公布的,不得作为行政处罚的依据。"

(四)强制执行权

强制执行权是指在市场主体不履行法律、法规所科以的义务时,经济监管主体以强制方式促使其履行的权力。强制执行是经济监管不可缺少的一部分。

强制执行权是经济监管主体必须具备的权力。强制执行有以下特征:(1)行政性。强制执行发生于经济监管过程中,是监管主体对不履行特定义务的人采取的强制措施,是行政执法的最后环节。强制执行的主体只能是法律授权的行政机关,虽然在某些情况下行政机关应委托人民法院或其他第三人代为执行,但强制执行产生的法律责任仍由行政机关承担。(2)强制性。行政强制执行不是一种主观威慑力量,而是客观上可以采取的实际手段,如强行拘留、强制拆除、强制划拨、强制履行。(3)执行性。行政强制执行的目的在于执行,也就是迫使相对人履行法律义务。就当事人而言,只有在市场主体不愿履行而不是无法实际履行时,才能适用强制执行。就行政主体而言,能够强制执行的行政处罚决定,必须具有具体的执行内容。

第三节 经济监管体制

一、经济监管体制的定义

经济监管体制,是指有关经济监管机构的组织结构、权责结构及其运行方式。其主要内容包括:各种经济监管机构的设置及相互关系,各种经济监管机构的职责、权限划分,各种职责、权限的相互关系及运行方式。其中,经济监管机构是经济监管的组织形式和组织保证,职责权限是经济监管的职能形式和功能保证,运行方式则是经济监管组织形式和职能形式的动态反映和动态结合。经济监管体制决定经济监管的性质、规模、功能和效率,健全的经济监管体制对于保证经济监管的效率与效能、保障经济社会的健康稳定发展具有重要的作用。

从经济法的角度看,经济监管体制涉及经济监管权的赋予、规范与协调问题。市场主体及其行为的多元化、市场经济运行的广泛性与经济社会生活的复杂性,决定了政府的经济监管目标与任务不可能完全集中于某个政府部门。由一个机构将所有的经济监管职能都承担下来在理论上与实践中均不可能实现。于是,必然会产生分权与集权、分权与协调等权力配置问题,经济监管法律制度本身就是关于权力配置的制度安排。在此意义上,经济监管法律制度的首要内容即为建立符合中国社会主义市场经济发展要求的经济监管体制。

经济秩序属于公共资源,国家对市场经济的监管也是公共管理的重要内容。公共资源具有供应的联合性、有限性、使用的分散性、高度相互依存性与不可分性等特点,决定了对社会经济秩序必须采取集体行动。根据决策理论,在公共管理中,管理主体越多越分散,管理责任就会越趋于松弛,对经济秩序的保护就越无力,公共资源的使用状况也就越坏。反之,权力越统一,责任就越大。权力越是集中并趋向单一中心,责任就越明确,权力主体之间的破坏性竞争和摩擦就越小。因此,在构建经济监管体制时,必须实行统一指挥,加强调控,推行主要管理功能部门化,确立单一权力结构和单一行政领导系统。同时,社会经济秩序作为公共资源,其不仅可以联合使用,并且各种可能的使用方式之间具有相互的依存性。鉴于这些特性,在经济监管中出现必要的权力交叉和分割是不可避免的,进而,建构一种机构间冲突处理的协调机制也就显得颇有必要。申言之,在同一背景和理由下,经济监管既需要集权,也需要分权与平衡。事实上,在经济监管体制的构建中,一直存在集权与分权的难题。如何合理解决这一矛盾,的确需要进行探索。这一问题也是世界性难题,许多国家经过多年实践,大多选择了趋向集中和倾向单一决策、指导、控制与执行为中心的方向。

我国改革开放40多年来,也一直在探索经济监管模式。虽然经过多轮机构改革,但依然存在承担经济监管职责的部门和组织较多,职能交叉与职能断裂同时存在,监管越位、监管缺位、监管不到位的问题始终困扰着我们。如何将这些监管部门之间的权力进行合理配置,形成协调有序的监管体制,是构建经济监管法律制度所面临的一个巨大挑战。

二、我国经济监管体制的现状

虽然我国已经初步形成了具有中国特色的经济监管体制,但随着社会主义市场经济建设进程的加快和全面深化经济体制改革目标的提出,经济监管体制不适应新形势要求的问题日益显露。一方面,监管机构林立、规模庞大、分工不明、权限模糊导致多头管理、职能交叉、条块分割、争权夺利、机构臃肿、效率不高;另一方面,综合性监管机构设置少、规格低、权威性差,不足以排除、防范地方保护主义,不能很好地维护统一的市场交易竞争秩序。同时,监管人员素质参差不齐、地方经济监管机构多,在一定程度上助长与加剧了市场的区域分割,破坏了市场经济的基本规则与要求。

形成这一局面具有特殊的原因,这也是法律必须回答和解决的问题。

1. 监管职能的划分、机构的设置与权力分配密切相关。经济监管体制的设置带有一定权力分配的色彩,管理权的大小与部门的权力、地位、重要性紧密交织在一起。众多的监管部门、机构不仅争相设立,而且尽力争取在市场活动中的话语权,实质上是政府机构自我扩张、追求自我利益的结果。在这种情况下,要实现精简机构、规范职能的目标,更需要由法律根据市场发展的需求而非机构扩张的愿望来建立经济监管体制,通过立法限制政府机构的扩张。

2. 监管职权的划分、机构的设置与经济收益紧密相连。经济监管机构作为国家行政体系的一部分,是非营利性组织,但它以占有公共资源为条件,借助一定的物质手段开展管理活动,以顺利履行其职责。同时,法律也赋予一些部门代表国家收取规费的权力。由此,就出现了市场监督管理的职责与经济利益紧密相连的现象,监管部门纷纷增设"创收"机构,甚至不惜牺牲公共利益牟取小集团利益的情况时有发生。在这种情况下,需要由法律明确各监管机构的职责权限,严格控制监管机构监管权行使的目的、方式。同时,也要通过立法完善经费保障机制,阻断监管机构利用国家权力"创收"的渠道。

3. 监管职权的划分、机构的设置与解决"饭碗"问题相关。我国是一个人口大国,就业压力也会反映到政府机构的就业岗位安排上来。政府机构在某种程度上为解决就业问题提供了一个重要途径,大量的人员涌入市场监管领域。与之相随的是执法人员素质有限,直接导致市场监管效率低下、监管成本提高和编制增加。监管工作人员的数量扩张和素质下降迫使监管机构再进一步因人设岗、扩大编制,形成恶性循环。对此,需要对经济监管部门的机构设置、人员素质等提出明确的要求,以法律形式确定相关的制度安排,有效防止机构臃肿与人员大量增加。

4. 监管职权的划分、机构的设置与政府管理体制的总体设计有关。新中国成立初期,由于管理经验不足,政府管理体制的设计基本借鉴了苏联的做法,"对口原则"就是其中组织原则之一,整个政府机构的设置及政府的管理行为都体现了这一原则。但是,"对口原则"仅从主管部门便于管理的角度出发,而不是从市场需要出发,不仅扩大了政府机构和管理人员的数目,而且使市场监管权力、监管行为分散,是造成监管效率低下和官僚主义的直接原因。在这种情况下,法律应该按照市场经济发展的要求,重新设计经济监管体制,实现治理体系与治理能力的现代化。

三、构建经济监管体制的设想

经济监管行为,涉及监管行为的形成、监管行为的执行、行为效果的评判以及行为调整,是一个完整的过程,它具有内生机制,在各个相关利益主体之间的互动关系中实现。这种互动既是一个立法过程,又是一个行政过程,还是一个法律法规不断变化、调整的过程。[9] 其间,存在三个相互作用、相互影响的行为主体——监管者、被监管者、消费者。三者之间的博弈将导致利益格局的变化,最终推动经济监管行为的形成与完善。因此,任何监管体制的设计在考虑监管主体自身及其相互之间的关系时,还必须充分考虑这三个主体的关系,这是一个相当复杂的难题。从顶层设计到各层级改革到位,既需要智慧,也需要工具。

(一)监管体制设置的原则

在政府科层制度中,具有自身特殊性与相对独立性的经济监管机构为什么能发展壮大?对此,学者有不同解释。通常认为,最大的原因在于,随着现代化社会分工的细化和组织化程度的不断提高,对政府的管理能力和水平提出了很高的要求,要求任职者必须具有其职务所需的专门知识和技能;而此种知识和技能的获得一般都需要经过长时间的正式教育和充实的专业训练。因此,经济监管机构必须组织起一支职业化的队伍,使之长期专注于某些特殊产业或市场领域,熟悉这些产业的经济特征,渐渐累积规制执法的经验。他们所具备的专业知识,将使经济监管机构在经济监管过程中,享受到"职能专业化和劳动分工的好处"。[10]

在现代社会,监管机构居于利益的巨大漩涡里,监管过程涉及各利益集团的博弈与冲突,意图保持中立地位的监管机构必须被授予巨大而广泛的权力,具备相当的独立性与权威性,才

---

[9] 李郁芳:《体制转轨时期的政府微观规制行为》,经济科学出版社2003年版,第99页。
[10] 李郁芳:《体制转轨时期的政府微观规制行为》,经济科学出版社2003年版,第102页。

可能实现规制的政策目标。一个良性的监管体制的设立，最重要的莫过于满足以下要求：

1. 独立。监管机构的职能应与政府的其他职能相分离，尽量减少影响和干扰，从而最大限度地实现公共利益。例如，为保证监管机构决策与意志的独立性，监管机构在组成与运作上设置了种种限制：人员的任免须经权力机构同意，任期较长且分批、分次进行更迭，不同于普通行政机构；监管机构议事规则具有特殊性，一般采用合议制，集体讨论后再进行表决，遵循少数服从多数的原则；监管机构的决策不受或较少受其他部门的影响，它只根据法律赋予的权力履行日常规制之责，同时就此承担法律责任。[11] 尽管在现实中，监管机构完全不偏不倚只是一种理想状态，但监管者的利益独立于被监管者，相对独立于其他政府机构，却是保证监管公正性的基本条件。

2. 高效。高效是指监管机构能够以较低的成本、较高的效率履行自己的职责，获得较好的监管效果。其一，在一定程度上应打破权力体制之间的传统疆域，体现行政、立法和司法权力之间既相互独立又相互渗透的作用，缩短过于冗长的立法、司法程序，从而提高监管效率；其二，监管机构中经济学家、法学家、行政官员和技术专家的多元化人力资源配置，使监管机构中的工作人员凝结成为一个知识组合，可较好地解决专门知识在复杂监管过程中的局限性问题，有助于提高行政效率。在这样的原则下，需要彻底改变现行的条块分割、部门分割、权力分散的监管体制现状，建立相对集中的统一监管机构，并以此机构为核心，合理地配置各种监管资源。

（二）监管机构的权力

1. 准立法权。权力机构通过授权把部分立法权让与给监管机构，各监管机构根据总体的规制政策与目标，制定立法机关也无法完全制定的详细规则，从具体细节上补充授权性法律，行使类似于立法的权力。

2. 行政权。承担从信息收集到法律执行的各种行政任务，例如，收集并向社会公布有关信息，依据法定程序对违反有关法律法规的市场主体进行处罚。

3. 准司法权。监管机构具有对违法行为进行裁决的权力，一方面表现在监管机构对特殊案件的具体裁决过程中，另一方面表现为监管机构享有法院的某些职能。例如，监管机构就某项诉讼主持听证会，并进行裁决；收集证据并且起诉和处罚违规的企业等。

———— 思考题 ————

1. 什么是经济监管？什么是经济监管法律制度？为什么要建立经济监管法律制度？
2. 什么是经济监管权？经济监管权是如何产生的？
3. 什么是经济监管体制？如何完善我国现行的经济监管体制？
4. 你对我国未来经济监管体制的构建有哪些设想？

---

[11] 刘新梅、刘胜强：《我国电信管制机构改革研究》，载《经济社会体制比较》2004年第6期。

第二十五章　金融市场监管法律制度

| 内容提要 |

　　金融,是货币资金的融通,是现代市场经济的核心,是与货币流通、银行信用及其他信用有关的经济活动的总称。现代金融业以银行和其他金融机构为中心,采取多种形式的金融工具,为国民经济发展提供坚强的资金后盾。金融监管法,主要包括银行业监管法、证券业监管法、保险业监管法以及期货业监管法等内容。伴随着金融监管体制的变迁,金融监管法也应进行相应改革,以适应实践发展需要。

| 学习重点 |

金融监管法的含义、意义、内容和原则　　　　银行业监管法律制度
国际金融监管体制的主要类型和我国的金融监管体制　　证券监管法律制度
商业保险监管法律制度

第一节　金融监管法概述

一、金融监管法的含义和内容

（一）金融监管法的含义

1. 金融和金融监管

　　金融,是指货币资金的融通,也可以说是与货币流通和信用有关的各种活动,[1]现代金融业以银行和其他金融机构为中心,采取多种形式的金融工具,为国民经济的发展提供坚强的资金后盾。从融资过程的特征来分析,现代金融基本上可以分为两大类:直接金融(direct finance)和间接金融(indirect finance)。前者是指资金的所有者直接对资金的需求者融资,而后者则指资金的所有者以银行等金融机构为中介间接地向资金的需求者融资。金融业是一个充满风险的行业,绝不是仅仅依靠其内部经济规律就能自我完善和发展的,它的健康运行必须依靠国家有关机关对其进行有力的约束与调控,这就形成了金融监管制度。

---

[1]　唐波主编:《新编金融法学》(第3版),北京大学出版社2012年版,第1页。

2. 金融监管法与金融监管法律关系

金融监管法,顾名思义就是调整国家在对金融市场进行监督和管理的过程中所形成的权利义务关系的法律规范的总称。金融监管法律关系有广义与狭义之分:广义的金融监管法律关系是指由金融监管法调整的在金融监管活动和金融业务活动过程中形成的具有权利义务内容的社会关系,狭义的金融监管法律关系仅包括国家法定的监管机关行使监管权对金融机构进行监督管理的过程中形成的权利义务关系。本书所涉及的主要是狭义的金融监管法律关系。

(二)金融监管法的主要内容

现代金融业有一个较为直观的分类:直接金融与间接金融。前者是指资金盈余者和资金短缺者直接通过发行金融工具、债券和股票等方式进行的资金融通,后者则是指各单位、个人通过各种金融媒介即银行或其他金融机构间接进行的资金融通。从这两种分类各自表现出的不同形式即可看出金融业的主要分支为银行业和证券业。在这两者的基础上,由于保险业也能起到积聚资金的作用,且借助前两者的渠道也能进行资金的融通,因此保险业也是现代金融业的一大重要分支。除此之外,以期货、信托以及新衍生出的一系列金融工具为依托,形成了现代金融行业的各类大小不一的分支,共同构成一个有机的整体即金融业。由于篇幅的限制,本书将主要介绍其中较具代表性的银行、证券、保险以及期货这四大金融行业的监管立法。

二、金融监管法发展简述

(一)金融监管法在国外的发展

1. 银行立法的发展

目前,世界各国的银行立法大多采用中央银行和普通商业银行分别立法的模式,前者主要涉及货币政策等中央银行职能的规定,而后者则主要针对一般商业银行业务的监管。

(1)中央银行立法。中央银行最早产生于17世纪后半期,成立于1656年的瑞士银行是其雏形。1833年,英国议会规定英格兰银行发行的银行券为无限法偿币,1844年的英格兰《银行特许条例》(史称《比尔条例》)赋予英格兰银行发行英镑的垄断权力,这标志着现代意义上的第一家中央银行诞生。1920年,在布鲁塞尔国际金融会议上提出的发行银行应脱离各国政府控制的观点,成为各国建立中央银行最重要的理论根据。以英国的这两部早期中央银行立法为蓝本,各国相继制定了自己的中央银行立法,如美国《联邦储备法》、德国《联邦银行法》等。

(2)商业银行立法。商业银行在一国金融活动中的地位举足轻重,因此各国在紧随本国央行立法之后也都纷纷出台本国的商业银行立法,比较具有代表性的有美国的《国民通货法》、法国的《银行法》等。

2. 证券立法的发展

证券市场在推动整个金融行业发展中的作用自不待言,而其带来金融风险的可能性也不可小觑。最早暴露出证券业对整个金融行业具有摧毁作用的国家是美国,1929年到1933年的金融危机正是以证券市场的危机为导火索的。在此之后美国成为世界上最早进行证券立法的国家,其较具代表性的证券业立法有1933年5月的《证券法》、1934年的《证券交易法》以及后来的《内幕交易制裁法》等。

3. 保险立法的发展

保险业相对于前两个行业的发展来说略显滞后，从一定意义上说正是前两个行业的发展带动和加速了保险业的发展。世界各国的保险业立法活动也主要集中在 20 世纪中叶以后，相对较早的保险业立法是日本于 1900 年制定的《保险业法》，而其他主要发达国家的保险业立法基本上出台于 1965 年前后，如美国 1974 年颁布的《保险公司法》等。

（二）金融监管立法在中国的发展

1948 年，在中国共产党领导下中国人民银行成立，新中国成立后一些地区性金融机构被并入中国人民银行，全国统一的国家银行成立，综合行使中央银行与一般商业银行的职能。1979 年中国经济体制改革开始后，由于专业银行逐步恢复和设立，一般银行业务才逐渐从中国人民银行中分离出来。1984 年起，中国人民银行开始专门行使中央银行职能。1995 年我国出台《人民银行法》(2003 年修正)和《商业银行法》(2003 年、2015 年修正)，[2]确立了银行业经营与发展的模式。1995 年出台《保险法》(2002 年、2009 年、2014 年、2015 年修正或修订)，1998 年出台《证券法》(2004 年、2005 年、2013 年、2014 年、2019 年修正或修订)，[3]2003 年出台《银行业监督管理法》(2006 年修正)，2006 年 8 月通过《企业破产法》，加之一系列相关行政法规和部门规章相继出台，可以说我国基本上完成了初步意义上的现代金融监管立法。

三、金融监管法的原则

目前学界对于金融监管法的原则还没有形成通说，较具代表性的观点有：四原则说，[4]即保持币制稳定、促进经济发展原则，维持金融业稳定发展原则，保护投资者原则，与国际接轨原则；五原则说，[5]即合法、公平、公开原则，适度监管原则，监管主体特定原则，效率原则，协调性原则；七原则说，即统一管理、实行管理和经营分开原则，稳定币制、促进经济发展原则，促进竞争原则，保护投资者原则，防范和化解金融风险原则，分业经营、分业监管原则，与国际接轨原则。

这些提法具有一些共同点，即都注意到了金融监管法应注重对投资者利益的保护和稳定币值，它们可以说是金融监管法最核心的原则。其他的一些说法就显得不是很合适，体现在三个方面：一是把金融监管法的上位法——经济法的一些基本原则和精神直接搬到金融监管法中，如促进竞争原则，合法、公平、公开原则等；二是把具体金融监管中的概括性规定提升到了金融监管法的原则层面，如监管主体特定原则；三是把法学外的一些观点直接作为金融监管法的原则提出来，这主要是一些经济学的观点，如效率原则、协调性原则。

---

[2] 全国人民代表大会常务委员会《关于修改〈中华人民共和国商业银行法〉的决定》(2015 年 8 月 29 日第十二届全国人民代表大会常务委员会第十六次会议通过)指出："一、删去第三十九条第一款第二项：贷款余额与存款余额的比例不得超过百分之七十五；二、删去第七十五条第三项'未遵守资本充足率、存贷比例、资产流动性比例、同一借款人贷款比例和国务院银行业监督管理机构有关资产负债比例管理的其他规定'中的'存贷比例'。"

[3] 2013 年 6 月 29 日，第十二届全国人民代表大会常务委员会第三次会议通过并公布全国人民代表大会常务委员会《关于修改〈中华人民共和国文物保护法〉等十二部法律的决定》，决定将《证券法》第 129 条第 1 款修为："证券公司设立、收购或者撤销分支机构，变更业务范围，增加注册资本且股权结构发生重大调整，减少注册资本，变更持有百分之五以上股权的股东、实际控制人，变更公司章程中的重要条款，合并、分立、停业、解散、破产，必须经国务院证券监督管理机构批准。"

[4] 何立慧主编：《金融法原理》，兰州大学出版社 2004 年版，第 10 页。

[5] 刘定华主编：《金融法教程》，中国金融出版社 1999 年版，第 10 页。

此外，还有一些原则由于经济环境的发展变迁而显过时，如七原则说中的"统一管理、实行管理和经营分开原则"。这是在银行业监管和货币政策的实施均由中国人民银行承担的背景下提出的。随着金融监管体制的一系列重大变革，我国新组建国家金融监督管理总局，依法对除证券业之外的金融业实行统一监督管理，中国人民银行负责制定实施货币政策，强化宏观审慎管理，促进金融稳定。显然，金融监管法领域的相关原则也需要因应实践变化而及时调整。至于分业经营、分业监管原则，这是一个监管体系的架构问题，技术性非常强。从目前的国际操作经验来看，关于是分业还是混业经营和监管的争论颇多，但混业经营和统一监管的理论更具说服力。并且从我国金融监管实践看，新组建成立的国家金融监督管理总局的职责为对除证券业之外的金融业实行统一监督管理，因此本书认为，金融监管法不宜将分业经营、分业监管作为一项基本原则考虑而应将其作为一个具体的技术性问题交由实践来解决。这样做的好处是既能保证目前的金融活动稳定发展，又不会给将来的改革造成太大的立法阻力。因此，本书所认为的金融监管法的基本原则包括以下四项，这四项原则构成了一个相辅相成、相互联系、相互制约的有机整体。贯彻和实施这四项原则是科学地进行金融监管，并建立稳健、安全和高效的金融行业的前提和基础。

（一）适度监管原则

所谓适度监管，关键在于有效地分配监管机关所拥有的监管权限，即国家监管机关只能在一定范围内进行监管，而不能像计划经济时期一样无所不管。不可否认的是，随着金融业务的创新迭代以及金融国际化的发展推动，金融监管的范围、形式、内容等都需要进行适应性变革，金融监管的强度也有所增大。例如，根据党的二十届二中全会审议通过的《党和国家机构改革方案》、第十四届全国人民代表大会第一次会议审议批准的《国务院机构改革方案》，国家金融监督管理总局的职责包括"强化机构监管、行为监管、功能监管、穿透式监管、持续监管，维护金融业合法、稳健运行"。越是在监管趋强的改革背景下，越是应强调监管的法定性、适度性。一方面，在适度范围的划定上有必要以相应的经济学理论基础为支撑，寻求经济合理的监管限度，保证金融业的合理活动空间，既不至于管理过多也不会显得毫无拘束；另一方面，在适度的形式载体上，应明确建立金融监管适度的法治原则，确保重大改革于法有据。

（二）保持货币币值稳定、促进经济发展原则

币值的稳定、经济的健康发展是各国政府最关心的问题，也是政府通过金融立法最希望达到的目的。[6] 经济的发展与币值的起伏有着内在联系：要加快经济的增长需要大量的货币供给，虽然这样可以取得短时期内的高就业率和高增长率，但是货币的过量供应和生产的过剩经过一段时间的积累必将导致国民经济走向经济危机和"滞胀"。相反，如果政府一味地紧缩通货供应，那么投资不足又会引发产品紧缺，走向经济畸形发展的另一个侧面。可见，保持货币币值的稳定、促进经济的发展与金融有着密切、直接的联系。

（三）防范和化解金融风险原则

20世纪末东南亚金融危机之所以发生，在很大程度上是因为东南亚各国所实行的完全开放的金融市场政策使西方国家金融资本在毫无监管的情况下在其国内市场上自由进出，而政

---

[6]《中国人民银行法》第3条规定，货币政策目标是保持货币币值的稳定，并以此促进经济增长。

府缺乏金融风险防范意识或者说没有采取相应的法律保障措施造成的。此后,各国政府越来越深刻地认识到,在促进金融业大发展的同时,为了防范和化解金融风险、维持金融业稳健运行,必须将防范金融风险作为金融立法的核心原则。

(四)保护金融消费者原则

金融消费者是消费者的一种类型,是消费者概念在金融领域的延伸,即为了满足个人生活需要而购买、使用金融机构提供的金融产品或接受其提供的金融服务的个人投资者。近几年来,随着我国市场经济的发展和金融创新的不断深化,金融消费理念已经深入人心,金融产品已逐步成为满足普通老百姓生活之需的产品,存贷款、信用卡、理财、保险等金融服务日益成为人们日常生活中不可分割的组成部分,与此相伴,金融消费服务所引发的纠纷与矛盾也日益增加,消费者金融权益被侵害的现象时有发生。对于保护金融消费者的重要性要有清醒认识,并开展有效工作。要完善存款人和金融消费者投诉的处理机制和程序,积极培育中介服务机构。创新纠纷解决机制,如行业协会成立调解委员会,司法系统建立"诉调对接"中心,以及加强仲裁机构建设,推动及时化解金融纠纷。此外,还要强化个人金融信息保护力度。[7]

第二节 金融监管体制

以金融监管立法为基础,一国的金融监管职能被赋予某一个机构或者分配给一些机关。这一权力的分配和行使构成了金融监管体制。目前,世界各国常采用的监管体制有分业监管、统一监管以及混业监管三类。

一、世界金融监管体制的主要类型

(一)分业监管

分业监管的基本框架是以金融业的主要分支为划分标准,将金融机构和金融市场划分为银行、证券、保险等领域,在每个领域分别设立专职的监管机构,负责该行业的全面监管。全面监管包括审慎监管和业务监管。分业监管具有专业化优势,有利于提高监管效率,可以加强不同监管机关之间的竞争,缺点在于多重监管机构之间难以协调,容易造成监管漏洞,监管成本较高,规模不经济等。[8] 目前,较多国家采用该模式,如法国、希腊、西班牙和加拿大等。我国采用的也是这种体制。

(二)统一监管

统一监管是指对于不同的金融机构和金融业务,不论审慎监管还是业务监管,都是由一个机构负责。该模式具有成本优势,可以节约技术和人力的投入,降低信息成本,改善信息质量,

---

[7] 顾功耘主编:《经济法教程》(第3版),上海人民出版社、北京大学出版社2013年版,第719页。
[8] 刘少军:《金融法学》,中国政法大学出版社2008年版,第358页。

获得规模效益。但统一监管模式缺乏竞争性,容易导致官僚主义等问题。[9] 采用这种体制的典型国家是英国、德国。下面我们简要介绍一下这两个具有代表性的金融发达国家的监管体制。

1. 英国的金融监管体制

英国的金融监管体制经历过一个变迁的过程,在1997年以前采用的是分业监管体制。1997年5月,财政大臣宣布改革英国金融监管体制,设立新的金融监管机构,将原来的银行监管和投资服务规制合并到"有价证券与投资管理部"(SIB),至同年10月正式更名为"金融服务管理局"(Financial Service Authority, FSA)。翌年,FSA完成了第一阶段的改革,英格兰银行向其移交了银行业监管权;2000年5月,它又从伦敦证券交易所接手了股票上市登记业务;同年6月英国议会颁布《金融服务和市场法案》,标志着FSA正式得到皇家特许,成为英国金融市场的统一监管机构。

2. 德国的金融监管体制

德国走向统一监管的道路要晚于英国,2002年4月随着《联邦金融监管局组建法》的颁布,5月1日德国联邦金融监管局(BaFin)宣告成立。这是德国历史上第一次组建统一性的政府金融监管机构,它直接向联邦政府负责,在法律地位和具体监管职能上隶属于联邦财政部长。监管局集中了以前分散在银行业、证券业和保险业三个监管办公室的金融监管权,全面负责联邦境内所有信托机构、保险公司、证券交易所等在内的全部金融机构的监管,承担着绝大部分保障德国金融市场稳定的任务。

以上两国在选择了统一监管之后,可以说都收到了一定的成效,比如监管更加有效率,金融政策更加协调。这也导致世界上更多的国家倾向于选择这种监管体制。一些传统的采用分业监管体制的国家希望通过设立一个协调机构取得统一监管体制下的某些优势,如意大利最近建立的"金融监管常设协调委员会"。

(三)混业监管

混业监管是在金融业混业经营体制下,对完全统一和完全分工监管的一种改造模式,主要有"并列式"监管和"多元多层"监管。

1. "并列式"监管

采用"并列式"金融监管的国家一般都设置两类金融监管机构:一类负责对所有金融机构进行审慎监管,控制金融体系的系统性金融风险;另一类负责对不同金融业务进行监管。澳大利亚是采用这种监管体制的典型代表。

在澳大利亚,1991年成立的证券与投资委员会(ASIC)承担着对全国资金市场、证券、期货等行业的监管,1998年又增加了对消费者、社保基金、投资人利益等的保护职能,2002年有关信托业的监管也被纳入其职责范围,ASIC成为金融业务的统一监管机构。另一个机构,审慎监管局(APRA)则是金融服务行业的审慎监管机构,它负责监管银行、信托组织、建筑工会(关于"按揭"贷款)、保险等机构的系统性风险。这两个机构互相配合,共同承担着对澳大利亚金融市场的监管职能。[10]

---

[9] 刘少军:《金融法学》,中国政法大学出版社2008年版,第357~358页;唐波主编:《新编金融法学》(第3版),北京大学出版社2012年版,第11~22页。

[10] 吴利军、方庆:《混业经营下的中国金融监管体制:国际比较与路径选择》,载《教学与研究》2012年第8期。

2. "多元多层"监管

也有人把这种监管称作"双线多头式"监管体制,[11]或称作"伞型监管"。[12] 美国金融监管体制便采取此种模式。统一的监管体系又由联邦储备委员会负责建立,以对整个金融体系的系统性风险进行层层控制。除此之外,享有金融监管权的联邦或州的机构十分多,如联邦货币监理署(OCC)、储蓄监督局(OTS)、联邦存款保险公司(FDIC)、联邦住宅金融委员会(FHFB)、各州的银行保险管理机构、联邦证券交易委员会(SEC)和全国保险监理官协会(NAIC)。它们都分别在法律规定的范围内行使对相关金融行业的监管权。

二、我国的金融监管体制

我国金融监管体制经历了长期的发展变迁过程。新中国成立初期到改革开放前,我国长期实行的是高度集中的金融经营和监管体制。1979年以后,随着我国商业银行、保险公司、城市信用合作社以及信托投资公司等金融机构的恢复设立,人民银行逐渐摆脱了高度集中的金融体制。1992年,证监会成立,接管对全国证券行业的监管,这也标志着我国的金融监管逐步走向分业监管的道路。1993年,国务院为贯彻党的十四届三中全会精神,颁布了《关于金融体制改革的决定》,提出要转换人民银行的职能,强化金融监管,并对银行业、证券业和保险业实行分业管理。这是确立我国金融分业监管体制的政策基础。此后,我国分别于1998年成立保监会,2003年成立银监会,这期间于1998年规定商业银行与证券公司、保险公司彻底脱钩,从而形成了由银监会、证监会和保监会分别监管银行业、证券业和保险业的分业监管体制。

党的十八届三中全会以来,金融监管体制步入深化调整的新阶段。2017年召开的第五次全国金融工作会议提出成立"国务院金融稳定发展委员会",统筹协调金融监管政策间、部门间及其与其他相关政策的配合。国务院金融稳定委员会的成立是深化金融监管体制改革的重要成果,其主要职责包括审议金融业改革发展重大规划,协调货币政策与金融监管事项,协调金融、财政及产业政策,研判国际国内金融形势,研究系统性金融风险防范处置政策,指导地方金融改革发展,督导金融管理部门和地方政府履职情况等,表明我国金融监管体制呈现从传统的分业监管向混业监管转变的趋势。2018年,按照国务院机构改革方案,银监会和保监会合并成立银保监会,其职责是依照法律法规统一监督管理银行业和保险业,维护银行业和保险业合法、稳健运行,防范和化解金融风险,保护金融消费者合法权益,维护金融稳定。至此,"一委一行两会"的金融监管格局形成。

2022年10月,党的二十大召开,提出要加强和完善现代金融监管,强化金融稳定保障体系,依法将各类金融活动全部纳入监管,守住不发生系统性风险底线。2023年3月,根据党的二十届二中全会审议通过的《党和国家机构改革方案》、第十四届全国人民代表大会第一次会议审议批准的《国务院机构改革方案》,我国作出组建国家金融监督管理总局、深化地方金融监管体制改革、统筹推进中国人民银行分支机构改革、将证监会调整为国务院直属机构、完善国有金融资本管理体制、加强金融管理部门工作人员统一规范管理等一系列重大举措,标志着金融监管体系迎来新一轮重大变革。2023年5月18日,国家金融监督管理总局正式挂牌,不再保留银保监会,新一轮金融监管机构改革迈出重要一步。国家金融监督管理总局在银保监会

---

[11] 朱大旗:《金融法》,中国人民大学出版社2015年版,第20页。
[12] 祁永忠、栾福茂:《我国影子银行风险及其监管改革》,载《云南财经大学学报》2014年第3期。

基础上组建，并改为国务院直属机构，同时承担中国人民银行对金融控股公司的监管和消费者保护职责，以及证监会的投资者保护职责，其统一负责除证券业之外的金融业监管，目标定位是强化机构监管、行为监管、功能监管、穿透式监管、持续监管，加强金融消费者权益保护。这些举措提升了其职责范围，强化了其执行权力的合法性和权威性，有助于减少监管盲区和监管重叠，实现行为监管和功能监管目标。与此同时，中国人民银行也在根据改革方案推进分支机构改革，成为国务院直属机构的证监会也加快推进改革步伐，针对部分职责划转进行相应调整。随着金融监管机构改革不断推进，"一行一局一会"的金融监管新格局正在加快形成。

从目前各国的监管经验来看，各国都是在立足本国国情的基础上选择适合自己的监管体系。对美国金融监管困局的反思表明，美国现行的联邦和州多重监管的体制，导致监管成本高、效率低下、监管重叠与监管真空并存、"监管竞次"和"监管套利"等重重积弊。此外，过于陈旧落后而不适应虚拟经济形态的金融法规，以及金融监管部门容易被特殊利益集团俘获，更直接导致了监管灾难。因此，我国必须走出金融法"唯美（美国）主义"之陷阱，信守金融监管保护投资者之基础价值，彻底反思并重构不适应虚拟经济形态的金融法规，并运用"分期治理"之政治智慧推动金融监管框架之完善，将金融监管规则真正还原为市场和技术规则，而不是人际和政治之术。[13] 事实证明，我国应当在发展过程中不断探索适合本国的监管体系，而不是拘泥于外国的经验甚或一味地照搬。

第三节 银行业监管法律制度

一、银行业监管体制

（一）监管的主体

我国于 2003 年颁布了《银行业监督管理法》，2006 年第十届全国人民代表大会常务委员会第二十四次会议对该法进行了修正。根据该法的规定，我国设立银监会对银行业进行监管。2018 年国务院机构改革将银监会和保监会进行合并，组建成立银保监会。2023 年 3 月，根据党和国家机构改革方案，我国新组建了国家金融监督管理总局，银保监会退出历史舞台，由新组建的国家金融监督管理总局负责对银行业进行监管。需要说明的是，近年来《银行业监督管理法》尚未进行修订，监管主体的职责定位及其与其他管理主体、金融消费者的关系协调等问题还缺乏规范化依据，应根据党中央金融监管体制改革的战略部署和顶层设计尽快推动立法修订。

（二）监管的对象

《银行业监督管理法》规定，国务院银行业监督管理机构对商业银行、金融资产管理公司、境外设立的金融机构等金融机构及其金融活动进行监管。根据党的二十届二中全会审议通过

---

[13] 罗培新：《美国金融监管的法律与政策困局之反思——兼及对我国金融监管之启示》，载《中国法学》2009 年第 3 期。

的《党和国家机构改革方案》、第十四届全国人民代表大会第一次会议审议批准的《国务院机构改革方案》以及《国家金融监督管理总局职能配置、内设机构和人员编制规定》(国家金融监督管理总局"三定方案"),国家金融监督管理总局的监管对象覆盖除证券业外的金融业,包括银行业机构、保险业机构、金融控股公司。

二、商业银行监管体制

（一）商业银行的类型划分

目前,我国市场上存在的商业银行大致有四类:(1)国有商业银行。(2)股份制商业银行。(3)城市与农村信用合作银行。(4)外商投资的商业银行。由于各国特别是发展中国家,在对外资商业银行的监管方面都有一些特殊的政策,我国也不例外,所以本章单独介绍对外资商业银行的监管。

（二）商业银行的业务监管

1. 资本充足率监管。资本充足率是指商业银行持有的一定范围内的资本与商业银行风险加权资产之间的比率。我国规定的商业银行资本充足率标准有三条:资本充足率不低于8%,或核心资本充足率不低于4%时为"充足";资本充足率不足8%,或核心资本充足率不足4%时为"不足";资本充足率不足4%,或核心资本充足率不足2%时为"严重不足"。[14] 针对这三条标准,国务院银行业监督管理机构可以采用不同的监管手段。

2. 负债以及放款业务监管。商业银行在经营负债业务过程中,不得违反规定提高或者降低利率以及采用其他不正当手段吸收存款;其每接受一笔存款都必须按规定向中国人民银行交存存款准备金,留足备付金。

商业银行经营放款业务应在国家产业政策指导下开展,对借款用途、偿还能力、还款方式等情况要进行严格审查,并按规定建立审贷分离、分级审批的制度。

3. 同业拆借监管。商业银行在国内金融机构间进行同业拆借应当遵守中国人民银行的规定,禁止利用拆入资金发放固定资产贷款或者用于投资。根据中国人民银行的规定,商业银行加入同业拆借市场,应当具备健全的组织机构和管理制度,近2年未因违法、违规经营受到中国人民银行、国务院银行业监督管理机构及其他主管部门处罚等条件。经批准进入同业拆借市场后商业银行负担真实、准确、完整地向市场披露必要信息的义务。

《商业银行法》第46条第2款规定,拆出资金限于交足存款准备金、留足备付金和归还中国人民银行到期贷款之后的闲置资金。拆入资金用于弥补票据结算、联行汇差头寸的不足和解决临时性周转资金的需要。商业银行需要到境外借款的,应当依照法律、行政法规的规定报经批准。

4. 分业经营的监管。我国暂时还不允许商业银行从事信托投资和证券经营业务,也不允许其向非自用不动产投资或者向非银行金融机构和企业投资。有特殊情况需要突破分业经营限制的,需要得到监管机关的批准。

---

[14] 除资本充足率之外,《商业银行法》还规定了一些衡量商业银行资本充足与否的标准。例如,流动性资产余额与流动性负债余额的比例不得低于25%,对同一借款人的贷款余额与商业银行资本余额的比例不得超过10%等。2015年修订的《商业银行法》删除了"贷款余额与存款余额的比例不得超过75%"这一项。

(三)商业银行业务监管的新发展

近年来,监管机关出于向证券市场引进资金的目的,对商业银行分业经营的监管进行了一些改革,表现出允许其在监管机关许可的范围内向混业发展的趋势。

1. 股票质押贷款业务监管。为了扩大证券公司的融资渠道,改善我国证券市场上长期缺乏资金的状况,中国人民银行会同原证监会于 2000 年制定了《证券公司股票质押贷款管理办法》(2004 年修订)(以下简称《质押贷款管理办法》),希望通过建立股票质押贷款制度来解决这个问题。这种贷款方式实质是将商业银行所持有的资金引入股市,从某种意义上说已经开始打破金融业分业经营体制。股票质押贷款须遵循一定的限制条件。第一,借贷双方主体的限制。《质押贷款管理办法》对申请开办股票质押贷款业务的贷款人和借款人的资格都进行了详细严格的限制。第二,对贷款期限、利率、质押率的限制。根据《质押贷款管理办法》的规定,股票质押贷款期限由借贷双方协商确定,但最长为 1 年。借款合同到期后,不得展期,新发生的质押贷款按该办法规定重新审查办理。借款人提前还款,须经贷款人同意。股票质押贷款利率水平及计息方式按照中国人民银行利率管理规定执行。

2. 商业银行设立基金公司的监管。(1)法律基础。根据国务院于 2004 年出台的《关于推进资本市场改革开放和稳定发展的若干意见》(已失效),中国人民银行、原银监会、证监会制定了《商业银行设立基金管理公司试点管理办法》(以下简称《试点管理办法》),旨在推动商业银行资金进入股市。根据《试点管理办法》的规定,商业银行可设立基金管理公司,并按照《证券投资基金法》规定的业务范围募集和管理基金,这实际上是突破了原有分业经营的限制。(2)监管内容。根据《试点管理办法》的规定,在商业银行投资建立基金公司的试点初期,既可以募集和管理货币市场基金和债券型基金,投资固定收益类证券,也可以募集和管理其他类型的基金。银行业监督管理机构从商业银行总体风险监管的角度,审查商业银行投资基金管理公司的资格,并依法出具商业银行可以对外投资的监管意见。

法律在鼓励商业银行采取股权多元化方式设立基金管理公司的同时,也积极进行风险控制。商业银行设立的基金管理公司,应严格按照"法人分业"的原则,与其出资设立的基金管理公司之间建立有效的风险隔离制度,并报国务院银行业监督管理机构备案。此外,法律对商业银行设立的基金管理公司所管理的基金资产有严格的规定。

三、对外资银行的监管

广义的外资银行是指股东中有外国法人或公民的商业银行,它包括我们通常所指的狭义的外商独资商业银行、中外合资银行和外国银行分行。这其中尤以对外商独资银行的监管最为典型。我国《商业银行法》在附则中规定了该法对外资银行、中外合资银行以及外国银行分行的适用效力,因此本书采广义的外资银行概念,对这三种在政策上受到特殊对待的商业银行进行单独介绍。根据《外资银行管理条例》(2019 年修订)的有关规定,我国对外资银行的监管主要集中在准入、业务范围和资本充足率三个方面。

(一)外资银行的准入

1. 注册资本。我国法律要求拟设立的外商独资银行、中外合资银行的注册资本最低限额为 10 亿元人民币或者等值的自由兑换货币。注册资本应当是实缴资本。外商独资银行、中外合资银行在中华人民共和国境内设立的分行,应当由其总行无偿拨给人民币或者自由兑换货币的营运资金。外商独资银行、中外合资银行拨给各分支机构营运资金的总和,不得超过总行资本金总额的60%。外国银行分行应当由其总行无偿拨给不少于2亿元人民币或者等值的自由兑换货币的营运资金。国务院银行业监督管理机构根据外资银行营业性机构的业务范围和审慎监管的需要,可以提高注册资本或者营运资金的最低限额,并规定其中的人民币份额。

2. 申请人资格限制。拟在中国设立外商独资银行、中外合资银行的股东或者拟设分行、代表处的外国银行应具备的基本前提条件是:具有持续盈利能力,信誉良好,无重大违法违规记录;拟设外商独资银行的股东、中外合资银行的外方股东或者拟设分行、代表处的外国银行具有从事国际金融活动的经验;具有有效的反洗钱制度;拟设外商独资银行的股东、中外合资银行的外方股东或者拟设分行、代表处的外国银行受到所在国家或者地区金融监管当局的有效监管,并且其申请经所在国家或者地区金融监管当局同意;国务院银行业监督管理机构规定的其他审慎性条件。拟设外商独资银行的股东、中外合资银行的外方股东或者拟设分行、代表处的外国银行所在国家或者地区应当具有完善的金融监督管理制度,并且其金融监管当局已经与国务院银行业监督管理机构建立良好的监督管理合作机制。

拟设外商独资银行的股东应当为金融机构,除满足基本前提条件外,其中唯一或者控股股东还应当具备下列条件:为商业银行,资本充足率符合所在国家或者地区金融监管当局以及国务院银行业监督管理机构的规定。

拟设中外合资银行的股东除满足基本前提条件外,其中外方股东应当为金融机构,且外方唯一或者主要股东还应当具备下列条件:为商业银行,资本充足率符合所在国家或者地区金融监管当局以及国务院银行业监督管理机构的规定。

拟设分行的外国银行除满足基本前提条件外,其资本充足率还应当符合所在国家或者地区金融监管当局以及国务院银行业监督管理机构的规定。

(二)外资银行的业务范围

《外资银行管理条例》(2019年修订)第29条规定:外商独资银行、中外合资银行按照国务院银行业监督管理机构批准的业务范围,可以经营下列部分或者全部外汇业务和人民币业务:吸收公众存款;发放短期、中期和长期贷款;办理票据承兑与贴现;代理发行、代理兑付、承销政府债券;买卖政府债券、金融债券,买卖股票以外的其他外币有价证券;提供信用证服务及担保;办理国内外结算;买卖、代理买卖外汇;代理收付款项及代理保险业务;从事同业拆借;从事银行卡业务;提供保管箱服务;提供资信调查和咨询服务;经国务院银行业监督管理机构批准的其他业务。外商独资银行、中外合资银行经中国人民银行批准,可以经营结汇、售汇业务。

外国银行分行按照国务院银行业监督管理机构批准的业务范围,可以经营下列部分或者全部外汇业务以及对除中国境内公民以外客户的人民币业务:吸收公众存款;发放短期、中期和长期贷款;办理票据承兑与贴现;代理发行、代理兑付、承销政府债券;买卖政府债券、金融债券,买卖股票以外的其他外币有价证券;提供信用证服务及担保;办理国内外结算;买卖、代理买卖外汇;代理收付款项及代理保险业务;从事同业拆借;提供保管箱服务;提供资信调查和咨询服务;经国务院银行业监督管理机构批准的其他业务。此外,外国银行分行可以吸收中国境内公民每笔不少于50万元人民币的定期存款。外国银行分行经中国人民银行批准,可以经营结汇、售汇业务。

(三)外资银行资本充足率的监管

外商独资银行、中外合资银行应当遵守《商业银行法》关于资产负债比例管理的规定。外国银行分行变更的由其总行单独出资的外商独资银行以及《外资银行管理条例》施行前设立的外商独资银行、中外合资银行，其资产负债比例不符合规定的，应当在国务院银行业监督管理机构规定的期限内达到规定要求。国务院银行业监督管理机构可以要求风险较高、风险管理能力较弱的外商独资银行、中外合资银行提高资本充足率。外国银行分行营运资金加准备金等项之和中的人民币份额与其人民币风险资产的比例不得低于8%。资本充足率持续符合所在国家或者地区金融监管当局以及国务院银行业监督管理机构规定的外国银行，其分行不受该限制。国务院银行业监督管理机构可以要求风险较高、风险管理能力较弱的外国银行分行提高这一比例。

四、对非银行金融机构的监管

我国的金融机构可分为五大类：(1)政策性银行、商业银行及其分支机构、合作银行、城市或农村信用合作社、城市或农村信用合作社联合社及邮政储蓄网点。(2)保险公司及其分支机构、保险经纪人公司、保险代理人公司。(3)证券公司及其分支机构、证券交易中心、投资基金管理公司、证券登记公司。(4)信托投资公司、财务公司和金融租赁公司及其分支机构,融资公司、融资中心、金融期货公司、信用担保公司、典当行、信用卡公司。(5)监管机关认定的其他从事金融业务的机构。

根据这个分类，非银行金融机构应当有广义与狭义之分。广义的非银行金融机构实际上应包括后四类金融机构；狭义的非银行金融机构只是指上述第四类、第五类金融机构。本书采狭义概念，在此简要介绍对这两类机构的监管。

（一）非银行金融机构的准入

1.设立原则。设立非银行金融机构应符合五个基本原则，即符合国民经济发展需要原则，符合金融发展的政策和方向原则，符合银行业、信托业、保险业、证券业分业经营、分业管理的原则，符合金融机构合理布局、公平竞争的原则和符合经济核算原则。

2.设立条件。非银行金融机构的设立应具备四个基本条件：具有符合监管机关所规定的限额和形式的资本金，具有符合监管机关规定的任职资格及人员比例要求的主要负责人和一般任职人员，具有符合监管机关规定条件的营业场所和安全设施，符合监管机关要求具备的其他条件。

（二）资本或营运资金监管

根据我国法律的规定，非银行金融机构的货币资本金必须按规定入账到位，资本金或营运资金必须真实、充足。其股东资格、股东数量和股本结构应符合监管机关的规定，其资本金或营运资金来源应是投资者有权支配的自有资金，不得将借入资金、债权作为资本金。

（三）非银行金融机构的终止

非银行金融机构的终止分为自愿与强制两种。前一种情况应按其设立时的申报程序报经银行业监督管理机构批准。后一种则是由于发生了法定的强制终止事由，[15]监管机关可责令

---

[15] 这里的强制终止事由有：严重违反国家的法律、法规和政策，领取金融机构法人许可证或金融机构营业许可证后90天内未开业，已连续停业6个月或累计停业1年，连续3年亏损占资本金的10%或亏损额已占资本金的15%以上，等等。

其关闭并缴销许可证。

非银行金融机构解散后,应在银行业监督管理机构监督下依法进行清算,缴回金融机构法人许可证或金融机构营业许可证,并向工商行政管理部门办理注销登记手续,同时在指定的报纸上公告。

以上三个方面主要介绍的是我国法律对非银行金融机构整体上的监管内容,在涉及上述第四类、第五类中的具体行业时,监管机关还有一些针对性强的监管规定,这里由于篇幅的限制就不再一一介绍。

第四节 证券业监管法律制度

一、证券市场监管体制

(一)监管主体

我国目前的证券市场监管主体是中国证券监督管理委员会(以下简称证监会)。根据法律的规定,证监会在管理我国证券市场的过程中行使建立统一的证券期货监管体系的职能以及其他法律授予的职能,并对监管机构实行垂直管理。同时根据新一轮金融监管体制改革部署,证监会被调整为国务院直属机构,这符合全面注册制改革背景下,强化监管部门监管水平的要求,有助于提高公信力和行政效率。同时,证监会承接国家发展和改革委员会的企业债发行审核职责,无论是上市企业还是非上市企业,无论是金融机构还是产业公司,其债券发行都将被纳入证监会的监管范围。这有利于统一债券发行、审核、监管规则,促进规范的债券市场体系的建立完善。

(二)监管对象

证监会涉及的监管对象包括目前证券市场中的所有主体及其经营行为。这包括证券发行监管、证券上市监管、证券交易监管三个方面。有关期货业的监管我们将单列一节加以介绍。

二、证券发行监管

证券发行是指发行人通过证券经营机构向发行人以外的社会公众就发行人的证券作出的要约邀请、要约或者销售行为。我国证券发行方面的立法将股票作为证券的基本形式,其他具有与股票相同性质或功能的证券发行均比照股票发行规则进行。

(一)股票发行条件监管

1. 新发股票。股票的发行人必须是具有股票发行资格的股份有限公司,包括已经成立的股份有限公司和经批准拟成立的股份有限公司。新设立股份有限公司申请公开发行股票的,应当符合诸如生产经营符合国家产业政策、同股同权等要求。具体应当符合下列条件:其生产经营符合国家产业政策;其发行的普通股限于一种,同股同权;发起人认购的股本数额不少于公司拟发行的股本总额的35%;在公司拟发行的股本总额中,发起人认购的部分不少于人民币

3000万元,但是国家另有规定的除外;向社会公众发行的部分不少于公司拟发行的股本总额的25%,其中公司职工认购的股本数额不得超过拟向社会公众发行的股本总额的10%;公司拟发行的股本总额超过人民币4亿元的,证监会按照规定可以酌情降低向社会公众发行的部分的比例,但是最低不少于公司拟发行的股本总额的10%;发起人在近3年内没有重大违法行为;等等。

2. 改组发行股票。企业改组设立股份有限公司申请公开发行股票,除满足新发股票基本要求外,还应当符合净资产比例达标[16]和近3年连续盈利这两个额外条件。若该企业为国有企业,则国家拥有的股份在公司拟发行的股本总额中所占的比例由国务院或者国务院授权的部门另行规定。

3. 增发股票。股份有限公司申请增发股票的,除应当符合新发股票所需满足的条件外,还要求具备以下条件:前一次公开发行股票所得资金的使用与其招股说明书所述的用途相符,并且资金使用效益良好;距前一次公开发行股票的时间不少于12个月;从前一次公开发行股票到该次申请期间没有重大违法行为;等等。

4. 定向募集(非公开发行)公司申请公开发行。公司申请非公开发行股票的,除应当符合新发股票、改组发行股票所需条件外,还应当符合以下条件:募集所得资金的使用与其招股说明书相符,且使用效益良好;距最近一次定向募集股份的时间不少于12个月;前述两次募集之间没有重大违法行为;内部职工股权证按照规定发放,并且已交指定的证券机构集中托管;等等。

(二)股票发行审核

证监会下设发行审核委员会,依法专门负责审核股票发行申请工作。发行审核委员会严格依据相关的组成办法、组成人员任期、工作程序的规定,由国务院证券监督管理机构的专业人员和所聘请的该机构外的有关专家组成,以投票方式对股票发行申请进行表决,提出审核意见。整个核准程序依法公开,接受公众监督。

(三)发行中的信息披露监管

我国法律中所规定的发行中的信息披露的形式是"招股说明书"。它主要包括:发行概况、风险因素、[17]发行人基本情况、业务和技术信息、公司治理结构、财务会计信息、募股资金运用、董事及有关中介机构声明[18]等。只要发行人按规定制作招股说明书,投资人的知情权基本上是可以得到保证的。

三、证券上市监管

(一)上市公司资格监管

根据我国《证券法》(2019年修订)第47条的规定,申请证券上市交易,应当符合证券交易

---

[16] 《股票发行与交易管理暂行条例》对此标准规定为:发行前一年末,净资产在总资产中所占比例不低于30%,无形资产在净资产中所占比例不高于20%。

[17] 风险因素是指可能对发行人业绩和持续经营产生不利影响的所有因素,如发行人在业务、市场营销、技术、财务、募股资金投向及发展前景等方面存在的困难、障碍或损失等。

[18] 这个声明是保证性的,例如证监会规定的董事会声明示范为:"本公司已对招股说明书及其摘要进行了核查,确认不存在虚假记载、误导性陈述或重大遗漏,并对其真实性、准确性和完整性承担相应的法律责任。"

所上市规则规定的上市条件。证券交易所上市规则规定的上市条件,应当对发行人的经营年限、财务状况、最低公开发行比例和公司治理、诚信记录等提出要求。法律不再针对股票和公司债券分别规定上市条件,而是授权证券交易所统一加以规定。同时,授权证券交易所对终止上市交易的情形作出规定,上市交易的证券,有证券交易所规定的终止上市情形的,由证券交易所按照业务规则终止其上市交易。

（二）上市阶段的信息披露监管

证券上市阶段,发行人及法律、行政法规和国务院证券监督管理机构规定的其他信息披露义务人,应当及时依法履行信息披露义务。其披露的信息,应当真实、准确、完整,简明清晰,通俗易懂,不得有虚假记载、误导性陈述或者重大遗漏。

四、证券交易监管

证券市场可依其交易的方式和地点分为发行市场和交易市场,前者指证券发行企业面向投资者募集资金的市场,后者则指证券的持有人之间或持有人与后续的投资者之间进行证券交易形成的市场。根据交易发生的地点可进一步将交易市场分为场内交易市场和场外交易市场。我国法律没有规定场外交易,因此我们这里介绍的只是对场内交易市场的监管。

（一）证券交易的一般规定

证券在证券交易所挂牌交易,应当采用公开的集中竞价交易方式,实行价格优先、时间优先的原则。证券交易必须以现货进行,证券公司不得向客户融资或者融券。

（二）内幕交易监管

内幕交易,是指证券、期货交易内幕信息的知情人员或非法获取证券、期货交易内幕信息的人员在涉及证券的发行,证券、期货交易或者其他对证券、期货交易的价格有重大影响的信息[19]尚未公开前,买入或者卖出该证券,或者从事与该内幕信息有关的期货交易,或者泄露该信息,或者明示、暗示他人从事上述交易活动。[20]《证券法》(2019年修订)第51条对从事内幕交易的知情人范围进行了界定,包括:(1)发行人及其董事、监事、高级管理人员。(2)持有公司5%以上股份的股东及其董事、监事、高级管理人员,公司的实际控制人及其董事、监事、高级管理人员。(3)发行人控股或者实际控制的公司及其董事、监事、高级管理人员。(4)由于所任公司职务或者因与公司业务往来可以获取公司有关内幕信息的人员。(5)上市公司收购人或者重大资产交易方及其控股股东、实际控制人、董事、监事和高级管理人员。(6)因职务、工作可以获取内幕信息的证券交易场所、证券公司、证券登记结算机构、证券服务机构的有关人员。(7)因职责、工作可以获取内幕信息的证券监督管理机构工作人员。(8)因法定职责对证券的

---

[19] 内幕信息是指证券交易活动中,涉及发行人的经营、财务或者对该发行人证券的市场价格有重大影响的尚未公开的信息。参见《证券法》(2019年修订)第52条规定。

[20] 最高人民法院、最高人民检察院《关于办理内幕交易、泄露内幕信息刑事案件具体应用法律若干问题的解释》(2011年10月31日最高人民法院审判委员会第1529次会议、2012年2月27日最高人民检察院第十一届检察委员会第72次会议通过)第4条规定:"具有下列情形之一的,不属于刑法第一百八十条第一款规定的从事与内幕信息有关的证券、期货交易:(一)持有或者通过协议、其他安排与他人共同持有上市公司百分之五以上股份的自然人、法人或者其他组织收购该上市公司股份的;(二)按照事先订立的书面合同、指令、计划从事相关证券、期货交易的;(三)依据已被他人披露的信息而交易的;(四)交易具有其他正当理由或者正当信息来源的。"

发行、交易或者对上市公司及其收购、重大资产交易进行管理可以获取内幕信息的有关主管部门、监管机构的工作人员。(9)国务院证券监督管理机构规定的可以获取内幕信息的其他人员。上述人员利用了证券交易的信息不对称性进行投机,因此这种行为会极大地打击其他投资者的积极性。并且,这种交易形式还会对证券市场的价格传导机制造成损害。因此,我国法律对证券市场直接从业人员、证券交易市场周边从业人员以及上市公司内部人员的股票交易行为都有严格的规定。

(三)证券交易中的持续信息披露监管

法律要求上市公司在其证券上市交易的过程中持续地将一些必要事项向公众公开,以保证投资者的知情权能有效地持续下去。这种信息披露文件主要包括:季度报告、中期报告、年度报告以及涉及重大事项的临时报告。除此之外,法律对这几类信息披露的方式及虚假披露的责任都有详细的规定,由于篇幅的限制就不再一一列明。

五、证券业务监管的新发展

我国的证券业监管随着经济环境的不断发展变化,也产生了一些新的变化,表现为对严格的分业经营体制的突破。这主要体现在"允许证券公司进入银行业同业拆借市场"和"允许证券公司发行短期融资券"两方面。

(一)允许证券公司进入银行业同业拆借市场

2001年年初,我国进行这一改革的目的比较单纯,就是进一步发展货币市场,适当拓宽证券公司的融资渠道,促进货币市场与资本市场的协调发展。然而,这一政策可能带来的风险也要求监管机关对其进行严格的管理监督。

1. 证券公司入市资格监管。根据《同业拆借管理办法》的规定,证券公司可以向中国人民银行申请进入同业拆借市场,其应具备依法设立,有健全的同业拆借交易组织机构、风险管理制度和内部控制制度,有专门的从业人员,主要监管指标符合监管规定等基本条件,并且不存在因违法、违规行为而被处罚或资不抵债等禁止性情形。除具备上述基本条件外,证券公司申请进入同业拆借市场,应在申请进入前最近2个年度连续盈利,同期未出现净资本低于2亿元的情况。

2. 拆借业务监管。成为全国银行间同业市场成员的证券公司的拆入资金最长期限为7天,拆出资金的最长期限不得超过对手方由中国人民银行规定的拆入资金最长期限。证券公司最高拆入限额和最高拆出限额均不得超过该机构净资本的80%。

3. 信息披露监管。经批准进入全国银行间同业市场的证券公司应向市场披露必要的信息,包括公司的基本情况、财务状况、股东情况和投资参股情况。证券公司应披露真实信息。

(二)允许证券公司发行短期融资券

证券公司短期融资券是指证券公司以短期融资为目的,在银行间债券市场发行的,约定在一定期限内还本付息的金融债券。为规范证券公司短期融资券发行和交易,保护投资者合法权益,促进货币市场平稳健康发展,中国人民银行2021年对《证券公司短期融资券管理办法》进行了修订。

1. 发行主体资格。监管机关对于主体资格的要求,集中反映在要求相关证券公司具备一定的风险控制机制方面。证券公司发行短期融资券应当具备的条件包括:具有较强的流动性管理能力,流动性风险管理体系健全,能够有效识别、计量、监测和控制流动性风险,能以合理的成本及时满足流动性需求;资产负债结构合理,期限错配、交易对手集中度、债券质押比例等适度,近2年内风险控制指标持续符合监管要求;近6个月内流动性覆盖率持续高于行业平均水平;取得证监会关于发行短期融资券资格的认可;近2年内未因重大违法违规行为受到行政处罚;等等。

2. 融资券发行监管。证券公司对所发行短期融资券实行余额管理,短期融资券与证券公司其他短期融资工具(期限在1年以内的融资工具,包括同业拆借、短期公司债等)待偿还余额之和不允许超过净资本的60%。中国人民银行对证券公司发行短期融资券实施宏观管理,可根据货币市场流动性和金融市场运行情况,调整证券公司发行的短期融资券余额与净资本比例上限和最长期限。

3. 所得资金用途监管。为了尽可能地防止证券投机风险借融资券进入银行业,法律对证券公司所募资金的用途有严格的限制,不允许其用于以下用途:(1)固定资产投资和营业网点建设。(2)股票市场投资。(3)为客户证券交易提供融资。(4)长期股权投资。(5)中国人民银行禁止的其他用途。

4. 相关信息披露监管。发行融资券的证券公司应遵循诚实信用原则向投资者披露信息,保证所披露的信息真实、准确、完整、及时,不得有虚假记载、误导性陈述或重大遗漏。此外,还应于每年4月30日前披露经审计的年度报告、8月31日前披露中期报告。已上市证券公司可豁免披露中期报告和年度报告。

第五节 保险业监管法律制度

我国的保险概念有广义与狭义之分,保险法尤其是保险监管法律制度上的"保险"指的是狭义的保险,即商业保险。它是指商事保险公司通过与投保人订立商事保险合同,将收取的保险费集中起来,建立保险基金,用于约定的保险事故给被保险人造成的经济损失的补偿。广义的保险除了商业保险之外还包括社会保险。对商业保险的监管原由保监会负责。金融监管体制改革之后,随着"一行一局一会"新格局的形成,商业保险被新组建的国家金融监督管理总局统一监管。社会保险则由人力资源和社会保障部进行管理。本书主要介绍对商业保险的监管。

一、保险市场监管体制

我国立法将保险业务划分为财产保险业务和人身保险业务,并且一直对保险公司实行较为严格的经营限制,保险公司一般都不得兼营《保险法》及其他法律、行政法规规定以外的业务。同时也禁止同一保险人同时兼营财产保险和人身保险业务。但经营财产保险业务的保险公司经保险监督管理机构核定,可以经营短期健康保险业务和意外伤害保险业务。

(一)监管主体

1998年11月保监会成立,作为全国商业保险的主管部门开始专门负责监督管理我国保业。此后,银保监会成立负责对保险业进行监管。目前,由新组建的国家金融监督管理总局负责保险业监管。

(二)监管对象

监管对象包括这个行业中的各类经营主体及其经营行为。保险行业的主要从业者是保险公司,其经营行为主要表现为各种保险品种的销售以及一些相关金融服务的提供。

二、对保险公司的监管

(一)主体资格监管

1. 保险公司的设立

目前中国所采取的保险公司设立审批制度对内资与外资保险公司仍然实行差别待遇,因出资方国籍不同而有着不同的审批标准。

(1)内资保险公司的设立。根据《保险法》的规定,设立内资的保险公司应当经国务院保险监督管理机构批准,具备如下条件:主要股东具有持续盈利能力,信誉良好,最近3年内无重大违法违规记录,净资产不低于人民币2亿元;有符合该法和《公司法》规定的章程;达到该法规定的注册资本最低限额人民币2亿元且为实缴货币资本;有具备任职专业知识和业务工作经验的董事、监事和高级管理人员;有健全的组织机构和管理制度;有符合要求的营业场所和与经营业务有关的其他设施;法律、行政法规和国务院保险监督管理机构规定的其他条件。

(2)外资保险公司的设立。根据《外资保险公司管理条例》的规定,拟在我国设立外资保险公司的申请人,须具有注册资本最低限额为2亿元人民币或者等值的自由兑换货币。此外,其还需满足以下条件:提出设立申请前1年年末总资产不少于50亿美元;所在国家或者地区有完善的保险监管制度,并且该外国保险公司已经受到所在国家或者地区有关主管当局的有效监管;符合所在国家或者地区偿付能力标准;所在国家或者地区有关主管当局同意其申请;国务院保险监督管理机构规定的其他审慎性条件。

2. 保险公司的变更与消灭

保险公司因分立、合并需要解散,股东会决议解散,或者公司章程规定的解散事由出现,经国务院保险监督管理机构批准后解散。经营有人寿保险业务的保险公司,除因分立、合并或者被依法撤销外,不得解散。保险公司解散,应当依法成立清算组进行清算。

保险公司有《企业破产法》第2条规定的情形,经国务院保险监督管理机构同意,保险公司或者其债权人可以依法向人民法院申请重整、和解或者破产清算;国务院保险监督管理机构也可以依法向人民法院申请对该保险公司进行重整或者破产清算。

保险公司因违法经营被依法吊销经营保险业务许可证的,或者偿付能力低于国务院保险监督管理机构规定标准,不予撤销将严重危害保险市场秩序、损害公共利益的,由国务院保险监督管理机构予以撤销并公告,依法及时组织清算组进行清算。

外资保险公司因分立、合并或者公司章程规定的解散事由出现,经国务院保险监督管理机构批准后解散。外资保险公司解散的,应当依法成立清算组,进行清算。经营人寿保险业务的外资保险公司,除分立、合并外,不得解散。因不能支付到期债务,经中国保监会同意,由人民法院依法宣告破产的,由人民法院组织有关部门和人员进行清算,其未清偿债务前不得将财产转移至境外。

(二)保险公司资金运用监管

保险业监管机构为了保证各保险公司的资金运用稳健、安全,并从制度上保证其资产的保值增值,出台了相应的保险公司资金运作规定;要求保险公司的资金运用,限于银行存款,买卖债券、股票、证券投资基金份额等有价证券,投资不动产以及国务院规定的其他资金运用形式。

(三)保险公司偿付能力与风险防范监管

为了保障被保险人利益,保证保险公司的偿付能力和稳健经营,确保实际偿付能力随时不低于应具备的最低偿付能力,保险监管机关对于保险公司的偿付能力也制定了大量具体的衡量标准,在此不一一列举。

为保证保险公司有能力对保险事故进行赔付,化解保险事故可能造成的风险,保险公司应当提取各项责任准备金、未决赔款准备金、保险保障基金和各项公积金。保险公司对每一危险单位,即对一次保险事故可能造成的最大损失范围所承担的责任,不得超过其实有资本金加公积金总和的10%,超过的部分应当办理再保险。

三、对保险代理人的监管

保险代理人是根据保险人的委托,向保险人收取代理手续费,并在保险人授权的范围内代为办理保险业务的单位或者个人。保险人委托保险代理人代为办理保险业务的,应当与保险代理人签订委托代理协议,依法约定双方的权利和义务及其他代理事项。

(一)主体资格监管

保险代理人应当具备保险监督管理机构规定的资格条件,并取得保险监督管理机构颁发的经营保险代理业务许可证或者经纪业务许可证,向工商行政管理机关办理登记,领取营业执照,并缴存保证金或者投保职业责任保险,接受保险监督管理机构的监督。

(二)代理业务监管

《保险法》第125条规定,个人保险代理人在代为办理人寿保险业务时,不得同时接受两个以上保险人的委托。其在办理保险业务活动中必须严格遵守法律的各项禁止性规定。保险代理人还必须依法按时向保险监管机关报送各类报表和资料,以方便监管机关对其进行监管。

四、保险业监管的新发展

我国的保险业监管随着经济环境的不断发展变化,也产生了一些新的变化,体现出对严格的分业经营体制突破的趋势。这主要体现在"保险公司资金进入股票(公司债券)投资市场"和"保险公司资金进入商业银行次级债市场"这两方面。

(一)保险公司资金进入股票(公司债券)投资市场的监管

1.进入资格监管。保险公司进入股票投资市场可采取两种方式:直接投资与委托保险资金托管公司进行投资。采第一种手段进入股票市场的保险公司须满足:偿付能力额度符合保险业监管机构有关规定,内部管理制度和风险控制制度符合《保险资金运用内部控制指引(GICIF)》的规定,设有专业的资金运用部门,设有独立的交易部门,建立了股票资产托管机制,相关的高级管理人员和主要业务人员符合《保险机构投资者股票投资管理暂行办法》规定的条件,具有专业的投资分析系统和风险控制系统,最近3年无重大违法、违规投资记录等条件。

《保险机构投资者股票投资管理暂行办法》第6条规定:"符合下列条件的保险公司,经中国保监会批准,可以委托符合本办法第五条规定条件的相关保险资产管理公司从事股票投资:(一)偿付能力额度符合中国保监会的有关规定;(二)内部管理制度和风险控制制度符合《保险资金运用风险控制指引》的规定;(三)设有专门负责保险资金委托事务的部门;(四)相关的高级管理人员和主要业务人员符合本办法规定条件;(五)建立了股票资产托管机制;(六)最近3年无重大违法、违规投资记录;(七)中国保监会规定的其他条件。"

2. 投资范围监管。为防止保险机构投资者涉及风险过高的股票投资,原保监会出台了限制保险业资金投资股票范围的规定。一方面是积极的资金投向限制,即保险机构投资者只能限于下列类型的证券投资:(1)人民币普通股票。(2)可转换公司债券。(3)保险监督管理机构规定的其他投资品种。另一方面是消极的资金投向限制,即保险资金不得投向保险监督管理机构所禁止的证券。

3. 资产托管与投资风险监管。为了控制投资风险,监管机关都要求保险公司无论是采取前述的哪一种投资方式进入股票(债券)市场,其都应当建立独立的托管机制[21]遵循审慎、安全、增值的原则,自主经营、自担风险、自负盈亏。

(二)保险公司资金进入商业银行次级债市场

为了丰富保险资金投资品种,改善保险公司资产负债匹配状况,有效分散风险,原保监会2004年放开了保险资金进入银行业债券市场的基本限制,只需满足其规定的条件,保险公司就可以自由地进入银行业债券市场从事投资经营。[22]

第六节 期货业监管法律制度

一、期货市场监管体制

(一)监管主体

证监会下设的期货监管部是对全国期货市场进行监督管理的职能部门。

(二)监管对象

期货市场的监管涉及市场中各方面的主体及其经营行为,本书将选取对期货监管中最常涉及的两类主体——期货交易所和期货经纪机构——及其经营行为的监管,来展示期货监管理论的核心内容以及监管实践中的一般做法。

1. 期货交易所。期货交易所是为期货交易商专门进行标准化期货合约交易提供场所设施及其他相关服务和规则的非营利性法人组织。它本身并不参与任何交易活动,而只是为期货交易的参与方提供设施和服务。它按照组织方式,可以分为会员制和公司制。前者是非营利

---

[21] 股票资产托管是指保险公司根据原保监会的有关规定,与商业银行或者其他专业金融机构签订托管协议,委托其保管股票和投资股票的资金、负责清算交割、资产估值、投资监督等事务的行为。

[22]《关于保险公司投资银行次级定期债务有关事项的通知》(保监发〔2004〕23号)。

性的,一般由会员大会、理事会、专业委员会和业务管理部门四部分构成;而后者以营利为目的,一般由股东会、董事会、监事会和经理机构四部分构成。

2.期货经纪机构。期货经纪机构又称"期货公司""期货经纪商"。期货经纪机构依法设立,接受客户委托,按照客户的指令,以自己的名义为客户进行期货交易并收取一定交易手续费,但其交易结果由客户承担的法人期货经纪商。

二、对期货交易所的监管

在我国设立期货交易所,必须由证监会审批,未经批准,任何单位或者个人不得设立或者变相设立期货交易所。当期货交易所发生某些重要情形时,必须经证监会批准,如上市、中止、取消或者恢复期货交易品种,上市、修改或者终止期货合约等。除此之外,期货交易所还依法承担制定并实施期货交易所的业务规则,发布市场信息,监管会员期货业务,查处会员违规行为,监管指定交割仓库的期货业务等职责。期货交易所发生合并、分立等事由时也须由证监会审批。

三、对期货经纪公司的监管

设立期货经纪公司,除应当符合《公司法》的规定外,还应当具备必要注册资本、管理人员和业务人员具有从业资格、具有经营场所和交易设施以及管理制度等其他条件。

期货经纪公司进行期货交易应遵守以下基本原则:(1)接受委托时应当向客户出示风险说明书,与客户签订书面合同。(2)不得向客户作获利保证或者与客户约定分享利益或者共担风险。(3)不得接受公司、企业或者其他经济组织以个人的名义提出的委托。(4)不得将受托业务进行转委托或者接受转委托业务。(5)不得接受特定主体的交易委托。[23]

期货经纪公司应当按照证监会、财政部的规定提取、管理和使用风险准备金,不得挪用。其应当根据期货交易所的结算结果对客户进行结算,并应当将结算结果及时通知客户。当公司发现客户保证金不足而又未能在统一规定的时间内及时追加时,应当将该客户的期货合约强行平仓,有关费用和发生的损失由该客户承担。客户在期货交易中违约且保证金不足的,期货经纪公司应当先以风险准备金和自有资金代为承担违约责任,并由此取得对该客户的追偿权。

为了防止境外期货交易风险向国内市场的不当蔓延,我国法律作出特别规定:任何单位或者个人未经证监会和国务院有关部门审核批准并颁发境外期货业务许可证,不得直接或者间接从事境外期货交易。期货经纪公司不得从事境外期货交易。

———— 思考题 ————

1. 什么是金融监管以及金融监管法?我国金融监管法包括哪些主要部分?
2. 比较世界各国主要的金融监管体制的优劣,你认为哪一种体制更适合我国,为什么?
3. 简述我国商业银行设立的主要条件及主要权利义务。
4. 简述我国证券业监管的主要内容及基本方法。
5. 简述我国证券市场的信息披露制度。
6. 简述我国保险业监管的主要内容及基本方法。

---

[23] 这些主体有金融机构、事业单位和国家机关、证监会的工作人员、期货市场禁止进入者、未能提供开户证明文件的单位等。

第二十六章 技术、信息市场监管法律制度

| 内容提要 |

本章分别论述技术市场监管法律制度和信息市场监管法律制度,对技术市场、信息市场进行了界定,阐述了技术市场、信息市场对发展现代市场经济的功能与作用,分析了我国技术市场与信息市场发育中存在的问题,讨论了技术市场监管法律制度、信息市场监管法律制度存在的必要性,针对中国目前技术市场、信息市场监管法律制度的现状,提出了构建完善的技术市场、信息市场监管法律制度设想。

| 学习重点 |

技术市场监管法的产生和具体制度　　　　我国技术市场监管法律制度的建立和完善
信息市场　　　　　　　　　　　　　　　信息市场监管法的产生和具体制度
我国信息市场监管法律制度的建设现状、存在的问题及其解决路径

第一节　技术市场监管法律制度

一、技术市场

(一)技术与技术产品

人们都知道"技术"一词,但对其理解却千差万别,有人认为,技术是生产领域内人们运用自然科学知识和经验进行各种生产活动和非生产活动的技能,以及根据科学原理利用自然力改造自然的一切方法。有人认为,技术泛指根据生产实践经验和自然科学原理发展而成的各种操作方法和技能,不仅包括相应的生产工具和其他物资设备,还包括生产过程或作业程序方法。还有人认为,技术包括劳动者的技能、劳动工具(包括机械设备)和劳动对象三部分,缺一不可。

这些认识大多从技术的自然科学属性出发对技术加以把握,本身并无错误,但从法律规制的角度看,都不足以涵盖技术市场中的技术。其实,技术市场中的技术不仅包括生产和生活领域中的技术,而且还包括管理方法、决策方法、组织方法、流通方法等,即技术存在于所有领域。同时,技术市场中的技术既可以是实验室技术,又可以是小试或中试技术;既可以是成熟技术,又可以是待开发、完善的中间技术。因此,在法律规制中,技术的含义十分宽泛。

从法律上看,技术市场中的技术是交易对象,可交易的技术被称为技术产品。但是,并不是所有的技术都可以进行交易。可交易的技术产品应具备一定的条件。[1]（1）有明确的边界。可交易的技术产品应有明确的边界,是用文字、技术指标能界定清楚的技术。一项技术只有边界清晰,才能成为一个独立、背景清晰、不粘连、时空明确的交易客体。（2）有确定的归属。可交易的技术产品必须有明确的支配者或所有者。一项技术可以属于一个主体,也可以属于多个主体。（3）有切实的保障。可交易的技术产品必须是所有者有垄断保障的技术。这里的保障是广义的,既可以是法律保障,如知识产权法对工业产权的确认,反不正当竞争法对技术秘密(know-how)的保护;又可以是非法律保障,如技术梯度也可以防止技术扩散。

（二）技术市场

技术市场有广义、狭义之分。狭义的技术市场指作为商品的技术成果进行交换的场所,如技术产权交易市场、科学商店。[2] 广义的技术市场指技术成果的流通领域,是技术成果交换关系的总和。科技部《关于技术市场发展的若干意见》指出:"技术市场是重要的生产要素市场,是我国现代市场体系和国家创新体系的重要组成,是各类技术交易场所、服务机构和技术商品生产、交换、流通关系的总和。"法律上的技术市场是广义的,包括技术价格、市场信息、竞争、交易中介机构、仲裁机构、管理机构以及技术成果交易关系。在我国,技术成果交易主要表现为技术开发、技术转让、技术承包、技术咨询、技术服务、技术中介、技术培训、技术入股等形式。

1. 技术市场的功能

（1）资源优化配置。技术市场是连接技术市场与资本市场的桥梁。科研成果可能由于缺乏产业化所必需的资金而老死在实验室及种子期;同时,大量的金融资本、产业资本、风险投资由于寻找不到合适的投资机会而被闲置。技术市场存在的核心价值,就是通过市场机制降低交易成本、提高资源的配置效率。

（2）信息和价值发现。技术成果交易中存在的信息不对称以及道德风险等是影响交易安全的主要问题。技术市场可以通过建立产权交易机构等形成权威性的中立机构,通过较为科学严密的价值评估系统,建立技术产权的价值发现机制:一方面,有助于减少信息不对称给处于不利地位的市场主体带来的损失;另一方面,又可以通过高效率的信息服务平台,增加交易信息的完备性,解决信息不对称问题。同时,设立交易制度及交易系统,有利于解决交易过程中的道德风险问题,减少交易者履约监督成本以及经济利益受损后的索赔成本。

（3）创新与激励。技术创新需要有专门的条件,一些具有技术创新需求的主体不一定具备技术创新能力。技术市场使知识资本或人力资本的价值评估成为可能,也是知识资本或人力资本实现其市场价值的重要途径,因而可以激励技术创新的不断深入。

2. 技术市场的作用

技术进步在现代经济增长中所起的巨大作用已在熊彼特、阿罗、乔根森、罗默等相关著作中得到理论上的论证。在中国全面建成小康社会的进程中,技术市场的发展更具重要意义。党的二十大报告指出,必须坚持科技是第一生产力、人才是第一资源、创新是第一动力,深入实

---

[1] 谢思全、张灿、贺京同:《我国的技术市场及其发育进程》,载《科研管理》1998年第5期。
[2] 科学商店是技术市场有形场所的一种形式,最早始于20世纪70年代的荷兰,后来在法国、日本等国家也相继产生,著名的有日本的"王祥IDEA",专营各种新发明产品和测试样品,发明者则将自己的成果交给该店试销,静观其商业价值和社会反应,然后再决定是否真正投入市场。

施科教兴国战略、人才强国战略、创新驱动发展战略,开辟发展新领域新赛道,不断塑造发展新动能新优势。国际上普遍认可的创新型国家,科技创新对经济发展的贡献率一般在70%以上,研发投入占GDP的比重超过2%,技术对外依存度低于20%。要实现建设创新型国家的目标,培育好、发展好技术市场是关键。完善的技术市场是技术创新的前提与基础,对技术的需求又将推动资本市场等要素市场的发育、完善,进而形成完整的市场体系。

(1)带动人才市场的发育、完善。在市场经济条件下,企业为了在激烈的竞争中生存和发展,必然形成对新技术的需求和技术创新的动力。技术创新必须要有相应的科技人才,人才竞争成为企业竞争的焦点,在客观上促进了人才的合理流动及人才市场的发展。同时,技术含量高的企业也需要高素质的人才,这将促进劳动者整体素质的提升,带动人才市场的进一步发展。

(2)带动金融市场的发育。技术创新需要资金,高新技术的发展更需要大量资金。在激烈的市场竞争中,企业为了增加盈利,将通过各种方法获取技术革新和购买科技产品所需要的资金。这样,一方面技术市场会越来越兴旺,另一方面技术市场的发展又可反过来带动金融创新,促进金融市场的繁荣。

(3)促使信息市场走向成熟。在信息社会与互联网时代,技术产品的生命周期越来越短,客观上要求发展信息市场、加速技术商品流通,以便在最短的时间内实现技术成果转化。而且在当今时代,信息本身就是技术,信息产业的发展也需要强大的技术支持。因此,技术市场的发展和技术创新将推动信息产业的发展并促进信息市场的完善。

(4)促进生产资料等市场的发展。技术成果交易创造新的产业形态,促进新型企业产生,拉动生产资料市场发展。企业效益提高可以增加职工的收入,促进消费品、房地产等市场的繁荣。

二、技术市场监管法

技术市场监管法是调整国家在对技术市场进行监督和管理的过程中所形成的权利义务关系的法律规范的总称。技术市场监管法律关系有广义与狭义之分,广义的技术市场监管法律关系是指由法律调整的在技术市场监管活动和技术市场发展活动过程中形成的具有权利义务内容的社会关系。狭义的技术市场监管法律关系仅包括国家法定监管机关对技术市场进行监督管理过程中形成的权利义务关系。本章涉及狭义的技术市场监管法律关系。

(一)技术市场监管法的产生

1.技术产品的特殊性

技术市场的主要交易对象是技术产品,技术产品具有消费的非排他性、非竞争性、一定程度的非拒绝性、外部经济性、生产的模糊性、一定程度的自然垄断性等[3]不同于一般物质产品的特性,使技术产品的消费容易"搭便车"。因此,在经济学上,新技术产品被认为是属于与规模经济有联系的准公共产品。[4] 作为准公共产品,供给会发生不同程度的市场失灵,必然需

---

[3] 李成威:《高新技术的准公共产品性质及政府介入》,载《首都经济贸易大学学报》2001年第6期。
[4] 公共产品被分为两类,即纯公共产品和准公共产品。前者被分为两种:一种是特殊意义上的纯公共产品,包括政府收入分配、经济干预手段等;另一种是现实意义上的纯公共产品,如国防和灯塔等。准公共产品也可以分为两种:一种是与规模经济有联系的产品或自然垄断型公共产品;另一种为优效产品,如义务教育、传染病免疫措施等。

要一定程度的政府介入。

2. 技术产品交易的特殊性

技术产品的交易呈现出信息不对称、信息不完全、产权易逝、合同不完全、交易成本高等[5]特征,表明技术市场必须要有不同于一般商品市场的交易规则。契约的有效履行是市场经济正常运行的前提,但技术合同并非完全的市场契约,技术市场的有效性受到限制。市场机制的运转要求成本与收益相抵,或者成本可以追踪到具体使用者,但技术的准公共物品属性使技术所有者不能毫无代价地监督和排斥他人消费,这也会影响市场机制的正常运行。技术市场必须有政府监管,政府监管的方式以及作用范围和程度、处理政府与市场关系的原则、政府监管的具体组织形式等问题都必须通过立法形式加以解决,在此意义上,没有法律保障,政府对技术市场的监管不可能顺利进行。

(二)我国技术市场监管法律制度建设现状及问题

1985年3月,《中共中央关于科学技术体制改革的决定》第一次明确提出技术作为特殊商品可以有偿转让、有偿使用。1985年国务院颁布了《关于技术转让的暂行规定》(已失效),这一时期还出台了《关于开发研究单位由事业费开支改为有偿合同制的改革试点意见》、《科研单位实行经济核算制的若干规定》、《关于推进科研设计单位进入大中型企业的规定》(已失效)、《关于扩大科学技术研究机构自主权的暂行规定》(已失效)以及《关于进一步推进科技体制改革的若干规定》(已失效)等法规、规章,为推进科研体制改革、促进技术市场的形成起到了积极作用。

1987年,《技术合同法》(已失效)的制定与实施,标志着我国技术市场的法制建设进入一个新阶段。此后,我国又颁布了《技术合同管理条例》、《关于技术市场营销具体政策的说明》、《技术合同认定登记管理办法》(已失效)、《技术合同认定规则(试行)》(已失效)以及《关于正确处理科技纠纷案件的若干问题的意见》等法律法规。

1996年,《促进科技成果转化法》(2015年修正)正式颁布实施。1999年,《合同法》(已失效)将技术合同纳入统一合同法的调整,《技术合同法》的效力终止。在"十一五"期间,我国形成了以科技进步促进法、科技成果转化法和合同法等法律及地方技术市场法规为框架的法律保障体系,规范了技术市场秩序,促进了技术市场健康、有序发展。我国制定了《国家中长期科学和技术发展规划纲要(2006—2020年)》《国家技术转移促进行动实施方案》《关于加快发展技术市场的意见》等政策法规措施,基本形成了对科技成果转化和技术交易的奖励和激励制度。

2013年,科技部发布《技术市场"十二五"发展规划》(已失效),提出:"经过五年的努力,把我国技术市场建设成为满足经济社会发展要求,适应社会主义市场经济体制和科技发展规律,具有完善的法规政策保障体系、健全的市场监督管理体系、高效的社会化服务体系,供给推动和需求拉动相结合,各类市场主体相融合,国内和国际资源相配合,制度健全、结构合理、功能完善、运行有序、统一开放的现代技术要素市场。"

2018年,科技部发布《关于技术市场发展的若干意见》,提出:"到2025年,统一开放、功能完善、体制健全的技术市场进一步发展壮大,技术创新市场导向机制更趋完善,市场配置创新

---

[5] 刘学:《技术交易的特征与技术市场研究》,载《中国软科学》2000年第3期。

资源的决定性作用充分显现,技术市场对现代化产业体系发展的促进作用显著增强,为国家创新能力提升和迈入创新型国家前列提供有力支撑……推动地方开展技术市场立法工作,完善技术市场管理条例和配套政策,加大支持技术市场及其服务机构发展的政策力度。"

但是,从总体上看,我国的技术市场的发展任重道远。从国家对技术市场监管的角度看,我国的技术市场立法存在如下问题:

1. 技术市场监管体制不顺。2015年修正的《促进科技成果转化法》第8条规定:国务院科学技术行政部门、经济综合管理部门和其他有关行政部门依照国务院规定的职责,管理、指导和协调科技成果转化工作。地方各级人民政府负责管理、指导和协调本行政区域内的科技成果转化工作。我国自此确立了科技成果转化的管理体制。如此设计,似乎可以体现技术市场建设的重要战略意义以及国家的重视程度,但却违背了管理学的一般原理,权力越是分散,权力的竞争就越激烈,最终可能导致公共利益遭受巨大损失。

2. 技术市场监管主体的法律地位、行为性质不明。技术市场的监管主体必须依法行使监管职权,这要求法律明确规定监管主体的组织方式、法律地位、性质、职责权限,通过国家意志授予技术市场监管主体以监管权,并且这种授权必须具体而明确。但我国现行的技术市场立法中难以找到这样的法律规定。如《促进科技成果转化法》将负责科技成果转化的行政机关的职责概括地规定为管理、指导和协调,难以确定其内涵。

3. 技术市场具体监管行为缺乏合理的制度化安排。技术市场监管主体的行为方式、行为程序、行为后果、救济措施等都必须有法律的明确规定,否则监管主体难以真正实现依法行政,但我国目前的相关法律严重缺乏,技术监管主体的行为越位、缺位、错位等现象在所难免。

4. 技术市场主体的法律地位、权利义务没有合理配置。完备的技术市场中,虽然市场主体的形式多元、利益多元、交易方式多元,但是可以根据一定的标准进行类型化规范。由于我国目前对于技术市场主体及其行为缺乏必要的类型化规定,这导致主体立法、行为立法混乱,缺乏对技术的供应主体、需求主体、中介主体准入条件、交易行为规则的明确规定,市场主体与监管主体之间的权利应如何划定也基本上没有法律加以规定。

我国技术市场监管法处于不健全、不完备的状态,严重影响技术市场的健康发展。目前存在的技术成果供应不足、需求不足、成果转化率低、道德风险巨大等问题都与之密切相关,这种现状亟待改变。

三、技术市场监管法律制度的构建

技术市场的发展在世界范围内都晚于其他要素市场。因此,各国的技术市场立法集中于发展技术市场、促进科技进步,虽然也包括了一些技术市场监管内容,但更多被纳入统一的市场监管立法之中,专门的技术市场监管立法并不多见。如日本1961年颁布《新技术开发事业团法》,规定日本新技术开发事业团的设立目的在于开发推广科技成果,积极推进科技成果流向企业。英国、法国、澳大利亚等国家设立了负责科技成果转化的政府职能部门。近年来,多个国家和地区纷纷强化创新战略部署:美国出台《创新战略》,从国家发展战略上重视创新,从国家发展路径上强化创新;欧盟通过《2020战略》,致力于成为最具国际竞争力的国家联合体;日本2009年出台《数字日本创新计划》,逐步进入科学技术立国与战略调整阶段;韩国在2000年制定科技发展长远规划《2025年构想》,提出2015年成为亚太地区主要研究中心的目标。中国在实施创新驱动发展战略中,如何通过完善技术市场监管制度,实现创新型国家建设目标,十分重要。

(一) 技术市场监管体系

良好的管理体制是权力有效发挥作用的前提和保障,按照技术市场发育的基本规律,合理配置公共权力是构建技术市场监管体制的基本原则。从市场经济体制上看,技术市场是一个要素市场,但并非与其他要素市场隔绝的"独立王国",而应该是也必须是与其他要素市场相互联系、相互沟通、相互制约、相互促进的一个要素市场,是中国统一大市场中不可缺少的组成部分。因此,必须发挥市场在配置创新资源中的决定性作用,充分发挥供求关系在配置创新资源中的重要作用,按照技术供需的规律来有效配置创新资源。(1)通过立法促进技术市场与其他要素市场联动,创造条件探索通过技术发包、众包、众筹的形式,建立联动机制,形成创新要素的市场体系。(2)要以技术要素为牵引,统筹其他创新要素,积极吸引金融机构、风险投资、担保保险等机构参与,与信息服务、知识产权服务等科技中介服务机构和技术经纪人一并形成技术转移、科技成果转化产业化的创新服务链。(3)完善技术市场监管体系,健全各级技术市场管理机构,加快推进和完善技术市场管理和监督体系建设;加强对技术合同认定登记机构管理,制定绩效考核办法;完善合同登记和统计管理办法,健全指标体系,规范统计口径,进一步提高统计与分析水平;制定重大技术转移项目的审查办法。

(二) 技术市场监管主体制度

在技术市场监管体制中,各具体的监管主体的地位、功能、作用及监管权限还必须由法律确定。根据职权法定原则,各监管主体的权力来源于法律,它们只能在法律授权的范围内对技术市场进行监管。为此,必须研究技术市场监管部门应该而且可以监管的具体事项,通过类型化论证,具体设定技术市场监管部门的组织形式、职责权限、行为方式、行为后果、程序以及各监管主体之间权力沟通与协调方式等,建立完善的技术市场监管主体法律制度。

(三) 技术市场主体及行为制度

技术市场监管的对象是技术市场主体,监管的内容是技术市场主体不利于技术市场发育和发展的各项行为。因此,技术市场监管法律制度的实施是以存在完善的技术市场主体制度及行为规则为前提的,这些制度和规则既是技术市场中权利—权力关系的基本界限,也是监管主体实施监管的具体依据。可以说,没有良好的技术市场主体及行为制度,就不可能有良好的技术市场监管制度与监管效能。为此,需要对技术市场的主体、行为进行深入的研究,在现有法律法规的基础上,进一步完善技术市场主体及行为制度,为监管制度的实施奠定基础。

(四) 技术市场信用体系建设

技术交易本质上是一种以信用为基础的交易,是交易双方交换技术创新产权与货币的过程,技术卖方提供知识创新产权信用,以获得技术需求方提供的货币信用;反之亦然。科学规范、公正健康的信用环境,是技术转移和成果产业化的必要条件。信用环境不佳,信用机制缺位,是制约知识流动和技术转移的重要因素。技术市场监管的重要内容是纯洁技术市场环境、维护技术市场秩序,为此,必须制定涵盖研究开发、合作创新、产学研合作、技术转移与扩散诸环节的创新成果产权界定与保护的法律制度和规范,加快技术市场信用体系建设步伐。

第二节　信息市场监管法律制度

一、市场信息与信息市场

(一)市场信息

过去,信息被认为是一种感触不到和非物质的东西,与经济社会发展没有直接关系。科技革命的开始和信息社会的到来,使人们改变了态度,信息的资源属性以及与经济社会发展的关系开始受到重视。有学者指出:"从理论上看,所谓信息经济是作为物质经济的对立物提出来的,即每件产品,每项劳务都包含物质和信息两个部分,如果在产品和劳务中物质部分所占比重大于信息部分所占比重,就是物质经济,如果信息部分所占比重大于物质部分的所占比重,就是信息经济。一旦以物质和能源为基础的经济转变为以信息和知识为基础的经济就是信息经济,并成为世界经济发展的大趋势之一。"[6]

在经济学视野中,信息范围很广,其核心是市场信息。市场信息是从各个市场产生的反映各市场状况的消息或信号,包括微观的市场信息与宏观的市场信息。前者指有关商品运销的各类信息,包括商品评价、渠道评价、促销评价、产品开发情况、消费者购买情况、企业形象情况等。后者指在一定时间和条件下,同商品交换以及与之相联系的生产与服务有关的消息、情报、数据、资料的总称。[7] 信息在市场中的运行结构是:形成信息—使用信息—获得利益。消费者借助市场信息,可以满足对新的信息和知识的需求。因而,信息也可以成为商品。

信息之所以能够成为商品,是因为它符合商品的基本条件:信息本身是劳动产品,能够满足人们的某种需要,可用来交换。随着科技进步和生产力水平提高,信息在经济社会活动中所起的作用越来越大。一方面,物化于产品中的信息成分越来越多,使物质商品的价值构成发生变化,部分商品在相当大的程度上显示出其信息的价值;另一方面,部分信息也逐渐显露出商品生产、分配、流通和消费的特性,并在经济体系中逐渐发挥商品的作用。信息在经济发展到一定阶段后,其交换价值越来越高,演变成独立的商品形态,以产品的形式进行交易,信息市场逐步形成。互联网时代的到来,云计算等信息技术的发展,使信息的商品特性更加突出。

(二)信息市场

信息市场,有广义和狭义之分。广义的信息市场是指信息交换关系的总和,狭义的信息市场仅指信息商品交换的场所。我们采用广义的信息市场概念。

信息市场既是市场体系中的一个分支,同时又寓于其他市场之中。美国信息经济学家波拉特曾指出:信息市场既不是简单的商品市场,也不是简单的服务市场,更不是一个独立的市场活动,而是在生产和传播信息的技术发展到被工厂加以组织,并且在流通中建立了交换价格

---

[6] 金建:《信息产业经济学论纲》,北京出版社1993年版,第3页。
[7] 孟雪梅:《论市场信息、信息市场与社会经济发展》,载《现代情报》1999年第5期。

后才形成的专门市场。[8] 信息市场活动伴随着物质性市场和技术市场活动而存在。任何商品一旦进入市场,本身总是包含反映商品外观、作用、性能等方面的信息,也隐含着生产者的信息,人们通过信息认识了这种商品,才产生购买欲望和行为;大多数信息商品也存在于物质载体中并因此进入市场。技术市场和服务市场与信息市场更是密不可分:一方面,物质市场、技术市场和服务市场依赖于信息市场活动,它们需要靠信息来启动;另一方面,信息市场有着专门的社会分工和相对的独立性,可以成为一类特殊的市场活动。

信息市场在现代经济社会发展中的功能可以被概括为:[9](1)媒介。为信息商品的生产者、代理人和消费者提供专门活动场所,是通过信息商品的货币交换形式组织信息产品与服务交易的媒介;市场可以加速信息商品的流通,最终成为物质商品、技术和服务商品的交易媒介。(2)价值转化。信息产品生产者所创造的信息产品可能只限于知识价值,当它作为商品进行市场交易时,即可由使用者用于新的创造活动,体现其应用价值。信息活动的供方利用经济手段进行信息产品促销,可以大大加速其价值转化过程。(3)社会联系。通过信息市场,信息产品的生产者、服务者与消费者、使用者之间建立直接的经济和业务联系。信息市场越活跃,直接的联系就越多,结果是引发社会关注、合作和竞争关系得以加强。(4)经济调节。市场的资源配置机制,可以克服信息产品与服务生产的盲目性,提高按需生产的自觉性,这是其他任何方式所不及的,必然提高社会的信息生产能力。(5)社会监督。进入市场的信息商品,都要受到有关部门的检验和评价,其可信度和可靠度有着充分的保障,而这种保障是以管理为前提的。由于信息市场活动在社会监督下进行,其经济效益和社会效益高于其他方式,因此可成为信息交流的主渠道。(6)科技进步。信息市场具有很强的社会知识、文化功能。信息产品及其服务具有很高的科技含量,它必须以一定的知识为基础;信息产品与服务对科学技术有着必然的依赖性,信息市场的充分发育也将极大地促进社会繁荣和科技进步。互联网技术以及相关信息技术的发展,使信息市场的科技进步功能得到了最充分彰显。

二、信息市场监管法

信息市场监管法,是调整国家在对信息市场进行监督和管理的过程中所形成的权利义务关系的法律规范的总称。信息市场监管法律关系有广义与狭义之分,广义的信息市场监管法律关系是指由法律调整的在信息市场监管活动和信息市场发展活动过程中形成的具有权利义务内容的社会关系。狭义的信息市场监管法律关系则仅仅包括国家法定的监管机关行使监管权,即对信息市场进行监督管理的过程中形成的权利义务关系。本章涉及的主要是狭义的信息市场监管法律关系。

(一)信息市场监管法的产生

1. 信息商品的特殊性

信息具有商品的一般属性,可以作为经济资源通过市场机制进行配置。但信息商品与一般商品也存在极大区别,表现为:非对称、价值多元、供求关系可扩张、交换关系间接、交易次数有限、交易方式便捷、使用价值有层次、价格体系复杂、商品质量潜在等。[10] 这些特性使其交易

---

[8] 孟雪梅:《论市场信息、信息市场与社会经济发展》,载《现代情报》1999 年第 5 期。
[9] 张金丽:《积极发展信息市场》,载《科技情报开发与经济》2000 年第 5 期。
[10] 叶晓红:《信息商品的基本特性与经济特性》,载《河北经贸大学学报》1996 年第 6 期。

必然不同于一般商品,交易规则也与一般商品不同。由于信息商品依附于物质载体,使信息商品交换同非信息物质商品交换结合进行,容易引起交易行为紊乱。由于信息商品消费具有非排他性,加之生产困难但复制和盗用容易,极易产生外部性,使生产者、购买者蒙受损失。由于信息商品具有时效性,在一定时间内可能价格较高,随后则可能一文不值,消费者往往难以识别其真伪,容易造成比一般伪劣物质产品严重得多的损失。这些都意味着需要建立专门的信息市场交易规则,维护交易秩序、保护相关主体的合法利益。

2. 信息市场的不完备性

信息市场和信息产业的发展,已成为推动社会进步与经济发展的重要因素。中国互联网信息产业的发展以及计算技术的突破,"互联网+"的迅速扩展,都充分证明了这一点。在发达国家,信息市场建设相对完善,但"也摆脱不了它固有的局限性、自发性和盲目性。因为对利润的追逐使得信息的生产者对信息市场上价格的反应带有盲目性,对真正的社会信息需要不予理睬,它不能决定信息生产发展方向,所以纯粹信息市场并不能解决全部问题"[11]。这是由信息市场的特征所决定的。

(1)信息市场的外部性。信息市场在运行中也存在外部性问题,导致信息商品分配不公以及产出的社会效率水平偏离市场均衡状态,使价格机制被扭曲并引发信息市场失灵。"只要存在外部性,资源配置就不是有效率的。"[12]

(2)"公共产品"问题。信息在很多情况下都具有公共产品特征。信息商品"其消费和使用表现为载体转换,这种转换不会引起信息商品的损耗和丧失,交换的结果不是转手而是共享"[13]。如任何合法的互联网终端用户,皆可借助于相应的支持工具上网浏览并下载所需要的各类信息。非排他性公共物品信息所引发的分配不公以及市场运行的低效率甚至无效率毋庸置疑。信息极易拷贝和扩散的特点,使信息生产者或其合法继承者、受让者虽然在理论上可以借助知识产权法以及其他相关法律控制消费行为,但在现实中则无法真正做到。

(3)不对称信息大量存在。信息市场在运行过程中大量充斥着不完备信息。如计算机软件销售中,消费者在购买前几乎难以判定商品的质量和效用;而生产者和经营者在消费者购买和消费商品之前也不了解其是否会在将软件安装到自己的硬盘之后再退回原商品,或者进行非法拷贝和经营。这些都会使信息市场价格偏离市场供求状况,导致信息市场失灵。

(4)非竞争性和垄断性。"信息商品的专用性和多样性的矛盾造成市场分割,不像物质商品那样有许多生产者和供给者参加竞争;同时信息商品的所有权、使用权和交易过程又受到法律保护,这就使得信息市场的竞争不像物质市场那样激烈,竞争机制对信息商品的供求量和价格的作用相对变小。因此,信息市场可以说是一种不完全竞争市场。"[14]信息市场的这种非竞争性,使信息商品的价格及数量往往不是通过市场竞争确定的,而是由某一个也可能是几个提供商或消费者控制,从而导致信息市场具有垄断性,如电信服务市场。市场缺陷导致了对外部力量——政府干预的需求。"对于信息部门的管制,有一个简单的常识:政府管制应该集中于无法被竞争压力吞噬的真正垄断力量。"[15]

---

[11] 马费成等:《信息经济学》,武汉大学出版社1997年版,第268页。
[12] [美]约瑟夫·斯蒂格里兹:《政府经济学》,曾强等译,春秋出版社1988年版,第206页。
[13] 马费成等:《信息经济学》,武汉大学出版社1997年版,第185页。
[14] 马费成等:《信息经济学》,武汉大学出版社1997年版,第266~267页。
[15] [美]卡尔·夏皮罗、哈尔·瓦里安:《信息规则》,张帆译,中国人民大学出版社2000年版,第274页。

(二)我国信息监管立法发展现状及问题

在信息产业迅速发展、信息活动广泛渗透到社会生活各个方面的同时,也引发了信息产业的垄断与竞争、计算机犯罪、信息公开与隐私保护、信息安全、信息污染等复杂的社会问题,这些问题必须借助信息法律来加以规范。因此,世界各国纷纷着手信息立法,加强信息法律体系的建设,以适应信息化发展的需要,保障信息产业的健康发展。在信息法体系中,一个重要的内容就是信息监管法。信息法是对信息活动进行规范和调整的所有规则的总和,而信息监管法则是国家公共权力对信息市场进行监管的规则。

我国目前尚无有关信息监管的专门法律,虽然国家成立了原信息产业部,也授予该部"依法对电信与信息服务市场进行监管,实行必要的经营许可制度,进行服务质量监督,保障公开竞争,保证普遍服务,维护国家和用户利益;制定通信网之间互联互通办法和结算标准并监督执行"的职责,但该部的主要职责在电子产业尤其是电信产业的发展方面。仅就目前已出台的信息法律而言,绝大部分散见于科技法、知识产权法、企业法等部门中,对信息产业活动和社会关系的调整凌乱,缺乏内在的有机统一和协调。近年来,虽然加快了相关立法进程,但总体上看立法的层级比较低,内容也比较分散。

目前,我国法律体系中对促进信息技术发展在《科学技术进步法》《个人信息保护法》等中作了极为原则的规定。在信息市场监管方面,则在广告法、反不正当竞争法、知识产权法、保密法等一些法律法规中有所涉及。由于计算机技术的发展,尤其是在原信息产业部成立以后,国家在电信、计算机、网络发展与监管方面制定了一些法规和规章,主要有:《电信条例》、《关于中国互联网络域名体系的公告》(已失效)、《电子认证服务管理办法》、《互联网IP地址备案管理办法》、《中国互联网络域名管理办法》(已失效)、《非经营性互联网信息服务备案管理办法》、《建立卫星通信网和设置使用地球站管理规定》、《电信网间互联争议处理办法》、《软件产品管理办法》(已失效)、《互联网信息服务管理办法》以及《计算机信息网络国际联网管理暂行规定》、《互联网上网服务营业场所管理条例》等。此外,原工商总局发布了《网络商品交易及有关服务行为管理暂行办法》(已失效),原文化部发布了《网络游戏管理暂行办法》(已失效),财政部发布了《互联网销售彩票管理暂行办法》,2012年12月28日,全国人大常委会审议通过了《关于加强网络信息保护的决定》,首次明确公民个人电子信息的定义,并强调对此类信息的保护,体现了国家对公民个人电子信息的高度重视。但是,从总体上看,从监管的角度看,我国信息法律建设所面临的问题主要有管理体制不顺、法律制度严重缺位、信息安全与国际化问题缺乏必要的国家制度安排等问题。在国家大力推进创新型国家建设、大力发展"互联网+"的今天,这些都是经济法学应该深入研究的问题。

三、信息监管法律制度的构建

信息监管的对象是信息活动,建立信息监管法律制度应当以信息活动为核心展开。信息活动是在信息环境中产生的为实现信息过程而进行的各种活动,具体包括信息收集、信息加工处理、信息存储、信息检索、信息传播、信息的研究与开发、信息咨询与服务等一系列活动。[16]在信息活动中,信息市场是轴心,不仅信息流通、信息咨询服务活动离不开市场,而且大部分信

---

[16] 余平、黄瑞华:《论信息活动及其对信息法调整对象范围的影响》,载《情报杂志》2004年第8期。

息产品也需经信息市场实现其价值。在信息市场中,信息呈现从所有者到消费者的无限循环状态,各种社会关系便相应地发生于各个市场主体之间,各主体在信息交易过程中会发生各种权益纠纷,于是,需要有一定的信息市场规则加以规范监管。

就信息市场本身来看,信息活动主体间的关系主要有:信息所有者与信息消费者之间的关系、信息加工处理者与信息传播者之间的关系、信息传播者与信息消费者之间的关系。[17] 针对这些复杂的社会关系,我国目前应着重加强如下方面:

(一)信息市场监管体制的建立

我国目前的管理体制尚不能适应信息市场建设与发展的需要。根据统一市场规则,信息市场应该建立以工商行政管理部门为核心,工业和信息化部、科技部、国家新闻出版署、公安部、国安部等部门分工配合的监管体制。并在明确管理体制的基础上,合理配置各部门的信息市场监管权限,确定权力协调原则、权力行使方式等。

(二)合理界定信息权

信息权的界定直接关系到监管机关的监管目的与监管范围,对于监管的实施具有重要意义。学术界对信息权有不同认识,在法律上对信息权作出明确规定的是美国。美国《统一计算机信息交易法》第 38 条规定的信息权包括所有根据有关专利、版权、计算机集成电路布图设计、商业秘密、商标和公开权的法律所享有的权利,以及其他任何法律基于权利主体对信息所享有的利益而赋予主体的、不依赖于合同的、控制或排除他人使用或获取该信息的权利。[18] 由此可见,信息权是比知识产权范围更为宽泛的权利。学术界需要对信息权展开深入研究,客观分析将其纳入知识产权及设定新权利的不同意义,合理界定信息权。

(三)信息市场规范的建立与完善

信息市场必须是一个有序的市场,这就必须要有相应的市场交易规则,也为信息市场监管主体进行监管提供必要的依据。信息产业的创新发展亟须公平竞争秩序的保护,而近年来不正当竞争问题却成为了困扰我国信息产业发展的"毒瘤"。从 2010 年开始,多家企业因恶性不正当竞争而遭受严重损失,涉及互联网信息服务的各类产品,影响了众多网民的合法权益,在社会上造成了恶劣影响。因此,一方面,应进一步简政放权,对互联网应用进行类型区分,对不涉及意识形态和国家安全的产品,取消行政审批,对于需要行政审批的内容,杜绝双重审批。另一方面,要完善行政执法手段,营造公平竞争的市场环境,对于违法行为予以明确处罚,对于屡次破坏市场竞争秩序的企业,更应予以高额处罚;同时,应创新监管方式,建立互联网企业的社会信用档案,对行业内的不正当竞争行为进行常态化的监测,实现行政执法的常态化。与此同时,应进一步修改《反不正当竞争法》,拓展惩罚性赔偿在规制不正当竞争行为中的适用,[19] 完善反不正当竞争行为保全制度。

(四)网络身份管理制度的建立

中共中央办公厅、国务院办公厅 2016 年 7 月发布的《国家信息化发展战略纲要》指出:"落

---

[17] 余平、黄瑞华:《论信息活动及其对信息法调整对象范围的影响》,载《情报杂志》2004 年第 8 期。

[18] 余平、黄瑞华:《论信息活动及其对信息法调整对象范围的影响》,载《情报杂志》2004 年第 8 期。

[19] 肖顺武:《反不正当竞争法中惩罚性赔偿的拓展研究——兼评〈反不正当竞争法(征求意见稿)〉相关规定》,载《当代法学》2023 年第 2 期。

实网络身份管理制度,建立网络诚信评价体系,健全网络服务提供者和网民信用记录,完善褒奖和惩戒机制。"所谓网络身份管理制度的建立,就是以政府部门为主导,开展我国网络身份治理的顶层设计工作,制定国家网络身份管理战略和网络身份管理标准。我国应选择适宜的技术实现路径,建立以市场为导向的多层网络身份服务体系,制定我国网络身份服务体系的技术路线图,鼓励身份服务商业机构和认证机构积极参与,并采用各种激励方式,鼓励用户进行在线身份认证。我国应建立有效的个人信息保护体系和行业标准;可借鉴美国建立以用户为中心的身份标识生态系统;允许个人选择适合交易的互操作证书,并通过建立和采纳隐私强化政策和标准,使个人有能力仅发送完成交易所需信息。这些标准将禁止把个人的交易和证书使用与服务供应商挂钩。

———— **思考题** ————

1. 什么是技术市场?为什么要建立技术市场监管法律制度?
2. 如何建立和完善中国的技术市场监管法律制度?
3. 什么是信息市场?为什么要建立信息市场监管法律制度?
4. 如何建立和完善中国的信息市场监管法律制度?

第二十七章 房地产市场监管法律制度

| 内容提要 |

本章通过分析房地产市场的非完全竞争性以及对国家金融安全、经济安全具有重大影响的特征,分析了国家对房地产市场进行监管的必要性;从经济学与法学角度论述了房地产市场监管法的强制法性质;介绍了我国现行的房地产市场监管法律制度,提出了进一步完善房地产市场监管立法的建议。

| 学习重点 |

房地产市场的定义　　　　　　　房地产市场监管的意义
房地产市场监管法的理论基础　　房地产市场监管的基本法律制度

第一节　房地产市场监管法概述

一、房地产市场的定义和特征

房地产即房产和地产的通称。物质形态的房屋、土地被赋予法律上的财产意义,即被称为"房产"和"地产"。"房地产"一词目前并没有明确的法律定义,同样,对于"房产""地产"以及两者的关系也没有严格的法律规定。

(一)房产

房产有广义与狭义之分。广义的房产指在法律上有明确的权属关系,可以在不同所有者和使用者之间进行出租、出售或者由所有者自用或作其他用途的房屋。狭义的房产是房屋中的特定部分。广义的房产既包括城市房屋,也包括农村房屋,但有些房屋不能成为房产,主要是因为其不具备房产的商品特征,法律禁止其进入房地产市场,如古建筑、军事建筑等。

(二)地产

地产也有广义与狭义之分。狭义的地产是指在法律上有明确权属关系,可以由所有者、经营者和使用者进行土地开发、土地经营,并能够带来相应经济效益的建设用地。广义的地产是土地财产,指有明确法律权属关系的土地,由土地物质(纯自然土地)和全部土地资本构成。

地产是土地中的特定部分。在我国,土地所有权的性质明确,但并非所有的土地都能够进入市场,只有那些与使用权相联系而且可以进行所有权或使用权转移的土地才具有地产的意义。因此,有些土地虽然在广义上也被纳入房地产法的调整范围,但从房地产市场的角度看,不属于地产的范畴,如用于防洪、防沙、军事、国防的土地等,这类土地受政策和特别法的调整。

(三)房地产

虽然可以简单地将房地产理解为"房产"与"地产"的合称,但因为"房产"和"地产"都有广义与狭义之分,并且可进行不同的界定。所以,房地产的概念并不那么简单。从法律上看,由于立法的理念与价值选择、制度安排不同,房地产法律概念的内涵也各不相同。

大陆法系将财产分为动产与不动产两大类,强调对不动产所有权的严格保护,在不动产转移所有权、设定权利等方面,尤其是对土地、房屋等有体物的买卖、抵押作出了不同于一般财产的更为严谨的法律规定。在房产与地产的关系上,出现了以德国为代表的"地上物从属土地"的结合主义模式和以法国、日本为代表的分别主义模式。

英美法系中的财产权是一个十分宽泛的概念,且没有大陆法系那么严格的权利分类,更加注重的是利用而非权属本身,它通过一物多权的"集束"构造完成,不存在自物权与他物权的位阶关系,"各种对不动产利用的权利都可形成为独立的物权,各种权利不过是在利用范围上有大小、强弱的差异,并不存在支配上的区别"[1]。

我国的房地产法律规定与英美法上财产权有更广泛的渊源关系,这是以重视利用为价值取向的制度安排:一方面,是适应我国土地以国家所有为主的现实需要;另一方面,也有适应现代社会发展中不动产立法"从所有到利用"发展趋势的意图。其优势是有利于房地产市场的培育,鼓励房地产交易,促进房地产业的发展;弊端在于削弱土地和房屋所有权的稳定,可能助长房地产投机行为。

在我国并没有一个完整的关于房地产的法律文件,从相关法律规定中可以发现,我国法律上的房地产是狭义的房产与狭义的地产的结合,指以商品经营服务性质为主的地产和房产,尤其特指城市中具有商品房意义的房地产,而不包括乡村房地产和城市中古迹建筑、军事建筑等。[2]据此,我们将房地产定义为将一定范围的土地和房屋作为物质实体而形成的财产集合物或财产权利,它包括地产(土地)与房产(房屋)两大部分。

(四)房地产市场

房地产市场是房地产供求关系的总和,它包括与房地产开发利用活动有关的各个方面,其结构可以依据不同的功能划分为房地产开发市场、房地产交易市场、房地产服务市场等内容。

房地产是特殊商品,其市场结构也是非完全竞争的。在我国,由于土地制度的特殊性,房地产市场结构更具有这样的特征:[3]土地供应的双轨制、商品和要素的非流动性、产品差异化显著、市场信息不充分与不对称、自住与投资的双重需求性等。这些决定了房地产市场的不完全竞争的性质,其供给和需求不同于一般商品。开发商利用自己的垄断优势,控制舆论导向,根据市场行情控制投放供应量,压低中低档商品房比重,造成人为结构性短缺,维持高房价,获得垄断利润。房地产价格超常上涨,远远偏离其内在价值时,就会形成房地产泡沫。房地产泡

---

[1] 王利明:《物权法论》,中国政法大学出版社1998年版,第214页。
[2] 在我国,目前仅有《城市房地产管理法》,而无农村房地产管理法便是明显例证。
[3] 马乐:《浅析调节房地产市场的"两只手"》,载《北方经贸》2006年第1期。

沫的快速膨胀会形成市场上种种虚假繁荣现象。但房地产泡沫过度膨胀又具有快速破灭的特征。由于房地产业直接或间接地影响一大批相关行业，所以，房地产泡沫的危害具有关联性、延续性、纵深性的特点，可能危及金融体系的正常运行和国家的经济安全。因此，对于这样一个既不具有完全竞争性质，又可能影响国家金融安全乃至经济安全的市场，监管必不可少。

二、房地产市场的特点及其监管

房地产市场是现代市场经济中不可缺少的要素市场，更是政府市场监管的主要领域，究其原因，在于房地产具有特殊经济属性。中国的房地产市场起源于20世纪90年代的住宅商品化改革，经历了从试点起步经由非理性炒作到协调发展与全面调控的过程，[4]从2003年开始我国为抑制房地产过热而采取各种调控措施，使楼市经历了"过热—调控—飙涨—再调控"的循环。党的十八届三中全会提出的《中共中央关于全面深化改革若干重大问题的决定》，明确提出了"建立城乡统一的建设用地市场""把进城落户农民完全纳入城镇住房和社会保障体系""加快房地产税立法并适时推进改革"等要求。值得注意的是，住房城乡建设部、金融监管总局《关于建立城市房地产融资协调机制的通知》（建房〔2024〕2号）就一视同仁满足不同所有制房地产企业合理融资需求、更加精准支持房地产项目合理融资需求作出了部署，并就建立城市房地产融资协调机制、满足合理融资需求、做好融资保障工作等作出了安排，反映出我国房地产市场目前面临较大的挑战，需要我们认真对待。总体而言，我国房地产市场具有以下特点：

（一）房地产市场的交易客体具有特殊性

房地产市场中的交易客体——房产与地产实质上互为关联。在物质形态下，房与地互相联结，房依地建，地为房载，土地开发的目的在于形成各类房产。房地产交易的实质，就是行为人以其所有或合法持有的土地使用权及房屋为物质实体所形成的财产权利进行交易。基于民法上物权法定原则，行为人用于交易的房地产产权必须经过政府产权产籍主管部门的确认和登记后，方可在房地产市场中进行交易和流转。地产是总量有限、不可再生的自然资源，房产是人类基本生存中不可或缺的要素之一，因此，房地产包含巨大的社会性，直接关系民生和社会经济秩序。

（二）房地产市场具有投机性和高风险性

房地产市场以虚拟资产交易，潜藏着巨大的投机性和危害性。房地产交易将产权户籍证书的流转作为交易方式。同时，土地资源的稀缺性使其具有潜在的升值功能，这决定了高估或低估房地产实际价值的情形普遍存在。另外，房地产业的发展除了需要巨额资金，还直接或间接地影响约五十个相关产业的发展。房地产如果不能健康发展，不仅会给金融机构造成大量的不良资产，而且会造成土地资源的严重浪费和闲置，甚至威胁金融安全和经济安全。所以，必须通过政府的干预与合理引导，防范和抑制房地产泡沫对经济的冲击。

（三）政府在房地产市场中担任着双重角色

一方面，政府以土地直接供应者的身份进入市场。我国的土地所有权与使用权分离，并且能够进入房地产市场交易的是附期限的土地使用权，因此，政府可以利用其配置土地资源的垄

---

[4] 伍旭川、汪守宏：《中国房地产市场发展的历史路径》，载《银行家》2005年第7期。

断权,影响房地产市场的供求状况。另一方面,政府的财政收入尤其是地方财政收入中很大部分来源于房地产业,许多地方的财政是"土地财政"。政府利用土地使用权有偿出让获取城市建设资金,通过对房地产业征收税费增加财政收入。更重要的是,房地产业可以带动相关产业的发展,因此,政府对房地产业的发展必须高度重视。

三、房地产市场监管法的定义

房地产市场监管法,是调整国家在对房地产市场进行监督和管理的过程中所形成的权利义务关系的法律规范的总称。房地产市场监管法律关系有广义与狭义之分,广义的房地产市场监管法律关系是指由法律调整的在房地产市场监管活动和房地产市场发展活动过程中形成的具有权利义务内容的社会关系。狭义的房地产市场监管法律关系则仅包括国家法定监管机关行使监管权对房地产市场进行监督管理的过程中形成的权利义务关系。本章主要介绍狭义的房地产市场监管法律关系。房地产市场监管法,属于房地产法的一个组成部分,在一定意义上讲,我国房地产法发展的历史,也是房地产监管法发展的历史。

新中国的房地产立法,经历了从无到有、从粗到细、从偏到全的发展历程。到目前,基本形成了既散见于宪法、民法、刑法等有关法律文件,也集中于房地产专门法[例如《土地管理法》、《城市房地产管理法》、《城市规划法》(已废止)等]之中的房地产法律体系。在这个框架中,较多内容涉及房地产监管制度。

《宪法》作为国家的根本大法,有许多涉及房地产的条款,如关于土地权属、土地使用权转让、土地征收征用等方面的规定,宪法的这些规范,对房地产监管立法、司法均有最高指导作用。

房地产法律规范可分为基本法律规范和特别法律规范,前者如《民法典》中的有关规定,后者如专门的房地产法律规范。专门的房地产法律规范是调整房地产经济关系的基本的、核心的法律规范,我国目前最主要的有 3 部:《土地管理法》《城市房地产管理法》《城乡规划法》。除此之外,其他规范还散见于《公司法》《行政许可法》《建筑法》《刑法》等法律之中。

房地产行政法律规范在我国也大量存在,如《不动产登记暂行条例》(2024 年修订)、《城市房地产开发经营管理条例》(2020 年修订)等。

地方性法规和房地产行政规章、地方性规章在我国房地产法律体系中也占有相当大比例。此外,最高人民法院根据房地产管理的法律法规也发布了审理房地产案件的司法解释等指导性文件,对于正确适用房地产法规,弥补房地产立法不足,指导房地产审判工作也具有重要作用。

第二节 房地产市场监管的基本法律制度

一、房地产市场监管的法律制度选择

关于规范市场行为的立法模式,有自治法与强制法之分。前者基本采取界定主体的权利范围,赋予当事人以广泛的选择权,不发生纠纷,公权一概不予介入的方式;后者则采取赋予行

政机关一定的执法权,介入市场主体行为的方式。[5]

房地产市场是现代市场经济条件下的一个要素市场,因此,首先具有市场的基本属性。同时,房地产市场又是一个不完全竞争的市场,具有不同于一般市场的特殊性。对于这样一种市场,应该选择自治法与强制法的结合,作为房地产市场立法的组成部分的房地产市场监管法,必然是强制法。它意味着法定的监管部门依法被授予对房地产市场主体行为制定政策规范、确认行为资格、开展监督检查、纠正违法违规行为、维护市场主体合法权益等的权力。同时,房地产市场监管法为房地产市场监管主体厘定权力行使的边界,保证监管权力与监管行为不破坏市场机制的正常运行、不侵害市场主体的合法权益。

房地产市场监管法的强制属性,与房地产市场自身的诸多问题有关。[6] (1)房地产市场信息严重不对称。在房地产市场中,开发商与消费者之间的信息严重失衡。消费者在决定是否购买房屋的时候,通常只能从开发商的广告中获得信息,而开发商为促销而发布的各类广告导致真实的信息常常被掩盖,消费者在广告的汪洋大海中无所适从,再"理性冷漠"的消费者也无法进行理性的选择。(2)房地产市场是不完全竞争的市场。房地产的不可流动性与产品差异性决定了其存在地域性限制,无法形成一个统一的市场。我国土地所有权的国家所有和集体所有形式以及土地供应的双轨制,更是在事实上形成了国家对土地市场即一级市场的垄断。(3)房地产交易中的意思自治有名无实。房地产开发主要集中在城市,大多数体现为高楼大厦,开发商将楼宇分割出售给不同的买主,几乎无一例外地采用了"格式合同"。在格式合同中,开发商无不利用自身的优势地位,为自己设定更多的权利,也尽可能地限制自己的义务或者故意拟订模糊条款以掩盖自己的义务。消费者在这种格式合同面前,大多只能被动地接受。(4)房地产市场中充满着投机行为。房地产市场的投机行为是人们的一种投资需求,本身具有一定的合理性。但是,投机行为过度会严重地扭曲房地产市场的价格信号,直接后果是房价非理性上涨,间接后果是形成房地产泡沫,进而引发金融危机和经济危机。

房地产市场的特性及自身存在的种种问题,都是市场机制难以克服的,需要借助国家的干预。这成为我国已经制定的房地产法以强制性规范为主的直接的动机和背景。《城市房地产管理法》不仅直接被冠以"管理法"的名称,而且其内容也的确体现了管理的特点,许多强制性规范都具有鲜明的政策目的性。但是,随着我国出生人口的逐步减少,以及城市化进程的基本完成,未来房地产市场可能将面临更多的挑战。

二、我国现行的房地产市场监管制度

根据《民法典》《土地管理法》《城市房地产管理法》《城乡规划法》以及有关行政法规、行政规章的规定,我国的房地产监管法律制度主要包含四个方面:

(一)房地产市场监管体制

在我国现阶段,房地产管理在中央实行建设、土地两大行政主管部门负责的格局,即由自然资源部和住建部主管。各地方尽管略有差异,但基本上也实行房地分管的格局。

《城市房地产管理法》(2019年修正)第7条规定:"国务院建设行政主管部门、土地管理部门依照国务院规定的职权划分,各司其职,密切配合,管理全国房地产工作。县级以上地方人

---

[5] 苏永钦:《私法自治中的国家强制》,载《中外法学》2001年第1期。
[6] 刘武元:《房地产交易中的自治与国家强制》,载《浙江工商大学学报》2004年第6期。

民政府房产管理、土地管理部门的机构设置及其职权由省、自治区、直辖市人民政府确定。"房地产行政管理在实践中遇到的最大争议焦点有两个：一是城市建设用地的主管机关以谁为主，二是房地产是否应设立统一的主管部门。这些问题不但涉及主管部门的职责划分，而且也关系到非主管部门的部门存续。受历史上诸多因素的影响，我国形成了城市土地事实上的双重管理。这种制度设计和安排存在天然的缺陷，给房地产业的管理造成了混乱。依照现行的部门分工，土地出让由土地管理部门进行管理，房屋的交易则由房地产管理机关进行管理。但是，部门职能的冲突与矛盾并未从根本上得到解决。从国外管理实践和经验上看，对房地产市场实行统一管理是大势所趋，也是我国房地产管理体制改革的方向。2019年和2024年，国务院修订了《不动产登记暂行条例》，就不动产登记程序、登记信息共享与保护、法律责任等方面作出了具体规定。这意味着，我国的房地产统一管理体制正在形成过程中。

（二）房地产交易监管

房地产交易监管是指政府对房地产商品在市场循环的全过程和涉及各类交换关系进行的监管，包括对房地产开发市场、房地产交易市场、房地产服务市场的监管。其主要内容包括以下几点：

1. 市场形态

根据有关法律规定，我国房地产市场在结构上分为三级形态：(1) 一级市场是指土地使用权的出让，即国家作为土地的所有者将其可支配的土地有偿供应给用地者；国家通过对土地的垄断经营，以招标、拍卖等转让方式保障政府收入的增加和土地供求关系的动态平衡。(2) 二级市场是指土地使用权有偿出让后，用地人进行房地产开发经营的运作市场。它涉及土地使用权转让、土地项目的合作开发、商品房的租售等。(3) 三级市场是指投入使用后的房地产商品的交易场所。另外，随着住房分配制度的改革，住房交易也呈现国有公房的出售→售后上市交易→再行转让的三级市场。

房地产市场的三级形态由我国房地产业发展的基本国情所决定。其中，一级市场是政府启动和拓展房地产市场的基础与前提，也是政府调控房地产供求的关键环节。本质上，政府通过将国有土地使用权或住房所有权投入一级市场，可以实现国家享有的土地或住房所有权收益的价值回收。同时，政府对一级市场的参与，兼具宏观经济调控需求平衡和保障低收入与特殊群体住房的双重目标。因此，政府行为此时并不完全遵循市场价值规律，甚至会采用明显的低成本政策性操作方法。二级与三级房地产市场才是真正意义上的市场，其运作机制必须以价值规律和供求关系为基础。但是，目前房地产市场实际运作中还存在诸多问题，立法也并不完善，对房地产市场的顺利发展也有一定影响。

党的十八届三中全会提出了建立城乡统一的建设用地市场、农村集体土地承包经营权流转、慎重稳妥推进农民住房财产权转让等农村土地、住房财产的改革任务。2014年11月，中共中央办公厅、国务院办公厅印发了《关于引导农村土地经营权有序流转发展农业适度规模经营的意见》，要求"抓紧研究探索集体所有权、农户承包权、土地经营权在土地流转中的相互权利关系和具体实现形式。按照全国统一安排，稳步推进土地经营权抵押、担保试点，研究制定统一规范的实施办法，探索建立抵押资产处置机制"。2015年2月，十二届全国人大常委会第十三次会议审议通过了《关于授权国务院在北京市大兴区等33个试点县（市、区）行政区域暂时调整实施有关法律规定的决定（草案）》，暂时调整实施土地管理法等关于集体建设用地使用权不得出让等规定,允许农村集体经营性建设用地入市,同时提高被征地农民分享土地增值收益的比例,对宅基地实行自愿有偿的退出、转让机制。党的二十大报告明确指出:"加快建立多主体供给、多渠道保障、租购并举的住房制度。"这些改革和提法,都将对我国房地产市场立法和房地产市场监管带来影响,值得高度关注。

2. 房地产转让监管

这主要包括以下内容:

(1) 房地产交易的价格。房地产交易受到国家价格管理机制的约束。其主要制度包括:房地产价格指导制度,通过政府定期确定和公布基准地价、标定地价以及各类房屋的重置价格,对市场价格机制的形成进行指导。房地产价格评估制度,依据法定的技术标准和评估程序,以价格规范为基础,以公正、公开、公平为基本原则,结合当地市场价格对房地产作出合理评估。房地产成交价格实行申报制度,通过政府提供指导租金和商品房最高限价等多种方式,对房地产价格实施管理。

(2) 房地产交易条件。房地产交易的法定条件分为三个不同方面:第一,禁止或限制性条件。我国《城市房地产管理法》第 38 条规定下列房地产,不得转让:一是以出让方式取得土地使用权的,不符合《城市房地产管理法》第 39 条规定的条件的;[7] 二是司法机关和行政机关依法裁定、决定查封或者以其他形式限制房地产权利的;三是依法收回土地使用权的;四是共有房地产,未经其他共有人书面同意的;五是权属有争议的;六是未依法登记领取权属证书的;七是法律、行政法规规定禁止转让的其他情形。第二,法定必备条件。按照出让合同约定支付全部土地使用权出让金并取得土地使用权证书;按照出让合同约定进行投资开发;转让房地产时房屋已经建成的,应当持有房屋所有权证书。第三,商品房预售条件。已交付全部土地使用权出让金,取得土地使用权证书;持有建设工程规划许可证和施工许可证;按照提供的预售商品房计算,投入开发建设的资金达到工程建设总投资额的 25% 以上,并已经确定施工进度和竣工交付日期;已经办理预售登记、取得商品房预售许可证明。

(3) 房地产转让形式。房地产转让应签订书面转让合同,主要有商品房购销(含预售)合同、房地产赠与合同、房地产交换合同等合同类型。其中,商品房买卖(含预售)合同必须执行住建部和原国家工商行政管理总局 2014 年联合制定的《商品房买卖合同示范文本》(建房〔2014〕53 号)的规定格式和内容,以规范商品房购销行为,保护合同当事人的合法权益。另据有关法律规定,外销商品房还需办理公证手续。

3. 房地产抵押与租赁监管

其具体规定为以下内容:

(1) 房地产抵押。根据《民法典》第 402 条的规定,以该法第 395 条第 1 款第 1 项至第 3 项规定的财产或者第 5 项规定的正在建造的建筑物抵押的,应当办理抵押登记。抵押权自登记时设立。

(2) 房屋租赁。房屋租赁可以分为住宅用房租赁和非住宅用房租赁(含经营用房租赁),公房租赁和私房租赁。依据规定,房屋租赁实行登记备案制度,当事人签订、变更、终止租赁合同

---

[7] 《城市房地产管理法》第 39 条规定:"以出让方式取得土地使用权的,转让房地产时,应当符合下列条件:(一)按照出让合同约定已经支付全部土地使用权出让金,并取得土地使用权证书;(二)按照出让合同约定进行投资开发,属于房屋建设工程的,完成开发投资总额的百分之二十五以上,属于成片开发土地的,形成工业用地或者其他建设用地条件。转让房地产时房屋已经建成的,还应当持有房屋所有权证书。"

时应向房屋所在地的市、县政府房地产管理部门登记备案,申领房屋租赁证。

4. 房地产中介服务监管

房产中介服务是指具有专业执业资格的人员在房地产投资、开发、销售、交易等各个环节中,为当事人提供专业服务的经营活动,是房地产咨询、估价、经纪等活动的总称。2010年12月住建部决定废止《城市房地产中介服务管理规定》(1996年1月8日建设部令第50号发布,根据2001年8月15日建设部令第97号修正)。目前,适用的依据主要有《商品房屋租赁管理办法》和《房地产经纪管理办法》(2016年修正)。

(三)房地产权属管理

我国房地产权属管理采用了登记主义。在这种体制下,不动产登记具有公示力、形成力、推定力和公信力四种效力。2007年《物权法》(已失效)以14个条文(第9条至第22条),确立了我国不动产登记制度的基本结构。其内容包括:确立了统一的不动产登记制度,明确了不动产物权登记的效力,规定了基本的不动产登记程序,规定了更正登记、异议登记和预告登记三类特殊登记形式,规定了登记当事人和登记机关的赔偿责任。

房地产权属涉及土地权利和房屋权利两个方面:前者指土地所有权(由国家土地所有权和集体土地所有权构成)、土地使用权,以及抵押权、承租权、空中权、地下权等;后者则包括房屋所有权、房屋抵押权、典权等。进行房地产权属登记,可以确认房地产权属的现有状况,标示房地产流转的变动结果,以国家公示行为的介入,使房地产与其权利人之间的关系公开化、透明化,从而维护房地产占有秩序和交易安全。

2014年11月,国务院发布《不动产登记暂行条例》,并于2019年和2024年进行了修订。2015年,为了推进不动产统一登记工作,国务院建立了不动产登记工作部级联席会议,提出要制定《不动产登记暂行条例实施细则》,进一步推进不动产统一登记工作。2016年,原国土资源部发布《不动产登记暂行条例实施细则》,2019年、2024年,自然资源部对《不动产登记暂行条例实施细则》作出修正。这些法律法规的出台,意味着我国过去土地、房屋分别登记的历史即将结束,统一的房地产权属登记制度正在建立。

短期来看,建立房地产统一登记制度,会对房地产业的发展带来一定影响。但长远看,作为物权的权证,不动产统一登记有利于房地产业平稳健康发展,有利于房地产公平公正交易,有利于房地产市场机制的完善。

(四)房地产开发市场监管

1. 产业政策导向

房地产市场作为预测经济社会发展状况的"晴雨表",受到政府干预的程度远远超出其他市场。政府产业政策导向上的扶持或约束,直接影响着房地产市场的发展兴衰。房地产市场的发展速度实质上一直受制于政府的宏观产业政策。尤其是在我国,房地产市场的发展运行有明显的"政策市"特征。对于产业政策的导向作用,不应将其片面理解为政府扶持与否。事实上,产业政策是指贯穿于房地产市场发展全过程的,实现房地产业优化结构、合理高效配置资源和实现可持续发展的相关政策体系的总称。产业政策是保障房地产业良性循环的制度灵魂,是政府制定和选择相关调控手段的指导依据。

2. 规划调控

规划调控是房地产市场宏观经济调控的重要手段,通过制定切实可行的发展战略和规划,可以收到良好的调控效果。政府通过规划调控房地产市场中的土地供应量和资金供应量,可以控制整个市场供求的总体平衡。我国实行的土地用途管制、耕地红线、节约用地等政策,都需要通过规划加以落实,因此,不同时期的土地供应量调整是政府调控房地产业的主要手段。政府必须以满足社会合理需求、稳定政府土地收益、实现市场供求关系的总体平衡为原则,立足于房地产业发展的趋势向房地产市场适度投放土地。

3. 房地产开发用地管理

在国有土地有偿使用的前提下,国家实行土地用途管制制度。其主要内容涉及规定开发建设用地的范围、开发建设用地的取得方式、开发建设用地的审批管理、临时用地的审批管理以及开发建设用地的收回等方面。

4. 房地产开发项目管理

房地产开发项目管理是指政府及其主管部门对房地产开发项目从立项、置地、设计、施工以及竣工交付使用的全过程进行监督和管理。对此,主要以《城市房地产管理法》《城市房地产开发经营管理条例》等法规为依据。其具体内容涉及开发项目的立项管理、开发项目的建设规划管理("一书两证一册")[8]开发项目的勘察设计管理、开发项目的建设施工管理以及开发项目的质量管理和竣工验收。

三、完善我国的房地产市场监管制度

虽然近年来我国颁布了大量的房地产法律、法规,形成了以《民法典》《土地管理法》《城市房地产管理法》为核心、系列单行法规并列、诸多规章相补充的法律体系,房地产市场管理基本上做到了有法可依;但是,目前中国房地产市场发展过程中遇到的种种问题提醒我们,房地产市场的立法质量有待进一步提高,制度有待进一步完善。

从根本上讲,我国房地产市场监管立法问题集中表现为"缺"和"乱"两方面:

所谓"缺",是指作为房地产市场法律体系核心的法律和作为房地产立法体系支柱的一些重要的单行法尚未出台,法律体系残缺不全,导致监管依据缺失。虽然我国已制定了《土地管理法》和《城市房地产管理法》,但从结构和条文内容看,都不具有房地产基本法的性质。就单行法而言,一些反映房地产市场规律的重要法律如住宅法、物业管理法等至今仍未出台。

所谓"乱",是指现有的房地产法律、法规较为细碎、逻辑不清,导致监管行为不力。其具体表现为:(1)立法层次结构不清。典型如《土地管理法》和《城市房地产管理法》,内容上既有从属又有并行还有矛盾,给房地产监管带来了诸多隐患。(2)法律规范之间交叉重复。部门立法现象严重,法律之间、法律与法规之间、行政法规之间、法规与规章之间以及规章之间都存在矛盾与冲突,给房地产市场监管带来负面影响。

更值得重视的是,房地产市场的发展,有赖于各个要素市场的支持与配合,房地产市场的发展可以带动近50个行业的发展,同时也意味着这些相关行业的发展都会影响房地产市场的健康发展。在房地产市场立法中,各要素市场的发展与配合也是必须考虑的因素。但在我国,由于房地产监管体制的安排存在问题,造成了房地产法律内容更多强调部门法律制度的完善,

---

[8] "一书两证一册",是指房地产开发项目用地的土地使用权出让或划拨之前,先由城市规划行政主管部门和房地产开发主管部门依法出具书面意见,房地产开发项目确定后,城市规划主管部门核发建设用地规划许可证、建设工程规划许可证,并以房地产开发项目手册的方式向政府主管部门备案。

缺乏与其他法律的衔接与呼应,忽视对二级市场的规范,忽视对消费者利益的保护救济,欠缺处理房地产事业与生态环境关系的规范,忽视自然生态保护。

具体而言,完善房地产监管法律制度至少应从如下几个方面着手:(1)及时修改完善现行法律,重构房地产市场监管体制,加快形成顺畅运行的统一监管机制。(2)及时制定相关法律,加快《民法典》相关规定的落实落地,及时制定对房地产市场发展具有重要意义的法律如《房地产税法》《住宅法》《物业管理法》等。(3)建立房地产市场与其他要素市场立法之间的沟通协调机制,建立房地产市场与消费者权益保护、生态环境保护法律制度之间的协同与衔接,增强法律制度的连续性、整体性。(4)深入研究房地产市场监管中的自治法与强制法的关系及理论,准确界定房地产市场中的政府行为与市场主体行为,正确运用市场规律,发挥市场主体的能动作用。同时,通过监管,净化市场环境,保障交易安全,维护合法权益,遏制房地产泡沫,保障金融安全与经济安全。(5)重新审视房地产开发市场中地方政府、房地产开发商、银行以及房屋购买者之间的制定性利益安排,特别是传统的房屋预售制度,在收益和风险分配方面对购房者存在较大的不公平,需要及时调适。

———— **思考题** ————

1. 什么是房地产市场?它与一般的商品市场有什么不同?
2. 国家对房地产市场的监管有必要吗?为什么?
3. 如何认识房地产法与房地产市场监管法的关系?
4. 应从哪些方面完善我国的房地产市场监管法律制度?

第二十八章　公用企业规制法律制度

| 内容提要 |

公用事业是提供某种基本的公共产品和公共服务的行业。公用事业本身的种种特点及其与人们生活、生产的息息相关性，决定了该行业必须要接受政府的管制。本章首先讨论了公用企业的含义、基本特点，对公用企业进行法律规制的意义，以及公用企业法律规制的制度构成，然后，从公用事业的准入规制、对公用企业垄断的法律规制、公用企业的产品与服务质量保障制度、公用企业的产品价格与服务价格规制、公用企业的产品与服务供给保障制度这几个方面具体阐述了对公用企业的法律规制。

| 学习重点 |

对公用企业进行法律规制的意义　　公用企业法律规制的制度体系及各种制度建立的原因
公用事业的市场准入制度　　　　　对公用企业垄断的法律规制
公用事业价格规制的基本内容

第一节　公用企业法律规制概述

一、公用企业及其基本特点

公用企业是公用事业的经营者。所谓公用事业，是指提供某种基本的公共产品和公共服务，并接受政府管制的行业。[1] 公用企业是公用事业的经营者，包括供水、供电、供热、供气、邮政、电讯、交通运输等行业的经营者。公用事业一般具有以下基本特点：

（一）服务对象的普遍性

服务对象的普遍性是指公用企业是为满足社会的普遍需求而从事产品生产和服务提供的企业，或者说，公用企业生产经营的产品和提供的服务通常是人们普遍需求的基本的产品与服务，如水、电、气、交通运输等，这些产品和服务都是人类生活和生产活动普遍需要的。若公用企业提供的产品不符合质量要求，则可能使众多的人受到侵害，同样，如果公用企业能够提供优质的产品和服务，也可以使众多的人从中受益。

---

[1] *Webster's Unabridged Dictionary*, Random House, 1988, p. 1563.

(二)满足需求的基础性

公用企业提供的产品和服务是满足人类生活和生产活动基本且往往是持续性需求的产品和服务,在城市化的社会中,如果缺乏这些产品和服务,人们将难以正常生活,生产经营活动也将难以进行。公用企业提供产品和服务的基础性(加上其服务对象的普遍性)决定,公用企业如果不能正常地提供社会需要的公用产品和服务,将不仅会使个别消费者和用户的利益受到侵害,引起个别当事人之间的纠纷,而且可能影响社会稳定。

(三)对基础设施网络的依赖性

公用企业服务对象的普遍性和满足需求的基础性往往要求其建立传送其产品或提供其服务的基础设施网络(如管道、电缆、线路、站点)。对基础网络的依赖性:一方面,表现为公用企业往往需要通过这些网络设施向消费者和用户提供产品和服务;另一方面,表现为消费者、用户也需要通过基础网络设施接受公用企业提供的产品和服务。由此决定了公用企业与消费者、用户之间的关系必然是长期、持续的关系。因为,由于受到成本的制约,公用企业不可能随意地更换网络基础设施,消费者、用户也不可能对某一公用企业提供的产品和服务稍不满意,就随意要求公用企业撤除网络设施(如自来水管道、通信电缆),与该公用企业解除合同关系。如果对公用企业不实行比对一般竞争性领域经营者更严格的规制,消费者和用户便可能经常受到公用企业的侵害。

(四)自然垄断性

自然垄断指由一个厂商生产整个行业产出的生产总成本比由两个或两个以上厂商生产这个产出的生产总成本低的情形。根据经济学定义,如果在某一行业中,某单一企业生产所有各种产品的成本小于若干个企业分别生产这些产品的成本之和,则该行业的成本就是次可加(cost sub additivity)的,具备成本次可加性的行业就属于自然垄断行业。公用产品和服务的经营依赖于基础网络,而网络的建立往往需要大量的前期投入。一旦某一经营者建立了供应某一公用产品和服务的必需的基础设施网络,其他经营者向其网络用户提供相同产品和服务就会受到阻碍。此外,由于网络设施所需的投入巨大,而网络用户相对稳定,一旦某一经营者形成网络以后,其他经营者再进入同一市场,经营者的获利水平必然会下降;建立更多的重复性的基础设施网络,也意味着相同领域中的成本消耗将成倍或多倍地加大。对社会来说,允许多个经营者重复建立基础设施网络也是一种资源的巨大浪费。所以,一旦某一经营者进入某一特定的市场以后,其他竞争的经营者与先进入者进行竞争的可能性极小。由此,便会使先进入者在特定的范围或特定消费者和用户群中自然形成对某种公用产品和服务的供给的垄断。用户的选择性将受到严重的制约,即便其不愿意接受某一公用企业提供的产品和服务,他也必须接受。用户选择性的丧失(或者说选择其他相同产品和服务提供者的成本过高),将必然使公用企业在与用户的关系中处于极为有利的地位。如果没有效的约束,公用企业便极有可能利用自己的优势,为谋取自身利益最大化而损害用户的利益。

二、对公用企业的法律规制

(一)对公用企业法律规制的意义

公用企业的基本属性决定,对公用企业的生产经营活动进行法律规制具有重要意义,这主要表现在以下几个方面：

1. 保障供给，稳定生产、生活秩序。公用企业服务对象的普遍性和满足需求的基础性决定，公用企业能否根据社会需求的大小提供足够的产品和服务，将直接影响社会生产和生活能否正常进行。很显然，在城市生活中，水、电、气等产品和服务，不仅是人们生活所必需的，也是企业进行生产经营活动必不可少的。通过法律保障公用企业生产经营所需的资源和条件，根据社会发展需要拓展公用企业的产品范围，加强其供应网络的建设、维持和维护，明确公用企业的职责，保证公用企业及时向社会供给充分的产品和服务，可以保证社会生产活动正常进行，人们对公用产品和服务的生活需求得到正常的满足。唯有如此，正常的生产、生活秩序才能得以有效维护。

2. 保证产品、服务质量，提高人民生活水平。公用产品与服务是满足人民基本生活需求的产品与服务，其质量的高低，与广大人民群众的生活质量有直接的关系。例如，自来水质量、燃气中的有害物质的含量、交通的便利程度，对人民的生活质量、身体健康和生命安全等都有重要的影响。通过法律，尤其是各种质量管理制度，可以对公用企业的产品和服务质量提出具体的要求，强化对公用产品和服务各环节的质量管理，从而保证公用产品和服务质量的总体水平，整体提高人民的生活质量，保障人民的身体健康和生命安全。

3. 防止公用企业滥用垄断地位，保护消费者、用户和其他经营者的合法权益。公用企业大多具有一定程度的垄断性，为了追求企业利益的最大化，公用企业极有可能滥用其垄断优势，侵害消费者和用户的利益。通过法律，明确禁止公用企业滥用其垄断优势，侵害消费者、用户和其他经营者的合法权益，规定违反法律规定而实施这些行为的法律责任，可以有效地遏制公用企业滥用垄断优势，使消费者、用户和其他经营者的合法权益得到切实的保护。

(二) 公用企业法律规制的制度体系

公用企业的法律规制意味着国家将通过立法，对公用企业生产经营等方面的活动提出具体的要求，并通过各种法律手段保证公用企业严格按照法律的要求从事各种活动。公用企业法律规制的基本内容主要包括以下几个方面：

1. 市场准入规制。由于公用事业与社会公共利益存在密切联系，各国法律对进入公用事业领域从事公用产品和服务经营活动都规定了高于一般竞争性行业的要求，由此形成了公用事业的市场准入制度。经营者所拥有的物质技术条件和经营能力在很大程度上决定着其提供产品和服务的质量，没有必要的技术条件、一定数量的专业技术人员以及完善的经营管理制度，经营者就不可能提供高质量的产品和服务。通过市场准入制度，可以确保进入公用事业领域从事经营活动的经营者都具备必要的物质技术条件和经营管理能力，以防止广大消费者和用户因经营者不具备基本的经营能力而受到损害。

2. 反垄断制度。公用企业反垄断制度主要针对的是公用企业滥用垄断地位，损害消费者、用户和其他经营者合法权益的各种行为。公用企业垄断的普遍存在必然使反垄断制度成为公用企业法律规制的基本制度。

3. 产品与服务质量保障制度。公用企业产品、服务质量关系到人民的生命安全和身体健康，对公用企业产品和服务质量的管理也因此显得尤为重要。产品与服务质量保障制度的主要内容包括各种公用产品和服务的标准化管理制度、产品质量管理制度、产品质量责任制度等。

4.产品与服务价格管理制度。公用产品价格和服务收费标准必须能够为社会大众所普遍接受,如果听任企业自由定价,便可能导致大量的普通民众基本的需求得不到满足,人民的生活水平和生活质量必然会严重下降,社会生产活动也可能因此而受到严重的影响。正因如此,各国对公用企业产品、服务的价格都实施了不同程度的管制。价格管理制度也是我国公用企业法律规制的重要内容。

5.产品与服务供给保障制度。公用企业产品与服务提供一旦中断或出现严重的不足,必然会导致社会对公共产品和服务的需求得不到充分的满足,当供给不足突破一定的临界点,就可能引起社会动荡,正常的生产和生活秩序就难以维持。因此,建立相应的法律制度,保障公用产品和服务的持续供给,就显得特别重要。公用产品与服务供给保障制度同样是公用企业规制法律体系的重要组成部分。

第二节 公用事业的准入规制

一、公用事业准入规制概述

公用事业的市场准入制度是指政府及政府管理部门依法允许特定主体进入某一公用产品、服务领域,开展公用产品和服务经营活动的制度。

公用事业涉及社会生产和人民生活基本需求的满足,关系到国计民生和基本的公共秩序的维护。因此,对公用企业的经营者,各国法律都提出了一定的要求,只有达到法律规定的这些要求,才能成为公用事业的经营者。这些由法律规定的准许经营者进入公用事业领域应当具备的条件或应当满足的要求,便是公用事业市场准入规制制度的基本构成要件。

从事公用事业经营活动的经营者符合法律规定的条件的,可以向政府或政府有关部门提出申请,经审查批准,获得从事公用产品和服务经营的资格,便可以作为公用事业的经营者向社会公众提供相关产品和服务。

二、从事公用事业经营的准入条件和程序

(一)市政公用事业的准入条件和程序

为保障公用企业能够持续、稳定地提供符合公众要求的产品和服务,各国一般都通过立法,对提供公用产品和服务的经营者提出了一些基本的要求,这些要求根据公用企业所经营的公用事业项目的不同而有差异。在我国,市政公用事业(包括城市供水、供气、供热、公共交通、污水处理、垃圾处理等行业)实行特许经营制度,一般由主管部门采用招投标的方式选择市政公用事业经营者。

根据《市政公用事业特许经营管理办法》第7条的规定,参与特许经营竞标者必须具备以下条件:(1)依法注册的企业法人;(2)有相应的设施、设备;(3)有良好的银行资信、财务状况及相应的偿债能力;(4)有相应的从业经历和良好的业绩;(5)有相应数量的技术、财务、经营等关键岗位的人员;(6)有切实可行的经营方案;(7)符合地方法规、规章规定的其他条件。

市政公用事业特许经营的程序通常包括以下步骤：首先，由特定城市的公用事业主管部门，根据需要提出市政公用事业特许经营项目，报当地县级以上人民政府批准后，向社会公开发布招标条件，受理投标；其次，根据招标条件，对欲取得特许经营权的投标人进行资格审查和方案预审，推荐出符合条件的投标候选人；再次，组织评审委员会依法进行评审，并经过质询和公开答辩，择优选择特许经营权授予对象，向社会公开中标结果；最后，公示期满，对中标者没有异议的，经县级以上人民政府批准，由主管部门与中标者签订特许经营协议。特许经营协议生效后，投标人即取得特许经营权，可以在特许经营协议规定的范围内从事相应公用事业的经营活动。

（二）电信事业的准入条件和程序

电信，是指利用有线、无线的电磁系统或者光电系统，传送、发射或接收语音、文字、数据、图像以及其他任何形式信息的活动。电信事业是公用事业的重要组成部分，但由于其行业的特殊性，法律对经营电信业务的经营者的市场准入也作了不同于市政公用企业的规定。根据《电信条例》第7条的规定，国家对电信业务经营按照电信业务分类，实行许可制度。经营电信业务，必须依照该条例的规定取得国务院信息产业主管部门或者省、自治区、直辖市电信管理机构颁发的电信业务经营许可证。未取得电信业务经营许可证，任何组织或者个人不得从事电信业务经营活动。

电信业务许可根据经营者所经营的电信业务的类型不同而有差别。经营基础电信业务（指提供公共网络基础设施、公共数据传送和基本话音通信服务的业务）的，须经国务院信息产业主管部门审查批准，取得基础电信业务经营许可证后，才能经营基础电信业务。经营增值电信业务（指利用公共网络基础设施提供的电信与信息服务业务）的，如果业务的覆盖范围在两个以上省、自治区、直辖市，须经国务院信息产业主管部门审查批准，取得跨地区增值电信业务经营许可证，业务覆盖范围在一个省、自治区、直辖市范围内的，须经省、自治区、直辖市电信管理机构审查批准，取得增值电信业务经营许可证。未取得经营许可证的不得从事电信业务经营活动。

经营基础电信业务，应当具备以下条件：(1)经营者为依法设立的专门从事基础电信业务的公司，且公司中国有股权或股份不少于51%。(2)有可行性研究报告和组网技术方案。(3)有与从事经营活动相适应的资金和专业人员。(4)有从事经营活动的场地及相应的资源。(5)有为用户提供长期服务的信誉或能力。(6)国家规定的其他条件。符合上述条件的，可以向国务院信息产业主管部门提出申请。国务院信息产业主管部门在审查申请经营基础电信业务的申请时，除了应考察以上各项条件是否具备外，还应当考虑国家安全、电信网络安全、电信资源可持续性利用、环境保护和电信市场的竞争状况等因素。颁发基础电信业务经营许可证，应当按照国家有关规定采用招标的方式选择被许可人。

经营增值电信业务的，应当符合以下条件：(1)经营者为依法设立的公司。(2)有与开展经营活动相适应的资金和专业人员。(3)有为用户提供长期服务的信誉或能力。(4)国家规定的其他条件。申请经营增值电信业务，也应当依法向国务院信息产业主管部门或省、自治区、直辖市电信主管部门提出申请，由主管部门审查，作出批准或不予批准的决定，予以批准的，颁发跨地区增值电信业务经营许可证或增值电信业务经营许可证。

第三节 对公用企业垄断的法律规制

一、公用企业的垄断问题

公共产品和服务的生产、供给带有自然垄断的性质,由少数企业垄断经营,具有一定的经济合理性。基于公共事业的特殊性,我国《反垄断法》在允许公用事业垄断经营的前提下,对公用企业反垄断问题也作出了原则的规定。该法第8条规定,国有经济占控制地位的关系国民经济命脉和国家安全的行业以及依法实行专营专卖的行业,国家对其经营者的合法经营活动予以保护……同时要求这些行业经营者不得利用其控制地位或者专营专卖地位损害消费者利益。此处所指的"国有经济占控制地位的关系国民经济命脉"的行业无疑包括公用事业。

公用企业的垄断问题主要包括两个方面:一是如何引入竞争机制,改变公用事业领域的高度垄断状态;二是如何限制公用企业滥用市场支配地位,妨碍竞争的行为。公用企业的自然垄断性使公用企业的反垄断问题成为各国公用事业立法的重要内容之一。

公用企业的自然垄断与企业基础设施的网络性有着极为密切的联系。但是,垄断的程度如何在很大程度上又与公用事业的经营方式有密切的关系。为公众输送公用产品(包括信息)的基础网络设施根据产品的不同而有差异。有些基础网络设施具有可兼容性,例如道路,各种机动、非机动车辆都可以在同一道路上行驶,因而它不具有排他性。相反,某些基础网络设施则不具有兼容性。例如,自来水管道、燃气管道这些基础网络设施,在同一时间同一条管道只能输送某一企业的产品,因而,对其他企业的产品具有排斥性。对于通过具有排他性的网络设施提供公用产品和服务的公用事业,网络的排他性必然会形成高度的垄断性。对于通过具有兼容性的网络设施提供公用产品和服务的公用事业,尽管网络设施的兼容量可能是有限的,但由于同一网络设施可以同时为多人利用,因而并不会必然形成绝对的垄断。

在不同的经营管理体制下,公用事业垄断的状况也存在明显的差异。公用事业的经营管理体制的核心问题是所有权与经营权的关系问题。如果公用事业由基础网络设施的所有者或支配者直接经营,那么,其结果必然是高度的垄断。相反,若实行所有者与经营者分离,则可以减轻垄断的程度。例如,在实行所有权与经营权分离的前提下,对公用事业经营权可实行阶段性许可,通过招标方式选择网络利用者从事特定公用产品和服务的经营。如果取得许可经营权的企业经营不善或服务水平低,消费者和用户普遍不满,则可以选择其他企业从事特定的公用产品和服务经营。因此,对于公用事业,竞争机制的引入需要通过改革经营管理体制来实现,所有权与经营权的分离是体制改革的核心。

监管权与经营权的分离是公用事业体制改革的另一个重要问题。监管权如果与所有权、经营权不能分离,监管者与所有者、经营者便具有相同的利益追求。网络设施的所有者倾向于设施利用收益的最大化,在所有权与经营权分离的情况下,它总是希望经营者能够获得更多的收益,从而凭借所有权在经营者的收益中分取更多的利益。经营者同样倾向于自身利益的最大化,但所有利益的来源均是消费者和用户。监管权如果与所有者、经营者同为一体,则消费者和用户将成为他们共同的利益来源。利益最大化的动机将驱使其采取各种手段尽可能多地从消费者、用户那里获得更多的利益。与所有者、经营者融为一体的监管者就难以站在公平的立场,对公用事业领域的经营活动实施公正的监管。

从以上分析中可以看出,要打破公用事业的垄断状态,必须建立合理的管理体制。其中,最为重要的是实现管理者、所有者与经营者的分离,并在此基础上理顺管理者、所有者和经营者之间的关系。

长期以来,我国公用事业采用国有国营的经营管理体制。通过公用事业管理体制改革,从不同的角度引入了竞争机制,公用事业经营的垄断问题得到了一定程度上的缓解,但由于各种原因,公用事业领域中的垄断问题仍然没有得到彻底的解决。公用事业经营管理体制的改革仍需进一步深化。

二、公用企业滥用垄断地位的法律规制

公用企业是直接面对消费者和用户从事公用产品和服务经营的企业,在公用产品和服务市场中往往占有极高的市场份额,他们很可能会滥用在公用产品和服务市场中的支配地位,限制竞争,损害其他经营者和消费者的利益。

(一)基础网络设施控制者滥用优势地位行为的法律规制

基础网络设施的所有人或控制权人,在与作为公用企业的其他经营者共同利用其所控制的基础网络设施向消费者和用户提供公共产品和服务时,对基础网络设施的控制权将使其拥有相对于其他经营者更明显的优势。其通过对与基础网络设施有关的服务项目的操纵,可以控制其他经营者对消费者和用户的服务质量,从而影响消费者和用户对某一经营者的评价,最终影响其市场占有率;甚至可以对其他经营者设置过高的利用该网络设施的条件,从而形成其他经营者难以克服的进入障碍,排斥其他经营者利用其所控制的基础网络设施对消费者和用户提供与其形成具有竞争的产品和服务。规制滥用基础网络设施控制权的行为,主要有两种方式:(1)禁止设施控制者参与直接面对消费者和用户的公用事业经营。如成立专门经营管理基础网络设施的企业,并规定其不得从事公用产品、服务的经营活动。(2)允许基础网络设施控制者面向用户从事公用产品和服务经营,但通过法律,对基础网络设施的控制者提出严格的要求,对其滥用基础网络设施控制权妨碍竞争的行为,给予严厉的制裁。在我国,城市公共交通领域的管理体制似乎采用了前者,而电信行业,则采用了后一种模式。

公共交通服务是公用事业的重要组成部分。在我国,城市道路的控制权与交通运输经营者是完全分离的。前者由政府设立的道路管理部门负责,对所有交通运输经营者开放,因而,一般不存在基础设施控制者与利用设施的其他经营者之间的竞争问题。因此,这一领域,几乎不存在设施控制者滥用控制权妨碍竞争的现象。

基础网络设施的控制者滥用支配地位的行为,过去在电信行业特别严重。在前些年,一些新设电信公司的用户反映电信信号接入不畅的投诉极为频繁。这种现象与拥有电信基础网络设施控制权的个别电信公司内部操纵有密切的联系。为了克服这一现象,2014年国务院发布新的《电信条例》,明确规定电信网之间应当按照技术可行、经济合理、公平公正、相互配合的原则,实现互联互通。主导的电信业务经营者不得拒绝其他电信业务经营者和专用网运营单位提出的互联互通要求。主导的电信业务经营者应当按照非歧视和透明化的原则,制定包括网间互联的程序、时限、非捆绑网络元素目录等内容的互联规程。互联规程应当报国务院信息产业主管部门审查同意。该互联规程对主导的电信业务经营者的互联互通活动具有约束力。公用电信网之间、公用电信网与专用电信网之间的网间互联，由网间互联双方按照国务院信息产业主管部门的网间互联管理规定进行互联协商，并订立网间互联协议。未能达成网间互联协议的，任何一方均可以向电信管理机构申请协调，仍不能达成协议的，由协调机关随机邀请专家进行公开论证并提出网间互联方案，协调机关可根据方案作出决定，强制实现互联互通。未经国务院信息产业主管部门批准，任何一方不得擅自中断互联互通。网间互联遇有通信技术障碍，双方应当立即采取有效措施予以消除。网间互联的通信质量应当符合国家有关标准。主导的电信业务经营者向其他电信业务经营者提供网间互联，服务质量不得低于本网内的同类业务及向其子公司或者分支机构提供的同类业务质量。通过这些规定，主导电信业务经营者滥用基础设施控制权，排斥其他经营者的现象得到了有效的控制。

（二）公用企业滥用垄断优势行为的法律规制

根据《反垄断法》第8条第2款规定，国有经济占控制地位的关系国民经济命脉和国家安全的行业以及依法实行专营专卖的行业的经营者应当依法经营，诚实守信，严格自律，接受社会公众的监督，不得利用其控制地位或者专营专卖地位损害消费者利益。从理论上说，反垄断法规定的滥用市场支配地位、经营者集中、垄断协议等垄断行为，公用企业作为市场主体都有可能实施。但是，对于垄断协议、经营者集中行为而言，公用企业并不具有其特殊性，如果公用企业实施这类行为，违反《反垄断法》的规定，按照相关规定处理即可。但由于公用企业具有自然垄断性，其一开始便通过国家特许在特定公共产品和服务的经营上形成控制地位，这种控制地位的取得和持续状态的维持本身具有合法性。因此，对公用企业来说，往往都具有特定公共产品和服务市场的控制地位，因而，更容易利用自己的控制地位损害消费者的合法利益。除此以外，在我国，某些公用企业也行使着一些公共管理的权力，因而，其滥用相关权力的行为也可能对市场竞争产生一定的危害性。公用企业反垄断规制的重点，应主要侧重于对其滥用市场支配地位和滥用公共权力的规制。

根据《反垄断法》的规定，对经营者滥用市场支配地位的行为：首先，应进行相关市场的界定；其次，再确立经营者在相关市场中是否取得支配地位；最后，考察经营者是否实施了滥用市场支配地位的行为。对于公用企业而言，对特定领域的公共产品和服务进行垄断经营是通过国家有关部门的许可而取得的，公用企业通常对特定地域的特定公共产品和服务经营处于控制地位，因而，在滥用市场支配地位反垄断执法方面，执法机关无须按照一般的执法程序，进行相关市场和市场支配地位的认定。根据最高人民法院《关于审理垄断民事纠纷案件适用法律若干问题的解释》第31条的规定，原告主张公用企业或者其他依法具有独占地位的经营者滥用市场支配地位的，人民法院可以根据市场结构和竞争状况的具体情况，认定被告在相关市场具有支配地位，但有相反证据足以反驳的除外。由此可见，对于公用企业滥用市场支配地位的行为认定，一般情形，无须进行相关市场界定，并按照反垄断法规定的要求进行市场支配地位的认定，可直接由人民法院根据市场结构和竞争状况，认定其具有支配地位。只有在具有相反证据足以推翻其认定的情况下，才需按照反垄断法的一般规定进行相关市场及市场支配地位的认定。

反垄断法规定的滥用市场支配地位的行为公用企业都可以实施，包括：以不公平的高价销售商品或者以不公平的低价购买商品;没有正当理由,以低于成本的价格销售商品;没有正当理由,拒绝与交易相对人进行交易;没有正当理由,限定交易相对人只能与其进行交易或者只能与其指定的经营者进行交易;没有正当理由搭售商品,或者在交易时附加其他不合理的交易条件;没有正当理由,对条件相同的交易相对人在交易价格等交易条件上实行差别待遇;国务院反垄断执法机构认定的其他滥用市场支配地位的行为。

对公用企业滥用市场支配地位的行为,反垄断执法机构可依法责令停止违法行为,没收违法所得,并处上一年度销售额1%以上10%以下的罚款。公用企业实施垄断行为,给他人造成损失的,应依法承担民事责任。此外,对公用企业实施垄断行为,损害社会公共利益的,设区的市级以上人民检察院可以依法向人民法院提起民事公益诉讼。

第四节 公用企业的产品与服务质量保障制度

一、公用企业产品、服务质量保障制度概述

公用企业提供的产品、服务往往是人民生活和社会生产活动所必需的。从某种程度上说,迫于生活或生产的需要,对公用企业提供的产品和服务,不论其质量如何,消费者和用户往往都必须接受。由于选择权受限,相对于其他竞争性产品和服务的经营者而言,消费者和用户更容易受到公用企业经营者提供劣质产品的侵害。不仅如此,社会公众对公用企业提供的产品和服务往往具有普遍的需求,而公用企业通过基础网络设施同时为众多消费者和用户提供产品和服务,如果公用企业提供的产品和服务质量低劣,便可能导致众多的人同时受到损失,一旦发生质量问题,即便及时采取措施,也难免造成大面积的危害。此外,由于公用企业与消费者、用户的关系具有长期性,公用企业还可能通过其不合格产品对消费者和用户造成持续侵害。正因如此,对于公用企业产品和质量,法律应当提出更高的要求。加强公用企业产品与服务质量规制,对保障人民群众的生命、财产安全和身体健康,保证企业生产活动的顺利进行,维护正常的生活秩序和生产秩序,提高人民的生活水平,都具有重要的意义。

法律对公用企业产品、服务质量的要求,根据公用企业所提供的产品和服务的类型不同而有差异。通常包括两个方面的基本内容:一是通过法律规范建立相关产品和服务的标准,要求相关公用产品和服务达到规定标准的要求;二是通过立法规定公用产品和服务质量的保障措施。下面将分别就有关城市供水、供电、电信以及城市公共交通等公用事业所涉及的产品和服务质量的有关规定进行介绍。

二、城市供水质量保障制度

保证城市供水质量关系到广大城市居民的生命安全和身体健康,因此,对于供水质量必须严格要求。为了保证城市生活用水的质量,早在1985年原卫生部就发布了《生活饮用水卫生标准》,2006年又发布了新的《生活饮用水卫生标准》,对生活饮用水的质量提出了基本的要求。据此,生活饮用水中不得含有病原微生物;生活饮用水中化学物质不得危害人体健康;生

活饮用水中放射性物质不得危害人体健康;生活饮用水的感官性状良好;生活饮用水应经消毒处理;生活饮用水水质应符合规定的卫生要求;集中式供水出厂水中消毒剂限值、出厂水和管网末梢水中消毒剂余量均应符合规定要求。

为保障生活用水的质量,通过有关法规和标准,还建立了以下制度:

(一)取水、净化、蓄水、配水、输水等设施卫生管理制度

根据《生活饮用水卫生标准》的有关规定,集中式给水,除应根据需要具备必要的净化处理设备外,不论其水源是地面水或地下水,均应有消毒设施。取地下水直接供入管网的一次配水井,必要时,还应有除砂、防浑浊设施。有关蓄水、配水和输水等设备必须严密,且不得与排水设施直接相连,防止倒虹吸。用水单位自建的各类贮水设备要加以防护,定期清洗和消毒,防止污染。凡与水接触的给水设备所用原材料及净水剂,均不得污染水质。新材料和净水剂均需经过省、自治区、直辖市卫生部门审批,并报国家卫生部门备案。各单位自备的生活饮用水供水系统,严禁与城、镇供水系统连接;否则,责任由连接管道的用水单位承担。集中式给水单位,应不断加强对取水、净化、蓄水、配水和输水等设备的管理,建立行之有效的放水、清洗、消毒和检修等制度及操作规程,以保证供水质量。新设备、新管网投产前或旧设备、旧管网修复后,必须严格进行冲洗、消毒,经检验浑浊度、细菌、肉眼可见物等指标合格后方可正式通水。

(二)工作人员卫生管理制度

直接从事供水工作的人员,必须建立健康档案,定期进行体检,每年不少于一次。如发现有传染病患者或健康带菌者,应立即调离工作岗位。直接从事供、管水的人员,上岗前须进行卫生知识培训,上岗后每年进行一次卫生知识培训,未经卫生知识培训或培训不合格者不得上岗工作。

(三)水源卫生防护制度

生活用水水源,必须设置卫生防护带。地面水集中式给水水源取水点周围半径100米的水域内,严禁捕捞、停靠船只、游泳和从事可能污染水源的任何活动,并由供水单位设置明显的范围标志和严禁事项的告示牌。取水点上游1000米至下游100米的水域,不得排入工业废水和生活污水,其沿岸防护范围内不得堆放废渣,不得设立有害化学物品仓库、堆栈或装卸垃圾、粪便和有毒物品的码头,不得使用工业废水或生活污水灌溉及施用持久性或剧毒的农药,不得从事放牧等有可能污染该段水域水质的活动。供生活饮用的水库和湖泊,应根据不同情况的需要,将取水点周围部分水域或整个水域及其沿岸划为卫生防护地带。水厂生产区的范围应明确划定并设立明显标志,在生产区外围不小于10米范围内不得设置生活居住区和修建禽畜饲养场、渗水厕所、渗水坑,不得堆放垃圾、粪便、废渣或铺设污水渠道,应保持良好的卫生状况和绿化。

(四)水质检验制度

集中式供水单位必须建立水质检验室,配备与供水规模和水质检验要求相适应的检验人员和仪器设备,负责检验水源水的水质,净化构筑物出水、出厂水和管网水的水质。水质检验应实行全过程的质量控制。水质检验方法应采用国家规定的生活饮用水检验法。不具备水质检验条件的自建集中式供水单位,应委托经计量认证合格的检验机构按要求进行检验。

三、供电质量保障制度

为保证供电质量，确保供用电的安全，国家针对供电行业制定了一系列的质量标准。其中，某些属于技术性标准，如电能质量标准、电力安全环保质量标准、电网运行标准、计量检测标准等；另一些则属于管理性标准，如有关电力设计管理、安全环保管理、检测管理等方面的标准。这些标准规范供用电行为，使供电质量达到规定的要求。除通过制定标准保证供电质量外，《电力法》还对有关供电质量问题作了明确的规定。根据该法规定，电力生产与电网运行应当遵循安全、优质、经济的原则。电网运行应当连续、稳定，保证供电可靠性。供电企业应当保证供给用户的供电质量符合国家标准。对公用供电设施引起的供电质量问题，应当及时处理。用户对供电质量有特殊要求的，供电企业应当根据其必要性和电网的可能，提供相应的电力。供电企业在发电、供电系统正常的情况下，应当连续向用户供电，不得中断。电力企业应当对电力设施定期进行检修和维护，保证其正常运行。因供电设施检修、依法限电或者用户违法用电等原因，需要中断供电时，供电企业应当按照国家有关规定事先通知用户。用户受电装置的设计、施工安装和运行管理，也应当符合国家标准或者电力行业标准。

四、城市公共交通质量保障制度

城市公共交通事业是公用事业的重要组成部分。为保障公共交通运输的质量，交通运输部 2017 年发布了《城市公共汽车和电车客运管理规定》，对公共交通服务质量提出了全面的要求。根据该规定，城市交通主管部门应当科学设计城市公共汽电车线网、场站布局、换乘枢纽和重要交通节点设置，注重城市公共汽电车与其他出行方式的衔接和协调；应当会同有关部门，按照相关标准要求，科学设置公交专用道、公交优先通行信号系统、港湾式停靠站等，提高城市公共汽电车的通行效率；应当按照有关标准对城市公共汽电车线路、站点进行统一命名，方便乘客出行及换乘。运营企业应当按照线路特许经营协议规定的线路、站点、运营间隔、首末班次时间、车辆数、车型等组织运营，未经城市公共交通主管部门同意，运营企业不得擅自改变线路特许经营协议内容，按照该规定变更协议内容签订补充协议的，应当向社会公示；由于交通管制、城市建设、重大公共活动、公共突发事件等影响城市公共汽电车线路正常运营的，城市公共交通主管部门和运营企业应当及时向社会公告相关线路运营的变更、暂停情况，并采取相应措施，保障社会公众出行需求；应当根据社会公众出行便利、城市公共汽电车线网优化等需要，组织运营企业提供社区公交、定制公交、夜间公交等多样化服务。城市公共汽电车客运场站等服务设施的日常管理单位应当按照有关标准和规定，对场站等服务设施进行日常管理，定期进行维修、保养，保持其技术状况、安全性能符合国家标准，维护场站的正常运营秩序；运营企业应当制定城市公共汽电车客运运营安全操作规程，加强对驾驶员、乘务员等从业人员的安全管理和教育培训；驾驶员、乘务员等从业人员在运营过程中应当执行安全操作规程；运营企业应当对城市公共汽电车客运服务设施设备建立安全生产管理制度，落实责任制，加强对有关设施设备的管理和维护；运营企业应当建立城市公共汽电车车辆安全管理制度，定期对运营车辆及附属设备进行检测、维护、更新，保证其处于良好状态；不得将存在安全隐患的车辆投入运营；运营企业应当在城市公共汽电车车辆和场站醒目位置设置安全警示标志、安全疏散示意图等，并为车辆配备灭火器、安全锤等安全应急设备，保证安全应急设备处于良好状态。

五、电信服务质量保障制度

制定服务标准,实行电信服务的标准化,同样是保证电信服务质量的基本手段。2000年原信息产业部制定了《电信服务标准(试行)》(已失效)。2005年,在总结该标准试行经验的基础上,原信息产业部正式发布了《电信服务规范》,通过标准化的方式,对电信服务质量提出了全面具体的要求。《电信服务规范》的相关规定如下:

电信业务经营者应当采取有效措施,持续改进电信服务工作。电信业务经营者应建立健全服务质量管理体系,并按规定的时间、内容和方式向电信管理机构报告,同时向社会通报本企业服务质量状况。发生重大通信阻断时,电信业务经营者应当按规定的要求和时限向电信管理机构报告。在事故处理过程中,电信业务经营者应对所有与事故有关的数据进行采集、记录和保存,相关数据和书面记录至少保存6个月。

电信业务经营者提供电信服务时,应公布其业务种类、服务时限、资费标准和服务范围等内容,并报当地通信管理局备案。由于电信业务经营者检修线路、设备搬迁、工程割接、网络及软件升级等可预见的原因,影响或可能影响用户使用的,应提前72小时通告所涉及的用户。影响用户的时间超过24小时或影响有特殊需求的用户使用时,应同时向当地通信管理局报告。电信业务经营者停止经营某种业务时,应提前30日通知所涉及用户,并妥善做好用户善后工作。

用户申请办理电信业务时,电信业务经营者应当向用户提供该项业务的说明。该说明应当包括该业务的业务功能、通达范围、业务取消方式、费用收取办法、交费时间、障碍申告电话、咨询服务电话等。电信业务宣传资料应针对业务全过程,通俗易懂,真实准确。电信业务经营者不得以任何方式限定用户使用其指定的业务或购买其指定的电信终端设备。用户要求开通、变更或终止电信业务时,电信业务经营者无正当理由不得拖延、推诿和拒绝,不得胁迫、刁难用户。经营本地电话业务和移动电话业务的电信业务经营者,应当全面建立公开、公平的电话号码用户选择机制。电信业务经营者应为残疾人和行动不便的老年用户提供便捷的服务。

电信业务经营者应当建立与用户沟通的渠道和制度,听取用户的意见和建议,自觉改善服务工作。电信业务经营者应当向用户提供业务咨询、查询和障碍申告受理等服务,并采取公布监督电话等形式,受理用户投诉。对于用户关于电信服务方面的投诉,电信业务经营者应在接到用户投诉之日起15日内答复用户。电信业务经营者应当采取适当的方式明确电信业务经营者与持卡用户双方的权利、义务和违约责任,告知用户使用方法、资费标准、计费方式、有效期限以及其他应当告知用户的事项。电信业务经营者不得作出对持卡用户不公平、不合理的规定,不得单方面免除或者限制电信业务经营者的责任,损害用户的合法权益。

电信业务经营者应加强对其业务代理商的管理,并负责管理和监督检查代办电信业务单位或个人的服务质量。电信业务经营者可以根据用户的特殊需要,约定有关的业务受理、开通时限、故障处理时限等问题,但其服务质量不得低于标准或者当地通信管理局制定的服务质量指标。

除了以上要求,《电信服务规范》还以附录的形式规定了固定网本地及国内长途电话业务服务标准、数字蜂窝移动通信业务服务标准、互联网及其他数据通信业务服务标准、国内IP电话业务服务标准、无线寻呼业务标准、信息服务业务标准、国内甚小口径终端地球站(VSAT)通信业务服务标准,国内通信设施服务业务标准。对各种类型的电信服务提出了具体的技术要求。电信服务企业可以根据需要确立本企业的标准,但本企业标准不得低于国家标准的要求。

除供水、供电、城市公共交通和电信领域外,在公用事业的其他方面,如城市供气(燃气)、城市供热等,也有相关的规定,限于篇幅,不再一一介绍。

第五节　公用企业的产品价格与服务价格规制

一、公用产品、服务价格规制概述

公用事业领域消费者、用户对网络的依赖性以及经营者对于网络的控制权,决定了在交易价格形成方面,作为经营者的公用企业,具有明显的优势。因此,对于公用产品和服务,在定价方面,必须实行严格的规制。只有这样,才能确保公用产品和服务的价格维持在合理的水平。

根据《价格法》第 18 条的规定,对于与国民经济发展和人民生活关系重大的极少数商品价格,资源稀缺的少数商品价格,自然垄断经营的商品价格,重要公用事业价格,重要的公益性服务的价格,政府在必要时可以实行政府指导价或政府定价。由此可见,公用产品和服务属于政府实行价格规制的重要领域。

二、公用事业价格规制的基本内容

(一)政府定价制度

政府在必要时可以对某些商品和服务实行政府指导价或者政府定价。政府定价制度适用政府指导价和政府定价的制定。中央定价目录由国务院价格主管部门制定、修订,报国务院批准后公布。地方定价目录由省、自治区、直辖市人民政府价格主管部门按照中央定价目录规定的定价权限和具体适用范围制定,经本级人民政府审核同意,报国务院价格主管部门审定后公布。省、自治区、直辖市人民政府以下各级地方人民政府不得制定定价目录。公用事业的价格一般由相关政府价格主管部门会同公用企业监管部门(如各地设立的公用事业局、电信管理局等)制定公用事业价格方案,报相应级别的人民政府批准后执行。公用企业应当按照制定的价格标准向用户收取费用。政府与经营者对价格有约定的,经营者应当按照约定价格向用户收取费用。

公用事业价格应当依据社会平均成本、经营者合理收益、社会承受能力以及其他相关因素予以确定。经营者的合理收益,应当根据不同行业特点,分别采取净资产或者固定资产净值收益率、投资收益率、成本收益率等方式予以核定。政府应当根据社会平均利润水平、银行利率和物价指数等因素确定公用事业各行业的收益率水平。

公用事业的价格制定和调整必须严格遵守法律规定的程序,通常按照定价的原则由价格主管部门会同企业监管部门制定调整方案,必要时应报所在地政府批准后执行。公用企业收取有关产品和服务的费用应当按照规定的标准,不得擅自调整,也不得另立项目或额外收取费用。

(二) 审价制度

审价制度,是有关部门和专家定期或不定期对公用产品和服务的价格进行核算、审查和评估的制度。审价通常包括两种:(1)价格主管部门进行的定期审价。这是指由价格主管部门对列入定价目录的商品和服务价格,定期进行全面审查。审查的内容包括企业总体经营状况、企业制造成本、期间费用情况、工资水平和劳动生产率水平等。通过审价,可了解和掌握企业经营状况,促进企业降低成本,提高效率,为物价部门制定和调整价格提供重要依据。建立这项制度,有利于加强价格管理。定期审价的结果可以作为中止、降低或提高现行执行价的依据。(2)专家审价制度。这是指物价部门在制定和调整某些商品和服务价格时,聘请有关方面的专家、学者或社会中介机构评议调价的可行性、调价的幅度及相关问题的一项制度。一方面,专家审价制度可以利用专家在某一方面的专业知识,避免在有关成本核算等方面主观臆断,确保定价的合理性;另一方面,专家地位比较中立,能够客观地看待问题,对各方面的利益进行全面考虑。因而,通过专家审价制度,有利于保证定价的公平。

(三) 价格听证制度

价格听证制度,就是在确定或调整有关商品和服务价格前,由价格主管部门或价格主管部门会同有关部门召开听证会,广泛听取消费者、用户、经营者等利益相关方的意见,并以其作为确定、调整价格的重要参考的制度。《价格法》第23条规定,制定关系群众切身利益的公用事业价格、公益性服务价格、自然垄断经营的商品价格等政府指导价、政府定价,应当建立听证会制度,由政府价格主管部门主持,征求消费者、经营者和有关方面的意见,论证其必要性、可行性。价格主管部门在会同监管部门制订价格方案时应当充分吸收听证会所提出的意见。通过价格听证制度,听取各方面的意见,有利于最终确定的价格为各方普遍接受。

(四) 价格公开制度

价格公开制度是指有关部门在确定公用产品和服务的价格后,应当以适当方式向社会大众公示的制度。《价格法》第24条规定,政府指导价、政府定价制定后,由制定价格的部门向消费者、经营者公布。公用事业的价格大多由政府定价和指导价,因此,价格公开制度当然适用于公用事业。公用事业的定价方案被批准后,应由价格主管部门通过新闻媒体向社会公布,并组织实施。公用事业价格一旦确定并公布,就应当保持相对稳定,不宜经常调整,否则不利于社会的稳定。

(五) 价格监督制度

价格监督制度包括政府监督和社会监督。政府价格监督制度是指价格主管部门依法对公用企业经营活动中的价格行为进行检查,查处违法价格行为,并督促公用企业严格依法定价的制度。公用企业应当接受政府价格主管部门的监督检查,如实提供价格监督检查所必需的账簿、单据、凭证、文件以及其他资料。政府部门价格工作人员不得将依法取得的资料或者了解的情况用于依法进行价格管理以外的任何其他目的,不得泄露当事人的商业秘密。社会监督是指消费者组织、职工价格监督组织、居民委员会、村民委员会等组织以及消费者对价格行为进行的监督。政府价格主管部门应当建立对价格违法行为的举报制度。任何单位和个人均有权对价格违法行为进行举报。政府价格主管部门应当对举报者给予鼓励,并负责为举报者保密。

第六节 公用企业的产品与服务供给保障制度

公用企业提供的产品和服务,通常是社会生产和人民生活持续所需的基本必需品,如果公用企业提供的产品和服务中断,正常的社会生产和人民生活就可能受到严重影响。因此,建立公用产品、服务供给保障制度,对于保障社会生产、生活秩序,维护社会稳定,都具有重要的意义。

在通常情况下,公用企业对其所属的公用产品、服务网络用户都负有供给产品和服务的义务,除非出现法律规定的情形,否则,不得拒绝供应,也不得中断、停止供应或降低标准供应。为保障公用产品与服务的供给,《电力法》《电信条例》《城市供水条例》《市政公用事业特许经营管理办法》等对公用企业保障供给的义务都作了相应的规定,各地也以地方法规和政府规章的形式对此提出了更具体的要求。这些规定为公用企业在保障公用产品和服务的供给方面确立了基本制度。

一、强制订约制度

现代城市生活对水、电、气、交通运输、通讯等物质条件的依赖性日益增强。人们通过各种网络基础设施获得这些物质条件,一旦提供者中断供应,正常的生产和生活就难以维持。因此,负责提供这些物质条件的公用企业必须与城市的市民、企业建立稳定、持续的供给联系。公用企业必须与属于其服务范围内的所有单位和个人签订供给合同,在一般情况下,不得将任何单位和个人排斥在外。不仅如此,对特定区域内新增的企业和居民,有关公用企业也应当建立固定供给关系。例如,《电力法》第26条第1款规定,供电营业区内的供电营业机构,对本营业区内的用户有按照国家规定供电的义务;不得违反国家规定对其营业区内申请用电的单位和个人拒绝供电。《电信条例》第30条第1款第1句规定,电信业务经营者应当按照国家规定的电信服务标准向电信用户提供服务。第31条规定:电信用户申请安装、移装电信终端设备的,电信业务经营者应当在其公布的时限内保证装机开通;由于电信业务经营者的原因逾期未能装机开通,应当每日按照收取的安装费、移装费或者其他费用数额1%的比例,向电信用户支付违约金。第37条规定:电信业务经营者应当及时为需要通过中继线接入其电信网的集团用户,提供平等、合理的接入服务。未经批准,电信业务经营者不得擅自中断接入服务。

二、持续供应制度

公用企业应当保持提供公用产品和服务的持续性,不得随意停止、中断供应,因特殊原因(如因自然灾害发生水管爆裂,线路断开,网络基础设施老化、锈蚀、人为破坏或损害等原因而不能正常运行)不能持续供应的,应采取紧急措施进行修复,尽快恢复供应。例如,《电力法》规定,供电企业在发电、供电系统正常的情况下,应当连续向用户供电,不得中断。《城市供水条例》第22条规定,城市自来水供水企业和自建设施对外供水的企业应当保持不间断供水。由于工程施工、设备维修等原因确需停止供水的,应当经城市供水行政主管部门批准并提前24

小时通知用水单位和个人；因发生灾害或者紧急事故,不能提前通知的,应当在抢修的同时通知水单位和个人,尽快恢复正常供水,并报告城市供水行政主管部门。《电信条例》规定,电信用户申告电信服务障碍的,电信业务经营者应当自接到申告之日起,城镇48小时、农村72小时内修复或者调通；不能按期修复或者调通的,应当及时通知电信用户,并免收障碍期间的月租费用。此外,根据《市政公用事业特许经营管理办法》的规定,特许经营权发生变更或者终止时,主管部门必须采取有效措施保证市政公用产品供应和服务的连续性与稳定性。主管部门实施监督检查,不得妨碍获得特许经营权的企业正常的生产经营活动。未经直辖市、市、县人民政府批准,获得特许经营权的企业不得擅自停业、歇业。获得特许经营权的企业擅自停业、歇业的,主管部门应当责令其限期改正,或者依法采取有效措施督促其履行义务。

三、中断供给提前公告、通知制度

公用企业通过网络基础设施向用户和消费者提供服务,而网络基础设施也可能因为腐蚀、老化等原因而不能正常工作,为保证网络设施正常发挥作用,防止突发事件导致更大的损害,公用企业需要对网络基础设施进行维护和更新,而这些作业可能需要局部地区暂时中断公用产品和服务的供应。这些原因是人为安排的,因而是可预见和控制的。因为这类可预见、可控制的原因暂时中断供应,公用企业应对其用户负有通知义务。由于某一公用企业所服务的用户往往数量众多,通常不大可能通知到每一用户,而只要求其采用适当的方式公告相关的内容,即可免责。但某些情形,例如,因为某一用户违法使用公用设施获取公用产品和服务或长期拖欠费用,需要采用中断供应的方式才可能终止其违法行为时,就没有必要也不应该停止对所有用户供给,此时,只要通知个别的用户即可。在检修等工作可能影响到的用户数量极少的情况下,也可以进行个别通知。《电力法》规定,因供电设施检修、依法限电或者用户违法用电等原因,需要中断供电时,供电企业应当按照国家有关规定事先通知用户。《城市供水条例》也规定,城市自来水供水企业和自建设施对外供水的企业由于工程施工、设备维修等原因确需停止供水的,应当经城市供水行政主管部门批准并提前24小时通知用水单位和个人。《电信条例》第35条规定：电信业务经营者因工程施工、网络建设等原因,影响或者可能影响正常电信服务的,必须按照规定的时限及时告知用户,并向省、自治区、直辖市电信管理机构报告。因前述原因中断电信服务的,电信业务经营者应当相应减免用户在电信服务中断期间的相关费用。出现前述情形,电信业务经营者未及时告知用户的,应当赔偿由此给用户造成的损失。

四、基础网络设施运行保障制度

基础网络设施通常是公用企业提供公用产品和服务的输送渠道,基础设施网络的正常运行是公用产品和服务持续供给的基本保证,因此,公用产品和服务设施的建设、检修、维护、抢修等就显得尤为重要。正因如此,各国立法对公用产品和服务网络设施的运行保障都作了特殊的规定。

我国《电力法》第19条第2款规定,电力企业应当对电力设施定期进行检修和维护,保证其正常运行。任何单位和个人不得危害发电设施、变电设施和电力线路设施及其有关辅助设施。在电力设施周围进行爆破及其他可能危及电力设施安全的作业的,应当按照国务院有关电力设施保护的规定,经批准并采取确保电力设施安全的措施后,方可进行作业。电力管理部门应当按照国务院有关电力设施保护的规定,对电力设施保护区设立标志。任何单位和个人不得在依法划定的电力设施保护区内修建可能危及电力设施安全的建筑物、构筑物,不得种植可能危及电力设施安全的植物,不得堆放可能危及电力设施安全的物品。任何单位和个人需要在依法划定的电力设施保护区内进行可能危及电力设施安全的作业时,应当经电力管理部门批准并采取安全措施后,方可进行作业。电力设施与公用工程、绿化工程和其他工程在新建、改建或者扩建中相互妨碍时,有关单位应当按照国家有关规定协商,达成协议后方可施工。

《电信条例》规定,任何单位或者个人不得擅自改动或者迁移他人的电信线路及其他电信设施;遇有特殊情况必须改动或者迁移的,应当征得该电信设施产权人同意,由提出改动或者迁移要求的单位或者个人承担改动或者迁移所需费用,并赔偿由此造成的经济损失。从事施工、生产、种植树木等活动,不得危及电信线路或者其他电信设施的安全,或者妨碍线路畅通;可能危及电信安全时,应当事先通知有关电信业务经营者,并由从事该活动的单位或者个人负责采取必要的安全防护措施。任何组织或个人不得阻止或者妨碍基础电信业务经营者依法从事电信设施建设和向电信用户提供公共电信服务。在发生重大自然灾害等紧急情况下,经国务院批准,国务院信息产业主管部门可以调用各种电信设施,确保重要通信畅通。

《城市供水条例》规定,城市自来水供水企业和自建设施供水的企业对其管理的城市供水的专用水库、引水渠道、取水口、泵站、井群、输(配)水管网、进户总水表、净(配)水厂、公用水站等设施,应当定期检查维修,确保安全运行;在规定的城市公共供水管道及其附属设施的地面和地下的安全保护范围内,禁止挖坑取土或者修建建筑物、构筑物等危害供水设施安全的活动;禁止擅自将自建设施供水管网系统与城市公共供水管网系统连接;禁止产生或者使用有毒有害物质的单位将其生产用水管网系统与城市公共供水管网系统直接连接。

此外,对供气、供热、公共交通等设施,有关法律文件也有类似的规定,限于篇幅,不再赘述。

―――― 思考题 ――――

1. 为什么要对公用事业进行法律规制?对公用事业进行规制的法律制度有哪些?
2. 对公用事业进行市场准入的法律规制有何意义?如何进行规制?
3. 公用企业的垄断问题是怎样产生的?如何对公用企业的垄断行为进行法律规制?
4. 建立公用企业的产品与服务质量保障制度、产品与服务供给保障制度的目的何在?
5. 如何对公用事业的价格进行法律规制?

第二十九章 会计、审计与统计法律制度

| 内容提要 |

会计是经济活动的记录和反映,是经济生活不可或缺的组成部分;审计是监督经济活动的重要手段;统计是国家对国民经济和社会发展情况进行调查与分析的重要方式。会计、审计是反映、分析、监督和控制经济运行的基本形式,统计是国家进行科学决策与科学治理的重要基础。用法律调整会计、审计、统计过程中的社会关系,是法治经济的必然要求。本章就会计法、审计法、统计法的主要知识和理论作了基本介绍,包括会计、审计、统计的一般原理,会计、审计与统计立法的发展以及会计、审计、统计的基本法律制度。

| 学习重点 |

会计及其功能　　　　　　　　　我国会计法律制度的基本内容
违反会计法的法律责任　　　　　审计的本质与分类
我国审计法律制度的基本内容　　违反审计法的法律责任
统计及其功能　　　　　　　　　我国统计法律制度的基本内容
违反统计法的法律责任

第一节　会计法律制度

一、会计的含义

(一)会计的概念和特征

会计是人类的一种文化现象。在评价会计这种文化现象时,歌德曾经评价说:现行通用的会计系统是人类"最伟大的发明之一"。[1] 按照我国理论界的一般观念,会计是指以货币计量为手段,采用专门的方法对社会组织的财务收支和经济业务进行记录、核算和监督的活动。

概括来讲,会计的特征包括如下三方面:(1)会计是人类的一种自觉活动。会计活动本身是按照人们预设的规则、程式和方法进行的,会计活动将人们的某种经济和财务预期作为自己所追求的目标。(2)会计活动的主要内容是对经济和财务活动进行记录和核算。会计的对象

---

[1] 阎达五、徐国君:《三维会计的提出与基本问题构想(上)》,载《财务与会计》2002年第1期。

是财务收支和经济活动。会计活动与其他社会活动的主要区别,就在于会计活动的内容是对有关经济和财务状况做客观、真实、系统和规范的记录,并在此基础上进一步就各种记录之间的关系进行分析和认定,从而达到验证经济、财务运行效果之目的。(3)会计必须以统一的计量标准和单位以及统一的会计规则为技术基础。统一的计量标准和单位以及统一的会计规则是会计记录系统、科学的必要保障,也是会计核算得以进行的技术前提,还是会计信息交流和会计监管的重要条件。从实践来看,会计一般均要采用统一的会计规则规范会计行为,均要以一种通用的货币单位作为会计的计量标准。

(二)会计的功能

会计的功能是多方面的:(1)记录和反映功能。从客观上看,会计是对人类某一活动及其过程的数字化反映,是一系列数据的排列和组合。(2)核算功能。会计并不以能够客观记录和反映会计对象为满足,会计所追求的目标还在于通过比较、计算和分析记录数字之间的关系,检验人类活动的效果。如通过一定时间内发生的资金总量数据、计划收支数据、实际收入数据、实际支出数据等几组数据的比较,可以核算出资金的流动和结余情况,从而可以发现、认定某一活动的效果与人们期望值(愿望和目标)之间的关系。(3)内部监督功能。内部监督即内部控制,是会计的一个最重要的功能。在一个社会组织体的经济和财务活动中,会计将按照一定的规则审查各种单据和票证的真实性、审查各种收支的合理性,并按照会计规则对各种收支予以客观、真实的记载和反映。(4)为外部监管提供原始依据的功能。外部会计监管包括政府监管和社会监管。政府监管如财政、审计、税务、银行、保险、证券等不同部门对会计的监管,社会监管如社会中介机构、社会公众舆论等对会计的监管。所有这些监管,都必须依赖于社会组织的会计及其有关账目和凭证。

二、会计法的定义及会计立法状况

会计法是调整国家机关、企业、事业单位在进行经济活动和财务收支活动时所发生的会计核算、会计分析、会计监督等会计关系的法律规范的总称。

(一)国外会计法律制度概览

当今世界,无论在国外还是在国内,会计立法均已成为法制的重要组成部分。大陆法系的会计制度是"法典式会计制度"。[2] 其中,以法国和德国为典型代表。1808 年法国《商法典》的颁行,标志着民法与商法分立的崭新格局形成。商人会计或商业会计是法国《商法典》的重要篇章。1966 年,法国颁布了《商事公司法》,该法进一步完善了会计方面的规范,使之更加具体化和系统化。此外,法国近代至现代所制定的《破产法》也始终与以上法律相呼应、相配合,并在对公司的审计方面把会计、审计乃至公司财务管理问题统一起来。德国《商法典》是依据德国《民法典》的一般原则制定的特殊法律。该法较为详尽地设计了会计规范,并最终促成了以宪法为根本、以民法典为支柱的德国会计法律体系的形成。

英美法系会计制度虽呈现出与大陆法系会计制度不同的特点,但也有许多相似之处。英国的《公司法》是会计法律制度的载体。1844 年颁布的《股份公司法》,详细规定了公司的会计

---

[2] 本部分内容主要参考了郭道扬:《论两大法系的会计法律制度体系》,载《会计研究》2002 年第 8 期;郭道扬:《论两大法系的会计法律制度体系》(续),载《会计研究》2002 年第 9 期。

规范,对会计报表的编制、披露与审计提出了严格的要求,并赋予这些要求以强制执行效力。1990年英国建立了一个部分带有官方色彩的、具有半独立性的新的"会计准则委员会"(Accounting Standards Board,ASB)取代了原"会计准则委员会"(Accounting Standards Committee,ASC)的工作。目前,ASB一方面继续修订原ASC发布的"标准会计实务公告",另一方面又根据需要不断发布新的"财务报告准则"。截至2011年年底,ASB共发布了《财务报告准则第1号—现金流量表》(FRS1 - Cash Flow Statements)、《财务报告准则第3号—报告财务业绩》(FRS3 - Reporting Financial Performance)、《财务报告准则第6号—收购与兼并》(FRS6 - Acquisitions and Mergers)、《财务报告准则第18号—会计政策》(FRS18 - Accounting Policies)、《财务报告准则第29号—金融工具:披露》(FRS29 - Financial Instrument:Disclosures)、《财务报告准则第30号—遗产》(FRS30 - Heritage Assets)等30项财务报告准则。在美国,会计法律制度建立深受英国法的影响。然而,随着世界经济中心的逐渐转移,在会计法律制度建设方面,美国很快走在了英国的前面,并开始对英国产生影响。就总体上看,20世纪30年代以前,美国的会计可以说处于自由放任时期,会计、审计活动多以经验判断为基础,缺乏统一的会计、审计规范。1929~1933年美国经济大危机既充分暴露了美国在证券立法方面存在的严重问题,同时也充分暴露了会计与审计制度的严重缺失。面对沉痛的教训,美国率先于1933年和1934年分别颁布了《证券法》与《证券交易法》。为配合证券法的实施,美国开始酝酿会计制度的改革。美国财务会计准则委员会(Financial Accounting Standards Board,FASB),通过发布《财务会计准则公告》(自1973年到2007年年底止共计发布了这类公告160件)、《财务会计准则委员会公告解释》、《财务会计概念公告》以及《财务会计委员会的技术公报》等,逐步构筑起了美国会计准则的基本体系,并确立了它的权威性。2007年全球金融危机爆发后,二十国集团和金融稳定理事会(FSB)敦促国际会计准则制定机构和各国会计准则制定部门积极合作,倡议"建立一套全球通用的高质量会计准则",以增强财务信息透明度和受托责任,防范金融风险并促进经济复苏。为此,FASB、ASB逐渐加强了与国际会计准则理事会(International Accounting Standards Board,IASB)等其他会计准则制定机构的合作与联系,在其会计准则制定中充分反映会计准则国际化的要求。

此外,必须提及的是IASB对于会计准则国际化所作出的重要贡献。作为目前最重要的国际会计组织之一,IASB前身是国际会计准则委员会(International Accounting Standards Committee,IASC)。1973年6月,来自澳大利亚、加拿大、法国、联邦德国、日本、墨西哥、荷兰、英国、美国的16个职业会计师团体,在英国伦敦成立了IASC,2000年进行全面重组后,于2001年初改为IASB。中国于1998年5月正式加入该组织。IASB是制定及批准国际财务报告准则的一个独立的私营机构,其在国际会计准则委员会基金会的监督下运作。根据国际会计准则委员会基金会章程,IASB的目标是:本着公众利益,制定一套高质量的、可理解的并且可实施的全球性会计准则,这套准则要求在财务报表和其他财务报告中提供高质量的、透明的且可比的信息,以帮助世界资本市场的参与者和其他使用者进行经济决策;促进这些准则的使用和严格实施;促成各国会计准则与国际财务报告准则趋同于高质量的解决方案。迄今为止,经过IASB的不懈努力,其发布的一系列的国际会计准则及"征求意见稿",不仅使国际会计准则日益完善,也逐步得到了各国会计界的支持与认可。

(二)我国会计制度概览

在我国,会计制度自古有之。新中国成立以后我国先后颁布了许多会计法规,但进行法典式的会计立法则肇端于改革开放之初。1980年8月我国开始起草《会计法》，1985年1月21日《会计法》由第六届全国人大常委会第九次会议审议通过，并颁布实施。《会计法》的实施，对于规范会计行为、促进会计工作的发展、为经济建设服务，发挥了积极作用。然而，随着改革开放的深入和社会主义市场经济的发展，《会计法》的一些规定已不能适应新形势的需要。为适应社会主义市场经济体制的要求，《会计法》于1993年、1999年、2017年、2024年分别进行了修订或修正。

《会计法》作为我国会计工作的基本法，是指导我国会计工作的最高准则，其颁布实施也正式标志着我国会计法律体系的建立。具言之，我国的会计法律体系可分为三个层次：第一个层次是全国人大制定的会计法律——《会计法》，也是我国会计法律体系的最高层次；第二个层次是国务院制定的会计行政法规，即由国务院制定发布或者国务院有关部门拟订经国务院批准发布的、调整经济生活中会计关系的法律规范，如《企业财务会计报告条例》、《企业会计准则》（已失效）等；第三个层次是财政部制定的各种会计规章和会计规范性文件，即国务院财政部等职能部门在其职权范围内依法制定、发布的关于会计核算、会计监督、会计机构和会计人员以及会计工作管理等会计方面的具体法律规范。该层次的规范文件也是数量最多的，如财政部发布的《财政部门实施会计监督办法》《代理记账管理办法》《企业会计制度》《民间非营利组织会计制度》《会计基础工作规范》，以及财政部与国家档案局联合发布的《会计档案管理办法》等。此外，《公司法》等商事法律法规也专门制定了有关公司企业财务会计方面的法律规范。

三、会计基本法律制度

根据《会计法》的规定，会计基本法律制度主要包括会计机构和会计人员制度、会计核算制度和会计监督制度。

（一）会计机构和会计人员

会计机构是各单位办理会计事务的职能部门。会计人员是直接从事会计工作的人员。建立健全会计机构，配备具备从业资格的会计人员，是各单位做好会计工作，充分发挥会计职能等作用的重要保证。

1. 会计机构的设置和会计人员的配备

《会计法》第34条第1款规定，各单位应当根据会计业务的需要，依法采取下列一种方式组织本单位的会计工作：设置会计机构；在有关机构中设置会计岗位并指定会计主管人员；委托经批准设立从事会计代理记账业务的中介机构代理记账；国务院财政部门规定的其他方式。这是对会计机构设置和会计人员配备问题所作的原则性规定，具体包括以下内容：

（1）设置会计机构的原则。为科学合理地组织会计工作，全面完成经济核算任务，各单位应依法采用如下任一种方式组织本单位的会计工作，这些方式包括：一是设置会计机构；二是在有关机构中设置会计岗位并指定会计主管人员；三是委托经批准设立从事会计代理记账业务的中介机构代理记账；四是国务院财政部门规定的其他方式。

（2）代理记账中介机构。代理记账，是指由符合规定条件的社会中介机构代替独立核算的单位办理记账、算账、报账等会计业务的一种会计服务活动。不具备设置会计机构、配备会计人员条件的单位，应当委托经批准设立从事会计代理记账业务的中介机构代理记账。代理记账机构必须按规定经过批准设立。为保证代理记账业务的质量，维护委托和受托双方的利益，对代理记账机构必须进行管理。2019年3月14日,财政部发布了修订后的《代理记账管理办法》,对从事代理记账的条件、代理记账的程序、委托双方的责任和义务等作了具体规定。

(3)总会计师。总会计师是在单位主要领导人领导下,主管经济核算和财务会计工作的负责人。总会计师是单位领导成员,协助单位主要领导人工作,直接对单位主要领导人负责。总会计师作为单位财务会计的主要负责人,全面负责本单位的财务会计管理和经济核算,参与单位的重大经营决策活动,是单位主要领导人的得力参谋和助手。据规定,国有的和国有资本占控股地位或者主导地位的大、中型企业必须设置总会计师。总会计师的任职资格、任免程序、职责权限由国务院规定。

(4)会计人员的配备。设置会计机构的单位,必须有数量和素质都与之相适应的会计人员。不需要单独设置会计机构的单位,应在有关机构中设置若干办理会计工作的专职或兼职会计人员,并由单位领导人在这些会计人员中指定一人为会计主管人员,负责领导和办理本单位会计工作。

2. 会计机构、会计人员的基本职责

《会计法》第5条第1款规定:"会计机构、会计人员依照本法规定进行会计核算,实行会计监督。"这一规定,既是对会计基本职能的高度概括,又统驭着《会计法》第二章"会计核算"、第三章"会计监督"。据此,会计机构、会计人员的基本职责是会计核算和会计监督。

会计核算是指依据专门的会计方法和程序,从取得和填制会计凭证开始,经过记账、算账,直到最终编制、报送会计报表的过程。会计核算的主要目的是提供会计资料,以便合法、真实、完整、综合地反映单位的财务状况、经营成果和财务状况变动情况。会计核算是一种能动的、贯穿于经济活动全过程的管理活动,包括事前核算、事中核算和事后核算,还包括预测、决策、控制、分析和考核等。

会计监督是指单位内部的会计机构和会计人员通过会计核算、记录、计算、分析和检查等会计工作,对单位经济活动的合法性、合理性,会计资料的真实性、完整性以及单位内部计划、预算执行情况所进行的监督。会计监督的目的在于维护财经纪律和社会经济秩序,保证单位财产、物资的安全完整,保障单位的经营的高效进行。会计监督既是一种独立的职能,又与会计核算紧密相连。核算与监督是两个概念,但在实际工作中是相互交叉、密不可分的。核算的过程,同时也是实行监督的过程,会计不能离开核算而孤立地进行监督。由此可见,会计核算和会计监督有着内在的联系,它们是会计的最基本职能,成为《会计法》的核心。

会计核算和会计监督要依法进行,法律保护合法的会计核算和会计监督。《会计法》第5条第2款规定:"任何单位或者个人不得以任何方式授意、指使、强令会计机构、会计人员伪造、变造会计凭证、会计账簿和其他会计资料,提供虚假财务会计报告。"

3. 会计机构的内部稽核制度和内部牵制制度

《会计法》第35条规定:"会计机构内部应当建立稽核制度。出纳人员不得兼任稽核、会计档案保管和收入、支出、费用、债权债务账目的登记工作。"这是建立会计机构内部稽核制度和内部牵制制度的规定。

(1)会计稽核是指由单位会计机构负责人或会计主管人员指定专人对本单位的会计凭证、会计账簿、会计报表及其他会计资料进行审核的制度。其包括经济业务入账以前的审核和入账以后的复核。会计稽核是会计机构对于会计核算工作进行的一种自我检查或审核工作。其目的在于防止会计核算工作上的差错和有关人员的舞弊。此外,按照工作范围,会计稽核可分为全面稽核和重点稽核;按照稽核期间,可分为事前审核和事后审核、日常稽核和临时稽核。

(2)内部牵制制度,又称钱财分管制度,是指凡是涉及款项和财物收付、结算及登记的任何一项工作,都必须由两人或两人以上分工办理,以起到相互制约作用的一种工作制度。例如,单位购入材料物资,应由采购人员办理采购、报账手续,仓库人员验收入库,记账人员登记入账。实行内部牵制制度,主要是为了加强会计人员之间相互制约、相互监督、相互核对,提高会计核算工作的质量,同时也可以防止会计事务处理中发生失误、差错以及营私舞弊等行为。

4. 会计人员的资格管理

该项主要包括以下内容:

(1)会计人员的从业资格。会计是一项政策性、专业性都很强的工作,担任会计工作的人员,必须具备必要的专业知识,才能胜任这一工作。为此,《会计法》第36条规定:"会计人员应当具备从事会计工作所需要的专业能力。担任单位会计机构负责人(会计主管人员)的,应当具备会计师以上专业技术职务资格或者从事会计工作三年以上经历。本法所称会计人员的范围由国务院财政部门规定。"我国会计人员从业资格的认定是通过会计证制度来推行的。会计证是具备一定会计专业知识和技能的人员从事会计工作的资格证书。会计人员必须持证上岗,未取得会计证的人员,各单位不得任用其担任会计工作。我国目前的会计证颁发实行的是考试与考核相结合的办法,并实行年检制度。

(2)会计机构负责人的任职资格。会计机构负责人(会计主管人员)的任职资格为:取得会计资格证书,具备会计师以上专业技术职务资格或者具有从事会计工作3年以上经历。

(3)会计人员的职业道德和业务素质要求。《会计法》第37条规定:"会计人员应当遵守职业道德,提高业务素质,严格遵守国家有关保密规定。对会计人员的教育和培训工作应当加强。"

(4)会计人员的教育和培训。为了规范会计人员继续教育工作,财政部、人力资源和社会保障部于2018年5月19日制定、发布了《会计专业技术人员继续教育规定》。该规定指出,会计人员继续教育的主要内容包括:会计理论与实践,财务、会计法规制度,会计职业道德规范,其他相关知识和其他相关法规制度。

(5)会计从业资格的管理。《会计法》第38条规定:"因有提供虚假财务会计报告,做假账,隐匿或者故意销毁会计凭证、会计账簿、财务会计报告,贪污,挪用公款,职务侵占等与会计职务有关的违法行为被依法追究刑事责任的人员,不得再从事会计工作。"

5. 会计人员的工作交接

《会计法》第39条规定:"会计人员调动工作或者离职,必须与接管人员办清交接手续。一般会计人员办理交接手续,由会计机构负责人(会计主管人员)监交;会计机构负责人(会计主管人员)办理交接手续,由单位负责人监交,必要时主管单位可以派人会同监交。"

办理会计工作交接时,应当注意以下几个事项:(1)做好交接前的准备工作。对已经受理的经济业务而尚未填制会计凭证的,应当填制完毕;对尚未登记账目的应当登记完毕,结出余额,并在最后一笔余额后加盖经办人员印章;应整理应该移交的各项资料,对未了事项和遗留问题要写出书面说明材料;应编制移交清册,列明移交凭证、账簿、会计报表、公章、现金、有价证券、支票簿、发票、文件、其他物品等内容;实行会计电算化的单位,从事该项工作的移交人员应在移交清册上列明会计软件及密码、数据盘、磁带等内容。(2)逐项移交点收。现金、实物、账册和所有凭证、资料都应当进行当面点交,并逐项登录于交接清册。(3)办理交接时必须有专人负责监交。(4)交接完毕后,交接双方和监交人要在移交清册上签名盖章,并在移交清册上注明:单位名称、交接日期、交接双方和监交人的职务、姓名、移交清册页数及需要说明的问题和意见等;移交清册填制一式三份,交接双方各持一份,存档一份。

6.会计人员的法律保护

由于会计人员承担着处理各种利益关系的重要任务,在依法行使职权时往往会受到各方面的阻挠、干扰,有时甚至会受到打击报复。为了保护会计人员的合法权益,鼓励会计人员坚持原则、依法做好本职工作,《会计法》对会计人员采取了特别的法律保护措施。第4条规定:"单位负责人对本单位的会计工作和会计资料的真实性、完整性负责。"第5条第3款又规定:"任何单位或者个人不得对依法履行职责、抵制违反本法规定行为的会计人员实行打击报复。"第6条规定:"对认真执行本法,忠于职守,坚持原则,做出显著成绩的会计人员,给予精神的或者物质的奖励。"这些规定对于保护会计人员依法做好会计工作具有重要意义。

(二)会计核算制度

会计核算是指用货币为主要计量单位,对各单位的生产经营活动或者预算执行及其结果进行连续的、系统的记录计算、分析,定期编制会计报表,进行财务分析,形成一系列会计指标,据以考核目标或计划的完成情况,为制定经营决策和宏观经济管理提供可靠的信息和资料的活动。会计核算是会计工作的基本职能之一,也是会计工作的基本环节。《会计法》规范的会计核算主要指会计工作中的记账、算账、报账。会计核算的方法包括:设置会计账户和会计账簿、复式记账、填制和审核会计凭证、登记会计账簿、成本计算、财产清查、编制会计报表、进行财务分析等。

1.会计核算的基本内容

会计核算的基本内容是指企业和行政事业单位哪些经济业务事项必须办理会计手续,进行记录、反映和报告。所谓经济业务事项是指各单位在生产、经营过程中所发生的引起有关会计项目增减变化的事项。对此,《会计法》第10条作出了明确规定:(1)资产的增减和使用;(2)负债的增减;(3)净资产(所有者权益)的增减;(4)收入、支出、费用、成本的增减;(5)财务成果的计算和处理;(6)需要办理会计手续、进行会计核算的其他事项。

2.会计核算的基本要求

《会计法》第9条规定:"各单位必须根据实际发生的经济业务事项进行会计核算,填制会计凭证,登记会计账簿,编制财务会计报告。任何单位不得以虚假的经济业务事项或者资料进行会计核算。"

《会计法》对会计核算的基本要求可以概括为以下四点:(1)一切经济业务必须及时办理会计手续。(2)会计手续由会计人员和经办人员共同进行办理。(3)会计核算方法按统一的规范进行。(4)会计核算必须坚持真实性原则。其中,真实性是会计核算最基本的要求。它要求单位在取得或编制原始凭证、编制记账凭证、登记账簿和编制财务会计报告等各个会计核算程序上,必须遵守真实性原则,严格依据实际发生的经济业务事项进行,既不能隐瞒、遗漏经济业务事项,也不能虚构、篡改经济业务事项;不允许对"虚假的经济业务"进行核算,严禁在核算中使用"虚假的资料"。

3.会计年度

会计分期是会计核算的前提条件之一,只要单位不破产倒闭,经济业务总是连续进行的,为了统一会计核算资料的时间口径,只能人为地截取一段时间来进行会计核算。会计分期的基本单位是会计年度。《会计法》第11条规定:"会计年度自公历1月1日起至12月31日止。"我国以公历年度为会计年度,与我国的财政年度、税收年度、国民经济计划年度是协调一致的。

4. 记账本位币

记账本位币是指用于日常登记账簿和编制会计报表用以计量的货币,也就是单位主要会计核算业务所使用的货币。《会计法》第12条第1款对我国记账本位币作出如下规定:会计核算以人民币为记账本位币。人民币在我国是法定的货币,在我国境内具有广泛的流通性,以人民币作为记账本位币,具有适应性,也便于会计信息口径的一致。同时,考虑到经济生活的复杂性和一些特殊业务的需要,《会计法》又作了相应的特殊规定:(1)业务收支以人民币以外的货币为主的单位,可以选定其中一种货币作为记账本位币。例如,在有些单位的业务中,外国货币收支逐步占主导地位,为了便于这些单位对外开展经济业务,适应单位的业务特点并简化会计核算手续,《会计法》作了例外规定。(2)以人民币以外货币为主的单位,其编报的会计报表应当折算为人民币。

5. 会计电算化

会计电算化是以电子计算机为主要手段的会计核算方式。它主要是应用电子计算机代替人工记账、算账、报账以及替代部分人工对会计信息的处理、分析和判断。目前,会计电算化已发展成为一门融电子计算机、管理科学、信息科学和会计科学为一体的新型科学和技术,是会计发展史上的一次革命,对会计工作的各个方面都将产生深刻的影响。《会计法》第13条第2款规定:"使用电子计算机进行会计核算的,其软件及其生成的会计凭证、会计账簿、财务会计报告和其他会计资料,也必须符合国家统一的会计制度的规定。"

6. 会计处理方法的变更

《会计法》第18条规定:"各单位采用的会计处理方法,前后各期应当一致,不得随意变更;确有必要变更的,应当按照国家统一的会计制度的规定变更,并将变更的原因、情况及影响在财务会计报告中说明。"这一规定包含以下三层含义:(1)会计处理方法应当前后各期一致,不得随意变更。(2)变更应当符合国家统一的会计制度的规定。例如,法律或会计准则等行政法规、规章的要求,这种变更能够提供关于企业财务状况、经营成果和现金流量等更可靠、更相关的会计信息。(3)变更应当予以说明。单位进行合法的会计处理方法的变更,应当就变动的原因、变更的具体内容、变更带来什么样的后果等有关情况在财务会计报表附注中进行披露。

7. 会计记录使用的文字

《会计法》第22条规定:"会计记录的文字应当使用中文。在民族自治地方,会计记录可以同时使用当地通用的一种民族文字。在中华人民共和国境内的外商投资企业、外国企业和其他外国组织的会计记录可以同时使用一种外国文字。"

8. 会计档案

会计档案包括会计凭证、会计账簿和财务会计报告等会计资料,它是记录和反映经济业务的重要史料和证据。会计档案对于总结分析历史经验,指导现实经济管理工作,研究经济发展的规律,查证经济财务问题,防止贪污舞弊等都将起到重大的作用。为此,《会计法》第23条规定:"各单位对会计凭证、会计账簿、财务会计报告和其他会计资料应当建立档案,妥善保管。会计档案的保管期限、销毁、安全保护等具体管理办法,由国务院财政部门会同有关部门制定。"

(三)会计监督

会计监督是指单位会计人员、社会审计机构人员、国家有关执法部门,依法对单位的经济活动的全过程实施全面的监督和控制的活动,如事前监督、事中监督和事后监督;内部会计监督和外部会计监督等。

1. 内部会计监督制度

单位的内部会计监督制度是单位根据国家有关法律、法规的规定,结合本单位具体情况制定的旨在对会计工作、会计资料及其所反映的经济活动进行监督的一系列规定的总称,包括会计人员岗位责任制度、内部牵制制度、稽核制度、计量验收制度、财产清查制度、财务收支审批制度、内部审计制度等。内部会计监督的内容主要有:对原始凭证的审核和监督、对会计账簿的监督、对财产物资的监督、对财务会计报告的监督、对财务收支的监督、对其他经济活动的监督。此外,内部会计监督还包括内部审计这一重要监督形式。

《会计法》第26条对单位负责人与会计人员在会计监督中的责任和权利作了规定:"单位负责人应当保证会计机构、会计人员依法履行职责,不得授意、指使、强令会计机构、会计人员违法办理会计事项。会计机构、会计人员对违反本法和国家统一的会计制度规定的会计事项,有权拒绝办理或者按照职权予以纠正。"同时,《会计法》第28条还规定:"任何单位和个人对违反本法和国家统一的会计制度规定的行为,有权检举。收到检举的部门有权处理的,应当依法按照职责分工及时处理;无权处理的,应当及时移送有权处理的部门处理。收到检举的部门、负责处理的部门应当为检举人保密,不得将检举人姓名和检举材料转给被检举单位和被检举人个人。"这为支持和保护检举人合法权益、保障会计监督有效运行,提供了重要保障。

2. 社会监督

社会监督是社会中介组织、社会公众和社会舆论等对会计核算所作的监督。社会中介组织监督是注册会计师的监督,注册会计师通过接受委托的方式,对委托人提供审计服务,出具审计报告书,就委托人的财务状况、经营成果以及纳税情况向政府部门及社会公众提供公证。由社会中介组织执行的社会监督是外部会计监督的重要组成部分,它具有独立、客观、公正的执业特点,其监督结果具有很强的权威性。《会计法》第29条规定:"有关法律、行政法规规定,须经注册会计师进行审计的单位,应当向受委托的会计师事务所如实提供会计凭证、会计账簿、财务会计报告和其他会计资料以及有关情况。任何单位或者个人不得以任何方式要求或者示意注册会计师及其所在的会计师事务所出具不实或者不当的审计报告。财政部门有权对会计师事务所出具审计报告的程序和内容进行监督。"

3. 国家监督

国家监督是指财政、审计、税务、人民银行、证券监管等部门代表国家对各单位会计工作实行的监督。它是外部会计监督的重要组成部分。国家经济监督制度和体系的健全与发展,是单位内部实行严格的会计监督制度的必要保证,也是对内部会计监督的有力支持。《会计法》第31条规定了国家监督的具体要求:"财政、审计、税务、金融管理等部门应当依照有关法律、行政法规规定的职责,对有关单位的会计资料实施监督检查,并出具检查结论。财政、审计、税务、金融管理等部门应当加强监督检查协作,有关监督检查部门已经作出的检查结论能够满足其他监督检查部门履行本部门职责需要的,其他监督检查部门应当加以利用,避免重复查账。"

四、违反会计法的法律责任

法律责任是指违反法律规定而应承担的法律后果。《会计法》第五章集中规定了违反会计法的法律责任,主要有两种形式:(1)行政责任,指行为人违反《会计法》的规定,尚未构成犯罪的,应承担的法律责任。(2)刑事责任,指行为人严重违反《会计法》的规定,并已触犯刑法,构成犯罪,依法应当承担的法律责任。其包括主刑和附加刑两种,主刑包括管制、拘役、有期徒刑、无期徒刑、死刑缓期执行、死刑,附加刑包括罚金、剥夺政治权利、没收财产。

(一)违反会计核算、会计监督和会计人员规范的法律责任

《会计法》第40条明确规定了违反会计核算、会计监督和会计人员有关规定的法律责任。违反这些规定的行为主要有:不依法设置会计账簿的;私设会计账簿的;未按照规定填制、取得原始凭证或者填制、取得的原始凭证不符合规定的;以未经审核的会计凭证为依据登记会计账簿或者登记会计账簿不符合规定的;随意变更会计处理方法的;向不同的会计资料使用者提供的财务会计报告编制依据不一致的;未按照规定使用会计记录文字或者记账本位币的;未按照规定保管会计资料,致使会计资料毁损、灭失的;未按照规定建立并实施单位内部会计监督制度或者拒绝依法实施的监督或者不如实提供有关会计资料及有关情况的;任用会计人员不符合《会计法》规定的。

有上述行为之一的,由县级以上人民政府财政部门责令限期改正,给予警告、通报批评,对单位可以并处20万元以下的罚款,对其直接负责的主管人员和其他直接责任人员可以处5万元以下的罚款;情节严重的,对单位可以并处20万元以上100万元以下的罚款,对其直接负责的主管人员和其他直接责任人员可以处5万元以上50万元以下的罚款;属于公职人员的,还应当依法给予处分。同时,有《会计法》第40条所列行为之一,构成犯罪的,依法追究刑事责任,情节严重的,5年内不得从事会计工作。但是,有关法律对其处罚另有规定的,依照有关法律的规定办理。

(二)伪造、变造会计资料的法律责任

《会计法》第41条对这类违法行为作了规定。伪造会计凭证,指以虚假的经济业务或者资金往来为前提,编制虚假的会计凭证的行为;变造会计凭证,指利用涂改、挖补或者其他方法改变会计凭证的真实内容的行为;伪造会计账簿,指不按照国家统一的会计制度的规定设置和使用会计账簿,另外设账,不按要求记账,或者对内和对外采用不同的计算口径、计算方法、计算依据登记会计账簿的手段,制造虚假的会计账簿的行为;变造会计账簿,指利用涂改、挖补或者其他手段改变会计账簿的真实内容的行为;伪造会计报表,指不按照国家统一会计制度规定编制会计报表,而是按照虚假的会计账簿记录编制或者凭空捏造虚假的会计报表的行为;变造会计报表,指将按照国家统一会计制度的规定经过有关会计机构负责人、单位领导人或者注册会计师审核确认的会计报表的内容,利用涂改、挖补或者其他方法加以改变的行为。有上述违法行为的,由县级以上人民政府财政部门责令限期改正,给予警告、通报批评,没收违法所得,违法所得20万元以上的,对单位可以并处违法所得1倍以上10倍以下的罚款,没有违法所得或者违法所得不足20万元的,可以并处20万元以上200万元以下的罚款;对其直接负责的主管人员和其他直接责任人员可以处10万元以上50万元以下的罚款,情节严重的,可以处50万元以上200万元以下的罚款;属于公职人员的,还应当依法给予处分;其中的会计人员,5年内不得

从事会计工作;构成犯罪的,依法追究刑事责任。

(三)隐匿、故意销毁会计资料的法律责任

《会计法》第41条对这类违法行为作了规定。隐匿、故意销毁会计资料的行为是指采取隐匿的手段,有意识回避提供有关会计凭证、会计账簿、财务会计报告或其他会计资料;故意销毁会计资料,指采取烧毁、撕毁、丢弃、隐匿等手段,有意识地毁坏、消灭会计凭证、会计账簿、财务会计报告或其他会计资料等。

有上述行为,由县级以上人民政府财政部门责令限期改正,给予警告、通报批评,没收违法所得,违法所得20万元以上的,对单位可以并处违法所得1倍以上10倍以下的罚款,没有违法所得或者违法所得不足20万元的,可以并处20万元以上200万元以下的罚款;对其直接负责的主管人员和其他直接责任人员可以处10万元以上50万元以下的罚款,情节严重的,可以处50万元以上200万元以下的罚款;属于公职人员的,还应当依法给予处分;其中的会计人员,5年内不得从事会计工作;构成犯罪的,依法追究刑事责任。

(四)授意、指使、强令会计机构、会计人员及其他人员伪造、变造会计资料或者隐匿、故意销毁会计资料的法律责任

《会计法》第42条对这类违法行为的责任作出了规定。授意、指使、强令会计机构、会计人员及其他人员伪造会计资料,指授意、指使或强令会计机构、会计人员及其他人员假造或凭空捏造假发票、假收据、假工资等假的原始凭证以及假的记账凭证等;授意、指使或强令会计机构、会计人员及其他人员记假账,搞账外账或者编制虚假财务会计报告;授意、指使、强令会计机构、会计人员及其他人员变造会计资料指授意、指使或强令会计机构、会计人员及其他人员通过涂改、拼接、挖补等方法对真实的会计凭证、会计账簿、会计报表和其他会计资料进行改制,变更其内容;授意、指使、强令会计机构、会计人员及其他人员隐匿、故意销毁会计资料,指授意、指使或强令会计机构、会计人员及其他人员采取隐匿、撕毁、丢弃等手段,有意识地藏匿或毁坏、消灭会计凭证、会计账簿、会计报告和其他会计资料等。

有上述行为,由县级以上人民政府财政部门给予警告、通报批评,可以并处20万元以上100万元以下的罚款;情节严重的,可以并处100万元以上500万元以下的罚款;属于公职人员的,还应当依法给予处分;构成犯罪的,依法追究刑事责任。

(五)单位负责人对会计人员打击报复的法律责任

依法进行会计核算,实现会计监督是《会计法》赋予会计人员的职责。会计人员依法履行职责,应受法律保护。《会计法》第43条规定:"单位负责人对依法履行职责、抵制违反本法规定行为的会计人员以降级、撤职、调离工作岗位、解聘或者开除等方式实行打击报复的,依法给予处分;构成犯罪的,依法追究刑事责任。对受打击报复的会计人员,应当恢复其名誉和原有职务、级别。"

(六)其他与会计工作有关的违法行为的法律责任

除前面五点所涉及的违法行为以外,与会计工作有关的违法行为,如滥用职权、泄露国家秘密或商业秘密、挪用公款等,轻则扰乱正常的会计工作秩序,重则构成犯罪,给国家、社会公众造成巨大损失。因此,《会计法》第44条规定:"财政部门及有关行政部门的工作人员在实施监督管理中滥用职权、玩忽职守、徇私舞弊或者泄露国家秘密、工作秘密、商业秘密、个人隐私、

个人信息的,依法给予处分;构成犯罪的,依法追究刑事责任。"《会计法》第 45 条规定:"违反本法规定,将检举人姓名和检举材料转给被检举单位和被检举人个人的,依法给予处分。"

此外,《会计法》第 47 条第 2 款还规定:"违反本法规定,同时违反其他法律规定的,由有关部门在各自职权范围内依法进行处罚。"这是关于违法行为发生法律竞合时的处理,如同时违反《会计法》和税收法规,同时违反《会计法》和《公司法》。对于这类情况,由有关部门在各自职权范围内依法进行处罚,如利用做假账偷逃纳税的行为。如果构成犯罪,就依法追究刑事责任;如果尚不构成犯罪,则由财政部门和税务部门分别就违反《会计法》和税收法规追究相应的行政责任。

第二节 审计法律制度

一、审计的本质和分类

(一)审计的本质

同会计的历史一样,审计的历史源远流长。在我国,据说早在西周时代即已经设有专门的审计官职:主持内审的为司会,主持外审的为宰夫。他们"听其会计""考其出入,以定刑赏",从事审计工作;在西方,古罗马时期也有关于审计的一些记载。[3]

综合观之,对于审计的本质,大体有三种较有代表性的主张。第一种主张是"查账"。这种观点认为,审计就是查账。第二种主张为"系统的方法和程序"。按照这种观点,审计是一种系统的方法和程序,1973 年,美国会计学会(AAA)在《基本审计概念说明》中将审计定义为:"审计是一种客观地收集与评价有关经济活动和事项的陈述的证据,以确定其与既定标准的符合程度并将其结果传递给利害关系人的系统过程。"[4]除美国外,英国、澳大利亚等国家也采用这一观点。第三种主张则认为审计是独立性的经济监督。我国自 20 世纪 80 年代起,开始将审计定位于"经济监督"。1982 年《宪法》第 91 条第 1 款规定:"国务院设立审计机关,对国务院各部门和地方各级政府的财政收支,对国家的财政金融机构和企业事业组织的财务收支,进行审计监督。"此后,审计监督论在我国产生了广泛的影响,尽管理论界新近提出了一些新主张,但直到目前,审计监督论在我国仍然占有统治地位。

对于审计本质的把握,应当注意以下几点:(1)审计的性质是监督。通过监督保障财务、会计的真实性和合法性,从而维护财经法纪,改善经营管理,提高经济效益。(2)审计的对象可以被概括为两个方面,即被审计单位的财政、财务收支,与财政、财务有关的经济活动。(3)审计的主体是法定的审计机构、市场中介服务机构及其审计专业人员。(4)审计必须适用统一的标准和专门的方法。审计是建立在统一会计标准的基础上的,没有统一的会计标准,审计就无法进行;同时,审计涉及会计的技术和方法,还涉及鉴别会计方法的手段,故技术性较强,需要采用专门的审计方法。(5)审计最根本的特征在于审计具有独立性。因为审计是一种经济监督

---

[3] 项俊波:《国家审计法律制度研究》,中国时代经济出版社 2002 年版,第 10 页。
[4] 项俊波:《国家审计法律制度研究》,中国时代经济出版社 2002 年版,第 13 页。

活动,为了保障监督的客观、公正和有效,就必须赋予其相当的独立性和权威性,而独立性是权威性的基础。

(二)审计的分类

按照审计主体,可以将审计分为国家审计、内部审计和社会审计。国家审计是指由国家审计机关所实施的审计;内部审计是指由部门和单位内部设置的审计机构和专职审计人员对本部门、本单位及下属单位进行的审计;社会审计即国外统称的独立注册会计师审计,在我国,社会审计是指依据《注册会计师法》的规定,由有关主管部门审核批准成立的会计师事务所和审计事务所的注册会计师所执行的审计。国家审计、内部审计和社会审计,它们的功能是基本相同的,但在一些方面也存在明显的差别,主要表现在以下几方面:

1. 法律的性质不同。国家审计是代表国家对政府部门、企业事业单位进行审计监督,审计机关和被审计单位之间形成的是行政监督关系;内部审计则是部门或单位的内部管理监督关系;社会审计组织是受委托人的委托从事审计查证和咨询业务的法人,实行有偿服务,自收自支,独立核算,依法纳税,它与委托人之间形成的是民事契约关系。

2. 审计的目的不同。国家审计是基于整个国家管理监督的需要进行的,其目的是维护国家财政经济秩序,促进廉政建设,保障国民经济健康发展;内部审计是基于部门或者单位的内部管理需要进行的,其目的是改善本部门、本单位的经济管理,提高经济效益;社会审计组织的审计查证是按局部需要建立起来的民事有偿服务关系。

3. 审计的特点不同。国家审计是按行政服从原则建立起来的行政隶属关系,是强制性的,所以,审计机关在审计中享有许多行政权,它可以对违反审计法规的被审计单位采取一些行政强制措施,甚至可以给予一些行政处罚;内部审计机构不是独立的行政机关,不能行使行政处罚权和采取行政强制措施,内部审计机构所在单位可以在其管理权限范围内,授予内部审计机构一定的经济处理、处罚权;社会审计组织和委托人之间是按平等协商原则建立起来的有偿服务关系,双方地位是平等的,双方关系的建立以双方的自愿为基础。

4. 法律责任不同。审计机关在审计执法过程中的违法是一种行政违法,审计机关应承担行政法律责任;内部审计组织仅是一个单位内的机构,不是独立的法人,审计过程中无独立的法律责任,如果发生法律责任,也是由其主管单位承担,但由内部审计行为引起的法律责任,其主管单位可以根据情节轻重,给予行政、纪律处分;社会审计在审计过程中的违法行为是一种民事违法,应承担民事法律责任。

在国外,一般以社会审计为主导形式;在我国,则以国家审计为主导形式。我国国家审计制度及内部审计制度主要规定在《审计法》中,社会审计则主要规定在《注册会计师法》中。

二、审计法的定义及审计立法状况

审计法是调整国家审计机关在对国务院各部门和地方人民政府的财政收支,财政金融机构、企事业单位等及其他与国家财政有关的单位的财务收支及其经济效益进行审计监督过程中发生的审计关系的法律规范的总称。它是国家严肃财经纪律,提高经济效益,加强宏观经济调控,保障经济健康发展的重要制度。

在西方国家,审计立法萌芽于中世纪。据说公元4世纪,雅典的一块大理石碑上刻有当时民众议会颁布的一项法令,这一法令不仅记载了议会资金的财务管理情况,且还附录了10位会计——审计官的就职誓词。1215年法国颁布的"伟大法令",要求各城邦官员携带账目于11月11日到巴黎接受王室审计官的审查。延至近现代,审计制度在西方国家获得长足发展,许多国家构建了较为完整的审计立法体系。

前曾述及,我国有关审计的记载最早见于《周礼》,其内容是宰夫掌治法以考百官府、郡、部、县、鄙之治,乘其财用之出入,凡失财用物辟名者,以官刑诏冢宰而诛之,其足用长财善物者,赏之。此后,历朝历代均有一定的审计制度。

新中国成立后,由于各种各样的原因,在改革开放前,并没有实行专门的审计制度,相应地也缺乏审计方面的立法。改革开放后,我国的经济、社会和法律均发生了深刻的变化,为了加强对国家财政收支的监督,严肃财经纪律,提高经济效益,我国开始着手建立自己的审计制度,审计立法成效显著。我国的审计立法包括体现行政审计的《审计法》和体现社会审计的《注册会计师法》。长期以来,我国审计立法一直以行政审计立法为重点,立法的发展进程也以反映行政审计的审计法为主线。有学者将新中国审计法的发展分为了以下三个阶段:

第一个阶段从实行改革开放到1988年,是我国审计法的初创阶段。1982年《宪法》第91条第1款规定国务院设立审计机关,对国务院各部门和地方各级政府的财政收支,对国家的财政金融机构和企业事业组织的财务收支,进行审计监督。据此,1983年9月,审计署正式成立,各地审计机关也相继成立并开展工作。1985年8月,国务院颁布了《关于审计工作的暂行规定》(已失效),对审计机关的主要任务、职权,基本审计程序,部门、单位内部审计制度,审计机关委托社会审计、会计组织进行审计的制度等作了规定。

第二个阶段从1988年到1994年,是我国审计法的发展阶段。1988年11月,国务院发布了《审计条例》(已失效),该条例包括总则、审计机关和审计工作人员、审计机关的主要任务、审计机关的主要职权、审计工作程序、内部审计、社会审计、法律责任和附则等内容。1989年6月,审计署发布了《审计条例施行细则》(已失效)。《审计条例》及《审计条例施行细则》的颁布,大大推进了我国审计工作的发展。尤其值得一提的是,1993年10月31日我国通过了《注册会计师法》,该法的颁布为我国社会审计的发展提供了法制基础。

第三个阶段从1994年到现在,是我国审计法的完善阶段。1994年8月,第八届全国人大常委会第九次会议通过了《审计法》,2006年2月28日第十届全国人大常委会第二十次会议对其进行了修正。该法包括总则、审计机关和审计人员、审计机关职责、审计机关权限、审计程序、法律责任和附则等内容。2021年10月23日,第十三届全国人大常委会第三十一次会议对《审计法》进行了第二次修正。为了贯彻实施《审计法》,国务院于1997年10月颁布了《审计法实施条例》,该条例经2010年2月2日国务院第100次常务会议修订通过。为了加强对中央预算执行情况的审计监督,国务院又于1995年7月专门颁布了《中央预算执行情况审计监督暂行办法》。审计署为规范审计行为,提高审计质量,还颁布了《国家审计基本准则》(已失效)等一系列配套审计规范。为健全和完善经济责任审计制度,加强对党政主要领导干部和国有企业领导人员的管理监督,推进党风廉政建设,2010年10月中共中央办公厅、国务院办公厅颁布了《党政主要领导干部和国有企业领导人员经济责任审计规定》。为健全和完善经济责任审计制度,规范经济责任审计行为,全面实施《党政主要领导干部和国有企业领导人员经济责任审计规定》,2014年中央纪委机关、中央组织部、中央编办、原监察部、人力资源和社会保障部、审计署、国资委联合出台了《党政主要领导干部和国有企业领导人员经济责任审计规定实施细则》。为了规范审计机关封存被审计单位有关资料和违反国家规定取得的资产的行为,保障审计机关和审计人员严格依法行使审计监督职权,提高依法审计水平,维护国家利益和被审计单位的合法权益,2010年12月审计署出台了《审计机关封存资料资产规定》。为了规范和指导审计机关和审计人员执行审计业务的行为,保证审计质量,防范审计风险,发挥审计保障国家经济和社会健康运行的"免疫系统"功能,2010年审计署颁布了《国家审计准则》。为了规范审计档案管理,维护审计档案的完整与安全,保证审计档案的质量,发挥审计档案的作用,2012年11月,审计署颁布了《审计机关审计档案管理规定》。为切实加强审计工作,推动国家重大决策部署和有关政策措施的贯彻落实,更好地服务改革发展,维护经济秩序,促进经济社会持续健康发展,2014年国务院出台了《关于加强审计工作的意见》。目前,我国的审计立法,已经形成了以《宪法》为基础,以《审计法》为核心,以其他有关审计法规、规章相配套的审计法律体系。

三、审计基本法律制度

《审计法》规定的审计法律制度,内容较为丰富。其中,最基本的有审计机关和审计人员制度、国家审计机关审计管辖制度、审计程序制度等。

(一)审计机关和审计人员

《审计法》第二章共有11条,规定了审计机关和审计人员;第三章共16条,规定了审计机关职责;第四章共8条,规定了审计机关权限。《审计法实施条例》第二章第7条至第14条对审计机关和审计人员进行了详细规定,第三章第15条至第27条对审计机关的职责进行了完善性规定,第四章第28条至第33条对审计机关的权限进行详细的界分。《国家审计准则》第二章第12条至第25条也对审计机关和审计人员进行了相关规定。

1. 审计机关

我国审计机关由国家审计机关、内部审计机构和社会审计组织三部分组成。(1)国家审计机关。国家审计机关是代表国家进行审计监督的专门机关,是由以审计署为首的,从中央到地方的各级审计机关构成,包括中央审计机关、地方审计机关、审计机关的派出机构,如审计机关未设立派出机构,可根据审计业务的需要,设立审计机构或审计人员。国家审计机关在审计监督体系中占主导地位,是我国审计制度的核心。(2)内部审计机构。国务院各部门和地方人民政府各部门、国有的金融机构和企事业组织,应当按照国家有关规定建立内部审计机构。它们在本单位主要负责人领导下进行工作,在业务上受上一级主管部门审计机构的指导和监督,向本单位和上一级主管部门审计机构报告工作。内部审计机构或审计人员负责指导本单位下属机构的内部审计工作。(3)社会审计组织。它是指经有关部门批准、注册登记,依法独立承办审计查证和咨询服务等审计业务的事业单位。这种审计组织为社会提供有偿服务,实行自收自支、独立核算,并依法纳税。审计机关在执行审计业务时,应当具备《审计准则》规定的资格条件,具体为:一是符合法定的审计职责和权限,二是有职业胜任能力的审计人员,三是建立适当的审计质量控制制度,四是必需的经费和其他工作条件。

审计机关的职责是指法律、法规规定的审计机关应当完成的任务和承担的责任。《审计法》第三章(共16条)、《审计法实施条例》第三章(共13条)规定了审计机关职责,包括对各部门、地方各级政府、财政金融机构和企事业单位的财政、财务收支是否真实、合法和使用情况进行审计监督,对内部审计的业务进行指导和监督,对社会审计机构进行指导、监督和管理等内容。审计机关进行审计监督的具体职责,主要包括以下几个方面:财政审计,国有资本占控股地位或者主导地位的企业、金融机构的审计,国家事业组织的审计,国家建设项目的审计,专项资金、捐赠、基金、援助、贷款的审计,由其他法律、法规规定审计事项的审计和专项审计。《审计法》第四章规定了审计机关权限,这些权限包括索取资料权、检查权、调查取证权、制止违规收支权、暂停拨付违规款项权、建议纠正权、通报和公布审计结果权。

2. 审计人员

审计人员是指代表审计机关具体执行审计监督任务,行使审计监督检查权,直接贯彻实施审计法规和有关国家法律、法规和政策的人员。审计人员在整个审计工作中负有重要的使命并承担主要的责任,审计人员具体包括审计长等各级审计机关的领导人员和一般的直接从事审计工作的专业人员。

审计工作是一项专业性和政策性很强的工作,法律对审计人员的素质要求很高。《审计法》第13条第1款规定:"审计人员应当具备与其从事的审计工作相适应的专业知识和业务能力。"专业知识包括:会计、审计理论和实务知识,财经管理知识,生产和技术知识,经济法律基础知识等。业务能力包括:分析问题的能力、调查研究问题的能力、审查取证的能力、良好的表达和写作能力等。

审计人员还需要具备职业要求。《国家审计准则》第14条规定:"审计人员执行审计业务,应当具备下列职业要求:(一)遵守法律法规和本准则;(二)恪守审计职业道德;(三)保持应有的审计独立性;(四)具备必需的职业胜任能力;(五)其他职业要求。"此外,《国家审计准则》第15条第1款规定:"审计人员应当恪守严格依法、正直坦诚、客观公正、勤勉尽责、保守秘密的基本审计职业道德。"《国家审计准则》第21条规定,有下列情形之一的外部人员,审计机关不得聘请:被刑事处罚的,被劳动教养的,被行政拘留的,审计独立性可能受到损害的,法律规定不得从事公务的其他情形。

审计人员的权利主要有:依法独立行使审计监督权,不受其他行政机关、社会团体和个人干涉的权利;享有报送资料权、检查权、调查取证权等审计机关所具有的各种权利;对妨碍审计监督、打击报复审计人员的行为,依法享有追究法律责任的权利;审计机关负责人,享有不得被随意撤换,只能依据法律程序任命的权利。

审计人员的义务主要有:依法审计的义务,依法回避的义务,保守秘密的义务。

(二)国家审计的管辖

我国《审计法》以国家审计为主导形式,而在国家审计的过程中,首先涉及国家审计机构的权限分工。因此,《审计法》必然要对审计机构的管辖权作出规定。根据《审计法》的规定,确定审计机关管辖范围,有四项原则:(1)根据被审计单位的财政、财务隶属关系来确定审计管辖范围;(2)根据国有资源、国有资产监督管理关系来确定审计管辖范围;(3)指定管辖原则,即审计机关对审计管辖范围有争议的,由其共同的上级审计机关确定;(4)管辖权的移转,即上级审计机关可以将其审计管辖范围内的审计事项,授权下级审计机关进行审计,上级审计机关对下级审计机关审计管辖范围内的重大审计事项,可以直接进行审计。

(三)审计程序

审计程序是指审计工作从开始到结束必须遵循的顺序、形式、步骤、期限等制度,是审计活动的操作规程。审计程序是审计机关、审计人员和被审计单位在审计监督过程中必须遵循的法定程序。《审计法》第五章审计程序共5条,规定审计工作包括准备、实施和终结三个阶段。

《审计法实施条例》第五章对《审计法》第五章审计程序进行了细化。《审计准则》对审计程序中涉及的审计计划、审计实施、审计报告、审计质量控制与责任进行了详细的规定。

1. 审计准备阶段

审计准备阶段是审计程序的第一阶段。首先,审计机关根据国家政策或有关部门的要求,编制年度审计项目计划,审计机关在年度审计项目计划中确定对国有资本占控股地位或者主导地位的企业、金融机构进行审计的,应当自确定之日起7日内告知被列入年度审计项目计划的企业、金融机构;其次,审计机关根据年度审计项目计划确定的审计事项组织一定数量的审计人员组成审计组;最后,审计组制定审计实施方案,并在实施审计3日前,向被审计单位送达审计通知书。此外,为了保证审计人员顺利地开展审计工作,被审计单位应当配合审计机关的工作,并提供必要的工作条件。

2. 审计实施阶段

审计实施阶段是整个审计监督的核心阶段,也是较困难的阶段。(1)审计组进驻被审计单位,进行初步调查,以了解和掌握被审计单位的基本情况、业务和内部控制制度等情况。(2)审计人员对被审计单位的内部控制制度进行必要的测试,以评价其内部控制制度的健全程度,找出薄弱环节,作为审计重点。(3)审计人员通过审查会计凭证、会计账簿、会计报表,查阅与审计有关的文件、资料,检查现金、实物、有价证券,向有关单位和个人调查等方式进行审计,并取得证明材料。(4)为增强调查工作的严肃性,审计人员向有关单位和个人进行调查时,应当出示审计人员的工作证件和审计通知书副本。

3. 审计终结阶段

审计终结阶段是审计程序的最后一个阶段,是反映审计结果的阶段。其主要工作如下:(1)提出审计报告。审计组对审计事项实施审计后,应当向审计机关提出审计报告。审计报告报送审计机关前,应征求被审计单位的意见。被审计单位应当自接到审计报告之日起10日内,将其书面意见送交审计组或者审计机关。(2)出具审计意见书和作出审计决定。审计机关审定审计报告,对审计事项作出评价,出具审计意见书;对违反国家规定的财政收支、财务收支行为,需要依法给予处理、处罚的,在法定职权范围内作出审计决定或者向有关主管机关提出处理、处罚意见。审计机关应当将审计报告和审计决定送达被审计单位和有关主管机关、单位。审计决定自送达之日起生效。(3)建立健全审计档案。

(四)封存资料资产制度

该制度被规定于2011年2月1日开始实施的《审计机关封存资料资产规定》之中,起到了规范审计机关封存被审计单位有关资料和违反国家规定取得的资产的行为,保障审计机关和审计人员严格依法行使审计监督职权,提高依法审计水平,维护国家利益和被审计单位的合法权益的立法目的。

审计机关依法对被审计单位的下列资料进行封存:(1)会计凭证、会计账簿、财务会计报告等会计资料。(2)合同、文件、会议记录等与被审计单位财政收支或者财务收支有关的其他资料。上述资料存储在磁、光、电等介质上的,审计机关可以依法封存相关存储介质。(3)违反国家规定取得的现金、实物等资产或者有价证券、权属证明等资产凭证。

审计机关对被审计单位有关资料和违反国家规定取得的资产采取封存措施,必须满足相关的规定,审计机关可以采取封存措施的情形有:(1)被审计单位正在或者可能转移、隐匿、篡改、毁弃会计凭证、会计账簿、财务会计报告以及其他与财政收支或者财务收支有关的资料的；(2)被审计单位正在或者可能转移、隐匿违反国家规定取得的资产的。

审计机关采取封存措施时必须按照法定的程序去实施。审计机关采取封存措施，应当经县级以上人民政府审计机关(含县级人民政府审计机关和省级以上人民政府审计机关派出机构)负责人批准，由两名审计人员实施；审计机关采取封存措施，应当向被审计单位送达封存通知书；审计机关采取封存措施时，审计人员应当会同被审计单位相关人员对有关资料或者资产进行清点，开列封存清单；审计机关应当对存放封存资料或者资产的文件柜、保险柜、档案室、库房等加贴封条；封存的期限一般不得超过7个工作日；有特殊情况需要延长的，经县级以上人民政府审计机关负责人批准，可以适当延长，但延长的期限不得超过7个工作日；审计机关在封存期限届满或者在封存期限内完成对有关资料或者资产处理的，审计人员应当与被审计单位相关人员共同清点封存的资料或者资产后予以退还，并在双方持有的封存清单上注明解除封存日期和退还的资料或者资产，由双方签名或者盖章。

(五)档案管理制度

《审计法实施条例》第45条规定："审计机关应当按照国家有关规定建立、健全审计档案制度。"该制度详尽规定于2013年1月1日开始实施的《审计机关审计档案管理规定》之中。审计档案，是指审计机关进行审计(含专项审计调查)活动中直接形成的对国家和社会具有保存价值的各种文字、图表等不同形式的历史记录。审计档案是国家档案的组成部分。

根据《审计机关审计档案管理规定》第8条的规定，审计文件材料归档范围是：(1)结论类文件材料：上级机关(领导)对该审计项目形成的《审计要情》《重要信息要目》等审计信息批示的情况说明、审计报告、审计决定书、审计移送处理书等结论类报告，及相关的审理意见书、审计业务会议记录、纪要、被审计对象对审计报告的书面意见、审计组的书面说明等。(2)证明类文件材料：被审计单位承诺书、审计工作底稿汇总表、审计工作底稿及相应的审计取证单、审计证据等。(3)立项类文件材料：上级审计机关或者本级政府的指令性文件、与审计事项有关的举报材料及领导批示、调查了解记录、审计实施方案及相关材料、审计通知书和授权审计通知书等。(4)备查类文件材料：被审计单位整改情况、该审计项目审计过程中产生的信息等不属于前三类的其他文件材料。

审计档案的保管期限应当根据审计项目涉及的金额、性质、社会影响等因素划定为永久、定期两种，定期分为30年、10年：(1)永久保管的档案，是指特别重大的审计事项、列入审计工作报告、审计结果报告或第一次涉及的审计领域等具有突出代表意义的审计事项档案。(2)保管30年的档案，是指重要审计事项、查考价值较大的档案。(3)保管10年的档案，是指一般性审计事项的档案。审计机关业务部门应当负责划定审计档案的保管期限。

执行同一审计工作方案的审计项目档案，由审计机关负责组织的业务部门确定相同保管期限。审计档案的保管期限自归档年度开始计算。

为了保证审计项目文件材料应当真实、完整、有效、规范，并做到遵循文件材料的形成规律和特点，保持文件材料之间的有机联系，区别不同价值，便于保管和利用。审计机关审计档案应当实行集中统一管理。审计文件材料按审计项目立卷，不同审计项目不得合并立卷。

审计文件材料归档工作实行审计组组长负责制。审计文件材料的归档时间应当在该审计项目终结后的5个月内，不得迟于次年4月底。跟踪审计项目，按年度分别立卷归档。审计档案应当采用"年度—组织机构—保管期限"的方法排列、编目和存放。审计案卷排列方法应当统一,前后保持一致,不可任意变动等。

四、违反审计法的法律责任

审计法律责任是指在审计监督检查过程中,违反《审计法》及审计相关法律法规部门规章的规定,依法应当承担的法律后果。《审计法》第六章"法律责任"共 11 条,明确规定了被审计单位及其相关责任人员、审计人员的哪些行为应承担何种法律责任。《审计法实施条例》第六章第 47 条至第 55 条细化了被审计单位、审计机关和审计人员的法律责任。除此之外,《审计机关审计档案管理规定》中规定了审计机关工作人员的相关法律责任;《审计机关封存资料资产规定》(2011 年实施)中规定了审计机关工作人员、被审计单位、负有保管责任的第三人的相关法律责任。

(一)被审计单位及其相关责任人员的法律责任

从实践来看,被审计单位及其有关人员违反《审计法》《审计法实施条例》的行为主要表现为:拒绝或者拖延提供有关文件、账簿、凭证、会计报表、有关资料和证明材料;阻挠审计人员行使职权,抗拒、破坏监督检查;弄虚作假、隐瞒事实的真相,如销毁、转移账册、资料等;违反预算或者国家规定的其他财政收支、财务收支;打击报复审计工作人员和检举人。

对有上述行为之一的单位和个人,审计机关可以给予警告、通报批评,有违法所得的,没收违法所得,并处违法所得 1 倍以上 5 倍以下的罚款;没有违法所得的,可以处 5 万元以下的罚款;对直接负责的主管人员和其他直接责任人员,可以处 2 万元以下的罚款;审计机关认为应当给予行政处分的人员,应移送监察机关或有关部门处理。对情节严重构成犯罪的直接责任人、单位负责人和其他有关人员,审计机关应提请司法机关依法追究其刑事责任。

除此之外,《审计机关封存资料资产规定》第 18 条规定:"被审计单位或者负有保管责任的第三人有下列行为之一的,依照有关法律法规的规定追究相关人员的责任:(一)除本规定第十三条规定的情形外,擅自启封的;(二)故意或者未尽保管责任,导致封存的资料被转移、隐匿、篡改、毁弃的;(三)故意或者未尽保管责任,导致封存的资产被转移、隐匿、损毁的。"《审计机关封存资料资产规定》第 13 条规定:"遇有自然灾害等突发事件,可能导致封存的资料或者资产损毁的,负有保管责任的被审计单位或者第三人,应当将封存的资料或者资产转移到安全的地方,并将情况及时报告采取封存措施的审计机关。"

(二)审计人员的法律责任

在审计活动中,审计人员的违法行为主要有:滥用职权、徇私舞弊、玩忽职守等。审计人员有上述行为之一,构成犯罪的,依法追究刑事责任,不构成犯罪的,给予行政处分。

同时,《审计机关审计档案管理规定》第 23 条规定:"对审计机关工作人员损毁、丢失、涂改、伪造、出卖、转卖、擅自提供审计档案的,由任免机关或者监察机关依法对直接责任人员和负有责任的领导人员给予行政处分;涉嫌犯罪的,移送司法机关依法追究刑事责任。档案行政管理部门可以对相关责任单位依法给予行政处罚。"《审计机关封存资料资产规定》第 17 条规定:"审计机关违反规定采取封存措施,给国家利益或者被审计单位的合法权益造成重大损害的,依照有关法律法规的规定追究相关人员的责任。"

第三节 统计法律制度

一、统计的定义和功能

(一)统计的定义

统计是人们为了认识、研究某一客观现象,对其数量特征进行搜集、整理、计算和分析的活动。统计法所指的统计,是指国家运用各种统计方法对国民经济和社会发展情况进行统计调查、统计分析,提供统计资料和统计咨询意见,实行统计监督等活动的总称。

(二)统计的功能

统计是国家对国民经济和社会发展情况进行调查与分析的重要手段,是国家进行科学决策与科学治理的重要基础,在国家宏观经济调控和监督体系中具有重要地位和作用。一般认为,统计具有以下几方面功能:

1.进行统计调查与统计分析。统计的首要功能是统计调查,其通过预先设定的调查目的、调查内容、调查方法、调查组织方式等,向统计调查对象搜集原始统计资料。统计分析是在统计调查的基础之上运用科学的统计分析方法和技术手段,对已经取得的统计资料进行深入、系统的比较和研究,以获得统计调查对象的运行规律、内在联系和发展趋势等方面的认识。

2.提供统计资料和统计咨询意见。统计资料,是通过统计调查、统计分析所取得的、反映国民经济和社会发展情况的各种数据信息,既包括统计调查取得的原始资料,也包括整理、分析后获得的综合统计资料。政府统计机构和有关部门应当依法及时向政府、其他有关部门提供统计资料,并应当按照规定定期公布统计资料。统计咨询意见,是指在已有统计资料的基础上,对国民经济和社会发展情况进行综合分析、专题研究,为政府决策和治理提供参考意见或对策建议。提供统计资料和统计咨询意见,是统计工作的重要任务。

3.进行统计监督。统计监督是指在统计调查取得统计资料并进行分析的基础上,对国民经济和社会运行情况、趋势等进行定量检查、监测和预警,以保障和促进经济、社会全面、协调、可持续发展。统计监督是对统计所具有的信息提供及咨询功能的进一步拓展。

二、统计法的定义及统计立法状况[5]

统计法是调整国家统计活动中所发生的社会关系的法律规范的总称。统计法有广义和狭义之分,广义的统计法包括所有规范国家统计活动的统计法律、法规、规章及规范性文件,如《统计法》(2009年修订)、《全国人口普查条例》、《统计法实施条例》、《国际收支统计申报办法》(2013年修订)、《全国经济普查条例》(2018年修订)、《海关统计条例》(2022年修订)、《全国农业普查条例》、《全国污染源普查条例》(2019年修订)、《土地调查条例》(2018年修订)等。狭义的统计法仅指我国《统计法》。

---

[5] 我国统计立法的发展状况参见张炜:《浅谈我国统计法发展历程》,载《江苏统计》2003年第6期。

中国的统计思想文化源远流长,早在商周时代就已萌芽,距今有 3000 多年的历史。《尚书·禹贡》采用记述的方式按土地优劣将九州田、赋进行了复合分组,被近代欧洲统计学者誉为国事统计学最早的萌芽。春秋战国时期,管仲的《问篇》堪称细腻完整的社会经济统计调查纲目,其尤为重视对人口的统计。商鞅"强国知十三数"中体现的统计指标也是相当先进的统计思想。司马迁在《史记》中首创的统计表以及提出的相关理论堪称一绝。[6] 在统计的方法上,秦朝的综合平衡法、汉朝的分组法、唐朝的强度分析法、宋代的分类法等都是古代政府行之有效的统计方法。清朝林则徐对烟害做过专门的统计,并通过数据促使道光皇帝下定决心禁烟。鸦片战争之后,魏源以西方经济理论为指导曾论证了贸易差额导致的白银外流问题,为外贸统计分析树立了典范。[7] 可见,中国古代至近代的统计思想文化及实践应用已经比较成熟,但未形成专门规范统计活动的法律。

新中国成立后,百废待兴,各地区急需翔实准确的数据资料为经济管理提供依据,统计工作的重要性日益突显。统计方面立法的发展大致经过了以下几个阶段:

第一阶段是统计工作初步开展时期。1951 年 7 月,中财委召开了全国财经统计会议。会后,各大区和各省、市相继建立了统计机构。1953 年 1 月,原政务院发布了《关于充实统计机构、加强统计工作的决定》(已失效),同年 4 月,中央人民政府财政经济委员会发出《关于充实中央财经各部统计机构的通知》。在当时的历史条件下,这两个通知发挥了统计法的作用,促进了我国统计机构的建立和统计工作的初步开展。

第二阶段是统计法雏形形成时期。1953 年 9 月,原政务院发出《关于清理现行调查统计表格及禁止乱发调查统计表格的指示》(已失效),同时国家统计局颁发了第一部统计行政法规《关于制定及审批调查统计报表的暂行办法》。1962 年中共中央、国务院《关于加强统计工作的决定》(已失效)和 1963 年国务院发布的《统计工作试行条例》,促进了统计工作的恢复和发展。其中,《统计工作试行条例》是我国第一部综合性统计行政法规,对我国社会主义统计工作的性质、任务、基本要求和做法、统计管理体制、各级统计部门和统计人员的职责范围,作了明确规定。1962 年和 1963 年的这两个规定可以说是我国《统计法》的雏形。然而,不久后的"文化大革命"使统计工作遭到严重挫折。虚报数字、"放卫星"使统计工作一度处于混乱之中,全国各地掀起的"大跃进"狂潮和浮夸风,使统计数字面目全非。

1978 年国务院决定恢复国家统计局。党的十一届三中全会召开后我国的统计法进入了蓬勃发展的历史新阶段。1979 年,国务院发布《关于加强统计工作充实统计机构的决定》,表明国家对于统计工作的重视和对于统计法规出台的关注。1980 年 5 月,国务院批转了国家统计局制定的《统计干部技术职称暂行规定》,对统计干部进行定位,并于同年 11 月批转了国家统计局《关于统计报表管理的暂行规定》,对统计报表的制发原则、制发权限、审批程序等问题作了具体规定。

第三阶段是统计法发展时期。1983 年 12 月 8 日,经第六届全国人大常委会第三次会议审议通过,诞生了新中国第一部比较完备的《统计法》。我国制定这部统计法的宗旨是有效地、科学地组织统计工作,保障统计资料的准确性和及时性,发挥统计在了解国情国力,指导国民经济和社会发展中的重要作用,促进社会主义现代化建设事业的顺利发展。这部统计法的适时

---

[6] 屠建勇:《浅谈中国古代统计思想文化发展》,载《统计科学与实践》2015 年第 4 期。
[7] 彭道宾:《试谈中国古代统计分析》,载《统计研究》1999 年第 S1 期。

出现使我国的统计工作有法可依、有章可循。随后国家又颁布了一系列的统计行政法规和规章作为《统计法》的补充。1984年1月，国务院发布《关于加强统计工作的决定》，对统计管理体制作出规定。1987年1月，国务院批准了国家统计局起草的《统计法实施细则》(已失效)。国家统计局1988年颁布了《统计法规检查暂行规定》(已失效)、《统计检查特派员委派办法》(已失效)、《统计违法案件通告制度》(已失效)，1991年颁布了《统计违法案件查处工作暂行规定》(已失效)，1995年颁布了《统计信息咨询服务管理暂行规定》(已失效)等，这一时期的法律法规使统计工作走上法治阶段。但随着改革开放的不断深入和市场经济的发展，1983年公布的《统计法》已经不能适应现实的需要。

第四阶段是统计法完善时期。针对《统计法》存在的一些问题，1996年5月，第八届全国人大常委会第十九次会议审议通过了《关于修改〈中华人民共和国统计法〉的决定》，对《统计法》进行了重大修改，并于2000年6月发布了《统计法实施细则》(已失效)。该实施细则对《统计法》的有关法条作出了进一步的完善和阐释。但随着我国市场经济不断向纵深方向发展，原《统计法》已远远不能满足现实需要。2006年2月1日修订的《统计法实施细则》(已失效)施行，此后，《统计法实施条例》于2017年颁布，代替了《统计法实施细则》。2009年6月27日，第十一届全国人民代表大会常务委员会第九次会议通过新修订的《统计法》，并于2010年1月1日起施行。现行《统计法》是关于政府统计工作的根本大法，是规范政府统计活动的基本准则。制定《统计法》目的是科学、有效地组织统计工作，保障统计资料的真实性、准确性、完整性和及时性，发挥统计在了解国情国力、服务经济社会发展中的重要作用，促进国民经济健康、持续发展，明确各级人民政府及其负责人、统计机构和统计人员以及统计调查对象在统计活动中的权利和义务，确立统计违法行为的监督检查和惩处制度，以保障政府、政府统计机构和有关部门能够科学、有效地组织统计工作。

三、统计基本法律制度

根据《统计法》的规定，统计基本法律制度主要包括统计机构和统计人员制度，统计调查管理制度，统计资料的管理和公布制度。

(一)统计机构和统计人员制度

1.统计机构

我国的统计机构由国家统计局、各级政府统计机构及政府各部门根据需要设立的统计机构组成。根据《统计法》第27条的规定，国家统计局负责组织领导和协调全国的统计工作。为了完成国家统计调查任务，全面准确地了解社会经济发展情况，国家统计局可以根据需要设立派出调查机构。国家统计局各级调查队是国家统计局的派出机构，独立于地方人民政府，其主要职责是依法承担国家统计局布置的统计调查任务，向国家统计局直接上报统计调查结果，并负责查处其组织实施的统计调查活动中发生的违法行为。此外，县级以上的人民政府都应设立统计机构。为了保障统计工作的独立性，《统计法》第27条第3款规定："县级以上地方人民政府设立独立的统计机构，乡、镇人民政府设置统计工作岗位，配备专职或者兼职统计人员，依法管理、开展统计工作，实施统计调查。"在此基础之上，根据《统计法》第28条的规定，县级以上人民政府各部门可以根据统计任务的需要设立统计机构，或者在有关机构中设置统计人员并指定统计负责人，依法组织、管理本部门职责范围内的统计工作，实施统计调查，在统计业务上受本级人民政府统计机构的指导。

2. 统计人员

统计人员是指代表统计机构具体执行统计调查、统计监督任务,直接贯彻实施统计法规和有关法律、法规、政策的人员。《统计法》第30条第2款规定:"统计人员进行统计调查时,应当出示县级以上人民政府统计机构或者有关部门颁发的工作证件;未出示的,统计调查对象有权拒绝调查。"鉴于统计工作的专业性,法律要求统计人员必须具备与其从事的统计工作相适应的专业知识和业务能力。为此,《统计法》第31条第1款规定:"国家实行统计专业技术职务资格考试、评聘制度,提高统计人员的专业素质,保障统计队伍的稳定性。"为提高统计人员的专业素质、业务能力和职业道德水平,"县级以上人民政府统计机构和有关部门应当加强对统计人员的专业培训和职业道德教育"。

3. 统计机构与统计人员职责

《统计法》赋予了统计机构、统计人员独立进行统计调查、统计报告、统计监督的权力;同时,对统计机构、统计人员的法定职责进行了规定。统计机构、统计人员的职责是指法律法规规定的统计机关应当完成的任务和承担的责任。根据《统计法》第29条第1款的规定,统计机构、统计人员应当依法履行职责,如实搜集、报送统计资料,不得伪造、篡改统计资料,不得以任何方式要求任何单位和个人提供不真实的统计资料,不得有其他违反该法规定的行为。统计人员除应当依法履行上述职责外,还应当始终坚持实事求是的精神,在统计工作的各个环节坚持以统计调查对象的真实情况和资料为依据;要爱岗敬业,以严格的职业道德标准要求自己,认真做好本职工作,坚持原则,坚决抵制弄虚作假等统计违法行为,切实保证统计资料的真实性、准确性。此外,为进一步明确统计工作中的相关责任人员,《统计法》第29条第2款还规定,统计人员应当对其负责搜集、审核、录入的统计资料与统计调查对象报送的统计资料的一致性负责。

(二)统计调查管理制度

《统计法》所称的统计调查,是指由各级人民政府、县级以上人民政府统计机构和有关部门组织实施的统计调查,又称政府统计调查。统计调查项目,是指在一定时期为实现特定统计调查目的而组织实施的政府统计调查。《统计法》对统计调查项目实行分类管理。

1. 统计调查项目的分类

鉴于政府统计调查的强制性和调查主体的多元化,为了有效规范政府及其有关部门的统计行为,维护统计调查对象的合法权益,《统计法》第11条在总结实践经验的基础上,将统计调查项目分为国家统计调查项目、部门统计调查项目和地方统计调查项目三类,实行分类管理。其中,国家统计调查项目,是指全国性基本情况的统计调查项目,是为了国家管理和宏观决策的需要,对基本国情国力进行的统计调查,如全国经济普查、人口与就业情况统计、固定资产投资统计、城乡居民消费价格统计等。部门统计调查项目,是指国务院有关部门的专业性统计调查项目,是国务院有关部门依法履行职责,根据其业务管理的实际需要进行的专业性统计调查。这类调查所要搜集的资料,大多是国务院有关部门进行业务管理所需要的数据,专业性较强。地方统计调查项目,是指县级以上地方人民政府及其部门的地方性统计调查项目,是县级以上地方人民政府及其部门在国家统计调查项目和部门统计调查项目的基础上,为取得管理本地方经济社会活动、制定本地方经济社会发展战略所需的补充性资料而进行的地方统计调查。地方统计调查项目的最主要特点,是具有一定的地域性,只能在本行政区域内组织实施。为了有效维护正常的统计调查秩序,避免重复统计,防止"数出多门",降低统计成本,减轻基层统计机构和统计调查对象的负担,《统计法》第11条第3款还规定,国家统计调查项目、部门统计调查项目、地方统计调查项目应当明确分工,互相衔接,不得重复。

2. 统计调查项目的制定及审批或备案

在对统计调查项目进行分类的基础上,为了明确责任主体,《统计法》第12条对国家统计调查项目、部门统计调查项目及地方统计调查项目的制定及审批或备案权限作了明确规定:国家统计调查项目由国家统计局制定,或者由国家统计局和国务院有关部门共同制定,报国务院备案;重大的国家统计调查项目报国务院审批。部门统计调查项目由国务院有关部门制定。统计调查对象属于本部门管辖系统的,报国家统计局备案;统计调查对象超出本部门管辖系统的,报国家统计局审批。地方统计调查项目由县级以上地方人民政府统计机构和有关部门分别制定或者共同制定。其中,由省级人民政府统计机构单独制定或者和有关部门共同制定的,报国家统计局审批;由省级以下人民政府统计机构单独制定或者和有关部门共同制定的,报省级人民政府统计机构审批;由县级以上地方人民政府有关部门制定的,报本级人民政府统计机构审批。

根据《统计法》第13条的规定,统计调查项目的审批机关应当对调查项目的必要性、可行性、科学性进行审查,对符合法定条件的,作出予以批准的书面决定,并公布;对不符合法定条件的,作出不予批准的书面决定,并说明理由。

3. 统计调查项目的统计调查制度

统计调查制度,是指实施一项统计调查必须遵守的技术性规范,是统计调查项目的核心内容。《统计法》第14条第1款规定:"制定统计调查项目,应当同时制定该项目的统计调查制度,并依照本法第十二条的规定一并报经审批或者备案。"根据《统计法》第14条第2款的规定,统计调查制度应当包括下列内容:(1)调查目的,是指通过调查要实现的目标。(2)调查内容,是指为了达到统计调查目的,需要搜集的统计调查对象的相关原始数据和资料等。(3)调查方法,是指统计资料的搜集方法,即确定或选取统计调查对象的方法。经常被采用的统计调查方法有:普查、抽样调查、定期全面统计报表、重点调查等。根据《统计法》第16条第1款的规定,搜集、整理统计资料,应当以周期性普查为基础,以经常性抽样调查为主体,综合运用全面调查、重点调查等方法,并充分利用行政记录等资料。(4)调查对象,是指在政府统计调查活动中,负有统计资料报送义务,应当提供属于调查内容的自身情况相关资料的单位和个人。统计调查对象有:国家机关、企业事业单位和其他组织以及个体工商户、个人等,具体到每一个统计调查项目,统计调查对象可能包括上述范围的全部或者部分对象。(5)调查组织方式,是指统计调查实施过程的组织管理方式,包括向调查对象送达统计调查表的方式、统计调查对象提供统计资料的方式、统计资料的审核和汇总方式等。(6)调查表式,是指要求被调查对象填报的、用于搜集原始数据和资料的统计调查表的格式。(7)统计资料的报送,包括报送的时间、报送的方式等。(8)统计资料的公布,包括公布的主体、审批程序、公布的时间、公布的方式等。制定统计调查制度,应当对上述内容作出明确规定。

统计调查制度一经批准或者备案即产生法律效力。统计调查应当严格按照依法经批准或者备案的统计调查制度组织实施。需要变更统计调查制度内容的,应当依照法律规定报经原审批机关批准或者向原备案机关备案。未经批准,擅自变更统计调查制度的内容的,将依照

《统计法》规定承担相应的法律责任。

4. 统计标准制度

所谓统计标准,是指根据社会经济管理现代化的需要,按照国家有关规定,对各种统计指标的含义、计算方法、分类目录、调查表式和统计编码等方面所作出的统一规范。制定统一的统计标准,是统计工作现代化、科学化的基础,是整个统计工作的重要基础。《统计法》第17条规定:"国家制定统一的统计标准,保障统计调查采用的指标含义、计算方法、分类目录、调查表式和统计编码等的标准化。国家统计标准由国家统计局制定,或者由国家统计局和国务院标准化主管部门共同制定。国务院有关部门可以制定补充性的部门统计标准,报国家统计局审批。部门统计标准不得与国家统计标准相抵触。"

(三)统计资料的管理和公布制度

统计资料,是指在统计活动中所产生的反映国民经济和社会发展情况的资料以及与之相关的其他资料的总称。统计资料的管理,是指对统计调查活动所获得的统计资料进行存储、登记、审核、调整、归档、发布等工作的总称。

1. 统计机构对统计资料的管理

统计资料是统计工作的重要成果。《统计法》第20条规定:"县级以上人民政府统计机构和有关部门以及乡、镇人民政府,应当按照国家有关规定建立统计资料的保存、管理制度,建立健全统计信息共享机制。"妥善保存统计资料并加强统计资料管理,对于保障统计资料的真实性、准确性、完整性和及时性,防止数据失真、数据混乱、资料遗失和统计泄密等行为的发生,具有重要的作用。另外,建立统计信息共享机制是充分发挥统计资料价值,服务社会经济发展,服务广大社会公众的有效途径,也是降低统计成本的有力手段。政府统计机构和有关部门获得的统计信息如果仅限于本机构、本部门使用,该统计信息就只能实现该项统计调查的目的,统计信息的价值也只能在本机构、本部门内部得到体现,不利于统计信息利用价值的最大化。建立统计信息共享机制,还有利于降低统计成本,避免重复调查。

2. 统计调查对象对统计资料的管理

国家机关、企业事业单位和其他组织等统计调查对象应当建立严格规范的统计资料管理制度。《统计法》第21条规定:"国家机关、企业事业单位和其他组织等统计调查对象,应当按照国家有关规定设置原始记录、统计台账,建立健全统计资料的审核、签署、交接、归档等管理制度。统计资料的审核、签署人员应当对其审核、签署的统计资料的真实性、准确性和完整性负责。"第22条第1款规定:"县级以上人民政府有关部门应当及时向本级人民政府统计机构提供统计所需的行政记录资料和国民经济核算所需的财务资料、财政资料及其他资料,并按照统计调查制度的规定及时向本级人民政府统计机构报送其组织实施统计调查取得的有关资料。"

3. 统计资料的公布

统计资料的公布,是指特定主体按照一定的程序和方式向社会公开统计调查所取得的有关资料和数据的活动。为了使统计调查对象在依法履行其报送统计资料义务的同时能够及时了解统计信息,《统计法》第23条规定:"县级以上人民政府统计机构按照国家有关规定,定期公布统计资料。国家统计数据以国家统计局公布的数据为准。"第24条规定"县级以上人民政府有关部门统计调查取得的统计资料,由本部门按照国家有关规定公布。"第26条规定:"县级以上人民政府统计机构和有关部门统计调查取得的统计资料,除依法应当保密的外,应当及时公开,供社会公众查询。"目前,政府统计机构定期公布统计资料在我国已经形成制度,如每年按时发表国民经济和社会发展统计公报,定期出版统计年鉴、统计月报等出版物,定期召开新闻发布会公布年度、季度、月度社会经济发展情况等。

四、违反统计法的法律责任

统计法律责任是指在统计调查过程中,违反《统计法》的规定,依法应当承担的法律后果。《统计法》第六章共11条对法律责任作出了规定。

(一)统计机构及统计人员的法律责任

1. 有关负责人的违法行为及法律责任

《统计法》第37条规定:"地方人民政府、政府统计机构或者有关部门、单位的负责人有下列行为之一的,由任免机关或者监察机关依法给予处分,并由县级以上人民政府统计机构予以通报:(一)自行修改统计资料、编造虚假统计数据的;(二)要求统计机构、统计人员或者其他机构、人员伪造、篡改统计资料的;(三)对依法履行职责或者拒绝、抵制统计违法行为的统计人员打击报复的;(四)对本地方、本部门、本单位发生的严重统计违法行为失察的。"

2. 统计工作组织实施者的违法行为及法律责任

《统计法》第38条规定:"县级以上人民政府统计机构或者有关部门在组织实施统计调查活动中有下列行为之一的,由本级人民政府、上级人民政府统计机构或者本级人民政府统计机构责令改正,予以通报;对直接负责的主管人员和其他直接责任人员,由任免机关或者监察机关依法给予处分:(一)未经批准擅自组织实施统计调查的;(二)未经批准擅自变更统计调查制度的内容的;(三)伪造、篡改统计资料的;(四)要求统计调查对象或者其他机构、人员提供不真实的统计资料的;(五)未按照统计调查制度的规定报送有关资料的。统计人员有前款第三项至第五项所列行为之一的,责令改正,依法给予处分。"

3. 统计机构或有关部门违反统计资料的公布、保密和保存规定的法律责任

《统计法》第39条规定:"县级以上人民政府统计机构或者有关部门有下列行为之一的,对直接负责的主管人员和其他直接责任人员由任免机关或者监察机关依法给予处分:(一)违法公布统计资料的;(二)泄露统计调查对象的商业秘密、个人信息或者提供、泄露在统计调查中获得的能够识别或者推断单个统计调查对象身份的资料的;(三)违反国家有关规定,造成统计资料毁损、灭失的。统计人员有前款所列行为之一的,依法给予处分。"

4. 统计机构及统计人员泄露国家秘密的法律责任

《统计法》第40条规定:"统计机构、统计人员泄露国家秘密的,依法追究法律责任。"根据《保守国家秘密法》的规定,国家秘密是关系国家安全和利益,依照法定程序确定,在一定时间内只限一定范围的人员知悉的事项。国家秘密包括下列秘密事项:(1)国家事务的重大决策中的秘密事项;(2)国防建设和武装力量活动中的秘密事项;(3)外交和外事活动中的秘密事项以及对外承担保密义务的事项;(4)国民经济和社会发展中的秘密事项;(5)科学技术中的秘密事项;(6)维护国家安全活动和追查刑事犯罪中的秘密事项;(7)其他经国家保密工作部门确定应当保守的国家秘密事项。一切国家机关、武装力量、政党、社会团体、企业事业单位和公民都有保守国家秘密的义务。统计调查内容涉及国民经济和社会发展中的方方面面,统计调查对象

提供的统计资料以及统计机构、统计人员整理、分析获得的统计资料中,可能涉及国家秘密。统计机构和统计人员应当遵守国家有关涉密资料的收发、传递、使用、复制、摘抄、保存和销毁的规定,并采取规定的措施,确保涉密统计资料的安全,不得泄露国家秘密。根据《刑法》第398条第1款的规定:国家机关工作人员违反《保守国家秘密法》的规定,故意或者过失泄露国家秘密,情节严重的,处3年以下有期徒刑或者拘役;情节特别严重的,处3年以上7年以下有期徒刑。违反《保守国家秘密法》的规定,泄露国家秘密,未构成犯罪的,可以酌情给予行政处分。

(二)统计调查对象的法律责任

《统计法》第7条对统计调查对象依法提供统计资料作出了义务性规定,明确要求国家机关、企业事业单位和其他组织以及个体工商户和个人等统计调查对象,必须真实、准确、完整、及时地提供统计调查所需的资料,不得提供不真实或者不完整的统计资料,不得迟报、拒报统计资料。《统计法》第36条对有关单位和个人应当接受监督检查作出了义务性规定,明确要求作为被检查对象的有关单位和个人等应当如实反映情况,提供相关证明和资料,不得拒绝、阻碍检查,不得转移、隐匿、篡改、毁弃原始记录和凭证、统计台账、统计调查表、会计资料及其他相关证明和资料。如统计调查对象违反上述义务,就要承担相应的法律责任。

1. 单位作为统计调查对象的法律责任

《统计法》第41条规定:"作为统计调查对象的国家机关、企业事业单位或者其他组织有下列行为之一的,由县级以上人民政府统计机构责令改正,给予警告,可以予以通报;其直接负责的主管人员和其他直接责任人员属于国家工作人员的,由任免机关或者监察机关依法给予处分:(一)拒绝提供统计资料或者经催报后仍未按时提供统计资料的;(二)提供不真实或者不完整的统计资料的;(三)拒绝答复或者不如实答复统计检查查询书的;(四)拒绝、阻碍统计调查、统计检查的;(五)转移、隐匿、篡改、毁弃或者拒绝提供原始记录和凭证、统计台账、统计调查表及其他相关证明和资料的。企业事业单位或者其他组织有前款所列行为之一的,可以并处五万元以下的罚款;情节严重的,并处五万元以上二十万元以下的罚款。个体工商户有本条第一款所列行为之一的,由县级以上人民政府统计机构责令改正,给予警告,可以并处一万元以下的罚款。"

第42条规定:"作为统计调查对象的国家机关、企业事业单位或者其他组织迟报统计资料,或者未按照国家有关规定设置原始记录、统计台账的,由县级以上人民政府统计机构责令改正,给予警告。企业事业单位或者其他组织有前款所列行为之一的,可以并处一万元以下的罚款。个体工商户迟报统计资料的,由县级以上人民政府统计机构责令改正,给予警告,可以并处一千元以下的罚款。"

2. 个人作为统计调查对象的法律责任

《统计法》第44条规定:"作为统计调查对象的个人在重大国情国力普查活动中拒绝、阻碍统计调查,或者提供不真实或者不完整的普查资料的,由县级以上人民政府统计机构责令改正,予以批评教育。"重大国情国力普查,是国家专门组织的、全国性的、对全体统计调查对象进行的统计调查。重大国情国力普查对于全面、系统地收集、整理和提供反映国情国力情况的统计数据,分析国民经济和社会发展情况,制定社会经济发展战略,具有十分重要的作用。目前,我国实行的重大国情国力普查有人口普查、经济普查和农业普查三类。与其他统计调查不同,重大国情国力普查需要动员各方面力量才能顺利开展,需要全体统计调查对象给予支持和配合,如实地提供统计资料。如全国人口普查,需要得到每一个居民的支持。个人的积极配合,是维护普查工作正常秩序,确保普查数据质量的根本保障。为了促进个人更好地依法履行普查义务,该条规定,作为统计调查对象的个人在重大国情国力普查活动中拒绝、阻碍统计调查,或者不如实提供普查资料的,应当由县级以上人民政府统计机构责令改正,予以批评教育。

———— **思考题** ————

1. 《会计法》确定了哪些基本会计制度?
2. 简述《会计法》对会计人员的法律保护。
3. 简述会计核算的基本内容和要求。
4. 伪造、变造会计资料应当承担何种法律责任?
5. 《审计法》确定了哪些基本审计制度?
6. 简述审计人员的权利与义务。
7. 《统计法》确定了哪些基本法律制度?